CATALOGUS
CODICUM MANUSCRIPTORUM MEDII AEVI LATINORUM
QUI IN BIBLIOTHECA JAGELLONICA CRACOVIAE
ASSERVANTUR

UNIWERSYTET JAGIELLOŃSKI • BIBLIOTEKA JAGIELLOŃSKA
POLSKA AKADEMIA NAUK • INSTYTUT FILOZOFII I SOCJOLOGII

KATALOG ŁACIŃSKICH
RĘKOPISÓW ŚREDNIOWIECZNYCH
BIBLIOTEKI JAGIELLOŃSKIEJ

TOM XI

SYGNATURY 1501-1575

OPRACOWALI:
ANNA KOZŁOWSKA, LUCYNA NOWAK, ANNA SOBAŃSKA,
WOJCIECH ŚWIEBODA, RYSZARD TATARZYŃSKI, WŁODZIMIERZ ZEGA

KRAKÓW
BIBLIOTEKA JAGIELLOŃSKA
„KSIĘGARNIA AKADEMICKA" sp. z o.o.
2016

UNIVERSITAS JAGELLONICA • BIBLIOTHECA JAGELLONICA
ACADEMIA SCIENTIARUM POLONA
INSTITUTUM PHILOSOPHIAE ET SOCIOLOGIAE

CATALOGUS
CODICUM MANUSCRIPTORUM MEDII AEVI LATINORUM QUI IN BIBLIOTHECA JAGELLONICA CRACOVIAE ASSERVANTUR

VOLUMEN XI

NUMEROS CONTINENS INDE A 1501 USQUE AD 1575

COMPOSUERUNT:
ANNA KOZŁOWSKA, LUCINA NOWAK, ANNA SOBAŃSKA,
ADALBERTUS ŚWIEBODA, RICHARDUS TATARZYŃSKI, WLADIMIRUS ZEGA

CRACOVIAE
BIBLIOTHECA JAGELLONICA
OFFICINA EDITORIA „KSIĘGARNIA AKADEMICKA"
MMXVI

Pierwotne opisy kodeksów sporządzili:
Descriptiones priores codicum confecerunt:

Maria Gołaszewska, Maria Kowalczyk, Zofia Kowalska, Anna Kozłowska, Lucyna Nowak,
Andrzej Półtawski, Zofia Siemiątkowska, Anna Sobańska, Irena Tarnowska,
Ryszard Tatarzyński, Kazimierz Wójcik, Marian Zwiercan

Tłumaczenie
Descriptiones bibliologicas in linguam Latinam vertit

Anna Kozłowska

Indeksy
Indices composuerunt

Anna Sobańska, Ryszard Tatarzyński

Redakcja
Volumen redegerunt

Bożena Chmielowska et collegium auctorum

Projekt został sfinansowany ze środków Narodowego Centrum Nauki
przyznanych na podstawie decyzji nr DEC-2012/05/B/HS2/04102

Publikacja finansowana przez Uniwersytet Jagielloński
ze środków Biblioteki Jagiellońskiej

Skład komputerowy i przygotowanie do druku

Lucyna Nowak

ISBN 978-83-04-00684-3 całość
ISBN 978-83-7638-807-6

MAGNO CUM GAUDIO VOLUMEN HOC

FEMINAE DOCTISSIMAE GENEROSISSIMAEQUE

SOPHIAE WŁODEK

ACADEMIAE SCIENTIARUM POLONAE PROFESSORI ORDINARIO

DE CATALOGO NOSTRO AB ULTIMO INITIO OPTIME MERITAE

QUAE ANNIS PLURIBUS SAGACISSIMO ANIMO

AUCTORUM PRAEFUIT COLLEGIO

SACRUM ESSE STATUIMUS

OCCASIONE AUTEM LUSTRORUM DUODEVIGINTI IUBILAEI

ANNO PRAECEDENTI CADENTIS

OMNIA FAUSTA FELICIA FORTUNATAQUE EXOPTAMUS

AD MULTOS ANNOS!

CONSPECTUS RERUM

AD LECTOREM

Catalogi volumine undecimo codicum 74 descriptiones Lectorum oculis praeponuntur, numeris 1501-1566, 1568-1575 signatorum, quorum maxima pars theologicam materiam praesentat, qui codices Universitatis Cracoviensis Theologiae Facultatis professoribus studiorum ex cathedra explicandorum fundamentum statuerunt. Ex his plurimi et praeeminentissimi sunt, quibus Petri Lombardi *Sententiae* (sub numero **1** codicis 1512 descriptionis enumerati) continentur, item in *Sententiarum* – omnes vel singulos – libros commenta, sive a Polonis, sive ab extraneis auctoribus compilata. Accedunt in Bibliae libros selectos commenta, sermones ceteraque opera ad theologiam, utrumque ius, philosophiam, litteras attinentia.

Ut supra dictum est, plurimi codices in hoc volumine descripti Petri Lombardi *Sententiarum* ipsum textum et in eum commenta compilata continent. Peregrinorum consideratione peculiari digni sunt hi: codex s. XIII in Gallia confectus (1513), cuius commentum marginale Nicolai de Lyra emendationes prae se fert; commentum in *Sententiarum* lib. IV Pragae s. XIV scriptum (1535); commentum cum quaestionibus et lectura in lib. III *Sententiarum* ca a. 1420 in Universitate Lipsiensi exaratum (1560); Ioannis Sachs de Norimberga commentum Vindobonae annis 1430-1431, partim manu propria auctoris, scriptum (1517).

Signentur hic etiam codices plures, quibus Petri de Tarantasia, qui posteriore tempore Innocentii papae V munus gessit, commenta in *Sententias* continentur, qui decem et aliquot numero corpus non despiciendum constituunt, quos codices professores Cracoviensis Universitatis proprios habuerunt. Quorum antiquissimus est cod. 1539 in Gallia, s. XIII ex. confectus, qui s. XV Ioannis de Jastrzambye proprius fuit; codices tres Ioannis de Dambrowka (1545, 1548, 1549) proprii; Ioannis de Slupcza proprius fuit cod. 1547; accedunt commenti in libros I-IV collectiones duae, quarum altera Petro de Swanow (1542-1544, 1546), altera Stanislao Bylica de Ilkusch (1523, 1540, 1541, 1573) pertinuit.

Commenti Pragae orti *Communis lectura Pragensis* dicti (1520, 1524, 1528, 1529) nec non quaestionum ex simili Pragensi commento, quod incipit *Utrum Deus gloriosus* (1518, 1519, 1526, 1531, 1534, 1538) exemplaria descripta non pauca habemus.

Percenseantur hic imprimis auctores Poloni, qui commenta in *Sententias* confecerunt. Hi sunt: Nicolaus Wigandi de Cracovia, cuius commentum in lib. II et IV ex a. 1406 asservatur (1537, 1536); Sigismundus de Pyzdry, auctor commenti in lib. I (1533) et non completi in lib. IV (1529); Nicolaus Coslowsky, qui composuit *Principia* in lib. I, III et IV (1525, 1524, 1520), cui attributa sunt etiam commenta marginalia in cod. 1524, 1520 asservata; Paulus de Pyskowice et eius *Expositio* in lib. IV (1534); Ioannes de Dambrowka cum eiusdem *Principiis* (1521, 1522) et quaestionibus in libros singulos *Sententiarum*: 1521, 1522, 1532, 1538 (in duobus postremis quaestiones selectae); Martinus Biem de Ilkusch finaliter, qui textum commenti marginalis et interlinearis in lib. I et II (1514 et 1515) creavit. Notandum est etiam, quod in cod. 1525 asservantur i. a. *Principia* in *Sententias* aliorum Universitatis Cracoviensis professorum, id est Nicolai Budissen de Cracovia, Andreae de Kokorzyno, Iacobi de Sandecia Nova. Accedunt Polonorum auctorum pauca minoris momenti scripta.

Advertendus est praesertim Lectoris benigni animus Benedicti Hesse de Cracovia scriptis, i. e. *Principiis* et *Commento in Sententias* (lib. I-III), quae ad nos in codicibus Cracoviensibus tribus pervenerunt (1518, 1519, 1531). Dicti textus ceteris praestant non solum amplitudine, sed eo praecipue, quod testimonium indubitabile praebent Cracoviensis Universitatis theologos multos, qui s. XV-XVI viguerunt, Benedicti commento usos esse. Qui Benedicti opus supplementis suis sedulo adimpleverunt et, id quod nobis maxime usui videtur esse, in colophonibus dies et annos signaverunt, quando lectiones in Universitate habuerunt. His tribus codicibus adiungendus est cod. 1538, in quo Benedicti Hesse *Principiorum* et *Commenti* in omnes *Sententiarum* Petri Lombardi libros sui generis descriptum ca a. 1446 exaratum exstat.

Catalogi, quod manibus tenemus, volumen etiam commenta in Vetus et Novum Testamentum: anonymum *Commentum in Ieremiam prophetam* (1566); auctoris incerti (Alexandri Bonini de Alexandria seu Guilelmi de Melitona) *Postillam in Ecclesiasticum* (1559) complectitur, nec non scriptorum seriem, quibus s. Pauli *Epistulae* tractantur, auctorum diversorum, i. e.: Petri Lombardi (1501), Petri de Tarantasia (1557), Thomae de Aquino (1561); occurrunt etiam in cod. 1561 commenta in *Epistulam ad Romanos* et *Epistulam ad Corinthios* auctoris non nominati. Codicibus duobus (1568, 1569) continetur *Promptuarium Bibliae*; in cod. 1558 autem Bohemicae originis *Pontificale* habemus.

Sermones, cum ab extraneis tum ab ingenuis auctoribus compositi, in plurimis codicibus descripti leguntur. Inter quos Alberti de Padua *Postilla* (1563), excerpta ex sermonibus Bertrandi de Turre (1562), sermones Ioannis Halgrini de Abbatisvilla (1565), Ioannis Milicii de Chremsir (1570), Thomae Ebendorfer de Haselbach (1550). Polonorum autem auctorum sermones hi asservantur: Pauli de Zathor *Sermones de sanctis* (1506); collectio Cracoviensis *Sermonum de tempore*, inter quos Ioannis de Slupcza et Pauli de Zathor praedicationes inveniuntur (1507); Matthiae de Legnica *Postilla* (1562, 1564). Memoratu dignus est codex 1571 in Bohemia s. XIV exeunte conscriptus, quo opera 27 ad philosophiam, theologiam vel litteras spectantia continentur, in universitatibus Europae mediaevalis vulgo nota, in nostro codice autem glossis multis instructa.

Satis superque constat Catalogi codicum lingua Latina manuscriptorum, qui in Bibliotheca Jagellonica Cracoviae asservantur, volumina in lucem continue edita ad medii aevi in Europa scientiarum fontium collectionem locupletissimam in lucem depromendam eamque illustrandam et convenienter elaborandam multum conferre. Quorum fontium indagatio facultatem dat ea comperiendi, quae saeculis praecedentibus Universitatis Cracoviensis professores scrutando pervestigaverunt et consequenter proprio stilo vel commenta vel quaestiones subtilissimas in singulorum auctorum scripta nobis reliquerunt. Ad amussim elaboratae codicum descriptiones, eorum singula elementa persecuta (i. a. codice contentorum elenchus, notae, compacturae et voluminis ipsius originis possessorumque posteriorum examinatio) efficiunt, ut plus de investigationibus a Theologicae Facultatis Universitatis nostrae professoribus susceptis instructi simus atque ut codicum medii aevi, qui Bibliothecae Jagellonicae origo et principium facti sunt, fata melius cognoscere possimus.

In hoc volumine aliter quaedam Lector inveniet recensita: scripta vel commenta eadem, se invicem (etiam non immediate) sequentia, solum in primi codicis descriptione diligentissime, cum omnibus initiis et finibus citatis, descripta inveniuntur; in sequenti vel sequentibus descriptionibus iam versio abbreviata seu accurtata praesentatur, quaedam minoris momenti initia sane omittuntur. Etiam commentationes bibliographicae ad eadem opera (numeros) spectantes, cum in eodem volumine saepius occurrant, iterum non repetuntur. Tunc huius modi nota inseritur sicut in cod. 1503, nr. **3**: Cf. cod. BJ 1502 descr., nr. **1**, quod adhibebatur iam in vol. 10. Matthiae de Legnica collectionis in quattuor codicibus (1562,

1564, 1622, 1632) asservatae sermones singuli non nisi in primi codicis descriptione accuratissime enumerati sunt, at sub sermonibus singulis trium codicum ceterorum loci paralleli citantur.

Animadvertatur quoque attentus Lector, quod inscriptiones codicum singulorum materiam breviter praesentantes, quas in Catalogi nostri vol. 1-10 (in cap. Codicis origo et fata) ab Ioachim Speronowicz exaratas esse creditum est, nunc Andreae Tłuszczewski attribuendas esse decrevimus, scripturae ductum cum eo in ms. AUJ 64, p. 355-367 obvio comparando.

Abbreviationes Bibliae librorum in textu Catalogi nostri adhibitae sunt hae: Gen, Ex, Lev, Num, Dt, Ios, Idc, Rt, 1 Rg, 2 Rg, 3 Rg, 4 Rg, 1 Par, 2 Par, 1 Esd, 2 Esd, Tb, Idt, Est, Iob, Ps, Prv, Eccle, Can, Sap, Eccli, Is, Ier, Lam, Br, Ez, Dan, Os, Ioel, Am, Ab, Ion, Mich, Nah, Hab, Soph, Ag, Zch, Mal, 1 Mch, 2 Mch, Mt, Mr, Lc, Io, Act, Rm, 1 Cor, 2 Cor, Gal, Eph, Phli, Col, 1 Th, 2 Th, 1 Tm, 2 Tm, Tt, Phle, Heb, Iac, 1 Pt, 2 Pt, 1 Io, 2 Io, 3 Io, Iudae, Ap.

Etiam indices inde ab hoc volumine mutato modo compositi sunt: in indice initiorum sola initia enumerantur (sine auctoris nomine et operis titulo), codicis signatura et folii vel paginae numero instructa. Index personarum et operum tamen novis auctus est elementis: Lemmata, ubi hoc accidit, bifariam constructa leguntur: in prima parte sub auctoris nomine operum eius tituli alphabetice ordinantur, in parte secunda alia notantur, quae ad hoc vel illud nomen spectant, utpote, ubi de eo mentio fiat (MEM.), qui qualem codicem habuerit (POSS.), quas partes manu propria exaraverit (SCRIBA), qui translationis auctor fuerit (TRANSL.). Opera sine certo auctoris nomine, alphabetico ordine digesta, sub lemmate 'Anonymus' collocata sunt. Omittuntur tituli operum, qui citantur in textibus ex codicibus sumptis (litterae inclinatae).

Descriptiones codicum 74 hi praeparaverunt auctores: Anna Kozłowska (1501, 1502, 1503, 1508, 1511, 1528, 1530, 1532, 1557, 1571, 1575), Lucina Nowak (1512, 1513, 1516, 1517, 1520, 1521, 1523, 1524, 1525, 1527, 1535, 1540, 1541, 1549, 1558, 1573, 1574), Anna Sobańska (1504, 1505, 1509, 1552, 1553, 1562, 1564, 1565, 1568, 1569), Adalbertus Świeboda (1506, 1507, 1510, 1550, 1551, 1554, 1555, 1559, 1561, 1563, 1566, 1570, 1572), Richardus Tatarzyński (1514, 1515, 1518, 1519, 1526, 1529, 1531, 1533, 1534, 1536, 1537, 1538, 1539, 1542, 1543, 1544, 1545, 1546, 1547), Wladimirus Zega (1522, 1548, 1556, 1560).

Liceat nobis hoc loco gratias agere viris scientiarum peritis, qui hoc volumine praeparando adiumentum inaestimabile nobis tulerunt: Zenoni

Kałuża et Christophoro Ożóg, qui volumen edendum perlegerunt multaque suppleverunt correxeruntque; Iacobo Kubieniec, qui fragmenta liturgica expertissime recensuit; Mario Leńczuk, qui textus in lingua Palaeopolona scriptos examinare non negavit; Carolo Nabiałek, cuius peritia in diplomatum reliquiis asservatis recognoscendis nos adiuvit.

Fragmenta Hebraica, quae plerumque in foliis compacturae vicinis vel prorsus agglutinatis asservantur, explorare datorum ordinatri interretialis gratia sub titulo „Books within Books: Hebrew Fragments in European Libraries" possibile fuit, quod ordinatrum etiam Bibliothecae nostrae codicum fragmenta perscrutata exhibet. Pro accessu ad datorum ordinatrum auctoribus eius gratias quoque agimus.

***

Auctorum gremium, quod praesens volumen composuit, iterum mutatum est. Aetas ingravescens propriaque illi corporis valetudo deliquescens laboris onus suscipere viro doctissimo Mariano Zwiercan denegavit, qui semper tamen mediis laboribus interesse non neglexit, cooperatores iuniores et incitare et eisdem consulere curans. Sociorum autem collegio Adalbertus Świeboda, medii aevi historiae doctor, adiunctus est.

Die 28 Ianuarii 2015 Maria Kowalczyk aegritudine longiore victa nos dereliquit, cuius mors immenso nos maerore affecit. Fuit enim haec femina doctissima in codicibus manuscriptis expertissima, in rebus medio aevo gestis peritissima, in Bibliothecae Jagellonicae librorum litterarumque studiis vitae suae annos plus quam quinquaginta consumpsit. Fuit haec non solum docta sed etiam erga operis socios vere sincerrima et amicissima.

OD REDAKCJI

Jedenasty tom *Katalogu*, obejmujący 74 kodeksy o sygnaturach 1501-1566, 1568-1575, zawiera opracowania rękopisów o treści teologicznej, które w znacznej części stanowiły podstawę wykładów na Wydziale Teologii Uniwersytetu Krakowskiego. Są to przede wszystkim *Sentencje* Piotra Lombarda (ich pełny wykaz znajduje się w opisie rkp. 1512, nr **1**) oraz komentarze do całości tego dzieła lub jego części, opracowane przez profesorów Uniwersytetu Krakowskiego, a także uczonych z innych uniwersytetów. Zawartość tomu uzupełniają komentarze do wybranych ksiąg biblijnych, kazania i inne dzieła z zakresu teologii, obojga praw, filozofii i literatury.

Najliczniejszą jednak grupę w wydawanym tomie stanowią kodeksy zawierające tekst *Sentencji* Piotra Lombarda oraz komentarze do tego dzieła. Z obcych komentarzy na uwagę zasługują: komentarz marginalny z trzynastowiecznego francuskiego kodeksu (1513) z poprawkami Mikołaja z Liry; komentarz do IV księgi *Sentencji* z praskiego rękopisu (1535) z XIV w.; powstały ok. 1420 r. w Uniwersytecie Lipskim komentarz z kwestiami i lekturą do III księgi *Sentencji* zachowany w rękopisie 1560 oraz komentarz wiedeński z lat 1430-1431 autorstwa Jana Sachsa z Norymbergi zachowany, częściowo jako autograf, w kodeksie 1517.

W tej grupie znaczącą część rękopisów zajmują komentarze do *Sentencji* autorstwa Piotra z Tarantazji, późniejszego papieża Innocentego V, zachowały się bowiem w kilkunastu kodeksach, których właścicielami byli krakowscy uczeni. Najstarszym jest powstały we Francji w końcu XIII w. rękopis 1539, którego właścicielem w XV w. był Jan z Jastrzębia; trzy kodeksy Jana z Dąbrówki (1545, 1548, 1549); należący do Jana ze Słupczy rękopis 1547 oraz dwa komplety komentarza do wszystkich czterech ksiąg, z których jeden był własnością Piotra z Dzwonowa (1542-1544, 1546), a drugi Stanisława Bylicy z Olkusza (1523, 1540, 1541, 1573).

W kilku krakowskich rękopisach występuje komentarz praski zwany *Communis lectura Pragensis* (1520, 1524, 1528, 1529) oraz kwestie z innego komentarza praskiego zwanego *Utrum Deus gloriosus* (1518, 1519, 1526, 1531, 1534, 1538).

Z polskich autorów piszących komentarze do *Sentencji* należy wymienić: Mikołaja Wigandi z Krakowa i jego komentarz do II i IV księgi z ok. 1406 r., zachowany w kodeksach 1537 i 1536 oraz Zygmunta z Pyzdr, autora komentarza do I księgi *Sentencji* w rękopisie 1533 i niedokończonego komentarza do IV księgi zapisanego na początkowych kartach kodeksu 1529. Ponadto Mikołaja Kozłowskiego, którego pióra są *Principia* do I, III i IV księgi *Sentencji*, odpowiednio w rękopisach 1525, 1524 i 1520, oraz przypisywane mu komentarze marginalne zachowane w dwóch ostatnich kodeksach. Dalej przywołajmy Pawła z Pyskowic *Expositio* do IV księgi w rękopisie 1534; Jana z Dąbrówki *Principia* (1521, 1522) i kwestie do poszczególnych ksiąg *Sentencji* (1521, 1522, 1532, 1538, w dwóch ostatnich niekompletne), a także Marcina Biema z Olkusza komentarz marginalny i interlinearny do I i II księgi *Sentencji*, odpowiednio w rękopisach 1514 i 1515. Ponadto w kodeksie 1525 zachowały się m.in. *Principia* do *Sentencji* jeszcze innych autorów, mianowicie Mikołaja Budissena, Andrzeja z Kokorzyna, Jakuba z Nowego Sącza i kilka pomniejszych poloników.

Na szczególne podkreślenie zasługują *Principia* i *Komentarz do Sentencji* (ks. I-III) autorstwa Benedykta Hessego, zachowane w trzech krakowskich kodeksach (1518, 1519, 1531). Powodem jest nie tylko ich wyjątkowa obszerność, ale przede wszystkim zainteresowanie treścią owego komentarza licznej grupy teologów krakowskiej uczelni działających w XV-XVI w., których uzupełnienia do dzieła Hessego oraz wpisane w kolofonie daty prowadzonych wykładów poświadczają funkcjonowanie dzieła w środowisku uniwersyteckim. Do tej grupy dołączyć należy rękopis 1538, który zawiera swego rodzaju kopię *Principiów* oraz *Komentarza* Benedykta Hessego do wszystkich ksiąg *Sentencji* Piotra Lombarda, spisaną ok. 1446 r.

Wśród rękopisów objętych obecnym tomem katalogu znajdują się także komentarze do ksiąg biblijnych Starego i Nowego Testamentu: anonimowy *Komentarz do Księgi Jeremiasza* w rękopisie 1566; *Postylla do Eklezjastyku* w rękopisie 1559, przypisywana Aleksandrowi Boniniemu z Alexandrii albo Wilhelmowi z Melitony, oraz szereg dzieł dotyczących *Listów* św. Pawła, których autorami byli: Piotr Lombard (1501), Piotr z Tarantazji (1557), Tomasz z Akwinu (1561); w rękopisie 1561 znajdują się także anonimowe komentarze do *Listu do Rzymian* i *Listu do Koryntian*. Ponadto w dwóch kodeksach (1568, 1569) spotykamy *Promptuarium Bibliae*, a w rękopisie 1558 *Pontyfikał* czeskiej proweniencji.

Znaczną część tomu wypełniają rękopisy z kazaniami autorów obcych i polskich. Wśród tych pierwszych należy wymienić kazania Alberta z Padwy (1563), ekscerpty z kazań Bertranda z La Tour (1562), kazania Jana Halgrina z Abbeville (1565), Jana Milicza z Kromieryża (1570) oraz Tomasza Ebendorfera z Haselbach (1550). Natomiast kazania polskich autorów spotykamy w następujących rękopisach: 1506, który zawiera kolekcję *de sanctis* Pawła z Zatora; 1507 z krakowskim zbiorem kazań *de tempore* m.in. Jana ze Słupczy i Pawła z Zatora; 1562, 1564 z Postyllą Macieja z Legnicy. Bardzo cenny jest też sporządzony z końcem XIV w. w Czechach rkp. 1571, obejmujący 27 bogato glosowanych, bardzo popularnych w Europie utworów z zakresu filozofii, teologii i literatury pięknej.

W efekcie opracowania kolejnych tomów katalogu średniowiecznych rękopisów łacińskich zachowanych w Bibliotece Jagiellońskiej ukazuje się bogaty zbiór źródeł do dziejów nauki europejskiego średniowiecza. Czerpali z nich zapewne uczeni Krakowskiego Uniwersytetu głosząc wykłady i tworząc własne dzieła w postaci komentarzy czy też kwestii do tekstów wybranych autorów. Wiele szczegółowych elementów opracowania kodeksów (m.in. wykaz jednostek treściowych, noty, część dotycząca oprawy i prowieniencji rękopisów) wzbogaca obraz dorobku naukowego na Wydziale Teologii krakowskiej uczelni i pozwala dokładniej poznać historię średniowiecznych manuskryptów ze zbiorów Biblioteki Jagiellońskiej.

W tomie, który oddajemy do rąk Czytelnika, zostały wprowadzone następujące zmiany: przy rejestracji tego samego dzieła tylko w pierwszym opisie podajemy pełny zestaw incypitów i eksplicytów, w kolejnych opisach zostały one skrócone, a w pewnych wypadkach pominięte. Podobnie jak w tomie 10, zrezygnowano z powtarzania obszernych komentarzy bibliograficznych do tych samych dzieł, ale tylko wówczas, gdy mieszczą się one w zakresie niniejszego tomu. Dzieło występujące kolejny raz otrzymało wówczas jedynie odsyłacz do sygnatury pierwszego rękopisu i numeru jednostki treściowej, np. w kodeksie 1503 pod nr. **3**: Cf. cod. BJ 1502 descr., nr. **1**. Ta sama kolekcja kazań Macieja z Legnicy, mieszcząca się w czterech rękopisach o sygnaturach 1562, 1564, 1622 i 1632 została rozpisana szczegółowo tylko w opisie pierwszego z nich. Pod każdym z kazań podano miejsca w pozostałych rękopisach, gdzie znajdują się poszczególne kazania.

Ponadto zostało ustalone, że noty charakteryzujące zawartość kodeksów przypisywane w dotychczas opublikowanych tomach Katalogu

Joachimowi Speronowiczowi (w rozdziale Codicis origo et fata) wykonał Andrzej Tłuszczewski (por. jego pismo w ms. AUJ 64, s. 355-367).

Przyjęto następujące skróty ksiąg biblijnych: Gen, Ex, Lev, Num, Dt, Ios, Idc, Rt, 1 Rg, 2 Rg, 3 Rg, 4 Rg, 1 Par, 2 Par, 1 Esd, 2 Esd, Tb, Idt, Est, Iob, Ps, Prv, Eccle, Can, Sap, Eccli, Is, Ier, Lam, Br, Ez, Dan, Os, Ioel, Am, Ab, Ion, Mich, Nah, Hab, Soph, Ag, Zch, Mal, 1 Mch, 2 Mch, Mt, Mr, Lc, Io, Act, Rm, 1 Cor, 2 Cor, Gal, Eph, Phli, Col, 1 Th, 2 Th, 1 Tm, 2 Tm, Tt, Phle, Heb, Iac, 1 Pt, 2 Pt, 1 Io, 2 Io, 3 Io, Iudae, Ap.

Począwszy od tomu 11 zmieniony zostaje także sposób opracowania indeksów. Indeks incypitów obejmuje jedynie ich wykaz z odniesieniem do sygnatury i karty bądź strony, na której tekst się znajduje. Indeks osobowy został poszerzony o wykaz dzieł w układzie alfabetycznym w obrębie autorów; drugą część hasła osobowego stanowią odniesienia z określeniami: MEM., POSS., SCRIBA, TRANSL. Tytuły dzieł anonimowych zostały uszeregowane alfabetycznie pod hasłem 'Anonymus'. Indeks osobowy pomija tytuły dzieł cytowanych w tekstach zaczerpniętych z rękopisów (kursywa).

Opisy 74 rękopisów zostały opracowane przez następujących autorów: Annę Kozłowską (sygn. 1501, 1502, 1503, 1508, 1511, 1528, 1530, 1532, 1557, 1571, 1575), Lucynę Nowak (sygn. 1512, 1513, 1516, 1517, 1520, 1521, 1523, 1524, 1525, 1527, 1535, 1540, 1541, 1549, 1558, 1573, 1574), Annę Sobańską (sygn. 1504, 1505, 1509, 1552, 1553, 1562, 1564, 1565, 1568, 1569), Wojciecha Świebodę (sygn. 1506, 1507, 1510, 1550, 1551, 1554, 1555, 1559, 1561, 1563, 1566, 1570, 1572), Ryszarda Tatarzyńskiego (sygn. 1514, 1515, 1518, 1519, 1526, 1529, 1531, 1533, 1534, 1536, 1537, 1538, 1539, 1542, 1543, 1544, 1545, 1546, 1547), Włodzimierza Zegę (sygn. 1522, 1548, 1556, 1560).

Pragniemy wyrazić w tym miejscu wdzięczność specjalistom różnych dziedzin nauki: prof. Zenonowi Kałuży oraz prof. Krzysztofowi Ożogowi za konsultacje, korekty i uzupełnienia do całego tomu, dr. hab. Jakubowi Kubieńcowi za pomoc w identyfikacji fragmentów liturgicznych i muzycznych, dr. Mariuszowi Leńczukowi za konsultacje w zakresie języka staropolskiego, dr. Karolowi Nabiałkowi za pomoc w identyfikacji fragmentów dyplomów.

Identyfikacja fragmentów hebrajskich, znajdujących się na kartach ochronnych i wyklejkach kodeksów, była możliwa dzięki internetowej bazie „Books within Books: Hebrew Fragments in European Libraries” obejmującej również opisy fragmentów z zasobu Biblioteki Jagiellońskiej. Dziękujemy Autorom bazy za jej udostępnienie.

***

Skład zespołu autorskiego, który opracował niniejszy tom, uległ kolejnej zmianie. Z powodu pogarszającego się stanu zdrowia dr Marian Zwiercan zaprzestał bezpośredniego uczestnictwa w pracach katalogowych, choć nadal żywo zainteresowany postępem prac, służył zachętą i radą młodszym koleżankom i kolegom. Do zespołu dołączył dr Wojciech Świeboda, historyk mediewista.

W dniu 28 stycznia 2015 r., po przewlekłej chorobie opuściła nas Pani dr Maria Kowalczyk, pozostawiając po sobie miejsce trudne do zastąpienia. Odeszła Osoba nie tylko posiadająca nieprzeciętną wiedzę na temat rękopisów i historii średniowiecza, ale pełna ciepła i serdeczności Koleżanka, związana z Biblioteką przez ponad 50 lat.

COMPENDIA, QUIBUS DESCRIPTIONUM AUCTORES NOMINA SUA SUBSCRIPSERUNT

AK – Anna Kozłowska
AP – Andrzej Półtawski
ASo – Anna Sobańska
IT – Irena Tarnowska
KW – Kazimierz Wójcik
LN – Lucyna Nowak
MGo – Maria Gołaszewska
MK – Maria Kowalczyk
MZ – Marian Zwiercan
RT – Ryszard Tatarzyński
WŚ – Wojciech Świeboda
WZ – Włodzimierz Zega
ZK – Zofia Kowalska
ZS – Zofia Siemiątkowska

ABBREVIATIONES

a. – annus
acc. – accessio
add. – additio, additum, addititius
adn. – adnotatio
adscr. – adscriptus
Adv. – Adventus
aggl. – agglutinatus
al. – alias, alii, alibi
ant. – anterior
app. – appendix
archiep. – archiepiscopus
arg. – argumentum
art. – articulus
auct. – auctor
AUJ – Archivum Universitatis Jagellonicae
b. – beatus
bibl. – bibliotheca
bibliogr. – bibliographia, bibliographicus
BJ – Bibliotheca Jagellonica
BMV – Beata Maria Virgo
BU – Bibliotheca Universitatis
BUWr – BU Wratislaviensis
Bohem. – Bohemica lingua
c. – caput (de Corpore iuris canonici)
ca – circa
can. – canonicus
canc. – cancellatum
cap. – caput, capitulum
cf. – confer
chart. – chartaceus
cm – centimetrum
cod. – codex, codices
col. – columna
com. – commentum
compact. – compactura
corr. – correctum
Crac. – Cracoviensis
dec. – decanus
def. – defectus, defectivus
del. – deletum
descr. – descriptio
dim. – dimidium
dioec. – dioecesis
dist. – distinctio
dom. – dominica
e. g. – exempli gratia
ead. – eadem
eccl. – ecclesia
ed. – edidit, editio, editus
ep. – episcopus
Epiph. – Epiphania
epist. – epistula
evang. – evangelium
ex. – exiens
expl. – explicit
f. – folium
fasc. – fasciculus
fig. – figura
fragm. – fragmentum
Germ. – Germanica lingua

h. e. – hoc est
Hebr. – Hebraica lingua
hom. – homilia
i. a. – inter alios
i. e. – id est
ibid. – ibidem
id. – idem
in. – iniens
inc. – incipit, incunabulum
inf. – inferior
int. – interior
integ. – integumentum
intercol. – intercolumnium
interl. – interlinearis
Ital. – Italica lingua
Lat. – Latina lingua
lib. – liber
lin. – linea
m. – medius
(in) marg. – marginalis, in margine
mem. – memoratus
membr. – membranaceus
ms. – manuscriptum
Nativit. – Nativitas
nr. – numerus
oct. – octava
offic. – officialis
p. – pagina
par. – paragraphus
Pent. – Pentecostes
Pol. – Polonica lingua
poss. – possessor
post. – posterior
praef. – praefatio
Prag. – Pragensis
presb. – presbyter
princ. – principium
prol. – prologus
prooem. – prooemium
q. – quaestio
qc. – quaestiuncula
q. v. – qui vocatur
Quadrag. – Quadragesima
Quinquag. – Quinquagesima
recom. – recommendatio
repr. – reprint, reimpressio
Resurrect. – Resurrectio
s. – sanctus, saeculum
s. a. – sine anno
s. l. – sine loco
scil. – scilicet
script. et ornam. – scriptura et ornamenta
Septuag. – Septuagesima
Sexag. – Sexagesima
sq., sqq. – sequens, sequentes
sup. – superior
suprascr. – suprascriptus
t. – tomus
tab. – tabula
theol. – theologia, theologicus
tit. – titulus
topogr. – topographicus
tract. – tractatus
transl. – translator
Trinit. – Trinitas
v. – versus
var. – varians
vic. – vicarius
vol. – volumen

TITULI COMMENTATIONUM ABBREVIATI CUM SUIS SOLUTIONIBUS

ABMK – „Archiwa, Biblioteki i Muzea Kościelne", I- 1959-.

Achten – G. Achten, Die theologischen lateinischen Handschriften in Quarto der Staatsbibliothek Preussischer Kulturbesitz Berlin, Wiesbaden 1979 (Staatsbibliothek Preussischer Kulturbesitz. Kataloge der Handschriftenabteilung, Reihe 1: Handschriften, Bd. 1).

Acta rect. – Acta rectoralia almae Universitatis Studii Cracoviensis inde ab anno MCCCCLXIX, vol. 1, ed. W. Wisłocki, Cracoviae 1893 (numeri ad numeros referuntur).

AH – Analecta hymnica medii aevi, hrsg. G. M. Dreves, C. Blume, H. M. Bannister, Bd. 1-55, Leipzig 1886-1922.

Ameisenowa, Rękopisy – Z. Ameisenowa, Rękopisy i pierwodruki iluminowane Biblioteki Jagiellońskiej, Wrocław 1958.

Andersson-Schmitt, Handschriften Uppsala – M. Andersson-Schmitt, H. Hallberg, M. Hedlund, Mittelalterliche Handschriften der Universitätsbibliothek Uppsala. Katalog über die C-Sammlung, Bd. 1-8, Stockholm 1988-1995 (Acta Bibliothecae Regiae Universitatis Upsaliensis, 26).

Badecki – K. Badecki, Znaki wodne w księgach Archiwum miasta Lwowa, 1382-1600 r., Lwów 1928 (numeri ad numeros referuntur).

BAMAT – Bibliographie annuelle du Moyen-Âge tardif. Auteurs et textes latins, vers 1250-1500. Rassemblée à la section latine de l'Institut de recherche et d'histoire des textes (CNRS) par J.-P. Rothschild, 1-, Turnhout 1991-.

Bartoš, Husitika – F. M. Bartoš, Husitika a bohemika několika knihoven německých a švýcarských, „Věstník Královské české společnosti nauk", 1931, tř. I, č. 5.

Bartoš, Husitství – F. M. Bartoš, Husitství a cizina, Praha 1931.

Bartoš, Táborský manifest – F. M. Bartoš, Táborský manifest z r. 1430, jeho texty a ohlas, „Časopis Národního muzea", CII 1928, 73-77.

Bednarski, Materiały – A. Bednarski, Materiały do dziejów medycyny polskiej w XIV i XV stuleciu, „Prace Komisji Historii Medycyny i Nauk Przyrodniczo-Matematycznych", I 1939.

Belcarzowa, Glosy – E. Belcarzowa, Glosy polskie w łacińskich kazaniach średniowiecznych, vol. 1-4, Wrocław 1981-2001.

Benedicti Hesse Lectura – Benedicti Hesse Lectura super Evangelium Matthaei, ed. W. Bucichowski, Warszawa 1979-1990 (Textus et Studia Historiam Theologiae in Polonia Excultae Spectantia, 8, 13, 16, 18, 21, 24, 27).

Bertalot, Initia – L. Bertalot, Initia humanistica Latina, Initienverzeichnis lateinischer Prosa und Poesie aus der Zeit des 14. bis 16. Jahrhunderts, bearb. von U. Jaitner-Hahner, mit der Vorrede von P. O. Kristeller, Bd. I: Poesie, Bd. II/1-2: Prosa, Tübingen 1985-2004 (numeri ad numeros referuntur).

BHL – Bibliotheca hagiographica Latina antiquae et mediae aetatis, Bruxellis, vol. 1-2, ed. Socii Bollandiani, 1898-1901, suppl. ed. H. Fros, 1986 (Subsidia Hagiographica, 70) (numeri ad numeros referuntur).

Bitterfeld, Tractatus – Henricus Bitterfeld de Brega OP, Tractatus de vita contemplativa et activa, ed. †B. Mazur, L. Seńko, R. Tatarzyński, Warszawa 2003 (Studia „Przeglądu Tomistycznego", 4).

„Biul. Bibl. Jagiell." – „Biuletyn Biblioteki Jagiellońskiej", I- 1949-.

Bloomfield – Incipits of Latin Works on the Virtues and Vices, 1100-1500 A. D. Including a Section of Incipits of Works on the Pater Noster, M. W. Bloomfield, B.-G. Guyot, O. P., D. R. Howard, T. B. Kabealo, Cambridge, Mass., 1979.

Bloomfield, Suppl. – R. Newhauser, I. P. Bejczy, A Supplement to Morton W. Bloomfield et al., 'Incipits of Latin Works on the Virtues and Vices, 1100-1500 A. D.', Turnhout 2008 (Instrumenta Patristica et Mediaevalia, 50).

Bracha, Nauczanie kaznodziejskie – K. Bracha, Nauczanie kaznodziejskie w Polsce późnego średniowiecza. Sermones dominicales et festivales z tzw. kolekcji Piotra z Miłosławia, Kielce 2007.

Bullarium Poloniae – Bullarium Poloniae, ed. I. Sułkowska-Kuraś et S. Kuraś, vol. 1-7, Romae, Lublini 1982-2006.

BwB Database – Books within Books: Hebrew Fragments in European Libraries: <www.hebrewmanuscript.com/bwb-database.htm>

CANT – Clavis apocryphorum Novi Testamenti, cura et studio M. Geerard, Turnhout 1992 (Corpus Christianorum).

CAO – Corpus antiphonalium officii, ed. R. J. Hesbert, vol. III: Invitatoria et antiphonae; vol. IV: Responsoria, versus, hymni et varia, Roma 1968-1970 (Rerum ecclesiasticarum documenta. Series maior. Fontes, 9-10).

Cardelle de Hartmann, Lateinische Dialoge – C. Cardelle de Hartmann, Lateinische Dialoge 1200-1400. Literaturhistorische Studie und Repertorium, Leiden, Boston 2007 (Mittellateinische Studien und Texte, 37).

Catalogus – Catalogus codicum manuscriptorum medii aevi Latinorum, qui in Bibliotheca Jagellonica Cracoviae asservantur, vol. 1-10 (cod. 8-1500), Wratislaviae, Cracoviae 1980-2012.

CC – Corpus Christianorum. Series Latina, vol. 1-, Turnholti 1954-.

CCCM – Corpus Christianorum. Continuatio Mediaevalis, vol. 1-, Turnholti 1971-.

CCSAIN – Corpus Christianorum. Series Apocryphorum. Instrumenta, Turnhout 2002-.

Chmielowska, Stanislas de Skarbimierz – B. Chmielowska, Stanislas de Skarbimierz – le premier recteur de l'Université de Cracovie après le renouveau de celle-ci, „Mediaevalia Philosophica Polonorum", XXIV 1979, 73-112.

Cod. epist. – Codex epistolaris saeculi decimi quinti, vol. 1, ed. A. Sokołowski, J. Szujski, vol. 2-3, ed. A. Lewicki, Kraków 1876-1894 (Monumenta Medii Aevi Historica Res Gestas Poloniae Illustrantia, 2, 12, 14).

Codices manuscripti Thomae de Aquino – Codices manuscripti operum Thomae de Aquino, rec. H. F. Dondaine, H. V. Shooner, vol. 1: Autographa et Bibliothecae A-F; vol. 2: Bibliothecae Gdańsk-Münster, Romae 1967-1973 (Editores operum s. Thomae de Aquino, 2-3).

Colophons – Bénédictins du Bouveret, Colophons de manuscrits occidentaux dès origines au XVIe siècle, vol. 1-5, Fribourg 1965-1979 (Spicilegii Friburgensis Subsidia, vol. 2-6) (numeri ad numeros referuntur).

Commentariolum – Commentariolum super «Theoricas novas planetarum» Georgii Purbachii in Studio

Generali Cracoviensi per Mag. Albertum de Brudzewo diligenter corrogatum a. D. 1482 post editionem principem Mediolanensem a. 1495 ad fidem codicum praestantissimorum denuo edendum curavit L. A. Birkenmajer, Cracoviae 1900 (Munera Saecularia Universitatis Cracoviensis, 4).

Concilium Basiliense – Concilium Basiliense. Studien und Quellen zur Geschichte des Concils von Basel. Hrsg. mit Unterstützung der historischen und antiquarischen Gesellschaft von Basel, Bd. 1-7, Basel 1896-1926.

Corpus iuris canonici – Corpus iuris canonici, ed. 2, Ae. Friedberg, vol. 1-2, Lipsiae 1879-1881.

Corpus iuris civilis – Corpus iuris civilis, ed. P. Krueger et al., Berolini 1888, ed. stereotypa, 1-3, Berolini 1904-1906.

CPG – Clavis Patrum Graecorum, cura et studio M. Geerard, J. Noret, F. Glorie, vol. 1-5, suppl., Turnhout 1974-2003 (Corpus Christianorum) (numeri ad numeros referuntur).

CPL – Clavis Patrum Latinorum, qua in Corpus Christianorum edendum optimas quasque scriptorum recensiones a Tertulliano ad Bedam commode recludit Eligius Dekkers, opera usus, qua rem praeparavit et iuvit Aemilius Gaar Vindobonensis, ed. tertia aucta et emendata, Steenbrugis 1995 (Corpus Christianorum. Series Latina) (numeri ad numeros referuntur).

CPPMA – Clavis patristica pseudepigraphorum medii aevi, cura et studio I. Machielsen, vol. 1-3, Turnhout 1990-2003 (Corpus Christianorum. Series Latina) (numeri ad numeros referuntur).

Cracovia artificum. Supplementa, 1441-1450 – Cracovia artificum. Supplementa. Teksty źródłowe do dziejów kultury i sztuki z archiwaliów kurialnych i kapitulnych w Krakowie 1441-1450, komentarz, wybrał i oprac. B. Przybyszewski, Kraków 1993.

Cracovia artificum. Supplementa, 1451-1460 – Cracovia artificum. Supplementa. Teksty źródłowe do dziejów kultury i sztuki z archiwaliów kurialnych i kapitulnych w Krakowie 1451-1460, komentarz, wybrał i oprac. B. Przybyszewski, Kraków 2001.

CSEL – Corpus Scriptorum Ecclesiasticorum Latinorum editum consilio et impensis Academiae Litterarum Caesareae Vindobonensis, vol. 1-, Vindobonae 1866-.

Derolez, Palaeography – A. Derolez, The Palaeography of Gothic Manuscripts Books. From the Twelfth to the Early Sixteenth Century, Cambridge 2003 (Cambridge Studies in Paleography and Codicology, 9).

Distelbrink – B. Distelbrink, Bonaventurae scripta authentica, dubia, vel spuria critice recensita, Roma 1975 (Subsidia Scientifica Franciscalia, 5) (numeri ad numeros referuntur).

Dolezalek, Verzeichnis – G. Dolezalek, Verzeichnis der Handschriften zum bömischen Recht bis 1600. Materialsammlung, System und Programm für elektronische Datenverarbeitung, 1-4, Frankfurt am Main 1972.

Doucet, Commentaires – V. Doucet OFM, Commentaires sur les Sentences. Supplément au Répertoire de F. Stegmüller, Firenze 1954.

Dzieje UJ – Dzieje Uniwersytetu Jagiellońskiego w latach 1364-1764, vol. 1, praca zbiorowa pod red. K. Lepszego, Kraków 1964; Dzieje Uniwersytetu Jagiellońskiego w latach 1765-1850, vol. 2, cz. 1, M. Chamcówna, K. Mrozowska, Kraków 1965 (Uniwersytet Jagielloński, Wydawnictwa Jubileuszowe, 21).

Fauser – W. Fauser, Die Werke des Albertus Magnus in ihrer handschriftlichen Überlieferung, Teil 1: Die echten Werke, Monasterii Westfalorum 1982 (Alberti Magni Opera omnia ad fidem codicum manuscriptorum edenda apparatu critico, notis, prolegomenis, indicibus instruenda, tomus subsidiarius 1).

Fijałek, Studia – J. Fijałek, Studia do dziejów Uniwersytetu Krakowskiego i jego wydziału teologicznego w XV wieku, Kraków 1898.

Filozofia w Polsce – Filozofia w Polsce. Słownik pisarzy, red. B. Baczko i in., Wrocław 1971.

Frankenstein, Traktat – Jana Frankensteina traktat «De modo peragendi divinum officium in die Parasceues Domini», wstęp, wyd. B. Chmielowska, „Przegląd Tomistyczny", VI-VII 1997, 385-443.

Glorieux, Faculté – P. Glorieux, La faculté des arts et ses maîtres au XIIIe siècle, Paris 1971 (Études de philosophie médiévale, 59).

Glorieux, Pro et contra Thomam – P. Glorieux, Pro et contra Thomam. Un survol de cinquante années, [in:] Sapientiae procerum amore. Mélanges médiévistes offerts à Dom Jean-Pierre Müller OSB, à l'occasion de son 70ème anniversaire (24 février 1974), ed. T. W. Köhler, Roma 1974, 255-287 (Studia Anselmiana, 63).

Glorieux, Répertoire – P. Glorieux, Répertoire des maîtres en théologie de Paris au XIIIe siècle, vol. 1-2, Paris 1933-1934 (Études de philosophie médiévale, 17-18).

Gołaszewska, Commentaires – M. Gołaszewska, J. B. Korolec, A. Półtawski, Z. K. Siemiątkowska, I. Tarnowska, Z. Włodek, Commentaires sur les Sentences. Supplément au Répertoire de F. Stegmüller, „Mediaevalia Philosophica Polonorum", II 1958, 22-27.

Goy, Werke Hugos – R. Goy, Die Überlieferung der Werke Hugos von St. Viktor. Ein Beitrag zur Kommunikationsgeschichte des Mittelalters, Stuttgart 1976 (Monographien zur Geschichte des Mittelalters, 14).

Goy, Werke Richards – R. Goy, Die handschriftliche Überlieferung der Werke Richards von St. Viktor im Mittelalter, Turnhout 2005 (Bibliotheca Victorina, 18).

Grabmann, Werke – M. Grabmann, Die Werke des hl. Thomas von Aquin. Eine literarhistorische Untersuchung und Einführung, 3. Aufl., Münster i. W. 1949 (Beiträge zur Geschichte der Philosophie des Mittelalters, 22/1-2).

GW – Gesamtkatalog der Wiegendrucke, hrsg. von d. Kommission f. d. Gesamtkatalog der Wiegendrucke, vol. 1-, Leipzig 1925-; <www.gesamtkatalogderwiegendrucke.de> (numeri ad numeros referuntur).

Hagenmaier, Handschriften Freiburg – W. Hagenmaier, Die lateinischen mittelalterlichen Handschriften der Universitätsbibliothek Freiburg im Breisgau (ab Hs. 231), Wiesbaden 1980 (Kataloge der Universitätsbibliothek Freiburg im Breisgau, Bd. 1: Die Handschriften der Universitätsbibliothek und anderer öffentlicher Sammlungen in Freiburg im Breisgau und Umgebung, 3).

Hamesse – J. Hamesse, Les auctoritates Aristotelis. Un florilège médiéval. Étude historique et édition critique, Louvain, Paris 1974 (Philosophes médiévaux, 17).

Helmrath, Basler Konzil – J. Helmrath, Das Basler Konzil 1431-1449. Forschungsstand und Probleme, Köln-Wien 1987 (Kölner historische Abhandlungen, 32).

Hernández Montes, Obras – B. Hernández Montes, Obras de Juan de Segovia, [in:] Repertorio de Historia de las Ciencias Eclesiásticas en España, 6, Salamanca 1977 (Corpus Scriptorum Sacrorum Hispaniae. Estudios, 6).

Hilg, Handschriften Augsburg – H. Hilg, Lateinische mittelalterliche Handschriften in Quarto der Universitätsbibliothek Augsburg. Die Signaturengruppen Cod. I.2.4° und Cod. II.1.4°, Wiesbaden 2007 (Die Handschriften der Universitätsbibliothek Augsburg, ser. 1. Die lateinischen Handschriften, 3).

Hilg, Handschriften Eichstätt – H. Hilg, Die mittelalterlichen Handschriften der Universitätsbibliothek Eichstätt, Bd. 1. Aus Cod. st 1 – Cod. st 275, Wiesbaden 1994 (Kataloge der Universitätsbibliothek Eichstätt, 1. Die mittelalterlichen Handschriften, 1).

Hornowska, Zbiory – M. Hornowska, H. Zdzitowiecka-Jasieńska, Zbiory rękopiśmienne w Polsce średniowiecznej, Warszawa 1947.

Izydorczyk, Manuscripts – Z. Izydorczyk, Manuscripts of the Evangelium Nicodemi. A Census, Toronto 1993 (Subsidia Mediaevalia, 21).

Jagosz, Beatyfikacja – M. Jagosz, Beatyfikacja i kanonizacja świętej Jadwigi królowej, Kraków 2003 (Studia do dziejów Wydziału Teologicznego Uniwersytetu Jagiellońskiego, 15).

Kaeppeli – T. Kaeppeli, Scriptores Ordinis Praedicatorum Medii Aevi, vol. 1-3, Romae 1970-1980, T. Kaeppeli, E. Panella, vol. 4, Romae 1993 (numeri ad numeros referuntur).

Kałuża, Podręcznik teologii – Z. Kałuża, Podręcznik teologii używany na Uniwersytecie Krakowskim: Komentarz do «Sentencji», zwany «Utrum Deus gloriosus», „Przegląd Tomistyczny", XVII 2011, 235-254.

Katalog dokumentów BJ – Katalog zbioru dokumentów pergaminowych Biblioteki Jagiellońskiej, oprac. K. Nabiałek, W. Świeboda, M. Zdanek, współpr. R. Tatarzyński, red. K. Nabiałek, 1: Katalog dokumentów, 2: Ilustracje i indeks, Kraków 2014 (Catalogus diplomatum pergameneorum, quae in collectione Bibliothecae Jagellonicae Cracoviae asservantur, comparaverunt C. Nabiałek, A. Świeboda, M. Zdanek, cooperante R. Tatarzyński, moderante C. Nabiałek, 1: Catalogus diplomatum, 2: Imagines et index, Cracoviae MMXIV).

Kern, Handschriften Graz – A. Kern, Die Handschriften der Universitätsbibliothek Graz, Bd. 1, Leipzig 1942 (Verzeichnis der Handschriften im Deutschen Reich, 2); Bd. 2, Wien 1956 (Handschriftenverzeichnisse Österreichischer Bibliotheken. Steiermark, 2).

Kompatscher, Handschriften Innsbruck – G. Kompatscher, Katalog der Handschriften der Universitätsbibliothek Innsbruck, Teil 3: Cod.

201-300, unter Mitarbeit von W. Neuhauser, S. Sepp, E. Ramminger, Wien 1999 (Österreichische Akademie der Wissenschaften, Philosophisch-Historische Klasse, Denkschriften, 271. Veröffentlichungen der Kommission für Schrift- und Buchwesen des Mittelalters, II: Verzeichnisse der Handschriften Österreichischer Bibliotheken, 4/3).

Kowalczyk, Franciszek z Brzegu – M. Kowalczyk, Franciszek z Brzegu, „Acta Mediaevalia", XII 1999, 99--144.

Kowalczyk, Krakowskie mowy – M. Kowalczyk, Krakowskie mowy uniwersyteckie z pierwszej połowy XV w., Wrocław 1970 (Źródła do Dziejów Nauki i Techniki, 8).

Kowalczyk, Łukasz z Wielkiego Koźmina – M. Kowalczyk, Łukasz z Wielkiego Koźmina, Materiały do hist. filoz. średn. w Polsce, 4 (15), Wrocław 1971, 3-40.

Kowalczyk, Maciej z Szydłowa – M. Kowalczyk, Studia nad życiem i działalnością Macieja z Szydłowa, Folia Historica Cracoviensia, 3, Kraków 1996, 69-89.

Kowalczyk, Warsztat – M. Kowalczykówna, Warsztat naukowy Wawrzyńca z Raciborza, „Biul. Bibl. Jagiell.", XLIV 1994, 49-62.

Kowalczyk, Z badań – M. Kowalczyk, Z badań nad życiem i biblioteką Mikołaja Kozłowskiego, „Biul. Bibl. Jagiell.", XXII 1972, 19-28.

Kowalczyk, Belcarzowa, Wysocka, Glosy polskie – M. Kowalczyk, E. Belcarzowa, F. Wysocka, Glosy polskie Jakuba z Piotrkowa i innych autorów w rękopisach Biblioteki Jagiellońskiej, „Biul. Bibl. Jagiell.", XXIII 1973, 79-115.

Kuksewicz, Jan ze Słupczy – Z. Kuksewicz, Jan ze Słupczy. Stan badań, Materiały i Studia Zakł. Hist. Filoz. Staroż. i Średn., 1, seria A: Materiały do hist. filoz. średn. w Polsce. Uczeni i filozofowie polscy, 1, Warszawa 1961, 85-118.

Kurz – R. Kurz, Die handschriftliche Überlieferung der Werke des heiligen Augustinus, vol. V/1: Bundesrepublik Deutschland und Westberlin. Werkverzeichnis, Wien 1976 (Österreichische Akademie der Wissenschaften, Philosophisch-Historische Klasse. Sitzungsberichte, 306. Veröffentlichungen der Kommission zur Herausgabe des Corpus der Lateinischen Kirchenväter, 9).

Kuttner, Repertorium – S. Kuttner, Repertorium der Kanonistik (1140--1234). Prodromus Corporis Glossarum 1, Città del Vaticano 1937 (Studi e Testi, 71).

Kuzmová, Preaching – S. Kuzmová, Preaching Saint Stanislaus. Medieval Sermons on Saint Stanislaus of Cracow. His Image and Cult, Warsaw 2013.

Lang, Heinrich Totting von Oyta – A. Lang, Heinrich Totting von Oyta. Ein Beitrag zur Entstehungsgeschichte der ersten deutschen Universitäten und zur Problemgeschichte der Spätscholastik, Münster i. W. 1937 (Beiträge zur Geschichte der Philosophie und Theologie des Mittelalters, 33/4-5).

Legenda aurea – Iacopo da Varazze Legenda aurea, ed. critica a cura di G. P. Maggioni, 1-2, Firenze 1998 (Millennio medievale, 6. Testi, 3).

Leonina – Sancti Thomae de Aquino Opera omnia iussu Leonis XIII P. M. edita, Roma, Paris 1882-.

Lewicka-Kamińska, Z dziejów – A. Lewicka-Kamińska, Z dziejów średniowiecznej oprawy książkowej na Śląsku, „Roczniki Biblioteczne", XXI 1977, 27-90, fot. 1-39.

Lhotsky, Thomas Ebendorfer – A. Lhotsky, Thomas Ebendorfer. Ein österreichischer Geschichtsschreiber, Theologe und Diplomat des 15. Jahrhundert, Stuttgart 1957 (Schriften der MGH, 15).

Liber dilig. – Liber diligentiarum Facultatis Artisticae Universitatis Cracoviensis, pars 1 (1487-1563), ed. W. Wisłocki, Cracoviae 1886 (Archiwum do Dziejów Literatury i Oświaty w Polsce, 4).

Lipsius, Apokryphen – R. A. Lipsius, Die Apokryphen Apostelgeschichten und Apostellegenden. Ein Beitrag zur altchristlichen Literaturgeschichte, Bd. 1-2, Braunschweig 1883-1887.

List, Handschriften Mainz, 2 – G. List, Die Handschriften der Stadtbibliothek Mainz, Bd. 2: Hs I 151 – Hs I 250, Wiesbaden 1998.

Little, Initia – Initia operum Latinorum, quae saeculis XIII, XIV, XV attribuuntur, secundum ordinem alphabeti disposita, ed. A. G. Little, New York 1958 (Burt Franklin Bibliographical Series, 7).

Macken, Bibliotheca – R. Macken, Bibliotheca manuscripta Henrici de Gandavo, 1: Introduction, Catalogue A-P; 2: Catalogue Q-Z, Répertoire, Leuven-Leiden 1979 (Henrici de Gandavo Opera omnia, 1-2).

Madre, Nikolaus – A. Madre, Nikolaus von Dinkelsbühl, Leben und Schriften, Münster i. W. 1965 (Beiträge zur Geschichte der Philosophie und Theologie des Mittelalters, 40/4).

Mansi – Sacrorum conciliorum nova et amplissima collectio ... quam I. D. Mansi, archiepiscopus Lucensis, evulgavit, ed. novissima ..., vol. 0--53, Florentiae, Parisiis, Lipsiae 1759-1927.

Markowski, Burydanizm – M. Markowski, Burydanizm w Polsce w okresie przedkopernikańskim. Studium z historii filozofii i nauk ścisłych na Uniwersytecie Krakowskim w XV wieku, Wrocław 1971 (Studia Copernicana, 2).

Markowski, Dzieje Teologii – M. Markowski, Dzieje Wydziału Teologii Uniwersytetu Krakowskiego w latach 1397-1525, Kraków 1996 (Studia do dziejów Wydziału Teologicznego Uniwersytetu Jagiellońskiego, 2).

Markowski, Jakub z Nowego Sącza – M. Markowski, Jakub z Nowego Sącza, Materiały i Studia Zakł. Hist. Filoz. Staroż. i Średn., 3, seria A: Materiały do hist. filoz. średn. w Polsce. Uczeni i filozofowie polscy, 2, Wrocław 1964, 3-29.

Markowski, Mikołaj Budissen – M. Markowski, Mikołaj Budissen, Materiały i Studia Zakł. Hist. Filoz. Staroż. i Średn., 3, seria A: Materiały do hist. filoz. średn. w Polsce. Uczeni i filozofowie polscy, 2, Wrocław 1964, 92-119.

Markowski, Mikołaj z Kozłowa – M. Markowski, Mikołaj z Kozłowa, Materiały i Studia Zakł. Hist. Filoz. Staroż. i Średn., 5, seria A: Materiały do hist. filoz. średn. w Polsce. Uczeni i filozofowie w Polsce, 3, Wrocław 1965, 76-141.

Markowski, Pierwsi bakałarze – M. Markowski, Pierwsi bakałarze i doktorzy teologii Uniwersytetu Krakowskiego, „Przegląd Tomistyczny", VI-VII 1997, 233-308.

Markowski, Poglądy – M. Markowski, Poglądy filozoficzne Andrzeja z Kokorzyna, „Studia Mediewistyczne", VI 1964, 55-136.

Markowski, Réplique – M. Markowski, La réplique d'André de Kokorzyn au „Principium" de Jean de Kluczbork du ms. de la Bibl. de l'Un. de Wrocław I Q 376, „Mediaevalia Philosophica Polonorum", X 1961, 50-54.

Markowski, Spis – M. Markowski, Spis osób dopuszczonych do wykładów i katedry na wydziale teologii Uniwersytetu Krakowskiego w XV w., Materiały i Studia Zakł. Hist. Filoz. Staroż. i Średn., 4, seria A: Materiały do hist. filoz. średn. w Polsce, Wrocław 1965, 127-275.

Markowski, Wykład – M. Markowski, Wykład wstępny Andrzeja z Kokorzyna, Materiały i Studia Zakł. Hist. Filoz. Staroż. i Średn., 2, seria A: Materiały do hist. filoz. średn. w Polsce, Warszawa 1962, 3-51.

Markowski, Wykłady wstępne – M. Markowski, Wykłady wstępne i komentarz do „Sentencji" Benedykta Hessego z Krakowa, Materiały i Studia Zakł. Hist. Filoz. Staroż. i Średn., 4, seria A: Materiały do hist. filoz. średn. w Polsce, Wrocław 1965, 334-340.

Markowski, Zygmunt z Pyzdr – M. Markowski, Zygmunt z Pyzdr, Materiały i Studia Zakł. Hist. Filoz. Staroż. i Średn., 5, seria A: Materiały do hist. filoz. średn. w Polsce. Uczeni i filozofowie w Polsce, 3, Wrocław 1965, 169-205.

Meier – L. Meier, Die Werke des Erfurter Kartäusers Jakob von Jüterbog in ihrer handschriftlichen Überlieferung, Münster i. W. 1955 (Beiträge zur Geschichte der Philosophie und Theologie des Mittelalters, 37/5).

Metryka – Metryka Uniwersytetu Krakowskiego z lat 1400-1508. Biblioteka Jagiellońska rkp. 258, wyd. A. Gąsiorowski, T. Jurek, I. Skierska, vol. 1: Tekst, vol. 2: Indeksy, Kraków 2004.

Metryka 1509-1551 – Metryka czyli album Uniwersytetu Krakowskiego z lat 1509-1551. Biblioteka Jagiellońska rkp. 259, wyd. A. Gąsiorowski, T. Jurek, I. Skierska, Warszawa 2010.

MGH – Monumenta Germaniae Historica.

MGH, Briefe d. dt. Kaiserzeit – Monumenta Germaniae Historica, Die Briefe der deutschen Kaiserzeit, vol. 1-8, Weimar (et al.) 1949-2002.

MGH LL – Monumenta Germaniae Historica, Libelli de lite imperatorum et pontificum, hrsg. E. Dümmler (et al.), vol. 1-3, Hannoverae 1891-1897.

Michael, Handschriften Soest – B. Michael, Die mittelalterlichen Handschriften der Wissenschaftlichen Stadtbibliothek Soest mit einem kurzen Verzeichnis der mittelalterlichen Handschriftenfragmente von Tilo Brandis, Wiesbaden 1990.

Michaud-Quantin, Sommes – P. Michaud-Quantin, Sommes de casuistique et manuels de confession au Moyen Âge (XII-XVI siècles), Louvain-Lille-Montréal 1962 (Analecta mediaevalia Namurcensia, 13).

Mohan, Initia – G. E. Mohan, Initia Operum Franciscalium (XIII-XV s.), „Franciscan Studies”, XXXV--XXXVIII 1975-1978.

Monumenta Chartae Papyraceae Historiam Illustrantia – Monumenta Chartae Papyraceae Historiam Illustrantia or Collection of Works and Documents Illustrating the History of Paper. General Editor: E. J. Labarre, vol. 1-15, Hilversum 1950--1994.

Morawski, Historia UJ – K. Morawski, Historia Uniwersytetu Jagiellońskiego. Średnie wieki i Odrodzenie z wstępem o uniwersytecie Kazimierza Wielkiego, vol. 1-2, Kraków 1900.

MPH – Monumenta Poloniae Historica. Pomniki Dziejowe Polski, ed. A. Bielowski, vol. 1-6, Lwów 1864--1893.

Najstarsza księga promocji – Najstarsza księga promocji Wydziału Sztuk Uniwersytetu Krakowskiego z lat 1402-1541, wyd. A. Gąsiorowski, T. Jurek, I. Skierska, Warszawa 2011 (numeri annum numerumque promotionis currentem designant, littera B – baccalaureatum, M – magisterium, signum * – glossas et adnotationes suppletivas).

Nauczanie w dawnych wiekach – Nauczanie w dawnych wiekach. Edukacja w średniowieczu i u progu ery nowożytnej. Polska na tle Europy, red. W. Iwańczak, K. Bracha, Kielce 1997 (Prace Instytutu Historii Wyższej Szkoły Pedagogicznej w Kielcach, 3).

Neuhauser, Handschriften Innsbruck, 6 – W. Neuhauser u. a., Katalog der Handschriften der Universitäts und Landesbibliothek Tirol in Innsbruck, Teil 6: Cod. 501-600, Wien 2009 (Österreichische Akademie der Wissenschaften, Philosophisch--Historische Klasse, Denkschriften, 375. Veröffentlichungen der Kommission für Schrift- und Buchwesen des Mittelalters, II: Verzeichnisse der Handschriften Österreichischer Bibliotheken, 4/6).

Notae musicae artis – Notae musicae artis. Musical Notation in Polish Sources 11th-16th Century. Studies ed. by Elżbieta Witkowska-Zaremba, Kraków 2001.

Nowak, Przyczynki – L. Nowak, Przyczynki do księgozbioru Pawła z Worczyna, „Studia Mediewistyczne”, XXXIV-XXXV 1999-2000, 283-288.

Nowy Korbut – Bibliografia literatury polskiej „Nowy Korbut”, vol. 1-3: Piśmiennictwo staropolskie, Warszawa 1963-1965.

Palacz, Wojciech z Brudzewa – R. Palacz, Wojciech Blar z Brudzewa. Stan badań, Materiały i Studia Zakł. Hist. Filoz. Staroż. i Średn., 1, seria A: Materiały do hist. filoz. średn. w Polsce, Uczeni i filozofowie polscy, 1, Warszawa 1961, 172-198.

Patera, Podlaha, Soupis – A. Patera, A. Podlaha, Soupis rukopisů Knihovny Metropolitní Kapitoly Pražské, vol. 1-2, Praha 1910-1922.

Pawlikowska, Wojciech z Brudzewa – Z. Pawlikowska-Brożek, Wojciech z Brudzewa, [in:] Krakowski krąg Mikołaja Kopernika, Kraków 1973, 67-82 (Zeszyty Naukowe UJ, 314. Prace Historyczne, 42. Copernicana Cracoviensia, 3).

PG – Patrologiae cursus completus. Series Graeca, ed. J. P. Migne, vol. 1-161, Parisiis 1857-1886 et ed. posteriores.

Piccard – Die Wasserzeichenkartei Piccard im Hauptstaatsarchiv Stuttgart,

Findbuch 1-17, Stuttgart 1961-1997 (numeri ad numeros referuntur).

Piccard-Online – Landesarchiv Baden-Württemberg, Hauptstaatsarchiv Stuttgart, J 340 <www.piccard-online.de> (numeri ad numeros referuntur).

Piekosiński – F. Piekosiński, Średniowieczne znaki wodne zebrane z rękopisów przechowywanych w archiwach i bibliotekach polskich, głównie krakowskich, wiek XIV, Kraków 1893; Idem, Wybór znaków wodnych z XV stulecia, Kraków 1896 (numeri ad numeros referuntur).

PL – Patrologiae cursus completus. Series Latina, ed. J. P. Migne, vol. 1-221, Parisiis 1844-1865 et ed. posteriores.

Polkowski, Katalog – I. Polkowski, Katalog rękopisów kapitulnych katedry krakowskiej, Kraków 1884 (Archiwum do Dziejów Literatury i Oświaty w Polsce, 3).

Porębski – Jakub z Paradyża, Opuscula inedita. Wydał, wstępem i notami krytycznymi opatrzył S. A. Porębski, Warszawa 1978 (Textus et Studia Historiam Theologiae in Polonia Excultae Spectantia, 5).

Potkowski, Książka rękopiśmienna – E. Potkowski, Książka rękopiśmienna w kulturze Polski średniowiecznej, Warszawa 1984.

Półtawski, Communis lectura – A. Półtawski, Communis lectura Pragensis, „Mediaevalia Philosophica Polonorum", I 1958, 11-27.

Profesorowie Prawa UJ – Profesorowie Wydziału Prawa Uniwersytetu Jagiellońskiego, 1: 1364-1780, red. W. Uruszczak, Kraków 2015.

PSB – Polski słownik biograficzny, vol. 1-, Kraków 1935-.

Quétif, Echard, Scriptores – J. Quétif, J. Echard, Scriptores Ordinis Praedicatorum recensiti notisque historicis et criticis illustrati ..., vol. 1-2, Lutetiae Parisiorum 1719-1721.

Radzimiński, Prałaci i kanonicy – A. Radzimiński, Prałaci i kanonicy kapituły katedralnej płockiej w XIV i I poł. XV w. Studium prozopograficzne, vol. 1: Prałaci, vol. 2: Kanonicy, Toruń 1991-1993.

RB – Repertorium biblicum medii aevi. Collegit, disposuit, ed. F. Stegmüller, vol. 1-11, Matriti 1940-1980 (numeri ad numeros referuntur).

Rebeta, Komentarz – J. Rebeta, Komentarz Pawła z Worczyna do „Etyki Nikomachejskiej" Arystotelesa z 1424 roku. Zarys problematyki filozoficzno-społecznej, Wrocław 1970 (Monografie z Dziejów Nauki i Techniki, 61).

Rebeta, Paweł z Worczyna – J. Rebeta, Paweł z Worczyna, Materiały i Studia Zakł. Hist. Filoz. Staroż. i Średn., 3, seria A: Materiały do hist. filoz. średn. w Polsce. Uczeni i filozofowie polscy, 2, Wrocław 1964, 120-156.

Rechowicz, Św. Jan Kanty – Rechowicz, Św. Jan Kanty i Benedykt Hesse w świetle krakowskiej kompilacji teologicznej z XV w., Lublin 1958 (Rozprawy Wydziału Teologiczno-Kanonicznego Katolickiego Uniwersytetu Lubelskiego, 17).

Repertorium Germanicum – Repertorium Germanicum. Verzeichnis der in den päpstlichen Registern und Kameralakten vorkommenden Personen, Kirchen und Orte des Deutschen Reiches, seiner Diözesen und

Territorien vom Beginn des Schismas bis zum Reformation, hrsg. vom Deutschen Historischen Institut in Rom, vol. 1-9, Berlin et al. 1897-2000.

RH – U. Chevalier, Repertorium hymnologicum. Catalogue des chants, hymnes, proses, séquences, tropes en usage dans l'église latine depuis les origines jusqu'à nos jours, vol. 1-6, Louvain 1892-1920 (numeri ad numeros referuntur).

RIM – J. Hamesse, S. Szyller, Repertorium initiorum manuscriptorum Latinorum medii aevi, vol. 1-4, Louvain-la-Neuve 2007-2010 (FIDEM, Textes et Études du Moyen Âge, 42/1-4) (numeri ad numeros referuntur).

RS – Repertorium commentariorum in Sententias Petri Lombardi. Collegit, disposuit, ed. F. Stegmüller, vol. 1--2, Herbipoli (Würzburg) 1947 (numeri ad numeros referuntur).

Schaller, Könsgen, Initia – D. Schaller, E. Könsgen, Initia carminum latinorum saeculo undecimo antiquiorum. Bibliographisches Repertorium für die lateinische Dichtung der Antike und des früheren Mittelalters, Göttingen 1977; Supplementband fortgeführt von T. Klein, Göttingen 2005 (numeri ad numeros referuntur).

Schneider, Handschriften Nürnberg, 1 – K. Schneider, Die Deutschen mittelalterlichen Handschriften. Beschreibung des Buchschmucks: H. Zirnbauer, Wiesbaden 1965 (Die Handschriften der Stadtbibliothek Nürnberg, 1).

Schneyer – J. B. Schneyer, Repertorium der lateinischen Sermones des Mittelalters f. d. Zeit von 1150 bis 1350, vol. 1-11, Münster 1969-1990 (Beiträge zur Geschichte der Philosophie und Theologie des Mittelalters, 43/1-11) (numeri ad numeros referuntur).

Schneyer CD – J. B. Schneyer, Repertorium der lateinischen Sermones des Mittelalters f. d. Zeit von 1350 bis 1500, hrsg. L. Hödl und W. Knoch unter Mitarbeit von R. Hetzler u. a., Bochum 1998 (discus compactus).

Schneyer, Wegweiser – J. B. Schneyer, Wegweiser zu lateinischen Predigtreihen des Mittelalters, München 1965 (Veröffentlichungen der Kommission für die Herausgabe ungedruckter Texte aus der mittelalterlichen Geisteswelt der Bayerischen Akademie der Wissenschaften, 1).

Schulte, Geschichte – J. F. von Schulte, Die Geschichte der Quellen und Literatur des canonischen Rechts von Gratian bis auf die Gegenwart, Bd. 1-2, Stuttgart 1875-1877.

Scripta manent – Scripta manent. Textus ad theologiam spectantes in Universitate Cracoviensi saeculo XV conscripti, wybór i oprac. Z. Włodek, współpr. R. Tatarzyński, Kraków 2000 (Studia do dziejów Wydziału Teologicznego Uniwersytetu Jagiellońskiego, 12).

Sieben, Traktate – H. J. Sieben, Traktate und Theorien zum Konzil vom Beginn des grossen Schismas bis zum Vorabend der Reformation (1378-1521), Frankfurt am Main 1983 (Frankfurter Theologische Studien, 30).

Siemiątkowska, Jan Sczekna – Z. Siemiątkowska, Jan Sczekna, Materiały i Studia Zakł. Hist. Filoz. Staroż. i Średn., 5, seria A: Materiały do hist. filoz. średn. w Polsce. Uczeni i filozofowie w Polsce, 3, Wrocław 1965, 34-75.

Siniarska – J. Siniarska-Czaplicka, Filigrany papierni położonych na obszarze Rzeczypospolitej Polskiej od początku XVI do połowy XVIII w., Wrocław 1969.

Skupieński, Notariat – K. Skupieński, Notariat publiczny w średniowiecznej Polsce, wyd. 2, Lublin 2002.

Słownik hist.-geogr. woj. płoc. – Słownik historyczno-geograficzny ziem polskich w średniowieczu pod red. J. Wiśniewskiego, Wrocław, vol. 3: Mazowsze – woj. płockie, opr. A. Borkiewicz-Celińska, Wrocław 1980-2000.

Słownik hist.-geogr. woj. pozn. – Słownik historyczno-geograficzny ziem polskich w średniowieczu pod red. A. Gąsiorowskiego, Poznań, vol. 8: Wielkopolska – woj. poznańskie, cz. 3: opr. K. Górska-Gołaska et al., Poznań 1993-1999.

Spunar, Repertorium – P. Spunar, Repertorium auctorum Bohemorum provectum idearum post Universitatem Pragensem conditam illustrans, vol. 1, Wratislaviae 1985; vol. 2, Warsaviae, Pragae 1995 (Studia Copernicana, 25, 35).

Steer, Hugo Ripelin – G. Steer, Hugo Ripelin von Straßburg. Zur Rezeptions- und Wirkungsgeschichte des «Compendium theologicae veritatis» im deutschen Spätmittelalter, Tübingen 1981 (Texte und Textgeschichte, 2).

Stopka, Szkoły katedralne – K. Stopka, Szkoły katedralne metropolii gnieźnieńskiej w średniowieczu. Studia nad kształceniem kleru polskiego w wiekach średnich, „Rozprawy Wydz. Hist.-Filoz. PAU", LXXVI 1994.

Swastek, Kolofony – J. Swastek, Kolofony św. Jana Kantego w rękopisach Biblioteki Jagiellońskiej w Krakowie, ABMK XIV 1967, 151-203.

Swieżawski, Filozofia – S. Swieżawski, Filozofia w średniowiecznym Uniwersytecie Krakowskim, [in:] Historia kultury średniowiecznej w Polsce, Warszawa 1963, 129-159.

Szelińska, Biblioteki – W. Szelińska, Biblioteki profesorów Uniwersytetu Krakowskiego w XV i początkach XVI wieku, Wrocław 1966 (Monografie z Dziejów Nauki i Techniki, 33).

Szelińska, Dwa testamenty – W. Szelińska, Dwa testamenty Jana Dąbrówki. Z dziejów i życia umysłowego Uniwersytetu Krakowskiego w połowie XV wieku, Warszawa 1962, 3-40 (Studia i materiały z dziejów nauki polskiej, seria A, z. 5).

Świeboda, Kolofon – W. Świeboda, Kolofon 'plenus amoris' w rękopisie Piotra z Dzwonowa „Biul. Bibl. Jagiell.", LVIII 2008, 271-276.

Theiner – Vetera Monumenta Poloniae et Lithuaniae gentiumque finitimarum historiam illustrantia; maximam partem nondum edita ex tabulariis Vaticanis deprompta, collecta ac serie chronologica disposita ab A. Theiner, vol. 1 (1217-1409), 2 (1410-1572), 3 (1585-1696), 4 (1697-1775), Romae 1860-1864.

Thomae Aquinatis Opera omnia – Thomae Aquinatis Opera omnia studio et labore S. E. Fretté et P. Maré, vol. 1-34, Parisiis 1874-1889.

Tříška, Příspěvky – J. Tříška, Příspěvky k středověké literární Universitě. De auctoribus et operibus Universitatis Pragensis medii aevi capitula, „Acta Universitatis Carolinae – Historia Universitatis Carolinae Pragensis", [1] IX/1, 1968, 7-28; [2]

IX/2, 1968, 5-43; [3] X/1, 1969, 7-48.

Třiška, Studie – J. Třiška, Studie a prameny k rétorice a k universitní literatuře, Praha 1972 (Práce z dějin University Karlovy, 9).

Tříška, Životopisný slovník – J. Tříška, Životopisný slovník předhusitské Pražské Univerzity 1348-1409, Praha 1981 (Knižnice Archivu Univerzity Karlovy, 12).

Truhlař, Catalogus – J. Truhlař, Catalogus codicum manu scriptorum Latinorum, qui in C. R. Bibliotheca Publica atque Universitatis Pragensis asservantur, vol. 1-2, Pragae 1905-1906.

VL – Die deutsche Literatur des Mittelalters. Verfasserlexikon. Begründet von W. Stammler, fortgeführt von K. Langosch, 2. Aufl., hrsg. von K. Ruh (et al.), Redaktion K. Illing, Ch. Stöllinger, vol. 1-10, Berlin, New York 1978-1999.

Walther, Initia – Initia carminum ac versuum medii aevi posterioris Latinorum. Alphabetisches Verzeichnis der Versanfänge mittellateinischer Dichtungen. Unter Benutzung der Vorarbeiten A. Hilkas, bearb. H. Walther, Göttingen 1959 (Carmina medii aevi posterioris Latina, 1); Ergänzungen und Berichtigungen zur 1. Auflage von 1959, Göttingen 1969 (Carmina medii aevi posterioris Latina, 1/1) (numeri ad numeros referuntur).

Walther, Proverbia – Proverbia sententiaeque Latinitatis medii aevi. Lateinische Sprichwörter und Sentenzen des Mittelalters in alphabetischer Anordnung. Gesamm. und hrsg. H. Walther, vol. 1-6, Göttingen 1963-1969; Proverbia sententiaeque Latinitatis medii ac recentioris aevi. Nova series. Lateinische Sprichwörter und Sentenzen des Mittelalters und der frühen Neuzeit in alphabetischer Anordnung. Neue Reihe. Aus dem Nachlaß von H. Walther, hrsg. P. G. Schmidt, 7-9, Göttingen 1982-1986 (Carmina medii aevi posterioris Latina, 2/1-9) (numeri ad numeros referuntur).

Wielgus, Bibelkommentare – S. Wielgus, Die mittelalterlichen polnischen Bibelkommentare, [in:] Probleme der Bearbeitung mittelalterlicher Handschriften, Wiesbaden 1986, 277-299 (Wolfenbütteler Forschungen, 30).

Wielgus, Obca literatura – S. Wielgus, Obca literatura biblijna w średniowiecznej Polsce, Lublin 1990.

Wielgus, Średniowieczna – S. Wielgus, Średniowieczna łacińskojęzyczna biblistyka polska, Lublin 1992.

Wisłocki, Katalog – W. Wisłocki, Katalog rękopisów Biblioteki Uniwersytetu Jagiellońskiego, cz. 1-2, Kraków 1877-1881.

Włodek, Filozofia a teologia – Z. Włodek, Filozofia a teologia. Wybór tekstów z krakowskich wykładów wstępnych do «Sentencji» Piotra Lombarda z XV w., Materiały do hist. filoz. średn. w Polsce, 1 (12), Wrocław 1970, 39-114.

Włodek, Krakowska kwestia – Z. Włodek, Krakowska kwestia z XV wieku o interpretacji Pisma św., „Studia Mediewistyczne", XXX 1993, 73-81.

Włodek, Krakowski komentarz – Z. Włodek, Krakowski komentarz z XV wieku do «Sentencji» Piotra Lombarda, Część I: Wstęp historyczny i edycja tekstu księgi I i II, „Studia Mediewistyczne", VII 1966, 125-355.

Włodek, Maciej ze Sąspowa – Z. Włodek, Maciej ze Sąspowa. Materiały i Studia Zakł. Hist. Filoz. Staroż. i Średn., 3, seria A: Materiały do hist. filoz. średn. w Polsce. Uczeni i filozofowie polscy, 2, Wrocław 1964, 44-91.

Włodek, Paul de Pyskowice – S. Włodek, Paul de Pyskowice († vers 1468), témoin inconnu de la 'devotio moderna' à l'Université de Cracovie, [in:] Sapientiae procerum amore. Mélanges médiévistes offerts à Dom Jean-Pierre Müller OSB, à l'occasion de son 70ème anniversaire (24 février 1974), ed. T. W. Köhler, Roma 1974, 457-466 (Studia Anselmiana, 63).

Włodek, Paweł z Pyskowic – Z. Włodek, Paweł z Pyskowic, Materiały i Studia Zakł. Hist. Filoz. Staroż. i Średn., 5, seria A: Materiały do hist. filoz. średn. w Polsce. Uczeni i filozofowie w Polsce, 3, Wrocław 1965, 142-168.

Włodek, Rękopisy św. Anzelma – Z. Włodek, Średniowieczne rękopisy dzieł św. Anzelma z Canterbury w Bibliotece Jagiellońskiej, „Biul. Bibl. Jagiel.", XXXIV-XXXV 1984-1985, 65-70.

Włodek, Z badań – Z. Włodek, Z badań nad filozofią człowieka w późnośredniowiecznej eschatologii krakowskiej. Poglądy Tomasza ze Strzempina, „Studia Mediewistyczne", XXIX 1992, 159-169.

Wolfe, Marbled paper – R. Wolfe, Marbled paper, its history, techniques and patterns. With special reference to the relationship of marbling to bookbinding in Europe and the Western world, Philadelphia 1991.

Wolny, Krakowskie środowisko – J. Wolny, Krakowskie środowisko katedralne w czasach Jana Długosza (1431-1480), [in:] Dlugossiana. Studia historyczne w pięćsetlecie śmierci Jana Długosza, red. S. Gawęda, Kraków 1980, 85-107 (Zeszyty Naukowe UJ, 561. Prace Historyczne, 65).

Wójcik, Autografy – D. Wójcik-Zega, Autografy piętnastowiecznych profesorów krakowskich w rękopisie Archiwum Uniwersytetu Jagiellońskiego 63, „Studia Źródłoznawcze", LIII 2015, 71-109.

Wójcik, Commentaires – K. Wójcik, Commentaires sur les Sentences. Supplément au Répertoire de F. Stegmüller, „Mediaevalia Philosophica Polonorum", XIII 1968, 111--114.

Wójcik, Jan z Kluczborka – K. Wójcik, Jan z Kluczborka. Filozof i teolog Uniwersytetu Krakowskiego, Lublin 1995.

Wójcik, Rekomendacja – K. Wójcik, Jana Frankensteina rekomendacja brata Hermana OP wraz z kwestią dyskutowaną z okazji nadania Hermanowi doktoratu z teologii na Uniwersytecie Krakowskim, Materiały do hist. filoz. średn. w Polsce, 7 (18), Wrocław 1974, 13-53.

Wójcik, Traktaty polemiczne – D. Wójcik, Traktaty polemiczne wobec judaizmu w kręgu średniowiecznego Uniwersytetu Krakowskiego. Wprowadzenie i katalog kodeksów Biblioteki Jagiellońskiej w Krakowie, „Studia Judaica", XI/1 (21) 2008, 117-159.

Wójcik, Wykład – K. Wójcik, Wykład wstępny Mikołaja Kozłowskiego do I księgi „Sentencji" Piotra Lombarda w rękopisie BJ 1525, Materiały do hist. filoz. średn. w Polsce, 1 (12), Wrocław 1970, 115-159.

Wünsch, Konziliarismus – T. Wünsch, Konziliarismus und Polen. Personen, Politik und Programme aus Polen zur Verfassungsfrage der Kirche in der Zeit der mittelalterlichen Reformkonzilien, Paderborn 1998 (Konziliengeschichte, Reihe B: Untersuchungen).

Zathey, Biblioteka – J. Zathey, Biblioteka Jagiellońska w latach 1364--1492, [in:] J. Zathey, A. Lewicka–Kamińska, L. Hajdukiewicz, Historia Biblioteki Jagiellońskiej, vol. 1: 1364-1775, Kraków 1966, 1-130.

Zawadzki, Spuścizna Kantego – R. M. Zawadzki, Spuścizna rękopiśmienna świętego Jana Kantego. Studium kodykologiczne, Kraków 1995 (Studia do dziejów Wydziału Teologicznego Uniwersytetu Jagiellońskiego, 3).

Zawadzki, Spuścizna Stanisława – R. M. Zawadzki, Spuścizna pisarska Stanisława ze Skarbimierza. Studium źródłoznawcze, Kraków 1979.

Zbiór dokumentów katedry i diecezji krakowskiej – Zbiór dokumentów katedry i diecezji krakowskiej, wyd. S. Kuraś, 1: 1063-1415, 2: 1416--1450, Lublin 1965-1973 (Materiały źródłowe do dziejów Kościoła w Polsce, 1/4).

Zega, Filozofia Boga – W. Zega, Filozofia Boga w Quaestiones Sententiarum Mikołaja Bicepsa, Kraków 2002.

Ziegler, Catalogus – K. Ziegler, Catalogus codicum Latinorum classicorum, qui in Bibliotheca Urbica Wratislaviensi adservantur, Wratislaviae 1915.

Zinner, Verzeichnis – E. Zinner, Verzeichnis der astronomischen Handschriften des deutschen Kulturgebietes, München 1925 (numeri ad numeros referuntur).

Zumkeller, Manuskripte – A. Zumkeller, Manuskripte von Werken der Autoren des Augustiner-Eremitenordens in mitteleuropäischen Bibliotheken, Würzburg 1966 (Cassiciacum, 20).

INDEX VOCABULORUM NOVATORUM VEL INUSITATO ADHIBITORUM SENSU LATINUS, ANGLICUS, FRANCOGALLICUS, GERMANICUS, POLONICUS

albus: white; blanc; weiß; biały

antefolium: flyleaf; feuillet de garde initial; Vorsatzblatt, vorderer Schutzblatt; przednia karta ochronna

atramentum: ink; encre; Tinte; atrament

bordiura: border; bordure; Bordüre; bordiura

brattea: foil, lamina; lamelle, paillette; Plättchen, Lamina; blaszka

caeruleus: blue; bleu; blau; niebieski

carnosum latus membranae: flesh side; côté chair; Fleischseite; wewnętrzna strona pergaminu

catenulae instar delineatio: chainwork; chaînette; Kettchen; łańcuszek

charta densata: pasteboard; carton; Pappe; tektura

charta emporetica: wastepaper; papier de rebut; Makulatur; makulatura

chartaceus: made from paper; fait du papier; aus Papier gemacht; papierowy

cinereus: ash-colored; gris; aschgrau; popielaty, szary

cingulus: fillet, band; ceinture; Band, Züngelchen; pasek

cingulus coriaceus: thong, strap; courroie, lanière; Riemen; rzemień

cinnabaris: cinnabar, vermillon; cinabre; Zinnober; cynober

clavis: clasp, clip; attache, agrafe, fermoir; Buchschließe, Klammer; metalowe zamknięcie oprawy, klamra

clavulus: bolt; pointe; Stiftchen; trzpień

clavus[1]: spike; clou; Nagel; gwóźdź

clavus[2]: framing; encadrement; Umrahmung; obramowanie, ramka

clenodium: coat of arms; armes; Wappen; herb, herb rodowy

codicis origo et fata; provenience; provenance; Herkunft; proweniencja

compactura genuina, primitiva: contemporary binding; reliure de l'époque; zeitgenosischer Einband; oprawa pierwotna

compactura uno signaculo impressa: panel stampel; reliure à plaque; Plakettenband, Plattenpressung; oprawa plakietowa

compaginator: bookbinder; relieur; Buchbinder; introligator

compingere: to bind; relier; einbinden; oprawiać

crates, craticula: strapwork; tresse, torsade; Geflecht, Flechtwerk; plecionka, kratka

creta: chalk; craie; Kreide; kreda, kredka

custos: signature of quire; signature de cahier; Bogensignatur; kustosz

custos bifolii (numerus vel signum foliorum in fasc. ordinem rectum servaturum); bifolium signature; signature de/par bifeuillets; Doppelblättersignatur; kustosz wewnętrzny

diploma: document, diploma; document, diplôme; Dokument, Diplom; dokument, dyplom

dorsum[1]: spine; dos; Buchrücken; grzbiet książki

- concavum: concave; concave; konkav; wklęsły
- convexum: convex; convexe; konvex; wypukły
- planum: plane; plat; flach; płaski

dorsum[2]: overleaf; revers; Rückseite; odwrocie (dyplomu)

ductus: character; écriture; Schrift; charakter pisma
fasciculus: quire; cahier; Heft, Lage; składka
fibula cf. clavis
filigranum (ornamentum litterae): pen-flourished (initial); filigranée (lettre); Filigranverzierung; filigran
filorum metallicorum vestigia: wire-lines; vergeures; Bodendrähtenspuren; prążki, żeberka na papierze
filum capiti et calci codicis obsutum: headband, tailband; tranchefile; Kapitalband; kapitałka
flavus, luteus: yellow; jaune; gelb; żółty
floratura: flowers; fleuron; Fleuron; ornament roślinny
foliatio: foliation; foliotation; Blattzählung; numeracja kart, foliacja
fundus: ground; fond; Hintergrund; tło
fuscus: brown; brun; braun; brunatny, ciemnobrązowy
imago photographica, phototypa: photograph; photographie; Foto; fotografia
indiculus: tab; langue, dépassant; Schürze, Leitkopf; języczek, wypustka
integumentum anterius: front board; plat anterieur, plat superieur; Vorderdeckel; przednia okładka, górna okładka
integumentum (tegumentum) involucrum: flap binding; reliure à rabat; Einband mit der Klappe; oprawa kopertowa
integumentum partim corio obtectum: half leather; demi-reliure cuir; Halblederband; półskórek
integumentum posterius: lower board; plat posterieur, plat inferieur; Hinterdeckel; tylna okładka, dolna okładka
lamina, lamnula cf. brattea
ligamenta: bands; nerfs, nervure; Bände; zwięzy grzbietowe
ligula cf. clavulus
limbus: border; bordure; Bordüre; rama, obramowanie
linea in rectanguli (quadrati) formam ducta: border; bordure, cadres; Bordüre, Leiste; ramka
linea undosa: wavy line; trait ondulé, filet tremblé; Wellenlinie, Schlanglinie; wężyk, linia falista
lineare ornamentum: linear ornement; ornament linéaire; linienförmiges Ornament; ornament liniowy, ornament geometryczny
littera initialis: initial; initial; Initiale; inicjał
litterulae compositissimae et clarissimae: calligraphic writing; écriture calligraphique; kalligraphische Schrift; pismo kaligraficzne
luteus cf. flavus
manicula: pointing hand; manicule; Handzeichen; wskaźnik ręki
medicinale praeceptum: recipe, prescription; recette, ordonnance; Rezept, Verordnung, Zusammensetzung; recepta
membranaceus: made from parchment; parcheminé; aus Pergament gemacht; pergaminowy
metallica lamina cf. brattea
miniatura: miniature; miniature; Miniatur; miniatura
officina, pergula compaginatoria, collegium operariorum: bookbinding workshop; atelier à reliure; Buchbinderei; introligatornia
operculum: flap; rabat de couverture; Umschlagfalte; klapa okładki, skrzydełko
pagina currens: running title; titre courant; laufender Kolumnentitel; żywa pagina
paginatio: pagination; pagination; Seitenzahlung; numeracja stron, paginacja
pallidus: light; claire; hell; jasny
pergula compaginatoria cf. officina

pilosum latus membranae: hair side; côté poil; Haarseite; zewnętrzna strona pergaminu
pistillum: burin; burin; Grabstichel; rylec, strychulec
planities integumenti: panel; plat; Deckfläche, Mittelfeld, Spiegel; zwierciadło oprawy
postfolium: flyleaf; feuillet de garde final; Schutzblatt, Nachsatzblatt; tylna karta ochronna
probatio calami: pen trial; essai de plume; Federprobe; próba pióra
punctum[1]: prick; piqûre; Loch; nakłucie (na marginesie do liniowania)
punctum[2]: tool; poinçon; Punze; punca
radiculum: roll; roulette; Rollstempel; radełko
rosetta: rosette; rosette; Rosette; rozeta
roseus: rosy; rosé; rosa, rosafarbig; różowy
ruber in subnigrum vergens: crimson; bordeaux; bordeauxrot; bordowy
rubricatio: rubrication; rubrique; Rubrizieren; rubrowanie
rubricator: rubrician; rubricateur; Rubricator; rubrykator
saphirinus: saphire; de saphir; saphirfarben; szafirowy
schedula: label; etiquette; Etikette, Aufklebezettel; nalepka, karteczka
scriptorum (contentorum) index: list of contents; sommaire, table de matière; Inhaltsverzeichnis; spis treści
sectura: edge; tranche; Schnitt; obcięcie kart
signa aquatica: watermarks; filigranes; Wasserzeichen; znaki wodne
signaculum compaginatorium impressum: blindstamp; estampage; Prägedruck, Blindprägung; ślepe tłoczenie
signatura: number; côte; Signatur; sygnatura
sutura catenaria, catenularia: chain-sewing; chaînette; Kettenstich, Kettennaht; ścieg łańcuszkowy
taenia cf. cingulus
tegumentum cf. integumentum
tessera: place marker; signet; Lesezeichen; zakładka
umbo: boss; bouton, clou, bosse; Buckel, Nagel; guz, gwóźdź
violaceus: violet; violet; violett; fioletowy
vocabula scriptorum materiam indicantia: side-notes; manchettes; Schlagwörter, Sachbegriffe; hasła treściowe

CODICUM DESCRIPTIONES

1501

Lat., ca 1400, chart., cm 30,5×22, f. 236+I.

f. 1r-236v: Petrus Lombardus, Glossa in Epistulas s. Pauli

[Praef.] —*⟨P⟩rincipia rerum requirenda sunt prius, ut eorum noticia plenior possit haberi ...*⟩⟨[f. 1v]... *premittit salutacionem dicens.* [Textus; f. 2r] —*Paulus, servus ... omnibus, qui sunt Rome* [Rm 1, 1-7]. —*Hucusque enim pendet littera, ut perficiatur sententia ...*⟩⟨... *Gracia, id est Aimo, purgacio peccatorum et alia Dei munera si⟨n⟩t cum omnibus vobis. Amen etc. Laus Deo.*

Cf. RB 671, 6654-6668; CPPMA 2A, 4b/40 (Expositio in epistulas b. Pauli ex operibus s. Augustini collecta); Kurz, 115, 517-518; Magistri Petri Lombardi Sententiae in IV libris distinctae, t. 1, pars 1: Prolegomena, Grottaferrata (Romae) 1971, 62*-93* (Spicilegium Bonaventurianum, 4). Ed.: PL 191, 1297-1696; 192, 9-520. Glossa in singulas s. Pauli epistulas hoc modo in codice disposita est: Rm f. 2r-57r; 1 Cor f. 57r--102v; 2 Cor f. 102v-127r; Gal f. 137r-153r; Eph f. 153r-164v; Phli f. 164v-171v; Col f. 171v-177r; 1 Th f. 177r-180v; 2 Th f. 180v-182v; 1 Tm f. 189r-198r; 2 Tm 198r-203r; Tt f. 203r-205v; Phle f. 205v-206v; Heb f. 206v-236v. Loca vacua pro commenti partibus omissis: f. 159r (Eph 3, 18), 159v-160r (Eph 4, 1-6), 161v-162r (Eph 4, 23-27), 162v-163r (Eph 5, 1-9), 163r (Eph 5, 15-21), 164r (Eph 6, 11-17), 165r (Phli 1, 6-11), 166v-167v (Phli 2, 5-11), 170r-v (Phli 3, 17-4, 7), f. 172r (Col 1, 9-14), f. 176r (Col 3, 12-17), f. 178r-v (1 Th 4, 1-8), f. 178v-179v (1 Th 4, 12-17). F. 127v-136v, 162r, 167r--v, 170v, 172r, 179r, 183r-188v vacua. Idem textus (s. Pauli epistularum textu completo) in cod. BJ 318, f. 1r-252v; 1339, f. 108v fragm.

Fasciculi: 1^{7+7} (f. 1-14); 2^{8+8} (f. 15-30); 3^{9+9} (f. 31-48); 4^{10+10} (f. 49-68); 5^{13+13} (f. 69-94); 6^{12+12} (f. 95-118); 7-8^{9+9} (f. 119-154); 9^{11+11} (f. 155-176); 10-14^{6+6} (f. 177-236). Chartae dimensiones variae. Codex tribus partibus contemporaneis constat: 1. f. 1-136; 2. f. 137-188; 3. f. 189-236, cf. folia plurima vacua in fine partis primae et secundae. Reclamantes in fasc. 2, 3, 5, 6, 8 inusitato modo scriptae: aliquot vocabula finalia folii versi in ipsa columna scripta in folio sequenti recto iterantur.

Signa aquatica: 1. Var. Piccard-Online 40922 (1399) f. 1-14; 2. Piekosiński 755 (XIV^{10}) f. 15-30; 3. Piekosiński 40 (1399), var. Piccard-Online 74176 (1398) f. 31-33, 46-48; 4. Piekosiński 41 (1397/1398) f. 34-45, 155-164, 167-188; 5. Piekosiński 615 (1396), var. Piccard-Online 4069 (1397) f. 49-101, 112-118, 225-236; 6. Piekosiński 79 (1399), var. Piccard-Online 66959 (1396-1397), var. Piccard 2, VI 187 (1397/1398) f. 102-111; 7. Piekosiński 224 (XIV^{10}), var. Piccard-Online 124879 (1400), var. Piccard 10, III 1047-1055 (1397-1416) f. 119-136; 8. Piekosiński 352 (1397/1398) f. 137-154, 165-166, 189-213, 216-221, 224; 9. Piekosiński 164 (1399), var. Piccard--Online 65346 (1394-1395) f. 214-215, 222-223. Charta a. 1394-1416 in usu erat. Signa aquatica nr. 2-9 e nostro codice a Piekosiński reproducta.

Scriptura et ornamenta: Codex pluribus manibus sibi invicem contemporaneis s. XIV ex. exaratus, scriptura currenti, mendis, cancellationibus (e. g. f. 18v, 190r) emendationibusque plena. Duae praecipuae manus: 1. anonyma: f. 1r-127r,

153v-157r, 189r-233r, 236r-v; 2. Lucae de Magna Cosmin: f. 137r-153r, 157r (fragm.?), 160r (fragm.), 168r, 233v (fragm. sup.) (cf. eiusdem manu notam in integumento scriptam, cod. BJ 2264, f. 187r, cf. etiam Colophons, 12637). Scribae ceteri breves textus partes exaraverunt. Lucae scriptura parum diligens, marginem dextrum plerumque ignorat. In toto codice una scripturae columna, margines angustissimi, linea singuli atramento ducti; in f. 1r superiore linea duplex titulo inscribendo; in f. 15r-30v duarum columnarum schema atramento ductum, textus tamen totam occupat superficiem; in f. 188v vacuo margines perpendiculares linea duplici ducti, librati autem singuli sicut ubique. In pagina currenti f. 163v-170, 203r nomina horum, ad quos epistulae mittuntur litteris maiusculis, in f. 163v-164r etiam lineola ornata circumdata. Tituli litteris bis maioribus, non ubique tamen designati, hic solum paragraphi signum, illic locum sane vacuum. Vocabulis in originali non lectis inscribendis loca vacua restant, e. g. f. 219v. Inde a f. 137r *Ambrosius*, *Ieronymus* rubro in textu. Litteris initialibus inscribendis quoque loca vacua relicta occurrunt, in quibus interdum litteram repraesentans legitur scriptum. Paragraphi signo lemmata introducuntur, quae linea infra ducta indicantur. Capitum numeri Romani, magni, in marginibus, e. g. f. 9v: *II*; 12v: *III* etc., quidam ornati, e. g. f. 195r, 196v. Codicis pars secunda lacunas in textu magnas habet, spatiis vacuis relictis, cf. supra. Signum quoddam vel ornamentum in marg. f. 26r. Textus dispositio peculiaris hic illic: textus partes lineis circumdatae, e. g. f. 47r-v.

N o t a e e t g l o s s a e : Oblitterationes et emendationes a scriba factae multae, e. g. f. 58v, 236r; oblitterationes in textu, e. g. f. 4r, 5v, 41v, 190r. Ceterum glossae paucissimae. Nota, f. 46r, f. 190r-191r: signum: *88*? Nota in forma punctorum 4: f. 111r, 114r, 153v; punctorum 3 et virgulae: f. 137r; alia: f. 50r, 169r-v. Signa ante compacturam factam, e. g. f. 174r; in margine folii 174v codicis scriba exaravit: *aliud*; verisimiliter Matthias de Sanspow in f. 191v: *Omnes homines salvos fieri*; f. 192v; manicula Matthiae de Sanspow: f. 3r, 38v; alia: f. 66r (Lucae de Magna Cosmin?), alia: f. 141r, 180r. Notae omnes, antequam codex compactus est, exaratae et plurimae ab introligatore praecisae sunt, e. g. f. 190r-191r. Parenthesis alio atramento, fortasse recenti, in f. 28r, textus tamen hoc loco cum edito congruit.

C o m p a c t u r a s. XV confecta adhibitis tabulis ligneis oblique praecisis sine tamen debita cura, corio suino, olim claro, nunc fusco facto, obtectis, scisso et mutilo. Codex olim cingulis duobus, metallo cunei forma praefixis, et ligulis in anteriore integumento claudebatur. Superioris cinguli fragmentum nec non clavulus, quo tabulae affigebantur, adhuc asservantur. Inscriptionis cuiusdam erasi reliquiae in anteriore integumento occurrunt. Dorsum planum, quattuor ligamenta duplicia, codicis capiti et calci lora obsuta, quae extra codicis dorsum ca 0,5 cm prominent. Animadvertendum, quod volumen non ad amussim praecisum nec non fasciculi extraordinarie multis foliis constructi Lucae de Magna Cosmin librorum peculiare erat. Chartarum anguli rotundati. Postfolium membr. (f. I) vacuum. Tabularum partibus interioribus folia membranacea agglutinata, anterius partim deglutinatum, vacuum, cum sola nota ad originem spectante et signaturis, cf. Cod. orig. et fata; posterius incompletum, satis magnam corii plagam denudat integumenti parti interiori agglutinatam. Fasciculorum sutura schedulis membranaceis angustis firmata. Fasciculi decimi etiam exterior pars schedulis angustissimis durisque firmata, qua de causa folia exteriora eius fasciculi rupturam passa sunt. Plicaturae in f. 47 vestigium. Tessera: angustissimae membranae schedula inter f. 118 et 119 inserta. Compactura detrita, corii fragmenta desiderantur, tabula anterior in parte media inferiore detrimentum cepit.

C o d i c i s o r i g o e t f a t a : Codex verisimillime Cracoviae s. XIV exeunte, seu paulo post, confectus. Folia scriptura non impleta in fine partis primae (post f. 127) et secundae (post f. 182) indicare videntur tres codicis partes simili tempore sed separatim exaratas esse, cf. Fasc. In folio integumenti anterioris parti interiori agglutinato manu codicis possessoris: *Iste liber est Nicolai Luce de Magna Cosmin, rectoris scole in Sandomiria.* Infra, manu Francisci de Brega: *Super epistolas* (cf. Kowalczyk, Łukasz z Wielkiego Koźmina, 22). In folio integumenti posterioris parti interiori agglutinato item manu codicis possessoris: *Liber m⟨agistri⟩ Luce de Mangna* [!] *Cosmin.* Hic, sicut alii plures Lucae de Magna Cosmin codices (cf. de eo cod. BJ 290 descr.), Bartholomaei de Jasło pristine fuit (cf. de eo cod. BJ 311 descr.), postea autem Lucae libris adiunctus (cf. Kowalczyk, Franciszek z Brzegu, 128, adn. 106). Codex etiam Matthiae de Sanspow manibus versabatur, cf. Notas et glossas. Signaturae antiquae: Kucharski: *Super Epistolas b. Pauli.* Fasseau: *790*; topogr.: *AA X 10.*

B i b l i o g r a p h i c a : Wisłocki, Katalog, 368; Hornowska, Zbiory, 126; Zathey, Biblioteka, 72; M. Kowalczyk, Mowy i kazania uniwersyteckie Łukasza z Wielkiego Koźmina, „Biul. Bibl. Jagiell.", XII/2 1960, 8; Markowski, Burydanizm, 446; Kowalczyk, Łukasz z Wielkiego Koźmina, 22; Wielgus, Obca literatura, 102; Kowalczyk, Franciszek z Brzegu, 128.

ZS, AK

1502

Lat., ca 1435, membr. et chart., cm 30×21,5, f. 235+IV.

1. f. 1r-108v: Paulus Burgensis, Dialogus Pauli et Sauli contra Iudaeos, sive Dialogus, qui vocatur Scrutinium scripturarum libris duobus contra perfidiam Iudaeorum

[Prol.] —*Scrutamini scripturas, in quibus putatis vitam eternam habere ... Io V* [, 39]. —*Christus volens Iudeos instruere circa ipsius cognicionem ...*⟩⟨[f. 1v]... *in custodiendis illis retribucio multa. Quam nobis concedat Christus, Dei Filius etc.* [Pars I] —*Presens tractatus dividitur per distinctiones, distinctiones vero per capitula modo infrascripto: Distinctio prima de Scrutinio scripturarum ... In capitulo primo ostenditur, quod non solum Iudei seu Israhelitici, qui de genere Iacob descendunt* ...[f. 2r]... *Capitulum primum.* [*Saulus ad Paulum* in marg.]. —*O Paule, audivi, quod Magister tuus, dum viveret, dicebat magistris nostris: Scrutamini scripturas ...*⟩⟨[f. 69r]... *ad vota tua implenda Deo duce procedamus et cetera.* [Pars II] *Incipit 2ᵃ pars tractatus de Scrutinio scripturarum et est didascalica* ...[f. 69v]... *Capitulum primum, in quo ponuntur a disciplo quedam argumentaciones* ...[*Discipulus* in marg.]. —*Firmiter credens ea, que per te mihi tradita sunt ...*⟩⟨*... veritas est sine fallacia, bonitas sine malicia, felicitas sine miseria. Cui honor et gloria in secula* *seculorum. Amen. Da gloriam Deo.* [*Explicit liber, qui dicitur Scrutinium scripturarum compositus per reverendum patrem, dominum Paulum de Sancta Maria, sacre theologie eximium professorem ac Burgensem episcopum et finivit eum, postquam complevit Addiciones super Nicolaum de Lira, anno Domini 1434, anno etatis sue LXXXI, tempore Concilii generalis Basiliensis* – manu Ioannis de Slupcza].

Cf. RB 6328; Mohan, Initia, 405*; Cardelle de Hartmann, Lateinische Dialoge, 39--40, 50, 56. Ed.: [Argentinae non post 1471] (GW M29971). Idem textus in cod. BJ 1503, p. 13-296; 1504, f. 285r-425r; 1505, f. 10r-241r (absque fine); 2367, f. 322v--323v, fragm. ab Ioanne de Slupcza scriptum: excerptum ex Scrutinio scripturarum, pars I, dist. 8, cap. 13 (= 1502, f. 47v-48v).

f. 109r-111v vacua, marginum schemate distincta.

2. f. 112r-217r: Ioannes Schadland (Schadelant) Coloniensis OP, Tractatus de virtutibus cardinalibus

⟨I⟩ncipit Prologus libri De statu cardinalium et virtutibus status eiusdem editi et compilati a domino Io⟨anne⟩ nunc Augustensis, tunc vero Culmensis Ecclesiarum episcopo, Ordinis Fratrum Predicatorum. —⟨R⟩ex virtutum progressurus ad prelium adversus principes tenebrarum veste nostre mortalitatis se induit ...⟩⟨[f. 112v]... *et virtutes cardinales Culmenses dici possunt a virtutum principatu. Et scribens fuit Culmensis episcopus, libellum istum Culmense vidi non immerito nominandum.* [Textus] —*⟨C⟩onscripturus igitur illa, que cardinalatui non inmerito possunt attribui ...*⟩⟨*... quam vitam reverendis patribus dominis cardinalibus nobisque cum ipsis ille concedat, qui dicit de se ipso: Ego sum via, veritas et vita. Amen. Da gloriam Deo.*

Cf. Bloomfield, 5202 + Suppl. 5202a; Kaeppeli, 2649 (omnes BJ cod. citat). Ed. prologus: Quétif, Echard, Scriptores, 2, 672-673. Idem textus in cod. BJ 1214, p. 525--728; 1285, f. 25r-219v; 1503, p. 301-542.

3. f. 217r-224v, 226r-229v, 225r: Ioannes de Segovia, Relatio in deputatione fidei super materia bullarum de praesidentia (vel Tractatus de potestate concilii generalis et papae, vel Tractatus super praesidentia in Concilio Basiliensi)

—*⟨S⟩acro generali Concilio Basiliensi die Lune XV Februarii anno Domini M° CCCC° XXXIIII* ...[f. 224v]... *competit sibi, quia primus in Ecclesia Dei. Hec autem* [f. 226r] *primitas sola est inplurificabilis, ita ut non possit alteri communicari* ...[f. 229v]... *inspectis tenoribus bullarum de adhesione et presidencia. In hiis enim dici apparet, quod potestas et* *auctoritas diffiniendi* [f. 225r] *consistat solum in presidentibus ...*⟩⟨*... et publicatum decretum in forma* ⟨*tenoris*⟩ *sequentis: Sacrosancta etc.*

Cf. Hernández Montes, Obras, 273-274, nr. 6; P. Ladner, Johannes von Segovias Stellung zur Präsidentenfrage des Basler Konzils, „Zeitschrift für Schweizerische Kirchengeschichte", LXII 1968, 1-113; Concilium Basiliense, 1, 22-23; 3, 27-28; U. Fromherz, Johannes von Segovia als Geschichtsschreiber des Konzils von Basel, Basel 1960, 25, 152; Sieben, Traktate, 38-39; Zawadzki, Spuścizna Kantego, 92. Ed.: P. Ladner, ut supra, 31-92 (in cap. 105 = editionis p. 71 foliorum ordo a compaginatore recenti turbatus, qui rectus debet esse hic: f. 224v, olim p. 454, sequendum est f. 226r, olim p. 455). F. 225v vacuum. Idem textus in cod. BJ 414, 1214, 1369, 1503, 2049.

f. 230r-235v vacua, f. 230r-234v marginum schemate distincta.

Fasciculi: 1-6^{8+8} (f. 1-96); 7^{8+7} (f. 97-111, f. ultimum membr. desideratur, quod a Muczkowski s. XIX paginae numero instructum erat); 8-14^{8+8} (f. 112-223); 15^{6+6} (f. 224-235, fasciculi ordo rectus: 224, 226-229, 225, 230-235 a compaginatore recenti turbatus). Fasciculorum folia exteriora et interiora membranacea, excepto ultimo fasc., qui sola exteriora membr. habet. Codex duabus partibus separatis adhibitus esse videtur, cf. f. 111v et 112r obsoleta, nec non separatas fasciculorum partis utriusque custodum series: litterarum seriem in initiis fasc. 1-7 (f. 1-111): conspicuam in fasc. 4-7: *D, E, ff,* 21^a [?], *G* et fasc. 8-15 (f. 112-235): conspicuam in fasc. 9-14: *B, C, D, E* [?], *ff, G*. Accedunt custodes in parte posteriore in finibus fasciculorum 8-14: *1-7*. In parte utraque custodes bifoliorum numeris Arabicis, quorum quidam visu difficiles, quidam a compaginatore praecisi, seu humiditatis causa detrimenta ceperunt. F. 179 et 180 in fasc. 12 custodibus bifoliorum 3 et 5 signata sunt, textus tamen sequentia recta. Reclamantes in omnibus fasc. exceptis 7 et 15, qui sunt partis utriusque ultimi. Paginatio atramento ab I. Muczkowski exarata nostra foliatione substituta est.

Membrana crassa, flavida; folia formae irregularis, chartaceis plerumque minora, lacunae et detrimenta naturalia: f. 32, 48, 56, 64, 73, 120; f. 33 consutum, pluribus locis refectionum vestigia glutinae et frustulorum tenuissimorum ope factarum, cf. e. g. f. 1 et 9).

Signa aquatica: 1. Var. Piccard 17, IV 1221 (1437) f. 2, 4, 7, 10, 13, 15, 35-38, 43-46, 50-52, 55, 58, 61-63, 66-67, 69-71, 74-76, 78-79, 85, 87, 90, 92, 102-103, 106-107, 115, 124, 129, 131-134, 137-140, 142, 145-148, 155-158, 163, 165-166, 169--170, 172, 177-182, 185-190, 193, 195-198, 201-204, 206, 210-211, 213, 218, 220-221, 225, 228, 231, 234; 2. Manus hominis, cuius digitus medius astrum sex brachia habens tangit, manica directa vestita, signum in repertoriis non inventum f. 3, 5-6, 11-12, 14, 34, 39, 42, 47, 53-54, 59-60, 68, 77, 82-84, 86, 91, 93-95, 98-101, 108-111, 113-114, 125-126, 130, 141, 149-150, 153-154, 161-162, 164, 171, 173-174, 194, 205, 209, 212, 214, 217, 219, 222, 226-227, 229-230, 232-233; 3. Var. Piccard 17, I 44 (1427), 84 (1427), var. Briquet 11084 (1432) f. 18-23, 26-31, 116-118, 121-123. Charta a. 1427--1442 in usu erat.

Scriptura et ornamenta: Codex una manu exaratus, scriptura currenti minuta, diligenti, una columna disposita, schemate plumbo ducto. Eadem manu cod. BJ 1614, f. 314v-456v exarata; peculiaris est huius scripturae littera *s* longe in marginem superiorem eminens et puncta litteris maiusculis mediis inscripta, e. g. f. 68v. Menda alia emendata, alia neglecta, e. g. f. 227r. Loca vacua vocabulis ex originali non lectis relicta, e. g. f. 103v. Pagina currenti in textu nr. **1.** (f. 1r-108r) atramento nigro inscripta exhibetur: *pars, distinccio, capitulum*, numero Arabico, Romano seu vocabulo designatum, in solo f. 15v lineola rubra infra ducta distinctum. Rubricatio in solo nr. **1**, in f. 1r-19r, 35r-108r, etiam in marginalibus. Capitum tituli non inscripti in f. 19v-34v. Lineola infra ducta distinctae sunt in textu citationes ex Sacra Scriptura. Dialogi personae in marginibus: *Saulus, Paulus, discipulus, magister*. Littera initialis in f. 1r caerulea, textus lineis 5 aequa, in marginem sinistrum producta, ornamento simplici rubro filigrana imitanti decorata; litterae initiales parvae rubrae et caeruleae nec non paragraphorum signa hisce coloribus usque ad f. 19v.

N o t a e e t g l o s s a e : In marginibus scribae manu vocabula scriptorum materiam indicantia nec non emendationes, e. g. f. 218v-219r. Glossae paucae, possibiliter Nicolai Coslowsky, e. g. f. 84r (in marg. sup.) eiusdemque maniculae: f. 24r, 176v (cf. cod. BJ 1614, f. 349v-350r, 436v-437r); Ioannis de Dambrowka, e. g. f. 104v: *3ˣ cecitas mentis*; maniculae (f. 9v, 70v, 100v, 103v, 104v, 105v) atque designationes eius multum peculiares (f. 15v, 30v, 103v), vocabula et divisiones in marginibus numeris instructae (f. 80r-v, 87r, 101r sqq. 103v, 134r, 135r-v, 137v-139r i in.); Stanislai de Zawada (e. g. f. 13r-v, 58v, 59r, 69v, 70r, 79r, 106v, 112v, 113r, 114r, eius manicula f. 115r--v, 116v, 117r-v), alia; Ioannis de Slupcza: f. 62v, ubi textus a scriba omissus suppletus est (cf. cod. BJ 1503, p. 170) et colophon in f. 108v. Lacunae citationibus inscribendis relictae interdum accidunt, e. g. f. 56r, 62v.

C o m p a c t u r a primitiva, codici contemporanea, Basileae ca a. 1435 confecta, charta densata constabat, chartae emporeticae multae admodum ope durata, exterius corio olim fusco clariore, nunc obscuriore facto, obtecta. Corii superficies tota spissis puncti impressionibus operta et lineis trinis in planitiem et bordiuras duas divisa est. Codex olim loris quattuor obligabatur: duobus in verticali et singulis in superiore et inferiore extremitate. Dorsum planum paene, ligamenta quattuor duplicia. Cum codex a. 1933 renovaretur, Ioannes Wyżga chartam emporeticam, quae interius in compactura reposita erat, exploravit. Haec fragmenta separatim nunc asservantur: 1. in sectione manuscriptorum BJ: ms. BJ 7228 III, cf. Inwentarz rękopisów Biblioteki Jagiellońskiej 7001-8000, cz. 1, Kraków 1966, 87; 2. in sectione collectionum graphicarum et cartographicarum BJ, sign. I 14237, cf. P. Heitz [recte: Z. Ameisenowa], Einblattdrucke des XV. Jahrhunderts in Krakau, mitgeteilt von Paul Heitz, Strassburg 1942 (Einblattdrucke des fünfzehnten Jahrhunderts hrsg. von Paul Heitz, 100). Etiam integumenta recentia charta densata constant, quae corio novo fusco clariore obtecta est, cuique desuper veteris illius fragmenta asservata agglutinata sunt. Antefolia membr. vetera: f. II (in quo codicis titulus legitur manu Andreae Tłuszczewski scriptus, a codicis renovatore crassae chartae frusto suppletum) et f. III vacuum; ante- et postfolia chartacea nova vacua: f. I et IV, singulas cum foliis integumentis agglutinatis unitates efficiunt. In folio integumento anteriori agglutinato Casimirus Dobrowolski scripsit: *Rest. Jan Wyżga 1933. Restaurowany grzbiet i krawędzie. Nowe wyklejki. Podlepione dolne zbutwiałe brzegi. K. D. Do środka dano tektury na miejsce zlepionych okładek papieru.* Post quae Alexander Birkenmajer adscripsit: *Wylepiono z nich dwa fragmenty kart do gry (przeniesione do Zbioru graficznego 29. VIII. 1936) oraz czterokartkowy ułamek aktu notarjalnego, mocą którego Gunter hr. Schwarzenberg ustanawia swych prokuratorów w pewnym sporze pieniężnym, rozsądzanym na soborze bazylejskm po r. 1433 (odpis w formie broszury papierowej i ułamek ten oprawiono w r. 1936 i utworzono z niego osobną jednostkę zbioru rękopisów). A. B.* Sequitur adnotatio manu Mariae Kowalczyk: *obecnie rkps BJ*

7228 MK. Compacturas similes cf. in cod. BJ 706, 1204, 1207, 1516, 1648, 1759, 1760. Codicis status post renovationem satisfaciens, offenduntur tamen humiditatis olim infectae vestigia in marginibus, praesertim inferioribus. Chartae putridae frustulis novis suppletae sunt. Maculae in f. 18v-19r, 70v, 87v-91r, 95v-100r, 103v-107r, 152v, 153r.

Codicis origo et fata: Codex in Concilio Basiliensi ca a. 1435 confectus, in Poloniam a quodam eiusdem participante vectus. Textus nr. **3**. in Thomae Strzempiński librorum indice occurrit, qua re adductus Georgius Zathey duxit Thomam istum codicem vexisse. Verumtamen descriptionem codicis huius in Wisłocki Catalogo editam adnotatione hac: *po Kozłowskim* suppeditavit. Quae etiam Mariae Kowalczyk sententia esse videtur, si re vera Nicolai nostri manu in f. 84r glossula exarata legitur. Econtra, M. Markowski codicem hunc una cum cod. 802 et 2027 Ioannis de Dobra libris pertinuisse censuit, cf. Markowski, Poglądy, 86. Cf. etiam Wójcik, Traktaty polemiczne, 123, opinionem de codice Basileae a. 1435 confecto eodemque anno Universitati Cracoviensi offerto, a. autem 1460 una cum Thomae Strzempiński libris Universitatis bibliothecae incorporato. Codex manibus Nicolai Kozłowski, Ioannis de Dambrowka, Stanislai de Zawada, Ioannis de Slupcza manibus versabatur, qui adnotationibus suis diversis textus praemuniverunt (cf. Notas et glossas). Signaturae antiquae: Tłuszczewski inscripsit: *Scrutinium scripturarum*; Fasseau: *744*; topogr.: *AA IX 1*.

Bibliographica: Wisłocki, Katalog, 368-369; Dzieje UJ, 1, 158; Zathey, Biblioteka, 99; Markowski, Poglądy, 86; Potkowski, Książka rękopiśmienna, 186; Wielgus, Obca literatura, 207; Wójcik, Traktaty polemiczne, 120-121, 122, 123, 126, 145-146.

MK, AK

1503

Lat., post XV m. (1461-1462), chart., cm 31,5×21, p. 584+f. I.

1. p. 1-4: Nicolaus de Lyra OFM, Postilla super Vetus Testamentum. Fragm.: Gen, Prol. I et II. Excerpta

[Prol. I] —*Hec omnia liber vite, Ecclesiastici XXIIII°* [, 32; in marg. sup]. —*Secundum quod dicit beatus Gregorius, omelia 35* [recte: 37] *ewangeliorum: Temporalis vita* ...[p. 3]... *per veri cognicionem et boni operacionem perducit ad vitam beatam, quam nobis concedat, qui sine fine vivit et regnat. Amen.* ...[cf. PL 113, 25B-30B]. [Prol. II] —*Liber iste licet trifariam dividatur in generali, ut predictum est, cum quolibet membro* ...[cf. PL 113, 29C]. *Item nota septem regulas exponendi Sacram Scripturam, quas tangit Ysidorus primo libro De summo bono, capitulo XX°. Et vocantur iste regule ab aliquibus claves* ...)(... *in deliciis paradisi Dei fuisti etc.* [cf. PL 113, 31A-34A]. *Tantum de regulis seu clavibus exponendi Sacram Scripturam.*

Cf. RB 5829; Mohan, Initia, 170*; VL 6, 1118. Ed.: Antverpiae 1634 (ed. optima fertur); PL 113, 25B-34A. Cf. cod. BJ 1470, f. 1r-3v; 1475, f. 1r-5r.

2. p. 4-9: Excerpta varia super Genesim

—*Nota: De Deo quantum ad producciones intrinsecas. Secundum Dyonysium, libro De divinis nominibus in principio* [cap. 12], *laudare nos convenit eum, qui est infinitorum nominum, sicut sanctum sanctorum ... de cuius infinitate ait Gregorius Nazanzenus ... Non solum autem in Deo ponitur produccio intrinseca quantum ad personas, sed eciam extrinseca quantum ad creaturas* ...[p. 5]... *formavit Deus Ade corpus sexta die mundi ... de cuius honorabili statu ait Bernardus, Super cantica, sermone 37 ... virgines enim de paradiso exierunt secundum Ieronimum, Ad Eustochium* ...[p. 6]... *Biennio post diluvium Sem, filius Noe, genuit Arphaxat... ut ait Philo in Questionibus super Genesim nec omittens, quod ait Isidorus 4[to] libro Ethimologiarum* ...[p. 7]... *Ibi Dominus confudit linguas eorum ... ubi non succedit effectus secundum Augustinum, 16 De civitate Dei ... et sicut ex libro Clementis patet Cham filius Noe apud homines videri deus ... in XL die differtur Augustinus, 21 De civitate Dei, dicit ... Thare cum 20 annorum esset, genuit Abraham ... Et supra immediate dicit Augustinus, locutus est Deus ad Abraham* ...)(... *tot noctibus puer in amplexibus patris penderet, in gremio cubitaret.*

In textu adducuntur commenta Augustini, Bedae, Bernardi Claraevallensis, Dionysii Areopagitae, Gregorii Nazianzeni, Hieronymi, Isidori, aliorum.

p. 10-12 vacuae.

3. p. 13-296: Paulus Burgensis, Dialogus Pauli et Sauli contra Iudaeos, sive Dialogus, qui vocatur Scrutinium scripturarum libris duobus contra perfidiam Iudaeorum

[Prol.] —*Scrutamini scripturas* ...[Io 5, 39]. —*Christus volens Iudeos instruere circa ipsius cognicionem* ...[Pars I; p. 15]... —*Presens tractatus dividitur per distinctiones, distinctiones vero per capitula modo infrascripto: Distinctio prima de Scrutinio scripturarum ... Capitulum primum.* [*Saulus ad Paulum* in marg.]. —*O Paule, audivi, quod Magister tuus, dum viveret* ...[Pars II; p. 187]... [*Discipulus* in marg.]. —*Firmiter credens ea, que per te mihi tradita sunt* ...)(... *veritas est sine fallacia, bonitas sine malicia, felicitas sine miseria. Cui honor et gloria in secula seculorum. Amen. Explicit liber, qui dicitur Scrutinium scripturarum compositus per reverendum patrem, dominum Paulum de Sancta Maria, sacre theologie eximium professorem ac Burgensem episcopum et finivit eum, postquam complevit Addiciones super Nicolaum de Lira, anno Do-*

mini $Mi^{o}CCCC^{o}XXXIIII^{o}$, *anno etatis sue LXXX primo, tempore Concilii generalis Basiliensis scriptusque liber est presens per Iohannem de Costrzin dictum Reychmann et finitus feria quarta proxima post festum Concepcionis Virginis Marie gloriosissime* [9 XII], *anno Domini millesimo quadringentesimo sexagesimo primo. Dei Genitrix.*

Cf. cod. BJ 1502 descr., nr. **1**.

p. 297-300 vacuae, marginum schemate instructae (in p. 300 codicis titulus manu A. Kucharski scriptus).

4. p. 301-542: Ioannes Schadland (Schadelant) Coloniensis OP, Tractatus de virtutibus cardinalibus

⟨I⟩ncipit Prologus libri De statu cardinalium et virtutibus status eiusdem editi et compilati a domino Io⟨anne⟩, nunc Augustensis, tunc vero Culmensis Ecclesiarum episcopo Ordinis Fratrum Predicatorum. —Rex virtutum progressurus ad prelium adversus principes tenebrarum veste nostre mortalitatis se induit ...[Textus; p. 302]... —*Conscripturus igitur illa, que cardinalatui non immerito possunt attribui* ...⟩⟨... *quam vitam reverendis patribus dominis cardinalibus nobisque cum ipsis ille concedat, qui dicit de se ipso: Ego sum via, veritas et vita. Amen. Da gloriam Deo.*

Cf. cod. BJ 1502, nr. **2**.

5. p. 542-574: Ioannes de Segovia, Relatio in deputatione fidei super materia bullarum de praesidentia (vel Tractatus de potestate concilii generalis et papae, vel Tractatus super praesidentia in Concilio Basiliensi)

—*Sacro generali Concilio Basiliensi die Lune XV Februarii, anno Domini* Mi^{o} $CCCC^{o}$ XXXIIII° ...⟩⟨... *et publicatum decretum in forma* ⟨*tenoris*⟩ *sequentis: Sacrosancta etc. Alma Mater Maria laudetur pro fine libri presentis finiti feria quarta videlicet ipso die octave Epifanie* [13 I (octava) seu 14 I (feria 4)] *anno Domini* M^{o} *CCCC* LXII° *etc.*

Cf. cod. BJ 1502, nr. **3**.

p. 575 cf. Notas et glossas.

p. 576-584 vacuae.

***6**. f. Ir: Diploma: ca 1436-1439, non ante VIII 1436, Cracoviae. Def.

Ioannes Rey *de Schumszko* [Szumsko], praepositus ecclesiae s. Michaelis in arce Cracoviensi, auctoritate Concilii Basiliensis exsecutor institutus [*Basilee XIII Kalendas May anno a Nativitate*||] in contentione inter

Ioannem filium Michaelis *de Radochoncze* [Radochońce], canonicum ecclesiae collegiatae s. Floriani in Clepardia, magistrum theologiae [candidatum Universitatis] ex una parte et Nicolaum Coslowsky [candidatum episcopi Cracoviensis Sbignei Oleśnicki] ex altera parte in causa canonicatus et praebendae in ecclesia cathedrali Cracoviensi, post decessum Francisci de Brega [a. 1432]. Nominantur: Derslaus *de Borzinow* [Borzymów] archidiaconus et canonicus Cracoviensis, Ioannes Elgoth canonicus Cracoviensis, Nicolaus Stanislai filius *de Kelkouicze* [Kiełkowice] clericus dioecesis Cracoviensis, notarius publicus. Ioannes Rey verisimiliter partem utramque ad comparendum in domo sua apud ecclesiam s. Michaelis in arce Cracoviensi citat. Diplomate continetur bullae Concilii Basiliensis transumptum, in qua Ioannes *de Lysura* [Lieser], vicarius generalis a concilio institutus, nominatur.

Cf. ad eandem causam attinentia: Dipl. BJ 413 (fragm. extractum e cod. BJ 1762) et Dipl. BJ 592 (fragm. extractum e cod. ignoto), quorum descriptiones in: Katalog dokumentów BJ, nr. 123, 125.

Ca a. 1436-1439, Lat., membr., diploma a parte sinistra et inferiore praecisum.

F a s c i c u l i: 1^{3+3} (p. 1-12); $2\text{-}24^{6+6}$ (p. 13-564); 25^{5+5} (p. 565-584). Reclamantes in fasc. 2-12, 14-21, 22 (tota paene praecisa), 23-24. Paginatio ab I. Muczkowski exarata.

S i g n a a q u a t i c a: 1. Piccard-Online 70430 (1461), 70435 (1463), 70436 (1464), 70441 (1464); var. Piekosiński 1070 (1457) p. 1-584; 2. Var. Piccard 2, XI 367 (1461-1462) f. integ. post. aggl.

S c r i p t u r a e t o r n a m e n t a: Codicem a. 1461-1462 Ioannes de Costrzin (Kostrzyń) dictus Reychmann exaravit, in colophone p. 296 subscriptus, qui quoque cod. BJ 783 (a. 1464-1468), 786 (a. 1460), 799 (a. 1464) conscripsit. Scriptura diligens, quamquam loca vacua vocabulis inscribendis saepius occurrunt, e. g. p. 67, 170 etc. P. 1-9, 575, f. Iv et f. utrique integumento agglutinata Ioannes de Slupcza, codicis possessor, litterulis minutis et clarissimis conscripsit, cf. supra nr. **1.** et **2.** nec non Notas et glossas. Scriptura in toto codice una columna disposita, margines atramento ducti. Pagina currens usque ad p. 295: distinctionum et capitum numeri. Litteris maioribus capitum initia et dialogi personae in p. 16-296: *Paulus, Saulus, magister, discipulus*. Rubricatio. Litterae initiales exiguae, magnitudinis variae, rubrae et caeruleae, hastis artificiose protractis, e. g. *A, S, Q,* et punctis duobus peculiariter decoratae. In p. 13 littera initialis coloribus rubro et viridi depicta, ornamento ad margaritarum instar decorato in marginem effluente. Litterarum hastae in margines saepissime protractae, devolutionibus ornatae, speciosae (p. 62, 144, 212, 213, 294 etc.).

N o t a e e t g l o s s a e: Codicis scribae manu emendationes paucae, e. g. p. 119 (omissio) et textus divisiones, e. g. p. 13, 33. Manu Ioannis de Slupcza supplementa, excerpta, emendationes, divisiones (p. 1, 2), nec non exscripta effusa et notae in foliis vacuis. In f. integ. ant. aggl.: *Translacio Anquelon ... est equalis auctoritatis cum textu ... Translacio Arabica ... Rabbim: Iosue, Moyses Egipcius, Yanaÿ, Samuel, Moyses*

Gerundensis ... Iohanan, Nehuma filius Alchana. Liber Canchedrin collegium, consistorium. De direccione perplexorum ...[Ex Nicolao de Lyra:] *Nota. Scriptura Talmudica secundum Iudeos non differt a scripturis canonicis* ...)(... *licet reputent huiusmodi scripturas falsum continere. Hec N⟨icolaus⟩ Lira in questione etc.* Ibid. notae ex Bibliorum sacrorum et Glossae ordinariae Postillarum Nicolai Lyrani Indice: *Nota. Libri canonici Veteris Testamenti sunt a Iudeis recepti tamquam Deo inspirante ... Esdras, Paralipomenon et isti sunt in tercio ordine. Notandum eciam, quod isti libri sunt apud eos multipliciter descripti, uno modo pure Hebraice* ...)(... *et ideo de illa possumus nos aliquid probare Iudeis. Hec N⟨icolaus⟩ Lira in questione.* F. Iv: Excerpta ex Augustini Epistula 199 ad Hesychium De fine saeculi, Alberti Super Lucam: *Nota secundum Augustinum in Epistola ad Volusianum: Scrutande sunt divine Scripture nec earum superficie debemus esse contenti ... penetratur autem secundum Gregorium, libro 4⁰ Moralium* ...)(... *ad intelligenciam proficiamus. Hec ille* [cf. Augustinus, Epistola 199 ad Hesychium De fine saeculi, ed.: PL 33, 920; cf. etiam Chmielowska, Stanislas de Skarbimierz, 110: cod. BJ 1278, f. 1r: Stanislaus de Scarbimiria, Liber conclusionum evangelicae veritatis seu Liber documentorum theologicae veritatis seu Liber de tempore et de praecipuis festivitatibus, nr. **1**, pars initialis]. *Notandum: Aristoteles in libro De regimine dominorum precipit Alexandro, ne unquam confidat de Iudeo, narrans talem historiam: Iudeus et gentilis iter fecerunt per desertum, Iudeus pede, gentilis vero subvectus iumento. Cum autem Iudeus deficeret, gentilis cibavit eum, et de utribus suis potavit. Itinerantes autem ab invicem quesiverunt, quibus legibus uterentur. Gentilis dixit suam esse legem omnibus hominibus fidem tenere, beneficia impendere, manum exhibere* ...)(... *1 Cor 10* [, 32]: *Sine offensione estote Iudeis et gentibus et Ecclesie Dei. Hec Albertus Super Lu⟨cam⟩ X* [, 31; cf. Alberti Magni Opera omnia, ed.: S. C. A. Borgnet, 23, Paris 1895, 65]. *Queritur, quare christiani tolerant inter se Iudeos. Respondetur: Huius sunt plures cause. Primo propter reverenciam Christi et apostolorum, qui fuerunt ex illo populo ... Decimo servantur Iudei, quia in fine mundi credituri sunt* ...)(... *Ps.* [58, 15]: *Convertentur ad vesperam, interim autem famem pacientur ut canes. Hec Albertus de Padua in sermone De destruccione Ierusalem. Vide de hoc infra hic dis. 6 c. primo secunde partis huius operis* [cf. p. 274-275; in marg. p. 274 manu Ioannis de Slupcza: *Nota: Quare tolerantur Iudei inter christianos*]. P. 575: Excerpta ex s. Hieronymo: *Nota de periculo preeminencie et dignitatis. Dicit beatus Ieronimus, ad Eustochium virginem liber, de modo vivendi Deo et non mundo, spiritui et non carni, capitulo XV⁰: Non tibi, obsecro, blandiaris* ...)(... *cum his, qui sunt in inferno etc. Simile de Galfrido, Supra 3ª parte* [ed.: PL 30, 404, 417]. F. integ. post. aggl.: *Nota. Quamvis multi Iudeorum literati* [suprascr.: *studiosi*] *perceperunt tempus adventus Christi* ...)(... *plures iam baptisati ad vomitum revertuntur* [Nicolaus de Lyra OFM, Probatio adventus Christi. Redactio II. Fragm. finale, cf. RB 5982; Wójcik, Traktaty polemiczne, 140-141. Ed.: s. l. [ca 1477] (GW M26685). Idem textus in cod. BJ 1483, f. 189v; 1487, f. 12v].

C o m p a c t u r a ca a. 1462 confecta, cf. signum aquaticum nr. 2, Cracoviae verisimillime, adhibitis tabulis ligneis crassis corio olim albo, nunc obscuriore facto obtectis, oramento lineari simplici decoratis. Umbonum metallicorum rotundorum vestigia quinorum in utraque tabula, item cingulorum duorum et ligularum, quibus volumen olim in anteriore integumento claudebatur, reliquiae: cingulorum fragmenta et clavi duo, quibus affigebantur. In corio tabulae anterioris titulus legitur: *Scrutinium scripturarum.* Dorsi ligamenta quattuor duplicia, codicis capiti et calci lora obsuta. Volumen adaequatum, eius pars verticalis extra tabulas paululum eminet, anguli rotundati. Folia integ. utrique aggl. chartacea, conscripta, cf. Notas et glossas. Antefolium membr. (f. I), cf. nr.

***6**. Schedulae fasciculorum suturam munientes angustissimae, in hac iuxta p. 174/175 textus liturgici et notarum musicarum fragm. conspiciuntur. Codex a vermibus laesus. Folia quaedam paululum rupta. P. 567-584 e volumine delapsae. P. 5-6 frustulo recentioris temporis agglutinato sarta.

Codicis origo et fata: Codex Cracoviae a. 1461-1462 confectus, et iam a. 1462 in Universitate Cracoviensi adhibebatur (cf. Wójcik, Traktaty polemiczne, 123), a. vero 1494 una cum libris defuncti a. 1488 Ioannis de Slupcza bibliothecae Theologorum libris insertus. In f. Ir (verticali directione scriptum): *Scrutinium scripturarum per dominum Ioannem de Slupcza ad Theologorum Librariam datum anno Domini 1494* (de Ioanne de Slupcza cf. cod. BJ 324 descr.). Cum loca vacua vocabulis inscribendis relicta in cod. BJ 1502 et 1503 comparemus, hoc peculiare oculis obicitur: loca quaedam eiusdem textus in utroque codice vacua exstant (e. g. f. 62v et p. 170; f. 102v et p. 279; f. 103v et p. 282), quaedam vero, quae vacua in cod. 1502 remanent, in 1503 expleta quidem, sed litteris seu maxime constipatis (e. g. f. 7v et p. 29), seu econtra locum nimis vastum pro vocabulo dato apparet (f. 8r et p. 29). Ex quo – cautissime quidem – audemus tamen conicere cod. nostrum de cod. BJ 1502 descriptum et consequenter correctum esse. Signaturae antiquae: Kucharski scripsit: *Scrutinium scripturarum Pauli de Sancta Maria, episcopi Burgensis*; et in p. 300: *Eiusdem liber De statu cardinalium et virtutibus status eiusdem*; Fasseau: *812*; topogr.: *AA VII 32*.

Bibliographica: Wisłocki, Katalog, 369; Morawski, Historia UJ, 2, 64, 1; Hornowska, Zbiory, 185 (codicem a. 1434 scriptum opinatur, hoc est autem annus, quo textus ipsi nr. **3** et **5** concepti sunt); Zathey, Biblioteka, 30, 105; Colophons, 9351; Kuksewicz, Jan ze Słupczy, 114; Wielgus, Obca literatura, 207; Wójcik, Traktaty polemiczne, 120-123, 126, 129, 146-147, 155.

MK, AK

1504

Lat., ca 1435-1445, chart., cm 40×30,5, f. 439+VI.

1. f. 1r-280v: Paulus Burgensis, Additiones 1-1100 ad Postillam super Bibliam Nicolai de Lyra OFM: Gen – Apoc

Incipiunt Addiciones ad Postillam magistri Nicolai de Lira super Biblia, edite a reverendo patre domino Paulo de Sancta Maria, magistro in theologia, episcopo Burgensi, nato Iudeo, archicancellario serenissimi domini Ioannis regis Castelle et Legionis, quas venerabili viro Alfonsio legum doctori, decano Compostallano [!], *filio suo ex legitimo matrimonio genito, direxit premittens ei prologum sub forma sequenti. Finivit autem eas anno Domini M^oCCCCXXIX^o. Prologus* [in marg. sup. alia manu adscr.]. —*Quid tibi vis, ut vivens donem, dilectissime fili, aut successionis titulo* ...〉〈[f. 1v]... *manum aratro iam ponamus. Super primum prologum Postille, qui incipit: Hec omnia liber vite etc. ... Sequitur* *questio. —Quoniam intencio postillatoris precipue versatur circa sensum litteralem, ideo ante omnia querendum videtur: —Utrum sensus litteralis sensibus Sacre Scripture sit dignior. Et videtur primo, quod non* ...⟩⟨[f. 7r]... *ad auctoritatem beati Gregorii supra dictam, que valde attendenda est. Copia cuiusdam littere, que contra determinacionem predicte concionis a quodam magistro in Sacra Pagina de Ordine Minorum actori addicionum fuit missa. —Alme presul, quasi ut alter Symeon annosus* ...⟩⟨[f. 7v]... *si occurrisset michi sua penitencia. Vive cum gracia, ut vivas semper in gloria. Copia responsionis ad predictam epistolam. Venerande religionis vir, frater et amice carissime. —Litteras tuas me recepisse cognosce, in quarum exordio me alterum Symeonem vocas* ...⟩⟨[f. 11r]... *et meliora carismata semper emulare. Gen. primo Postilla. In principio creavit Deus celum et terram. Obmissis divisionibus curiosis accipio ... Addicio. —Circa exposicionem litteralem huius primi capituli Genesis, que valde difficilis est et varie a doctoribus traditur* ...⟩⟨... *Que quidem sapiencia nos dignetur suaviter disponere, nunc per graciam et in futuro per gloriam. Amen. Expliciunt addiciones. Deo gracias.*

Cf. RB 6329. Ed.: [Argentinae, ante 14 IV 1477] (GW M26532). Additiones leguntur: Gen f. 11r-44r; Ex f. 44r-68r; Lev f. 68r-72v; Num f. 72v-80v; Dt f. 80v-90r; Ios f. 90r-90v; Idc f. 90v-91r; 1 Rg f. 91r-96r; 2 Rg 96r-98r; 3 Rg f. 98r-99v; 4 Rg f. 99v--102r; 1 Par f. 102r; 2 Par f. 102r-v (1-2 Par etiam in f. 228r-v); Dan f. 102v-108v; Iob f. 108v-119v; Est f. 119v-120v; Ps f. 120v-181v; Is f. 183r-205v; Ier f. 206r-209v; Lam f. 209v-213r; Ez f. 213r-218r; Os f. 218r-219v; Ioel f. 219v-220v; Am f. 220v-221r; Ab f. 221r; Ion f. 221v; Mich f. 221v-222r; Nah f. 222r; Hab 222r-224r; Soph f. 224r; Ag f. 224r-v; Zch f. 224v-227v; Mal f. 227v-228r; 1 Par f. 228r-v; 2 Par f. 228v (1-2 Par etiam in f. 102r-v); Mt f. 229r-243r; Mr f. 243v-245r; Lc f. 245r-248v; Io f. 248v-253v; Act f. 254r-256r; Rm f. 256r-261v; 1 Cor f. 261v-263v; 2 Cor f. 263v-2 64v; Gal f. 264v-266r; Eph f. 266r-266v; Phli f. 266v; Col f. 266v-267r; 1 Th f. 267r; 2 Th f. 267r--v; 1 Tm f. 267v-268v; 2 Tm f. 268v-269r; Tt f. 269r; Heb f. 269r-273v; Iac f. 273v--274v; 1 Pt f. 274v; 2 Pt f. 274v-275r; 1 Io f. 275r-v; 2 Io f. 275v-276r; Ap f. 276r-280v. F. 182r-v vacuum.

f. 281r-284v vacua.

2. f. 285r-425r: Paulus Burgensis, Dialogus Pauli et Sauli contra Iudaeos, sive Dialogus, qui vocatur Scrutinium scripturarum libris duobus contra perfidiam Iudaeorum

Dyalogus inter Saulum et Paulum, hoc est Iudeum et Christianum per dominum episcopum Burgensem predictum compositus [in marg. sup. alia manu]. [Prol.]. —*Scrutamini scripturas* ...[Io 5, 39]. —*Christus volens Iudeos instruere circa ipsius cognicionem* ...[Pars I; f. 285v]... —*Primus autem* [recte: Presens] *tractatus dividitur per distincciones, distincciones vero per capitula modo infrascripto: Distinccio prima de*

Scrutinio scripturarum ...[f. 286r]... *Capitulum primum. Saulus ad Paulum.* —*O Paule, audivi, quod Magister tuus, dum viveret* ...[Pars II; f. 367r]... *Discipulus.* —*Firmiter credens ea, que per te mihi tradita sunt* ...)(... *veritas est sine fallacia, bonitas sine malicia, felicitas sine miseria, cui honor et gloria in secula seculorum. Amen. Scrutinium scripturarum explicit foeliciter.*

Cf. cod. BJ 1502 descr., nr. **1**.

3. f. 425v-437v: Rabbi Samuel de Fez, Epistula de adventu Messiae missa Rabbi Isaac ab Alphonso Bonihominis OP in linguam Latinam translata

[Epist. translatoris] — *Reverendissimo in Christo patri, fratri Hugoni, magistro Ordinis Fratrum Predicatorum ... frater Alfonsus Bonihominis Hyspanus ...* — *Cum ego propter parvitatem meam et insufficienciam non sim talis* ...)(... *plenius declarabunt cum titulo, qui est talis: Epistula, quam scripsit Samuel, oriundus de Feetz, civitate Regni Marochitarum, ad rabi Ysaac magistrum synagoge, que est in Subiulmosa in regno predicto.* [Praef.] —*Conservet te Deus, o frater, et permanere te faciat* ...)([f. 426r]... *in veritate confirmari et in dubiis declarari. Hic ostendit, quod Iudei peccaverunt maiori peccato* ...[Cap. I] —*Desidero, Domine mi, certificari per te testimoniis legis et prophetarum* ...)(... *et eius scripturam docuit, ut corruptus homo et penitus ignorans. Explicit etc.*

Cf. RB 1183,1; Kaeppeli, 146; VL 1, 236-237; G. Dahan, Les intellectuels chrétiens et les juifs au Moyen Âge, Paris 1990, 413, 451 (Alphonsum Bonihominis auctorem tractatus esse dicit); Wójcik, Traktaty polemiczne, 125, 148-151. Ed.: Coloniae 1493 (GW M39861); PL 149, 335-368. Idem textus in cod. BJ 1225, 1453, 1484, 1505, 1576, 2126, 2262, 5302 (finis desideratur).

f. 438r-439v vacua, columnarum et linearum schemate distincta.

***4.** f. integ. aggl.: Textus ad legem spectans (commentum in Codicem Iustinianum?)

... *Ut inter divinum. Primo ponit statutum, in quo privilegiat Ecclesiam civitatem*|| ... *Veniamus ad questiones et primo quero, quomodo se habet ad legem Codicis* ...

Cf. Corpus iuris civilis, Codex Iustinianus 1, 2, 23.

XIV (?), Lat., membr., bifolia duo, ex una parte praecisa.

F a s c i c u l i : 1^{2+2} (f. II-V); $2\text{-}15^{6+6}$ (f. 1-168); 16^{7+7}(f. 169-182); $17\text{-}22^{6+6}$ (f. 183-254); $23\text{-}25^{5+5}$ (f. 255-284); $26\text{-}28^{6+6}$ (f. 285-320); 29^{6+5} (f. 321-331, post f. 330 unum folium desideratur); $30\text{-}38^{6+6}$ (f. 332-439). Reclamantes in fasc. 2-15, 17-24, 26--37, quaedam a compaginatore praecisae. Custodes bifoliorum in quibusdam fasc. (e. g.

9, 13, 25, 34). Custodes addititii (?) in angulo dextro inferiore foliorum initialium fasc. 7 et 8: *2us*, *3us*. Fasc. primus vacuus, f. II cf. Cod. orig. et fata.

S i g n u m   a q u a t i c u m : Var. Piccard 2, I 341+342 – signa duo, minime inter se differentia (1438-1445), Piekosiński 916 (1435) ex nostro cod. nec non cod. 1210, 1614, f. II-V, 1-439.

S c r i p t u r a   e t   o r n a m e n t a : Codex aliquot manibus, litteris calligraphicis, humanisticis, duabus columnis disposita scriptura, exaratus. Columnarum schema stilo et plumbo ductum. Margines exteriores et inferiores latissimi. In locis scriptura vacantibus charta textui inscribendo polita esse conspicitur (cf. e. g. vacuum f. 182v). Emendationibus in marginibus, in columnis nec non rasuris textus collatus esse indicatur (e. g. f. 40r, 66v-67r, 96v, 145r, 151v-152r, 185r, 262r), etiam notae de textus ordine turbato, quarum quaedam erasae, lectorem de eodem certum faciunt, e. g. f. 77v, 79v, 80v, 135v, 141v, 200v. In f. 228v-229r, 242r columnae occurrunt vocabulo *vacat* adornatae. In f. 18r, 80r, 101r loca vacua figuris inscribendis exstant. Primae quaequae Scrutinii (f. 285r-425r) litterae vocabulorum: *Paulus, Saulus, Magister, Discipulus* textus columnae non aptantur, sed in marginem paululum excedunt signoque paragraphi incepti ornantur. In pagina currenti (usque ad f. 280) Bibliae librorum tituli rubro in utramque evoluti codicis partem sunt divisi. Capitum initia litteris maioribus scripta. Litterae initiales ornamentales in operum et Sacrae Scripturae librorum initiis (textus lineis 7-8 aequae), e. g. in f. 1r, 120v, 183, 206r, 218r, 219v, 224r, 243v, 254r, 425v, rubro et caeruleo colore depictae, quibus ornamentum filigraneum additum coloribus rubro et violaceo effectum. His minores, capita introducentes, litterae (textus lineis circa 3-6 aequae) alternatim caeruleae filigrano decoratae rubro et rubrae filigrano violaceo ornatae in margines protensis. Accedunt paragraphorum signa, rubra cum caeruleis alterna, in toto volumine eminenter relevata. Sacrae Scripturae loci lineola rubra infra ducta designantur, e. g. f. 37v.

N o t a e   e t   g l o s s a e paucae: textus emendationes scribae manu factae, e. g. vocabulorum praetermissorum suppletiones, i. a. in f. 12v, 17r, 22r, 30r, 34r, 55r, 177r, vocabula scriptorum materiam indicantia, e. g. f. 276r: *De inicio secte Machometi*, f. 277r: *De erroribus et viciis multiplicibus Macho⟨meti⟩*, f. 364r: *De diversis nominibus Messie,* f. 337r: *De ymaginibus, ydolatria et preceptis Decalogi*, indicationes pro rubricatore, e. g. f. 368v, hoc *nota*, e. g. f. 363v, maniculae, e. g. f. 5v-6r, 183v, 194r, 225r, 279r, 333r-v, designationes in forma punctorum duorum cum virgula, e. g. f. 270r-v. Docetur lector etiam de codice legitime legendo, e. g. f. 25v lineola circumscriptum: *Vide de hoc infra XII in prima addicione prope finem,* in f. 77v: *Reverte duo folia et in principio 2i folii reversi* ... et i. a. in f. 142v, 200v, 201v. Stanislai de Zawada manu notae, e. g. in f. 132r, 276v.

C o m p a c t u r a   s. XV Basileae seu in Italia confecta esse videtur. Tabulae ligneae, satis crassae, corio cervino, claro olim, nunc fusco, detrito et lacerato facto obtectae. Codex olim in tegumento posteriore quattuor fibulis claudebatur (qui est modus et ratio compacturas extra fines Poloniae conficiendi), quarum fibularum singulae in voluminis parte superiore et inferiore, duae in latere erant. In parte exteriore integumenti anterioris schedula membranacea codicis titulo ornata: *Addiciones ad Postillam Magistri Nic⟨ol⟩ai de Lira super Biblia*. Dorsum paululum convexum; codicis capiti et calci funiculi obsuti, olim corio operti, cuius fragmentum adhuc asservatur. Dorsi ligamenta quinque duplicia. Anguli rotundati. Ante- et postfolium incompleta, membranacea: f. I et VI. Etiam integumentorum partibus interioribus folia membranacea agglutinata, in quibus textus quidam legalis legitur scriptus, cf. nr ***4**. Schedulae oblongae fasciculorum suturam munientes in mediis fasciculis chartaceae (?), agglutinatae, vacuae, in fasciculorum partibus exterioribus autem membranaceae, textu quodam conscriptae. Fragmentum folii vacui iuxta f. 40r et tessera scripturam s. XV prae se ferens iuxta f. 337r asservantur. Codex usu et tempore atque humiditate multum vitiatus. Fasciculi 1 et 2 putridi, eorum partes inferiores cariosae et fragiles. Folia quaedam lacerata, ante omnia ea, quae putrida facta sunt, e. g. f. 25. Reparationis, charta adhibita, medio aevo factae vestigia, e. g. f. 183, 185. Tabula utraque a volumine dissoluta, non nisi dorsi corio cum eodem ligata.

Codicis origo et fata: Codex ca a. 1435-1445 extra fines Poloniae confectus. Iacobo de Senno proprius, qui eundem Universitati donavit. In f. 1r margine inferiore rubro: *Hunc librum reverendus pater dominus Iacobus de Senno episcopus Wladislauiensis donavit Universitati Cracouiensi pro Collegio Artistarum anno Domini 147primo*. Adnotationes similes de codicibus legatis cf. in cod. BJ 531, 1286, 1404 (de Iacobo de Senno cf. cod. BJ 531 descr.). Signaturae antiquae: Kucharski scripsit: *Additiones ad Postillam in Biblia Nicolai de Lyra*; Fasseau: *136*; topogr.: *BB I 15*.

Bibliographica: Wisłocki, Katalog, 369; Hornowska, Zbiory, 247; Zathey, Biblioteka, 31; Potkowski, Książka rękopiśmienna, 190; Wielgus, Obca literatura, 182, 207; Wójcik, Traktaty polemiczne, 148; H. Zaremska, Żydzi w średniowiecznej Polsce. Gmina krakowska, Warszawa 2011, 272.

MK, ASo

1505

Lat., 1453 et ca, chart., cm 31,5×21,5, f. 286.

f. 1r cf. Codicis orig. et fata.

f. 1v-9v vacua.

1. f. 10r-241r: Paulus Burgensis, Dialogus Pauli et Sauli contra Iudaeos, sive Dialogus, qui vocatur Scrutinium scripturarum libris duobus contra perfidiam Iudaeorum. Absque fine

[Prol.] —⟨*S*⟩*crutamini scripturas* ...[Io 5, 39]. —*Christus volens Iud*⟨*e*⟩*os instruere circa ipsius cognicionem* ...[Pars I; f. 11v]... —*Presens tractatus dividitur per distincciones, distincciones vero per capitula modo infrascripto: Distinccio prima de Scrutinio scripturarum* ...[Cap. I; f. 12v]... [*Saulus* in marg.]. —*O Paule, audivi, quod Magister* [supra adscr.: *id est Ihesus*] *tuus, dum viveret* ...[Pars II; f. 153r]... —*Firmiter credens ea, que per te michi tradita sunt* ...⟩⟨... *impletum fuisse illud propheticum: Assumam vos unum de civitate et duos de cognacione, et adducam vos in Syon, Ieremie, 3 capitulo* [, 14]||

Cf. cod. BJ 1502 descr., nr. **1**. Desiderantur in fine enuntiationes paucae, h. e. Gratiarum actio. Distinctionum capita nonnulla (f. 44r, 88r-v, 113r-v, 160r-v, 207r, 221r) ab Ioanne de Dambrowka, qui textum hunc exaraverat, sive omissa seu non sunt finita. Folia et paginae plurimae vacuae restant, sine lacuna in textu, cf. f. 12r, 71v-73v, 74v, 87r--v, 88v, 109v-112r, 138v, 139v, 151r-152v, 158v-159v, 173v, 175r-177v, 206v. F. 74r, 112v cf. Notas et glossas.

f. 241v-243v vacua.

2. f. 244r-260r: Rabbi Samuel de Fez, Epistula de adventu Messiae missa Rabbi Isaac ab Alphonso Bonihominis OP in linguam Latinam translata

[Epist. translatoris] —⟨*R*⟩*everendo in Christo patri, fratri Hugoni, magistro Ordinis Predicatorum ... frater Alfoncius* [!] *Bonihominis Hyspanus ...* —*Cum ego propter parvitatem meam et insufficienciam non sum talis ...*[Praef.; f. 244v] —*Conservet te Deus, o frater, et permanere te faciet ...*[Cap. I] —⟨*D*⟩*esidero, o Domine mi, certificari per te ex testimoniis legis et prophetarum ...*⟩⟨*... et eius scripturam, ut corruptus homo penitus vel ignorans. Amen. Explicit dubium Iudeorum et confortacio Cristianorum anno Domini millesimo CCCC^o quinquagesimo tercio. Et sic est.*

Cf. cod. BJ 1504 descr., nr. **3**.

3. f. 260r-v: Paulus Burgensis, Dialogus Pauli et Sauli contra Iudaeos, sive Dialogus, qui vocatur Scrutinium scripturarum libris duobus contra perfidiam Iudaeorum. Pars II, dist. 6 cap. 1 fragm.; dist. 6 cap. 13 fragm.

Iudei Christum occidentes seu ipsius occisionem consequenter aprobantes non subito perierunt ... Primo, ut ex eis in temporum successione a Deo predestinati salventur ... ista oblivioni|| [f. 260v] *Iudei enim detecta antichristi falsitate Christo firmissime adherebunt ...*⟩⟨*... quod, quam sit periculosum, nulli est dubium ... Reliquie Israel salve fiant* [Is 10, 21-22].

Cf. supra nr. **1**.

4. f. 261r-284v: Nicolaus de Lyra OFM, Probatio incarnationis Christi. Redactio I

[Add.] *Item predictum erat per Isay. 65, ubi multa predicit propheta de repulsione et reprobacione Iudeorum ... interficiet te Dominus Deus et servos tuos vocabit nomine alio, in quo, qui benedictus est super terram, benedicetur in* ⟨*D*⟩*eo* [Is 65, 15-16]. [Textus; f. 262r] —*U*⟨*trum*⟩ *ex scripturis receptis a Iudeis possit efficaciter probari Salvatorem nostrum fuisse Deum et hominem. Et quia questio includit duo: Unum, quod pertinet ad personam Christi ...⟩⟨... et ideo a fide catholica per tales avertunt et plures baptisati ad vomitum revertuntur.*

Cf. RB 5981; Mohan, Initia, 456*; Wójcik, Traktaty polemiczne, 150. Ed.: Venetiis 1481 (GW 4286) etc. Idem textus in cod. BJ 1484, f. 152v-169v; 1485, f. 179v-190v; fragm. in cod. BJ 1483, f. 176r. Additio, quae in f. 261r legitur, in cod. BJ 1484 et 1485 in textus fine adiuncta est. F. 261v vacuum.

5. f. 284v-286v: Testimonia de Christo. Fragm.

—*⟨C⟩ristus.* —*Licet de Cristo sufficiant testimonia prophetarum et scripturarum sanctarum, tamen ab hiis, qui foris sunt, testimonium habere convenit, primo adducam testimonia sibillarum, 2° astro⟨no⟩morum, tercio patriarcharum, quarto Iudeorum, quinto regum et imperatorum, sexto oracula idolorum, septimo testimonia poetarum, octavo adducam testimonia diversorum eventuum prodigiosorum. Sibilla Eritrea ad sapientes Grecorum de novissimis temporibus in libro, qui intitulantur* [!] *Nasilografus* [recte: Basilographus], *id est imper⟨i⟩alis scriptura* ...[f. 285r]... *Secundo ponuntur testimonia astronomorum. Albumazar in Introductorio suo ... Tercio ponentur testimonia patriarcharum. Est enim liber, qui Testimonium patrum interpretatur, quem Ropertus magister Grossum Caput Linco⟨l⟩niensis episcopus de Greco transtulit in Latino* [!] ...[f. 286r]... *Quarto ponuntur testimonia Iudeorum et precipue Ioseph et Rabi Moyses, que sunt prius notata in alio tractatu contra Iudeos ...⟩⟨... respondens Maria dixit: Ego in veritate eum genui et patrem in terra non habet, sed ab angelo audivi ipsum esse Filium Dei, nam et incorrupta Virgo existo. Sacerdotes igitur allato codice scripserunt. Tali die obiit*||

Textus longior in cod. BJ 1423, p. 175-180; nostrum fragm. = p. 175-178.

F a s c i c u l i : 1-4^{6+6} (f. 1-48); 5^{7+6} (f. 49-61, post f. 61 unum folium desideratur); 6^{6+6} (f. 62-73); 7^{7+7} (f. 74-87); 8^{7+6} (f. 88-100, f. 88 additum); 9^{6+6} (f. 101-112); 10^{7+6} (f. 113-125, f. 113 additum); 11^{6+7} (f. 126-138, f. 138 additum); 12^{7+7} (f. 139-152); 13^{6+0} (f. 153-158, post f. 158 sex folia desiderantur); 14^{8+8} (f. 159-174); 15^{9+9} (f. 175-192); 16^{6+7+1} (f. 193-206, f. 205 et 206, minora, addita); 17-18^{7+7} (f. 207-234); 19^{5+4} (f. 235-243, ante f. 240 unum folium desideratur); 20^{6+6} (f. 244-255); 21^{6+0} (f. 256-261, post f. 261 sex folia desiderantur); 22^{7+6} (f. 262-274, ante f. 269 unum folium desideratur); 23^{6+6} (f. 275-286). In voluminis fine fasciculi duo toti fere erepti. Custodum ab Ioanne de Dambrowka inscriptorum series duae: 1. fasc. 1-10, 12; 2. fasc. 13-19 (custodes *3-7* in fasc. 15-19). Reclamantes in fasc. 4, 8, 10. Cum custodes tum quoque reclamantes a compaginatore partim praecisi. Paginatio ab I. Muczkowski s. XIX atramento false inscripta, nostra foliatione plumbo exarata mutata est.

S i g n a a q u a t i c a : 1. Id. Piccard 2, XI 333 (1452) f. 1-73, 75-86, 88-112, 114-205, 207-267, 269-286; 2. Var. Briquet 11798 (1457-1459) f. 74, 87; 3. Var. Briquet 13868 (1389-1391) f. integ. ant. aggl. F. 113, 206, 268 signorum expertia.

Voluminis charta a. 1452-1459, charta ad compacturam conficiendam s. XIV ex. in usu erat.

S c r i p t u r a   e t   o r n a m e n t a : Codex tribus manibus exaratus: 1. f. 10r--174v, 190r-241r, 260r-280v ab Ioanne de Dambrowka (cf. eius scripturam in cod. BJ 1406, f. 159r, 306v); 2. ab anonymo f. 178r-189v, 3. ab alio anonymo f. 244r-260r, 281r-286v, qui scribae fortasse Ioannis de Dambrowka discipuli fuerunt. Una textus columna, in parte ab Ioanne de Dambrowka scripta schemate cum stilo tum atramento ducto, e. g. f. 275-280, ceterum duci neglecto. Apud scribas anonymos margines atramento delineati. Emendationes, supplementa, rasurae, e. g. f. 61r, 129v-131r, 254r--255v. Ioannis de Dambrowka scriptura velocissima, negligens, schemata quaecumque despiciens, nulla diligentiae et artis cura adhibita, textus dispositio peculiaris, varia, e. g. f. 37r, 61r, rubricatio opulentissima cum in textu tum quoque in marginalibus. Litterae initiales magnae quidem (textus lineis ca tribus aequae), velocissime tamen delineatae, e. g. f. 12v-13r, droleriis auctae quaedam (e. g. f. 13v-14r). In f. 10r textus littera initialis omissa. Scribae secundi scriptura diligens, capitum tituli, paragraphi, lineae sub textu scriptae rubrae. Apud scribam tertium rubricatio nulla in f. 244r-260r, nullae quoque litterae initiales, quibus inscribendis loca satis magna vacua restant. Paragraphorum signa rubra, lineas rubras sub textu in f. 281v-286r ipse Ioannes de Dambrowka exegit.

N o t a e   e t   g l o s s a e : In marginibus textuum ab Ioanne de Dambrowka scriptorum paucae notae et glossae ab eodem exaratae: emendationes et supplementa, e. g. f. 30v, 40v, 161r, vocabula scriptorum materiam indicantia, e. g. f. 95v: *hystorialia, prophetalia*, remissiones ad auctores, e. g. in f. 54v: ad Petrum Lombardum: *Vide Magistrum* ..., auctores citati, i. a. in f. 114r Hilarius Pictaviensis, in f. 114v Boethius, in f. 60v Thomas de Aquino, in f. 229v Hieronymus Stridonensis, alii. Leguntur etiam Sacrae Scripturae loci, e. g. f. 122r, 209v. In marginibus textuum a scriba anonymo exaratorum etiam textus emendationes, vocabula scriptorum materiam indicantia, e. g. f. 180r-v, a hocce scriba vel ab Ioanne de Dambrowka exarata, e. g. f. 182v-183v, 187r--189v, 254r-255v. Ioannes de Dambrowka in f. 220v scripsit: *Versus: Iob probat, inclinat Paulum, sese manifestat in ceco, purgat Mariam punitque Herodem* [cf. Walther, Initia, 9864]. In *Scrutinio scripturarum*, duobus locis in foliis vacuis, Ioannes de Dambrowka schemata delineavit et descripsit: f. 74r: *Ydolatria est cultus Deo debitus, creature exhibitus. Cuius causa est duplex: dispositiva et hec fuit ex parte hominum ..., consummativa ex parte demonum, qui se colendos hominibus errantibus exhibuerunt ..., que videbantur hominibus, mirabilia faciendo. Unde et in Psalmo dicitur: Omnes dii gencium demonia* [Ps 95, 5]; in f. 112v: *Preceptum est iussio vel imperium faciendi aliquid vel non faciendi. Naturale, datum propter naturam conservandam ... Innatum, ordinatum in Deum ... Discipline est preceptum datum ad probacionem ... Legis scripte: cerimonialia ... iudicialia* ... Accedunt maniculae, e. g. f. 31v, 100v, 104v, 137v.

C o m p a c t u r a s. XIV ex. confecta, ex alio quodam codice sumpta. Constat tabulis ligneis, claro olim, nunc obscuro, detrito et maculis consperso corio partim obtectis, cui ornamentum lineare simplex impressum est. Codex olim cingulis coriaceis duobus et ligulis in anteriore integumento claudebatur. In parte exteriore integumenti anterioris, partim in corio, partim in ligno, manu s. XV: *Dyalogus sive Scrutinium scripturarum Pauli Hispani, episcopi Burgensis.* Dorsum paulo convexum, codicis capiti et calci funiculi obsuti corio obtecti; dorsi ligamenta quattuor duplicia. Volumen adaequatum (marginalium partes abscisae minoris quam volumen latitudinis causa), chartarum anguli rotundati. Integumentorum partibus interioribus chartae vacuae agglutinatae, quarum anteriori signum aquaticum impressum, cf. Signa aquatica nr. 3. Schedulae chartaceae fasciculorum suturam munientes membranaceae, vacuae. Voluminis status satisfaciens, partes inferiores chartarum humiditate infecta vitiatae; folia vacua plurima rescissa seu erepta sunt, cf. Fasc. Dorsi corium scindi et rumpi inceptum, fragmenta desiderantur. Integumenti posterioris corium frustulo adsuto sartum. In tabula anteriore inscriptio quaedam illegibilis creta alba adhibita.

Codicis origo et fata: Codex ca a. 1453 confectus Ioanni de Dambrowka pertinuit, qui partem eius maiorem manu propria exaravit (de Ioanne de Dambrowka cf. cod. BJ 288 descr.; Metryka, 1, 35-36 [P201]; Metryka, 2, 744; M. Zdanek, Jan z Dąbrówki, [in:] Profesorowie Prawa UJ, 134-136). Signaturae antiquae: in f. 1r: *Scrutinium scripturarum Pauli Hispani, episcopi Burgensis* (eadem manu similis adnotatio in cod. BJ 1507); topogr.: *AA VII 17.*

Bibliographica: Wisłocki, Katalog, 369-370; Wójcik, Traktaty polemiczne, 149-151; H. Zaremska, Żydzi w średniowiecznej Polsce. Gmina krakowska, Warszawa 2011, 270.

MZ, ASo

1506

Lat., 1469 et ca, chart., cm 31×21, f. 197+II.

f. 1r-v vacuum, marginum schemate instructum.

1. f. 2r-182r, 187r-188r: Paulus de Zathor, Sermones de sanctis

—*Ad laudem et gloriam omnipotentis Dei Patris et Filii et Spiritus Sancti ... Incipiunt sermones de sanctis per circulum anni editi per venerabilem magistrum Paulum de Zathor, decretorum doctorem, predicati per eum in ecclesia Cracoviensi. Primus de sancto Andrea.* —*Ambulans Ihesus* ...[Mt 4, 18]. —*Dominus noster, ut habetur Mathei IIII°, antequam cepit predicare, ivit in desertum, ubi mansit incognitus* ...[f. 37r]... —*Consummati sunt dies octo* ...[Lc 2, 21]. —*Hac die sanctissima iuxta hoc ewangelium respectus est ad tria: primo ad octavam* ...⟩⟨[f. 38r]... *huius sancti nominis Ihesus effectum eterne salutis post hanc vitam feliciter consequamur. Quam et nobis etc. Amen.* ...[f. 138v]... —⟨*F*⟩*acta est autem contencio* ...[Lc 22, 24]. —*Ewangelium loquitur de contencione discipulorum Ihesu, que facta fuit feria quinta magna* ...⟩⟨[f. 139r]... *sic perversi in infernum, iusti autem in regnum celorum. Ad quod ... Amen.* ...[f. 147v]... —⟨*L*⟩*iber generacionis etc.* [Mt 1, 1]. —*Festum hodiernum laudabile, quia festum Nativitatis Marie matris Domini* ...⟩⟨[f. 148r]... *nunc obtineat graciam, tandem gloriam in regno celorum. Ad quod. Amen.* [F. 148v] —⟨*L*⟩*iber generacionis* ...[Mt 1, 1]. —*Hodie sancta Ec-*

clesia occupatur in laudibus Marie Virginis, nativitatem eius memorando, que vere digna est celebracione ...〉〈[f. 149v]... *peccata dimittat, graciam conferat et tandem gloriam etc. ...*[f. 155v]... —〈*N*〉*unc iudicium est mundi* [Io 22, 31]. —*Hodie dies Exaltacionis sancte Crucis, in qua Crux sancta, dum de regno personarum cum magno triumpho in Ierusalem est reportata ...*〉〈[f. 156r]... *fiat eterne glorie particeps in regno celorum etc. ...*〉〈[f. 182r]... *veniamus ad illam cenam eterne beatitudinis in regnum celorum. Quod nobis ... Amen. Expliciunt sermones de sanctis per universum anni circulum venerabilis ac egregii viri doctoris Pauli, dive ac memorie bone patris de Zathor, pronunciati Cracovie in ariopagio* [!], *nec non pauperum gimnasio per reverendum baccalarium Andream de Gąbin. Et sunt finiti ipso die Veneris proximo post Asscensionis anno Domini MCCCCLXIX°* [12 V], *pro editore tamen benedictus Deus iure sit laudandus etc. Amen.*

Idem textus in cod. BJ 491, p. 41-386 et 4248, f. 1r-286r (inde a nr. 51 absque initio usque ad nr. 167). Codicis BJ 491 sermones in nostro cod. hoc ordine dispositi sunt: nr. 1 = f. 2r-3r; nr. 2 = f. 3r-4v; nr. 3 = f. 4v-5v; nr. 4 = f. 5v-6v; nr. 5 = f. 6v-7r; nr. 6 = f. 7r-8r; nr. 7 = f. 8r-9r; nr. 8 = f. 9r-10r; nr. 9 = f. 10r-11r; nr. 10 = f. 11r-12r; nr. 11 = f. 12r-13r; nr. 12 = f. 13r-v; nr. 13 = f. 13v-14v; nr. 14 = f. 14v-15v; nr. 15 = f. 15v-16v; nr. 16 = f. 16v-17r; nr. 17 = f. 17r-18r; nr. 18 = f. 18r-v; nr. 19 = f. 18v-19v; nr. 20 = f. 19v-20r; nr. 21 = f. 20r-21r; nr. 22 = f. 21r-22r; nr. 23 = f. 22r-23r; nr. 24 = f. 23r-24r; nr. 25 = f. 24r-27r; nr. 26 = f. 27r-28r; nr. 27 = f. 28r-29r; nr. 28 = f. 29r-30r; nr. 29 = f. 30r-31v; nr. 30 = f. 31v-32v; nr. 31 = f. 32v-33v; nr. 32 = f. 33v-34v; nr. 33 = f. 34v-36r; nr. 34 = f. 36r-37r; nr. 35 = f. 37r-38r (aliter incipit); nr. 36 = f. 38r-v; nr. 37 = f. 38v-40r; nr. 38 = f. 40r-41r; nr. 39 = f. 41r-42r; nr. 40 = f. 42r-43r; nr. 41 = f. 43r-44r; nr. 42 = f. 44r-45r; nr. 43 = f. 45r-46r; nr. 44 = f. 46r-47v; nr. 45 = f. 47v-48v; nr. 46 = f. 48v-49r; nr. 47 = f. 49r-50r; nr. 48 = f. 50r-51r; nr. 49 = f. 51r-52v; nr. 50 = f. 52v-54r; nr. 51 = f. 54r-55r; nr. 52 = f. 55r-56v; nr. 53 = f. 56v-57v; nr. 54 = f. 58r-59r; nr. 55 = f. 59r-60r; nr. 56 = f. 60r-61r; nr. 57 = f. 61r-64r (aliter explicit); nr. 58 = f. 64r-65r; nr. 59 = f. 66r-67r; nr. 60 = f. 65r-66r; nr. 61 = f. 67r-68r; nr. 62 = f. 68r-69r; nr. 63 = f. 69r-70v; nr. 64 = f. 70v-71v; nr. 65 = f. 71v-72v; nr. 66 = f. 73r-74r; nr. 67 = f. 74r-75r; nr. 68 = f. 75r-76r; nr. 69 = f. 76r-77v; nr. 70 = f. 77v-78v; nr. 71 = f. 78v-79v; nr. 72 = f. 79v-80v; nr. 73 = f. 80v-81v; nr. 74 = f. 81v-83r; nr. 75 = f. 83r-84r; nr. 76 = f. 84r-85r; nr. 77 = f. 85v-86v; nr. 78 = f. 86v-87v; nr. 79 = f. 87v-88v; nr. 80 = f. 88v-90r; nr. 81 = f. 90r-91v; nr. 82 = f. 187r-188r; nr. 83 = f. 91v-92v; nr. 84 = f. 92v-94r; nr. 85 = f. 94r-95r; nr. 86 = f. 95r-96r; nr. 87 = f. 96r-v; nr. 88 = f. 96v-97v; nr. 89 = f. 98r-99r; nr. 90 = f. 99r-100v; nr. 91 = f. 100v-101r; nr. 92 = f. 101r-102v; nr. 93 = f. 102v-103v; nr. 94 = f. 103v-104v; nr. 95 = f. 104v-105v; nr. 96 = f. 105v-107r; nr. 97 = f. 107r-108r; nr. 98 = f. 108r-109v; nr. 99 = f. 109v-111r; nr. 100 = f. 111r-112r; nr. 101 = f. 112r-113r; nr. 102 = f. 113r-114v; nr. 103 = f. 114v-115r; nr. 104 = f. 115r-116r; nr. 105 = f. 116r-117v; nr. 106 = f. 117v-118r; nr. 107 = f. 118r-119v; nr. 108 = f. 119v-120v; nr. 109 = f. 120v-121r; nr. 110 = f. 121r-122r; nr. 111 = f. 122r-123v; nr. 112 = f. 123v-124v; nr. 113 = f. 124v-125r; nr. 114 = f. 125r-v; nr. 115 = f. 126r-v; nr. 116 = f. 126v-127v; nr. 117 = f. 128r-129r; nr. 118 = f. 129r-130r; nr. 119 = f. 130r-131r; nr. 120 = f. 131r-132r; nr. 121 = f. 132r-133r; nr. 122 = f. 133r-134r; nr. 123 = f. 134r-

-135r; nr. 124 = f. 135r-136r; nr. 125 = f. 136r-137r; nr. 126 = f. 137r-v; nr. 127 = f. 137v--138v; nr. 128 = f. 139r-140v; nr. 129 = 140v-141v; nr. 130 = f. 141v-142v; nr. 131 = f. 142v-143v; nr. 132 = f. 143v-144v; nr. 133 = f. 144v-145v; nr. 134 = f. 145v-146r; nr. 135 = f. 146r-147v; nr. 136 = f. 149v-150r; nr. 137 = f. 150r-151r; nr. 138 = f. 151r-152r; nr. 139 = f. 152r-153r; nr. 140 = f. 153r-154r; nr. 141 = f. 154r-155v; nr. 142 = f. 156r-157r; nr. 143 = f. 157r-158r; nr. 144 = f. 158r-v; nr. 145 = f. 158v-159v; nr. 146 = f. 159v-160v; nr. 147 = f. 160v-161v; nr. 148 = f. 161v-162v; nr. 149 = f. 162v-164r; nr. 150 = f. 164r--165r; nr. 151 = f. 165r-166r; nr. 152 = f. 166r-167r; nr. 153 = f. 167r-168r; nr. 154 = f. 168r-169r; nr. 155 = f. 169r-170v; nr. 156 = f. 170v-171v; nr. 157 = f. 171v-172v; nr. 158 = f. 172v-173v; nr. 160 = f. 173v-174r (incipit sicut sermo nr. 159!); nr. 161 = f. 174r--175r; nr. 162 = f. 175r-176r; nr. 163 = f. 176r-177r; nr. 164 = f. 177r-178v; nr. 165 = f. 178v-180r; nr. 166 = f. 180r-v (aliter explicit); nr. 167 = f. 180v-182r. In cod. nostro desideratur pars finalis sermonis nr. 159 et pars initialis sermonis nr. 160; quattuor sermones insuper, quos cod. 491 omisit, occurrunt; sermo nr. 82 invenitur etiam inter Ioannis de Slupcza sermonibus. Cf. J. S. Pelczar, Zarys dziejów kaznodziejstwa w Kościele katolickim, 2, Kraków 1896, 60; Swastek, Kolofony, 173; Nowy Korbut, 3, 440; M. Zwiercan, Paweł z Zatora, [in:] Filozofia w Polsce, 311; E. Belcarzowa, F. Wysocka, Glosy Polskie w zbiorze kazań łacińskich w rękopisie Biblioteki Jagiellońskiej nr 67/54, „Biul. Bibl. Jagiel.", XXIII 1973, 118; Wolny, Krakowskie środowisko, 101-102; E. Potkowski, In scola scriptum. Szkoła jako miejsce działalności pisarskiej w średniowiecznej Polsce, [in:] Nauczanie w dawnych wiekach, 166; Id., Schule und Bücher: Handschriftenproduktion in den spätmittelalterlichen Schulen Polens, [in:] La collaboration dans la production de l'écrit médiéval. Actes du XIIIe colloque du Comité international de paléographie latine (Weingarten, 23-25 septembre 2000), ed. H. Spilling, Paris 2003, 61 (Matériaux pour l'histoire, 4); Stopka, Szkoły katedralne, 170.

2. f. 182r-187r, 188r-193r: Ioannes de Slupcza, Sermones varii

Incipiunt suplementa predictorum de edicione venerabilis viri re⟨verendi⟩ Iohannis de Slupcza, sospitatis pro tunc felicis etc. Amen.

1. *Sermo de novo sacerdote etc.* —*Refulsit sol in clipeos aureos* ...[1 Mch 6, 39]. —*In his verbis tria sunt nobis consideranda: Primo, quid sit sol* ...⟩⟨[f. 183r]... *ut nos per eius merita et dignitatem mereamur obtinere veniam peccatorum et regnum celorum possidere. Ad quod eciam. Amen.*

Idem textus in cod. BJ 491, p. 399-401 et 4248, f. 286r-288v; 1175, f. 370r-371r (ut Henricus de Frimaria).

2. *De Cena Domini super ewangelium.* —*Hodierna dies habet nomen speciale, quale numquam ante nec post habuerit, nec post habitura est aliqua dies. Dicitur enim Cena Domini* ...⟩⟨[f. 185v]... *fidem munit fomitemque remittit. Conclusio autem seu finis formetur secundum congruitatem etc.*

Idem textus in cod. BJ 491, p. 386-391 et 4248, f. 288v-293v (absque fine).

3. *Sermo in vigilia Nativitatis Christi et hoc est, quando ipsa vigilia cadit in diem dominicum.* —*Cum esset desponsata* ...[Mt 1, 18]. —*In vigilia*

huius sancte Nativitatis Domini nostri legitur hoc ewangelium, in quo mencio habetur de Maria desponsata, de Iozeph, eius sponso ...⟩⟨[f. 186v]... *ut dicit Simon. Sed iustis nunc et tandem etc. Amen.*

Idem textus in cod. BJ 491, p. 391-393.

4. *Sequitur ultra. De Nativitate Christi in nocte.* —*Apparuit gracia Dei Salvatoris nostri* ...[Tt 2, 11]. —*In hac epistola huius sacramentissime* [!] *noctis, in qua toti mundo venit consolacio, quia natus est in ea Salvator mundi* ...⟩⟨[f. 187r]... *ut esset omnibus salus hic dando graciam, tandem gloriam etc. Amen.*

5. [F. 188r] *De dedicacione ecclesie sequitur.* —*Ingressus Ihesus perambulabat Iericho* [Lc 19, 1]. —*Ut dicit Bernardus in sermone huius festi, hodie, fratres, sollemnitatem agimus non beati Petri* ...⟩⟨[f. 189r]... *ut cum eo possimus consequi hic graciam, tandem gloriam regni celestis. Amen.*

6. *Sermo generalis de una vel de pluribus virginibus sequitur.* —*Domine, Domine, apperi nobis* [Mt 25, 11]. —*Ewangelium de virginibus ostendit, quod bonum et utile et iocundum est disponere se ad adventum sponsi Christi* ...⟩⟨[f. 190r]... *quod pro Christi gloria suscepit etc. Hic locum habet legenda uniuscuiusque virginis, de qua sermocinabis. Amen.*

Idem textus in cod. BJ 491, p. 397-399.

7. *Pro festo Marie Nivis sermo.* —*Duo homines ascenderunt* ...[Lc 18, 10]. —*Hec dies habet duo ewangelia: unum de dominica nunc expositum, aliud de festo hodierne diei, scilicet Marie ad Nives* ...⟩⟨[f. 191r]... *famulis suis potenter graciam impetret nunc, tandem gloriam, ad quam eciam nos perducere. Amen.*

Idem textus in cod. BJ 491, p. 393-395.

8. *De sancto Marco ewangelista.* —*Hodie peragimus diem sancti Marci, qui fuit cancellarius Filii Dei* ...⟩⟨[f. 192r]... *ex ipsius passione lucidius claret, que in passionali continetur de verbo ad verbum.*

Idem textus in cod. BJ 1415, f. 188r-189r.

9. [Sermo de s. Elisabeth]. —⟨*S*⟩*imile est regnum celorum sagene misse* ...[Mt 13, 47]. —*Cogitanti mihi de vite sanctitate Elizabeth ingenue cogitantis precordia obstupescunt* ...⟩⟨[f. 193r]... *redundare oleo est repertum ad laudem omnipotentis et christianorum consolacionem hic et in eterna. Quam etc.*

Cf. E. Belcarzowa, F. Wysocka, Glosy, ut supra, 119; PSB 10, 478; Bracha, Nauczanie kaznodziejskie, 447. Idem textus in cod. BJ 491, p. 395-397.

f. 193v-197v vacua, f. 193v-195r columnarum schemate instructa.

***3.** f. Ir, IIv: Diploma: 1471, post 5 II, ante 4 V, Cracoviae

Derslaus ⟨*Michaelis*⟩ *de Carnycze, utriusque iuri*⟨*s*⟩ doctor, scholasticus Plocensis et canonicus Cracoviensis, collector generalis Camerae Apostolicae provinciae Poloniae a Paulo papa II institutus, conformiter ad praerogativas in bulla Pauli papae II contentas, cuius tenorem transsumit, tribuit *Nicolao de Othusch canonico Posnaniensi* et vicario ecclesiarum s. Ioannis Varsoviae et Posnaniae munus subcollectoris apostolici in archidioecesi Gnesnensi. Derslaus Nicolaum iuramentum in manus *Stiborii* [de Gościeńczyce, ep. Plocensis] et *Martini de Jezewo* [Jeżewo], canonici Plocensis, procuratoris capituli Plocensis praestare iubet. Tenor bullae: 18 Maii 1470, Romae. Paulus papa II munus collectoris apostolici in regno Poloniae et provincia Gnesnensi *Derslao Michaelis de Carnycze, scholastico Plocensi et canonico Cracoviensi*, tribuit.

Ed. bullae: Theiner, 2, 165-167. Terminum *post quem* constituit Derslai de Karnice doctoratus utriusque iuris (post 5 II 1471, qua die decretorum doctor factus est, cf. S. A. Sroka, Wykaz Polaków wypromowanych na uniwersytecie w Bolonii w drugiej połowie XV w., „Kwartalnik Historyczny", CXXI 2014, nr. 1, 146); terminum *ante quem* constituit ep. Stiborii de Gościeńczyce (ep. Plocensis a. 1463-1471) vitae finis.

Derslaus de Karnice (in palatinatu Ravensi (Rawa) Universitatis Cracoviensis Metricae a. 1448 inscriptus, cf. Metryka 1, 222 (48h/150). Inscriptionem hanc nota non multo posterior comitat, qua tamen Derslaus iam mense Ianuario a. 1471 iuris utriusque doctor exstitisse affirmatur. Quem annum nostri quoque diplomatis tenor comprobare videtur. Fuit hic etiam collector apostolicus in Polonia a. 1470-1472, scholasticus Plocensis ca a. 1459-1480, canonicus Cracoviensis a. 1466-1495 (cf. Zbiór dokumentów i listów miasta Płocka, wyd. S. M. Szacherska, 1 (1065-1495), Warszawa 1975, 252, nr. 225-228; Cracovia artificum. Supplementa, 1451-1460, 96-98, adn. 1; M. Kowalski, Proventus Camerae Apostolicae debiti. Opłaty duchowieństwa polskiego na rzecz papiestwa w latach 1417-1484, Kraków 2010, 195).

Nicolaus, Ioannis filius, de Otusz, Universitatis Crac. Metricae a. 1459 inscriptus, cf. Metryka, 1, 280 (59e/132), canonicus Posnaniensis a. 1463-1507. Alius Nicolaus Otuski fuit plebanus in Lutomy a. 1446-1470 (cf. P. Dembiński, Poznańska kapituła katedralna schyłku wieków średnich. Studium prozopograficzne 1428-1500, Poznań 2012, 581).

Martinus de Jeżewo principum Ladislai I et Semoviti VI scriba aulicus a. 1445-1461, canonicus cathedralis Plocensis nec non ecclesiae collegiatae s. Martini Plocensis (cf. Zbiór dokumentów i listów miasta Płocka, ut supra, 1, 175, nr. 165; Słownik hist.-geogr. woj. płoc., 110).

Lat., membr., diploma in duas partes scissum, dextra parte praecisum.

F a s c i c u l i: 1-9^{6+6} (f. 1-108), 10^{5+5} (f. 109-118), 11-15^{6+6} (f. 119-178), 16^{5+5} (f. 179-188), 17^{5+4} (f. 189-197, f. ultimum desideratur). Custos: *VI* in fine fasc. 6. Reclamans praecisa in fine fasc. 2. Foliatio plumbo s. XX erronee inscripta nostra illa emendata est.

S i g n a a q u a t i c a : 1. Var. Piccard-Online 68796 (1468), var. Piccard--Online 68779 (1469) f. 1-60, 73-188; 2. Var. Piccard-Online 70710 (1476) f. 61-72; 3. Piekosiński 995 (1469; signum a Piekosiński e nostro codice reproductum) f. 190-197; 4. Var. Piccard-Online 68759 (1473) f. integ. ant. aggl.; 5. Var. Piccard-Online 68754 (1472) f. integ. post. aggl. F. 189 altera parte bifolii cum signo caret. Charta a. 1468--1476 in usu erat.

S c r i p t u r a e t o r n a m e n t a : Codex una manu, scriptura currenti diligentissima, interdum extra marginem protracta, exaratus. Textus duabus columnis dispositus, quarum schema linea simplici calamo ductum, hic illic emendatum, e. g. f. 103r, 144v. In schemate f. 103v-108r linea superior et inferior desideratur. Lineolae binae divisionem vocabulorum inter versus indicant. Litterarum quaedam devolutionibus in margine superiore et sinistro decoratae, etiam hastis in marginem inferiorem et sinistrum prolongatis, quae laqueorum seu florum formas imitantur, e. g. in f. 47r, 61v--65r, 94r. Rubricatio in f. 2r-26r, 30v-41r, 48v, 85r-90r, 179r-191r. Litterae initiales rubro et flavo colore pictae, quarundam hastae in marginem prolongatae. In f. 2r littera initialis *A*, 7 cm alta, colore flavo et albo picta in area rubra, lineola in quadratum ducta circumscripta et ornamentis sarmenta filigranaque imitantibus decorata; in f. 48v littera initialis *I* bis inscripta. Vocabula, quibus paginae singulae incipiunt, devolutionibus in margine sinistro atque superiore decoratas initiales litteras habent et ceteris maiores, e. g. in f. 61v-62v. Loca vacua litteris initialibus inscribendis, illas repraesentantibus interdum designata, hic illic quoque sermonis numero sequenti, e. g. in f. 27r-30r, 34v-35v, 42r-47v. Sacrae Scripturae pericopae linea rubra seu nigra distinctae, e. g. in f. 70r, 180r. In parte inferiore f. 61r, 64r, 66r, 68r scribae indicationes pro rubricatore, ab introligatore praecisae. Pars finalis columnae sine scriptura in f. 72v hac adnotatione a scriba instructa: *Hic nullus penitus est deffectus*. Enuntiatio ultima ex f. 72v in initio f. 73r repetitur. Vocabula nec non enuntiationes plurimae in textu lineolis infra ductis designantur.

N o t a e e t g l o s s a e : Sermonum partes (f. 2r-41r, 85r-90r, 180r-190r) in marginibus a scriba linea rubra designatae, quasi enumeratae sunt. Textus, e. g. in f. 13r, et vocabulorum, e. g. f. 60v, 108v, 171v, supplementa. Codicem adhibentium notae: vocabula scriptorum materiam indicantia, e. g. in f. 46v-47r, 48v, 51r, seu festorum nomina, pro quibus sermo est destinatus, e. g. in f. 77v-78v, 79v, 80v: *de sancto Floriano*, 121v: *vita sancti Iacobi*, 139r: *de s. Egidio*. Codicem legentium signa: laqueus parvus punctis quinque ornatus, e. g. in f. 9r, 31r, 141r. Maniculae, e. g. in f. 31r-v, 34v-35v, 36v-38r, 142r-v, 143v-144r. In f. integ. post. aggl. manu s. XVI glossa Polonica: *obiurgari – layacz*.

C o m p a c t u r a ca a. 1473 confecta (cf. nr. ***3** et Signa aquatica nr. 4-5) a compaginatore libri advocatorii Cracoviensis ex a. 1476-77, cuius nomen ignoratur. Constat tabulis ligneis corio fusco decorato obtectis. Integumenti anterioris corium in planitiem et bordiuras duas divisum. Bordiura exterior decorata est puncti impressionibus in formam arcus parvi compositis in mediis lineis, quibus bordiura a planitie discluditur, nec non iuxta ligamenta; bordiura interior ornamento texturam imitanti, item puncti impressionibus effectam, puncto etiam insuper decorata. Planities lineis transverse ductis in partes quinque divisa: taeniae duae exteriores, suprema et infima, ornamento impresso instructae laqueos et punctum cruce ornatum repraesentanti alterno. Taeniae duae interiores, similiter atque angustissimae taeniae codicis lateri longiori parallelae, expletae sunt impressionibus puncti minuti craticulam efficientibus. Planitiei parti mediae, h. e.

quadrato, rhombus inscriptus impletus impressionibus signaculi, quo repraesentatur avis fera rhombo minori inscripta, extra rhombum autem arcus parvi pluries impressi. In tabula posteriore bordiura similis huic anteriori, sed taeniae angustissimae desiderantur, media autem planitiei pars quadrato constituta est, quod lineis impressis in minora quadrata et trigones divisum est, qui sua vice vestigia plurima praebent signaculi impressi lilium basi innixi repraesentantis (compacturarum huius officinae decorationum exempla plumbo repetita, ab A. Lewicka-Kamińska facta, cf. ms. BJ Acc. 47/80, cf. etiam ipsius officinae descriptionem in ms. BJ Acc. 33/80, 142-143). Cingulorum coriaceorum duorum binis clavis tabulae posteriori affixorum et ligularum in anteriore integumento, quibus codex olim claudebatur, vestigia. Item umbonum rotundorum quinorum in utroque integumento (asservatur unius umbonis in anteriore tabula fragmentum). Dorsum planum olim, nunc paululum concavatum, codicis capiti et calci funiculi obsuti, dorsi ligamenta quattuor duplicia. Volumen adaequatum, anguli rotundati. Ante- et postfolium: f. I-II membranacea (cf. nr. ***3**). Integumentorum partibus interioribus folia chartacea agglutinata, posterius columnarum schemate distinctum (cf. Notas et glossas). Schedulae membranaceae fasciculorum suturam munientes in fasc. 1, 3-16 vacuae, in fasc. 2, 17 conscriptae. Codicis status: compactura demolita, tabula anterior dilapsa et in duas partes in longitudinem fracta, corium detritum. F. 124-125 in parte inferiore rupta. Lacuna usta in f. 19. Maculae clariores, e. g. in f. 124r, 162r.

Codicis origo et fata: Ex colophone in f. 182r (*Expliciunt sermones de sanctis ... doctoris Pauli, dive ac memorie bone patris de Zathor, pronunciati Cracovie in ariopagio, nec non pauperum gimnasio per reverendum baccalarium Andream de Gąbin. Et sunt finiti ipso die Veneris proximo post Asscensionis anno Domini MCCCCLXIX*°) comperimus Andream de Gąbin, hocce codice usum, a. 1469 Pauli de Zathor sermones in ecclesia cathedrali in colle Wawel habuisse (de Andrea de Gąbin cf. cod. 433 descr.; Najstarsza księga promocji, 68/44B, 74/3M; Acta rect., 35). Post annum 1515, quo Matthias Ioannis de Głowno filius, baccalarius factus est, codex ei proprius fuit. De quo eiusdem nota in f. integ. ant. aggl.: *Iste est liber Mathie de Glow⟨no⟩ arcium liberalium baccala⟨rii⟩* (eadem manu nota legitur in cod. BJ 402, f. 1r: *Et est Mathie...*; de eo cf. cod. 402 descr.; Metryka 1509-1551, 31 (1511e/221); Najstarsza księga promocji, 281, 1515/26B). Signaturae antiquae: Kucharski scripsit: *Sermones de sanctis magistri Pauli de Zathor*; Fasseau: *1031*; topogr.: *BB IV 3*.

Bibliographica: Wisłocki, Katalog, 370; Kuksewicz, Jan ze Słupczy, 114; Zathey, Biblioteka, 104-105; Kuzmová, Preaching, 375.

LN, WŚ

1507

Lat., ca 1470, chart., cm 32×21, f. 313+VIII.

1. f. 1r-311v: Sermones novi de tempore, Cracoviae compilati et praedicati, inter quos 10 Ioannis de Slupcza et 3 Pauli de Zathor

1. [Dom. 1 Adv.]. —*Ecce Salvator tuus venit* ...[Is 62, 11]. —*Quia, ut dicit Apostolus ad Hebreos XI°* [, 6]: *Sine fide impossibile est placere Deo*

...⟩⟨[f. 2r]... *ut qui venit ad nos, non veniat contra nos, sed in nos per graciam. Amen.*

Idem sermo in cod. BJ 189, f. 1r-2v et 1611, f. 1r-2r.

2. *Sermo secundus* [in dom. 1 Adv.]. —*Scientes, quia hora est* ...[Rm 13, 11]. —*In hoc sacro adventu⟨s⟩ Cristi tempore Ecclesia revolvit sanctorum patrum ardencia desideria* ...⟩⟨[f. 3v]... *secundum Deum creatus est in iusticia et sanctitate veritatis, ut nobis amplificetur hic gracia, tandem gloria eterna. Ad quam nos* ...

Idem sermo in cod. BJ 189, f. 2v-4r et 1611, f. 2r-3v.

3. [Dom. 1 Adv.]. —*Cum apropinquasset Iesus Ierosolimis* ...[Mt 21, 1]. —*Ewangelium hoc iuxta sensum spiritualem loquitur de reparacione generis humani* ...⟩⟨[f. 4v]... *laudendo humilemur, ut visa nostra humili servitute ampliet hic graciam et det in futuro gloriam. Amen.*

Idem sermo in cod. BJ 189, f. 4r-5v et 1611, f. 3v-4v.

4. [Dom. 1 Adv.]. *Sequitur quartus s⟨ermo⟩: Dicite filie Sion.* [F. 5r] —*Dicite filie Syon: Ecce rex tuus venit tibi* [Mt 21, 5]. —*Domini adventus est hic omni memoria dignissimus* ...⟩⟨[f. 6r]... *ut honeste et devote coram tanto rege assistant ad assequendum nunc graciam, tandem in futuro gloriam. Amen.*

Idem sermo in cod. BJ 189, f. 5v-7v et 1611, f. 4v-6r. Duae columnae cum media vacuae.

5. [Dom. 1 Adv.; f. 6v]. —*Ecce rex tuus venit tibi* ...[Mt 21, 5]. —*Dicit beatus Bernardus in sermone De adventu Domini: Quis dubitat magnum aliquid in causa fuisse* ...⟩⟨[f. 7v]... *huic regi occurramus taliterque eum suscipiamus, ut ab eo mereamur hic graciam, tandem vitam eternam. Amen.*

Idem sermo in cod. BJ 189, f. 7v-9r et 1611, f. 6r-7v.

6. *Sermo primus dominice secunde Adventus.* —*Quecumque scripta sunt, ad nostram doctrinam scripta sunt* [Rm 15, 4]. —*Scriptura Sacra proponit nobis iam dulcia, iam amara, iam pungit, iam lenit* ...⟩⟨[f. 9r]... *inter sanctos et electos resuscitati respiremus et cum eis in eterna gaudia feliciter eamus. Ad que* ...

Idem sermo in cod. BJ 189, f. 9r-11r et 1611, f. 7v-8v.

7. [Dom. 2 Adv.]. —*Erunt signa in sole* ...[Lc 21, 25]. —*Ewangelium istud loquitur de die iudicii, que omnibus sanctis est desiderabilis* ...⟩⟨[f.

10v]... *ne cum malis dampnentur, sed cum bonis salventur. Ad quam salutem nos perducat omnipotens etc.*

Idem sermo in cod. BJ 189, f. 11r-13r et 1611, f. 8v-10r.

8. [Dom. 2 Adv.]. —*Erunt signa in sole* ...[Lc 21, 25]. —*Hoc ewangelium est terroribus plenum, est enim de die iudicii* ...)([f. 11v]... *sed a dextris cum omnibus sanctis collocemur ad optinendum regnum omnium seculorum. Ad quod* ...

Idem sermo in cod. BJ 189, f. 14r-15r et 1611, f. 10r-11v.

9. [Dom. 2 Adv.]. —*Erunt signa in sole* ...[Lc 21, 25]. —*Ewangelium tractat de die iudicii, de die finali, de die horrenda super omnes dies* ...)([f. 12v]... *venite benedicti Patris mei, percipite vobis paratum regnum celorum* [Mt 25, 34]. *Ad quos* ...

Idem sermo in cod. BJ 189, f. 15r-16v et 1611, f. 11v-13r.

10. [Dom. 2 Adv.]. —*Erunt signa in sole* ...[Lc 21, 25]. —*Scribitur Ecclesiastici XLIII°* [, 14]: *Accelerat coruscaciones emittere iudicii* ...)([f. 14r]... *optime succedet in iudicio universali, quia in corpore et anima ibimus in gaudium regni celorum. Ad quod etc.*

Idem sermo in cod. BJ 189, f. 16v-18r et 1611, f. 13r-14r.

11. [Dom. 2 Adv.]. *6us*. —*Erunt signa in sole* ...[Lc 21, 25]. —*Ewangelium huius diei de die iudicii est plenumque horrore* ...)([f. 15r]... *possidete paratum vobis regnum celorum* [Mt 25, 34]. *Ad quod* ...

Idem sermo in cod. BJ 189, f. 18r-19v et 1611, f. 14r-15v.

12. *Primus sermo tercie dominice in Adventu.* —*Sic* [emendatum ex: *hic*] *nos existimet homo* ...[1 Cor 4, 1]. —*In hac epistola Apostolus ministrum Cristi se cognoscit* ...)([f. 16r]... *fideles nos exhibeamus, ut finaliter a Deo* [f. 16v] *gloriam reportemus. Ad quam* ...

Idem sermo in cod. BJ 189, f. 19v-21v et 1611, f. 15v-17r.

13. [Dom. 3 Adv.]. —*Cum audisset Iohannes in vinculis opera Cristi* [Mt 11, 2]. —*Hoc ewangelium est de adventu secundo, scilicet in animam per graciam* ...)([f. 17r]... *ut agamus et perficiamus opera meritoria, et ex hoc in eius gracia perveniamus ad eterna premia. Ad que* ...

Idem sermo in cod. BJ 189, f. 21v-23r et 1611, f. 17r-18r.

14. [Dom. 3 Adv.; f. 17v] —*Mittens duos ex discipulis suis ait illi: Tu es* ...[Mt 11, 2-3]. —*Ewangelium istud narrat de Iohanne Baptista, qualiter duos discipulos suos cum interrogacione ad Cristum misit* ...)([f. 18v]...

ad futura providi Deo in simplicitate sic serviamus, ut tandem exaltemur in gloria. Ad quam ...

Idem sermo in cod. BJ 189, f. 23r-25r et 1611, f. 18r-20r.

15. [Dom. 3 Adv.; f. 19r] —*Cum audisset Iohannes in vinculis* ...[Mt 11, 2]. —*Inter alia dificilia nostre fidei unum est Filii Dei in carne* ...)([f. 19v]... *Cristus tunc commendabit nos coram Patre suo et dabit nobis post mortem gloriam sempiternam. Ad quam ...*

Idem sermo in cod. BJ 189, f. 25r-26v et 1611, f. 20r-21r.

16. [Dom. 3 Adv.; f. 20r] —*Cum audisset Iohannes in vinculis* ...[Mt 11, 2]. —*Dominica hec cum isto ewangelio commemorat secundum Cristi adventum* ...)([f. 21r]... *hic auget virtutes et merita, et in regno celorum premia. Quod nobis prestare dignetur Virgo Maria. Amen.*

Idem sermo in cod. BJ 189, f. 26v-28r et 1611, f. 21r-22v.

17. [Dom. 4 Adv.]. —*Gaudete in Domino semper* ...[Phli 4, 4]. —*In hac epistola ultime ebdomade Adventus ortatur nos Apostolus ad gaudendum* ...)([f. 22r]... *ut in nostra corda sic eum suscipiamus, quod per hoc gaudia regni celorum mereamur. Ad que ...*

Idem sermo in cod. BJ 189, f. 28r-30r et 1611, f. 22v-23v.

18. [Dom. 4 Adv.]. —*Miserunt Iudei ab Ierosolimis sacerdotes* ...[Io 1, 19]. —*Hoc ewangelium loquitur de solemni legacione, quam fecerunt Iudei de Ierusalem ad Iohannem Baptistam* ...)([f. 24r]... *cum secura consciencia poterit accedere et in futuro ad eternam beatitudinem feliciter pervenire. Quam nobis ...*

Idem sermo in cod. BJ 189, f. 30r-32r et 1611, f. 23v-25v.

19. [Dom. infra oct. Nativit.]. —*Erant pater eius et Maria mater mirantes* [Lc 2, 33]. —*Circa hoc ewangelium noto primo admiracionem, secundo prophetacionem, 3º laudacionem* ...)([f. 25r]... *et miserabili caritate hec omnia fecit propter nos, hic ad graciam et propter nostram salutem in eterna gloria. Quam nobis ...*

Idem sermo in cod. BJ 189, f. 32r-33r et 1611, f. 25v-26v.

20. [Ioannes de Slupcza, Dom. infra oct. Nativit.; *doctor Slupcza* in marg.]. —*Erant Ioseph et Maria mater Iesu mirantes* ...[Lc 2, 33]. —*Dominus noster Iesus Cristus, cuius nativitatem temporalem modo gaudiose peregimus* ...)([f. 26v]... *sic laudemus, sic glorificemus, ut ad eternas laudes regni celorum introducamur. Ad quas ...*

Idem sermo in cod. BJ 189, f. 33r-35v (sine auctoris mentione) et 1611, f. 26v-28v.

21. [Dom. infra oct. Epiph.]. —*Cum factus esset Iesus annorum duodecim* [Lc 2, 42]. —*Hoc ewangelium semper concurrit cum ewangelio de tribus regibus, quia ambo ista ewangelia narrant de Iesu inquisicione* ...)([f. 27v]... *in hoc acquiritur Dei gracia. Gloza: Id est per hoc eficitur homo Deo gratus, per graciam autem devenitur ad gloriam eternam. Quam nobis* ...

Idem sermo in cod. BJ 189, f. 35v-36v et 1611, f. 28v-29v.

22. [Dom. infra oct. Epiph.]. —*Fili, quid fecisti nobis sic* [Lc 2, 48]. —*Dicit Simon de Cassia: Non invenimus Salvatorem ante annos duodenarios aliquid fecisse* ...)([f. 28v]... *et sic vivamus, ut mereamur exaltari eternaliter in patria celesti. Quam nobis* ...

Idem sermo in cod. BJ 189, f. 36v-38r et 1611, f. 29v-31v.

23. [Dom. infra oct. Epiph.]. —*Remansit puer Iesus in Ierusalem* ...[Lc 2, 43]. —*Hoc ewangelium plenum est doctrinis et exemplis, tam ex parte Cristi, quam ex parte matris eius* ...)([f. 30r]... *tandem flos producet fructum omnibus in flore manentibus, qui fructus est Dei visio in vita eterna. Quam nobis* ...

Idem sermo in cod. BJ 189, f. 38r-39v et 1611, f. 31v-33r.

24. [Dom. infra oct. Epiph.]. —*Remansit puer Iesus in Ierusalem* ...[Lc 2, 43]. —*Celebravimus Cristi Nativitatem et festum Circumcisionis et sanctam Epifaniam* ...)([f. 31r]... *ut descendam de altitudine cordis, de tumore mentis et elacione in Nazareth vite floride et sancte hic per graciam, tandem in futuro per gloriam eternam. Quam nobis* ...

Idem sermo in cod. BJ 189, f. 39v-41r et 1611, f. 33r-34r.

25. [*Slup⟨cza⟩* in marg.; Ioannes de Slupcza, Dom. infra oct. Epiph.]. *Iste sermo non nisi tunc, quando octava Epiphanie cadit in die dominico, sequitur.* —*Vidit Iohannes Iesum* ...[Io 1, 29]. —*Illa, que iessa* [recte: gesta] *fuerunt prima die Nativitatis Cristi, utpote partus Virginis* ...)([f. 33r]... *cuius gloriose Resurectionis participes nos faciat Iesus Cristus, qui est benedictus* ...

Idem sermo in cod. BJ 189, f. 41r-43v (sine auctoris mentione) et 1611, f. 34v-36v.

26. [Dom. 2 post Epiph.]. —*Nupcie facte sunt in Cana Galilee* [Io 2, 1]. —*Iste nupcie, in quibus ad litteram fuit Iesus Cristus cum matre sua suisque discipulis et quas voluit approbare* ...)([f. 35v]... *precibus sue matris concedat nobis ipse, qui est dapifer celestis, Iesus Cristus Dominus noster. Amen.*

Idem sermo in cod. BJ 189, f. 43v-46v et 1611, f. 36v-39v.

27. [Dom. 2 post Epiph.]. —*Nupcie facte sunt* ...[Io 2, 1]. —*Dictum est dominica precedenti, quomodo Dominus noster Iesus Cristus duodennis existens cum matre sua* ...⟩⟨[f. 38v]... *benigne suscepit et fovet dans fiduciam promerendi graciam, consequendi vitam eternam. Quam nobis* ...

Idem sermo in cod. BJ 189, f. 46v-49v et 1611, f. 38v-42r.

28. [Paulus de Zathor, Dom. 3 post Epiph.]. —*Cum descendisset Iesus de monte* ...[Mt 8, 1]. —*Ewangelium loquitur de descensu Iesu de monte, de leproso, de centurione* ...⟩⟨[f. 39v]... *ut hic mundatus dignus eficiar introire in regnum celorum. Quod nobis* ...

Idem sermo in cod. BJ 189, f. 49v-51r et 1611, f. 42r-44r (sine auctoris mentione); cf. Bracha, Nauczanie kaznodziejskie, 430 (cod. BN Varsoviensis III 3021, f. 63v-65r, auct. Paulus de Zathor).

29. [Dom. 3 post Epiph.]. —*Cum descendisset Iesus de monte* ...[Mt 8, 1]. —*Infinita bonitas, Deus sui semper difusiva non habens in altitudine celi* ...⟩⟨[f. 41r]... *ipse autem, quantum in eo est, vult nos mundare, dabit remisionem peccatorum et tandem regnum celorum. Amen.*

Idem sermo in cod. BJ 189, f. 51r-52v et 1611, f. 44r-45r.

30. [Dom. 4 post Epiph.]. —*Ascendente Iesu in naviculam* [Mt 8, 23]. —*Ewangelium loquitur loquitur* [!] *de navicula, que arte disponitur* ...⟩⟨[f. 42r]... *ut gloriemur in laude tua, hic tibi grates agendo et tandem tecum in celo regnando. Ad quod* ...

Idem sermo in cod. BJ 189, f. 52v-54r et 1611, f. 45r-46v.

31. [Dom. 4 post Epiph.]. —*Ascendente Iesu in naviculam* ...[Mt 8, 23]. —*Quedam opera Cristi habent et historiam presencium et figuram futurorum et instructionem morum* ...⟩⟨[f. 45r]... *et agant quietam et tranquillam vitam in humilitate, pietate et castitate, quatinus tandem ad eternam requiem una nobiscum valeant pervenire. Amen.*

Idem sermo in cod. BJ 189, f. 54r-57v et 1611, f. 46v-50v.

32. [Dom. 5 post Epiph.; f. 45v]. —*Seminavit bonum semen in agro suo* [Mt 13, 24]. —*Ewangelium istud in se multa claudit, tangit enim de dignitate anime* ...⟩⟨[f. 46v]... *sed deducatur in horea celestia, ubi saciantur omnes ex zizaniis electi in regno celorum. Ad quod* ...

Idem sermo in cod. BJ 189, f. 57v-59r et 1611, f. 50v-52r.

33. [Dom. 5 post Epiph.]. —*Seminavit bonum* ...[Mt 13, 24]. —*Mirabilis Deus mirabiliter regit mundum, ita quod quamquam sint in eo diversa*

...⟩⟨[f. 48r]... *ne in ignem ligati mittamur, sed pocius a malis liberati ad eternam gloriam perveniamus. Quam nobis ...*

Idem sermo in cod. BJ 189, f. 59r-60v et 1611, f. 52r-53r.

34. [Dom. Septuag.]. —*Exiit primo mane conducere operarios* ...[Mt 20, 1]. —*In hac dominica incipit Septuagesima et terminatur salbato* [recte: sabbato] *in albis* ...⟩⟨[f. 50v]... *quorum bonorum participes nos faciet Iesus Cristus, qui est benedictus ...*

Idem sermo in cod. BJ 189, f. 60v-63v et 1611, f. 53r-56r.

35. [Dom. Sexag.]. —*Exiit, qui seminat, seminare semen suum* [Lc 8, 5]. —*Hoc ewangelium tangit fidem nostram, statum quemlibet, omne meritum et premium* ...⟩⟨[f. 52r]... *et nos seminator colaudet* [!] *vitamque eternam in regno celorum prestet* [f. 52v] *nobis in premium. Quam nobis ...*

Idem sermo in cod. BJ 189, f. 63v-65r et 1611, f. 56r-58r.

36. [Dom. Sexag.]. —*Exiit, qui seminat* ...[Lc 8, 5]. —*Sacrum hoc ewangelium refert de seminatore, de agro, in quem cadit semen* ...⟩⟨[f. 53v]... *ut susceptum perducamus ad fructum implecionis, ut sic vitam eternam consequamur. Quam nobis ...*

Idem sermo in cod. BJ 189, f. 65r-66r et 1611, f. 58r-59r.

37. [Dom. Sexag.]. *3us*. —*Exiit, qui seminat* ...[Lc 8, 5]. —*Ewangelium hoc tangit tria: Primo de seminatore, secundo de semine, tercio de tellure* ...⟩⟨[f. 54v]... *ut fructum centuplum eterne glorie in regno celorum consequamur. Ad quod ...*

Idem sermo in cod. BJ 189, f. 66r-67r et 1611, f. 59r-60r.

38. *Eermo* [!] *primus L^{e} vel alias super carnisprivium.* —*Ecce ascendimus Ierosolimam et consumabuntur omnia* [Lc 18, 31]. —*Ewangelium hoc plenum est devocione et caritate et refert, quomodo Dominus Iesus passionem predixit* ...⟩⟨[f. 56v]... *et videntes incedamus, incedendo autem recte ad patriam celi perveniamus. Quam nobis ...*

Idem sermo in cod. BJ 189, f. 67r-68v et 1611, f. 60r-61v.

39. [Dom. Quinquag.]. —*Factum est autem, dum iret in Iericho* ...[Lc 18, 35]. —*In hac dominica incipit Quinquagesima et terminatur in Pasca* ...⟩⟨[f. 58r]... *cuius laudis participes faciet nos Iesus Cristus, qui hunc celum illuminavit, qui est benedictus ...*

Idem sermo in cod. BJ 189, f. 68v-70v et 1611, f. 61v-63r.

40. [Dom. 1 Quadrag.]. —*Ductus est Iesus in desertum* ...[Mt 4, 1]. —*Secundum quod dicit beatus Hilarius, super isto ewangelio, in sanctificatis maxime crassantur dyaboli temptamenta* ...⟩⟨[f. 60r]... *ut tandem simus de numero illorum, qui serviunt Deo et vident eius faciem, Apocalipsis ultimo* [22, 3-4]. *Ad quam visionem nos perducat Iesus Cristus. Amen.*

Idem sermo in cod. BJ 189, f. 70v-72v et 1611, f. 63r-65r.

41. [Ioannes de Slupcza, Dom. 1 Quadrag.]. —*Ductus est Iesus* ...[Mt 4, 1]. —*Dicit Salvator Mathei XI*[o] [, 12]: *A diebus Iohannis Baptiste usque nunc regnum celorum vim patitur* ...⟩⟨[f. 63r]... *ut sic graciam in presenti, post hoc gloriam sempiternam adquiramus. Ad quam* ...

Idem sermo in cod. BJ 189, f. 72v-75v et 1611, f. 65r-67v (sine auctoris mentione); cod. BN III 3021, f. 97r-99v (auct. Ioannes de Slupcza).

42. [Dom. 2 Quadrag.]. —*Egressus Iesus de finibus Thirii* ...[Mt 15, 21]. —*Quanta sit hostis antiqui calliditas nedum Sacre Scripture testimonio* ...⟩⟨[f. 65v]... *possimus ad palmam victorie pervenire, cuius nos participes faciat Iesus Cristus, Maria. Amen.*

Idem sermo in cod. BJ 189, f. 75v-78r et 1611, f. 67v-70r.

43. [Dom. 2 Quadrag.]. —*Egressus Iesus secessit in partes Thirii* ...[Mt 15, 21]. —*Secundum Bedam in Omelia, mulier ista, licet fuerit ex dispersione gencium* ...⟩⟨[f. 67v]... *et instanter Cristum rogemus, nos humiliantes sanabit, dabit hic graciam et tandem in futuro gloriam. Ad quam* ...

Idem sermo in cod. BJ 189, f. 78r-80r et 1611, f. 70r-72r.

44. [Dom. 3 Quadrag.]. —*Erat Iesus eiiciens demonium* ...[Lc 11, 14]. —*Audivimus inter cetera diem* [!] *dominico precedenti, quomodo tunc acriores temptaciones a demonibus patimur* ...⟩⟨[f. 74v]... *cuius regni participes faciet nos idem Iesus Cristus, qui est benedictus* ...

Idem sermo in cod. BJ 189, f. 80r-86v et 1611, f. 72r-78v.

45. [Dom. 4 Quadrag.]. *Primus quarte dom.* —*Gaudete cum leticia* ...[Is 66, 10]. —*Unigenitus Dei Filius Deo Patri coequalis, postquam sua incomutabili essencia manente nostram sibi naturam univit* ...⟩⟨[f. 76v]... *et in enigmate contemplatur. Ad quam visionem perducat nos Iesus Cristus, qui est benedictus* ...

Idem sermo in cod. BJ 189, f. 86v-88v et 1611, f. 78v-80v.

46. [Dom. 4 Quadrag.]. —*Abiit Iesus trans mare Galilee* [Io 6, 1]. —*Totum oficium hodierne diei, prout dicit Innocencius, est gaudiosum et*

consolativum ...⟩⟨[f. 77v]... *ut ex ea pervenire valeamus ad illam sacietatem vite eterne. Quam nobis* ...

Idem sermo in cod. BJ 189, f. 88v-89v et 1611, f. 80v-81v.

47. *In Passione Domini.* —*Quis ex vobis arguet me de peccato* [Io 8, 46]. —*Hodierna dominica vocatur de Passione Domini nostri Iesu Cristi, non quod hodie facta sit* ...⟩⟨[f. 81v]... *et veritas liberabit nos hic a peccatis per graciam et tandem conferet gloriam sempiternam. Quam nobis* ...

Idem sermo in cod. BJ 189, f. 89v-93v et 1611, f. 81v-85v.

48. *Sermo in die Palmarum.* —*Ecce rex tuus venit tibi* ...[Mt 21, 5]. —*Iuxta testimonium Sacre Scripture tota vita Domini nostri Iesu Cristi ab inicio concepcionis* ...⟩⟨[f. 83v]... *de hoc mundo dignaretur suscipere in suum hospicium regni celorum. Quod nobis* ...

Idem sermo in cod. BJ 189, f. 93v-95v et 1611, f. 85v-87v.

49. [Dom. Palmarum]. *Secundus ad idem.* —*Cum apropinquasset Iesus Ierosolimis* [Mt 21, 1]. —*Hodierna dominica vocatur magna et sancta propter magnalia, que facta sunt in ea* ...⟩⟨[f. 85v]... *Cuius nos participes faciat Iesus Cristus, via, veritas et vita, qui est benedictus* ...

Idem sermo in cod. BJ 189, f. 95v-97v et 1611, f. 87v-89v.

50. [Feria 5 in Cena Domini]. —*Probet autem se ipsum homo* ...[1 Cor 11, 28]. —*Beatus Paulus volens nos admonere, ut sacramentum Corporis Domini digne suscibiamus* [!] ...⟩⟨[f. 91r]... *ut depur⟨g⟩atus a sordibus summa digne vitalem medicinam, quatinus hic consequaris graciam et tandem vitam sempiternam. Amen.*

Idem sermo in cod. BJ 189, f. 97v-102v et 1611, f. 89v-94v.

51. [Ioannes de Slupcza, Sermo in die Paschae]. —*Maria Magdalena et Maria Iacobi* ...[Mr 16, 1]. —*Resurectio Domini celos letificat, inferos perturbat, sanctos vivificat, in mundo tribulatos pacificat* ...⟩⟨[f. 94v]... *ardenter queramus et inveniemus Ihesum Christum hic per graciam, tandem in futuro in gloria sempiterna. Ad quam* ...

Idem sermo in cod. BJ 189, f. 122v-126r (auct. Ioannes de Slupcza) et 1611, f. 116r-119v

52. [Ioannes de Slupcza, Sermo 2 in die Paschae]. —*Maria Magdalena* ...[Mr 16, 1]. —*Multe figure dominice Resurectionis in Scripturis inveniuntur, inter quas una familiaris habetur in libro Iudicum de Samsone* ...⟩⟨[f. 97r]... *facie ad facie videbimus, gaudebimus et laudabimus. Cuius visionis participes faciet nos rex glorie Christus resurgens. Amen.*

Idem sermo in cod. BJ 189, f. 126r-128r (auct. Ioannes de Slupcza) et 1611, f. 119v--121v.

53. [Ioannes de Slupcza, Sermo 3 in die Paschae]. —*Maria Magdalena* ...[Mr 16, 1]. —*Dominicam Resurectionem angelus primitus annunciavit, in quo satis innuitur* ...)([f. 99r]... *ut Cristi Resurecctionis* [!] *gloriam possimus intueri. Cuius intuicionis participes faciet nos Iesus Christus. Amen.*

Idem sermo in cod. BJ 189, f. 128r-130r (auct. Ioannes de Slupcza) et 1611, f. 121v--124r.

54. [Ioannes de Slupcza], *Ad secundam feriam Pasce sermo.* —*Duo ex discipulis* ...[Lc 24, 13]. —*Sanctus Augustinus dicit: Quamvis Dominus Iesus Cristus multa fecit miracula* ...)([f. 102v]... *ideo ex* [!] *suscipiamus eum in membris suis, ut ipse nos suscipiat in eternam Ierusalem. Ad quam nos perducere dignetur etc.*

Idem sermo in cod. BJ 189, f. 130r-133r (auct. Ioannes de Slupcza) et 1611, f. 124r--127r.

55. [In feria secunda Paschae]. *Secundus ad idem.* —*Duo ex discipulis* ...[Lc 24, 13]. —*In ewangelio sanctus Lucas tria narrat: primo, quomodo Cristus post suam gloriosam Resurectionem apparuit discipulis* ...)([f. 105r]... *ut in presenti valeamus misericordiam invenire et in futuro regnum eternum. Quod nobis concedat triumphator mortis gloriosus. Amen.*

Idem sermo in cod. BJ 189, f. 133r-136r et 1611, f. 127r-129v.

56. *Ad feriam terciam Pasce.* —*Stetit Iesus in medio discipulorum suorum* ...[Io 20, 19]. —*Dicit beatus Augustinus, super Psalmo LXVIII°, sermone secundo: Duo quedam nobis in humano genere* ...)([f. 108v]... *quatinus de pace gracie perveniamus ad pacem eternitatis sive glorie. Quam* ...

Idem sermo in cod. BJ 189, f. 136r-139r et 1611, f. 129v-133r.

57. [Feria 3 Paschae]. *Secundus ad idem.* —*Stetit Iesus in medio discipulorum* ...[Io 20, 19]. —*Dominus Iesus Christus, Creator et Redemptor noster, sue Resurectionis gloriam per incrementa temporum ostendit* ...)([f. 110v]... *ut per eam tanquam secundam tabulam ad portum salutis eterne pervenire valeamus. Ad quem* ...

Idem sermo in cod. BJ 189, f. 139r-141r et 1611, f. 133r-135r.

58. *Ad dominicam octave Pasce.* —*Cum sero esset die illa una sabbatorum* ...[Io 20, 19]. —*Simon libro quarto decimo, capitulo X: Consue-*

tudo sensuum resistit in solitis actionibus supra naturam ...)([f. 112r]... *ubi certa securitas secura, tranquilitas tranquilla, iocunditas iocunda et felix eternitas, eterna felicitas. Ad quam* ...

Idem sermo in cod. BJ 189, f. 141r-142v et 1611, f. 135r-136r.

59. [Dom. infra oct. Paschae]. *Sermo secundus ad idem.* —*Cum sero esset die illa una salbatorum* [!] ...[Io 20, 19]. —*Ewangelium refert de Cristi Resurectione ipse* [!] *die et de octava Resurectionis* ...)([f. 113v]... *ut tunc in gloria resurgentes ad eternam gloriam feliciter perveniamus. Ad quam* ...

Idem sermo in cod. BJ 189, f. 142v-144r et 1611, f. 136r-137v.

60. [Dom. infra oct. Paschae] *3us ad idem.* —*Venit Iesus ianuis clausis* ...[Io 20, 26] —*Dominus noster Iesus Christus non debuit post Resurectionem suam iugiter cum discipulis suis conversari* ...)([f. 115r]... *dum modicos et breves huius vite labores tam gloriosa secuntur premia. Que nobis* ...

Idem sermo in cod. BJ 189, f. 144r-145v et 1611, f. 137v-139r.

61. *Ad primam dominicam post octavas Pasce.* —*Ego sum pastor bonus* [Io 10, 14]. —*Dominus noster post suam passionem, qua nos ab eterna pena liberavit* ...)([f. 116v]... *que ad tempus resoluta iterum eis iungentur ad plenam gloriam celestem. Quam nobis* ...

Idem sermo in cod. BJ 189, f. 145v-146v et 1611, f. 139r-140r.

62. [Dom. 2 post Pascham]. *Secundus ad idem.* —*Ego sum pastor bonus* ...[Io 10, 14]. —*Ewangelium refert de pastore, de mercenario et de lupo. Pastor est diligendus* ...)([f. 118r]... *et sic eas pascamus, ut eas in virtutibus saginemus, hic ad gloriam, tandem ad virtutem eternam. Amen.*

Idem sermo in cod. BJ 189, f. 146v-148r et 1611, f. 140r-141v.

63. [Dom. 2 post Pascham]. —*Ego sum pastor bonus* ...[Io 10, 14]. —*Ewangelium loquitur de pastore, de mercenario, de lupo et de ovibus* ...)([f. 119r]... *ut iram, quam meremur, mittiget et graciam suam non nostris meritis, sed sua bonitate nobis ostendat nunc et in futuro. Amen.*

Idem sermo in cod. BJ 189, f. 148r-149v et 1611, f. 141v-143r.

64. [Dom. 2 post Pascham]. —*Ego sum pastor bonus* [Io 10, 14]. —*Omnipotens Deus cum ab eterno, quos pasceret, non habuit* ...)([f. 121r]... *fugiamus lupos, id est erroneos homines, ut tramite recto ad aulas celestes perveniamus. Ad quas* ...

Idem sermo in cod. BJ 189, f. 149v-151v et 1611, f. 143r-144v.

65. [Dom. 2 post Pascham]. —*Ego sum pastor bonus* ...[Io 10, 14]. —*Officium pastorale magne eminencie esse creditur apud Deum* ...⟩⟨[f. 122v]... *pastor bonus repromittit eis regna celorum, que nobis una cum eis prestare dignetur Iesus Christus etc.*

Idem sermo in cod. BJ 189, f. 151v-153r et 1611, f. 144v-146r.

66. [Dom. 2 post Pascham]. —*Cognosco meas et cognoscunt me* ...[Io 10, 14-16]. —*Deus et homo, Christus Dominus noster, ut dicit Simon de Cassia, non habens quos ab eterno reficeret* ...⟩⟨[f. 124v]... *sic enim apta erit assumi in ovile regni celorum, ubi pascua eterne dulcedinis. Ad que* ...

Idem sermo in cod. BJ 189, f. 153r-154v et 1611, f. 146v-148r.

67. [Dom. 2 post Pascham]. —*Ego sum pastor bonus* ...[Io 10, 14]. —*In hoc ewangelio Dei Filius non gloriatur de potestate, non de maiestate, non de divino honore* ...⟩⟨[f. 126r]... *ut tandem una omnes regnum eternum accipere mereamur. Quod nobis* ...

Idem sermo in cod. BJ 189, f. 158r-159v et 1611, f. 151r-152v et infra nr. 178, f. 304r-305r (fragm.).

68. *Ad dominicam 2^am^ post octavam Pasce.* —*Modicum et iam non videbitis me* [Io 16, 16]. —*Dicit Ciprianus in Epistola ad Demetriade⟨m⟩: Generi humano non datur separari ab invicem* ...⟩⟨[f. 127r]... *cum labor vertetur in quietem, fletus in exultationem, tristicia in gaudium. Quod nobis* ...

Idem sermo in cod. BJ 189, f. 159v-161r et 1611, f. 152v-153v.

69. [Dom. 3 post Pascham; f. 127v] —*Modicum et iam non videbitis me* ...[Io 16, 16]. —*Dominus noster Iesus Christus migraturus ex hoc mundo corpore, non deitate* ...⟩⟨[f. 128v]... *ut tandem finaliter tristicia nostra vertatur in eternum gaudium regni celorum. Quod nobis* ...

Idem sermo in cod. BJ 189, f. 161r-162v et 1611, f. 153v-155v.

70. [Dom. 3 post Pascham]. —*Amen, amen dico vobis, quia plorabitis* ...[Io 16, 20]. —*Dominus noster passione imminente discipulis suis predixit mala presencia et futura gaudia* ...⟩⟨[f. 130r]... *ut nostra tristicia vertatur in gaudium, fletus in consolacionem, temporalitas in eternitatem plenitudinis divine. Ad quam* ...

Idem sermo in cod. BJ 189, f. 162v-164r et 1611, f. 155v-156v.

71. [Dom. 3 post Pascham]. —*Amen, amen dico vobis,* ...[Io 16, 20]. —*Ewangelium mirabile narrans de bonorum aflictione et malorum gau-*

dio in hac vita ...⟩⟨[f. 131v]... *et iustus consolacione timens plus mereatur ad consequendam vitam eternam. Quam nobis* ...

Idem sermo in cod. BJ 189, f. 164r-166r et 1611, f. 157r-158r.

72. [Dom. 3 post Pascham; f. 132r] *Quintus ad idem.* [F. 132r] —*Mundus gaudebit, vos autem contristabimini* ...[Io 16, 20]. —*In dominica precedenti erat ewangelium de pastore, ut quisque saltem sit bonus pastor* ...⟩⟨[f. 134r]... *confirmabit contra mundum, consolidabit contra dyabolum et dabit gloriam eternam. Quam nobis* ...

Idem sermo in cod. BJ 189, f. 166r-168r et 1611, f. 158v-160v.

73. *Ad dominicam terciam post octavas Pasce.* —*Vado ad eum, qui me misit* ...[Io 16, 5]. —*Ewangelium hoc loquitur de transitu Christi de hoc seculo* ...⟩⟨[f. 135r]... *in conspectu Dei nunc amplam graciam et tandem gloriam eternam in eorum societate consequi mereamur. Quod nobis* ...

Idem sermo in cod. BJ 189, f. 168r-169r et 1611, f. 160v-161v.

74. [Dom. 4 post Pascham]. —*Vado ad eum, qui me misit* ...[Io 16, 5]. —*In hoc ewangelio Dominus Iesus ostendit se fuisse missum a Patre et oficium legacionis expleivisse* [!] ...⟩⟨[f. 137v]... *eternam coronam merentur in regno celorum. Cuius corone nos participes faciat Iesus* ...

Idem sermo in cod. BJ 189, f. 169r-171v et 1611, f. 161v-163v.

75. *Primus sermo ad dominicam Rogacionum.* —*Amen, amen dico vobis:* —*Si quid pecieritis* ...[Io 16, 23]. —*Ewangelium loquitur de peticione, ad petendum autem tria nos movere debent* ...⟩⟨[f. 139r]... *conantibus concedantur hic in via ad necessitatem et ibi in patria ad gloriam. Ad quam* ...

Idem sermo in cod. BJ 189, f. 171v-173v et 1611, f. 163v-165r.

76. [Dom. 5 post Pascham]. —*Si quid pecieritis Patrem meum* ...[Io 16, 23]. —*Hec est dominica Rogacionum, in qua specialiter rogandus est Deus* ...⟩⟨[f. 140v]... *sed Deo exaudiet nos, dabit hic graciam, tandem gloriam sempiternam. Quam nobis* ...

Idem sermo in cod. BJ 189, f. 173v-175r et 1611, f. 165v-167r.

77. [Dom. 5 post Pascham]. —*Si quid pecieritis Patrem meum* ...[Io 16, 23]. —*Dicit Simon libro XII, capitulo XVII: Omnia, quecumque sunt,* [f. 141r] *sunt in esse producta* ... —*Amen* ... —*In quibus verbis habemus triplicem voluntatem Dei* ...⟩⟨[f. 142v]... *donet nobis in presenti bona corporis et anime, in futuro autem plenitudinem gaudii in regno celorum. Quod nobis* ...

Idem sermo in cod. BJ 189, f. 175r-177v et 1611, f. 167r-169r.

78. [Dom. 5 post Pascham]. —*Si quid pecieritis Patrem meum* ...[Io 16, 23]. —*Hec est dominica, quam Spiritus Sanctus ad orandum specialiter instituit, propter quod vocatur dominica Rogacionum, in qua Ascensio Christi celebratur* ...⟩⟨[f. 144r]... *ad quod vigilamus nunc ad meritum, tunc ad premium regni celorum. Ad quod* ...

Idem sermo in cod. BJ 189, f. 177v-178v et 1611, f. 169r-170v.

79. [Dom. 5 post Pascham]. —*Si quid pecieritis Patrem meum* ...[Io 16, 23]. — *Ut dicit Gwilhelmus in Racionali divinorum, hec dominica dicitur Rogacionum propinqua Ascensioni Cristi et dominica Letaniarum* ...⟩⟨[f. 145v]... *sic flectamus Deum ad misericordiam, ut inveniamus nunc graciam, tandem gloriam sempiternam. Amen.*

Idem sermo in cod. BJ 189, f. 178v-180v et 1611, f. 170v-172r.

80. [Paulus de Zathor, Sermo in Ascensione Domini]. *Ascensionis.* —*Dominus quidem Iesus postquam locutus est eis, assumptus est* [Mr 16, 19]. —*Hodierna festivitas est nimis sollemnis, est enim festum Cristi* ...⟩⟨[f. 147r]... *cuius convictionis participes nos faciet Christus, qui est benedictus* ...

Idem sermo in cod. BJ 189, f. 180v-182r et 1611, f. 172r-173v (sine auctoris mentione); cod. BN III 3021, f. 194v-196v (auct. Paulus de Zathor).

81. [In Ascensione Domini]. —*Dominus quidem Iesus postquam locutus est* ...[Mr 16, 19]. —*Dicit Bernardus in sermone hodierno: Solennitas* [!] *ista gloriosa est* ...⟩⟨[f. 148v]... *hic ad graciam et tandem Dei auxilio ascendamus in gloriam regni celorum. Quam nobis* ...

Idem sermo in cod. BJ 189, f. 182r-183v et 1611, f. 173v-175r.

82. [In Ascensione Domini]. —*Dominus quidem Iesus postquam locutus est* ...[Mr 16, 19]. — *Ut dicit Bernardus in sermone hodierno: Hodiernum Ascensionis diem non minus devote convenit celebrari* ...⟩⟨[f. 150r]... *sic cogitemus et sic agamus, ut post hanc vitam perveniamus ad vitam eternam regni celorum. Ad quam* ...

Idem sermo in cod. BJ 189, f. 183v-185v et 1611, f. 175r-176v.

83. [In Ascensione Domini]. —*Dominus quidem Iesus postquam locutus est* ...[Mr 16, 19]. —*Pro laude et honore huius inclite festivitatis Ascensionis Domini nostri in verbis istis tria noto* ...⟩⟨[f. 151v]... *cuius adepcionis participes nos faciet Iesus, qui est benedictus* ...

Idem sermo in cod. BJ 189, f. 185v-187v et 1611, f. 176v-178v.

84. *Primus ad dominicam infra octavas Ascensionis. — Cum venerit Paraclitus* ...[Io 15, 26]. — *Wilhelmus in Racionali divinorum dicit: Hec dominica vocatur dominica Expectacionis* ...⟩⟨[f. 153v]... *ut ipse testetur nos coram Patre in regno celorum. Quod nobis* ...

Idem sermo in cod. BJ 189, f. 187v-189v et 1611, f. 178v-180r.

85. [Dom. post Ascensionem]. — *Cum venerit Paraclitus* ...[Io 15, 26]. — *Quia necessarium fuit et est ad salutem* ...⟩⟨[f. 156v]... *que est terra vivencium in regno celorum. Ad quam* ...

Idem sermo in cod. BJ 189, f. 189v-192v et 1611, f. 180v-183r.

86. [Dom. post Ascensionem]. — *Cum venerit Paraclitus* ...[Io 15, 26]. — *Dominus noster Iesus Christus, quia Deus et homo in humanitate sua notus fuit* ...⟩⟨[f. 158r]... *petendus est a nobis pro his omnibus, ut hic infunderet graciam et tandem daret gloriam sempiternam. Quam nobis* ...

Idem sermo in cod. BJ 189, f. 192v-194v et 1611, f. 183v-185r.

87. [Pent.]. — *Spiritus Domini replevit orbem terrarum* [Sap 1, 7]. — *Spiritus Sanctus omnes res mundi replevit bonitatibus* ...⟩⟨[f. 160r]... *coronam glorie capiemus. Ad quam* ...

Idem sermo in cod. BJ 189, f. 194v-197r et 1611, f. 185r-187r.

88. [*Slup⟨cza⟩* in marg.; Ioannes de Slupcza, Sermo in die Pent.]. — *Si quis diligit me* ...[Io 14, 23]. — *Hodie et per totam istam octavam sancta mater Ecclesia celebrat solennitatem* [!] *visibilis missionis* ...⟩⟨[f. 163v]... *cum omni devocione preparemus. Cuius salutis participes faciat nos Iesus Christus. Amen.*

Idem sermo in cod. BJ 189, f. 197r-201v (sine auctoris mentione) et 1611, f. 187r-191r.

89. [*Slup⟨cza⟩* in marg.; Ioannes de Slupcza, Sermo in die Pent.] — *Si quis diligit me* ...[Io 14, 23]. — *Hec dies festum est tercie persone in divinis, que dicitur Spiritus Sanctus* ...[f. 164r]... — *Si quis diligit me.* — *In hoc, quod dicit: Si quis, notat raritatem diligencium Deum* ...⟩⟨[f. 166r]... *ut visitet nos Spiritus Sanctus et maneat nobiscum in eternum, hic in gracia tandem in futuro in celesti gloria. Quod nobis* ...

Idem sermo in cod. BJ 189, f. 201v-204v (sine auctoris mentione) et 1611, f. 191r-193v.

90. [*Slup⟨cza⟩* in marg.; Ioannes de Slupcza], *Ad feriam secundam ipsius Pentecostes.* — *Sic Deus dilexit mundum* ...[Io 3, 16]. — *Dicit Augustinus libro Supputacionum, supputacione quarta: Iustum est, ut creatura* ...[f.

166v]... —*Sic Deus dilexit* ... —*In quibus verbis tria nobis de divina dilectione proponuntur. Primo divine dilectionis pietas* ...)([f. 168v]... *et beatitudinem confert sempiternam. Quam et nobis conferre dignetur Iesus in secula benedictus. Amen.*

Idem sermo in cod. BJ 189, f. 204v-207v (sine auctoris mentione); 1465, f. 257v--262r (auct. Nicolaus de Blonie Pszczółka); 1466, f. 251r-256r (auct. Nicolaus de Blonie Pszczółka), 1611, f. 193v-196r (auct. Ioannes de Slupcza).

91. [Feria 2 post Pent.]. —*Sic Deus dilexit mundum* ...[Io 3, 16]. —*Ewangelium narrat duas causas missionis Filii Dei ad nos* ...)([f. 170v]... *qui vero in bona, in vitam eternam. Cuius nos participes* ...

Idem sermo in cod. BJ 189, f. 207v-210r et 1611, f. 196r-198r.

92. [Feria 3 post Pent.]. —*Qui non intrat per hostium* ...[Io 10, 1]. —*Dominus noster Iesus in multis similitudinibus loquebatur de se ipso* ...)([f. 173r]... *ut dicit propheta: Saciabimur. Cuius glorie participes* ...

Idem sermo in cod. BJ 189, f. 210r-213r et 1611, f. 198r-200v.

93. *Sermo primus ad festum benedicte Trinitatis.* —*O altitudo sapiencie* ...[Rm 11, 33]. —*Hodie celebramus festum benedicte Trinitatis, in qua vivimus* ...)([f. 176r]... *eficiatur particeps glorie beate Trinitatis in celo. Quod nobis* ...

Idem sermo in cod. BJ 189, f. 213r-216r et 1611, f. 200v-203r.

94. [Dom. Trinit.]. —*O altitudo diviciarum sapiencie* ...[Rm 11, 33]. —*Hec est festivitas Sancte Trinitatis, Patris et Filii et Spiritus* Sancti ...)([f. 177v]... *ad illam vitam tendamus, in qua est requies eterna in regno celorum. Ad quam requiem perducat nos* ...

Idem sermo in cod. BJ 189, f. 216r-218r et 1611, f. 203r-204v.

95. [Dom. Trinit.]. —*Ex ipso et per ipsum et in ipso sunt omnia* [Rm 11, 36]. —*Hec est dies gloriosissima Sancte Trinitatis, Dei et Creatoris celi et terre* ...)([f. 179r]... *bonitate conservet ad eternam gloriam. Ad quam* ...

Idem sermo in cod. BJ 189, f. 218r-219v et 1611, f. 204v-206r.

96. [Dom. Trinit.]. —*Erat homo ex phariseis Nicodemus nomine* [Io 3, 1]. —*Ewangelium hoc loquitur de tribus personis benedicte* [f. 179v] *Trinitatis hodierne festivitatis* ...)([f. 180v]... *ut caritate Spiritus Sancti contra omnem maliciam acendamur* [!] *in presenti ad graciam et in futurum ad gloriam eternam. Amen.*

Idem sermo in cod. BJ 189, f. 219v-221r et 1611, f. 206v-207v.

97. [Dom. Trinit.]. —*Erat homo ex phariseis Nicodemus nomine* [Io 3, 1]. —*Celebravimus festa Filii Dei et Spiritus Sancti in relacione ad ea, que impenderunt* ...⟩⟨[f. 181v]... *valeamus attingere utcumque Trinitatem divinam in gaudio regni celorum. Quod nobis* ...

Idem sermo in cod. BJ 189, f. 221r-222v et 1611, f. 207v-208v.

98. [Dom. Trinit.]. —*Quod scimus, loquimur et quod vidimus, testamur* [Io 3, 11]. —*Dies hec benedicte et gloriose Trinitatis, Patris et Filii et Spiritus Sancti, que nos creavit* ...⟩⟨[f. 183r]... *ut tandem ex ea perveniamus ad Creatorem ipsarum et nostrum ad regnum celorum. Ad quod* ...

Idem sermo in cod. BJ 189, f. 222v-224r et 1611, f. 209r-210v.

99. [Dom. Trinit.]. —*Si terrena dixi vobis et non creditis* ...[Io 3, 12]. —*Prout dicit Augustinus libro de essencia divinitatis: Deus est manifestissimum, quod in natura* ...⟩⟨[f. 185r]... *Et ecce his diebus permisit novitatem inauditam in regno isto tremorem terre* ... *et Deus trinus et unus mala, que meremur, avertet et dabit vitam eternam. Quam nobis* ...

Idem sermo in cod. BJ 189, f. 224r-226v et 1611, f. 210v-212v.

100. [Paulus de Zathor], *De Corpore Cristi.* —*Caro mea vere est cibusus* [!; Io 6, 56]. —*Testatur Scriptura fidelem esse Dominum nostrum* ... —*Caro mea* ... —*Ubi tria considero in hoc sanctissimo sacramento: primo veritatem* ...⟩⟨[f. 186v]... *ut ex hoc eficiamur amici omnipotentis Dei et tandem participes sue glorie in regno celorum. Quod nobis* ...

Idem sermo in cod. BJ 491, p. 212-214 et 1506, f. 187r-188r (auct. Paulus de Zathor); 189, f. 226v-228v et 1611, f. 212v-214r (sine auctoris mentione).

101. [Corpus Christi]. —*Caro mea vere est cibus* [Io 6, 56]. —*Festum nobilissimi sacramenti Corporis et Sangwinis Creatoris et Redemptoris Domini nostri Iesu Cristi, qui nobis corpus suum dedit* ...[f. 187r]... —*Caro mea* ... —*In quibus verbis tria noto: primo huius sacramenti magnam nobilitatem* ...⟩⟨[f. 188r]... *hic per graciam et in futuro in gloria regni celorum. Cuius participes* ...

Idem sermo in cod. BJ 189, f. 228v-230v et 1611, f. 214r-216r.

102. *Ad dominicam infra octavas Corporis Christi.* —*Homo quidam erat dives* ...[Lc 16, 19]. —*Ex prophecia Isaie, capitulo XX°, habetur, quomodo ornatus vestium* ...⟩⟨[f. 190r]... *sed in numerum electorum cum Lazaro in sinum Abrahe, hoc est in eternam gloriam regni celorum. Ad quam* ...

Idem sermo in cod. BJ 189, f. 230v-232v et 1611, f. 216r-218r.

103. [Dom. 1 post Trinit.]. —*Homo quidam erat dives* ...[Lc 16, 19]. —*Simon libro VI, capitulo XI, tractans illud verbum divitis: Anima mea, habes cuncta bona* ...⟩⟨[f. 192r]... *ut eis dimissis perveniamus ad eterna. Ad que* ...

Idem sermo in cod. BJ 189, f. 232v-235r et 1611, f. 218r-220v.

104. *Sermo primus ad dominicam secundam post octavas* ⟨*Corporis Christi*⟩. —*Homo quidam fecit cenam magnam* ...[Lc 14, 16]. —*Ewangelium tractat de cena, que celestem notat gloriam* ...⟩⟨[f. 194r]... *mox evolaret ad celum et veniret ad hanc* [!] *celum. Ad quam* ...

Idem sermo in cod. BJ 189, f. 235r-236v et 1611, f. 220v-222v.

105. [Dom. 2 post Trinit.]. —*Homo quidam fecit cenam magnam* [Lc 14, 16]. —*Dominus noster in hoc ewangelio, quia se ipsum dedit nobis in premium eternum* ...⟩⟨[f. 195r]... *ad illam cenam magnam, in qua eterna sacietas in regno celorum. Ad quod* ...

Idem sermo in cod. BJ 189, f. 236v-237v et 1611, f. 222v-223v.

106. [Dom. 3 post Trinit.]. —*Erant apropinquantes ad Iesum* ...[Lc 15, 1]. —*Ewangelium preterite dominice erat valde comminatorium* ...⟩⟨[f. 196v]... *et ipse apropinquabit nobis per gracie multiplicacionem et tandem per glorie eterne largicionem. Quam nobis* ...

Idem sermo in cod. BJ 189, f. 238v-240v et 1611, f. 225r-227r.

107. [Dom. 3 post Trinit.]. —*Erant apropinquantes ad Iesum* ...[Lc 15, 1]. —*Celestis medicus, ut dicit Hugo, nulli spem venie denegat* ...⟩⟨[f. 198v]... *percipite regnum vobis in celis, in quo gaudeatis in eternum. Ad quod* ...

Idem sermo in cod. BJ 189, f. 240v-242r et 1611, f. 227r-229r.

108. [Dom. 3 post Trinit.]. —*Erant apropinquantes ad Iesum* ...[Lc 15, 1]. —*Salvacio peccatorum semper habuit obviantes* ...⟩⟨[f. 200r]... *locum in nobis inveniat ad consequendum cum eo consorcium in celesti patria. Ad quam* ...

Idem sermo in cod. BJ 189, f. 242r-243v et 1611, f. 229r-230v.

109. [Dom. 3 post Trinit.]. —*Erant apropinquantes ad Iesum* ...[Lc 15, 1]. —*Scribitur primi Machabeorum* [f. 200v] *IIII*^{o}, *quomodo Machabeus cum fratribus suis decreverunt* ...⟩⟨[f. 202r]... *in vera beatitudine simus collocati in templo glorie regni celorum. Ad quod* ...

Idem sermo in cod. BJ 189, f. 243v-245r et 1611, f. 230v-232v.

110. [Dom. 3 post Trinit.]. —*Erant apropinquantes* ...[Lc 15, 1]. —*Dicit Simon de Cassia: Noluit Deus ita peccata prevalere* ...⟩⟨[f. 203v]... *confugiamus ad misericordiam eius benignam, qua nobis miseratur ad graciam* ...

Idem sermo in cod. BJ 189, f. 245r-246v et 1611, f. 232v-234v.

111. [Dom. 3 post Trinit.]. —*Erant apropinquantes ad Iesum* ...[Lc 15, 1]. —*Ewangelium precedentis dominice erat de cena magna* ...⟩⟨[f. 205v]... *ut animas nostras salute non privemus, sed regnum celeste eternaliter possideamus. Quod nobis* ...

Idem sermo in cod. BJ 189, f. 246v-248v et 1611, f. 234v-236v.

112. [F. 206r] *Ad dominicam Estote misericordes.* —*Eadem mensura, qua mensi fueritis* ...[Lc 6, 38]. —*Deus omnipotens ex summa bonitate formavit hominem de limo terre* ...⟩⟨[f. 207v]... *ut tandem post hos labores per graciam ad regnum celorum, ad quod nostri laboris tota est intencio. Ad quod* ...

Idem sermo in cod. BJ 189, f. 252r-253v et 1611, f. 241r-243r.

113. [Dom. 5 post Trinit.]. —*Cum turbe irruerent in Iesum* ...[Lc 5, 1]. —*Ewangelium hoc dulcedine est plenum, loquitur enim de Cristi predicacione* ...[f. 209r]... *Alii fregerunt fortissima recia fidei et inciderunt in errores plures et heresim, ut Arrius, Sebellius, Wiklef et Hus* ...⟩⟨... *ut cum luce et in lumine virtutum ex laborando fructum multum capiamus, scilicet gloriam eternam. Ad quam* ...

Idem sermo in cod. BJ 189, f. 253v-255r et 1611, f. 243r-244v.

114. [Dom. 5 post Trinit.]. —*Cum turbe irruerent in Iesum* ...[Lc 5, 1]. —*Inquit Bernardus sermone II° de adventu: Mira querentis Dei dignacio* ...⟩⟨[f. 210v]... *dans mensuram bonam, refertam, coagitatam et superefluentem, scilicet gloriam eternam. Ad quam* ...

Idem sermo in cod. BJ 189, f. 255r-256r et 1611, f. 244v-246r.

115. [Dom. 5 post Trinit.]. —*Rumpebatur rethe eorum* [Lc 5, 6]. —*Ewangelium hoc loquitur de audia* [recte: avida] *audicione verbi Dei* ...⟩⟨[f. 212v]... *ut ex humilitate nostra mereamur capere pisces eterne remuneracionis in littore eterne quietis regni celorum. Ad quod* ...

Idem sermo in cod. BJ 189, f. 257r-259r et 1611, f. 247v-249v.

116. [Dom. 5 post Trinit.]. —*Cum turbe irruerent in Iesum* ...[Lc 5, 1]. —*Ewangelium hoc refert de audicione verbi Dei, Cristus enim verbum*

Dei predicabat ...⟩⟨[f. 214v]... *pervenientes secum in gloria in regno celorum eternaliter maneamus. Ad quod ...*

Idem sermo in cod. BJ 189, f. 259r-260v et 1611, f. 249v-251v.

117. [Dom. 6 post Trinit.]. *S⟨ermo⟩ primus ad sextam. —Nisi abundaverit iusticia vestra* ...[Mt 5, 20]. —*Hoc ewangelium est singulare et inter cetera magis pungitivum ...*⟩⟨[f. 216r]... *ut De⟨o⟩ placeamus, qui dat in presenti graciam, tandem in futuro gloriam eternam. Ad quam ...*

Idem sermo in cod. BJ 189, f. 260v-261v et 1611, f. 252r-253r.

118. [Dom. 6 post Trinit.]. —*Nisi abundaverit iusticia vestra* ...[Mt 5, 20]. —*Ewangelium tractat de iusticia, ut cristiani sint iusti ...*⟩⟨[f. 217r]... *ut hic benedictionem misericorditer a Deo tandem regni celorum adipiscamur. Quam nobis ...*

Idem sermo in cod. BJ 189, f. 261v-262v et 1611, f. 253r-254v.

119. [Dom. 6 post Trinit.]. —*Nisi abundaverit iusticia vestra* ...[Mt 5, 20]. —*Hoc ewangelium terret, distribuit, docet ...*⟩⟨[f. 219r]... *ut crescat caritas Dei in nobis ad salutem eternam. Quam nobis ...*

Idem sermo in cod. BJ 189, f. 262v-264r et 1611, f. 254v-256v.

120. [Dom. 7 post Trinit.]. —*Cum turba multa esset cum Iesu* ...[Mr 8, 1]. —*Refert sacrum ewangelium, quod turba magna erat cum Iesu ...*⟩⟨[f. 220r]... *non solum preteritam penam, sed et futuram repellit regnum celorum condonando. Quod nobis ...*

Idem sermo in cod. BJ 189, f. 265v-266v et 1611, f. 258r-259v.

121. [Dom. 7 post Trinit.; f. 220v]. —*Misereor super turbam* ...[Mr 8, 2]. —*Bernardus sermone quodam de Nativitate Domini, tractans illud Apostoli ...*⟩⟨[f. 221v]... *quia hi panes faciunt nos dignos hereditate regni celestis. Cuius participes etc.*

Idem sermo in cod. BJ 189, f. 266v-268r et 1611, f. 259v-261r.

122. [Dom. 8 post Trinit.; f. 222r]. —*Attendite a falsis prophetis* ...[Mt 7, 15]. —*Dominus noster Iesus Cristus ad hoc nos fecit racionales ...*⟩⟨[f. 224r]... *qui autem facit voluntatem, manet in eternum, ideo vitam eternam consecuntur. Quam nobis ...*

Idem sermo in cod. BJ 189, f. 269v-271v et 1611, f. 263r-265v.

123. [Dom. 8 post Trinit.]. —*Attendite a falsis prophetis* ...[Mt 7, 15]. —*Dicit Simon libro X, capitulo XLI*[o]*: Ad falsitatem vitandam satagit*

omnis veritatis amator ...)([f. 226r]... *tamquam bone arbores faciamus fructus bonos pro adipiscendo premio regni celorum. Quod nobis* ...

Idem sermo in cod. BJ 189, f. 271v-272v et 1611, f. 265v-267r.

124. [Dom. 9 post Trinit.]. —*Homo quidam erat dives, qui habebat villicum* [Lc 16, 1]. —*Ewangelium istud tangit, excitat et avisat quemlibet christianum* ...)([f. 227v]... *ut post hanc vitam inde vivamus in eternum, in celesti gloria. Quam nobis* ...

Idem sermo in cod. BJ 189, f. 272v-274r et 1611, f. 267r-268v.

125. [Dom. 9 post Trinit.]. —*Homo quidam erat dives* ...[Lc 16, 1]. —*Dominus Iesus in hoc ewangelio quemlibet monet, ut statum suum recogitet* ...)([f. 228v]... *obdormivit in Domino et ivit in requiem sempiternam regni celorum. Ad quod* ...

Idem sermo in cod. BJ 189, f. 274r-275v et 1611, f. 268v-270r.

126. [Dom. 9 post Trinit.]. —*Hic diffamatus est* [Lc 16, 1]. —*Si Apostoli dicentis: Quid habes, quod non accepisti, prima Corintiorum IIII* [, 7] ...)([f. 230r]... *per eos, quibus bene fecimus eterna tabernacula. Ad que nos* ...

Idem sermo in cod. BJ 189, f. 275v-277r et 1611, f. 270r-272r.

127. [Dom. 9 post Trinit.]. —*Quid hoc audio de te* ...[Lc 16, 2]. —*Hoc ewangelium terribile omnibus dat consilium* ...[f. 230v]... —*Quid hoc audio* ... —*Ubi primo insinuatur accusacio contra peccatorem* ...)([f. 231v]... *ut hac vita submota recipiaris in eterna thabernacula. Ad que nos* ...

Idem sermo in cod. BJ 189, f. 277r-278v et 1611, f. 272r-273v.

128. [Dom. 10 post Trinit.]. —*Videns civitatem flevit super illam* [Lc 19, 41; suprascr.: *vicesima nona*]. —*Ewangelium hoc apperit nobis oculos consideracionis* ...)([f. 233r]... *nunc peniteamus, ut hic graciam, tandem gloriam regni celorum consequamur. Ad quam nos* ...

Idem sermo in cod. BJ 189, f. 285r-286v et 1611, f. 281v-283r.

129. [Dom. 10 post Trinit.]. —*Videns civitatem flevit* ...[Lc 19, 41]. —*Dominus Iesus creavit tres mansiones, scilicet celum, infernum et mundum* ...)([f. 234v]... *ut in morte senciamus non iratum, sed placatum Dominum ad consequendum ab eo regnum celorum. Quod nobis* ...

Idem sermo in cod. BJ 189, f. 286v-288r et 1611, f. 283r-284v.

130. [Dom. 10 post Trinit.]. —*Videns civitatem flevit* ...[Lc 19, 41]. —*Dominus noster hoc ewangelio verbo et exemplo provocat nos ad fletum* ...)([f. 236r]... *non desperemus, sed sperantes finaliter gloriam eternam consequamur. Quam nobis* ...

Idem sermo in cod. BJ 189, f. 288r-290r et 1611, f. 284v-286v.

131. [Dom. 11 post Trinit.]. *Primus ad undecimam.* —*Duo homines ascenderunt in templum* ...[Lc 18, 10]. —*Ex hoc ewangelio omnes sanam doctrinam habemus, scilicet proprie infirmitatis* ...)([f. 237v]... *qui per graciam habet accepta bona nostra dignificare et in eternum remunerare in gloria regni celorum. Ad quod nos* ...

Idem sermo in cod. BJ 189, f. 292v-293r et 1611, f. 288r-289v.

132. [Dom. 11 post Trinit.]. —*Duo homines ascenderunt in templum* ...[Lc 18, 10]. —*Dominus noster Iesus Cristus in aliis ewangeliis mulcet iustos* ...)([f. 239r]... *ut possimus hic graciam consequi ampliorem et in futuro gloriam eternam. Quam nobis* ...

Idem sermo in cod. BJ 189, f. 293r-294v et 1611, f. 290r-291v.

133. [Dom. 11 post Trinit.]. —*Duo homines ascenderunt in templum* ...[Lc 18, 10]. —*Homo sicut ex culpa primi parentis superbie contraxit fomitem* ...)([f. 241r]... *ut nos brevi oracione, sed devota hic graciam nobis imploremus, tandem gloriam regni celorum. Quod nobis* ...

Idem sermo in cod. BJ 189, f. 294v-297r et 1611, f. 291v-294r.

134. [Dom. 11 post Trinit.]. —*Duo homines ascenderunt in templum* ...[Lc 18, 10]. —*In hanc diem concurrunt duo ewangelia* ...)([f. 242r]... *ut sic a peccatis iustificemur ad graciam et ad gloriam regni celorum. Ad quod nos* ...

Idem sermo in cod. BJ 189, f. 297r-298r et 1611, f. 294r-295v.

135. [Dom. 12 post Trinit.]. —*Exiens de finibus Thiri* ...[Mr 7, 31]. —*Ewangelium hoc docet nos, ut compassionem super nosmet ex peccatis habentes* ...)([f. 243v]... *et mutos loqui ad graciam consequendam in presenti et gloriam in futuro. Quam nobis* ...

Idem sermo in cod. BJ 189, f. 298r-300r et 1611, f. 295v-297r.

136. [Dom. 12 post Trinit.]. —*Adducunt ei surdum et mutum* [Mr 7, 32]. —*Dominus noster Iesus quam cito adductus erat ante illum* ...)([f. 245r]... *et post hanc vitam inveniamus bona premia in celesti gloria. Ad quam nos* ...

Idem sermo in cod. BJ 189, f. 300r-301v et 1611, f. 297r-299r.

137. [Dom. 13 post Trinit.; f. 245v] —*Beati oculi, qui vident* ...[Lc 10, 23]. —*Ewangelium declarat, quod etsi apostoli beati erant* ...)([f. 246v]... *ubi erit Dei visio, fruicio et desiderii quietacio in celi patria. Quam nobis* ...

Idem sermo in cod. BJ 189, f. 303r-305r et 1611, f. 300v-302r.

138. [Dom. 13 post Trinit.]. —*Beati oculi, qui vident* ...[Lc 10, 23]. —*Ewangelium narrat de bono hominis, quod ammisit, de malo, in quod incidit* ...)([f. 248r]... *et sic se probet, ut nunc inveniat graciam et tandem gloriam eternam. Quam nobis* ...

Idem sermo in cod. BJ 189, f. 305r-306v et 1611, f. 302r-303v.

139. [Dom. 13 post Trinit.]. —*Beati oculi, qui vident* ...[Lc 10, 23]. —*Ewangelium refert de visione Dei, secundo de dilectione Dei* ...)([f. 249v]... *ut tandem cum subditis digni sint admitti ad visionem Dei in regno celorum. Ad quam visionem perducere dignetur* ... *Amen.*

Idem sermo in cod. BJ 189, f. 306v-308v et 1611, f. 303v-305v.

140. [Dom. 13 post Trinit.]. —*Beati oculi,* ⟨*qui vident*⟩, *que vos videtis* [Lc 10, 23]. —*Ewangelium hoc est altum, quia tractat de altis rebus* ...)([f. 252r]... *hoc est tocius vite nostre bonum cogitare de Deo et diligere, ut tandem cum eo regnemus in vita eterna. Quam nobis* ...

Idem sermo in cod. BJ 189, f. 308v-311r et 1611, f. 305v-308v.

141. [Dom. 14 post Trinit.]. —*Cum iret Iesus in Ierusalem* ...[Lc 17, 11]. —*Dominus noster, dum iret in Ierusalem, scilicet tempore passionis* ...)([f. 254r]... *quia fides tua te salvum fecit in presenti ad graciam et in futuro ad gloriam regni celorum. Ad quam nos* ...

Idem sermo in cod. BJ 189, f. 314r-316r et 1611, f. 311v-313v.

142. [Dom. 14 post Trinit.]. —*Cum iret Iesus in Ierusalem* ...[Lc 17, 11]. —*Ut habetur ex Levitico, inter ceteras infirmitates maxime in lepra datus est et signatus ordo curandi* ...)([f. 255r]... *benedicet cunctis operibus manuum tuarum, hic in gracia et tandem in gloria celesti. Quam nobis* ...

Idem sermo in cod. BJ 1611, f. 313v-315v, desideratur autem in cod. BJ 189.

143. [Dom. 14 post Trinit.]. —*Cum iret Iesus in Ierusalem* [Lc 17, 11]. —*Ewangelium hoc diei dominice oportet aptari* ...)([f. 256v]... *ut Deus exaltator crucis graciam nobis adaugeat et tandem det gloriam regni celorum. Quod nobis* ...

Idem sermo in cod. BJ 189, f. 316r-317v et 1611, f. 315v-317r.

144. [Dom. 15 post Trinit.]. —*Nemo potest duobus dominis servire* [Mt 6, 24]. —*Ewangelium tractat de servicio, ad quod obligamur Deo ...*〉〈[f. 258r]... *dabuntur suo tempore, scilicet post mortem vita eterna. Ad quam nos ...*

Idem sermo in cod. BJ 189, f. 317v-319v et 1611, f. 317r-318v.

145. [Dom. 15 post Trinit.]. —*Nemo potest duobus dominis* servire [Mt 6, 24]. —*Ewangelium hoc refert de triplici sermone* [recte: servitio]: *primo de servicio Deo exhibendo ...*〉〈[f. 259v]... *per que mortis ponte transitu fit introitus in illud regnum gloriosum. Ad quod nos ...*

Idem sermo in cod. BJ 189, f. 319v-321r et 1611, f. 318v-320r.

146. [Dom. 16 post Trinit.]. —*Ibat Iesus in civitatem, que vocatur Naym* [Lc 7, 11]. —*Inquit Gregorius XXVI Moralium, capitulo X: Ad eterna gaudia redire non possumus ...*〉〈[f. 261r]... *ut digne magnificemus Deum hic in presenti gloria. Ad quam nos ...*

Idem sermo in cod. BJ 189, f. 322v-324r et 1611, f. 321r-322v.

147. [Dom. 16 post Trinit.]. —*Ebat* [recte: Ibat] *Iesus in civitatem ...*[Lc 7, 11]. —*Hoc sacrum ewangelium narrat de morte adolescentis unice* [recte: unici] *matris sue, est autem triplex ...*〉〈[f. 262v]... *percipite regnum paratum. Quod et nobis dicat Iesus Cristus per secula benedictus. Amen.*

Idem sermo in cod. BJ 189, f. 324r-325v et 1611, f. 322v-324r.

148. [Dom. 16 post Trinit.]. —*Ecce defunctus efferebatur* [Lc 7, 12]. —*Ewangelium narrat miraculum, quod fecit Dominus noster Iesus in Naym ...*〉〈[f. 263v]... *resuscitabit nos a mortibus animarum ad gloriam eternam regni celorum. Quam nobis ...*

Idem sermo in cod. BJ 189, f. 325v-326v et 1611, f. 324r-325v.

149. [Dom. 16 post Trinit.]. —*Ibat in civitatem ...*[Lc 7, 11]. —*Ubi tria: primo Christus, etsi semel pro salute venerat in mundum ...*〉〈[f. 265r]... *ut magnificemus Deum nunc in gracia, tandem in gloria celesti. Ad quam nos ...*

Idem sermo in cod. BJ 189, f. 326v-327v et 1611, f. 325v-327r.

150. *Primus ad* 〈*dom. 17 post Trinit.*〉. —*Cum intraret Iesus in domum cuiusdam principis pharizeorum ...*[Lc 14, 1]. —*Ewangelium docet, ut delicias in hoc mundo fugiamus ...*〉〈[f. 266v]... *ut tandem perveniamus ad panes eterne refectionis regni celorum. Ad quod nos ...*

Idem sermo in cod. BJ 189, f. 327v-329r et 1611, f. 327r-329r.

151. [Dom. 17 post Trinit.]. —*Amice, ascende superius* ...[Lc 14, 10]. —*Quia Deus creavit hominem, hominem ad vitam eternam in celis* ...⟩⟨[f. 268r]... *afectus toto conatu superius ascendat, ubi gloria in celis. Ad quam nos* ...

Idem sermo in cod. BJ 189, f. 330v-331v et 1611, f. 331r-332r.

152. [Dom. 18 post Trinit.]. *Primus ad decimam octavam.* —*Si diliges Dominum Deum tuum ex toto corde tuo* [Mt 22, 37]. —*Dicit Augustinus libro primo, De doctrina cristiana: Intelligamus legis* ...⟩⟨[f. 269v]... *ut eum videamus in gloria eterna. Quam nobis prestare dignetur Iesus Cristus. Aammeen* [!].

Idem sermo in cod. BJ 189, f. 331v-332v et 1611, f. 268r-269v.

153. [Dom. 18 post Trinit.]. —*Diliges Dominum Deum tuum* [Mt 22, 37]. —*Hoc ewangelium tractat de duobus preceptis caritatis* ...⟩⟨[f. 270v]... *et prout vult. Ex ipso dilectio et gracia in presenti et in futuro gloria eterna. Quam nobis* ...

Idem sermo in cod. BJ 189, f. 333v-334v et 1611, f. 336r-337v.

154. [Dom. 19 post Trinit.]. —*Ascendens Iesus in naviculam* ...[Mt 9, 1]. —*Ewangelium hoc oculte refert de Cristi humiliacione* ...⟩⟨[f. 272v]... *ut eamus via promerendi in domum Ecclesie per merita, tandem perveniamus ad premia celestia. Ad que nos* ...

Idem sermo in cod. BJ 189, f. 335r-336v et 1611, f. 339v-341v.

155. [Dom. 19 post Trinit.]. —*Ascendens Iesus in naviculam* ...[Mt 9, 1]. —*Dominus noster Iesus Christus relinquens hominem in manu consilii sui nullum relinquit* ...⟩⟨[f. 274v]... *ut finaliter perveniant in domum regni celorum. Ad quam et nos* ...

Idem sermo in cod. BJ 189, f. 336v-337v et 1611, f. 341v-343v.

156. [Dom. 19 post Trinit.]. —*Ascendens Iesus in naviculam* ...[Mt 9, 1]. —*Ubi tria: Primo caro Christi est vera navicula* ...⟩⟨[f. 275v]... *et nos fiduciam habeamus per Iesum Cristum ei glorie associari in patria. Ad quam nos* ...

Idem sermo in cod. BJ 189, f. 337v-338r et 1611, f. 343v-345r.

157. [Dom. 20 post Trinit.; f. 276r] *Primus ad vicesimam.* —*Simile est regnum celorum homini regi, qui fecit nupcias* ...[Mt 22, 2]. —*Ewangelium loquitur de regno celorum. Advertendum, quod regnum celorum est duplex* ...[f. 277r]... *Beata Hedwigis, ducissa Maioris Polonie et Slesie, quante erat in omnibus actibus* [f. 277v] *caritatis et pietatis* ...⟩⟨...

ut de prandio mereamur ad cenam eterne sacietatis et gaudii pervenire. Ad quam nos ...

Idem sermo in cod. BJ 189, f. 338r-339r et 1611, f. 345r-347r.

158. [Dom. 20 post Trinit.]. —*Fecit nupcias filio suo* [Mt 22, 2]. —*Ewangelium hoc est profundum, excitativum et horridum* ...⟩⟨[f. 279r]... *ut nos tandem ad nupcias glorie regni celorum introducat. Ad quod nos ...*

Idem sermo in cod. BJ 189, f. 339r-v et 1611, f. 347r-348v.

159. [Dom. 20 post Trinit.]. —*Amice, quomodo huc intrasti* ...[Mt 22, 12]. —*Hic tria notantur. Primo mirum est, quod homo tantum levipendit Cristi humanacionem* ...⟩⟨[f. 280r]... *cum simus in nupciis, curemus vestem nupcialem habere, qua idonei inveniamur ad graciam et gloriam eternam. Quam nobis ...*

Idem sermo in cod. BJ 189, f. 339v-340v et 1611, f. 348v-350r.

160. [Dom. 21 post Trinit.]. *Primus ad vicesimam primam.* —*Erat quidam regulus* ...[Io 4, 46]. —*Bene ait propheta: Domine, refugium factus es nobis* ...⟩⟨[f. 281v]... *ut sim in statu gaudencium et premium accipiencium in regno celorum. Ad quod nos ...*

Idem sermo in cod. BJ 189, f. 341r-342r et 1611, f. 352r-353r.

161. [Dom. 21 post Trinit.]. —*Erat quidam regulus* ...[Io 4, 46]. —*Ewangelium narrat de regulo, unde dicit Lira super hoc ewangelium* ...⟩⟨[f. 283r]... *gaudebit in eternum in gloria celi. Cuius glorie participes faciet nos ...*

Idem sermo in cod. BJ 189, f. 342r-v et 1611, f. 353r-355r.

162. [Dom. 21 post Trinit.]. —*Erat quidam regulus* ...[Io 4, 46]. —*Ubi tria notantur: Primo peccatum, honorem, potestatem, vitam et gloriam minuit* ...⟩⟨[f. 284r]... *sicut oves absque pastore gradiuntur et properarent ad graciam et gloriam consequendam. Ad quam ...*

Idem sermo in cod. BJ 189, f. 342v-343v et 1611, f. 355r-356r.

163. [Dom. 22 post Trinit.]. *Sequitur ad XXII*[am]. —*Simile est regnum celorum homini regi, qui voluit ponere* ...[Mt 18, 23]. —*Pater misericordiarum, Deus, indulgencie dator nullis hominum meritis precedentibus* ...⟩⟨[f. 285v]... *ut in die racionis et mortis iudicem nobis placabilem habeamus ad assequendum regnum celorum. Quod nobis ...*

Idem sermo in cod. BJ 189, f. 342v-344r et 1611, f. 356v-358r.

164. [Dom. 22 post Trinit.]. —*Oblatus est ei unus* ...[Mt 18, 24]. —*Ewangelium hoc est durum et formidabile, in quo ostenditur, quomodo Deus cum servis suis duram ponit racionem* ...⟩⟨[f. 287v]... *quam et nobis inplorare dignentur apud Iesum Cristum* ...

Idem sermo in cod. BJ 189, f. 344r-345r et 1611, f. 358r-360r.

165. [Dom. 22 post Trinit.]. —*Serve nequam, omne debitum tibi dimisi* ...[Mt 18, 32]. —*Ewangelium hoc tractat illud dictum, scilicet: Beati misericordes* ...⟩⟨[f. 289r]... *ut multiplicetur nobis gracia in hac vita et post hanc addatur gloria. Quam nobis* ...

Idem sermo in cod. BJ 189, f. 347r-v et 1611, f. 363v-365v.

166. [Dom. 23 post Trinit.]. *Primus ad XXIII.* —*Aabeuntes* [!] *pharisei consilium inierunt* [Mt 22, 15]. —*Ewangelium hoc tractat de hominum maliciis et designatorum astuciis* ...⟩⟨[f. 290r]... *reddite Deo, que Dei sunt, ut reddamur sibi ad gloriam regni celorum. Quam nobis* ...

Idem sermo in cod. BJ 189, f. 348v-349r et 1611, f. 367v-369r.

167. [Dom. 24 post Trinit.]. *Primus ad vicesimam quartam.* —*Loquente Iesu ad turbas, ecce princeps unus accessit* ...[Mt 9, 18]. —*Ewangelium refert de tribus: de adoracione, de sanacione et de suscitacione* ...⟩⟨[f. 291v]... *desideria erigat ad consequendum regnum celorum. Quod nobis* ...

Idem sermo in cod. BJ 189, f. 349r-350r et 1611, f. 369r-370v.

168. [Dom. 24 post Trinit.]. —*Loquente Iesu ad turbas, ecce princeps* ...[Mt 9, 18]. —*Ewangelium refert de peticione principis sinagoge pro filia sua* ...⟩⟨[f. 293v]... *et dat vitam mundo, id est mundialiter viventi, hic graciosam et in futuro beatificam. Quam nobis* ...

Idem sermo in cod. BJ 189, f. 350r-351r et 1611, f. 370v-372v.

169. [Dom. 25 post Trinit.]. —*Multitudo maxima venit ad Iesum* [Io 6, 5]. —*Hoc ewangelium inter ewangelia dominicalium per circulum anni est ultimum* ...⟩⟨[f. 294v]... *veniat in corda pro nostra iustificacione et finaliter pro nostra glorificacione ad caulas regni celorum. Ad quod nos* ...

Idem sermo in cod. BJ 189, f. 353r-v et 1611, f. 377v-379r.

170. [Dom. 25 post Trinit.]. —*Accepit Iesus panes et cum gracias egisset* ...[Io 6, 11]. —*Hoc ewangelium est finale omnium ewangeliorum dominicalium per* [f. 295r] *per* [!] *anni circulum* ...⟩⟨[f. 296v]... *et nos statum nostrum sic disponamus,* [*ut* – in marg.] *finaliter cum ea regnum celorum adipiscamur. Quod nobis* ...

Idem sermo in cod. BJ 189, f. 353v-354r et 1611, f. 379r-380v.

171. [Dom. 25 post Trinit.]. —*Cum sublevasset Iesus oculos* [Io 6, 15]. —*Hoc ewangelium est ultimum ewangeliorum anni ante Adventum* ...⟩⟨[f. 297v]... *que dicitur acqua viva et aqua salire faciens in vitam eternam. Quam nobis* ...

Idem sermo in cod. BJ 189, f. 352r-353r et 1611, f. 375v-377v.

172. [In Dedicatione ecclesiae]. *Sermo primus de Dedicacione* [alia manu]. —*Venit Filius hominis querere* ...[Lc 19, 10]. —*Dicit Bernardus in sermone huius diei: Mirabilis Deus* ...⟩⟨[f. 298v]... *ipse convertatur ad nos hic per graciam et in futuro per gloriam in regno celorum, cuius nos participes* ...

Idem sermo in cod. BJ 189, f. 354r-355r et 1611, f. 380v-382v.

173. [Dom. 25 post Trinit.; f. 299r] *Sermo primus ad diem iudicii.* —*Cum videritis abominacionem desolacionis* [Mt 24, 15]. —*Post finem ewangeliorum dominicalium anni rursus congruit scrutari* ...⟩⟨[f. 299v]... *ut non iram, sed graciam hic inveniamus et tandem regni celorum. Quam nobis* ...

Idem sermo in cod. BJ 189, f. 355r-v et 1611, f. 382v-384r.

174. [Dom. 25 post Trinit.]. —*Erit tunc tribulacio magna* ...[Mt 24, 21]. —*Dictum est in precedenti de signo remoto consumacionis mundi* ...⟩⟨[f. 300v]... *vitemus Deo ad honorem, nobis autem ad graciam et gloriam regni celorum consequendam. Quam nobis* ...

Idem sermo in cod. BJ 189, f. 355v-356r et 1611, f. 384r-385r.

175. [Dom. 25 post Trinit.]. —*Cum videritis desolacionis abominacionem* [Mt 24, 15]. —*Ex hoc ewangelio liquet, quid mali ex peccatis hominum consurget* ...⟩⟨[f. 302r]... *ut post hanc vitam eterna inveniamus gaudia. Que nobis* ...

Idem sermo in cod. BJ 189, f. 356r-357r et 1611, f. 385r-387r.

176. [Dom. 25 post Trinit.]. —*Continuando materiam de antichristo tria queruntur: primo, que vita ipsius, secundo, que virtus, 3º, quis finis* ...⟩⟨[f. 303r]... *post hanc vitam membra feliciter iungantur capiti in gloria eterna. Ad quam nos.*

Idem sermo in cod. BJ 1611, f. 387r-388v; desideratur in cod. BJ 189.

177. [Dom. 25 post Trinit.]. —*Cum videritis abominacionem* ...[Mt 24, 15]. —*Matheus in suo ewangelio primo posuit delectabilia, Marcus et Lucas in fine vero valde terribilia* ...⟩⟨[f. 304r]... *sua gracia dignetur introducere in regnum celorum. Quod nobis* ...

Idem sermo in cod. BJ 1611, f. 388v-389v; desideratur in cod. BJ 189.

178. [Dom. 2 post Pascham. Fragm.]. —⟨E⟩*go sum pastor bonus* [Io 10, 14]. —*In hoc ewangelio Dei Filius non gloriatur* ...⟩⟨[f. 305r]... *et numquam placare contendimus. Hoc de secundo.*

Cf. supra nr. 67, f. 124v-125v. Sermonis fragm. cancellatum.

179. [Dom. 4 post Trinit.; f. 305v] —*Estote misericordes, sicut et Pater* ...[Lc 6, 36]. —*Verba huius sancti ewangelii cogunt nos imitari divinam exemplaritatem* ...⟩⟨[f. 308r]... *ut hic misericordiam consequamur et tandem gloriam eternam. Cuius glorie participes* ...

Idem sermo in cod. BJ 189, f. 248v-252r et 1611, f. 237r-241r.

180. [Dom. 9 post Trinit.]. *Sextus de villico sequitur.* —*Homo quidam erat dives* ...[Lc 16, 1]. —*Hac sacra die concurrunt duo ewangelia: unum dominicale de villico, aliud de sancto Laurencio Hispano* ...⟩⟨[f. 310r]... *ut possemus eternam miseriam evitare et premia eterni regni celorum consequamur. Ad quod eciam nos perducemur. Amen.*

Idem sermo in cod. BJ 189, f. 282r-284r et 1611, f. 278r-280r.

181. *Ad vicesimam terciam dominicam primus.* —*Abeuntes pharisei concilium inierunt* ...[Mt 22, 15]. —*Tota intencio Domini nostri, que est veritas, erat homines ducere* ...⟩⟨[f. 311v]... *reddetur enim hominibus, quod ad eos pertinet et quod Dei Deo, et Deus econtra dabit graciam, tandem gloriam in regno celorum. Ad quod eciam nos etc. Amen.*

Idem sermo in cod. BJ 189, f. 347v-348v et 1611, f. 365v-367v.

Sermonum syllogen nostram cum cod. BJ 189 comparando hos numeros in nostra non invenimus: 51, 68-69, 109, 120, 126, 129, 136-137, 139, 143, 150, 155-156, 161, 167, 170, 172, 179, 185-186, 192. Collectionis auctor in quibusdam commentationibus Paulus de Zator nominatur (cf. Morawski, Historia UJ, 1, 290; J. S. Pelczar, Zarys dziejów kaznodziejstwa w Kościele katolickim, 2, Kraków 1896, 60; Nowy Korbut, 3, 440; Filozofia w Polsce, 311; Wielgus, Średniowieczna, 73). De Collectionis titulo cf. J. Wolny, Kaznodziejstwo, [in:] Dzieje Teologii Katolickiej w Polsce, 1, Lublin 1974, 288, adn. 13.

Tempus, quo sermones 180 (cf. f. 308r) et 134 (cf. f. 241r) concepti sunt, hoc modo definiri potest: sermo uterque in duas simul festivitates est destinatus: 180 in Dom. 9 post Trinit., quae simul est s. Laurentii dies, sermo 134 in Dom. 11 post Trinit., in quam etiam s. Bartholomaei festum cadit. Attamen scimus, quod s. XV duo illa festa non nisi a. 1438, 1449, 1460 eodem die fuerunt celebrata (cf. Catalogus, 1, 197). Sermo autem nr. 99 Dom. Trinit. de terraemotu mentionem facit (f. 185r), qui a. 1443 inciderat, cf. Najdawniejsze roczniki krakowskie i kalendarz, wyd. Z. Kozłowska-Budkowa, Warszawa 1978, 150-151 (Monumenta Poloniae Historica. Nova series. Pomniki dziejowe Polski. Seria 2. T. 5). Adducuntur etiam Ioannis Wiclif et Ioannis Hus nomina in sermone nr. 113 (f. 209r) nec non s. Hedvigis Silesiacae in sermone nr. 157 (f. 277r). Ex praemissis luce clarius liquet varios collectionis nostrae sermones variis temporis spatiis conceptos et eo ipso non omnes necessario eidem anno liturgico destinatos esse.

f. 312r-313v vacua.

***2.** f. IVr-v, IIr-v: Commentum in Aristotelis Categoriarum librum. Fragm.

[De oppositis] —*Hic est tractatus tercius, in quo Philosophus determinat de postpredicamentis. Et est postpredicamentum aliquid, cuius noticia a Philosopho in libro Predicamentorum post tradicionem ipsorum est tradita* ...[f. IVv]... *et Deus non est, et generaliter quelibet* [f. IIr] *significant precise unam et eandem rem, licet diversimode, ut Deus est significat Deum et Deus non est etc.* ...[De priore; f. IIv]... *Capitulum* ⟨*2*^m^⟩ *tractatus 3*^ii^ *et nonum libri, in quo Philosophus determinat de secundo postpredicamento, scilicet de prioritate* ...⟩⟨... *vocatur prius, ut dicit Philosophus, hominem esse et*||

XIV, Lat., chart., f. 2, post- et antefolium, olim integ. partibus int. aggl. Textus duabus columnis dispositus schemate delineato. Lemmata textus Aristotelis desiderantur.

***3.** f. VIr-VIIv: Aristoteles, De sophisticis elenchis cum glossis. Lib. I. Fragm.: 170b38-171a4, 171b28-33, 172b15-20, 173b9-13

||*quidam parologismi non in eo, quid respondens se habeat aliquo modo ... et de sillogismo priusquam de* ⟨*falso elencho*⟩|| [f. VIv] ||*ab apparente sapiencia propter quod, quam apparentem demonstracionem appetunt ... quod propter victoriam*|| [f. VIIr] ||*vane autem dicunt, quando nichil habent propositum ... ad que argumentari idoneus est. P*⟨*oss*⟩*unt autem*|| [f. VIIv] ||... *cavitas naris est, est autem naris sima, est igitur naris, naris cava ... quandoque eo,* ⟨*quod*⟩ *non adinterrogant, si significat aliquid per se dictum du*⟨*plum*⟩||

XIII, Lat., membr., bifolii fragm., schedula angustissima, textu singulis columnis disposito conscripta, olim tessera inter folia inserta.

***4.** f. VIIIr: Epistula. Fragm.

— *Venerabilis domine ille s*|| *tempore illo, quo egrotabam* || *obligatus in ecclesia s*|| *continuavit die crastina* ||*dit repatriari cui* || *ideo rogo illam quartaliter* ||*cam mitti per presencium*||

XV, Lat., chart., schedulae dimidiatae fragm. dextra parte praecisum, textus 7 lineae dextra parte praecisae, olim tessera (?) iuxta compacturam asservatur.

Fasciculi: 1-25^{6+6} (f. 1-300), 26^{7+6} (f. 301-313, post f. 311 unum folium desideratur). Custodes numeris: *2*^{us}*-9*^{us}, *13, 15*^{us} et vocabulis: *decimus-undecimus* in angulo sinistro superiore in initio fasciculorum 2-11, 13, 15; numeris: *18-19, 21-23, 25* in folio medio superiore in initio fasciculorum 18-19, 21-23, 25. Foliatio s. XX plumbo inscripta, hic illic erronea, a nobis emendata.

Signa aquatica: 1. Var. Piccard-Online 68791, 68794 (1467), var. Piccard-Online 68779, 68798 (1469), var. Piekosiński 906 (1467) f. 1-96, 102-103, 109--113, 116-144, 145-147, 154-156, 193-194, 196-197, 200-201, 203-217, 228, 230-233, 236-239, 257, 260; 2. Var. Piccard-Online 66204 (1466) vel 66440 (1467) f. 97-101, 104-108; 3. Var. Piccard-Online 70475 (1466), var. Piccard-Online 70404 (1466) f. 114-115, 148-153; 4. Var. Piccard-Online 70370 (1467) f. 157-168; 5. Var. Piccard--Online 70486-70490 (1468) f. 169-192, 218-227, 229, 234-235, 240-256, 258-259, 261-300; 6. Var. Piccard-Online 69458 (1469) f. 195, 198-199, 202; 7. Var. Piccard--Online 65973 (1470) f. 301-313; 8. Var. Piccard-Online 123734 (1379) f. II. Charta a. 1466-1470 in usu erat.

Scriptura et ornamenta: Codex aliquot manibus exaratus, quarum altera alteram in scribendo excipiunt, e. g. in medio f. 54r-56r, 304r-305r. Littera currens, velocissima, margines saepe despexit; divisionis vocabulorum inter lineas signa in forma unius vel duorum punctorum. Superioris lineae litterarum hastae quaedam in marginem superiorem productae et rubrae, ornamentorum forma interdum, e. g. f. 19r, 30r. Duarum columnarum schema plumbo seu calamo ductum linea simplici, exteriores vero margines duplici linea saepe ducti. In nonnullis paginis non nisi impressum est schema. In f. 103v-108r, 218r sqq. schematis lineae inferiores et superiores desiderantur. Rubricatio in toto codice exilis, sermonum tituli hic illic rubri (f. 2r, 15r, 31r), saepius tamen desiderantur. Sermonum titulos repraesentantia, e. g. in f. 77v, 81v, 166r. Decoratae quidem, at brute depictae litterae initiales rubro et nigro colore pictae, scripturae lineis 5-10 aequae in f. 1r, 265r, ceterum simplices, rubrae, caeruleae vel utroque colore pictae, ca 5 lineis aequae (e. g. f. 10v, 15r, 255r), quarum quaedam ornamentis decoratae, e. g. f. 144r, 302r, 310r. Litterae initiales vix adumbratae et subsequenter aliae in eis superscriptae, exiliores tamen, e. g. f. 209r. Ornamenta flavo colore in f. 54v, 70r effecta. Vocabula quaedam, loci penuriae causa, verticaliter inscripta, e. g. f. 128v, 131r, 246r. Enumerationes in textu (verba thematis) litteris maioribus, e. g. f. 129r, 154r, 253r-255r. Scripturae lineae non totaliter textu expletae ornamentis quibusdam vel illo *AMEN* in sermonum fine dilatatis litteris inscripto adimplentur, e. g. in f. 153v, 176r-181v, 210v. Textus emendantur punctis infra positis, e. g. f. 1r; cancellationes e. g. f. 110v, textus fragmenta maiora cancellata, e. g. f. 199r, etiam rubris lineis, e. g. f. 189v. Cancellationes scribae manu, e. g. f. 9v; in f. 304r-305r sermonis fragmentum, secunda vice scribi inceptum, cancellatum (cf. f. 124v-125v). Scriptura contracta, e. g. f. 24r, 36r, 83r, 139r. Rasurae, e. g. f. 85r, 87r, 109r, 209r. Maculae viridis coloris in f. 109v, 110r; maculae atramenti, e. g. f. 36r, 44r, 99r, scriptura abluta in f. 144v, 194v. Vocabula in textu iterata, e. g. in f. 41r. In f. 15r littera initialis *H* pro illa S, quae in margine adscripta legitur; in f. 261r littera initialis *E* pro illa I. In f. 4v columnae sine textu: sinistrae pars, dextra tota, in f. 5r sinistra tota – nulla tamen lacuna in sermonum textu exsistente. Etiam in f. 305r una columna vacua.

Notae et glossae: Scribae manu in marginibus emendationes et textus supplementa in forma vocabulorum simplicium nec non vocabulorum scriptorum materiam indicantium, e. g. *Adventus Christi triplex* (f. 2r); *nota* (f. 9v, 10r, 56r); *textus* (f. 31v); *beatitudo est duplex* (f. 246v). Indicationes pro rubricatore, e. g. f. 15r, 31r, 105r. In f. 82r verticaliter et litteris dilatatis inscriptum: *Non to-tam li-te-ram*. In angulo superiore f. 51r, 66r, 75r: *Maria*. In folii parte superiore f. 92r: *Elias*. Enumerationes in margine f. 82v-83r. Notae codicem adhibentium in forma citationum ex Biblia seu supplementorum, e. g. f. 87r, 115v-116r, 126v seu etiam adnotationum, e. g. f. 78r: *Recordacio passionis utilis est*; f. 80r: *3ˣ veritas*; f. 91r: *utilitas resurreccionis*. Recentioris saeculi adnotationes marginales et interlineares, e. g. f. 198v-199v, 208v. Circa sermones in f. 25r, 31r, 160r, 163v, 166r adscriptum: *doct. Slupcza* vel *Slup⟨cza⟩*. Manicula in f. 41v, 209v.

C o m p a c t u r a s. XV dimidio posteriore confecta: tabulae ligneae corio albo olim, nunc obscuriore facto obtectae ornamento lineari simplici decorato. Codex cingulis coriaceis duobus et fibulis metallicis in anteriore integumento clauditur. Dorsum planum, codicis capiti et calci funiculi texti obsuti et corio obtecti; dorsi ligamenta quattuor duplicia. Volumen adaequatum, anguli rotundati. Ante- et postfolium, olim folia chartacea integumentorum partibus interioribus agglutinata (f. II, IV; cf. Signum aquaticum nr. 8), cf. nr. ***2**. Antefolium vetus chartaceum (f. III), Ante- et postfolium recentia chartacea (f. I, V) vacua. Schedulae oblongae fasciculorum suturam munientes in fasc. 3, 5, 11, 13, 15, 17-19, 23-25 scripturam prae se ferunt, ceterum vacuae. Codicis status: compactura sordida paululum et detrita, fasc. initialis volans. Vermium vestigia in f. III, 1-10, 312-313. F. 303-313 undulata humiditatis infectae causa. Chartae detrimenta et lacunae fragmentis agglutinatis suppletae: f. 61r-v, 79r, 141v, 167r. In f. 194v atramenti maculae amoveri intendebantur, quo facto charta detrimenta cepit. Codex a. 1991 renovatus: folia chartacea integumentorum partibus interioribus olim agglutinata, deglutinata sunt et nunc ante- et postfolium constituunt (f. II, IV), recentia quoque addita sunt (f. I, V), quorum signum aquaticum: *MIRKOW*. Munita sunt etiam folia cadentia primi fasciculi.

C o d i c i s o r i g o e t f a t a : Codex ca a. 1470 Cracoviae confectus esse videtur. Si vera est coniectura, quae in f. IIv legitur scripta: *Creditur, quod legavit magister Martinus de Ossznycza alias Pausemus*, codex a Martino de Ośnica Universitati nostrae legatus est. Qui *Martinus Stanislai de Oznycza dictus Pausemus* Universitatis Cracoviensis albo a. 1453 inscriptus est, cf. Metryka, 1, 245 (53e/50), a. 1456 artium baccalarius factus (cf. Najstarsza księga promocji, 56/72), magister a. 1468 (cf. Ibid., 68/7: *collegiatus in minori, Pausemus dictus*), Artium Liberalium Facultatis decanus a. 1481 (cf. Ibid., 74). Collega minor in Facultate legit a. 1487-1494 (cf. Liber dilig., 3, 5, 8). Nominatur a. 1479-1494 (cf. Acta rect., 803, 821, 850, 875, 1188, 1703: *prebendarius s. Adalberti*, 1704) et inter Universitatis collegarum minorum nomina (cf. cod. BJ 1205, f. IVv, olim 37av). Signaturae antiquae: *Sermones domini doctoris Pauli de Zathor* (eadem manu similis adnotatio in cod. BJ 1505); Kucharski scripsit: *Sermones Pauli de Zathor;* Fasseau: *1016*; topogr.: *BB IV 4*.

B i b l i o g r a p h i c a : Wisłocki, Katalog, 370; Bracha, Nauczanie kaznodziejskie, 448.

LN, WŚ

1508

Lat., ca 1420, chart., cm 30,5×21,5, f. 248+II.

1. f. 2r-139r: Sermones de tempore et de sanctis

1. [Dom. Resurrect.]. —*Maria Magdalene et Maria Iacobi* ...[Mr 16, 1]. —*Nota, quod aliquis vincit inimicum suum et inponit eum in carcerem ... et cantemus hodie Christo novam laudem ea de causa, quia nos liberavit etc. —Nota: Ewangelium scribit Marcus et Matheus* ...⟩⟨[f. 4v]... *sicud ipse habuit glorificatum corpus, sic similiter nos etc.*

2. [Dom. Resurrect.]. *Fratres. —Expurgate vetus fermentum* [1 Cor 5, 7]. —*Nota, quod in quolibet homine duplex est gracia* ...⟩⟨[f. 6r]... *si volumus sanare predictas infirmitates, debemus uti istis remediis, que dicta sunt in epistola.*

3. [Feria 2 post Pascham]. —*Duo ex discipulis* [Lc 24, 13]. —*Nota, quod duo discipuli iter facientes in castellum nomine Emauus* [!] ...⟩⟨[f. 7r]... *et quomodo cognoverunt eum in fracc⟨i⟩one panis etc.*

4. [Feria 3 post Pascham]. *Convenientibus illis* ⟨—*Stetit Ihesus* ...⟩ [Lc 24, 36]. —*Nota, quod mos est inter homines, quando aliquis est ignotus hominibus* ...[f. 7v]... *Nota, quod stetit* ...[*convertentur ad fidem eius. Convenientibus* ... in marg. adscr.]. —*Symon de Cassia dicit, quia numquam mutatur, sed stat semper ab inicio mundi* ...⟩⟨[f. 8v]... *quia arscitutium est amara salsa etc.*

5. [Feria 4 post Pascham]. ⟨—*Postea manifestavit se iterum Iesus discipulis*⟩ [Io 21, 1]. —*Nota: Quando homo transit per mare et non habet adversitatem ... immo ipse iudicabit in die iudicii etc. Incipitur ewangelium. —Nota: Tripliciter Christus ostendit se hominibus* ...⟩⟨[f. 9v]... *nec habere proximum in odio et sic habebit Spiritum Sanctum.*

6. [Feria 5 post Pascham]. ⟨—*Maria autem stabat ad monumentum*⟩ [Io 20, 11]. —*Nota: triplex resureccio: una fantastica, ut legitur de Samuele* ...[f. 10r]... *pater carnalis seu spiritualis arguit eum de peccatis suis etc. Incipitur ewangelium. —Nota, quod Christi resureccio erat mirabilis* ...⟩⟨[f. 10v]... *et ergo dixit: Cur ploras. Gaudere et letare, quia te redemi* [f. 11r] *etc.*

7. [Dom. in oct. Paschae]. *Ewangelium scribitur Iohannis II°.* ⟨—*Cum esset ergo sero*⟩ [Io 20, 19]. —*Nota, quod in octava Pasche sancta mater Ecclesia recordatur, quomodo Christus apparuit appostolis* ...⟩⟨[f. 12v]... *sit iam pax anime tue in eterna quiete, scilicet in regno celorum, quo nos Deus dignetur unanimiter perducere.*

8. [Dom. 2 post Pascham]. *Ista epistola scribitur in canonica prima Petri et legitur sic: —Christus passus est pro nobis* ...[1 Pt 2, 21]. —*Nota, quod mater sancta Ecclesia recordatur et reducit ad memoriam passionem Christi* ...)⟨[f. 13r]... *bonis vero benediccionem, cum dicet: Venite, benedicti Patris mei ... Quod no⟨bi⟩s prestare etc.*

9. [Dom. 2 post Pascham]. —*Nota: Hispites* [!] *terrestres et villani, qui habent pecudes ... —Ego sum pastor bonus etc.* [Io 10, 11]. —*Nota, quod in hoc ewangelio facit mencionem de quinque* ...)⟨[f. 14r]... *clamando, quod usura est mala, superbia, violencia pauperibus illata, audi et fac similiter etc.*

10. *Philippi et Iacobi. —Nota: Homo incipiens Deo servire et desinit, minime sibi prodest* ...[f. 14v]... *Ewangelium hodiernum, quod scribitur Iohannis XIIII° et legitur: —Non turbetur cor vestrum etc.* [Io 14, 1]. —*Et istud ewangelium vel hoc actum post ultimam cenam Domini* ...)⟨[f. 15r]... *et sic ista via ambulaverunt sancti, specialissime Philipus et Iacobus, quorum etc.*

11. [Dom. 3 post Pascham]. —*Nota, quod homines triplici desiderio debent uti: primo, ut vitarent peccata ... —Modicum et non videbitis me etc.* [Io 16, 16]. *Nota, quod ante stat, quomodo Christus dixit appostolis negacionem Petri* ...)⟨[f. 16r]... *et quidam neque incipiunt, neque pariunt etc.*

12. [De Inventione s. Crucis]. —*Nota, quod nemo hominum est talis, qui vellet se benivole dare ad captivitatem ... —Resistite dyabolo et contrarii estote ei et ipse a vobis recedet* [cf. Iac 4, 7]. —*Et si iam soli non possumus resistere ei, debemus querere adiutorem* ...)⟨[f. 17r]... *et sic cognoverunt, que est Christi etc.*

13. [Dom. 4 post Pascham]. —*Nota: Qui vult domum altam edificare vel aliquod edificium* ...[f. 17v]... —*Omne datum optimum* ...[Iac 1, 17]. —*Nota, quod beatus Iacobus in ista epistola de tribus facit mencionem. Primo de donis* ...)⟨[f. 18v]... *sed est donum Dei et Deus donat ei hoc etc.*

14. [Dom. 4 post Pascham]. —*Nota, quod mos est secularium hominum triplex, quando recedunt ... —Vado ad eum, qui me misit etc.* [Io 16, 5]. —*Nota: Quando Christus narravit discipulis discessum suum* ...)⟨[f. 20r]... *et sic petamus cunctipotentem Deum, ut dignetur graciam Spiritus Sancti infundere etc.*

15. [Dom. 3 post Pascham]. *Nota: Epistola scribitur in canonica prima Petri: —Obsecro vos, carissimi, tamquam peregrinos* ...[1 Pt 2, 11]. —*Et*

verum dicit, quia sumus peregrini in hoc mundo ...⟩⟨[f. 20v]... *quod esset ad laudem Deo et nobis* [f. 21r] *et nostrarum animarum ad vitam eternam, quam vitam eternam Deus gloriosus dignetur.*

16. *Dominica quinta* ⟨*post Pascham*⟩. —*Nota, quod sanctus Iacobus preterita ebdomada consulit nobis, ut essemus promti* [!] *ad audiendos sermones* ... *in presenti epistola consulit nobis non tantum audire verba, sed operibus adimplere dicens: Karissimi,* —*Estote factores verbi* ...[Iac 1, 22]. —*Et subdit ponens exemplum. Qui audit et non facit, similis est viro insipienti* [!] *speculum, qui postquam deponit speculum, faciem suam non videt* ...⟩⟨[f. 22v]... *ostendet nobis Deus, sicut dixit Moysi, quando oravit: Ego ostendam tibi omne bonum in regno celorum, ergo rogemus Deum, ut eciam dignetur nobis ostendere regnum celorum etc.*

17. *De Ascensione Domini* [in marg.]. —*Nota, quod sanctus Augustinus dicit in sermone hodierno, quod sanctos, quos eduxit Christus de limbo in Pascha* ...[f. 23r]... *Ewangelium scribitur Marci ultimo:* ⟨—*Recumbentibus undecim apostolis apparuit* ...⟩ [Mr 16, 14]. — *Nota, cur Christus erat XL*[a] *dies cum appostolis in mundo* ...⟩⟨[f. 24r]... *Illi autem profecti predicaverunt ubique ewangelium, non fabulas, non mendacia, sed verbum Dei, sic eciam nos debemus etc.*

18. [In Ascensione Domini]. —*Nota, quod de omnibus operibus Christi multum scripserunt prophete sancti* ... —*Vidi aquillam volantem et sedit in monte Oliveti* ...[Ez 17, 3]. —*Unde Moyses ipse est aquilla docens pueros suos* ...[f. 24v]... *sicud hodie, quando ascendit* ...⟩⟨[f. 26r]... *et ergo debemus ascendere illum montem, scilicet penitenciam agere, et ibi manere usque ad vitam, quam Deus omnipotens.*

19. [Dom. 5 post Pascham]. —*Nota: In prima epistola sanctus Iacobus dedit nobis consilium, quando dixit:* —*Sitis veloces ad audiendum etc.* [Iac 1, 19]... *Sed tamen hic dicit:* —*Estote factores, non auditores* [Iac 1, 22]. —*Et ergo prius dixit, ut audiremus, hic iam opere adimpleamus* ...⟩⟨[f. 26v]... *Sextum est Deus gloriosus, quem omnes desideramus videre etc.*

20. [Dom. infra oct. Ascensionis]. *Nota, quod dicit:* —*Estote prudentes* [1 Pt 4, 7]. —*Non est prudencia huius mundi, scilicet in quierendo* [!] *divicias et temporalia* ...⟩⟨[f. 28v]... *nam quilibet homo ad minus debet scire decem precepta Domini, ut ea faciat etc.*

21. [Dom. infra oct. Ascensionis]. ⟨—*Cum venerit Paraclitus*⟩ [Io 15, 26]. —*Notandum, quod prius Christus narravit* [*appostolis* in marg.

adscr.] *su⟨u⟩m recessum et separacionem* ...⟩⟨[f. 29v]... *Dei enim sunt boni, dyaboli vero pessimi, ergo rogemus Deum, ut eciam nobis mittat graciam Spiritus Sancti. Amen.*

22. [Pent.]. ⟨—*Cum complerentur dies*⟩ [Act. 2, 1]. —*Nota, quod postquam illa, que in Pascha fuerunt completa, fuerunt appostoli ... Nota, cur dignatus est mittere Christus Spiritum Sanctum ... Respondetur, quod propter iubileum annum* ...[f. 33v]... —*Mater sancta Ecclesia legit hodie hanc epistolam ostendens, quis sit repletus, quia appostoli* ...⟩⟨[f. 34r]... *nec eciam tu vales audire, imo cor tuum non apparire, ideo rogemus Dominum etc.*

23. [Pent.]. *In illo tempore* ... —*Si quis diligit me* ...[Io 14, 23; f. 34v]... *Nota, quod hoc factum est in magna feria quinta* ...⟩⟨[f. 36r]... *et eum accipiendo posses adipisci regnum celeste, quod nobis dignetur dare etc.*

24. [Feria 3 post Pent.]. *Epistola hodierna:* —*Cum audiverunt appostoli* ...[Act 8, 14]. —*Modo, si tu vis, ut daretur tibi Spiritus Sanctus, debes esse Samaritanus* ...[f. 36v]... —*Amen, amen, dico vobis: Qui non intrat* ...[Io 10, 1]. —*Nota: Istud ewangelium tangit ordinem omnium statuum, tamen precipue spirituales* ...⟩⟨[f. 38r]... *Unde: Si quis vult venire post me etc. et dicit et inveniet pascua in regno celorum, quod nobis prestare.*

25. [Feria 2 post Pent.]. *Epistola hodierna scribitur in libro Actuum Appostolorum.* —*Petrus appariens* [recte: Aperiens autem Petrus] *os suum* ...[Act 10, 34; 10, 42]. —*Nota, quod non semper debemus loqui, nec eciam tacere* ...⟩⟨[f. 38v]... *et sic eciam tibi potest dari non enim secularibus sed spiritualibus.*

26. [Feria 2 post Pent.]. —*Sic Deus dilexit mundum etc.* [Io 3, 16]. —*Et hoc ewangelium fuit factum in Palmis, quando Nicodemus venerat ad Christum* ...⟩⟨[f. 40v]... *et sic Christus illuminat corda nostra per graciam Spiritus Sancti, unde David: Accedite ad eum et illuminamini etc.*

27. [Pent.]. —*Paraclitus autem Spiritus* ...[Io 14, 26]. —*Ex isto elicitur: Si doceri debemus, debemus doceri a Spiritu Sancto* ...⟩⟨[f. 43r]... *ad montem Oliveti, id est graciam habere. Et sic venies etc.*

28. *De Sancta Trinitate sermo.* —*Deus misereator* [recte: misereatur] *nostri* [Ps 66, 2]. —*In quibus verbis vir sanctus David, antequam loqueretur de Sancta Trinitate, petivit ... Nota: Ista dominica habet duo ewangelia. Unum est istud: Cum venerit Paraclitus* [Io 15, 26], *quod legitur proxime ante Penthecostis. Secundum est de Nicodemo et legitur sic:* —*Erat homo ex phariseis Nicodemus nomine* [Io 3, 1]... —*Nota, quod*

nullus homo neque sanctus aliquis potest intelligere de Sancta Trinitate ...)([f. 44v]... *ergo non mirum, quia Deus est omnipotens et facit, sicut placet sue maiestati etc.*

29. *De Corpore Christi* [in marg.]. *Nota: Epistolam hodiernam scribit sanctus Pa⟨u⟩lus ad Corinthios.* —*Ego enim accepi* ...[1 Cor 11, 23]. —*Unde, quid recepit sanctus Paulus a Domino? Non aliud nisi scienciam Christi* ...)([f. 46r]... *et dabant Iudeis in deserto. Unde David: Panem angelorum manducavit homo.*

30. [De Corpore Christi]. —*Conspiciens propheta opera Domini dicit:* —*Laudate Dominum, et subdidit: quoniam saciavit animam vacuam etc.* [Ps 106, 9]. —*Conspiciens enim misericordiam Domini et nostros defectus facit nos laudare Deum etc. ... Unde:* —*Qui* [f. 46v] *manducat meam carnem etc.* [Io 6, 55] —*Ditavit enim animam nostram per suam passionem hic, quia habemus regnum celorum* ...)([f. 49v]... *dyabolum et mundum et adipiscetur regnum celeste coram nobis etc.*

31. [Dom. 1 post Trinit.]. —*Iam festa solempnia preterierunt, ut Resureccio Christi, Ascensio, Spiritus Sancti missio* ...[f. 50r]... *Prima Dominica* [in marg.]. —*Erat homo dives* ...[Lc 16, 19]. —*Nota, quod sanctus Iohannes dicit, quod omne malum mundi aut est visus, ita quod homo videt aliquam rem* ...)([f. 51v]... *2° ne frigora pateremur et non ad superbiam nec sine necessitate etc.*

32. [Dom. infra oct. Corporis Christi, 2 post Pent.]. —*Bonum michi, quia humiliasti me* [Ps 118, 71]. —*Ecce David, vir beatus, laudat Deum, quia humiliavit eum ita, quod erat fortis rex* ... —*Nolite arbitrari* ...[Mt 10, 34]. —*Ieronimus dicit, quod factum hoc fuit in tricesimo primo anno* ...)([f. 53v]... *ecce quanta est misericordia Dei, qui pro modica re vult dare magnum premium. Petamus ergo etc.*

33. [Dom. Passionis Domini]. —*Nota, quod Christus pendens in cruce commendavit Matrem suam sancto Iohani* [!] ...)([f. 56v]... *et castitatibus virginum et luctibus viduarum et elemosinis coniugalium etc.*

34. [Dom. 2 post Pent. seu infra oct. Corporis Christi]. —*Pro multis bonis Domini nostri Ihesu Christi, que ipse nobis pie exhibet et exhibuit, nullus homo digne potest reddere* ...[f. 57r]... *Fratres.* —*Nolite mirari* ...[1 Io 3, 13]. —*Scimus, quia translati sumus de morte ad vitam. Et subdidit: Qui odit fratrem suum* [1 Io 3, 15] ...[f. 58r]... —*Homo quidem* [recte: quidam] *fecit cenam* ...[Lc 14, 16]. —*Nota: Preterita septimana dictum fuit de crudelitate et parcitate divitis secularis* ...)([f. 61r]... *qui*

dant pauperibus necessitatem. Unde facite vobis amicos de mamona iniquitatis etc. etc.

35. *De s. Iohanne* ⟨*Baptista*⟩. [F. 61v] —*Audite, insule* ...[Is 49, 1]. —*Ista epistola scribitur Isaie et quasi ipse solus sanctus Iohannes loqueretur* ...[f. 62r]... —*Elizabeth impletum est tempus* ...[Lc 1, 57]. —*Primo dicit: In diebus illis, scilicet quando dominabatur Herodes et Christus iam conceptus erat* ...⟩⟨[f. 64v]... *et sic accipiemus eandem graciam, quam sanctus Iohannes etc.*

36. [De s. Ioanne Baptista; f. 65r]. —*Fuit in diebus Herodis* ...[Lc 1, 5]. —*Communiter homines seculares stant post laudem humanam, quam cum dificultate acquirunt* ... —*Fuit* ...[f. 65v]... —*Volens loqui de nativitate sancti Iohannis Baptiste nominat reges, qui tunc temporis dominabantur* ...⟩⟨[f. 67r]... *non possumus hoc perswaderi intellectu, nisi ut fide credamus etc. etc.*

37. [Dom. 3 post Pent.]. *Epistola hodierna scribitur in canonica beati Petri et legitur sic: Karissimi,* —*Humiliamini sub potenti manu Dei* [1 Pt 5, 6]... —*Nichil est carius Deo nisi bonus homo, qui ordine caritatis procedit* ...[f. 67v]... —*Erant apropinquantes* ...[Lc 15, 1]. —*Parisiensis doctor in principio instruit nos, ut si perdidimus Deum peccatis nostris* ...⟩⟨[f. 69v]... *est vanum et inutile et dampnabile et breve et incertum etc.*

38. [Dom. 3 post Pent.]. —*Hodie enim ad octo dies auditum est, quomodo Deus minabatur illis, qui non curaverunt venire ad cenam* ... —*Respice in me* ...[Ps 24, 16]. —*Quasi diceret: Ego sum reus, quia non curavi venire* ...⟩⟨[f. 71r]... *et ergo fiamus humiles, ut possumus illuc simul pervenire etc.*

39. [De s. Petro et Paulo; f. 71v] —*Pasce oves meas* [Io 21, 17]. —*Et est verbum Christi sancto Petro dictum, ubi Christus ostendit et facit ei pascere oves* ...[f. 72r]... —*Abiit Ihesus in partes Cesaree Philipi etc.* [Mt 16, 13]. —*Hodie est memoria beati Petri et Pauli, tamen specialiter mater sancta Ecclesia facit mencionem sancti Petri* ...⟩⟨[f. 73r]... *exivit foras et flevit amare usque ad mortem etc.*

40. [De s. Petro]. —*Ecce nos relinquimus* [!] *omnia* ...[Mt 19, 27]. —*De hodiernis enim appostolis* [in marg.: *duobus*] *triplex est ewangelium. Heri de ambobus, hodie de sancto Petro, cras erit de sancto Paulo* ...⟩⟨[f. 75v]... *Sexta est Christus, unde: et dabo illi terram et cetera.*

41. *De Visitacione Sancte Marie* [alia manu in marg.]. —*Deposuit potentes de sede* ...[Lc 1, 52]. —*Est sermo Beate Virginis et scribitur*

Luce primo. Beda super primo verbo dicit: Deposuit potentes de sede ...[f. 76r]... —*Exurgens autem Maria abiit* ...[Lc 1, 39]. —*Hoc factum fuit, quando archangelus Gabriel nuncciavit concepcionem Christi* ...⟩⟨[f. 77r]... *alia beatitudo, quia alcius et plus habet de gaudiis quam ceteri sancti etc.*

42. [Dom. 4 post Pent.]. —*Numquid cecus potest cecum ducere* ...[Lc 6, 39]. —*Quoniam enim cecus habet cecum ducere, non est securus* ... —*Numquid potest etc.* —*Quasi diceret: Nullo modo, quia ambo, dux et ductor cadunt in foveam* ...⟩⟨[f. 79r]... *sed Christus humilitatem facit et tribulacionem, unde: Beati eritis, cum vos oderint homines etc.*

43. [Dom. 4 post Pent.]. —*Communiter mos est inter homines, quod patres erudiunt filios suos coram artificium* [!] *honestum* ... —*Estote misericordes* ...[Lc 6, 36]. —*Et quomodo debet misericordiam facere nisi de suis bene acquisitis* ...[f. 79v]... *Fratres.* [del.: *Estote misericordes*; corr. in: —*Estimo* ⟨*enim, quod non sunt condigne passiones*⟩ Rm 8, 18]. —*Si primus homo, Adam, non pecasset, cicius homo posset venire ad celum* ...⟩⟨[f. 80v]... *de gaudiis autem regni celorum nullus potest dicere, quanta sunt, neque sancti, nisi qui veniunt illuc etc.*

44. [Dom. 5 post Pent.]. *Epistolam hodiernam scribit beatus Petrus et legitur sic: Karissimi.* —*Unanimes estote etc.* [1 Pt 3, 8]. —*Mater enim nostra sancta Ecclesia et sanctus Petrus consulunt et* [*desiderant* in marg. adscr.] ...[f. 81r]... —*Cum irruerent turbe* ...[Lc 5, 1]. —*Et in hoc notatur eorum diligencia verbi Dei, quia ut audirent eum* ...⟩⟨[f. 83r]... *istam virtutem ordinavit a Filio et mox exspiravit. Rogemus ergo Dominum, ut nos taliter etc.*

45. —*Lex Domini inmaculata* ...[Ps 18, 8]. —*Hec verba scribit David in Psalmo, in quibus commendat et ostendit, quam preciosum est verbum Dei* ... —*Simile est regnum celorum thezauro* ...[Mt 13, 44]. —*Iohannes Crisostomus in isto capitulo ponit parabolas, primo de seminatore* ...⟩⟨[f. 84v]... *et nova gaudia aquisita per Ihesum Christum in regno eius, ad quod et cetera.*

46. [Dom. 5 post Pent.]. —*Mnisi* [recte: Nisi] *superhabundaverit iusticia vestra* ...[Mt 5, 20]. —*Sciens sanctus Petrus, quod sine unanimitate fraterna non potest habere regnum Dei* ... —*Nisi habundaverit* ...[Mt 5, 20]. —*In precedenti septimana Christus informavit nos, ut magis diligeremus celestia quam terrestria* ...⟩⟨[f. 86r]... *cum uno verbo suscitantur contra se totam gentem et pauperes suos destruunt.*

Idem textus in cod. BJ 1619, f. 170r-171r.

47. *De eodem.* —*Si mortui sumus cum Christo, ubi supra* [Rm 6, 8]. —*Dictum est hodie in ewangelio, quia nobis plus promissum est sicut plus preceptum* ...[f. 86v]... —*Si moriemur cum Christo etc.* —*Qualiter debemus mori cum Christo. Mori debemus duobus modis* ...[f. 87v]... *sicud infirmus sit simplex, zolth, palidus* ...⟩⟨[f. 88r]... *nullus corporaliter in habundancia sepulcrum ingreditur. Oremus igitur, ut moriamur cum Christo et vivamus cum eo eternaliter etc.*

48. [Feria 6 in Parasceve]. —*Egressus Ihesus trans torrentem Cedron* ...[Io 18, 1]. —*Ecce primo exivit de civitate, secundo transivit per torrentem Cedron* ...⟩⟨[f. 89v]... *per quam notantur tres partes penitencie, scilicet contricio, confessio et satisfaccio etc.*

49. *De sancta Maria Magdalena* [alia manu in marg.]. —*In lectulo meo quesivi* ...[Can 3, 1]. —*Verba sunt et cuiuslibet anime fidelis. Gregorius et alii dicunt: Lectus est voluntas et omnis delectacio mundana* ... —*Rogabat Ihesum quidam pharizeus etc.* [Lc 7, 36]. —*Quod factum est XXX^{mo} anno nativitatis Christi et iste fuit primus accessus Marie Magdalene* ...⟩⟨[f. 91v]... *diu penituit, quia triginta annis in heremo, ut patet in eius Vita. Rogemus ergo etc.*

50. [Dom. 6 post Pent.]. —*Misereor super turbam* [Mr 8, 2]. —*In precedenti septimana consulit nobis Appostolus, ut moriamur peccato, si volumus vivere Deo* ... —*Sicut exhibuistis membra peccatis etc.* [Rm 6, 19]. —*Primum igitur periculum in peccato est, quia spoliat hominem omni bono* ...⟩⟨[f. 93v]... *item sedeamus in terra, ut nutriri possumus etc.*

51. [Dom. 7 post Pent.]. —*Attendite a falsis prophetis etc.* [Mt 7, 15]. —*Hodie ad octo dies informavit nos Ihesus, ut simus misericordes* ...[f. 94r]... *non faciunt fructus* [*czirviwe* in marg. adscr.]... *per arborem fetidam beesz* ...[f. 94v]... *appetitum ad alios cibos qui habet oskomini* ...⟩⟨[f. 95r]... *flores debent produci panczkowe* ... *sed quia quedam arbores producunt bonum fructum etc.*

Idem textus (absque *nota*) in cod. BJ 1619, f. 173r-174r.

52. [Dom. 8 post Pent.]. —*Communiter homines reputant illos pro bonis hominibus, qui implent, quod promittunt* ... —*Debitores sumus* ...[Rm 8, 12]. —*Rupertus hoc probans dicit: Spiritus hominis est locatus* ...⟩⟨[f. 95v]... *tercio per purum propositum et veram laudem Dei, quo facto possumus fideliter in regno Dei plantari. Rogemus etc.*

53. [Dom. 9 post Pent.]. —*Homo quidam erat dives* ...[Lc 16, 1]. —*Domini terre habent consuetudinem habere homines censuales* ...[f.

96r]... —*Homo quidam* ... —*Bonum est hominibus, quamdiu manent in bonis fortune, acquirere eis amicos* ...[f. 96v]... *dyabolus splφczÿe registrum* ... *distracti zplecenÿ* ...)([f. 97v]... *pauperibus estote misericordes, qui vobis possunt dare regnum celorum, quod nobis Deus omnipotens dignetur etc.*

Idem textus (cum additionibus) in cod. BJ 1619, f. 175r-176v.

54. [Dom. 9 post Pent.]. *Fratres.* —*Non simus concupiscentes* ...[1 Cor 10, 6]. —*In multis locis Sacre Scripture* ⟨*legitur*⟩, *quod perfecte iusticie sunt due partes* ... *Fratres.* —*Non simus concupiscentes* [1 Cor 10, 6]. —*Quasi diceret: Sicud antecessores vestri erant etc. De primo ergo legitur, scilicet malo desiderio* ...)([f. 98v]... *et in hoc eciam perseverantibus datur regnum celorum in predicto capitulo Mt V*^{o}*: Beati pauperes etc.*

55. [De s. Laurentio]. *Fratres.* —*Qui parce seminat* ...[2 Cor 9, 6]... —*Si volumus loqui de seminacione, planum est, quia qui modicum seminat* ...)([f. 99r]... [alia manu: *Laurencius sermo*]... —*Nisi granum frumenti* ...[Io 12, 24]. —*In crastino Ramis Palmarum venit Ihesus de Bethania in Iherusalem et predicavit* ...)([f. 101v]... *non sinit nos temptari, nisi quod possumus supportare, ultimo animam nostram Deo in caritate. Rogemus ergo etc.*

56. [De s. Iacobo]. —*Sicut enim exhibuistis* ...[Rm 6, 19]. —*Hic hortatur nos Appostolus, ut sicut cum omnibus membris nostris servimus peccato* ... —*Accessit ad Ihesum mater filiorum* [Mt 20, 20]... —*Statim post hos sermones accessit ad eum mater filiorum Zebedei* ...)([f. 103r]... *et nullum fructum exinde recepimus, ut econtra Deo serviamus etc.*

Idem textus in cod. BJ 1619, f. 172r-173r.

57. *De Assumpcione Marie* [alia manu adscr.]. —*Ipsa enim conterret* [!] ...[Gen 3, 15]. —*Videmus communiter, quod pauperes illis semper exhibent honores* ...[f. 103v]... —*Scriptum est* [*enim* superscr.], *quod per invidiam mors intravit in mundum* ...)([f. 104v]... *ut ipsa dignetur interficere hostem nostrum dyabolum et nos ad regnum Filii sui promovere. Rogemus igitur etc.*

58. [De Assumptione BMV]. —*David cum multitudine filiorum Israel* ...[1 Par 15, 27]. —*Qui facit illas res,* [f. 105r] *quas facere non possunt neque sciunt* ... —*Que est ista, que ascendit ut aurora etc.* [cf. Can 6, 9]. —*Et bene vocant eam aurora, ut sanctus Innocencius exponit* ...)([f.

106r]... *adhereamus igitur huic arche, ut ipsa dignetur nos protegere et perducere in terram promissionis etc.*

59. [De Assumptione BMV]. —*Intravit Ihesus in quoddam castellum* ...[Lc 10, 38]. —*Homines pauperes libentissime ad eos confugiunt, a quibus adiutorium* ... —*Intravit Ihesus in quoddam castellum* ...[Lc 10, 38]. —*Super principium huius ewangelii dicit Bernardus hoc, quod Christus corporaliter semel fecit* ...⟩⟨[f. 107v]... *tantas reliquias terram conservare et hucusque latere etc. Rogemus ergo.*

60. [Dom. 9 post Pent.]. —*Cum apropinquaret Ihesus Ierusalem* ...[Lc 19, 41]. —*Scribit Lucas illo capitulo, quod Christus primo incepit* [f. 108r] *facere, secundo docere* ... *Cum apropinquaret Ihesus* [Lc 19, 41]. *Hoc fuit in dominica Ramis Palmarum, tunc videns civitatem flevit* ...⟩⟨[f. 109v]... *anima infidelis, que nunc pothloczona es per culpam* ... *si non emendabimus vitam nostram tempore vite nostre. Rogemus igitur etc.*

Sermonis initium usque ad vocabula: *ergo flevit et vindicavit super civitatem* idem atque in cod. BJ 1619, f. 179r (= 1508, f. 108rb).

61. [Dom. 10 post Pent.]. *Fratres.* —*Notum facio vobis ewangelium* ...[1 Cor 15, 1]. —*Si tenetis, ecce bona informacio, quod per aliud non salvatur homo nisi per predicacionem* ... —*Dixit Ihesus ad quosdam* ...[Lc 18, 9-10]... —*Quidam enim confidunt in se, quia vident aliqua opera, que faciunt* ...⟩⟨[f. 111v]... *quod est Deus summa delectacio, quem hic in caritate et in futuro in beatitudine nobis prestare dignetur Pater* ... *Amen.*

Idem textus in cod. BJ 1619, f. 180r-181r.

62. *Bartholomeus* [alia manu adscr.]. —*Arreptus Iacob duobus filiis* ...[Gen 34, 25]. —*Ubi scribitur, quod cum soror eorum, Dÿna, erat violata, isti duo fratres arreptis duobus gladiis* ... —*Facta est contencio* ...[Lc 22, 24]. —*In illo tempore, scilicet magna feria quinta, cum Christus dixerat* ...⟩⟨[f. 113v]... *estote prudentes sicud serpentes, Mt IIII°, sic nos debemus nos habere in mundo etc.*

63. [Dom. 12 post Pent.]. *Fratres.* —*Fiduciam habemus* ...[2 Cor 3, 4-5]. —*Vult Appostolus, ut nullus confidet in opera sua, quasi possit mereri per ea regnum Dei* ... *vocat servos idoneos stateczne* ...[f. 114r]. —*In illo tempore, scilicet quando sanaverat filiam illius Chananee, de qua dicitur in secunda dominica in ieiunio* ... *Mistice Tyrus interpretatur Sdzÿmane vel alias swøzene* ...⟩⟨[f. 115r]... *quanto Deus factus est promobilior, tanto mihi factus est carior. Igitur rogemus etc.*

Idem textus in cod. BJ 1619, f. 183v-184v.

64. [Dom. 12 post Pent.]. —*Iam tempore isto legitur liber Iob, in quo legitur hodie in matutino: Numquid iungit* [recte: mugit] *onager* ...[Iob 6, 5] ...[f. 115v]... *Dixit Ihesus discipulis suis:* —*Beati oculi, qui vident* ...[Lc 10, 23]. —*Mos est hominum, quia desiderant videre, que mirabilia sunt* ...⟩⟨[f. 117v]... *proximum diligere debemus, pro quo promittit eternam retribucionem. Quod etc.*

Idem textus in cod. BJ 1619, f. 186v-188r, ubi finis inde a vocabulis: *et dicit. Si vulnerando* ... (= 1508, f. 117va) desideratur.

65. [De Nativitate BMV]. —*Ego quasi vitis fructificavi* ...[Eccli 24, 23]. —*Propheta in Spiritu Sancto vidit eius futuram nativitatem* ...[f. 118r]... *Liber generacionis* ...[Mt 1, 1]. —*Hic nominat XL duos patres, qui fuerunt de genelogya sive de stirpe Christi* ...⟩⟨[f. 119r]... *quia ipse omnium patrum vitam in se demonstravit. Rogemus ergo Dominum etc.*

66. [De Nativitate BMV]. —*Plantaverat autem Dominus Deus* ...[Gen 2, 8]. —*Christus Dominus fecit cum sua Matre, sicud conswetudinem habent facere reges* ...[f. 119v]... —*Mos est inter nos, cum homines habent sanctuaria* ... —*Plantaverat* ...[Gen 2, 8]. —*Nota: Quadruplex est paradisus. Superior et est regnum celorum* ...⟩⟨[f. 120v]... *et sicud, qui utebatur isto fructu, vixisset, sic qui utitur isto, scilicet corpore Christi, digne vivet in eternum etc.*

67. [Dom. 13 post Pent.]. *Fratres.* —*Spiritu ambulate* [Gal 5, 16]. —*Epistola et ewangelium locuntur de ambulacione, qualiter debemus ambulare* ...[f. 121r]... *longanimitas, czekane* ... *In illo tempore* —*Dum iret Ihesus in Ierusalem* ...[Lc 17, 11-12]. —*Hoc factum est prope Pascha ultimo anno ante Christi passionem* ...[f. 122v]... *Item ex ewangelio, ut per Samariam et Galileam transire sciamus et lepram evitare. Rogemus igitur Dominum, ut nos dignetur etc.* —*Nota, quod omnes actus Christi sunt nobis in exemplum et informacionem* ...⟩⟨[f. 123r]... *sexto, ut simus circumspecti, ut in hiis ambulemus perseveranter. Et ergo dicit Appostolus: Spiritu ambulate.*

Idem textus (sine nota) in cod. BJ 1619, f. 189r-190r.

68. *De Exaltacione sancte Crucis* [alia manu adscr.]. —*Si exal⟨ta⟩tus fuero* ...[Io 12, 32]. —*Hec facta sunt circa suscitacionem Lazari* ... —*Tres partes habet ewangelium. Primo Christus significat, qua morte erat moriturus* ...⟩⟨[f. 125v]... *pro hoc quadruplici statu Christus passus est, in quorum uno omnes fideles debent permanere etc. Rogemus etc.*

69. [De s. muliere non virgine/mulieribus non virginibus]. —*Mulierem fortem* ...[Prv 31, 10]. —*Fortem dicit quasi gravem. Fortitudo bone mulieris consistit, ut habeat actus graves* ... —*Respiciens Ihesus vidit divites* ...[Lc 21, 1-2]. —*In illo tempore* [suprascr. *hoc*] *fuit iam post Ramis Palmarum* ...)([f. 127r]... *maxime cum socris suis, cum quibus uxores filiorum rarissime pacifice vivuntur* [!] *etc. Ergo rogemus etc.*

70. *Dominica XV* [alia manu adscr.]. *Fratres.* —*Si spiritu vivimus* ...[Gal 5, 25-26]. —*Habemus enim unum proverbium commune, quod dicit: Cuius panem comedis, illi obedias* ...[f. 127v]... *In illo tempore* ... —*Nemo potest duobus dominis servire* ...[Mt 6, 24]. —*In illo tempore modicum ante hoc in eodem capitulo Christus docuit fideles, ne per opera sua querant laudem humanam* ...)([f. 129v]... *sed videamus pauperes egentes et eis ministremus necessaria etc. Ergo rogemus etc.*

Hic sermo in nostro codice sermones duos complectitur, qui in cod. BJ 1619 in f. 191r-193v separati leguntur scripti.

71. [Dom. 15 post Pent.]. —*Si spiritu vivimus* ...[Gal 5, 25]. —*Creatura nostra enim peccatis comota est, ergo velis* ...[f. 130v]... *superfluitates obirkij* ...)([f. 131v]... *de paradiso ergo Appostolus swadet et prohibet a peccato luxurie, invidie etc.*

Sermo similis in cod. BJ 1619, f. 193v-194v, plus minusve usque ad vocabula: *in via Domini permanere.*

72. *De sancto Matheo* [alia manu adscr.]. —*Sequere me* [Mt 9, 9]. *In ewangelio hodierno.* — *Conswetudo enim est inter homines, quod quando aliquis* [adscr.: *homo*] *magne potestatis* ...[f. 132r]... *In illo tempore.* — *Cum iret Ihesus, vidit hominem* ... *sequere me* ...[Mt 9, 9]. *In illo tempore.* —*Ut dicit Augustinus, De concordia ewangeliorum, factum est XXXIII° anno* ...)([f. 134r]... *surgere, sequere Christum, ipse enim semper visitat nos, semper vocat nos. Rogemus ergo Dominum etc.*

73. [Dom. 16 post Pent.]. —*Ibat Ihesus in civitatem Naÿm* ...[Lc 7, 11]. — *Qualem diligenciam spirituales homines debent habere ad seculares* ..[f. 134v]... —*Ibat Ihesus* ...[Lc 7, 11]. —*In precedenti dominica audimus, quod duobus dominis nemo potest simul servire* ... *commocio wsburzÿnÿe* ...[f. 136r]... *ignis cremat repagula, zawori* ...)([f. 136v]... *nos autem semper vocat promittens regnum suum et aliquando insidiant penis infernalibus. Rogemus ergo etc.*

Hic sermo in nostro codice sermones duos complectitur, qui in cod. BJ 1619 in f. 194v-197v separati leguntur scripti. Sermo secundus in cod. BJ 1619, f. 196r incipit: —*Signum enim est specialis amicicie.*

74. —*Si quis vult venire post me* ...[Mt 16, 24; Mr 8, 34; Lc 9, 23]. —*Quamvis in bona vita sit homo, debet* [f. 137r] *Deum conservare* ... —*Cum qua occasione vocavit Ihesus se volentes sequi, stat in eodem capitulo* ...〉〈[f. 139r]... *ante mortem suam talem dilatacionem christianitatis conspexerunt et maxime sanctus Iohannes ewangelista, qui diucius vixit et cetera. Et sic est finis vel prima pars huius libri etc.*

2. f. 139r-140r: Conradus (Holtnicker) de Saxonia OFM, Speculum BMV. Fragm.: Prol. et Lectio I

[Prol.] —*Qu〈o〉niam, ut ait Ieronimus, nulli dubium est* ...[f. 139v]... *saluto, salutansque dico: Ave Maria gracia plena etc.* [Lectio I] —*Audi, dilectissima* [recte: dulcissima] *Virgo Maria, audi nova, audi filia* ...〉〈... *proclamatur, quod hiis aut singulis per ordinem videamus. Amen.*

Cf. Distelbrink, 191, nr. 214; RB 2017; Mohan, Initia, 373*. Ed.: P. de Alcantara Martinez OFM, Grottaferrata (Roma) 1975, 141-155 (Bibliotheca Franciscana Ascetica Medii Aevi, 11).

3. f. 140r-141v: Ioannes Rigaldus OFM, Formula confitendi seu Summa confessionum. Fragm.: Pars I

—*Sicut dicit beatus Ieronimus* [recte: Ioannes] *canonice sue primo capitulo: Si confitemur peccata nostra* ...[1 Io 1, 9]... *idcirco, fili, quid postulasti a me fratre Iohanni Ordinis Fratrum Minorum ... penitenciario domini pape, ut dem tibi aliquam formulam in scriptis redactam* ...[f. 140v]... *Idcirco hec Formula, quam petis, partes habet sex: Prima pars erit de hiis, qui confessionem habent precedere* ...〉〈... *ora, ut Deus det tibi ista et graciam bene confitendi. Et in hoc terminata est illa prima pars huius Formule, que est de illis, que debent precedere confessionem et etc. Laus Deo.*

Cf. Schulte, Geschichte, 2, 532, nr. 28; Glorieux, Répertoire, 2, 96, nr. 316bh; V. Doucet, Maîtres franciscains de Paris. Supplément au 'Répertoire des Maîtres en théologie de Paris au XIIIe siècle', „Archivum Franciscanum Historicum", XXVII 1934, 531-564, praecipue 549; Bloomfield, 5707 + Suppl.; Mohan, Initia, 415*; Michaud-Quantin, Sommes, 29, 56 [115, 120]. Idem textus in cod. BJ 2291, p. 407-411 (dedicatio, pars 1 (p. 407-410) et pars 2).

f. 142r-144v vacua, columnarum schemate distincta.

4. f. 145r-246r: Sermones de tempore et de sanctis super epistulas et evangelia

1. [De s. Michaele]. —*Factum est prelium magnum* ...[Ap 12, 7]. —*Spiritualiter sive mistice per celum hic notatur anima cuiuslibet fidelis, in*

qua Deus habitat ... przystøpi ad ipsam ... de piso non crescit vyka ...[f. 145v]... —*Accesserunt discipuli* ...[Mt 18, 1]. —*In illo tempore, XXXIII° anno, quando receperat Petrum, Iacobum et Iohannem* ...)([f. 147r]... *protectores, scilicet angelos sanctos, qui nos protegunt etc. Rogemus etc.*

2. [De s. Michaele]. —*Dictum est hodie, quod dies hodierna est dies angelorum et hoc mere debet esse* ...[f. 147v]... —*Angelis suis Deus mandavit* ...[Ps 90, 11]. —*Vide, ut sane intelligas, angeli non sunt tales, sicut depinguntur cum pannis* [!] *paworum* [!]...[f. 149r]... *videamus, quomodo Deus per angelos purgat nos a peccatis, illuminat et in bono proficit etc.*

3. [Dom. 17 post Pent.]. *Fratres.* —*Obsecro vos ego* ...[Eph 4, 1]. —*Appostolus tria notat per hec verba: primo, quia vocacione sumus vocati* ...[f. 149v] —*Ingressus Ihesus in domum* ...[Lc 14, 1]. ... —*Magister Grecus dicit: Scivit Deus, quod pharisei magnam fraudem contra eum gerebant* ...[f. 150r]... *comparatur vescice* [recte: vesice] *przedarteÿ* ...)([f. 150v]... *quanto quis magis humiliatur, magis Deo placet et cetera.*

Idem textus in cod. BJ 1619, f. 199v-200v.

4. *De eodem.* [F. 151r] *Fratres.* —*Obsecro vos ego* ...[Eph 4, 1]. —*De bonitate Christi dicit Augustinus: Bonitas Christi sit nobis accessum ad celum* ... —*Obsecro vos, fratres* ...[Eph 4, 1]. —*Apostolus monet nos, ut simus amici Dei sicut ewangelium* ...)([f. 152r]... *ut ad certos status vocati, ut sic ambulantes hic inveniamus graciam et in celis vitam eternam. Amen. Rogemus Deum.*

Idem textus in cod. BJ 1619, f. 200v-201v.

5. [Dom. 18 post Pent.; f. 152v]. —*Renovamini spiritu* ...[Eph 4, 23-24]. —*Scribitur III° Baruch* [, 10]: *Quid est, quod Israel est in terra inimicorum inveteratus* ... —*Ascendit Ihesus in navim* [recte: naviculam] ...[Mt 9, 1]. *Descendit Ihesus etc.* —*Crisostomus: Quia Deus aliquando voluit se demonstrare in humanitate* ...)([f. 154r]... *quia ibi est habitacio et domus tua. Ad quam nos perducat Deus in secula seculorum.*

Idem textus in cod. BJ 1619, f. 203r-204r.

6. [Dom. 19 post Pent.]. *Fratres.* —*Renovamini* ...[Eph 4, 23]. —*Navis, de qua legitur in ewangelio hodierno, significat fidem katholicam et christianam* ...[f. 154v]... *loco argenti sumus stanum, czysczecz, qui habuit simile argentum* ...)([f. 155v]... *dicitur officiosum, zamislne ... qui loqui-*

tur veritatem, ostendit se, quod est de celo, ubi est Pater veritatis etc. Rogemus.

7. [Dom. 20 post Pent.]. —*Videte fratres, quomodo ambuletis* [Eph 5, 15]. —*De duobus hortatur nos Apostolus: primo, ut videamus, secundo, ut ambulemus* ...[f. 156r] —*Homo quidam fecit nupcias* ...[Mt 22, 2]. —*Simile est regnum celorum homini regi* ...[Mt 22, 2]. —*Gregorius: Regnum celorum duplicem ecclesiam significat* ...)([f. 158r]... *intellectum aufert, paupertatem confert, gracia Dei privat. Rogemus.*

Idem textus (brevior) in cod. BJ 1619, f. 205v-206v. In nostro cod. additamentum in f. 157v inde a vocabulis: *Nos enim sumus unius Patris ...*

8. *Simonis et Iude.* —*Die hodierna Ecclesia celebrat natalium duorum apostolorum et vocat natalium eorum passionem* ...[f. 158v] —*Misit Ihesus XII appostolos* ...[Mt 10, 5-6]. —*Sicut dicit Ieronimus exponens, ex quo manifestacio Spiritus data fuit* ...)([f. 160r]... *suscipe predicatorum informacionem, qua dignetur nobis etc.*

9. [Dom. 21 post Pent.]. —*Confortamini in Domino* ...[Eph 6, 10]. —*Scribitur Apok. XII°* [, 17]: *Iratus est draco mulieri ... Draco est dyabolus, qui semper bellat contra mulierem* ...[f. 160v]... —*Erat quidam regulus* ...[Io 4, 46]. —*Conswetudo est inter homines, quod post medicinas corporales iunt* [!] *ad spirituales* ...)([f. 162r]... *Ysaie XXVI: A timore tuo, Domine, concepimus ... Spiritu salutis. Quam nobis concedere dignetur etc.*

Idem textus in cod. BJ 1619, f. 208r-209r.

10. [Dom. 21 post Pent.]. *Fratres.* —*Confortamini in Domino* ...[Eph 6, 10]. —*Audimus hodie in ewangelio, quod regulus habuit filium, qui febrem paciebatur ... causas illas przicini* ...[f. 162v]... —*In precedenti septimana monuit nos Apostolus, ut simus circumspecti transeundo per altam petram, id est fidem christianam, adversus peccata ... quasi naboÿv ... mitigat kroczÿ* ...[f. 163r]... *sicut equester ÿesdnik cum equo ... si equus vellet esse klopotni* ...)([f. 163v]... *et contra hoc dat remedium, exemplum sanctorum, vel temptat nos diabolus et contra hoc dat clipeum, remedium, qui est fides nostra. Rogemus ergo etc.*

Idem textus in cod. BJ 1619, f. 209r-210v.

11. *Sermo de Omnibus Sanctis* [alia manu adscr.]. —*Dies hodierna vocatur Omnium Sanctorum, sed quis est sanctus? Dico primo: ille, qui est sine macula ...* —*Videns Ihesus turbas* ...[Mt 5, 1]. —*Crisostomus dicit: Quilibet artifex cum videt horam valentem operi suo* ...[f. 164v]...

paciens pokorni ... pacienciam pokornoscz, mansw⟨e⟩tudinem krothkoscz ...⟩⟨[f. 165r]... *ergo si per totum annum aliquid negleximus, hodie adimpleamus. Rogemus igitur eos, ut etc.*

Idem textus in cod. BJ 1619, f. 212v-213v.

12. *De eodem.* —*Memores estote* ...[1 Mch 4, 9]. —*Remigius super principium hodierni ewangelii dicit, quod Christus quocienscumque habuit impedimentum a turbis* ...[f. 166r]... —*Memores estote* ...[1 Mch 4, 9]. —*Quando Iudas Machabeus debuit pugnare cum Golia, tunc dixit ista verba* ...⟩⟨[f. 167v]... *propter te sustinui obprobria; Gen XVI°* [Gen 15, 1]: *Ego protector tuus sum etc.*

13. [Dom. 21 post Pent.]. —*Rogo, ut caritas vestra* ...[Phli 1, 9-10]. —*Apostolus sicut divisos homines in mentibus suis, unde aliquos hortatus fuit* ...[f. 168r]... —*Simile est regnum homini regi* ...[Mt 18, 23]. —*Origenes dicit: Filius Dei aliquando vocatur sapiencia Dei, aliquando potencia* ...⟩⟨[f. 169v]... *recuperabo, quia et priora bona opera et infinita per unum mortale peccatum sequens mortificantur. Rogemus etc.*

Idem textus in cod. BJ 1619, f. 210v-211v.

14. [Dom. 21 post Pent.]. [*eodem* in marg.]. —*Iratus dominus eius dedit eum tortoribus* [Mt 18, 34]. —*In precedenti dominica suadet nobis Apostolus, ut acquiremus indumenta* ...[f. 170r]... —*Iratus dominus eius* ...[Mt 18, 34]. —*De consuetudine Christi scribit Augustinus: Dominus Deus dat malum pro malo* ...[f. 171r]... *fecundus plodni* ...⟩⟨... *ergo simus misericordes, ne ira Dei super nos fundatur. Rogemus igitur Deum etc.*

Idem textus in cod. BJ 1619, f. 211v-212v.

15. *De sancto Martino* [alia manu adscr.]. —*Martinus sacerdos Dei* [Responsorium in vesperis s. Martini]. —*Augustinus in codam* [recte: quodam] *sermone suo dicit: Ubi estis agricultores* ...[f. 171v]... —*⟨S⟩int lumbi vestri* ...[Lc 12, 35]. —*Modicum in eodem capitulo docuit Christus* [f. 172r] *apostolos, ne multum terrena curarent* ...⟩⟨[f. 173v]... *solum Petrum redarguit, qui erat caput christianitatis et prelatus etc.*

16. *De ⟨e⟩odem* [alia manu in marg.]. —*Inveni David* ...[Ps 88, 21]. —*In ewangelio hodierno audivimus, quod Dominus dixit servis suis* ...[f. 174r]... *quartus cingulus erit pobodrach* ... —*Multis hominibus nunc videtur non solum impossibile, sed quasi nullatenus possent Deo placere in statu suo* ...⟩⟨[f. 175r]... *castitas autem per se, vel bona opera per se modicum valent. Rogemus Deum etc.*

17. [De martyribus] —*Congregati sunt in vallem* ...[2 Par 20, 26]. —*Ibi dicitur, quod Iudas congregatus fuit in vallem benediccionis* ...[f. 175v]... *Sic congregati fuerunt hodierni martires* ... —*Attendite a fermento phariseorum* [Lc 12, 1]. —*Sed quid est fermentum, quid pharisei et quid est, quod vocat ypocrisim?* ...[f. 176r]... *que semper revelantur, ut legetur de istis sanctis, quod anno nativitatis Christi millesimo secundo Masco* [recte: Mesco], *dux Polonie, volens se commendare eorum oracioni, dedit eis pecunias multas* ...⟩⟨[f. 176v]... *sic confessi fuerunt isti martyres nomen Christi per passionem suam, ut patet in Vitis patrum etc.*

18. [Dom. 23 post Pent.]. —*Imitatores mei estote* ...[Phli 3, 17]. —*Docet nos Apostolus, ut eum imitemur, in quo primo in bono exemplo quoad proximum* ... —*Tunc abeuntes pharisei* ...[Mt 22, 15-16]. [F. 177r]... —*Modicum ante in eodem capitulo confundebat eos Christus de malicia eorum ... exterminium roschczescze, id est viam ducentem ad dampnacionem* ...⟩⟨[f. 178r]... *sed a peccatis cessare non possunt. Rogemus Dominum.*

Idem textus in cod. BJ 1619, f. 213v-214v.

19. [Dom. 23 post Pent.]. —*Imitatores mei estote* ...[Phli 3, 17]. —*Scitis, quia yemps iam apropinquat et frigus augetur* ...[f. 179r] ⟨—*Imitatores* ...⟩ —*In precedenti dominica monuit nos Apostolus, ut caritate habundemus ... In hodierna epistola exponit ordinem, secundum quem possumus in caritate habundare* ...⟩⟨[f. 180r]... *ut semel recedentes a malo amplius non revertamur. Rogemus igitur piissimum etc.*

Idem textus in cod. BJ 1619, f. 214v-215v.

20. [Dom. 24 post Pent.]. *Dom. ultima. Fratres.* —*Non cessemus orare* ...[Col 1, 9]. —*Hic Apostolus ostendit nobis suam diligenciam, ut et nos ostendamus erga eum* ... —*Loquente eo ad illos princeps Iudeorum, ut dicit* [f. 180v] *Marcus: Iayrus nomine, et ut dicit Lucas: procidit ante pedes Ihesu et orabat eum* [cf. Mr 5, 22; Lc 8, 41]...⟩⟨[f. 182r]... *qui in domo occulte debet sanari, quoniam occulta peccata occulta penitencia sunt punienda etc. Rogemus.*

Idem textus in cod. BJ 1619, f. 215v-217r.

21. [Dom. 24 post Pent.]. *Fratres.* —*Non cessamus orare* ...[Col 1, 9]. —*Dictum est supra in ewangelio, qualiter Deus puellam in camera et non coram turba suscitavit* ...[f. 183r]... *et pro isto orat Apostolus in Epistola in precedenti septimana* ... —*Orare non cessemus* ...[Col 1, 9]. —*In hoc docet nos, ut unus oret pro alio, quia si pro ista puella, de qua*

in hodierno ewangelio ...[f. 183v]... *letargiam zawroth* ... *stulticie gluposczÿ* ...)([f. 184r]... *id est per eius gloriosam passionem. Unde rogemus Deum, ut peccata dimittet etc.*

Idem textus in cod. BJ 1619, f. 217r-218r.

22. *De sancta Katherina* [alia manu in marg.]. —*Dies hodierna est dies sancte Katherine, cuius in honorem heri in vesperis cantavimus* ...[f. 184v] —*Simile est regnum celorum decem virginibus* ...[Mt 25, 1]. —*Gorra dicit, quod in hoc ewangelio Christus vult docere omnes devotos, ut quidquid faciunt, cum magna circumspeccione faciant* ...)([f. 186r]... *fili, recordare nomissima* [recte: novissima] *et in eternum non pecabis* [!]. *Rogemus ergo Deum etc.*

23. [De sancta Katherina]. —*Consideravit agrum* ...[Prv 31, 16]. —*Scribitur in quodam sermone Christi, quod instituit Ecclesia legi de virginibus, quod sonat in hec verba* ... —*Simile est regnum celorum thesauro* ...[Mt 13, 44]. —*Thesaurus iste est optimus Deus, quia sicud multi desiderant thesaurum* ...[f. 186v]... *oblectamentum cochanÿe* ... *de quo dixi in themate, prout fecit sancta Katherina* ...)([f. 187v]... *et recludentur in celo et hoc erit XII gaudium eternum. Rogemus etc.*

24. *Dominica prima in adventu. Fratres.* —*Hora est iam* ...[Rm 13, 11]. —*Sed prius ewangelium vidi, quod scribitur* ... —*Cum apropinquaret Ihesus* ...[Mt 21, 1; Mr 11, 1; Lc 19, 29]. —*Ewangelista Mattheus reddit racionem, quare misit, ut scilicet implet propheciam Zacharie* ...[f. 188v]... *Fratres.* —*Hora est iam etc.* [Rm 13, 11]. —*Tria homines faciunt, quando aliquem dilectum amicum in domum suam expectant* ... *vita zywot* ...)([f. 189v]... *aliqui iacent et dormiunt cum Naaman in conviviis, id est in voluptate. Ab hiis ergo omnibus suadet Appostolus surgere etc.*

25. [Dom. 1 Adv.]. —*Ioachim summus pontifex* ...[Idt 15, 9]. —*Dies hodierna est, in qua omnis gracia venit in corpus nostrum* ...[f. 190r]... —*Sed Bernhardus in quodam sermone dicit: Inter cetera magis solet incitare ad devocionem mentes* ...)([f. 190v]... *qui non permisit dicens: Nequaquam conservus enim tuus sum, ut habetur Apokalipsis* [19, 10]. *Rogemus.*

26. [De sancto Andrea]. *Ad gloriam Dei et sancti Andree sumpsi primum verbum Canticorum:* —*Osculetur me* ...[Can 1, 1]. —*In hoc verbo invenio magnum desiderium antiquorum patrum* ...[f. 191r]... [*De sancto Andrea* in marg.]. —*Ambulans Ihesus iuxta mare* ...[Mt 4, 18; Mr 1, 16]. —*Glossa ordinaria dicit, quod hoc fuit factum, quando sanctus Iohannes Baptista fuit in carcere* ...[f. 191v]... *subplantans potloczni vicia* ...)([f.

192v]... *et eorum, que tendunt ad immortalitatem. Sic nos faciamus sequentes istos apostolos et maxime sanctum Andream etc.*

Cf. initium simile apud Schneyer, CD, nr. 1 S1: Ioannes Sczekna (Clm 17234, f. 2ra--162rb).

27. ⟨2⟩[a] *dominica* [in marg.]. —*Erunt signa in sole* ...[Lc 21, 25]. *Filii.* —*Tempus istud dicitur adventus Christi et istud tempus durat usque ad Nativitatem Christi* ...[f. 193r] —*Erunt signa in sole* ...[Lc 21, 25]. —*Magister Boecius, De principibus, dicit et scribit: Quando aliquis princeps tendit contra inimicum* ...⟩⟨[f. 194r]... *hic vero loquetur horribiliter et ergo ad hunc adventum nos disponamus, ut veniens etc. Rogemus.*

28. [Dom. 2 Adv.]. —*Ex quo nunc est dies Domini ad iudicium, prius ergo videndum est, in qua facie veniet Christus ad iudicandum* ... —*Hic Ihesus, qui assumptus est* ...[Act 1, 11]. —*In hac carne ascendit in celum, sed non in tali, in qua passus est* ...[f. 194v]. —*Cum audisset Iohannes* ...[Mt 11, 2]. —*Prima septimana adventus Domini memorabamur adventum Christi in carne* ...[f. 196v]... *Inter omnia, quibus debemus pervenire ad regnum celeste, maius est, ut adversitates pro Christo sustineamus* ...⟩⟨[f. 198r]... *3[m] ferunt omnes peccatores et in infernum perveniunt. Rogemus ergo, ut etc.*

29. [Dom. 3 Adv.]. —*Miserunt Iudei* ...[Io 1, 19]. —*Cum homines mundani debent habere aliqua convivia vel festa* ...[f. 198v]... —*Miserunt Iudei* ...[Io 1, 19]. —*In hoc ewangelio inter cetera perpendamus, quodsi digne volumus expectare adventum Domini* ...⟩⟨[f. 201r]... *quibus Deus per graciam in presenti nos visitat, per quas nos ad eum venire debemus ad gloriam sempiternam etc. Rogemus.*

30. [In vigilia Nativit.]. —*Cum esset desponsata* ...[Mt 1, 18]. —*Qui expectat bonum et utilem hospitem venire in domum suam* ...[f. 201v]... —*Cum esset desponsata* ...[Mt 1, 18]. —*Scimus bene, quod cras debemus memorari diem Nativitatis Salvatoris* ...⟩⟨[f. 202v]... *et vocabitur nomen eius Ihesus, qui interpretatur salvator, qui debet salvare totum mundum. Rogemus etc.*

31. [In Nativit.]. —*Exiit edictum* ...[Lc 2, 1]. —*Conswetudo est regum, principum et ceterorum nobilium, quibus dum primogeniti nascuntur* ...[f. 203r]... *Sanctus Lucas in primo ewangelio nobis tempus nativitatis et locum, quibus Christus nasci dignatus est, dicit enim:* —*Exiit edictum.* —*Videns rex Augustus, quod nullus esset* ...[f. 205r]... *expedat rozwine* ... *revolvens rospostrze* ... *puerum pacificat kolebe* ...⟩⟨[f. 205v]... *exhibentes ei reverenciam sicud bos et asinus, angeli, pastores et reges etc.*

32. [In Nativit.]. —*Puer natus est nobis* ...[Is 9, 6]. —*Papa Leo dicit: Salvator noster natus est nobis hodie, ideo gaudeamus* ...)([f. 207r]... *Qui autem perseverabat usque ad finem, hic salvus erit. Rogemus piissimum Patrem.*

33. *De beato Stephano* [in marg.]. —*Stephanus plenus gracia* ...[Act 6, 8]. —*Non omnis* [recte: omnes], *qui querebant Dominum, eum invenerunt* ...[f. 207v]... —*Nota, quod sanctus Stephanus prothomartyr, id est primus martyr, unde mater Ecclesia ordinavit* ...)([f. 209r]... *recipiunt bona aliorum dicentes: Non est peccatum isti recipere hoc vel hoc. Rogemus.*

34. [De s. Ioanne]. —*Dixit Dominus Petre* [recte: Petro]: *sequere me* [Io 21, 19]. —*Adhuc non remote sumus a Christi Nativitate, ideo de hac aliquid dicam, ne eam obliviscamur cito* ... —*Qui homo debet agere pro magna re coram regibus et principibus, necesse est ut oret curienses eorum* ...)([f. 211r]... *quia, quomodocumque sit, pie credimus, quia est in celo cum eo, ubi regnat cum Spiritu Sancto etc.*

35. *De Innocentibus* [in marg. inf.]. —*Angelus Domini Domini* [!] *apparuit* ...[Mt 2, 13]. —*Hodie specialiter sancta mater Ecclesia de innocentibus, quorum memoriam agimus* ... —*In principio habetur, quod angelus Domini apparuit. Hec apericio* [!] *et monicio non est facta hodie* ...)([f. 213r]... *quibus nos studeamus innocenciam vite adequari, ut eorum intercessionibus ad futuram gloriam perducamur. Amen.*

36. *De Circumcisione* [in marg.]. —*Postquam impleti* [recte: consummati] *sunt dies* ...[Lc 2, 21]. —*Sanctus Paulus in epistola hodierna loquitur de gracia et de misericordia Dei, quam nobis Deus ostendit* ... —*Sancta mater Ecclesia hodie celebrat, scilicet commemorat, triplex festum: primo octavam Nativitatis Christi* ...[f. 215r]... *wynessono* ...)([f. 215v]... *si queris celum, ipse est via, Iohannes: Ego sum via, veritas et vita, et ergo ad eum fugiamus etc.*

37. [Dom. infra oct. Nativit.]. —*Erat Ioseph et mater eius* ...[Lc 2, 33]. —*Omnes nos ex natura desideramus heredes fieri regni celestis, quia hoc est nobis naturale* ... *pacem bonam borzø* ... —*Erat Ioseph* ... —*Hoc actualiter factum est in purificacione, quia antiquitus mos erat* ...)([f. 216r]... *conculcaverat pothloczil* ... *wiswolil Iudeos* ...)([f. 218r]... *non solum separaret te a mortalibus sed eciam a venialibus et quantum potes a peccatis etc.*

38. [In Epiph.]. —*Cum natus esset Ihesus* ...[Mt 2, 1]. —*Hodie sancta mater Ecclesia memoratur, quam Christus quesitus a tribus regibus fuit* ... —*Cum natus esset* ... —*Ponit locum, in quo Christus natus est et nominat: Bethleem* ...⟩⟨[f. 219v]... *debemus redire ad patriam Dei propter misericordiam. Ad quam nos per⟨ducat⟩.*

39. [Dom. infra oct. Epiph.]. —*Cum factus esset Ihesus annorum duodecim* [Lc 2, 42]. —*Audivistis, que munera tres reges Christo obtulerunt, quia aurum, thus et mirram* ...[f. 220r]... —*Cum factus* ... —*Nota, quod custodes Christi fuerunt Beata Virgo et Iozeph et sic custodes fuerunt boni* ...⟩⟨[f. 221r]... *quando ergo homo ad ista veniat, tunc senciet se templum intrare sicut Maria et Iozeph etc. Rogemus etc.*

40. [Dom. 2 post Epiph.; f. 221v]. —*Nupcie facte sunt* ...[Io 2, 1]. —*Amatores mundi et Dei multum discordant, nam amatores mundi occupantur solum circa terrena* ... —*Nupcie facte* ... —*Ex quo recipio duo verba, que dixit Virgo benedicta, scilicet: Facite, quodcumque precipiet vobis* ... *volens sgednacz se* ...⟩⟨[f. 222v]... *ut non separantur, quamdiu vivunt nisi post mortem, taliter ergo contrahi debent. Rogemus.*

41. [Dom. 3 post Epiph.]. *Fratres.* —*Nolite sapientes esse* ...[Rm 12, 16--17]. —*Consulit sanctus Paulus, ut non simus sapientes nobismet. Ille enim est sapiens, qui corporaliter agit* ...[f. 223r]... *In illo tempore* —*Cum descendisset Ihesus de monte* ...[Mt 8, 1-2]. —*Vide primo, quod dicit: In illo tempore. Sicut scribit Cronica, quod in tricesimo anno ascendens montem fecit sermonem* ...⟩⟨[f. 223v]... *cadat ab eo per murmuracionem et per inpacienciam et ergo adversitas est via ad regnum Dei etc.*

Cf. sermonem similem in cod. BJ 1619, f. 96v-97v.

42. [Dom. 4 post Epiph.]. —*Cum ascendisset Ihesus in naviculam* [Mt 14, 32]. —*Hodie ad octo dies Christus commendavit* [f. 224r] *fidem leprosi, hodie vero increpat discipulos* ... —*Cum ascendisset* ... —*Sancta mater Ecclesia in ordine suo debito modo procedit, quia hodierna dies ostendit nobis Christi potenciam* ...⟩⟨[f. 225v]... *alii anchoram kothwø* ... *alii currunt ad stellam et voca⟨n⟩t Beatam Virginem, quam pro adiutorio debemus implorare, ut in presenti nos a peccatis etc.*

43. [De Purificatione BMV]. —*Postquam impleti sunt dies* ...[Lc 2, 22]. —*Sicut de omnibus operibus Christi propheta predixit, scilicet de circumcisione et de passione* ...[f. 226r]... —*Postquam* ... —*Hodie tota christianitas memoratur, quomodo Christus portatus fuit ad ecclesiam*

...⟩⟨[f. 227r]... *sic homo, qui loquitur veritatem, portat eum, sicut dicitur in ewangelio: Ego sum via, veritas et vita etc.*

44. [Dom. Septuag.]. —*Simile est regnum celorum homini patrifamilias* ...[Mt 20, 1]. —*Hodie sancta mater Ecclesia deflet lapsum primi parentis nostri, scilicet Adam* ...[f. 227v]... —*Simile* ... —*Vide primo, paterfamilias est Deus omnipotens, camerarius eius est Filius Dei incarnatus* ...⟩⟨[f. 228v]... *et ergo dicit: Pauci electi ad regnum, sed multi vocati etc. Rogemus.*

45. [Dom. Sexag.]. —*Exiit, qui seminat* ...[Lc 8, 5]. —*In diversis partibus talis modus est, quod sicut nunc servi et ancille alique finiunt sua servicia* ... —*Exiit* ... —*Per illud semen, quod cecidit penes viam et conculcatum est, intelliguntur omnes hii, qui audientes verbum Dei* ...⟩⟨[f. 230r]... *pro modico multum recipiemus et inaudibile premium, scilicet regnum celorum. Ad quod nos etc.*

Cf. sermonis Ioannis Sczekna initium simillimum: —*In multis partibus est consuetudo* ... in cod. Bibliothecae Seminarii Dioecesani Vladislaviensis, 68, f. 79r, 227v, 237v, 241v, 247r, 281v, 285v, 293r-295v.

46. [Dom. Quinquag.]. —*Assumpsit Ihesus duodecim discipulos* ...[Lc 18, 31]. —*In bellis corporalibus nichil insecurius pungnantibus* [!], *nisi cum exercitus dispergitur* ... *in loco belli naswoÿsczu* ...[f. 230v]... *gaudent in tympano et choro ducunt* [suprascr.: *traw⟨i⟩ą*] *dies* ... —*Assumpsit* ... —*In hoc ewangelio fit mencio de illuminacione ceci et Christi passione* ...⟩⟨[f. 232r]... *ibi eciam est brevis sermo, quia numquam verbum Dei audiunt nec missas etc., sed semper ve et ach etc.*

47. [Dom. 1 Quadrag.]. —*Ductus est Ihesus in desertum* ...[Mt 4, 1]. —*Dominica hodierna communiter dicitur carnisbrevium virorum, sed precedens dominica fuit carnisbrevium mulierum* ... —*Ductus est* ... —*Istud ewangelium est victoria Christi, quam obtinuit super dyabolum et nobis reliquid* [!] *exemplum idem faciendi* ...⟩⟨[f. 233v]... *Seneca dicit, quod temptacio dyabolorum non est tempus pacis etc.*

48. [Dom. 2 Quadrag.]. —*Egressus Ihesus secessit* ...[Mt 15, 21]. —*Ad quemlibet familiarem pertinet, qui vult servire domino suo, debet secum concordare* ... *nam ita noster intentus* [suprascr.: *id est intellectus*] *est viciatus* [suprascr.: *id est szranon*]... —*Egressus Ihesus* ... —*Si aliquem dyabolus decipit, ita quod maculaverit conscienciam suam, quid facere debeat* ...[f. 234r]... *casualiter przÿgodne* ...[f. 234v]... *sledzÿ aves* ...⟩⟨[f. 235r]... *pallidus equus, bladÿ, id est ÿpocrisis* ... *et ita sedabis a te motus*

superbie et ypocrisis etc. et cum hoc feceris, habebis vitam eternam. Ad quam etc.

49. [Dom. 3 Quadrag.]. —*Erat Ihesus eiciens demonium* ...[Lc 11, 14]. —*Hodiernam epham* [recte: epistolam] *scribit beatus Paulus ad Epheseos V°* ... *Fratres.* —*Estote imitatores Dei* [Eph 5, 1]. —*Tempore isto sancta mater Ecclesia volens nos adducere ad bonitatem* ...[f. 235v]... —*Erat Ihesus eiciens* ... —*In quo legitur, quomodo Christus corporaliter iuvit homini a dyabolo et sic nos vult iuvare* ...[f. 236r]... *usuram dicunt odchodi* ...⟩⟨[f. 237r]... *tunc dyabolus non habet locum ad aquosas, ac in voluptatibus revertetur etc.*

50. [Dom. 4 Quadrag.]. [*Letare* alia manu adscr.]. —*Abiit Ihesus trans mare Galilee* ...[Io 6, 1]. —*Curienses mundani hanc conswetudinem habent, quando presciunt futurum bellum* ...[f. 237v]... —*Abiit Ihesus* ... —*Post hec abiit, id est ivit trans mare Tyberiadis et illud mare vocatur Tybris* ... *muscum id est pÿzmo* ...⟩⟨[f. 239r]... *eciam ut fragmenta mensarum nostrarum colligimus et pauperibus demus, ut Deus fecit etc.*

51. [Dom. 5 Quadrag.]. *Dixit Ihesus turbis Iudeorum:* —*Quis arguet me de peccato* [Io 8, 46]. —*Quidam modus est curiensium in mundo, quod ille, qui proclamat curiam* ...[f. 239v]... —*Quis ex vobis arguet me de peccato* [Io 8, 46] —*In quo ewangelio ostendit se prius in circulo volens respondere et resistere* ...[f. 240v]... *que transitoria est, comparatur motilowÿ* ...⟩⟨[f. 241r]... *sed teneamus eum per bona opera, ut hic eum habeamus et in futuro. Rogemus etc.*

52. *In Ramis Palmarum.* —*Cum apropinquaret Dominus Ierosolimam* [Mt 21, 1; Mr 11, 1; Lc 19, 29]. —*Scriptum est Exodi, quod Moyses ex precepto Dei ante thabernaculum, in quo orabat* ... *porticus przÿstrzesze, id est iste mundus* ...[f. 241v]... —*Cum apropinquasset* ... —*Christus Ihesus tota ista septimana aliquod opus novum fecit* ...⟩⟨[f. 243r]... *dorsum sadniwÿ* ... *sed melius conaris adduci ad Deum, ut sedeat super te, hic per graciam et in futuro per gloriam. Rogemus.*

53. [Dom. 18 post Pent.]. *Fratres.* —*Gracias ago pro omnibus vobis* [1 Cor 1, 4]. —*Quia divites facti estis in eo, id est in Deo* ...[f. 243v]... —*Accesserunt ad Ihesum pharisei et interrogabat eum unus ex eis* ...[Mt 22, 34-36]. —*Omnes scripturas et omnem Sacram Scripturam Veteris et Novi Testamenti continet ewangelium istud* ... *primo leskcze eum* ...⟩⟨[f. 244v]... *sancti Stephani certantis et disputantis cum eis, ut patet in Actibus Appostolorum, multo forcius ipsimet sapiencie Dei. Rogemus ergo etc.*

54. [Dom. 18 post Pent.]. *Fratres.* —*Gracias semper ago* ...[1 Cor 1, 4]. —*Ubi dictum est supra in ewangelio, quod Iudei vocaverunt Ihesum filium David et sic invenitur in Scriptura* ...[f. 245r]. —*In precedenti dominica monuit nos Apostolus, ut honeste ambulemus, id est in statu nostro decenter vivamus ... eum sibi szalubÿ* ...)([f. 246r]... *sed corporales amici faciunt longos sermones et inhonestos, die et nocte conveniunt, sed quia si in hiis perdurant etc. Laus tibi sit, Christe, quoniam liber explicit iste. Explicit liber per Iohannem de Woyborz.*

5. f. 246r-248r: Iordanus de Quedlinburgo OESA, Sermones de tempore. Pars aestivalis. Fragm.: Dom. 15 post Pent. (absque fine)

Dominica XVI^a^. —Solent inopinata miracula maiorem stuporem generare ... dicit ewangelium hodiernum: —Ibat in civitatem, que vocatur Naÿm [Lc 7, 11]. —*Que secundum Bedam est civitas Galilee duobus miliaribus distans a monte Thabor* ...)(... *sed cum carnes abiecerimus sarcinatas, tunc Spiritus Sanctus nobis propiciabitur et dabit perpetuam mansionem. Ad quam nos perducat Christus Ihesus per secula benedictus. Amen.*

Cf. Zumkeller, Manuskripte, 302-310, nr. 648; Schneyer, 3, 820 nr. 112 (T55) (nostrum cod. omisit); Wielgus, Obca literatura, 190. Ed.: Argentinae 1483 (GW M15120). Idem textus in cod. BJ 1419, f. 304r-307v. Pars I Sermonum de tempore Iordanis de Quedlinburgo in cod. BJ 1420, f. 1r-306v; 1421, f. 1r-396r; pars II in cod. BJ 1419, f. Ir-v, 1r-453v; fragm. in cod. BJ 1678, f. 256r-267v.

f. 248v cf. Notas et glossas.

***6.** Librorum liturgicorum Hebraicorum fragm. duo: f. Ir-v: *Mussaf* de Rosh ha-shanah; f. IIr-v: Mahzor, *yotser* shavuot 1 (*'amad adam rosh li-neshamot, peresh zeh sefer toldot adam, tstats mi-mizrah*).

Cf. BwB Database (accessus 18.12.2015).

XIV, Hebr., membr., fragm. duo, scriptura in Aschenez regione usitata.

F a s c i c u l i : 1-12^{6+6} (f. 1-144); 13^{5+5} (f. 145-154); 14-20^{6+6} (f. 155-238); 21^{5+5} (f. 239-248). Codex duabus partibus constat: 1. fasc. 1-12 (f. 1-144), custodes in fasc. 1-11 vocabulis et numeris (Romanis et Arabicis) inscripti: *primus-XI*; 2. fasc. 13-21 (f. 145-248), custodes in fasc. 13-20 vocabulis inscripti: *primus-octavus*. Foliorum quaedam aliis paulo angustiora, e. g. f. 106.

S i g n a a q u a t i c a : Var. Piccard 2, VI 167 (1414-1419) et Piccard 2, VI 165 (1424-1428) f. 1-248 et f. integ. ant. aggl.

S c r i p t u r a e t o r n a m e n t a : Codex aliquot manibus exaratus; manus altera alteram excipit, e. g. in f. 69r, 139r-141v, 145r, 246r-248v. Codicis partem Ioannes de Woyborz (Wolborz, hodie: Wolbórz), in f. 246r subscriptus, exaravit (cf. Colophons, 11935), qui Ioannes Matthiae de Wolborz esse videtur. Quinque eius nominis in Album Studiosorum relati sunt, ex quibus unus tantum a. 1405 explicite de Woyborz, ceteri de Wolborz, cf. Metryka, 1, 58 (05/074). Duarum columnarum schema atramento ductum. Litteras initiales repraesentantia, e. g. f. 77r (hic potius emendata littera: *I* loco: *N*) 158r, 165r. Loca vacua litteris initialibus inscribendis, e. g. in f. 171v. Emendationis vestigia (non emendatum in f. 189v: *Bethaniam*, pro: *Bethuliam*). Rasurae plurimae: f. 17v, 21r, 22r, 27v, 198r etc., loca vacua: f. 140r (desiderantur vocabula: propter culpe), emendationes: 22v, 26v, 27r, 31v, 100r, 144v, 153r (*Nazareth* in: *Bethleem*), vocabula a scriptore in cursu scribendi oblitterata: f. 38v, 39v, 55v; atramenti maculae: f. 21r, 24r, 85v, 86r. Verba thematis et sermonum initia plerumque litteris grandioribus (textualis formata) exarata et lineola circumscripta; pluribus tamen non nisi loca vacua inscribendis relinquuntur, seu textui aequis litteris scripta sunt. Rubricatio. Litterae initiales textus litteris 2-3 aequae, cinnabaris colore brute pictae, interdum filigrano ornatae (f. 65r). In f. 2r et 145r litterae initiales maiores, textus litteris 5-7 aequae, coloribus rubro et fusco pigre depictae, ornamentis in margine decoratae. Littera initialis mendose *I* scripta atramento in *S* emendata in f. 123r. Ornamentum in margine inferiore f. 137r litteram quasi nasi delineatione prolatat. In f. 55v textus versus 3 cancellati; in f. 85v inferiore scriptura diluta.

N o t a e e t g l o s s a e paucae. Scribarum emendationes (e. g. f. 7v, 25v-26r, 93v), codicem adhibentium (e. g. f. 48r, 91v). Vocabula scriptorum materiam indicantia, e. g. f. 41r: *duplex pax, triplex pax*; f. 44v: *de corpore Christi*; f. 52r: *triplex pax*; f. 53v: *triplex est crux*; f. 130r: *nota: triplex vita*. F. 1r: *Item aponuntur LXXII candelas propter LXXII discipulos Christi*. F. 22v: *quia quantam delectacionem haberet iste, qui videret fratrem aut amicum aut auxiliatorem sedere circa regem Polonie, scio, quod multum talis gauderet et letaretur, sic nos videbimus fratrem nostrum Christum circa regem Deum, Patrem omnipotentem, sedentem* ... F. 248v: *Conserva hanc, oro, fidei mee religionem* ...)(... *ex te per unigenitum tuum est, promereamur* (ed.: Hilarius Pictaviensis, De Trinitate, XII, 57, ed. P. Smulders, CC 62a, 627). *Ieremie XVII*^o^ [, 5]: *Maledictus homo, qui ponit spem in homine. Respondetur, quod spes ponatur in homine tamquam in suffragante ad salutem, sed in solo Deo ponimus spem in conferendo salutem.* Adnotationes: *nota*, *questio*, e. g. f. 8r-14r, 42r, 83v, alia. Paragraphorum signa sermonum initia designant, e. g. f. 14r. Emendationes et supplementa, e. g. f. 45r-v, 46v, 91v-92v, 185v, 193r etc. Sermonum tituli manibus diversis in marginibus inscripti. Textus defectivus in margine suppletus, signo crucis parvae introductus: f. 13r, 22v, 126r. Numeri in margine: e. g. f. 7v, 223v. Maniculae: f. 36v, 98r, 173r, 233v, 237v, 241v, 243v. F. 238v: *Hic non est defectus*. Glossae Polonicae marginales: f. 3v in marg. sup.: *terribilis, id est strasliwÿ*; f. 94r: *czirviwe*; f. 94v: *appetitum ad alios cibos qui habet oskomini* ...; f. 230v: *wczechą mamÿ* ... *sed nescio, de quo solaciamur*; f. 233v: *viciatus – szranon*. Vocabula Polonica sermonum textui inserta omnia supra attulimus.

C o m p a c t u r a Cracoviae confecta esse videtur circa a. 1420, cf. idem signum aquaticum in folio integumento anteriori agglutinato et in toto codice (cf. Signa aquatica). Tabulae ligneae crassae, codicis altitudinem paulo excedunt, non tamen latitudinem. Tabulae olim albo corio, quod hodie obscurum factum est, obtectae et ornamento lineari simplici decoratae. In parte inferiore integumenti anterioris sigilli (?) appositi vestigia vix visibilia duo, quorum inscriptiones illegibiles. Cingulorum duorum cunei modo definitorum et metallo praefixorum vestigia, quorum cingulorum et ligularum ope codex olim in anteriore integumento claudebatur. Etiam vestigia sola umbonum rotundorum quinorum in utroque integumento. In tegumento posteriore clavi duo asservantur, quibus unus ex cingulis affixus erat. Volumen adaequatum, anguli rotundati. In corio integumenti anterioris: *Sermones de sanctis et de tempore Pauli baccalarii*. Accedunt scriptorum illegibilium reliquiae. Dorsum convexum, quattuor locis ligamentis duplicibus consutum; codicis capiti et calci lora texta obsuta extra dorsi longitudinem non extensa. Ante- et postfolium incompleta membranacea, crassa, textu Hebraico conscripta: f. I et II, cf. nr. ***6**. Integumentorum partibus interioribus folia chartacea agglutinata: anterius notis de codicis origine instructum, posterius vacuum. Fasciculorum sutura membranae crassae schedulis oblongis firmata, angustissimis plerumque, item textum Hebraicum prae se ferentibus. Corium detritum et scissum. In ultimo folio (f. 248v) plus quam decies instrumento rotundo (puncto?) impressiones firmae factae, quarum vestigia in chartis vicinis cernuntur. Etiam a vermibus detrimenta facta in voluminis parte initiali et finali. Ceterum codex bene asservatur.

Codicis origo et fata: Codex circa a. 1420 Cracoviae verisimillime confectus, cf. in f. 176r exemplum de rege Poloniae. E. Belcarzowa opinione codicem nostrum et cod. BJ 1619, quibus plures sermones simillimi continentur – ordine tamen diverso compositi – ex exemplari communi, Bohemicae verisimiliter originis, descriptos esse, cf. Belcarzowa, Glosy, 3, 68, adn. 8. In folio integumento anteriori agglutinato manu s. XV: *Sermones de sanctis et de tempore m⟨agistri⟩ Pelcze* [Pelka (Pełka) Segnei de Borzykowa (de Vislicia), quoque cod. BJ 699 et 757 habuit, de quo cf. cod. BJ 687 descr., Catalogus, 5, 56 nec non: Zathey, Biblioteka, 78 et I. Pietrzkiewicz, Biblioteka kanoników regularnych w Krakowie w XV i XVI wieku, Kraków 2003, 28: Pelka de Borzykowa inter benefactores monasterii canonicorum regularium Cracoviensium notatur]. Signaturae antiquae: Kucharski scripsit: *Sermones de sanctis et de tempore m⟨agistri⟩ Ioannis de Voybor* et manu simillima (in f. 1r): *Sermones de sanctis et tempore m⟨agistri⟩ Pelcze*. Fasseau: *794*; topogr.: *BB IV 5*; in cingulo chartaceo inter f. 199 et 200 inserto: *332*.

Bibliographica: Wisłocki, Katalog, 370; Hornowska, Zbiory, 121; Wielgus, Średniowieczna, 156 (sermonum auctorem Ioannem de Wolborz fuisse perperam asserit, qui eorum non nisi scriba fuit); Belcarzowa, Glosy, 3, codicem descripsit: 68-69, 72-73, textus cum glossis Polonicis edidit: 75-79; Opis źródeł słownika staropolskiego, red. W. Twardzik, Kraków 2005, 64.

MK, AK

1509

Lat., ca 1450 et ca 1480, chart., cm 31×21,5, f. 176+V.

f. 1r-v cf. Cod. orig. et fata.

1. f. 2r-55v: Pantheon miraculorum (Stephani de Borbone Tractatus de diversis materiis praedicabilibus recensio et breviata et immutata)

[Registrum] *Ad honorem Domini nostri Iesu Cristi et laudem gloriose Virginis Marie, eius matris, et ad corroborandas in fide mentes cre-*

dencium capitula huius operis breviter volui proponere in hunc modum. Et primo capitula primi libri. Tituli primi libri: De timore mund⟨an⟩o I ...⟩⟨[f. 2v]... *De tristicia XLII.* [Prol.] —*Quoniam plurimis* [recte: plus] *exempla quam verba movent secundum Gregorium* ...⟩⟨... *octavus, que sunt advertenda circa multiplex periculum presens, in quo sumus.* [Lib. I; f. 3r] —*Primus ergo titulus est de timore et speciebus eius, que sunt timor mundanus, humanus, servilis, naturalis, inicialis, filialis sive castus, reverencie. Mundanus timor est, quando homo timore amittendi* ...⟩⟨[f. 18v]... *qui ipsum quottidie molestant, scilicet fames, sitis, calor, frigus, infirmitas et mors. Wersus: Omnia sunt homini tenui pendencia filo* [cf. Walther, Proverbia, 20076]. [Lib. II] —*Dicto de pertinentibus ad donum timoris dicendum est de pertinentibus ad donum pietatis. Sunt autem sex tituli huius partis, scilicet attractivi pietatis, que sunt verbum Dei* ...⟩⟨[f. 38v]... *et iniquum hospitem malicia cognita in eadem suspendit. A quo nos liberet P⟨ater⟩ et F⟨ilius⟩ et S⟨piritus⟩ S⟨anctus⟩. Amen. Pure propter Deum pro scriptore unum Ave Maria orate, quod Deus v⟨obis⟩ retribuat.* [Lib. III; f. 39r] —*Tercia pars huius operis pertinet ad donum sciencie. Et notandum sicut donum timoris peccatorem a malo retrahit et donum pietatis per spem, quam operatur in homine, ad bonum attrahit* ...⟩⟨[f. 44r]... *Cumque requisitus diceret se nescire litteras, ut magis ei crederet, omnia, que scivit prius, dedit oblivioni Pater noster et Ave Maria, Gloria in excelsis et huiusmodi, que cantari solent in missa. Finis tercii libri Speculi Vince⟨nc⟩ii. Sequitur liber quartus.* [F. 44v] —*Quarta pars huius operis continet ad ea, que pertinent ad donum fortitudinis, quod adiuvat animam ad virtutes ipsas ad facile resistendum temporalibus et ad ag⟨g⟩rediendum et pacienter sustinendum adversa.* —*In hac parte primo dicemus de tentacionibus carnis* ...⟩⟨... *et illa dicta monialis liberata fuit Domino adiuvante, qui est benedictus et gloriosus in secula seculorum. Amen. Iacobus me scripsit etc. Excerpta* [oblitteratum: *de Speculo Vincentii*].

Cf. Kaeppeli, 2012 (ad Prol.), 3633. Idem textus in cod. Univ. Prag. VI.C.21; VIII.G.8 (Truhlař, Catalogus, 1, 443, 589). Fragmenta quaedam textus huius inveniri possunt in Humberti de Romanis Tractatu de dono timoris (Tractatus de habundantia exemplorum ad omnem materiam). F. 14r-v vacuum sine textus defectu.

2. f. 56r-57r: Ioannes Gobi(i) Alestensis iunior OP, Scala caeli. Fragm.: De Corpore Christi

Hic miracula de veritate Corporis Christi [in marg. sup. rubro]. —*Corpus Christi in sacramento altaris ostendunt omnes creature sequentes. Primo apes. Refert Iacobus de Vitriaco, quod cum quidam sacerdos*

deferret Corpus Christi per viam et custodiret nobiliter, ipsum perdidit cum pixide, in qua portabatur ...)(... bursa cum Corpore Christi in medio flam⟨m⟩arum stetit illesa. Et cetera plura.

Cf. Kaeppeli, 2369; Bloomfield, 139. Ed.: Lubecae 1476 (GW 10944) etc. Textus completus in cod. BJ 1389, f. 185r-268v (absque fine; nostrum fragm. in f. 222r-224r); 1410, f. 1r-141v (nostrum fragm. in f. 49r-51r).

f. 57v-62v vacua.

3. f. 63r-89r: Ioannes Hildesheimensis OCarm., Liber de gestis ac trina beatorum trium regum translatione (Historia trium regum, De tribus sanctis regibus)

[Prooem.] —*Cum reverendissimorum trium magorum, ymmo verius trium regum gloriosissimorum ...)(... ab qua vero iussu sunt scripta et ex diversis libris in unum redacta.* [Textus] —*Materia vero istorum trium regum beatorum ex prophecia Balaam sacerdotis Madian, prophete gentilis originem traxit ...)(... in reverencia vice versa teneris, quod in dei* [emendatum in: *die*] *iudicii sis securis* [!] *in reddenda racione. Amen.*

Cf. BHL 5137; J. Kaliszuk, Mędrcy ze Wschodu. Legenda i kult Trzech Króli w średniowiecznej Polsce, Warszawa 2005, 78-79. Ed.: Giovanni di Hildesheim, Storia dei re magi. Libro delle gesta e delle traslazioni dei tre re, ed. M. Oldoni, Cassino 2009. F. 87r-v vacuum.

4. f. 89r-94r: Evangelium Nicodemi

[*Hic aliud* – in marg.; Prol. II]. —*Sub Poncio Pylato, preside Ierosolimorum anno nono decimo imperii Tyberii cesaris, imperatoris Romanorum et Herodis, imperatoris Galilee ...)(... sub principatu sacerdotum Iosephi et Cayphe.* [Textus] —*Venerunt ad Pylatum Annas et Cayphas, Summet et Datan, Gamaliel et Iudas, Levi et Neptalim, Allexander et Iabirus ...)(... Et dixerunt doctores ad omnem populum: Si autem ad nos factum esset ... Et ympno dicto abiit unusquisque tristis in domum suam. Amen.*

Cf. RB 179,12, 179,18, 183,1, 179,27.5 (initia in cod. nostro ab illis in RB differunt); CANT 44-45, nr. 62; Izydorczyk, Manuscripts, 71, nr. 127. Evangelium Nicodemi cf. etiam in cod. BJ 1453, 1494, 1671, 2724 (recensionem diligentissimam codicum versionum comparavit Izydorczyk, Manuscripts, 70-72, nr. 126-129). Ed.: (ex nostro cod.) Z. Izydorczyk, W. Wydra, CCSAIN 2.

5. f. 94r-100v: *De passione Domini nostri Iesu Christi*

—*Opportuit Christum pati et ita intrare in gloriam suam. Luce ultimo capitulo* [24, 26]. —*Sciendum, quod voluntas pacientis excludit necessitatem coaccionis, quia dicit Augustinus, quod voluntas est animi motus* [*agendi* oblitteratum] *cogente nullo ad aliquid ...)(... sed XXXIII*^{o} *anno ad te recreandum operatus est salutem in medio terre. Et sic est finis huius tematis, pro quo laudetur Deus in secula benedictus. Amen. Passionis Domini amen.*

Textus huius fragmenta certa cum opere anonymo sub titulo: De humanitate Iesu Christi de Nazareth, cf. ed.: Thomae Aquinatis Opera omnia, 28, Paris 1889, 287 nec non cum Petri Lombardi Sententiarum e. g. lib. III, dist. 19, cap. 1 et dist. 20, cap. 1-2 (ed.: 2, Grottaferrata (Romae) 1981, 120, 125) conveniunt.

6. f. 101r-157r, 160v: Gregorius Magnus, Dialogorum libri IV

Registrum primi libri Dyalogorum Gregorii. De Honorato abbate monasterii Fundensis I ...)(*... de Severo presbitero XII. Incipit primus liber Dyalogorum Gregorii pape. —Quadam die, dum nimiis quorundam secularium tumultibus depressus, quibus in suis negociis plerumque cogimur solvere ...*)([f. 157r]*... quia salutari hostia post mortem non indigebimus, si ante mortem Deo hostia ipsi fuerimus.* [F. 160v] *Registrum huius quarti libri Gregorii Dyalogorum. Quod eterna et spiritualia ideo carnalibus minus credantur ...*)(*... De quodam* [alia manu adscr.: *heremita, cui servivit Simeon et de Symeone multum pulchra LIIII*].

Cf. CPL 1713. Ed.: A. de Vogüé, Paris 1978-1980 (Sources Chrétiennes, 251, 260, 265); PL 77, 149-216; 66, 126-204; 77, 216-429. Idem textus in cod. BJ 760, 1349, 1351, 1423.

7. f. 157r-160v: Ebervinus, Vita s. Symeonis Monachi

Capitulum LIIII. —Igitur vir Dei Simeon patre Greco, Anthonio dicto, matre Calabrica in Silicia [recte: Sicilia], *civitate Siracusana progenitus ...*)(*... quibus deputatis post horam nonam sepulcrum clauditur. Laus Deo omnium Salvatori secula per infinita.*

Cf. BHL 7963. Ed.: L. d'Achery et J. Mabillon, Acta sanctorum Ordinis S. Benedicti, 6, Venetiis 1740, 329-335. In cod. nostro Vita S. Symeonis Gregorii Magni Dialogis inclusa est sicut cap. LIV, cf. nr. **6**.

f. 161r-v vacuum.

8. f. 162r-172r: Sermones in festo Circumcisionis

—Postquam consum⟨*m*⟩*ati sunt dies octo ...*[Lc 2, 21]. *—Vulgariter Genant vart seyn namen Ihesus ... Introduccio secundum Leonem papam in quodam sermone. —Sacramentum Dominice Incarnacionis taliter manifestare debuit ...*)([f. 165v]*... et nos omnes faciat salvos. Quod et facere dignetur, qui vivit et regnat. Amen. Collectum anno XXVIII* [!] *etc.* [cf. Schneyer, 1, 269, nr. 6; Mohan, Initia, 288*; cod. BJ 1389, f. 35v-40r, solum initium].

—*Item alia materia* [?] *pro novo anno secundum predictos status: Coniugatis anulum, viduis speculum, virginibus crinale. Per anulum significatur concordia et mutua dileccio ... Unde Salvator dixit Matth. XIX* [, 5-6]: —*Propter hoc dimittet homo patrem et matrem ... sed una caro.* —*Unde Appostolus Colos. III°* [, 19] *dicit: Viri diligite uxores vestras* ...⟩⟨[f. 167r]... *et indubie regnum celorum possidebimus, quod nobis tribuat etc. Sequitur materia* [?] *novi anni 2um singulos status hominum. Item.* —*Primo principibus aquilam* ...⟩⟨... *hodie enim Christus ideo fudit sanguinem suum, ut nos salvos faciat. Quod nobis omnibus ipse prestare dignetur, qui vivit et regnat Deus. Amen.*

Cf. J. Kaliszuk, ut supra, 178.

9. f. 172r-174r: De tribus regibus in die Epiphanie

—*Obtulerunt Domino aurum, thus et mirram etc., Mt II°* [, 11] *originaliter legimus et transum⟨p⟩tive in Canone I°, VII distinccione legimus, quod magi in proximo natalem Christi gaudiose peregi* ...⟩⟨... *iuxta illud Mt. XXV°*[, 21]: *Euge, serve bone et fidelis, quia in pauca fuisti fidelis etc.*

Cf. J. Kaliszuk, ut supra.

10. f. 174r-175v: Legenda de tribus regibus

Legenda regum brevissime excerpta de libro, qui intitulatur De tribus regibus. —*Hii tres reges ortum habent ex prophecia Balaam, Numeri XXIIII* [, 17], *qui dixit: Orietur stella ex Iacob. Quod sic accidit post egressum filiorum Israel de Egipto* ...[f. 175r]... *in medio ipsorum locare permiserunt. De eorum translacione sic legitur, quod Helena mater Constantini fide recepta* ...[f. 175v]... *de quorum numero nos sacret, qui vivit et regnat. Amen. Miracula. Refertur de sancto Ethmundo, rege Anglie, qui cum patre in regno successisset* ...⟩⟨... *et cum honore igitur diviciis hic temporaliter et nunc in celis eternaliter est regnaturus tantum etc.*

Cf. J. Kaliszuk, ut supra.

f. 176r-v vacuum.

***11.** f. IIv, IIIr: Diploma: inter 1421 et 1426, in Stradomia (Cracoviae)

Stanislaus *Koss*|| [vel *Loss*||], notarius publicus, documenta originalia eidem proposita vidimat, in quibus Paulus de Viterbo, comes palatinus caesariensis, auctoritate imperiali a Carolo IV, imperatore Romanorum et rege Bohemiae, concessa, documento die 25 Novembris [a. 1370] dato, notarios publicos nominat: in primo documento – Nicolaum Weinrich, filium defuncti Matthiae de Freyenstat [verisimiliter Kożuchów vel Karviná in Bohemia], clericum dioecesis Wratislaviensis; in secundo documento – Ioannem, filium defuncti Petri de Ratiboria, clericum dioecesis Wratislaviensis. Testes nominantur: Andreas Ostroszka, civis Cracoviensis, Ioannes Rybka [Rypka] de Biecz – Universitatis Cracoviensis studentes.

Inter a. 1421 et 1426, Lat., membr., diploma parte dextra praecisum, in duas partes horizontaliter discissum, hodie ante- et postfolium.

***12.** f. IVr: Consilia medica

[...] —*Quia homines devoti per carnales concupiscencias sepius in divin⟨is⟩ serviciis impedimenta plurima paciuntur, igitur pro aliquali refrenacione eorum desideriorum aliquas res medicinales ex libris magistrorum collectas receptasque comportabo. Quarum usu et Dei auxilio mediante carnalia desideria tollerabilius poterant sustineri. Si desideria carnalia fuerint orta propter habundanciam materiei seminalis, recipiantur folia salicis agnicasti, quod dicitur rokita ... et folia solatri, id est psze ijagodi et circumponat cum illis foliis partes sub umbilico inferiores ... Item comestio florum salicis, id est vyrzba seu populi, id est topola ... Item semen solatri, id est psze yagody su⟨m⟩ptum in cibo vel potu ... Regula tamen generalis est, quod omnia frigida ut acetum, portulata, id est pes pulli lactuca ... Item carnes caprine, potus levis comedere ...⟩⟨... ⟨m⟩odicum et raro videlicet in proposito ...*

XV, Lat., chart., folium formae 4°.

***13.** f. IVv: Tabula eclipsium Solis pro a. 1424-1462

Eclipses Solis. Anni incarnacionis Domini: 1424. Iunius. Duracio: 1. Minuta: 5. Hore: 3. Numerus dierum ...: 26 ...⟩⟨... Anni incarnacionis Domini: 1462. November. Duracio: 0. Minuta: 27. Hore: 22. Numerus dierum ...: 2.

XV, Lat., chart., folium formae 4°.

Fasciculi: 1^{7+7} (f. 1-14); $2\text{-}7^{6+6}$ (f. 15-86); 8^{7+7} (f. 87-100); $9\text{-}13^{6+6}$ (f. 101-160); 14^{8+8} (f. 161-176). Custodes in fasc. 1-13, reclamantes in fasc. 1-2 (in fasc. 1 in f. 13v). Codex tribus partibus constat: 1. f. 1-100; 2. f. 101-160; 3. f. 161-176. Custodes in parte prima numeris Arabicis: *1-8*, in parte secunda vocabulis signati: *primus-quintus* (*primus* repetitus in f. 113r), a compaginatore partim praecisi.

Signa aquatica: 1. Var. Piccard 2, XI 231 (1473-1476) f. 1, 14; 2. Var. Piccard 2, XIII 523 (1472-1474) f. 2-13, 15-62, 161, 176; 3. Var. Piccard 2, XII 858

(1457-1470) f. 63-86; 4. Var. Piccard 2, XII 811 (1471-1474) f. 87-100, 162-175; 5. Var. Piccard 2, XI 331 (1446, 1447) f. 101-160. Charta a. 1446-1476 in usu erat.

Scriptura et ornamenta: Codex aliquot manibus exaratus, inter quas cuiusdam Iacobi manus discerni potest, cf. colophonem in f. 55v. Scriptura in f. 101r--160v illam Bronislai, Ioannis filii, in mentem adducit, cf. cod. BJ 810 et 1402. Codex diligenter exaratus, margines tamen interdum despiciuntur. Unius columnae in f. 3r--100v, 162r-175v, duarum in f. 2r-v, 101r-160v, schema atramento ductum, parum diligenter tamen, cf. f. 6r, 7v sqq., 113r. In schemate unius columnae margines angusti, in illo duarum – inferior et superior paulo latiores. Folia vacua schemate carent. Personarum *Petri* et *Gregorii* nomina in *Dialogis* litteris maioribus lineolis circumdatis designata. Textus emendationes paucae, e. g. f. 40v, rasurae, e. g. f. 57r, 70v, atramenti maculae, e. g. f. 91r, 136r, atramentum ex altera folii parte nimium absorptum in alteram transiit: f. 124, 153. Pagina currens rubro in *Dialogis*: *Primus Dyalogorum* ... *Quartus Dyalogorum*, ceterum desideratur. In f. 138v textus rubro colore cancellatus, nota instructus hac: *Vide Regestrum huius quarti in fine questionis.* Rubricatio apud scribas diversos diversimode exsecuta. Litterae initiales rubrae in initio operum seu partium eorundem 2-6 textus linearum altitudini aequae. Magis decoratae rubro et fusco colore depictae, filigrano in media littera et in margine calamo inscripto in f. 101r, 111r, 122v, 139r. Litterae viridis coloris in f. 34r, 35r, 37v, 44v, 63v-64r, 66r-67r, 75v-77r, 78r-79r, 86r, 88v-89r. Caerulea littera initialis: f. 33v.

Notae et glossae paucae: textus supplementa manu scribae, e. g. f. 12v, 21r, 41r; vocabula scriptorum materiam indicantia, e. g. f. 128r: *De malediccione et ira et verbis ociosis*, 135v: *Exemplum de ieiunio*; *Quot sunt genera compu⟨n⟩ccionis*. Accedunt vocabula scriptorum materiam indicantia rubricatoris (?) manu inscripta, e. g. f. 24r-30r, notae codicem legentium manibus scriptae, e. g. f. 53v: *miraculum sancti Nicolai, exemplum de sancto Benedicto et de Florencio sacerdote*; f. 57r: *hic de sancto Thoma de Aquino*, f. 149r: *Quod anime vident tormenta et socios tormentorum vel eciam premiorum et post reddeunt ad corpora*. Paragraphorum signa, e. g. f. 34v-36r, 53v-54r, maniculae, e. g. f. 53v, 118v, 130r, 142v. Sententia in f. IIIr: *Tristia dum tuleris* ...[cf. Walther, Proverbia, 31581].

Compactura Cracoviae s. XV ex. verisimillime confecta, tabulis, crassis admodum, adhibitis, corio fusco clariore, quod hodie obscurum factum est, partim obtectis. In tabula anteriore clavium duarum olim codicem claudentium vestigia restant. Dorsum paulo convexum, ligamenta tria duplicia et duo simplicia. Volumen adaequatum (glossae marginales praecisae, e. g. f. 139v, 140v), anguli rotundati. Indiculi coriacei amaranteo colore iuxta f. 3, 18, 39, 44. Ante- et postfolium vetera membranacea: f. II et III, cf. nr. ***11**. F. IV (postfolium) chartaceum vetus minorum dimensionum, cf. nr. ***12**-***13**. Ante- et postfolium chartacea recentia: f. I et V vacua, singulas cum foliis integumento utrique agglutinatis constituunt chartam, quae ex officina chartaria in Mirków sita venit. Schedulae oblongae membranaceae fasciculorum suturam munientes vacuae in fasc. 3-12, conscriptae in fasc. 1, 2, 13. Desideratur schedula in fasc. 14. Compactura ad instar veteris illius renovata est: corio novo veteris illius fragmenta asservata desuper agglutinata sunt. Tabulae posterioris defectivae fragmentum suppletum est. In folio integumento anterioris agglutinato inscriptum legitur: *Rest. Jan Wyżga 1933. Nowe wyklejki. Dodana brakująca część drewnianej tylnej okładki. Rest. grzbietu. K⟨azimierz⟩ D⟨obrowolski⟩*. Infra schedula parva, ante renovationem adiecta, in qua Casimirus Dobrowolski scripsit: *Dodać brakującą część drewn. okładki.* Codex bene asservatur, quamquam corium ad renovationem adhibitum, in dorsi ligamentis scissum, deterioris qualitatis esse videtur. Vestigia corii veteris sarturae in utroque integumento, humiditatis olim infectae vestigia in voluminis extremitate superiore et inferiore. Tabula anterior fissuras praebet.

Codicis origo et fata: Codex verisimillime Cracoviae exaratus. Parte eius antiquissima (f. 101-160) Stanislaus de Stavischin utebatur et in f. 156v margine inferiore scripsit: *Anno M^{o} CCCC^{o} quinquagesimo primo in Stawyschin per me Stanislaum.* Qui tamen ipsum codicis textum (f. 101-160) exaravisse non videtur (Stanislaus Martini de Stavischin in Universitatem Cracoviensem a. 1446 inscriptus, ad baccalarii gradum a. 1449 promotus, cf. Metryka, 1, 211 (46e/047); Najstarsza księga promocji, 49/22B). Codicis partes singulae (cf. Fasciculos) s. XV ultimo quartario in unum volumen consutae esse videntur. Codex a Sebastiano Petricio Universitatis Bibliotecae transmissus est. In f. 1r legitur: *Sebastianus Petricius philosophiae et medicinae doctor hunc librum inter scruta vilia inventum Bibliothecae Cracoviensis Academiae obtulit anno Domini 1610, Octobris 18* (Sebastianus Petricius de Pilsna (Pilzno), Universitatis Cracoviensis professor, a. 1627 de vita decessit, cf. PSB 25, 703-707). Signaturae antiquae: Kucharski scripsit in f. 1v: *Libri 4 De virtutibus et vitiis; Miracula de veritate Corporis Christi; Dialogi Gregorii*; Fasseau: *512*; topogr.: *CC IV 35.*

Bibliographica: Wisłocki, Katalog, 370-371; Izydorczyk, Manuscripts, 71, nr. 127; J. Kaliszuk, ut supra, 78-79, 178; Ch. Furrer, Ch. Guignard, Titre et prologue des ‘Actes de Pilate’: nouvelle lecture à partir d’une reconstitution d’un état ancien du texte, „Apocrypha”, XXIV 2013, 146-147; Z. Izydorczyk, W. Wydra, CCSAIN 2, 20-21.

RT, ASo

1510

Lat., 1467, chart., cm 31×21,5, f. 254+II.

1. f. 1r-243v: Petrus dictus Manducator OFM, Summa super Decretalibus

[Index titulorum] *De s⟨um⟩ma Trinit⟨at⟩e e⟨t fi⟩de katholica. ⟨De⟩ errore Ioachim ...*)⟨[f. 1v]... *de ⟨se⟩ntencia excomunicacionis*|| [Prol.; f. 2r] *De su⟨m⟩ma Trinitate et fide katholica. —Alpha et O⟨mega⟩, princip⟨ium e⟩t finis, unum in essencia, trin⟨um⟩ in personis ... Ego frater P⟨etrus⟩ inter min⟨o⟩res minimus ...*)⟨[f. 2v]... *minus vero utilia et inordinate posita fraterna caritate corrigat et emendet. De summa Trinitate et fi⟨de⟩ ka⟨tholica⟩.* [Textus] —*De summa Trinitate videndum est primo, post de fide catholica et articulis, et que sit pena non credencium ...*)⟨... *fraterna caritate non temerariis reprehensionibus corrigas et emendes Deo utilia attribuendo. Cui laus et gloria ... Finis feliciter 1467.*

Cf. notam eiusdem textus descriptioni in cod. BJ 382 additam: Catalogus, 2, 147; G. Murano, Initia operum iuris canonici medii aevi: <www.uni-leipzig.de/~jurarom/manuscr/murano/initican.htm> (accessus 18.12.2015). Idem textus in cod. BJ 382, 383, 385 (auctor in colophone *Manducator* nominatur), 386, 387, 389, 1511. Cf etiam BN

Warszawa, cod. 12608 [olim Baw. 1016], f. 2r-395r; J. Rył, Katalog rękopisów Biblioteki Katedralnej w Gnieźnie, Lublin 1983, 50 (cod. 54, f. 7-265). Prologi pars prima ex Henrici de Segusia Summa aurea percepta (cf. Henricus de Segusio Cardinalis Hostiensis, Summa una cum summariis et adnotationibus Nicolai Superantii, Lugduni 1537 (repr. Aalen 1962).

2. f. 244r-246r: Nota de divisione Sacrae Scripturae

— *⟨T⟩ota Sacra Scriptura dividitur in duas partes, scilicet in Vetus et Novum Testamentum. Prima pars, scilicet Vetus Testamentum, dividitur in quattuor, scilicet in libros legales, historiales, sapientiales et prophetales* ...⟩⟨... *Et de premiis, que susceptura est in vita beata, et habet capitula XXII.*

Cf. RB 5657; etiam ed.: Menardi Monachi (Eisnacensis) Generalis et compendiosa librorum Bibliae notitia, Norimbergae 1478, [f. 462v, 464r-465v] (GW 4234).

f. 246v-254r vacua.

f. 254v cf. Notas et glossas.

F a s c i c u l i : 1^{7+7} (f. 1-14, originaliter octernio fuisse videtur, ex quo unum folium post f. 1 et duo folia post f. 14 rescissa sunt; horum ultimi, quae restant, antefolii – si aliquod fuerit – deperditi reliquiae esse videntur), $2\text{-}21^{6+6}$ (f. 15-254). Reclamantes in fasc. 1-12, 14, 16, quaedam praecisae. Foliatio s. XV titulorum indicem omisit, in nostro f. 3 numerus *2* atramento nigro legitur scriptus, sequenter rubro inde a f. 16 (*15*) usque ad f. 243 (*242*), errore perpetrato in f. 34r (numerus 33 omissus) et 215r (bis scriptum *214*). Foliatio emendata s. XX plumbo exarata.

S i g n u m a q u a t i c u m : Var. Piccard 2, XIII 521 (1463-1469), Piccard-Online 70405 (1465) f. 1-254.

S c r i p t u r a e t o r n a m e n t a : Codex tribus manibus exaratus: 1. f. 2r-130v; 2. 1r-v, 131r-243v; 3. f. 244r-246r. Scribae primi scriptura clara et diligens, cancellationes et emendationes paucae, peculiaris est litterae ‘g’ forma, cuius cauda in marginem inferiorem perspicue prolongatur, e. g. f. 44v, 85v, 112r. Etiam scribae secundi scriptura clara et diligens, eius quidem peculiaris est abbreviatio –tur, –ur in versus fine, e. g. in f. 132v, 134v-135r, 219r et intervalla non magna inter propositiones singulas. Scribae tertii scriptura currens, cuius litterae non facile distingui possunt. Rasurae, e. g. f. 121r, 239v, 242v. Cancellationes a scribis factae, e. g. f. 29r, 117v, 244v-245r. In f. 172r una columna vacua relicta, quoniam miniatura in sequenti pagina depingi debebatur. Maculae caerulei coloris in f. 23r, 45r. Pauca supplementa a scribis in marginibus facta, e. g. f. 75v, 98v, 161v. Duarum columnarum et linearum schema stilo ductum, semper in foliorum parte versa, parum visibile. Pagina currens in f. 2v-242v librorum numeros continet (in foliis versis *L⟨iber⟩* caeruleo colore, in rectis – libri numerus Romanus colore rubro), accedunt capitulorum tituli abbreviati iuxta foliorum numeros scripti. Loca vacua vocabulis ex originali non lectis relicta, e. g. f. 85r. Rubricatio coloribus rubro et flavo, in f. 244r-246r solo flavo. In initiis librorum singulorum textus nr. **1** litterae initiales multicolores decoratae, quarum altitudo scripturae lineis 5-8 aequa, decoratione florali acanthi folia imitanti inaurata, in margines effluens, coloribus, qui sequuntur: ex rubro subnigro in area viridi – f. 2r, viridi in area ex rubro subnigra –

f. 59v, caeruleo in area viridi – f. 102r, caeruleo in area rubra – f. 158r, viridi in area ex rubro subnigra – f. 184v. Quae restant litterae initiales scripturae 2-7 lineis aequae, quaedam aureo colore depictae et lineolis inflexis radiisque rubris in margines prominent, cf. f. 1r, 2v 151r, 175r, 215r. In paragraphorum initiis litterae caeruleae, rubrae, virides, quaedam etiam in area viridi vel ex rubro subnigra, seu lieola simplici in quadratum ducta saeptae, e. g. f. 26v, 38v-39r, et decorationibus, de quibus supra, adornatae; quibus quaedam facierum hominum, e. g. f. 180r, 203r, 231v seu florum delineationes inscriptae conspiciuntur, e. g. f. 205r. In f. 244r locus vacuus litterae initiali iscribendae exstat. Totum f. 172v variis coloribus et auro depicta miniatura occupat, arboris consanguinitatis exemplum repraesentans, cuius circuli vacui loca nominibus inscribendis praebent; accedit in parte sinistra viri imago, veste curta caerulea, cuius manicae ex rubro subnigrae, laxae et crispicatae, induti, in parte dextra feminae imago, veste longa ex rubro subnigra, cuius manicae virides, item laxae et crispicatae, in capite eius pileus niger punctis albis ornatus. In f. 174v arboris consanguinitatis exemplum multis coloribus depictum repraesentatur, cuius circuli vacui loca nominibus inscribendis praebent, ca 5/6 paginae partes occupat.

Notae et glossae paucae a scribis exaratae, e. g. unus ex his in f. 13v et 52v aliam, quamquam possibilem, lectionem vocabulorum, quae describebat, exaravit. Non multae notae codicem adhibentium in parte finali, quibus quaedam in textu declarantur (f. 207v, 226v, 227v-228r, 237r, 238v, 241r) seu supplentur (f. 235r). In f. 244r marginibus librorum Sacrae Scripturae tituli. Quidam codicis lector erronee scripta quaedam in codice cancellavit, et talia loca statim in marginibus supplevit et emendavit in f. 244v-245r. In f. 2r: *versus*; in f. 244r scribae nr. 3 manu carmen: —*Qui memor esse cupit librorum bibliotece* ...[cf. RB 2755; Walther, Initia 15546]. Duo proverbia in f. 254v: —*Desuper irradia scribenti* ...[cf. Id., Proverbia 5501]; —*Cernis, ut ignavum corrumpunt* [recte: consumunt] *ocia cor⟨pus⟩* ...[cf. Ibid., 2639]. Commenti in Decretalium capitula partes singulae (tituli q. v.) signatae sunt in margine litteris alphabeti rubris, rarius nigris (e. g. f. 2v), ad indicem conficiendum, ut videtur. In f. 19r quidam codicis lector adnotationes ad textum exaravit.

Compactura originalis non asservatur. Haec, quam habemus, s. XIX 2 et 3 decada, h. e. tempore, quo G. S. Bandtkie Bibliothecae Jagellonicae praefuit, confecta est (cf. compacturam simillimam in cod. BJ 143, quam ca a. 1830 confectam dictum est, et cod. BJ 2188 nec non alias plurimas). Integumentum utrumque e charta densata chartis agglutinatis ad marmoris instar colore obscuro depictis obtectum est. Sub hoc colore formularium arte typographica impressum conspici potest, quod in cancellaria quadam Austriaca adhibebatur; formularium notis manu, lingua Germanica, exaratis conscriptum est. Volumen adaequatum, anguli rotundati. Folia integumentorum partibus interioribus agglutinata, ante- et postfolium (f. I-II) chartacea, ex eodem tempore, quo tota compactura confecta. Ante fasciculum ultimum asservatur membranae cingulus, in quo litterae Hebraicae leguntur scriptae, qui verisimillime postfolii antiqui reliquias constituit. Schedulae membranaceae vacuae, excepta illa in fasc. 20, in qua item litterarum Hebraicarum fragmenta leguntur – quod cum postfolii veteris fragmento coniunctum esse videtur. Codicis status: vermium vestigia plurima, praecipue circa voluminis initium et finem.

Codicis origo et fata: Codex in Polonia a. 1467 (cf. colophonem in nr. **1**) confectus esse videtur. Hoc opere hic scripto probatur Petri Manducator dicti OFM, qui idem haberi solet atque Petrus Polonus (cf. cod. BJ 382 descr., nr. **1**). Georgii Zathey opinione codex noster e Collegio Iuridico venire videtur, qui a G. S. Bandtkie ex exemplaribus alteris bibliothecae sylloge adiunctus est (cf. Zathey, Biblioteka, 32). Quod verum esse potest, quia exemplar hoc indice A. Fasseau non continetur, qui index confectus erat decadis aliquot, antequam Collegii Iuridici libri bibliothecae Collegii Maioris incorporati sunt (cf. cod. BJ 272). Ex notis ad originem spectantibus ceterorum BJ codicum, quibus idem opus comprehenditur, comperimus alia exemplaria etiam in Collegii Artistarum (cod. BJ 384) et Collegii Theologorum (cod. BJ 386 et 1511) bibliothecis asservata esse. Voluminis possessores ignorantur. Signaturae antiquae: topogr.: *Aaa I 16*; in cingulo chartaceo inter folia inserto: *334*.

B i b l i o g r a p h i c a : Wisłocki, Katalog, 371.

ASo, WŚ

1511

Lat., ca 1460-1470, chart., cm 31,5×21,5, f. 238+III.

1. f. lr-5r: Thomas de Aquino OP, Expositio primae et secundae Decretalis ad archidiaconum Tudertinum. Fragm.: Cap. 1

—*Salvator noster discipulos ad predicandum mittens tria eis iniunxit: primo quidem, ut docerent fidem* ...)(... *quia circa ea non fuit specialiter erratum etc.*

Cf. Grabmann, Werke, 178, 340. Ed.: Leonina, 40, E 29-39. Idem textus in cod. BJ 385, f. 264r-265v (absque fine).

2. f. 5v-180v, 188r-v, 181r-187v, 189r-226r: Petrus dictus Manducator OFM, Summa super Decretalibus

[Prol.] —*Alpha et O⟨mega⟩, principium et finis, unum in essencia, trinum in personis ... Ego frater P⟨etrus⟩ inter minores minimus* ...)([f. 6r]... *minus vero utilia et inordinate posita fraterna caritate corrigat et emendet.* [Textus] *De summa Trinitate et fide catholica rubrica.* —*De summa Trinitate videndum est primo, post de fide catholica et articulis, et que sit pena non credencium* ...)([f. 225r]... *fraterna caritate non temerariis reprehensionibus corrigas et emendes Deo utilia attribuendo. Cui laus et gloria per infinita secula seculorum. Amen. Explicit liber quintus.* [Index titulorum] *Incipiunt rubrice primi libri Decretalium. De summa Trinitate et fide catholica 5. De errore Ioachim* ...)(... *De verborum significacione 223; De regulis iuris 225; De interdicto 222.*

Cf. cod. BJ 1510 descr., nr. **1**. Foliorum ordo a compaginatore turbatus, cf. Fasc.

f. 226v-238v vacua, marginum schemate distincta.

***3.** f. Iv-r, IIIr-v: Breviarium notatum, cursus cathedralis (dioecesanus), Wratislavia (?). Fragm.

F. Iv-r: Formulariorum fragmenta in dom. 20 et 21 post Pent.: Dom. 20: In matutino lectio VII-IX, In laudibus capitulum, Antiphona ad Benedictus (CAO 2202), Oratio, In II vesperis Antiphona ad Magnificat (CAO 3980), Lectiones per hebdomadam; f. Ir: Dom. 21: Matutinum. Lectiones I-VI, Secundum Ioannem, Gregorii papae (homilia in Evang. II, 28). F. IIIr: S. Martini, matutinum (fragm.) et laudes; f. IIIv: In II vesperis, officium (oratio et laudes) s. Brictii, In oct. s. Martini, initium officii s. Caeciliae virginis. (In marg. inf. adscr.:) de s. Elisabeth de Thuringia.

XIII, Lat., membr., f. 2 notis musicis (notatio Metensis) quattuor lineis rubris dispositis instructa.

F a s c i c u l i : 1-6^{6+6} (f. 1-72); 7^{5+5} (f. 73-82); 8-15^{6+6} (f. 83-178); 16^{5+7} f. 179--190, post f. 187, custode bifolii *10* signatum, insutum est f. 188 custode bifolii *3* signatum; rectus ergo textus ordo hic consequi debet: f. 179, 180, 188, 182-187, 181, 189, 190); 17-20^{6+6} (f. 191-238). Custodes numeris Romanis in initiis fasc. 1-19 in marg. inf.: *I^{us}-XIX^{us}*. Custodes bifoliorum numeris Arabicis in angulis dextris inf. non solum per priorem, ut communiter solet, sed per utramque fasc. partem, a compaginatore partim praecisi; accedunt in fasc. 13 parte priore in paginae medietate inferiore, rubro: *1-6*. Reclamantes vel earum vestigia in fasc.: 1, 3, 13-18. Foliatio s. XV in margine superiore folii versi f. 1-225 (omisso numero 177).

S i g n a a q u a t i c a : 1. Var. Piccard-Online 68903 (1461), 68904 (1462) f. 1--142; 2. Var. Piccard-Online 66399 (1460) f. 143-190, 227-238; 3. Var. Piccard 2, XIII 808 (1462), Piccard-Online 70272 (1462) f. 191-226. Charta a. 1460-1462 in usu erat.

S c r i p t u r a e t o r n a m e n t a : Codex diligentissime una manu littera currente exaratus, una columna atramento delineata disposita scriptura, solus index (f. 225r-226r) alia manu, litteris maioribus et duabus columnis. Rubricatio. Litterae initiales simplices rubrae, 3 scripturae linearum altitudini aequae, solum in librorum et operum singulorum initiis maiores et accuratius elaboratae (6 vel paucioribus lineis aequae). Rubro capitulorum tituli exarati. In pagina currenti inde a f. 6 in margine superiore folii recti librorum numeri Arabici. In f. 165r et 167r medio textu arbori consanguinitatis delineandae loca vacua exstant.

N o t a e e t g l o s s a e paucissimae. Scribae emendationes et adnotationes, e. g. f. 194r; in f. 116v: *hic non est defectus*; in codicis extremitate verticali titulos pro rubricatore repraesentantia, quae recisa esse debebant, e. g. f. 110r, 117r, 119r, 129r, 132r, quaedam re vera a compaginatore recisa. F. 8v, 88r-v: *Nota*; vocabula scriptorum materiam indicantia variis manibus scripta, e. g. f. 9r (*de protestacionibus*), 88v (*provisorium, assertorium*), 116v (*emphiteosis*), 222r (*de interdicto*), missae partes et adnotationes ad liturgiam attinentes in marg. f. 140v-143r (*missa, confiteor, introitus ... panis, vinum*); lectoris cuiusdam emendationes, e. g. f. 33r. Notae marginales productiores in f. 121v leguntur scriptae: *Peculium est illud, quod acquirit ille, qui non est sui iuris ...*, 153v: *Unde aliqui casus solvunt sponsalia per iudicium Ecclesie ut fornicacio comissa per alterum ...* quae possibiliter ab Andrea de Labischin exaratae sunt. In f. Iv et 32r *De elemosina ...* manu Matthiae de Cobilino (eius scripturam cf. in cod BJ 760 in f. integ. ant. agl., 2261 *ingrossatus de novo per...*, quoque 3248, f. 149r-231v). In f. 153v: *Wersus. Crimen, dissensus, fuga, tempus ...*[cf. Walther, Initia, 3444].

C o m p a c t u r a Cracoviae ca a. 1479 confecta in officina compaginatoris Ioannes nuncupati, a signaculo hoc nomine ornato, quod in compacturis ab eodem confectis occurrere solet (cf. A. Lewicka-Kamińska, Rzut oka, 62, tab. I nec non compacturarum decorationum exempla plumbo repetita in ms. BJ Acc. 44/80). Eiusdem officinae compacturas (etiam Lederschnitt) cf. cod. BJ 286, 637, 638, 2261, alios. Constat tabulis ligneis crassis corio fusco partim obtectis. Tabulae ipso volumine paulo angustiores. Corium incisionibus (Lederschnitt) hoc modo ornatum: In media bordiura, dorso paralelle litteris magnis incisum est nomen *Maria* (integ. ant.) et *INRI* (integ. post.); in bordiura superiore et inferiore taeniae duae ornamentis incisis decoratae; inter dorsi quattuor duplicia ligamenta rosae signaculo lilium heraldicum rhombo inscriptum repraesentanti sexies impresso compositae; rosas puncti et instrumenti acuti impressiones plurimae circumdant. Ornamentum lineare simul in corio et in ligno sine corio impressum. In mero tabulae anterioris ligno inscriptio vix legitur: *Decretalium*. Codicis capiti et calci lora texta obsuta. Codicem olim cingulus coriaceus obligabat, qui metallo praefixus erat et ligulae ope in anteriore integumento claudebatur, ex quo lori fragmentum asservatur clavis duobus affixum. Ante- et postfolia membr.: f. I et III, cf. nr. ***3**; antefolium chart.: f. II, vacuum. Volumen adaequatum, anguli rotundati. In voluminis sectura inferiore inscriptionis vestigium illegibile, vel maculae. Codicis status: compactura demolita, tabula utraque dilapsa, volumen separatum, dorsi corium frians. Anguli superiores f. 115-128 plicati. Chartae frustulum, possibiliter tessera, iuxta f. 179 asservatur. Atramenti maculae, e. g. f. 124v. In parte codicis finali charta adeo tenuis efficitur, ut color ruber litterarum initialium in folii partem versam translucet, e. g. f. 223 etc.

C o d i c i s o r i g o e t f a t a : Codex Cracoviae confectus esse videtur. Matthias de Cobilino, possessor, Librariae Theologorum eum legavit, hac tamen condicione, ut Andreas de Labischin usque ad vitae suae finem eo uteretur; cf. eiusdem manu adnotationem simillimam in cod. BJ 1211. In f. Ir marg. sup.: *Summa Manducatoris magistri Mathie de Cobilino, sacre theologie professoris empta pro sex florenis* (cf. de Matthia de Cobilino (seniore) cod. BJ 351 descr.). Infra, manu Ioannis Beber de Osswyanczym: *data pro libraria theologorum. Et concessa doctori Labysszin ad usum in vita.* Notam simillimam cf. in cod. BJ 1353 (Andreas de Labischin, Andreae filius, in Universitatem Cracoviensem inscriptus a. 1463 (cf. Metryka, 1, 303 (63e/136); 2, 289; Najstarsza księga promocji, 66/3B, 69/6M), theologiae doctor et professor a. 1489, Facultatis Philosophicae decanus a. 1477, 1487 et 1488 (cf. Ibid., 239, 249-250), Universitatis Cracoviensis rector (1496-1497), canonicus Cracoviensis, a. 1498 mortuus est, cf. M. Zdanek, Andrzej z Łabiszyna, [in:] Profesorowie Prawa UJ, 12-13). Signaturae antiquae: Fasseau: *123*; topogr.: *CC III 25*. In cingulo chart. inter f. 66 et 67 inserto: *335*.

B i b l i o g r a p h i c a : Wisłocki, Katalog, 371; Morawski, Historia UJ, 2, 64, adn. 2; Hornowska, Zbiory, 187; Szelińska, Biblioteki, 98, 100, 150; Zathey, Biblioteka, 112.

ASo, AK

1512

Lat., 1409, chart., cm 30,5×21,5, f. 251+III.

1. f. 1r-184r: Petrus Lombardus, Sententiarum libri II et IV

Incipit secundus liber. De rerum creacione et formacione corporalium et spiritualium et aliis pluribus eis pertinentibus. Que ad ministerium [recte: mysterium]... *ad consideracionem creaturarum transeamus.* [Index capitulorum. Fragm.] *Quod unum est principium rerum, non plura* ...)([f. 1v]... *et ubi ad esse prodiit et quamcumque in altum ascendit*|| [F. 3r] *Incipit liber II^{us} Sentenciarum* [in marg.]. *Incipit secundus liber. De rerum creacione ... Que ad ministerium ... transeamus.* [Index capitulorum] *Quod unum est principium rerum, non plura* ...)([f. 5v]... *An aliquando resistendum sit potestati. Expliciunt capitula.* [Textus] — *Creacionem rerum insinuans Scriptura* ...)([f. 86v]... *nulli potestati obediamus. Explicit II^{us} liber Sentenciarum per me Matheum Alberti de Szadek in Cracovia compilatus, scriptus per manus Blasy de Klodawa.* [F. 94r; in marg.: *Incipit 4 l⟨iber⟩ Sentenciarum. Assit principio sancta Maria meo*]. *Incipit quartus liber Sentenciarum.* [Index capitulorum] *Quid sit sacramentum. Quid sit signum* ...)([f. 96r]... *Utrum visa impiorum pena minuat vel augeat gloriam bonorum. Hiis tractatis, que ad doctrinam rerum pertinent ... ad doctrinam signorum accedamus.* [Textus] — *Samaritanus enim vulnerato apropians* ...)(... *via duce pervenit. Explicit quartus liber Sentenciarum etc. per manus Blasy. Per me Matheum Alberti de Szadek in Cracovia comparatus sub anno Domini 1409.*

Cf. RS 1. Ed.: 1-2, Grottaferrata (Romae) 1971, 1981 (lib. IV). Sententiarum textus completus (lib. I-IV) in cod. BJ 1442, 1456, 1513, 1516, 1522, 1530, 1538. Lib. I in cod. BJ 1514, 1518, 1525, 1533; lib. II in cod. BJ 1437, 1515, 1519, 1526, 1537; lib. III in cod. BJ 1524, 1527, 1531; lib. IV in cod. BJ 1520, 1527-1529, 1534-1536. F. 2r cf. Notas et glossas. F. 2v, 14r-v, 87r-93v vacua sine lacuna in textu.

f. 184v-190v vacua.

2. f. 191r-226v: Pseudo-Thomas de Aquino, De humanitate Iesu Christi. Absque fine

De vita Cristi sancti doctoris Thome Aquinensis. Amen [in marg.]. — *Cristus Ihesus venit in hunc mundum peccatores salvos facere* ...[1 Tm 1, 15]. — *Ille Apostolus in verbis propositis describit sacramentum divine incarnacionis* ...)(... *veniet dies iudicii, ubi plus valebunt pura corda quam astuta verba. Explicit liber beati Thome Aquinensis De vita Christi per me Matheum Alberti de Szadek in Cracovia comparatus, per manus Andree sub anno Domini 1409.*

Cf. Glorieux, Répertoire, 1, 100, nr. 14ea; Grabmann, Werke, 398. Ed.: Thomae Aquinatis Opera omnia, 28, Paris 1889, 254-317. Idem textus in cod. BJ 1396, f. 216r--263r (de nostro cod. descriptio); ms. BJ Acc. 160/54, f. 211r-254v. F. 215r vacuum, linearum schemate instructum; in f. 215v textus fragm. sensu inverso, idem rursus in f. 216r, recte tamen, exaratum.

3. f. 227r-228v: Quaestiones super III librum, dist. 9 Sententiarum secundum Bonaventuram OFM

De tali materia habetur distinccio 9 3ii Sentenciarum [in marg. alia manu]. [Prol.]. —*Sciendum est, quod latria, yperdulia et dulia sunt tres adoraciones distincte: latria debetur Creatori racione summe maiestatis* ...)(... *et illa dicitur primi Regum VIII° in Glossa: Maior dulia. Dicitur enim una dulia maior, alia minor.* [Quaestiones] *Primo queritur:* —*An corpus aut caro Christi sit adoracione latrie adorandum vel adoranda. Respondetur, quod si corpus seu caro consideretur* ... —*An cultus latrie debeat imagini Christi. Respondetur, quod sic* ... —*An cultus latrie possit imagini Patris vel Spiritus Sancti exhiberi, cum ipsi non sint incarnati, nec asumpserant in unitatem persone aliquam rem figurabilem vel depingibilem. Respondetur secundum Iohannem Damascenum, libro III°, quod insipiencie et impietatis, id est idolatrie, est velle figurare* ...[f. 227v]... —*An Virgo Maria, mater Christi dignissima, sit adoracione latrie adoranda. Respondetur, quod non* ... —*An crux Christi debeat adoracione latrie adorari. Respondetur, quod duplex est crux* ... —*An absque pec⟨c⟩ato cultus latrie possit exhiberi diabolo seu Christi adversario, quando latenter appareret in figura Christi. Respondetur: Si cultus latrie simpliciter exhibetur Christi adversario* ...[f. 228r]... —*Ex quo imago Christi potest latria adorari, an homo, qui est imago Dei, possit eciam latria adorari. Respondetur, quod homo nullo modo debet latria adorari* ...)(... *quedam adorantur per se et in se et simpliciter, ut divina natura, persona.*

f. 229r-251r vacua, f. 229r linearum schemate instructum.

f. 251v cf. Notas et glossas.

F a s c i c u l i : 1-2^{7+7} (f. 1-28), 3-4^{6+6} (f. 29-52), 5-6^{7+7} (f. 53-80), 7-10^{6+6} (f. 81--128), 11^{7+7} (f. 129-142), 12-18^{6+6} (f. 143-226), 19^{7+6} (f. 227-239, post f. 235 unum folium desideratur), 20^{6+6} (f. 240-251). Reclamantes in fasc.: 2-6, 9-11, 13-14, quaedam partim praecisae. Custodes in fasc. 16-17: *1us-2us*.

S i g n a a q u a t i c a : 1. Var. Piccard-Online 41127 (1402) f. 1-230, 232-239, 241, 243-248, 250; 2. Var. Piccard-Online 40118 (1407) f. 240, 242, 249, 251. F. 231 signo expers.

S c r i p t u r a e t o r n a m e n t a : Codex tribus manibus exaratus: 1. Blasius de Klodava (cf. Colophons, 2252), cf. f. 86v, 184r: f. 1r-v, 3r-13v, 15r-86v, 94r-184r; 2. Andreas quidam, cf. f. 226v: f. 191r-214v, 215v-226v; 3. f. 227r-228v. Scriptura satis diligens, duarum columnarum schema atramento, linea simplici, ductum. Margines modice conscripti, lati admodum iuxta Petri Lombardi textum, ceterum solus margo inferior latissimus. Pagina currens non nisi in f. 1r-v, 3r-13v, 15r-86v, 94r-184r, librorum numeros continet, quibus accedunt etiam distinctionum numeri in angulis adscripti. Rubricatio: litterae initiales rubrae simplices, in f. 191r-226r textus lineis 4 aequae, quarum quaedam filigranis penna delineatis ornantur, e. g. f. 203v-204r, 206v. Coloris rubri litterae initialis in f. 226r copiosius pictae vestigium in folio eodem verso cernitur.

N o t a e e t g l o s s a e non nimis multae, pluribus manibus exaratae: textus emendationes et supplementa scribae manu, e. g. f. 16r, 97v-98r, 118v, 161r; aliis manibus, etiam interlineares, e. g. f. 7r, 8r-13v, 15v-22r, 32v-33v, 49r-51v, 59r-61v, 97v--99v, 115r-116v, 121v-134v, 156r-161v; Sacrae Scripturae loci, e. g. f. 22v-23r, 31r, 35r, 51v-53r, 66r-v, 84r-v, 117r, 154r; auctorum nomina citantur, e. g. f. 96v, 99r, 154r – Ambrosius, f. 31v-32r, 41v, 104r, 107r-v, 153r-v, 163r-164r – Augustinus, f. 40r – Basilius, f. 107r, 134v, 147v – Gregorius, f. 34r, 40v – Hugo; notae breves ex auctoribus, e. g. f. 1r, 15r, 40r, 54v, 118r, 121r, 152r, 154v, 161r: *Uxoricidium impedit matrimonium contrahendum ...*, f. 220r. Hic illic textus materia schematibus adhibitis repraesentatur, e. g. f. 5v, 105v, 151v, 178r-v. In f. 119v: *Wersus: Ditant, non cruciant, aptant debenda gehenne ...*; *Wersus: Illa reviviscunt ...*[cf. Walther, Initia, 8689]. Nota longa admodum in f. 2r: *Iste liber Sentenciarum tamquam fluvius paradisi ...*)(*... in tercia de die iudicii, in quarta de die resureccionis etc.* [cf. Prologus Petri de Tarantasia OP; RS 690]. Similis in f. 98v: *Quid, si sacerdos nullo modo vult baptizare, nisi ei detur pecunia ...*)(*... cum eciam et heretici baptizent, can. L⟨VII⟩, c. Hanc regulam*, nec non in f. 251v: *Doctori et predicatori ecclesiastico secundum Augustinum tria sunt necessaria, scilicet, ut sua doctrina pateat, ut placeat et ut moveat ...*)(*... quod in doctrina sua salutare ista tria habere non obmittat.* In marginibus rubro distinctionum designationes et notae, e. g. f. 154r: *Secundum aliquos hic incipit distinccio 32.* Vocabula scriptorum materiam indicantia lineolis obvoluta, e. g. f. 6r-v, 191r, 192r, 196v, 199r-200v, 207r, 209v-210v, 211v-212r, 217v-219v. Maniculae, e. g. f. 6r, 8r, 13r, 16v-17r, 20v, 27v, 30v, 40r, 43v, 58v-59r, 71r, 100r, 114r-v, 119r, 156r, 191r, 207r, 227r. In f. IIr notarum fragm. sola cernuntur, eo quod antefolium (f. I) sequenti folio (f. II) agglutinatum est.

C o m p a c t u r a s. XIX confecta, adhibita charta densata, cui desuper charta ad marmoris instar depicta agglutinata est, quod Anglico idiomate 'pseudo-marbled' vocatur (cf. Wolfe, Marbled Paper, Tab. XXI, nr. 1). Volumen adaequatum, anguli rotundati. Dorsum planum, ligamenta quattuor duplicia, schedula, in qua codicis signatura legitur, inter ligamenta 1 et 2. Ante- et postfolium chartacea signo aquatico (inscriptione) distincta: *G* [?] *RO S* [?] *KONZEPT SIEBER* (f. I, III; f. Ir cf. Cod. orig. et fata), quae charta videtur originem ducere ex officina chartaria, cuius possessor Johann Georg Sieber fuit, quaeque inde a s. XVIII in Podlesie, districtu Nissensi, floruit (cf. D. Błaszczyk, R. Sachs, Słownik papierników śląskich do 1945 roku. Część 4: S-Z, „Rocznik Muzeum Papiernictwa", IV 2010, 159). Folia integumentorum partibus interioribus agglutinata singulas cum ante- et postfolio (f. I et III) efficiunt chartas. Accedit antefolium membranaceum incompletum: f. II (cf. Notas et glossas, Cod. orig. et fata). Schedulae oblongae membranaceae fasciculorum suturam firmantes, quaedam conscriptae, diplomatis fragmenta prae se ferunt: in fasc.: 7, 9, 13 (*... Ego Iohannes dictus Spithco Alberti de Slawcouia* [Sławków], *clericus Cracouiensis diocesis ...*, cf. Zbiór dokumentów katedry i diecezji krakowskiej, 1, 204, nr. 150), 16 (*... Iohanne de Przanslaw, Cracouiensis diocesis, testibus ad premissa ...*), 17 (*... Michaele Andree de Clonow ...*, cf. Catalogus, 2, 166; Zbiór dokumentów katedry i diecezji krakowskiej, 1, 204, nr. 150).

Codicis status: codex a vermibus valde laesus, f. 246-251 in angulis inferioribus vehementer crispata. Integumentum anterius scissum. F. 66 scissura olim reparata.

Codicis origo et fata: Ex colophonum in f. 86v, 184r et 226v textu liquet codicem a. 1409 mandatu Matthaei, Alberti filii de Szadek, confectum esse, qui a. 1408 in Universitatem Cracoviensem inscriptus esse videtur, cf. Metryka, 1, 66 (08/012, ibi: Matthias), cf. in f. IIv, rubro: *Liber Mathei presbyteri Alberti de Schadek Cracouie comparatus.* Codex consequenter Iacobi de Szadek fuit (de quo cf. cod. BJ 173 descr.; M. Zdanek, Jakub z Szadka h. Wieniawa, [in:] Profesorowie Prawa UJ, 105-107), hic autem a. 1482 Collegio Artistarum eundem donavit. In schedula ex antiquo catalogo Georgii S. Bandtkie adnotatio (quondam in codice) legitur: *Liber m⟨agistri⟩ Iacobi de Schadeck, legatus anno Domini 1482 Minori Collegio artistarum in Crac⟨ouia⟩, qui obijt die Solis, XXVIII mensis Octobris anno Domini 1487. Oretur pro eo.* Posteriore tempore codicem Michael Sołtyk adhibuit, inde ab a. 1790 regis Poloniae referendarius, a. 1815 mortuus, quod nota in f. 1r probatur: *M⟨ichael⟩ Sołtyk S⟨tanislai⟩ R⟨egis⟩ R⟨eferendarius⟩, D⟨ecanus⟩ C⟨racoviensis⟩* (cf. PSB 40, 414-418). Ultimo volumen nostrum in manus Ladislai Sołtyk a. 1816 incidit, a quo rursus Universitati legatus est. De quo Georgii S. Bandtkie ex eius catalogi schedula, manu propria scripta, afferimus: *Hunc codicem donavit mihi Vladislaus Comes Sołtyk ex haereditate Michaelis Sołtyk ⟨a. 1816⟩.* In f. Ir manu Michaelis Wiszniewski: *Liber Sententiarum, tu jest na końcu życie S. Tomasza z Akwinu.* Infra manu I. Muczkowski: *Tę uwagę napisał uczony Michał Wiszniewski, ale to nie jest życie s. Tomasza, lecz przez tegoż traktat De vita Christi.* Signaturae antiquae: topogr.: *Aaa I 39*; in cingulo chartaceo inter f. 62 et 63 inserto: *336.*

Bibliographica: Wisłocki, Katalog, 371; Szelińska, Biblioteki, 81.

KW, LN

1513

Lat., post 1250, membr., cm 33,5×24, f. 226+I.

f. 1r vacuum.

f. 1v cf. nr. **4**.

f. 2r-v cf. nr. **2**.

1. f. 3r-222r: Petrus Lombardus, Sententiarum libri I-IV

[Prol.] — *Cupientes aliquid de penuria ...*⟩⟨[f. 3v]... *capitula distinguuntur, premisimus.* [Textus] — *Veteris ac Nove legis continenciam ...*⟩⟨... *via duce pervenit.*

Cf. cod. BJ 1512 descr., nr. **1**. Lib. I: f. 3r-67r; II: f. 67r-122v; III: f. 123r-162v; IV: f. 163r-222r.

2. f. 2r-2v, 223r-225r, 3r-222r: Principium et commentum marginale in Sententias Petri Lombardi

[De causis Sententiarum] —*Parentum magnalia in quatuor ordinibus* ...[Sap 18, 24]. —*Secundum sentenciam beati Ambrosii in Exposicione epistolarum beati Pauli et iuxta Philosophum in primo Physicorum et primo ac secundo Posteriorum, tunc opinamur cognoscere unumquodque, cum causas cognoscimus. Cupientibus igitur nobis ad scienciam libri Sentenciarum ... In primo libro tractat de essencia primi principii ... In secundo de emanacione creaturarum ab ipso principio ... In tercio libro determinat de humani generis restauracione ... In quarto vero libro, quia ad coniunccionem creature racionalis cum suo principio requiritur sanctificacio* ...⟩⟨... *iuxta illud Io. XX* [, 31]: *Hic autem Scriptura sicut ... Ad quam* ...[Recom. Sacrae Scripturae] —*In medio sedis et in circuitu quatuor animalia* ...[Ap 4, 6]. —*Sicut ait egregius doctor Augustinus, I De doctrina christiana: Nemo ambigit* ...[f. 2v]... *exaltans animam et illuminans, dans satanitatem* [recte: sanitatem], *vitam et benediccionem. Quam nobis donare dignetur etc.* [Prol. in lib. I; f. 223r] —⟨*F*⟩*ons parvus crevit in fluvium* ...[Est 10, 6]. —*Secundum beatum Ambrosium in glossa quadam super principium epistolarum Pauli: Rerum principia sunt primitus inquirenda, ut earum noticia* ...[Prol. in lib. II; f. 223v]... —*Solummodo hoc inveni* ...[Eccle 7, 30]. — *Sollicite consideranti presentis libri, scilicet secundi Sentenciarum* ...[Prol. in lib. III; f. 224r]... —*Deus, qui dives est in misericordia* ... — *Verbum propositum scribitur Ephe. II* [, 4], *in quo quidem verbo insinuatur nobis nostre redempcionis misterium ac per hoc explicatur nobis subiectum tercii libri Sentenciarum* ...[Prol. in lib. IV; f. 224v] — *Unguentarius faciet pigmenta suavitatis* ... — *Verbum istud scribitur Ecc. 38* [, 7], *in quo diligencius considerato explicatur et commendatur materia quarti libri Sentenciarum* ...⟩⟨[f. 225r]... *qui sanat omnes infirmitates tuas. Et hoc quidem faciet in gloria beatorum. Quod nobis ipse prestare dignetur etc. vel ad quam gloriam etc.* [Com. in Prol. Petri Lombardi; f. 3r] — *Cupientes etc.* — *Totali libro premittit Magister Prologum, in quo tangit causas* ... —*In speciali sic procedit Magister. Ut reddat auditorem benivolum* ...[Com. in textum lib. I; f. 3v] — *Veteris ac Nove legis etc.* — *In parte ista incipit tractatus libri, qui dividitur in quatuor libros parciales* ...[f. 4r] —*In speciali vero sic procedit Magister. Proponit primo, quod secundum doctrinam beati Augustini* ...[Com. in textum lib. II; f. 67r] — *Creacionem rerum.* —*In hoc secundo libro Sentenciarum principalis intencio auctoris circa tria versatur, scilicet circa rerum creacionem* ...[f. 67v] —*In speciali vero sic procedit Magister. Primo ex auctoritate generali, qua dicitur: In principio creavit Deus* ...[Com. in textum lib. III; f. 122v, col. b] — *Quoniam in hoc libro tercio Sentenciarum, qui sic incipit: Cum igitur venit ... intendit Magister de-*

terminare, qualiter Deus nos Christo convivificavit ...[Com. in textum lib. IV; f. 163r] — *Samaritanus etc.* —*In primo libro determinavit M⟨agister⟩ de Deo, quantum ad racionem sue naturalis perfeccionis ... In hoc quarto determinat, secundum quod eius perfeccio relucet in sacramentis* ...⟩⟨[f. 222r]... *Hec de pedibus, id est pertinentibus ad finem, que sunt materia quarti Sentenciarum ... id est Christo, qui est materia tercii libri, pervenit, id est opus suum produxit.*

Cf. RS 111, 386. Principii partes, praecipue Prologi II-IV, excerpta ex Prooemiis commenti in Sententias Bonaventurae OFM constituunt. Commentum (glossae marginalis incontinuae forma) in Lombardi Prologum et Sententiarum textum etiam excerpta ex Commento in Sententias Bonaventurae OFM et possibiliter quoque ex commento in Sententias Iacobi de Lausanna OP plerumque sunt. F. 222v cf. nr. **4**.

3. f. 3v-83v: Helwicus de Magdeburgo OFM (?), Lombardus metricus. Fragm.: Lib. I, dist. 1-48 – II, 1-17

—*Res et signa duo sunt doctrine duo membra* ...⟩⟨... *tangit homo mala scita, scit experiendo.*

Cf. RS 19; Doucet, Commentaires, 18-19; Mohan, 383*; Walther, Initia, 16620; VL 3, 984. Ed. in: Spisy M. Jana Husi, 4-6: Super IV Sententiarum, ed. V. Flajšhans, Praha 1904 (Sbírka pramenů českého hnutí naboženského ve XIV století, 4-6), 37-262. Versus in marginibus foliorum horum inscripti: 3v, 4v, 6v, 8v, 9v, 11v-12r, 13r, 15r, 16v, 17v, 18v-19v, 20v, 22r, 23r, 25v, 27r, 29v, 30v, 31v, 32r, 33v, 34r, 36r, 37v, 39r, 40v, 41v, 42r, 44v, 46r, 47v, 49v, 50v, 51v, 54v, 55v, 56v, 57v, 58v, 59v, 61r, 62r, 63r, 65v, 66r, 67r, 68v, 70r, 70v, 71v, 72r, 73r, 74v, 75v, 76v-77v, 78v, 79v, 80v, 81v, 82v, 83v.

4. f. 1v, 222r-v: Notae ad textum Sententiarum attinentes

In principio. Principia rerum sunt querenda prius, ut earum noticia plenior possit ...[cf. RB 671, 6654]. *Nota, quod prohemium ad hoc est institutum, ut habeatur quedam precognicio ... Cupientes etc. Hic Magister totali operi suo premittit Prologum, circa quod ocurrit notandum, quod prohemium, prologus et omelia idem sunt realiter ... Nota, quod omne, quod est prima sui divisione secundum sanctos ... et distinguitur, ut paternitas et filiacio et processio, alia distinctiva tantum ut innascibilitas.* [F. 222r]... *Nota, quod secundum Rycardum quatuor sunt loca in inferno habencia se secundum superius et inferius ... Nota, quod corpus iuris dividitur in ius canonicum et ius civile. Ius autem canonicum dividitur in Decretales et Decretum ... Civile. Ius civile dividitur in Codicem, codex autem habet XII libros ... Instituta dividuntur in 4 libros, in qua sic practicabis, quod primo nomines instituta p*[...] *titulum postea.* [F. 222v] *Nota, quod sacramentum quodcumque vel est remedium peccati* ...⟩⟨... *iudicium obligans ad faciendum vel non faciendum, quousque manet.*

5. f. 225r-226r: Principium in Sententias Petri Lombardi

—*Fluvius egrediebatur de loco voluptatis* ...[Gen 2, 10]. —*Quia secundum quod doctorum tam theologicorum quam philosophicorum documenta personant, in principio cuiuslibet sciencie cause sunt requirende ... In quo quidem verbo spiritualiter intellecto libri Sentenciarum quadruplicem causam Spiritus Sanctus tam evidenter quam eleganter exprimit* ...)(... *ex eo haurire, quod tandem valeamus ad gloriam et supereminentem beatorum scienciam pervenire. Ipso prestante etc.*

Fasciculi: 1^{1+1} (f. 1-2); 2-14^{6+6} (f. 3-158); 15^{2+2} (f. 159-162); 16-20^{6+6} (163--222), 3^{2+2} (f. 223-226). Reclamantes in fasc. 2-19.

Membrana modicae qualitatis, satis tenuis, latus carnosum dealbatum, latus pilosum lutei coloris factum. Fasciculus initialis et finalis membranam crassiorem ceteris habet. Folia quaedam rumpi incepta, e. g. f. 14, 18, 29, 108, 120, 187, 196, 222; lacunae et defectus naturales, e. g. f. 24, 78, 81, 104, 107, 109, 119, 131, 139, 141, 148, 161, 171, 176, 178-183, 185, 201, 220, 223, 225; sutura nec non eiusdem vestigia, e. g. f. 43, 47, 64, 186, 224.

Signum aquaticum: Bovis caput oculis et rosa delineata ornatum in f. integ. ant. aggl. Signi elementa parum visibilia, qua de causa eius comparatio cum signis in repertoriis obviis magnopere difficilis.

Scriptura et ornamenta: Codicis pars principalis et antiquissima una manu exarata, scriptura minuscula Gothica (ceterarum manuum scriptura in Notis et glossis tractatur). Scriptura duabus columnis disposita binis lineis plumbo ductis. In intercolumnio lineae tres. Codicis margines aequis intervallis perforati sunt linearum schemati efficiendo, quae lineae saepissime erasae in columna, in margine tamen relictae sunt. Textus columnae singulae versus 42 plus minusve continent. Rubricatio. Litterae initiales rubrae et caeruleae calamo, colore opposito, decoratae alternae. Etiam litterae initiales rubrae sine ulla decoratione in textu hic illic occurrunt, e. g. f. 186r. In librorum singulorum initiis litterae initiales rubro et caeruleo mixtis coloribus depictae, quarum altitudo textus 5 lineis aequa in libro I-II, 7 lineis in libro III et 8 lineis in libro IV. Litterarum initialium pingendarum modus et ratio similis videtur his, quae in Parisiensibus codicibus ca s. XIII medium scriptorum ornatorumque conspiciuntur, cf. Y. Załuska, Manuscrits enluminés de Dijon, Paris 1991, tab. LXX (cod. B. M. 6, f. 156v), LXXI (cod. B. M. 7, f. 392v-393r). Vocabulorum inter versus divisorum lineolae et singulae et binae occurrunt. Tituli interiores distinctionum rubri, textui inserti, versus plures continent. In foliorum 95v-96r margine superiore et inferiore fragmenta leguntur repraesentantium vice, quarum versio plena textui rubro atramento inscripta est. Margines exteriores et praecipue inferiores latissimi. Librorum numeri in pagina currenti rubro et caeruleo colore a codicis rubricatore inscripta, distinctionum vero numeri a Matthia de Schydlow (?). In folii 185v margine inferiore flos artificiosus plumbo fusco delineatus.

Notae et glossae: Vetustissima omnium marginalium et glossarum interlinearium s. XIII dimidio posteriore scripta esse videntur, atramento litteris minutissimis. Congruenter adnotationi in f. 222r (cf. Cod. orig. et fata), emendationes ipsius Nicolai de Lyra in codice inveniri debeant, qui ca a. 1390 magister theologiae fuerat. Nullo tamen eius scripturae exemplari praesto exsistente diudicari nequit, quaenam et ubi haec scriptura sit. Eo fere certissime tempore in f. 33r-v, 54v, 62r-v, 63v, 66r, 72v, 85v, 86v, 88v, 100v, 102r, 104v-105v, 107v-108r, 110v-112r, 114r, 116v, 120v, 122r, 134v, 138v-140r, 146v-147r, 148r, 149r-150r, in marginibus inferioribus maxime, notae plumbo fusco; in sinistro et dextro tamen marginibus, e. g. f. 24v-25r, 27r-v, 32r, 36v, 37v-39v, 85v-86v, 90r, 97r, 100v, 185v, eadem manu plumbo quoque emendationes, signa *nb* = nota bene, relegationes ad Sacram Scripturam. Etiam Principium et commentum marginale in Sententias, cf. nr. **2**, eodem verisimillime temporis spatio, i. e. s. XIII dimidio posteriore vel s. XIV in., sunt scripta. Paulo post Helwici de Magdeburgo OFM (?) Lombardus metricus descriptus videtur esse, cf. nr. **3**. Accedunt in marginibus atramento nigro exarati distinctionum numeri, quorum quidam a Matthia de Schydlow emendati, e. g. f. 32r, 176v. Harum omnium notae recentissimae manu Bernardi de Nissa exaratae, cf. e. g. f. 3v: *Hoc non pertinet ad divisionem Bone Venture, sed additum est* et alia, usque ad f. 20v, et postea, hic illic (eius scripturam cf. in cod. BJ 515, f. 167r-328v) nec non Matthiae de Schydlow, e. g. f. 225r-v (eius scripturam cf. in cod. BJ 335, f. IIr). In f. 1v: *Carmina, que quondam studio* ...[Boethius, De consolatione philosophiae, lib. I, metrum 1, 1-2; cf. Schaller, Könsgen, Initia, 1967. Ed.: L. Bieler, CC 94, 1]. In f. 194v: *Versus. Corporis integritas vicio* ...[cf. Walther, Initia, 3357]. Manicula = nota, e. g. f. 17v, 25r, 36v, 49v, 55r, 59r, 61v, 72r, 84r, 94r, quaedam plumbo fusci coloris, e. g. f. 74r, 115r, 199r. In f. Ir notae productiores duae: *In prologo libri Ethimologiarum: Sic itaque Creator noster ac Dispensator cuncta moderatur* ... Infra: *Versus: Officit, obturbat, ledit, nocet, impedit, obstat.* Et infra hac: *Ysidorus in libro De summo bono: Non illi tantum proximi nostri credendi sunt* ...[Decretum Gratiani, pars 2, 33, 3: De paenitentia, dist. 2, Canon 5. Ed.: Corpus iuris canonici, 1, 1192].

C o m p a c t u r a primitiva non asservatur. De qua nihil nisi glutinae reliquiae in f. 1r (olim integ. ant. aggl.), f. Iv (olim integ. post. aggl.) nec non f. 2 (olim antefolium) exstant. Compactura antiqua demolita pro certo facta est, quo facto s. XV codex recenti integumento indutus est, quod ad nos pervenit. Haec in officina Casparis confecta est, qui Cracoviae a. 1450-ca 1479 floruit (cf. A. Lewicka-Kamińska, ms. BJ Acc. 33/80, 138-139 et ms. BJ Acc. 45/80). Eiusdem compaginatoris i. a. cod. BJ: 301, 421, 527, 607, 759, 1265, 1266, 1434, 1463, 1961, 2016, 2148, 2321, 2347, 3248, 3408, Acc. 164/54 compacturae in nostra Bibliotheca asservantur (cf. Catalogus, 10, 19). Tabulae ligneae crassae corio fusci coloris obtectae multum defectivo. Signaculorum corio impressorum vestigia horum: 1. Palma linea cordis forma circumdata; 2. Palma linea in quadratum ducta circumdata; 3. Lilium rhombi forma circumdatum; 4. Flos caule nixus, rectagono circumdatus. Tabula anterior in planitiem et bordiuram triplicem dividitur, lineis angustis quattuor occlusam. In media planitie rectagonum, cui rhombus inscriptus, similiter atque hoc rectagonum lineis quaternis descriptus; in medio rhombo signaculum impressum nr. 1, in rectagoni angulis signaculum nr. 3. Rectagoni parti superiori et inferiori adhaerent quadrata duo signaculo nr. 2. impresso composita. In bordiura interiore signaculum nr. 3. In bordiura media signaculum nr. 4, in mediae bordiurae angulis signaculum nr. 1. In bordiura exteriore signaculum nr. 1, in lineis iuxta dorsum impressis circa dorsi suturae locos signaculum nr. 3. Tabula posterior ab anteriore paulo differt: rectagono in media planitie quadratum lineis quaternis inscriptum est, quod quadratum signaculo nr. 1 et trigonis sex cum signaculo nr. 3 impletum est. In bordiura exteriore eiusdem signaculi nr. 1, plures tamen quam in anteriore tabula, impressiones. Codex olim quattuor cingulis metallo praefixis et fibulis in anteriore tabula claudebatur: singulis supra et infra, duobus in latere;

horum inferioris cinguli in latere solum fragmentum. In utraque tabula quinorum umbonum metallicorum rotundorum vestigia et metalli, quo voluminis anguli olim praefigebantur (in tabula posteriore clavulus unus in angulo sinistro superiore asservatur). Dorsum planum, codicis capiti et calci lora obsuta. Dorsi ligamenta quinque duplicia, quibus parallele funiculi impressio cernitur. Volumen adaequatum, solum f. I (postfolium) volumine longius. Postfolium membranaceum: f. I (cf. Notas et glossas). Integumentorum partibus interioribus folia chartacea agglutinata, de anteriore cf. Cod. orig. et fata, posterius vacuum, utrumque chartae mediaevalis taeniis completum: utrumque in margine longiore, superius quoque in inferiore, inferius autem in superiore margine. Charta tabulae anteriori aggl. signo aquatico distincta, cf. Signa aquatica, nr. 1. Codicis status: codex a. 2009 in officina conservatorum Bibliothecae Jagellonicae renovatus. Compactura purgata, corii fissurae refectae, dorsi defectus corii frustulis sarti, folia initialia umefacta et explicata sunt. Folia initialia et finalia sordida, ferrugine vitiata, f. 222 ruptum et uri inceptum.

Codicis origo et fata: Codex s. XIII dimidii posterioris initio in Gallia, Parisius fortasse, confectus, de quo inscriptio in f. 222r testificari videtur: *Hic liber est correctus Parihsius* [!] *per magistrum Nicolaum de Lira et est emptus ibidem pro XII florenis per fratrem Paulum Budusensem.* Postea manibus Ioannis de Vác versabatur, cf. adnotationem in f. 222v: *Textus Sentenciarum est ad usum fratris Iohannis Waciensis, studentis Bononie et est precii XII* [?] *florenorum aureorum.* Codex Cracoviam venit in s. XV dimidio posteriore seu etiam antea, quoniam in f. integ. ant. aggl. manu Matthiae de Schydlow scriptum legitur: *Meus est, per me emptus 1471 a quodam sacerdote de Wyszlycza, eodem anno pestis. Detur pro Bursa Pauperum aut Collegio Minori 1518. M⟨atthias⟩ de S⟨chidlow⟩ manu propria.* Nota enimvero in f. 1v erasa, non nisi sub radiis ultraviolaceis legibilis: *Iste liber est magistri Bernardi de Nissa* [...] *per eundem anno Domini 1478.* Cum Matthias de Schydlow (de quo cf. cod. BJ 325 descr.; Kowalczyk, Maciej z Szydłowa, 81), tum quoque Bernardus de Nissa (de quo cf. cod. BJ 318 descr.) codicem hunc possidebant, quod ex notis eorum manibus scriptis plane elicitur, cf. Notas et glossas. Signaturae antiquae: Kucharski: *Textus Magistri Sententiarum cum glossis*; Fasseau: *290* [? f. 3r]; topogr.: *BB IV 43.*

Bibliographica: Wisłocki, Katalog, 371; Glorieux, Répertoire, 2, 215; C. Angotti, Le commentaire des 'Sentences' de Nicolas de Lyre: mises au point, [in:] Nicolas de Lyre, franciscain du XIVe siècle, exégète et théologien, ed. G. Dahan, Paris 2011, 227, 229-233, 241 (Collection des Études Augustiniennes. Série Moyen Âge et Temps Modernes, 48).

KW, LN

1514

Lat., 1514, chart., cm 31,5×21, f. 395+IV.

1. f. 1r-395v: Petrus Lombardus, Sententiarum liber I

[Prol.] —⟨C⟩*upientes aliquid de penuria* ...⟩⟨[f. 3v]... *capitula distinguuntur, premisimus* [in marg.]. [Textus] —⟨V⟩*eteris ac Nove legis continenciam* ...⟩⟨... *quem Deus non voluit.* [*Que ad misterium ... ad consideracionem creaturarum transeamus* – in ed. lib. 2].

Cf. cod. BJ 1512 descr., nr. **1**. Propositio finalis, Martini Biem de Ilkusch manu adscr., in editione ad lib. II pertinet.

2. f. 1r-395v: Martinus Biem de Ilkusch, Commentum marginale in I librum Sententiarum Petri Lombardi

[Com. in Prol.] *Richardus* [in marg.]: —*Penuria dicit defectum substancie exterioris, tenuitas vero defectum substancie interioris ... Gazophilacium locus est, in quo ponitur pecunia ...* —*Quod ibi Magister vellet dicere considerando Sacre Scripture immensibilitatem, quam ad plenum nullus intellectus potest comprehendere* ...[alia manu] ...⟩⟨[f. 3v]... *amicus enim ille est, qui querit abolere vicium, non insultare vicioso. Hec Richardus* [de Mediavilla, Anglicus; Super quattuor libris Sententiarum Petri Lombardi quaestiones, lib. I, Prol.; cf. ed.: Brixiae 1591, 14-15]. [Com.] —*Distinccio prima est de natura Sacre Scripture, de ea fruicione et usu* ...[f. 84v]... *Dis⟨t⟩. X. In diversis proprium est, quod distinguit personam a persona, ut generare* ...[f. 180r]... *Dis⟨t⟩. XX. In hac distinccione, que in 4 capitula distinguitur, ostendit Magister divinarum personarum equalitatem* ...[f. 254r] *Dis⟨t⟩. 30. De nominibus divinis: Aut dicuntur relative* ...[f. 336v]... *Dis⟨t⟩. 40. Richar⟨dus⟩: Predestinacio est presciencia Dei, practica salutis aliquorum* [ed. ut supra, 356] ...[f. 337r]... *Dubitatur:* — *Utrum predestinacio sit actus voluntatis vel intellectus. Pro quo notandum, quod predestinacio potest accipi dupliciter* ...[f. 391v] *Dis⟨t⟩. 48. Voluntas divina dupliciter considerari potest: uno modo ut significatur per modum potencie, alio modo ut significatur per modum operacionis et actus* ...[cf. Thomas de Aquino, Sent., lib. I, dist. 48, art. 1: Respondeo] ...⟩⟨... *et effectum nobis omnibus et specialiter mihi tribuat Dominus Ihesus Cristus, qui cum Patre et Spiritu Sancto vivit et regnat per omnia secula seculorum. Amen. Hec Richardus ⟨de Mediavilla⟩. Finitus est iste liber primus anno Domini 1514 die Mercurii* [...] *Augusti, qui lectus est per concurrenciam continuam et sexa⟨g⟩inta tribus leccionibus a senenciario ad finem peractus, durante sacro Lateranensi Concilio.*

Cf. PSB 2, 68-69; Markowski, Dzieje Teologii, 209-210.

F a s c i c u l i : 1-15^{4+4} (f. 1-120); 16^{5+5} (f. 121-130); 17-46^{4+4} (f. 131-370); 47^{3+3} (f. 371-376); 48-49^{4+4} (f. 377-392); 50^{2+2} (f. 393-396). Custodes in fine fasc.: *primus – 15, 21-49*; ille *39* emendatus in *40*; quidam partim praecisi; in fasc. 29-30, 33 rubri; reclamantes in fasc.: 24, 25 (partim praecisa), 27-29, 31-32, 34-35. Fasciculi 24-45 in angulo dextro inferiore folii ultimi litteris *A – Ÿ* designantur. Chartam humiditate afflictam tenuissima chartula agglutinata firmat, qua re tam custodes quam reclamantes vix leguntur.

S i g n a a q u a t i c a : 1. Var. Piekosiński 1097 (1504), Piccard 2, XVI 441 (1506-1509) f. 1-64, 66-71, 97-104, 121-186; 2. Var. Briquet 13574 (1503) f. 65, 72,

187-372, 375-377, 384, 394-395; 3. Var. Piccard 2, XII 793 (1509-1519) f. 73-96, 105--120; 4. Var. Piccard-Online 126075 (1512 Cracovia) f. 378-383, 385-393, 396; 5. Var. Piekosiński 1114 (1536), f. II. Signis aquaticis carent f. 373-374. Charta codicis a. 1503-1519 in usu erat.

Scriptura et ornamenta: Petri Lombardi Sententiae tribus manibus littera cursiva textuali diligentissime exaratae: 1. f. 1r-138v; 2. f. 139r-186v; 3. f. 187r--395v. Unius columnae schema ca 8-8,5 cm latum stilo ductum, spatia interlinearia glossis inscribendis relinquuntur. Margo inferior latus, lateralis et superior paulo minores. Quaestionum et capitum tituli litteris maioribus inscripti, commentum marginale – Martini Biem de Ilkusch littera currenti, parum legibili, non tamen continuum (cf. Notas et glossas). Loca vacua litteris initialibus inscribendis hic illic occurrunt (e. g. f. 1r, 39r, 52v, 115v, 126r, 303v, 331r, 374v), raro cum eas repraesentantibus (e. g. f. 6r). Rubricatio exilis. Martini Biem de Ilkusch manu in pagina currenti distinctionum sequentium numeri Arabici et Romani Sententiarum Petri Lombardi libri primi atramento exarati.

Notae et glossae: Glossarum maximam partem constituunt Martini Biem de Ilkusch commentum marginale nec non glossa interlinearis Petri Lombardi textus fragmenta selecta declarans. Quibus simul commenti marginalis fontes indicantur, e. g. f. 3r: *Alber⟨tus⟩: Sentencia secundum Avicennam est concepcio definitiva et certissima* ...; f. 4r: *Albertus: Ex hoc innuere videtur* ...; 16v, 79v: *Albertus* ...; f. 22r: *Racio secundum Albertum* ...; f. 117v: *Secundum Albertum* ...; f. 21r: *Nota secundum Petrum de Tha⟨rantasia⟩ et Richardum dis. II* ...; f. 43r: *Nota, ut dicit Allexander de Ales* [!]...; f. 45v: *Hic Hilarius* ...; f. 287v: *Ex omnibus verbis Hilarii* ...; f. 289v: *Et nota, quod Hilarius* ...; f. 83v: *Secundum Bonaventuram Hilarius innuit tale argumentum* ...; 187v: *Dicit sanctus Bonaven⟨tura⟩* ...; 223v: *Nota, ut dicit Bonaventura* ...; 226r, 288r: *Nota secundum Bonaven⟨turam⟩* ...; 312v: *Dicit Bonaventura et Albertus* ...; 233v, 246r, 249r, 386r: *Dicit Bonaventura* ...; 327v: *Notat Bonaven⟨tura⟩* ...; f. 288r *Unde Thomas dicit* ...; 377r, 392v: *Dicit Thomas* ...; 391v: *Thomas* ...; f. 180v: *Richardus: Sub omnipotencia non continentur nisi actus* ...; f. 206v: *Magister hic intendit, quod unitas in Deo* ...; f. 378v: *Richardus dicit, quod bonum esse malum fieri potest dupliciter* ...[cf. dist. 46, art. 1; Respondeo; ed. ut supra, 413] (Martini Biem de Ilkusch scripturam cf. in cod. BJ 1515, 1853, p. 10 sqq., 1964, f. 170r, cod. AUJ 63, p. 42-43). Aliae manus glossae in codicis parte initiali, f. 22r: *Bonaven⟨tura⟩ dicit, quod hoc argumentum presupponit hoc* ...; f. 26r: *In tercio signo queritur* ...; f. 28v: *Augustinus, De differencia spiritus et anime* ...; f. 32v: *Bo⟨na⟩ven⟨tura⟩ assignat in his ordinem* ...; f. 42v: *Secundum Alexandrum* ... Adnotationes breves manus, quae notam de codicis origine exaravit (cf. Cod. orig. et fata): f. 22r supra, 30r, 32r supra. Alia manu posteriore, f. 67v: *Thomas de Arge⟨ntina⟩* ... Accedunt commenti marginalis supplementa plura, minoris momenti, manibus codicem adhibentium variis scripta, e. g. f. 2v-3v, 42r, 51r-v, 53v-54r, 60v, 63r, 66r-68r, 70v-71r, 84v-87r, 96r-v infra, 97v, 109r-111v, 147r-v, 178v-179r, 194r-v, 195v, 210v, 354v-355r. Inter quae inveniuntur manus Nicolai de Schadek notae, e. g. f. 3v, 14r, 82r, 188v (eius scripturam cf. in cod. BJ 1521, f. 1r-9v). Maniculae formae variae raro, e. g. f. 53v rubro, 99v, 290r, 383 rubro.

Compactura primitiva s. XVI quartario primo, in officina compaginatoris 'JL' verisimillime confecta erat, qui inde a s. XV annis septuagesimis usque ad a. 1536 Cracoviae viguit (de quo ipso et officina eius A. Lewicka-Kamińska in ms. BJ Acc. 34/80, p. 231-237 disseruit). Eiusdem officinae compaginatoriae est compactura codicis BJ 1515. Tabulae ligneae crassae, quarum anguli rotundati sunt, corio fusco partim obtectae, cui corio signacula compaginatoria impressa sunt haec: 1. malum granatum, 2. flos artificiosus, 3. ornamentum vitis imaginem exprimens, 4. violae flos quadrifolius circulo inscriptus, 5. cornua parva quattuor cum stella in centro composita, 6. palma. Integumenti anterioris corium lineis ternis in planitiem et bordiuras duas divisum. In planitie signaculi nr. 1 impressiones, cui medio signaculum nr. 2 impressum; inter mala granati autem nr. 6 impressum. Bordiura utraque signaculo nr. 3 impresso decorata, interior – inaurato, partim contrito, quo parum discerni potest. In bordiurae exterioris angulis signaculum nr. 5 impressum, circa dorsi ligamenta floris (?) fragmenta cernuntur. In taenia super bordiuras *PRIMUS SEN* et infra: *TENCIARUM*. Integumentum posterius latiore planitie et bordiura unica distinctum est. In qua planitie signacula similia similiter atque in planitie anteriore impressa, in bordiura autem signacula nr. 2 et 4, in taenia utraque superiore et inferiore signaculum nr. 4. De huius officinae compacturis cf. M. Krynicka, Oprawy introligatora Monogramisty J. L. w zbiorach Biblioteki Czartoryskich w Krakowie, „Rozprawy i Sprawozdania Muzeum Narodowego w Krakowie", IX 1967, 79-96 et tab. VII-XI; cf. etiam de hacce commentatione: A. Lewicka-Kamińska, [in:] „Roczniki Biblioteczne", XV 1971, 363-372 necnon compacturas huius introligatoris plumbo ab A. Lewicka-Kamińska repetitas in ms. BJ Acc. 62/80; codices BJ citat: 557, 574, 576, 1417, 2030, 2036, 2089 – nostri et codicis BJ 745 signaculorum expressorum exempla desideratur. Post renovationem codicis dorsum novum sine decoratione, vetus illud signaculorum duorum impressionibus ornatum erat, de quo notulam cf. infra. Fibularum duarum, quibus codex olim in anteriore tabula claudebatur vestigia. Dorsum paulo convexum, tribus locis ligamentis duplicibus et duobus ligamentis simplicibus externis consutum, codicis capiti e calci fila obsuta et corio obtecta. Volumen non adaequatum. Antefolium chartaceum: f. II (cf. Cod. orig. et fata nec non Signa aquatica nr. 4) et postfolium chartaceum: f. III folia olim integumentorum partibus interioribus agglutinata constituebant; ante- et postfolium chartacea recentia: f. I et IV. In folio integumenti anterioris parti interiori aggl. ab Alexandro Birkenmajer legitur scriptum: *Rękopis i jego oprawę wyrestaurował introligator Jan Wyżga w r. 1936. Dano nowy grzbiet (stary był zdobiony dwoma rodzajami tłoków, mianowicie temi, któremi są wykonane zewnętrzne ramy wycisków, widniejących na okładkach niniejszego rękopisu oraz rękopisu nr 1515), nowe karty ochronne i nowe wyklejki. Dawne wyklejki są wprawione na początku i na końcu rękopisu. Odjęto od tego rękopisu 29 (sic) kart czystego papieru, które się znajdowały przed tekstem i po tekście, a nie należały do właściwego trzonu rękopisu. Karty te, po większej części nadbutwiałe, były to karty przybyszowe, dołączone przez szesnastowiecznego introligatora, bo miały inny (niż reszta kart) znak wodny, a mianowicie podwójny krzyż duchacki (Briquet Nr. 5755).* Inter f. 30 et 31 schedula agglutinata, textu quodam cancellato instructa. Codicis status: Humiditate olim infectae, parte inferiore praesertim, codicis chartae extremitates inferiores putridae factae tenuissimae chartulae ope refectae sunt. Corium dorsi regione rumpi incipit.

C o d i c i s   o r i g o   e t   f a t a : Codex Cracoviae a. 1514 confectus, cf. colophonem in f. 394v a Martino Biem de Ilkusch exaratum nec non inscriptionem in f. IIv: *Liber doctoris Martini de Ilkusch* verisimillime manu, quae notas in f. 22r supra, 24r, 27v supra, 30r, 32r exaraverat. Etiam Nicolaus de Schadek codicem adhibuisse videtur, cf. Notas et glossas. Signatura antiqua topogr.: *CC IV 23*.

B i b l i o g r a p h i c a : Wisłocki, Katalog, 371-372.

KW, RT

1515

Lat., 1515, chart., cm 31,5×21, f. 305+IV.

1. f. 1r-302r: Petrus Lombardus, Sententiarum liber II

Ostendit auctoritate Sacre Scripture unum esse rerum principium, non plura, ut quidam putaverunt. [Textus] —⟨*C*⟩*reacionem rerum insinuans Scriptura* ...⟩⟨[f. 301v]... *nulli potestati obediamus. Continuacio, qua ex II li⟨bro⟩ ad tercium transit. Iam nunc his intelligendis* ...[f. 302r]... *Deo revelante valeamus.* [*Sic enim ordo racionis postulat ... ut Samaritanus ad vulneratum, medicus ad infirmum, gracia ad miserum accedat. Amen 1515* – Martini Biem de Ilkusch (Olkusz) manu adscr.].

Cf. cod. BJ 1512 descr., nr. **1**.

2. f. 1r-302r: Martinus Biem de Ilkusch, Commentum marginale in II librum Sententiarum Petri Lombardi

—*Plato in hoc male posuit, quod materiam sive formam aliud a Deo primum principium esse dixit* ...[Dist. 7; f. 37v]... *Queritur:* —*Utrum liceat uti ministerio demonum. Et videtur, quod sic, quia licitum est invocare auxilium viri peccatoris* ...[Dist. 10; f. 52v] *Nota. Differencia est inter assistere et ministrare, quia assistere est faciem* ⟨*Dei*⟩ *contemplari. Sic assistunt omnes angeli ... Nota secundum Richardum de Me*⟨*diavilla*⟩, *conclusione secunda, quod omnes angelos mitti dupliciter potest intelligi* ...[Super quattuor libris Sententiarum Petri Lombardi quaestiones, lib. II, dist. 10, art. 2, q. 2; ed.: Brixiae 1591, 128] ...[Dist. 20; f. 110v] *Ex quo postquam necessaria fuissent eis ... Sed si queritur, an tunc parvuli nascentur cum vagitu, dicendum secundum Richardum, Thomam, Bonave*⟨*nturam*⟩ ...[Dist. 22; f. 129v]. *Cum queritur, utrum peccatum primorum parentum fuerit ex ignorancia, respondetur per distinccionem* ...[Dist. 30; f. 192r]... [Dist. 40; f. 270v]...⟩⟨... *Alligacio est incepcio curacionis, curacio complecio eiusdem.* [*Finitus est liber iste secundus 42 leccionibus anno Domini 1515, die Mercurii 14 mensis Februarii, que erat feria quarta ante dominicam Esto mihi* [Quinquagesima 18 II]. *Quo tempore fuit generalis tocius Regni Polonie convencio Cracovie de consulenda regni defensa contra Almanos, perniciosissimos Polonorum hostes. Instigante aut pocius virulenta invidie* [?] *machinacione et subordinacione Maximiliani scelerissimi Romanorum Regis indignissimi agente. Qui veluti communis christianitatis hostis etiam scismaticos Valachos, Moszkouitas, Prutenos, Liuones, Thartharos ac ceteras infidelium gentes con-*

citavit contra Regem et Regnum Polonie, tamen Deus optimus et pientissimus Polonorum defensor ex misericordia sua magis dedit notabiles triumphos Regi Polonie contra Valachos anno Domini 1509, ipso die sancti Francisci, ubi omnes fere Valachorum domini fuerunt capti. Item contra Thartharos anno Domini 1512 ipso die sancti Vitalis martyris, ubi XX milia Thartharorum erant per Polonos profligata. Item proximo in Moschos facta est multis seculis memoranda victoria anno Domini 1514 ipso die Nativitatis Marie, ubi ad octoginta milia Moszkouitarum sunt profligata, ex quibus mille cum quingentis sunt capti. Inter quos captivos fuerunt 37 duces et octo supremi voywode, de quo sit Deus gloriosus benedictus in secula seculorum. Amen – Martini Biem de Ilkusch (Olkusz) manu adscr.]. [Alia manu: *Postea reconciliatus fuit idem Maximilianus, rex Romanorum Polonie regi christianissimo Sigismundo in convencione 4[or] regum Vienne anno eodem 1515, 16 Iulii, qui convenerunt et per mensem fere illa convencio duravit, que habuit optimum exitum* – eadem manu notae in f. 282r, 302r nec non notae ad textum et originem spectantes in cod. BJ 1514].

Cf. PSB 2, 68-69; Markowski, Dzieje Teologii, 209-210.

***3.** f. IIr-IIIv (olim f. integ. aggl.): Commentum in Clementinarum lib. III, tit. IX, cap. 1-2

||*⟨con⟩stitucionibus tamen non approbatis per papam ... Mendicancium. Puta monachos albos vel* [...] *vel canonicos regulares ... Discordiarum. Quas seminabant mendican⟨tes⟩ transeuntes ad non mendicantes ... mo*[f. IIv]*nachis, plenus per hoc ... Apostolica. Que in tali casu est necessaria ... Animarum. Quam habere potest suo prelato ... Obtineant. Quibus non privantur per hoc constitucionem supervenientem ...⟩⟨... prima tamen opinio placet hic ple*||

Cf. Corpus iuris canonici, 2, 1165-1166.

XIV ex. (?), Lat., chart., f. 2 una columna disposita scriptura conscripta, marginibus exterioribus latissimis.

F a s c i c u l i : 1^{5+5} (f. 1-10); $2\text{-}7^{4+4}$ (f. 11-58); 8^{5+4} (f. 59-67, f. 61 add.); $9\text{-}37^{4+4}$ (f. 68-299); 38^{3+3} (f. 300-305). Custodes in finibus fasc. 2, 3, 6-11: *secundus, tercius, quartus* (partim praecisus), *sextus – undecimus; 12-37* (12-20 cum emendationibus). Custodes a compaginatore s. XX in paginarum partibus inferioribus prope dorsum plumbo exarati: *1-38*.

S i g n a a q u a t i c a : 1. Var. Piekosiński 1097 (1504), Piccard 2, XVI 441 (1506-1509) f. 1-42, 204-243, 276-305; 2. Var. Piccard 2, XVI 219 (1509) f. 43-60, 62-83, 85-90, 92-139, 164-203; 3. signum in repertoriis non inventum, f. 84, 91; 4. Var.

Piccard 2, XII 794 (1502-1515) f. 140-163, 244-275. Charta a. 1502-1515 in usu erat. F. 61 aliis minus, signo caret. Signum nr. 1 etiam in cod. BJ 1514 occurrit.

S c r i p t u r a e t o r n a m e n t a : Petri Lombardi Sententiae una manu littera cursiva textuali diligentissime exaratae (idem scriba in cod. BJ 1514, f. 139r--186v), excepto fortasse supplemento in f. 61 addito: dist. 12, cap. 1. Unius columnae schema (ca 8-8,5 cm), stilo ductum; spatia interlinearia glossis inscribendis relinquuntur. Margo inferior latus, lateralis et superior paulo minores. Quaestionum et capitum tituli litteris maioribus inscripti, linea rubra interdum distincti, e. g. f. 12v, 27v, 43r. Commentum marginale in textus partes selectas a Martino Biem de Ilkusch littera currenti velocissima, parum legibili non in toto codice inscriptum (cf. Notas et glossas). Hic illic supplementa minoris momenti ab aliis codicem legentibus scripta. Rubricatio in textu et in glossa. Litterae initiali inscribendae in f. 1r locum vacuum relictum. Martini Biem de Ilkusch manu in pagina currenti inconsequenter distinctionum numeri Arabici et Romani atramento nigro, interdum etiam rubro, exarati, cf. i. a. f. 1r-20r, 156r, 158r, 159v, 161r-166r, 222r-234v, 244r-301v.

N o t a e e t g l o s s a e : Glossarum maximam partem Martini Biem de Ilkusch commentum marginale constituit, illo in codice 1514 asservato minus abundans, nec non glossa interlinearis Petri Lombardi Sententiarum libri II fragmenta selecta declarans. Quibus simul commenti marginalis fontes indicantur, e. g. f. 7v: *Nota, quod aliter doctrina fidei christiane et aliter doctrina philosophie humane de creaturis considerat ... Hec Thomas*; f. 13r: *Dicit Bonaventura, quod in angelis sunt gradus simplicitatis, secundum quod sunt in eis gradus virtutis ...*; *Quia quamvis in nullo angelo sit quantitas molis ... Hec Richardus*; f. 26v: *Unde dicit Richardus, quod inter omnes angelos Lucifer fuit creatus nobilior ...*; f. 32r: *Richardus ponit hic unam diffinicionem dicens secundum Bernhardum in libro De arbitrio, quod triplex est libertas ...*; f. 44r: *Illabi. Proprie secundum Thomam, Bonaventuram et Richar⟨dum⟩ ...*; f. 65v, 74r, 104r, 188r, 189r, 197v: *Dicit Petrus de Tharan⟨tasia⟩:...*; f. 66r: *Bonaventura dicit, quod eadem erat materia ...*; f. 66v, 186v, 194v, 222r: *Beatus Thomas ...*; f. 84r: *Nota secundum Bonamventuram ...*; f. 87r, 107r: *Secundum Richardum ...*; f. 90r, 177v, 183v, 187v, 202v, 230v, 244v, 278v, 286r: *Dicit beatus Thomas ...*; f. 91v: *Secundum Thomam ...*; f. 103r: *Secundum Bonaventuram ...*; f. 108r: *Notandum, dicit beatus Thomas ... Et P⟨etrus⟩ de Tharan⟨tasia⟩ ...*; f. 115r: *Notandum secundum Bo⟨nam⟩ve⟨nturam⟩ ...*; f. 120r: *Racionem ponit beatus Thomas ...*; f. 126v: *Nota, quod peccatum mulieris fuit gravius peccato Ade quantum ad libidinem ... Hec ex Bo⟨na⟩ve⟨ntura⟩*; f. 138r, 201v, 210v, 232r, 246r, 257r, 294v: *Dicit Bonaven⟨tura⟩ ...*; f. 138v, 172r: *Nota secundum Richardum ...*; f. 145r, 210r: *Notandum iuxta beatum Tho⟨mam⟩ ...*; f. 184r: *Nota secundum Petrum de Tharan⟨tasia⟩ ...*; f. 200v: *Quia dicit Anselmus ...*; f. 205r: *Ex dictis Francisci Maronis. Unde dum queritur, a quo infligitur causaliter peccatum originale ...*; f. 249v: *Racionem dat Bonaven⟨tura⟩ ...*; f. 281r: *Notandum secundum Petrum de Tharan⟨tasia⟩, qui ponit pulcerrimam distinccionem ...* (Martini Biem de Ilkusch script. cf. in cod. BJ 1514, 1853, p. 10 sqq., 1964, f. 170r, cod. AUJ 63, p. 42-43). Accedunt, similiter atque in cod. BJ 1514, in commenti marginalis parte initiali supplementa manus alterius, i. a. in f. 22r, 26r; f. 1r: *In quo ostendit Deum esse primum principium unicum omnium ...*; f. 2r: *Nota, quod aliqua sunt vera ...*; f. 5r: *Sunt ergo angeli superiores nobis condicione nature ...*; f. 10v: *Opinio Platonis et eciam sanctorum ...*; f. 15r: *Hec opinio heretica est ...*; f. 22v: *Perfectum secundum naturam dupliciter dicitur ...*; f. 29v: *Magister hic elidit errorem Grecorum ...*; f. 34r: *Racio istius est, quia omne, quod demones sciunt ...* In

f. 302r nota manu eadem, quae de codicis 1514 origine scripsit. Inter codicem adhibentium et commentum legentium manus inveniuntur Nicolai de Schadek manus notae, e. g. f. 8v, 61v infra, 73v infra: *Dis. XIIII. Et de operibus ...*, 155v, 177v infra: *Magister per Epilogum concludit ...*, 193v infra, 200v, 203v-204r, 222r, 224r, 228r, 238r (eius scripturam cf. in cod. BJ 1521, f. 1r-9v). De notis manu Stanislai Bylica de Ilkusch cf. Wójcik, Autografy, 106. Maniculae: f. 89r, 188v rubro.

C o m p a c t u r a similiter atque cod. BJ 1514, s. XVI quartario primo, in officina compaginatoria 'JL' verisimillime confecta. Tabulae ligneae, quarum anguli rotundati sunt, corio fusco partim obtectae, cui corio signacula compaginatoria impressa sunt haec: 1. malum granatum, 2. flos artificiosus, 3. ornamentum vitis imaginem exprimens, 4. violae flos sex folia habens, circulo inscriptus, 5. cornua parva quattuor cum stella in centro composita, 6. rosa quadrifolia. Integumenti anterioris corium lineis ternis in planitiem et bordiuram divisum. In planitie signaculi nr. 1 impressiones, quibus mediis signaculum nr. 2 impressum; inter mala granati autem nr. 6 impressum. Bordiura utraque signaculo nr. 5 impresso decorata. In taenia super bordiuram inscriptio: *SECVNDVS SENTENCI,* infra bordiuram taeniae duae. In altera: *ARVM,* iuxta quod rhombi 4 puncto impressi in unum signum compositi, in altera inferius signaculum nr. 4. In posterioris integumenti planitie signaculi nr. 1 impressiones, quibus mediis signaculum nr. 2 impressum; in bordiura signaculi nr. 3 impressiones. Taeniae duae supra et infra bordiuras impressionibus signaculi nr. 4 expletae. De huius officinae compacturis cf. M. Krynicka, Oprawy introligatora Monogramisty J. L. w zbiorach Biblioteki Czartoryskich w Krakowie, „Rozprawy i Sprawozdania Muzeum Narodowego w Krakowie", IX 1967, 79-96 et tab. VII-XI; cf. etiam de hacce commentatione: A. Lewicka-Kamińska, in: „Roczniki Biblioteczne", XV 1971, 363-372 necnon compacturas huius introligatoris plumbo ab A. Lewicka-Kamińska repetitas in ms. BJ Acc. 62/80 (nostri codicis exempla desiderantur). Post codicis renovationem dorsum novum sine decoratione, vetus illud signaculorum duorum impressionibus ornatum erat, de quo notulam cf. infra. Fibularum duarum, quibus codex olim in anteriore tabula claudebatur, vestigia. Dorsum paulo convexum, tribus locis ligamentis duplicibus et duobus exterioribus simplicibus consutum. Volumen non adaequatum. Antefolium (f. II) et postfolium (f. III) chartaceum olim folia integumentorum partibus interioribus agglutinata constituebant (cf. ***3**); ante- et postfolium recentia: f. I et IV. Compactura a. 1936 renovata. In folio integumenti anterioris parti interiori agglutinato legitur ab Alexandro Birkenmajer scriptum: *Rękopis i jego oprawę wyrestaurował introligator Jan Wyżga w r. 1936. Dano nowy grzbiet (stary był zdobiony dwoma rodzajami tłoków, mianowicie temi, któremi są wykonane zewnętrzne ramy wycisków, widniejących na okładkach niniejszego rękopisu oraz rękopisu Nr. 1514) nowe karty ochronne i nowe wyklejki. Dawne wyklejki są wprawione na początku i na końcu rękopisu. Odjęto od tego rękopisu 27 (sic) kart czystego papieru, które się znajdowały po tekście, a nie należały do właściwego trzonu rękopisu; były to karty przybyszowe, dołączone do owego trzonu przez szesnastowiecznego introligatora, bo miały inny znak wodny, a mianowicie zbliżony do Briquet Nr. 3401, 3407, 3408, a więc włoski (wenecki).* Codicis status: Humiditatis vitio chartae (praesertim codicis pars dextra inferior) maculis obsoletis distinctae sunt. Corium dorsi regione rumpi incipit. Ex eadem officina venit cod. BJ 1514 compactura.

C o d i c i s o r i g o e t f a t a : Codex Cracoviae a. 1515 confectus, cf. colophonem manu Martini Biem de Ilkusch in f. 302r exaratum. Etiam inscriptione in f. IIv hoc probatur: ⟨*Liber*⟩ *magistri Martini de Ilkusch sacre theologie professoris etc.* Inter codicem legentes Nicolaus de Schadek quoque fuisse videtur, cf. Notas et glossas. Signaturae antiquae: Fasseau: *593*; topogr.: *CC IV 24*.

Bibliographica: Wisłocki, Katalog, 372.

KW, RT

1516

Lat., XIII ex. vel XIV in., membr., cm 31×22, f. 195+II.

1. f. 1r-195r: Petrus Lombardus, Sententiarum libri I-IV

Incipit Prologus. — Cupientes aliquid de penuria ...)(\[f. 1v\]... *capitula distinguuntur, premisimus. Explicit Prologus. Incipiunt capitula. Quod omnis doctrina est de rebus vel de signis* ...)(\[f. 3r\]... *Utrum passiones sanctorum debeamus velle. Expliciunt capitula primi libri. Incipit liber primus. — Veteris ac Nove legis continenciam* ...)(... *via duce pervenit. Explicit.*

Cf. cod. BJ 1512 descr., nr. **1**. Lib. I: f. 1r-58v; II: f. 59r-106v; III: f. 106v-140v; IV: f. 141r-195r.

f. 195v vacuum.

***2.** f. IIr: Epistula Ioanni de Staniszowicze ab Ioanne de Lathoszin de praebenda recipienda scripta. Fragm.

Magister Iohannes de Stanyszeuicze. — Recepto privilegio aut copia eius prebende sancti Adalberti placeat huc venire, audituri aliqua pro condicione meliori illius serviencia et magistrum Michaelem de Veluny [Wieluń] *faciatis vobiscum venire. Iohannes de Lathoszin.*

XV, Lat., chart., schedulae fragm., olim tessera iuxta f. 141.

Fasciculi: 1-11^{6+6} (f. 1-132); 12^{4+4} (f. 133-140); 13-16^{6+6} (f. 141-188); 17^{4+3} (f. 189-195, post f. 195 unum folium desideratur). Custodes bifoliorum litterarum forma in omnibus fasc. plumbo inscripti: *a-f* et lineolis varie configuratis ornati (folium fasciculi medietatem sequens cruce parva designatum). Reclamantes calamo in finibus fasc. 1-16 exaratae.

Membrana optimae qualitatis, utraque parte polita et dealbata. Hic illic defectus naturales in marginibus, e. g. f. 1, 2, 56, 68, 102, 103, 156, 184; lacunae, e. g. f. 21, 23, 25, 67, 72, 107, 127; suturae vestigia, e. g. f. 18, 164.

Scriptura et ornamenta: Codex una manu s. XIII ex. vel XIV in. exaratus scriptura textuali libraria (cf. Derolez, Palaeography, Pl. 23), diligentissima, circa 46 versus pro pagina. Lineolae prolongatae vocabula inter duas lineas dividunt. Duarum columnarum schema plumbo linea duplici ductum; accedunt columnae separatae glossis inscribendis destinatae, item lineis duplicibus circumcirca ductae. Etiam scripturae versibus destinata lineamenta horizontalia ducta. Margo inferior superiore bis largior. Rubricatio. Litterae initiales rubrae et caeruleae alternae ornamentis opposito colore decoratae. Litteras initiales repraesentantia plumbo inscripta conspiciuntur, e. g. in f. 54r, 59r-60v. In singulorum librorum initiis litterae initiales aliis maiores, coloribus rubro et caeruleo calamo decoratae: in f. 1r *C*, textus lineis 6 aequa, duabus vitibus delineatis decorata, quarum superior marginem superiorem et exteriorem amplectitur. Vocabula initialia: *Incipit Prologus* specialiter decorata. In margine inferiore ornamenta linearia rubro et caeruleo colore depicta. In f. 60v littera initialis *C* textus lineis 6 aequa; in f. 107v *C* textus lineis 5 aequa, in f. 142v *S* textus lineis 4 aequa. Distinctionum et earum capitum tituli rubri, in f. 53v lineae finis textu carens circulis rubris completur. In pagina currenti librorum numeri rubri et caerulei a codicis rubricatore inscripti: in folio verso: *L⟨iber⟩*, in recto: libri numerus.

N o t a e e t g l o s s a e : In marginibus tituli capitum distinctionum et auctores citati manu rubricatoris exarati, e. g. f. 32v, 37r, 57v, 116r. Insuper etiam atramento nigro, interdum et plumbo, distinctionum numeri. Ceterum notae paucae, praesertim plumbo exaratae, e. g. f. 19r, 62r, 135r, 144v, quarum quaedam nigro atramento repetitae, e. g. f. 4v, 30v, 143v-144r, 157v, 165v. Glossa interlinearis in f. 1r. Notae s. XV dimidio posteriore inscriptae in foliis membranaceis integumentis agglutinatis, in anteriore: *Duplex est communitas: racionis ... alia est rei. Persona est individua substancia racionalis.* [Alia manu:] *Sine caritate impossibile est aliquod bonum mereri ...* signum quoque notariale delineatum; in posteriore: *Mutua inexistencia unius* [suprascr.: *rei*] *in alia dicitur circumincessio et proprie ... Essencialiter, personaliter, nocionaliter* [?]. *Apropriatum est, quod est proprium* [suprascr.: *commune*] *omnibus personis ... Proprium est, quod uni persone convenit ... Tamen Pater est Deus ...*

C o m p a c t u r a extra Poloniae fines s. XV confecta; ceteros codices, quorum compacturae simillimae sunt, in descr. cod. BJ 1502 enumeramus. Constat chartis densatis corio olim albo, nunc obscuro facto, obtectis. Codex loris quaternis secum nectis obligabatur: duobus in extremitate longiore et singulis in superiore et inferiore. Horum relicti sunt in anteriore integumento quattuor necnon duo integra et tertium defectivum in posteriore. In anteriore integumento inscriptio quaedam vix legitur: *Petrus* [?] *de* [...] *Textus Sentenciarum.* Dorsum planum, ligamenta quinque duplicia. Inter 2 et 3 ligamentum schedula signaturae numero ornata. Volumen adaequatum. Antefolium membranaceum: f. I, cf. Cod. orig. et fata. Integumentorum partibus interioribus folia membranacea agglutinata notis instructa, cf. Notas et glossas. Chartulae fragmentum manu s. XV conscriptae (f. II), olim iuxta f. 141r, cf. nr. ***2**. Codex bene asservatur. Folia initialia, finalia et compactura a vermibus laesa. Integumenti anterioris corium atramento maculatum.

C o d i c i s o r i g o e t f a t a : Codex s. XIII ex. seu XIV in. confectus, in Gallia verisimillime, quod decorationis ratio et modus indicare videtur. Cracoviae iam s. XV fuit, cf. adnotationem manu s. XV in f. Ir exaratam: *Liber de Libraria theologorum Collegy Maioris.* In f. integ. post. aggl. calami probationes vel notae aliquae: *Benignissimo domino Iohanni et su*[...]. Signaturae antiquae: *Liber illigibilis nro 54*; Fasseau: *198*; topogr.: *CC VIII 17*. In cingulo chartaceo inter folia olim inserto, nunc deperdito: *39* et *36*.

B i b l i o g r a p h i c a : Wisłocki, Katalog, 372.

KW, LN

1517

Lat., 1430-1431, chart., cm 30,5×22, f. 316+II.

f. 1r-13v vacua.

1. f. 14r-22r, 28r-39v, 41r-49v, 53r-231v, 233r-296v: Ioannes Sachs de Norimberga, Principia et Commentum in Petri Lombardi Sententiarum libros I-IV

Sentenciarum M⟨agistri⟩ P⟨etri⟩ Lombardi [in marg. manu XVI s.]. [Invocatio] —*De licencia et permissione venerabilium patrum dominorum ac magistrorum sacre Theologie Facultatis matris mee inclite professorum eximiorum. Ad semper benedicte Trinitatis* ...[Princ. I] —*Et sic tuo adiutorio opus incipiendum perficiat laudabiliter Sanctissime Trinitatis auxilio sic invocato ... quatuor per ordinem habeo in presenti facere actu ... tercio habebo cum venerabilibus dominis et preceptoribus meis, magistris Stephano de Egenburga et Iudoco Kauffman de Hailprunna, baccalariis in theologia et sentenciariis, cum quibus, licet insufficiens, in legendo Sentencias concurram* ...[f. 14v] *Quantum ad primum. Iuxta doctrinam Apostoli Ad Hebreos 13* [, 9] *dicentis: Nolite doctrinis variis et peregrinis abduci, resumo verba* ... —*Solem suum facit oriri super bonos et malos* [Mt 5, 45]. *Reverendi patres, doctores et magistri* ... —*Licet verba thematis nostri a Christo Domino, Redemptore nostro ex utero virginali tempore plenitudinis gracie orto* ...[f. 16r]... *Solem suum ... Que fuerunt verba loco thematis assumpta et, ut audistis, introducta.* —*In quibus quidem verbis: sol splendidissimus, divinalis scriptura. In hoc quadripartito volumine Sentenciarum quasi summarie contenta iuxta 4^or^ parcialium librorum materias* ...[Princ. II; f. 17r] —*Solis iusticie Christi Domini Dei nostri auxilio adiutus ... Prosequendo primum premissorum resumo thema in prioribus principiis meis ...* —*Solem suum facit* ...[Mt 5, 45]... —*Secundum beatum Dyonisium in 4° c⟨apitulo⟩ De divinis nominibus: Sicut lucidissimus planeta Sol radios suos emittit* ...[Princ. III; f. 19r] —*Solem suum facit* ...[Mt 5, 45]... —*Studiose perscrutantibus passus divinalium scripturarum occurret, quod postquam invidia dyaboli* ...[f. 20v]... *Quartum principium ad quartum Sentenciarum pertinens* [rubro]. —*Completis adiutorio Christi Domini, solis iusticie, principiis et lecturis trium librorum Sentenciarum, principiaturus pro presenti in 4um librum Sentenciarum* ... —*Solem suum facit* ...[Mt 5, 45]... —*Licet verba thematis nostri, a Christo Domino prolata, ad litteram sint dicta de materiali Sole* ...[Quaestiones; f. 28r] *Iuxta materiam collacionis moveo questionem* [in marg.]. — *Utrum sol iusticie, Deus, clare visibilis ab hominibus, factor omnium, sit pro redempcione gencium in humana carne temporaliter ortus et in eadem in fine seculi bonos et malos iudicaturus ... Reversurus ad questionem propositam divido eam in 4^{or} articulos iuxta 4^{or} materias principales 4^{or} librorum Sentenciarum ... Prima respiciens materiam primi libri ...: Utrum sol fulgentissimus, divina scilicet essencia, sit a nobis visibilis in hac mortali vita eo modo, quo videtur a sanctis in patria ... Secunda subquestio respiciens materiam secundi libri ...: Utrum primaria Creatoris opera sint facta per temporum intervalla. Tercia questio erit ...: Utrum reparacio humani generis fuerit causa ultimata et precipua, propter quam Christus, sol iusticie, fuit in carne temporaliter ortus ... Quarta subquestio respiciens quartum librum* [f. 28v]...: *Utrum in humana forma Christus Dominus sit bonos et malos in fine seculi iudicaturus. Reservatis 2^{a}, 3^{a} et 4^{a} questionibus ... respondebo nunc ad questionem primo formatam et primum librum ... Quantum ad primum.* — *Sit hec proposicio prima et responsalis ad quesitum: Sol fulgentissimus, divina scilicet essencia, de communi lege non est visibilis a nobis in hac mortali vita* ...[Quaestio 2; f. 34r] — *Utrum primaria Creatoris opera sint facta per temporum intervalla. Quod sic, quia Genesis primo describuntur opera Dei successive facta per dierum intervalla* ...[Quaestio 3; f. 41r] *Quantum ad 2^{m} principale. Quia in primo meo principio in Sentencias iuxta verba thematis movi hanc questionem: Utrum sol iusticie Deus ... reductus fuit ad titulum talem:* — *Utrum reparacio humani generis fuerit causa ultimata et precipua, propter quam Christus, sol iusticie, fuit in carne temporaliter ortus. Ad eius questionis partes utrasque eciam tunc argumentum* ...[Quaestio 4; f. 45v] *Quantum ad secundum principale restat modo expedire quartum articulum, scilicet determinare quartam subquestionem ...* — *Utrum in humana forma sol iusticie, Christus Dominus, sit bonos et malos in fine seculi iudicaturus. Quod questio sit falsa* ...[Com. in Prol.; f. 53r] — *Cupientes aliquid de penuria etc.* — *Huic totali libro* [alia manu suprascr.: *Magister*] *premittit Prologum, in quo tangit causas suscepti operis. Et principaliter tria facit. Primo reddit auditores benivolos, 2° dociles, ibi: Horum igitur Deo odibilem, 3° attentos, ibi: Non igitur debet hic labor* ...[Com. in lib. I; f. 55r]... — *Veteris ac Nove legis etc.* — *Hic incipit tractatus, qui dividitur in 4^{or} libros parciales, quorum primus dividitur in partes 2. In prima parte Magister venatur materiam omnium librorum* ...[Quaestio; f. 56v]... — *Queritur, quid sit frui, scilicet an actus voluntatis, an aliarum potenciarum et an Deo solo* *sit fruendum. Arguitur primo, quod sit solum actus voluntatis* ...[f. 124v]... *Finita est hec Lectura textualis primi libri Senenciarum anno a Nativitate Domini 1430, die sexta mensis Maii, in alma Universitate Studii Generalis in Wienna, principali opido ducatus Austrie, constituta per magistrum Iohannem Sachs de Nurenberg, baccalarium sacre theologie* [rubro]. [Com. in lib. II; f. 125r] *Incipit secundus liber* [rubro]. —*Creacionem rerum insinuans Scriptura.* —*Liber secundus, in quo determinat Magister de rerum creacione et eorum* [!] *ornatu* ...[f. 170r]... *Finita est hec Lectura textualis secundi libri Sentenciarum et completa die septimo mensis Novenbris, anno a Nativitate Domini 1430, in Universitate Studii Generalis Wiennensis, per magistrum Iohannem Sachs de Nurenberga, sacre theologie baccalarium etc.* [rubro]. [Com. in lib. III; f. 173r] —*Cum venit igitur plenitudo temporis.* —*Iste est tercius liber Sentenciarum magistri Petri Lombardi archiepiscopi* [!] *Parisiensis. Et continuatur ad precedentes sic: Postquam Magister determinavit de rebus divinis et creatis* ...[f. 231v]... *Hec Lectura 3^{ii} completa est in alma Universitate Wiennensi anno 1431, in vigilia Annunciacionis B⟨eate⟩ Virginis Marie* [24 III], *per magistrum Iohannem Sachs de Nurenberg, sacre theologie baccalarium formatum.* [Com. in lib. IV; f. 233r] —*Samaritanus enim vulnerato apropians.* —*Hic incipit quartus liber Sentenciarum magistri Petri Lombardi, Parisiensis episcopi, qui ad precedentes libros tres continuatur sic: Postquam in precedentibus libris determinatum est de rebus* ...⟩⟨[f. 296r]... *gloria beatorum, que in Dei visione consistit, ut sicut a Deo incipiens eis doctrina eciam terminetur in Deo, qui est principium, a quo omnia et finis, ad quem omnia ordinantur* ...[f. 296v] *Hec Lectura quarti Sentenciarum ac omnium librorum textualis completa est in alma Universitate Wiennensi, anno a Nativitate Domini millesimo quadri⟨n⟩gentesimo tricesimo primo, die undecima mensis Octobris.* [*Laus Deo ac graciarum accio* – rubro], *per magistrum Iohannem Sachs de Nurenberg, theologie sacre baccalarium formatum ac arcium magistrum.* [Adscr. manu s. XVI]: *121 annus 1551.*

Cf. RS 479 (etiam nr. 334: Henricus Totting de Oyta, cuius commentum exemplar pro Ioanne Sachs fortasse constituit). F. 22v-27v vacua (f. 22v-23r marginum schemate instructa), f. 40r-v vacuum, f. 50r-52v vacua (f. 50r marginum schemate instructum), f. 170v-172v vacua (f. 170v marginum schemate instructum).

2. f. 232r-v: Bulla extravagans de animabus sanctorum

Extravagans Benedicti duodecimi, quod anime sanctorum aut purgate statim post exitum a corpore post Domini ascensionem videbunt essenciam divinam intuitam [rubro]. *Benedictus episcopus, servus servorum*

Dei, ad perpetuam rei memoriam. —Benedictus Deus in donis suis et sanctus in omnibus operibus suis ...⟩⟨*... Datum Avinione IIII Kalendas Februarii* [29 I], *pontificatus nostri anno secundo. Datum est anno Domini 1336.*

Ed.: Mansi, 25, 985-987 (fragm.); Bullarium diplomatum privilegiorum sanctorum Romanorum pontificum. Taurinensis editio, 4, Taurini 1859, 345-347.

f. 297r-316v vacua, f. 297r-304v marginum schemate instructa.

***3.** f. integ. post. aggl. – f. IIv, Ir – f. integ. ant. aggl.: Biblia Hebraica. Fragm.: Num 5, 19-29; 6, 4-18; 6, 23 – 7, 9; 7, 13-27

Cf. BwB Database (accessus 18.12.2015).

XIV, Hebr., membr., rotuli fragm. duo ad libellam recisi et ad perpendiculum secundum partem sinistram columnae sinistrae praecisi: f. integ. post. aggl. – f. IIv (Num 5, 19-29; Num 6, 23 – 7, 9), Ir – f. integ. ant. aggl. (Num 6, 4-18; Num 7, 13-27). Scriptura calligraphica quadrata in Aschenez regione usitata.

F a s c i c u l i : 1^{6+6} (f. 1-12); $2\text{-}3^{7+7}$ (f. 13-40); $4\text{-}26^{6+6}$ (f. 41-316). Custodes numeris Arabicis in initio fasc. 2-25: *2us sexternus – 25*, quidam partim praecisi. Reclamantes in fasc. 5-7, 9-17, 19-24, quaedam partim praecisae.

S i g n a a q u a t i c a : 1. Var. Piccard 2, XII 196 (1429-1431) f. 1-12, 305-316; 2. Var. Piccard-Online 67513 (1424) f. 13-40, 89-136; 3. Var. Piccard 2, XII 629 (1425--1427) f. 41-76, 137-232 (charta eodem signo distincta in cod. BJ 1574, f. 193-228); 4. Var. Piccard 9, VII 492 (1428) f. 77-88 (charta eodem signo distincta in cod. BJ 1574, f. 184-189); 5. Var. Piccard 2, XIII 34-35 (1427-1435) f. 233-304. Charta a. 1424-1435 in usu erat.

S c r i p t u r a e t o r n a m e n t a : Codex pluribus manibus exaratus, attamen in f. 14r-22r, 28r-39v, 41r-49v, exceptis fragmentis paucis in f. 32r, 33v, 49v scriptura autographa Ioannis Sachs de Norimberga. Cuius manus scriptura in aliis quoque codicis locis occurrit, in marginibus praecipue, cf. Notas et glossas. Atramento simplici linea ductum unius columnae schema usque ad f. 88v, inde a f. 89r duarum columnarum. Perforationes schemati ducendo conspiciuntur. Lati margines exteriores et inferiores. Rubricatio copiosa, exceptis f. 41r-45r. Rubricarum modus atque ratio et peculiaris rubra linea crassa, qua textus partes sunt obductae, simillimae in cod. BJ 1574 occurrunt. Litterae initiales: f. 173r: aureo colore depicta littera *C* textus lineis 4 aequa, in area filigranis expleta et circumdata atramento rubro calami ope effectis; f. 233r: praecedenti similis littera *S* colore caeruleo obscuriore depicta textus lineis 7 aequa. Ceterum litterae initiales dimensionibus variis, rubrae, simplices, ornationibus brutis decoratae, e. g. f. 286v, 288v. In pagina currenti in f. 113r, 120r, 125r-136r, 145r-148r, 153r, 160r, 163r-167r, 195r-202r, 206r-207, 209r-213r, 215r-216r, 221r-222r, 228r, 230r, 235r, 241r-242r, 244r-246r, 270r-273r, 275r, 277r-280r, 282r-283r, 287r-289r distinctionum et librorum numeri rubri. Quae omnia eadem manu atque in cod. BJ 1574 inscripta sunt. Tituli et colophones litteris maioribus, rubris saepissime seu nigris, lineola rubra infra ducta vel circumscripta.

Notae et glossae: Adnotationum emendationumque pars maior ab Ioanne Sachs de Norimberga scripta esse videtur. Legitur in f. 20v textus supplementum, quod sequitur: *cum quo licet indignus concurro in lectura Sentenciarum.* Ex quo assumere licet cum certitudine, quod nemo quam textus auctor huius modi adnotationem fecisse potuit. Quoniam autem adnotationem istam textus scriba evidenter exaravit, ergo assumere licet eundem Ioannem Sachs de Norimberga fuisse. Huic et cod. BJ 1574 signa peculiaria plurima scripta sunt, quibus textus falso loco exaratus designatur, qui alibi transponendus est, e. g. f. 33v [illegible], 37r [illegible], 59r [illegible], 63r [illegible], 79v [illegible]; in f. 186v: rubro: *Sequens glosula pertinet ad tale signum*: corona clausa delineata littera B ornata. Accedunt in marginibus distinctionum numeri, e. g. f. 144v, 146v, 241r, vocabula scriptorum materiam indicantia rubro et nigro atramento scripta, e. g. f. 75v, 80r-81v, 87r-88v; textus supplementa et emendationes, e. g. 79v-80v, 96v, 102r, 142r, 144r, 145r; auctoritates, loci ex Sacra Scriptura, e. g. f. 28r, 233r, 260r. Notae productiores, e. g. f. 75v: *Dubitatur, quare in littera dicitur, quod Spirtus Sanctus amor est caritas sive dilectio Patris* ...; f. 83r: *Nota: Due sunt processiones, scilicet processio Filii et processio S⟨piritus⟩ S⟨ancti⟩* ...; f. 96r: *Ex tota distinccione* 21^a *habetur summarie primo, quod dicendo solus Pater est tantus, quantum sunt illi tres* ... Notae et emendationes Ioannis Beber de Osswyanczym manu scriptae, e. g. f. 287r, 296r (eius scripturam cf. in cod. BJ 263, f. 24v de a. 1457 et BJ 1918, f. 39v). Maniculae, e. g. f. 190v--191r, 279r, 282v. Adscriptio s. XVI facta in f. 260r: *Distinctio 18.*

Compactura in Austria, similiter atque cod. BJ 1574, confecta esse videtur. Codex tempore aliquantulo sine compactura fungebatur, quo factum est, ut chartae exteriores fasciculorum obsoletae factae sunt: f. 53r, 124v-125r, 172v-173r. Manu, quae Ioannis Sachs de Norimberga esse videtur, in folio integ. ant. aggl.: *Lectura textualis librorum Sentenciarum.* Compactura tabulis ligneis oblique praecisis constat corio cervino, ornamento lineari simplici decorato, albo olim, nunc obscuriore et vehementer detrito facto, obtectis. Fibularum metallicarum et cingulorum coriaceorum duorum, metallo praefixorum, quibus codex olim in anteriore integumento claudebatur, clavi aliquot vestigiorum vice exstant, item umbonum quinorum in utroque integumento nihil nisi vestigia. In corio integumenti anterioris rubro obscuriore facto colore inscriptio mutila: *Lectura ⟨tex⟩tualis librorum ⟨Sentenciarum⟩* (cf. cod. BJ 1574, ubi simili loco et colore inscriptio). Dorsum paulo convexum, ligamenta quattuor duplicia, codicis capiti et calci funiculi obsuti. Volumen adaequatum, anguli rotundati. Integumentorum partibus interioribus folia agglutinata, in qua leguntur Hebraica scripta, cf. nr. ***3**. Ante- et postfolium incompleta cum foliis integumentis agglutinatis singulas efficiunt chartas, cf. nr. ***3**. Schedulae oblongae membranaceae fasciculorum suturam munientes litteris Latinis s. XIV conscriptae, in solis fasc. 19-20 (f. 226-227, 238-239) vacuae. Schedulae similes insutae sunt etiam locis, ubi tabulae integumenti cum dorso coniunguntur. Schedula parva – tessera iuxta f. 191/192 invenitur. Codicis status: Anno 2015 in Bibliothecae Jagellonicae conservatorum pergula tabulae utrique corium novum, ubi deficiebat, suppletum est, quoniam veteris illius fragmenta asservata vehementer demolita, detrita, defectivaque erant. Tabulae dissolutae in statum pristinum refectae sunt. F. 5r, 6r rimis variis, creta lutei coloris delineatis, turpata.

Codicis origo et fata: Codex a. 1430-1431, Vindobonae conscriptus, continet Principia et Commentum in Petri Lombardi Sententias Ioannis Sachs de Norimberga (cf. de eo RS 479; Die Akten der theologischen Fakultät der Universität Wien (1396-1508), hrsg. P. Uiblein, 1, Wien 1978, 669; Die Matrikel der Universität

Wien, 1: 1377-1450, Graz, Köln 1956, 122), eidem etiam proprius fuit. Ab eodem quoque partim conscriptus esse videtur, cf. Script. et ornam. et Notas et glossas. Scriptura Ioannis Beber de Osswyanczym probari videtur codex Cracoviae iam circa a. 1470 fuisse, cf. Notas et glossas. In f. integ. post. aggl. XVI s. manu: *Io⟨annes⟩ Ryczywol in Lazany*, qui fortasse idem est atque Universitati Cracoviensi a. 1534 inscriptus Ioannes Sandivogii de Ryczyvol, cf. Metryka 1509-1551, 186 (1534e/037); *Bartholus Rasrzkowsky, baccalarius arcium, habet altare s. Alexii* – Bartholomaeus Martini Rassowski, Universitati Cracoviensi a. 1534 inscriptus, cf. Metryka 1509-1551, 235 (1543e/012). Signaturae antiquae: topogr. *CC IX 18* manu I. G. Bandtkie in f. integ. ant. aggl., insuper in frustulo quadrati forma ibidem aggl.: *16.* In cingulo chartaceo inter f. 171/172 olim inserto: *340*, et ibidem in parte inversa numerus antiquior: *24.*

B i b l i o g r a p h i c a : Wisłocki, Katalog, 372; RS 479; L. Nowak, O dwóch rękopisach Jana Sachsa z Norymbergi w Krakowie, „Przegląd Tomistyczny", XXI 2015, 365-378.

AK, LN

1518

Lat., 1428, chart., cm 30×21,5, f. 415+II.

1. f. 1r-10v: Benedictus Hesse de Cracovia, Principium in I librum Sententiarum Petri Lombardi

[Recom. Sacrae Scripturae. Absque initio] ⟨—*In nomine Sancte et Benedicte Trinitatis atque semper individue Patris et Filii et Spiritus Sancti ... Act. 17* [, 28]. —*Ad laudem et honorem Iesu Christi, in cuius nomine omne genu flectitur ...*⟩ *Amplius, fili mi, ne requiras faciendo plures recommendaciones* [*libros* – suprascr. manu Benedicti Hesse de Cracovia; Eccle 12, 12]. *Qua igitur presumpcionis temeritate me deberem ingerere ad recommendandum Sacram Scripturam ... Ad cuius prosecucionem repeto thema meum, quod assumpseram in legendo cursum:* —*Misit verbum suum et sanavit eos. Sic scribitur Psalmo CVI^{to}* [, 20]. *Venerabiles magistri, patres ac domini prestantissimi.* —*Quanta mala inflicta sunt homini propter inobedienciam et transgressionem divini precepti ...*[f. 3v]... *In quibus quidem verbis sic ruditer introductis iuxta materias parciales huius libri Sentenciarum, que in 4^{or} libris parcialibus pertractantur, 4^{or} innuuntur: Primo innuitur immense divinitatis mira altitudo et hoc quoad primum librum; 2° tangitur nostri Creatoris ponderanda bonitas et hoc quantum ad materiam 2^{i} libri; 3° perpenditur divina sapiencia ruine generis humani restaurativa et hoc quoad 3^{m} librum; 4° subiungitur perfecte sanitatis restitucio et hoc quoad 4^{m} librum ... ecce altitudo immense divinitatis, de qua primus liber considerat, in quo magister Petrus Lombardus nacione, alias Comestor dictus* [! cf. J. de Ghellinck, Le Mouvement théologique du XIIe siècle, Bruge 1948, 213-214, 285 (repr. Bruxelles 1969)], *determinat septem et secundum hoc divido ipsum in septem partes. In prima parte ostendit, de quibus agit hec sciencia* ...[f. 4r]... *In 7^{a} parte agit de quibusdam, que dicuntur de Deo altissimo secundum essenciam* ...⟩⟨[f. 4v]... *qui verbum meum audit et credit, habet vitam eternam. Quam nobis prestare dignetur missus in mundum pro redempcione generis humani, qui est benedictus in secula seculorum. Amen.* [Quaestio. Absque fine] — *Utrum viator per studium sacre theologie possit ad evidenciam veritatum theologicarum de communi lege pervenire. Et arguitur ad partes questionis, et primo, quod questio sit vera per studium theologie* ...⟩⟨[f. 10v]... *condempnant falsitates hereticorum, quanto sunt articulis fidei magis difformes, igitur corrolarium verum. Consequencia tenet, quia ista est potissima condicio principiorum*||

Cf. Włodek, Krakowski komentarz, 143-144: „Kwestia z wykładu wstępnego jest napisana na podstawie analogicznej kwestii wstępnej Konrada z Ebrach" („Quaestio Principii composita est secundum quaestionem analogicam Conradi de Ebrach"), cf. cod. BJ 1279, f. 2r-7r, ubi huius auctoris commentum legitur scriptum, cf. RS 170. In cod. nostro desiderantur principii initium et quaestionis finis, quae in primi fasciculi foliis exterioribus deperditis exarata erant. Textus completus in cod. BJ 1538, f. 1v-4v.

2. f. 11r-14v: De causis Sententiarum Petri Lombardi et recommendatio theologiae

—*Antequam veniatur ad explanacionem Prologi, primo aliqua premittenda sunt de causis huius libri, prout in aliis libris dici consuetum est, quia uniuscuiusque rei perfecta cognicio habetur ex cognicione suarum causarum ... Et ideo primo videndum est de causa efficiente. Unde causa efficiens prima et principalis secundum Pe⟨trum⟩ de Thar⟨antasia⟩ est Deus ... Nam ipse Deus est auctor principalis tocius Theologice Facultatis dicens omnem veritatem ... Sed causa secundaria et remota sunt prophete et apostoli et alii auctores, sacri canonis materiam et fundamentum operis, scilicet Sacre Scripture verba ministrando. Causa propinqua, sed non immediata, expositores catholici, ut Ieronimus, Augustinus et ceteri, materiam preparando et quasi colligendo, id est Scripture Sacre verba diligenter exponendo. Causa autem propinqua et immediata dicitur fuisse* [supra adscr.: *secundum B⟨ona⟩v⟨enturam⟩*] *quidam magister Petrus Lombardus nacione, alias dictus Comestor, doctor theologie, postmodum Parisiensis episcopus, formam ultimam et complementum introducendo et volumen compilando. Alii tamen dicunt Magistrum hystoriarum fuisse cognominatum Comestorem ... Et hic Petrus refertur duos habuisse fratres magne literature: Gracianum et Vincencium, quorum primus Decretum et alter Scolasticam composuit hystoriam* [cf. infra nr. **3**]. *Et has qua-*

tuor causas Magister tangit in prologo ...[f. 11v]... *Ex quo patet, quod ipsa est communissima, altissima et finis omnium aliarum scienciarum* ...[f. 12r]... *Causa autem finalis et finis huius sciencie est unus finis ultimus, qui est Deus. Sed fines intermedii sunt plures, sine quibus ad illum finem ultimum non pervenitur. Horum unus est in patria et est beatitudo creata* ...[cf. infra nr. **3**] *Causa formalis consistit in divisione, de qua post dicetur et in modo procedendi consistit, qui est multiplex* ...⟩⟨[f. 12v]... *ubi innuit, quod aliter instruendi sunt simplices et aliter parvuli, et aliter adulti perfecti* [cf. cod. BJ 1525, f. 12v-14v]. [Quaestio] —*Utrum preter sensum litteralem in verbis Sacre Scripture sensus alii sub dictis verbis latentes sint ponendi. Et arguitur primo, quod non. Sacra Scriptura ordinata est ad hoc, ut det legentibus agnicionem divine voluntatis* ...⟩⟨[f. 14v]... *secundum certas proprietates et consideraciones, quales sunt sensus Sacre Scripture, qui ad utilitatem fidelium, ut supra dixi, sunt distincti.*

Cf. RS 383; Włodek, Paweł z Pyskowic, 144, 158. F. 12v-14v cf. etiam ed.: Włodek, Krakowska kwestia, 75-81. Idem textus in cod. BJ 1604, f. 7r-11v; ead. quaestio in cod. BJ 1394/1, f. 12r-16r. Textus hic, quae est introductio in commentum super Sententias, una cum quaestione principium separatum constituisse non impossibile videtur. Textus de causis cum sequenti (nr. **3**) partim congruit.

f. 15r-19v vacua, f. 15v linearum schemate instructum.

3. f. 20r-v: De causis Sententiarum Petri Lombardi

—*De causis huius libri, prout in aliis libris dici consuetum est, primo est dicendum de causa efficiente, materiali, finali et formali. Causa efficiens principalis Deus est, qui tamquam agens primum et principale, sine quo nichil fieri potest, concurrit ad omnem effectum et presertim ad scienciarum edicionem, quia ipse est veritas docens omnem veritatem. Causa efficiens dans huic compilacioni operam tamquam causa instrumentalis et secundaria dicitur fuisse quidam magister Petrus nacione Lombardus, alias dictus Comestor ... Vincencius Scolasticam composuit historiam* [cf. supra nr. **2**]. *Causa materialis, de qua principaliter agitur in hoc volumine, consistit in subiecto. Et quia materia huius libri generalis est ad totam theologicam facultatem, quia in ipsa scrutantur veritates fidei generaliter ... De subiecto autem huius sciencie dicit beatus Thomas prima parte Summe, questione prima, articulo VII°, quod Deus est subiectum huius sciencie ... Causa finalis et finis huius sciencie est unus finis ultimus, qui est Deus. Sed fines intermedii sunt plures, sine quibus ad illum finem ultimum non pervenitur. Horum unus est in patria et est beatitudo creata* ...[cf. supra nr. **2**] *Causa formalis consistit in forma et modo procedendi et in divisione libri, de qua dicetur in agressu littere. Et* *has causas omnes tangit Magister. I^a. Queritur, utrum Magister debuit aggredi hoc opus. Et videtur, quod non, quia ipse visus est in hoc opere scrutari maiestatem Dei, quod videtur themerarium ...)(... Propter has et alias raciones Magister debuit hoc opus aggredi modo disputativo.* [*Item, si sic ... utitur Sacra Scriptura ad manifestandum aliqua, que tradunt in ea* – in marg. sup. manu Petri Briger de Cracovia].

Idem textus in cod. BJ 325, f. 130r (Sigismundus de Pyzdry) usque ad vocabula: *de qua dicetur in agressu littere*; 1538, f. 5r in marg. inf.

4. f. 21r-411v: Petrus Lombardus, Sententiarum liber I

[Prol.] —*Cupientes aliquid de penuria ...)(*[f. 25r]*... capitula distinguuntur, premisimus.* [Textus; f. 25v] —*Veteris aç Nove legis continenciam ...)(... quem Deus* [*non* – suprascr.] *voluit.* [*Que ad misterium ... ad consideracionem creaturarum transeamus* – in ed. lib. 2].

Cf. cod. BJ 1512 descr., nr. **1**.

5. f. 20v-412v: Benedictus Hesse de Cracovia, Commentum in I librum Sententiarum Petri Lombardi et Quaestiones ex Commento 'Utrum Deus gloriosus' depromptae

[Com. in Prol.] —*Cupientes aliquid.* —*Iste liber dictus Sentenciarum prima sui divisione dividitur in tres partes: in prologum, tractatum et epylogum ... Iste prologus subdividitur in tres principales, quia secundum Bohecium, De disciplina, ad discipulum bonum tria requiruntur ... aliquid preroganti per doctrinam et scripturarum declaracionem* [id. textus in cod. BJ 1538, f. 5r]. [F. 21r in marg.] —*Cupientes.* —*In hoc notatur prima causa movens ad compilacionem huius operis ...)(*[f. 25r]*... ut studens in hoc libro quasi in registro faciliter inveniat desideratas materias. Et illud registrum incipit omnis doctrina et in aliquibus libris sequitur prologum, in aliis precedit ipsum, de quo non est magna cura.* [Com.; f. 25v] —*Veteris ac Nove.* —*Finito Prologo incipit tractatus, qui dividitur in tres partes. In prima premittit Magister divisionem unam prohemialem ad totum tractatum sequentem ...*[In marg. sup.:] *Iste liber seu tractatus dividitur in 4^or libros parciales ...*[supra manu Benedicti Hesse:] *Postquam Magister premisit prohemium, in hac parte consequenter accedit ad tractatum, in quo Magister determinat de Deo, secundum quod est principium nostre restauracionis ...)(*[f. 411r]*... per accionem Iudeorum malam, non per voluntatem christianorum bonam.*

[F. 37r: Quaestiones ex Commento 'Utrum Deus gloriosus' depromptae]. —*Utrum Deus gloriosus sit solus obiectum ordinate fruicionis in patria et hic in via. Quod non probatur: Illud, quod est per se bonum, est obiectum beate fruicionis* ...[f. 229r-v alia manu adscr.:] *Circa distinccionem 23am queritur: — Utrum in divinis nomen persone predicetur pluraliter vel singulariter. Et arguitur, quod non possit dici 3es persone* ...[f. 411v]... *— Utrum teneamur in omnibus nostras voluntates divine conformare. Quod non ...)(... in finem beatificum ordinatur. Quem, ut omnes adipisci valeamus, nobis concedere dignetur ipsa beata Trinitas, Pater et Filius et Spiritus Sanctus, unus Deus in secula seculorum benedictus. Amen.*

Cf. RS 1055; Półtawski, Communis lectura, 24-26 (index quaestionum); Włodek, Krakowski komentarz, 130-131, 142-144; Markowski, Pierwsi bakałarze, 290-291; Id., Dzieje Teologii, 139-140, 195, 201; Scripta manent, 295-297 (Anonymi Pragensis index quaestionum); Zega, Filozofia Boga, 153; Kałuża, Podręcznik teologii, 235-254. Ed. Quaestionum (lib. I): Włodek, Krakowski komentarz, 166-253. Unamquamque distinctionem Quaestiones Commenti Pragensis 'Utrum Deus gloriosus' sequuntur. Uncis includuntur foliorum numeri pristini, in quibus quaestiones libri I in cod. BJ 1518 leguntur, f. 37r-v (olim 33r-v), 45r-46r (41r-42r), 58r-v (53r-v), 63v-64r (57v-58r), 77r--78r (71r-72r), 82r-83r (76r-77r), 89v-90r (82v-83r), 101v-102r (94v-95r), 111v-112v (103v-104v), 118v-119r (109v-110r), 124v-125r (114v-115r), 129v-130v (119v-120v), 136r-137r (126r-127r), 144r-v (134r-v), 154v-155v (144v-145v), 161r-162r (151r-152r), 177v-178v (167v-168v), 187v-188v (177v-178v), 205r-v (195r-v), 209v-210v (199v--200v), 220v-221r (210v-211r), 234r-v (224r-v), 243v-244r (233v-234r), 252r-v (242r--v), 258v-259r (248v-249r), 267r-v (256r-v), 277r-278r (266r-267r), 287r-v (276r-v), 295r-296r (284r-285r), 304r-305r (292r-293r), 318r-v (306r-v), 325v-326v (312v-313v), 338v-339r (325v-326r), 345r-v (332r-v), 350v-351r (337v-338r), 357v-358r (344v--345r), 372v-373r (358v-359r), 379v-380v (365v-366v), 392r-v (378r-v), 402v-403r (388v-389r), 407r-408r (393r-394r), 411v-412v (397v-398v). De ceteris BJ codicibus, ubi eaedem quaestiones asservantur, cf. cod. BJ 1435 descr. nr. **5**. F. 26v, 116v, 303v, 364v vacua.

6. f. 412v-413r, 415r: Notae

Gregorius de Arimino [Rimini] *dicit: Si alicui revelaretur sua dampnacio et hoc sibi constaret, ipse sciens Dei voluntatem deberet contentari et velle, quod cum Deus dampnaret ...)(... et post hanc vitam eternam consequeretur beatitudinem, quam ut omnes adipisci valeamus* [id. textus in cod. BJ 1533, f. 267v]. [F. 413r] *Hylarius in libro De synodis* [*III* – suprascr.:] *Si quis innascibilem et sine inicio dicat filium quasi duo ...)(... secundum creaturas voluntatis essenciam. Hylarius in libro De synodis IV: Minus forte expresse videtur de indifferenti similitudine Patris et Filii fides locuta esse ...)(... in utroque nature indissimilem substanciam predicetur.* [F. 415r] *Augustinus in libro LXXX°III° Questionum: Cum sapiens Deus dicitur ...)(... sed melius istam questionem in libro postea De Trinitate tractamus.*

7. f. 413v-414v: Quaestio de libero arbitrio

— *Utrum quilibet homo habens usum liberi arbitrii teneatur voluntatem suam conformare divine voluntati. Et arguitur ad partes questionis, quod questio sit falsa* ...)(... *non sit conformitas proporcionis, est tamen conformitas proporcionalitatis et imitacionis.*

Cf. M. Steinmann, Die Handschriften der Universitätsbibliothek Basel, Register zu den Abteilungen A I – A XI und O, Basel 1982, 323.

F a s c i c u l i : 1^{5+5} (f. 1-10, olim sexternio, quod de textu defectivo liquet, cf. supra nr. **1**); 2^{5+4} (f. 11-19, post f. 17 unum folium desideratur); 3^{8+7} (f. 20-34, f. 22, 26, 29 minorum dimensionum add.); 4^{7+6} (f. 35-47, f. 36 minorum dimensionum add.); 5^{7+7} (f. 48-61, f. 50, 59 minorum dimensionum add.); $6\text{-}7^{6+6}$ (f. 62-85); $8\text{-}9^{7+6}$ (f. 86-111, f. 88, 103 minorum dimensionum add.); 10^{7+7} (f. 112-125, f. 116, 121 minorum dimensionum add.); $11\text{-}21^{6+6}$ (f. 126-257); 22^{7+6} (f. 258-270, f. 260 minorum dimensionum add.); $23\text{-}24^{6+6}$ (f. 271-294); 25^{6+7} (f. 295-307, f. 303 minorum dimensionum add.); 26^{6+6} (f. 308-319); 27^{7+6} (f. 320-332, f. 321 minorum dimensionum add.); $28\text{-}29^{6+6}$ (f. 333-356); 30^{6+7} (f. 357-369, f. 364 minorum dimensionum add.); $31\text{-}33^{6+6}$ (f. 370-405); 34^{5+5} (f. 406-415, post f. 408 et 411 singula folia desiderantur). Custodes duos fasc. initiales (Principia) non complectuntur, qui tempore, quo codex compigeretur, adiuncti esse videntur. Custodes inde a fasc. octavo: 8, 10 nr. *6, 8* (in fine in angulo sinistro inf.), 11-12 nr. *9-10* (in initio in angulo dextro inf. et in fine), 13 nr. *11* (in initio), 14-15 nr. *12-13* (in fine), 16 nr. *14* (in initio et in fine), 17 nr. *15* (in fine), 18 nr. *16us* (in fine), 19--20 nr. *17-18* (in fine), 21 nr. ⟨*1*⟩*9* (praecisus, in fine), 22-27, 29 nr. *20-25*, *27* (in fine), 30-31 nr. *28-29* (in initio et in fine), 32 nr. *30* (in fine), 33 nr. *31* (in initio). Reclamantes in fasc. 3, 5-33, quaedam paulo praecisae. Folia addititia volumini adsuta, ceteris plus minusve minora, manibus s. XV-XVI conscripta (cf. Notas et glossas). Foliatio nostra etiam minimas schedulas addititias complectitur.

S i g n a a q u a t i c a : 1. Var. Piccard 2, XI 109 (1416-1426) f. 1-19, 62-87, 89-102, 104-115, 117-120, 122-259, 261-302, 304-320, 322-363, 365-415; 2. Var. Piccard 2, XII 448 (1424, 1425) f. 20-21, 23-25, 27-28, 30-35, 37-49, 51-58, 60-61. F. 13 cum signo aquatico tum quoque altera bifolii parte caret. In ultimo fasc. f. 409 et 412 signis distincta, f. 407 et 414 signis carent. Absque signis etiam folia minora: 22, 26, 29, 36, 50 (fragm. signi nr. 1), 59, 88, 103, 116, 121, 260, 303, 321, 364 (cf. Fasc.). Signum nr. 1 quoque in cod. BJ 1519.

S c r i p t u r a e t o r n a m e n t a : Petri Lombardi Sententias et Commentum in eas, Communis lectura Pragensis dicta, una cum glossa marginali et interlineari (quae maximam partem linea rubra est designata) et quaestiones additas ex commento 'Utrum Deus gloriosus' dicto quibusdam chartis omissis (cf. infra) exaravit Matthias de Konarske, cuius scriptura in colophonibus cod. BJ 1519, f. 353v et 1531, f. 315r obvenit (Matthias Pauli de Konarske, a. 1426 albo Universitatis Cracoviensis inscriptus, in Andreae de Kokorzyno rectoratu secundo, cf. Metryka, 1, 130 (26/092), artium liberalium baccalarius a. 1428 in decanatu magistri Nicolai de Brega, cf. Najstarsza księga promocji, 28/10; cf. etiam A. Gąsiorowski, Notariusze publiczni w Wielkopolsce schyłku wieków średnich. Katalog admisji w Gnieźnie i w Poznaniu 1420-1500, Poznań 1993, 45, nr. 381). Scriptura diligentissima, una columna disposita, marginibus atramento ductis. Sententiarum textus litteris maioribus (commenti – bis minoribus exaratus), in paginae columna centrali, schemate angustiore, scriptus, cuius spatia vacua relicta textus supplendi possibilitatem praestabant. Litteras initiales rubro ab illuminatore exsequendas repraesentantia atramento nigro inscripta in mediis illis adhuc conspiciuntur, e. g. f. 38r, 112v, 114r, 152v, 216r, 319r. Petrus Briger de Cracovia haec diligentissime conscripsit folia: 1r-10v, 216v-222r, 412v: *Gregorius de Arimino dicit: Si alicui revelaretur sua dampnacio ...*, 413v-414v (cf. etiam Notas et glossas; de eo cf. cod. BJ 675 descr.; eius script. cf. in cod. BJ 1519, 2013). Alius scriba textum in f. 11r--14v exaravit, qua parte Benedictus Hesse verisimiliter non utebatur. Etiam alius f. 229r partem inferiorem et 229v conscripsit: *Circa distinccionem 23^am^ queritur* ...[cf. supra nr. **5**]. Benedictus Hesse manu propria in aliquantis schedulis addititiis nec non in glossis marginalibus commentum adimplevit (cf. eius script. in cod. BJ 1365, f. 20v, Notas et glossas). Accedunt notae plurimae variarum manuum codicem versantium (similiter in cod. BJ 1519 et 1531, cf. Notas et glossas). Rubricatio in codice exigua: distinctionum tituli, quaestiones, auctoritates citatae. Litterae initiales simplices, maiores minoresque rubrae, e. g. f. 26v, 58v, 313v, hic illic rubro et nigro atramento inscriptae, e. g. f. 21r. In pagina currenti distinctionum numeri rubri leguntur.

N o t a e e t g l o s s a e : Notae marginales et glossae interlineares incontinuae diversarum manuum in Sententiarum partes selectas textum ex omni parte circumcingunt. Quae sunt praesertim excerpta ex operibus s. Augustini nec non ex commentis in Sententias Thomae de Aquino, Alberti Magni, Bonaventurae, Petri de Tarantasia. Inter quaestiones adiunctas, quae constituunt commentum 'Utrum Deus gloriosus' dictum, obveniunt hic illic notae breves, saepissime introductae illo: *nota, conclusio, correlarium*, e. g. f. 37r-v, 45v-46r, 101v, 161v, 221r, 277v, 346v, 407v, 412r. In plurimis foliis commentum in Sententias Petrus Briger de Cracovia supplevit (cf. de eo Script. et ornam.), f. 13v: *Nota. Sensus hystoriacus est rei geste narracio* ...; 29v infra: *Et ex hoc potest solvi* ...; 30r: *Notandum secundum b⟨eatum⟩ Th⟨omam⟩* ...; 38v supra, 116r: *Dubitatur, utrum Pater et Filius sint unum principium Spiritus Sancti vel duo* ... (ante Benedictum Hesse scripsit); 121v: *Unde Greci non confitebantur* ... (haec post alium scribam exaravit), 122v: *Sciendum secundum Hanshelmum* [!], *quem allegat b⟨eatus⟩ Tho⟨mas⟩ et Bo⟨na⟩ven⟨tura⟩: Omnis veritas* ...; 128r: *Item dicit b⟨eatus⟩ Tho⟨mas⟩* ...; 132v-133r, 144r infra, 151r, 155v, 156v, 158v, 185v: *Dicit Pe⟨trus⟩ de Tar⟨antasia⟩* ...; 218v: *Bonaventura hic notat* ...; 226r, 230v-231r, 280r-v, 306r-308r, 314v-316v, 323v, 325r: *Nota: Secundum Pe⟨trum⟩ de Tar⟨antasia⟩ ydea in Deo secundum rem nichil aliud est quam ipsa divina essencia* ...; 325v, 326v-328r, 329v-330r, 331v-335r, 337r, 341r-v, 347r, 354v, 360r, 363r-364r, 365v-366r, 401v-402r, 405v.

Benedictus Hesse in aliquot schedulis addititiis nec non in glossis marginalibus, cf. f. 20r, 22r-v (f. add.): *Dubium: Quare Magister magis est accensus quam carnales et animales homines* ..., 24r-v, 25v supra, 36r-v (add.), 45v infra, 51v, 58r infra: *Correlarium primum ad primam conclusionem* ..., 116r adscr. infra (add.), 119v, 122v, 125v, 128r, 131r, 137v, 141v, 145r, 146r, 154r, 158r, 159r-v, 286r, 323r, 367r, 411v.

Ioannes de Slupcza (Słupca), f. 381r: *Solucio Magistri stat in hoc* ...; 396v, 398v (eius script. cf. in cod. BJ 1347, f. 1r-43r a. 1446, cf. colophonem in f. 43r; cf. etiam i. a. in cod. BJ 1240, 1241, 1416, 1639, 2099; de eo cf. cod. BJ 324 descr.; licentiatus in theologia a. 1451, theologiae doctor a. 1452; cf. etiam Ioannes de Slupcza, Puncta super libros Metaphysicae Aristotelis (Editio critica), wyd. i wstępem opatrzył M. Socała, „Acta Mediaevalia", XXIV 2012, XI-XXX).

Matthias de Sanspow, f. 105r: ... *In divinis est ordo ... B⟨ona⟩v⟨entura⟩ dicit, quod in divinis non est ordo duracionis ...* (eius script. cf. in cod. BJ 1266, 1457, 2203, 2241, 2313, 2347; cf. Włodek, Maciej ze Sąspowa, 48-57; de eo cf. cod. BJ 459 descr.

Stanislaus Floriani de Schadek (Szadek), e. g. f. 306r solus titulus: *Questio Hylarii: U⟨trum⟩ in spiritu Dei natura vel res nature significata sit. Quod non est ...*, 307v: *Discutit predicta verba ...*, 308v: *Quod non aliud est ...*, 325v: *Que dicta sunt summatim colligit*; 391v: *Quinque supra sunt proposita ...* (de eo cf. cod BJ 483 descr., eius script. cf. in cod. 824, 2026).

Ioannes Beber de Osswyanczym, f. 12r: *Et hoc modo proprie loquendo est subiectum in hoc libro*, 346v, 355r, 350 (cf. script. in cod. BJ 263, f. 24v; 1918, f. 39v; 2219, p. 10; 1519).

Notae plurimae manu Bernardi Crotinphul alias Mikosz de Nissa scriptae, e. g. in f. 28v: *His 3^{bus} personis ...*, 56r: *Notandum: Ista Trinitas ...*; *Pe⟨trus⟩ de Ta⟨rantasia⟩*: *Quidam dicunt, quod mens hic nominat ...*, 93r supra, 99v infra, 108r, 116v, 133v: *Notandum: Omnes katolici doctores in hoc conveniunt ...*, 140v infra, 180r: *Pe⟨trus⟩ de T⟨arantasia⟩*: *Sicut verbum de racione sua dat intelligere ...*; 240v, 280v-281r: *Do⟨ctor⟩ b⟨eatus⟩ T⟨h⟩o⟨mas⟩ ...*; 341v: *Alexander de Hal⟨is⟩ ...*; 348r, 355r, 369v, 387r, 390v, 413r (eius script. cf. in cod. BJ 515; 1531, f. 315r, textus emendationes et supplementa, e. g. 1497, f. 12r, 24v, 37v, 94r, 110r, 216v, 277r; de eo cf. cod. BJ 318 descr.)

Iacobus de Gostynin, f. 25v: *Item omnes creature ...*; 26r: *Res dupliciter sumitur ...*; 27v, 30r, 31r, 32r, 33r, 150r, 164v, 166r, 271v: *Thomas vult dicere ...* (eius script. cf. in cod. BJ 263, f. 47r-v; 505).

Manu anonyma f. 104r: *Hic Magister ponit IIII raciones ...*; 105v: *Sciendum secundum Bonaventuram ...*; f. 107r, 109v, 110r, 110v, 112v, 113v, 117r, 218v, 256r, 259v, 269v, 310v, 312v, 313v: *Bo⟨na⟩ven⟨tura⟩ ...*; 108r: *Querit hic Bonaven⟨tura⟩*, 128v supra: *Sed diceres ...*; 231v: *Nota differenciam nominum ...*; 247r: *Sed Bo⟨na⟩ven⟨tura⟩ respondit ...*; 269r: *Contra illud videtur esse ...*; 288v: *Nota: Bo⟨na⟩ven⟨tura⟩ ...*

Ioannis Michalowsky (de Michałów) manu quoque multae notae leguntur scriptae, i. a. in f. 38v: *Augustinus in prologo libri primi Retractacionum ...*, 40v: *Augustinus Contra Faustum ...*; 215r: *Augustinus libro VI De civitate, c. VII ...*; 324r: *Augustinus Ad Simplicianum, libro primo, questione secunda: Peccatum hominis est ...*; 339r: *Augustinus libro XV De Trinitate, c. VIII ...*; f. 54r 76v, 195r, 203r, 204r, 212r, 265v: *Franciscus Maronis ...* (cf. de eo cod. BJ 524 descr., eius script. nec non maniculas cf. in cod. BJ 249, 524, 774, 3409).

In marg. f. 21r: *Floruit iste magister Petrus Lombardus circa annos Domini MCXXXVIII tempore Conradi imperatoris secundi.* Manu scribae cod. BJ 1298 (f. 109v-208v) in f. 44r: *Nota: Ficcio quedam viciosa est ...*, 354r: *scilicet quod predestinatus non sit predestinatus.* Nota ad materiam attinens, f. 351v: *Quid sit predestinacio et in quo differat a presciencia.* Adnotatio ad commenti textum, f. 242r: *Hoc totum pertinet ad distinccionem sequentem*; f. 389v: *Iste textus debet legi cum precedenti. Et capitulum 5^{m} incipit ibi: Ideo autem.* Notae s. XV/XVI i. a. in f. 34r, 35v, 38v-39r, 40v, 43r, 49r, 51r-55r, 62v-63r, 64v, 67v-68r, 70v, 80r, 85v, 91r, 100r, 103v, 105v, 128r, 132r, 134v-135r, 145r, 148r, 150v-152r, 156v, 158r-v, 160r, 163v-164r, 169r, 171r-v, 174r, 179v, 188v, 190v-191r, 198v, 230r, 232v-233r, 235r, 245v-247v, 260v, 268r, 269v, 275r-276v, 280v, 288r-289r, 292v, 293v, 297r, 301v, 309r, 310r-v, 312v 317v, 319r, 329r,

331r, 337r, 339r, 354v, 392v, 393v, 403r, 405r; de notis manu Bernardi de Biskupie, Ioannis de Leschnycza, Michaelis Sternberg de Lgota, Stanislai Bylica de Ilkusch, cf. Wójcik, Autografy, 93, 97, 104, 106. Maniculae Thomae de Strzempino, e. g. f. 41r, 89v-90r 126v, 127v, 296v, 300v, 323v, 348r, 386r, 387r; Ioannis Michalowsky (de Michałów), e. g. f. 81r, 97r, 103v, 195r, 208v. Maniculae variae, i. a. in f. 7r, 32r, 39r, 67r, 71r, 86v, 98v, 109r, 111v, 114r, 128r, 131r, 132v, 139v, 153r, 165r, 167r, 204r, 210r, 217v, 231r, 237v, 246v, 300v, 310v, 323v, 344r, 347r, 363r, 365v, 388r-v, 394v, 399r.

Compactura: Antequam codex compactus est, tempore haud sane brevi adhibebatur, multa enim variis temporibus et manibus marginalia dorsi regione inscripta habet, quae in codice compacto exarata esse impossibile videtur: e. g. f. 154r, 159r (Benedicti Hesse); f. 63v, 99v, 113r, 189r (Bernardi de Nissa); f. 146r (Matthiae de Sanspow); f. 346v (Ioannis de Osswyanczym); f. 106r (Stanislai de Zawada); f. 212r (Ioannis de Michałów). Compactura primitiva videtur confecta esse Cracoviae sub s. XV fine adhibitis tabulis ligneis corio fusco obtectis ornamento simplici lineari decorato. Dorsum fere planum, ligamenta quattuor duplicia. Codex olim cingulis coriaceis duobus in anteriore integumento claudebatur, quorum vestigia in posteriore integumento exstant. Volumen non adaequatum, anguli rotundati. Schedulae oblongae membranaceae fasciculorum suturam munientes vacuae in fasc. 2-32; in fasc. 1, 33-34 a codicis renovatore chartae schedulis oblongis confortatae sunt. Compactura usu ac tempore fatigata a. 1934 ad veteris instar renovata est. Primitivae compacturae non asservatur nisi tabula posterior, dorsi et posterioris integumenti corii fragmenta, quae novo illi desuper agglutinata sunt. Ante- et postfolium recentia chartacea (f. I, II) singulas cum foliis integumentis agglutinatis efficiunt unitates. In folio integumento anteriori agglutinato Alexander Birkenmajer notavit haec: *Rękopis i jego oprawę wyrestaurował introligator Jan Wyżga w r. 1934. Dodano przednią okładkę, której niedostawało, oraz nowe karty ochronne.* Codicis status post renovationem satisfaciens. Codicis chartae a pluribus viris doctis versatae detrimenta multa passae, obsoletae, maculosae. Folia dirupta et crispata chartae novae ope suppleta et adaequata sunt, e. g. 69-70, 74, 79, 82, 84-85, 87, 92-93, 95, 97-98, 101, 104, 106, 108 123, 162, 199, 209 etc.

Codicis origo et fata: Folii initialis et finalis fasciculi primi defectus (cf. supra nr. **1**) fortasse est causa, quod nulla indicia directa et temporis conficiendi et loci et possessoris in codice deprehenduntur. Licet tamen assumere codicem nostrum Cracoviae a. 1428 dimidio posteriore confectum esse, cum codicis partis principalis (Sententiarum textum, quaestiones, commentum) scripturam cum datis in cod. BJ 1519, f. 353v colophone contentis conferamus: *Explicit secundus liber Sentenciarum scriptus per Mathiam de Konarske, baccalarium Facultatis Arcium Study Cracouiensis* ... et cod. BJ 1531, f. 315r: *Explicit iste liber dictus Sentenqueciarum* [!] *tercius finitus festo sanctique Tiburci* [14 IV] *anno milleno quadringen⟨tesimo⟩ vigi⟨nti⟩que nono. Nomen scriptoris, si tu cognoscere velis* ***Ma*** *tibi sit primum,* ***thi*** *sequens,* ***as*** *quoque trinum et de Konarske nacione sit tibi ipse.* Non dubitamus, quod Benedictus Hesse codicis possessor fuit eoque usus est, cum Sententiarum librum I in Universitate Cracoviensi legeret, quod satis superque eius manus scriptura probatur (cf. Script. et ornam.; Notas et glossas). Multi etiam alii Universitatis Cracoviensis theologiae professores codicem hunc ad Lombardi Sententias legendas adhibuerunt et adnotationes suas in eius marginibus reliquerunt. Profuit hoc ideo enchiridion ad Lombardi Sententias legendas viris doctis plurimis (cf. Notas et glossas) in lectionibus duorum fere saeculorum spatio in Universitate nostra. Signatura antiqua: topogr.: *CC IX 15* manu I. G. Bandtkie.

Bibliographica: Wisłocki, Katalog, 372; Markowski, Wykłady wstępne, 334-340; Benedicti Hesse Lectura, 8, p. 9, 11; Włodek, Krakowski komentarz, 131, 142-144, 149-150, 154-155, 157-158, 161-162; Rebeta, Komentarz, 89-90; Markowski, Dzieje Teologii, 139, 140, 195, 201.

KW, RT

1519

Lat., 1429 in., chart., cm 30,5×21,5, f. 354+II.

1. f. 1r-3v, 5r-6v, 4r: Benedictus Hesse de Cracovia, Principium in II librum Sententiarum Petri Lombardi

In nomine Patris et Filii et Spiritus Sancti. Amen. —Nam sicut ait beatus Thomas, Contra gentiles in Prologo secundi libri, cuiuslibet rei perfecta cognicio haberi non potest ... —Misit verbum suum et sanavit [Ps 106, 20]. *Honorabiles patres m⟨agistri⟩ et domini in Christo dilecti. —Beatus Augustinus nature superne dignitate⟨m⟩ et racionalis creature eternam felicitatem considerans* ...[f. 2v]... *Sacra Scriptura, ut dixi circa Principium primi libri Sentenciarum, redditur quadrifarie commendabilis: Primo ab eminencia prodi⟨gi⟩osa mirifice contentiva* ...[cf. cod. 1538, f. 61v]. [F. 3r]... *—Misit verbum suum et sanavit eos* ...[Ps 106, 20]. *—In quibus verbis, sicut audistis, introductis IIII*[or]*, materiam IIII*[or] *librorum parcialium tangencia innuuntur. Primo innuitur immense deitatis mira altitudo et hoc quoad primum librum, et hoc cum dicitur: Misit ... Secundo tangitur nostri Creatoris ponderanda bonitas et hoc tangitur, cum dicitur: suum* ...⟩⟨[f. 3v]... *hic per speciem et in enigmate, et postea facie ad faciem in lumine glorie. Cuius nos dignos efficiat Creator omnium Deus, qui sit benedictus in secula seculorum. Amen.* [Quaestio; f. 5r] *—Questio respiciens totum secundum librum est ista: —Utrum totum universum inicium habeat ab unico principio agente ex libera voluntate et non ex necessitate. Arguitur, quod non* ...[f. 6v]... *Magister autem meus reverendus concurrens mecum oppositum istius ponit in posicione sua, nam in conclusione sua 2*[a] *articuli primi, ponit, quod theologia viatoris non est sciencia proprie dicta et salva sua reverencia, nec probacio valet, que probat conclusionem suam: Theologia viatoris non habetur ex principiis per se notis, igitur non est sciencia proprie dicta. Et dico uno modo negando illam consequenciam ... Item, salva reverencia magistri mei, magister in sua posicione videtur implicare contradiccionem, quia 3*[a] *conclusio videtur repugnare 2*[e] *conclusioni: nam 3*[a] *dicit, quod theologia viatoris ad modum mathematicarum scienciarum sit sciencia, et illa* *videtur virtualiter contradicere conclusioni 2^{e}, que dicit, quod non sit sciencia proprie dicta. Quod patet sic, quia sequitur: theologia viatoris ad modum mathematicarum scienciarum est sciencia, sed mathematica est sciencia proprie dicta, igitur et theologia viatoris est sciencia proprie dicta. Consequencia tenet et maior patet per conclusionem suam 3^{am}, sed minor patet, quia mathematica est sciencia propter quid, igitur est sciencia proprie* ⟨*dicta*⟩. *Tenet consequencia, quia sciencia propter quid est sciencia proprie dicta ex primo Posteriorum* ...⟩⟨[f. 4r]... *ut scilicet habeat esse post non esse et ut manifestius declararet suum auctorem.*

[In marg. inf. f. 6r manu anonyma]: *Nullus miretur legens presentem replicacionem modo consueto de secundo in secundum non factam, quia in primo nullum concurrentem habui, cui replicassem, eo quod antecessor meus vitam finiverat suam, et postquam incepi secundum, noviter ante me alter inceperat primum, cui semper in omnibus meis principiis posterioribus, similiter in fine quarti, retrograde debui replicare dominorum doctorum ex mandato, qui quidem ab hac replicacione me habere noluerunt supportatum. In hac igitur et in aliis michi non imputetur, quia hec causa talis extitit replicacionis.*

Cf. Markowski, Wykłady wstępne, 334-340; Włodek, Filozofia a teologia, 71-73 = ed. (f. 6r-v); Ead., Krakowski komentarz, 144, 149; Markowski, Dzieje Teologii, 140. Conclusionem 2 et 3 nec non textum Benedicti in cod. nostro in f. 6v compara cum Iacobi de Sandecia Nova Quaestione Principii, cf. Scripta manent, 7-8 etiam cum cod. BJ 1526, f. 6v; 1538, f. 63r. Idem textus Principii in II lib. in cod. BJ 1526, f. 2r-7r; 1538, f. 61v-63v. F. 4v vacuum.

2. f. 7r-353v: Petrus Lombardus, Sententiarum liber II

Incipit liber secundus. Unum esse rerum principium ostendit, non plura, ut quidam putaverunt. [Textus] — *Creacionem rerum insinuans Scriptura* ...⟩⟨[f. 351v]... *nulli potestati obediamus. Hic voluminis continencia sub compendio perstringitur* [inter lineas adscr.]. *Hic continuat se ad dicenda in libro sequenti* [in marg. adscr.]. *Sic enim ordo racionis postulat ... ut Samaritanus ad vulneratum, medicus ad infirmum, gracia ad miserum accedat.*

Cf. cod. BJ 1512 descr., nr. **1**.

3. f. 7r-353v: Benedictus Hesse de Cracovia, Commentum in II librum Sententiarum Petri Lombardi et Quaestiones ex Commento 'Utrum Deus gloriosus' depromptae

[Prol.] —*Liber iste 2us agit primo de hominis condicione, 2° de eiusdem lapsu et temptacione* ...[manu Petri Briger de Cracovia in marg. adscr.].

— *Supra in primo libro Magister determinavit de Deo, quantum ad racionem sue naturalis perfeccionis, in isto secundo determinat de ipso, inquantum eius perfeccio et bonitas relucet* ...)(... *Et iste modus tercius convenit cum primo modo inicii in quinto Methaphisice.* [Com.] — *Hic Magister ex conclusione iam posita et ex dictis verbis Moysi elidit duos errores Platonis. Primus, per quem dixit tria esse principia rerum coeterna* ...)([f. 351v]... *locum fidei et virtutem non dimiseris.*

[Quaestiones ex Com. 'Utrum Deus gloriosus' depromptae; f. 13v] — *Utrum sit tantum unum principium omnium citra se visibilium et invisibilium rerum effectivum. Quod non. Duo sunt principia contraria: unum bonorum, alterum malorum* ...[f. 351v]... — *Utrum omnis potestas sit a Deo. Quod non arguitur primo sic: Potestas peccandi non est a Deo* ...[ead. q. in cod. BJ 1538, f. 111r; 1620, f. 294r]...)(... *due alie arguunt de inordinato modo perveniendi ad prelacionem vel de abusu. Et sic est finis istius questionis et per consequens totius* 2^i *libri Sententiarum* [*quem prelegit magister Michael Vislicensis 1545* – adscr. manu ipsius]. *Explicit secundus liber Sentenciarum scriptus per Mathiam de Konarske, baccalarium Facultatis Arcium Study Cracouiensis, finitus feria quarta infra octavas Epyphanie* [9 I 1429]. *Deus pro eo humiliter deprecetur.*

Cf. RS 1055; Półtawski, Communis lectura, 26-27 (index quaestionum); Markowski, Wykłady wstępne, 334-340; Włodek, Krakowski komentarz, 130-131, 144; Markowski, Dzieje Teologii, 139-140, 195, 201; Scripta manent, 297-300 (index quaestionum); Kałuża, Podręcznik teologii, 235-254. Ed. Quaestionum: Włodek, Krakowski komentarz, 253-355. Distinctionem unamquamque in codice nostro Quaestiones Commenti Pragensis 'Utrum Deus gloriosus'. Uncis includuntur foliorum numeri pristini, in quibus quaestiones libri II in codice leguntur: f. 13v-14r, 18v-19r, 26v-27r, 29v-30r (quaestionis textus differt), 38v-39v (37v-38v), 46v-47v (45v-46v), 53v, 55r-v (52v-53v), 62v, 64r-v (59v-60v), 67v-68r (63v-64r), 79v-80r (75v-76r), 86v-87r (82v-83r), 92v-93v (88v--89v), 99r-100r (95r-96r), 105r-106r (101r-102r), 112v-113v (108v-109v), 121r-122r (117r-118r), 128r-129r (124r-125r), 137r-138r (133r-134r), 147v-148v (142v-143v), 159v-160v (153v-154v), 165v-166v (159v-160v), 179r-180r (173r-174r), 191r-192r (185r-186r), 204r-205r (198r-199r), 213v-214v (207v-208v), 220r-221r (214r-215r), 225r-v (219r-v), 235v-236v (229v-230v), 245r-246r (238r-239r), 254r-v (247r-v), 265r--266r (258r-259r), 272v-273v (265v-266v), 283v-284v (276v-277v), 293r-294r (286r--287r), 300r-301r (293r-294r), 309r-310r (302r-303r), 317r-318r (308r-309r), 324v--325v (315v-316v), 332r-333r (323r-324r), 340r-341r (331r-332r), 347v-348r (338v--339r), 351v, 353r-353v (342v-343v). De ceteris BJ codicibus, ubi eaedem quaestiones asservantur, cf. cod. BJ 1435 descr., nr. **5**. Idem textus in cod. BJ 1526 f. 7v-247r; 1538, f. 64r-111r absque fine.

f. 354r-v vacuum.

Fasciculi: 1^{3+3} (f. 1-6); $2\text{-}3^{6+6}$ (f. 7-30); 4^{7+6} (f. 31-43, f. 32 minorum dimensionum additum); 5^{6+8} (f. 44-57, f. 54, 56 minorum dimensionum addita); 6^{7+6} (f. 58-70,

f. 63 minorum dimensionum additum); 7-12^{6+6} (f. 71-142); 13-14^{7+6} (f. 143-168, f. 144, 157 minorum dimensionum addita); 15-18^{6+6} (f. 169-216); 19-20^{6+5} (f. 217-238, post f. 222 et 233 singula folia desiderantur); 21^{7+6} (f. 239-251, f. 241 minorum dimensionum additum); 22-26^{6+6} (f. 252-311); 27^{8+6} (f. 312-325, f. 314-315, minorum dimensionum addita); 28-29^{6+6} (f. 326-349); 30^{2+3} (f. 350-354, f. 352, minorum dimensionum additum, f. 354 quondam postfolium fuisse videtur, id enim, qui ei respondere debeat in fasciculo (f. 350), signo aquatico quoque est insignitum). Custodes in fasc. 3-10, 12, 15-20: *2us-7us, 8-9, 11, 14-19.* Fasc. initialis (Principium), qui tempore demum, quo codex compingeretur, adiunctus esse videtur, nullo custode ornatur. Reclamantes in fasc.: 3-13, 15--25, 28-29, quarum hae in fasc. 21, 24, 28 partim praecisae.

Signum aquaticum: Var. Piccard 2, XI 109 (1416-1426) f. 1-31, 33-53, 55, 57-62, 64-143, 145-156, 158-197, 199-221, 223-232, 234-240, 242-313, 316-351, 353-354. Idem signum in cod. BJ 1518 (nr. 1). F. 222, 233 absque signis, etiam folia minora absque signis: 32, 54, 56, 63, 144, 157, 198, 241, 314-315, 352 (signi fragm.).

Scriptura et ornamenta: Petri Lombardi Sententiarum libri II partem principalem cum Commento et glossa marginali nec non quaestiones ex commento 'Utrum Deus gloriosus' dicto quibusdam chartis omissis (cf. infra) exaravit Matthias de Konarske (Matthias Pauli de Konarske, cf. de eo cod. BJ 1518 descr.; Colophons, 13492), quod colophone in f. 353v nec non in cod. 1531, f. 315r probatur. Scriptura diligentissima, una columna disposita, marginibus atramento ductis. Sententiarum textus litteris maioribus, commenti bis minoribus, in paginae columna centrali, schemate angustiore, scriptus, cuius spatia vacua relicta commenti supplendi possibilitatem praestabant. F. 1r-3v alia manu, 4r, 5r-6v quoque alia manu conscripta. Litteras initiales rubro ab illuminatore exsequendas repraesentantia atramento nigro inscripta in mediis illis adhuc conspiciuntur, e. g. f. 15r, 55v, 103r, 169r, 215v, 233v. Benedictus Hesse manu propria in aliquantis schedulis addititiis nec non in glossis marginalibus commentum adimplevit. Emendationum manu propria Benedicti Hesse fragmenta, e. g. f. 329r; eiusdem quoque manu aliquantae schedulae addititiae minorum dimensionum conscriptae: f. 157r, 315r-v, 352r-v, 353v (cf. eius script. in cod. BJ 1365, f. 20v; 1518). Petrus Briger de Cracovia haec diligentissime conscripsit folia minora: 32r-v, 54r-v, 63v, 144r-v, 314v, 315v, pluribusque locis commentum in Sententias adimplevit (cf. de eo cod. BJ 675 descr.; eius script. cf. in cod. BJ 1518, 2013). Alia manu chartulae minores addititiae conscriptae: f. 56r, 241r-v, 314r, alia: f. 56v. Alia denuo manu, litteris maioribus, in margine f. 222v-223r omissum fragmentum textus Sententiarum adscriptum est; in eodem loco etiam commenti fragmentum desideratur (cf. cod. BJ 1526, f. 154r-v). Accedunt commenti supplementa plurima variis manibus Universitatis Cracoviensis virorum doctorum codicem adhibentium effecta (similiter in cod. BJ 1518 et 1531, cf. Notas et glossas). Rubricatio exilis: distinctionum et quaestionum tituli, auctoritates citatae. Litterae initiales simplices rubrae maiores minoresve, interdum rubro seu nigro ornamento auctae, e. g. f. 14r, 27v, 326r. In pagina currenti distinctionum numeri rubri.

Notae et glossae similiter atque in cod. BJ 1518 et 1531 notae marginales et glossae interlineares incontinuae manuum plurimarum in Sententiarum partes selectas textum ex omni parte circumcingunt. Quae sunt praesertim excerpta ex operibus s. Augustini nec non ex commentis in Sententias Alberti Magni, Thomae de Aquino, Bonaventurae, Petri de Tarantasia. In foliis, ubi quaestiones ex commento 'Utrum Deus gloriosus' dicto leguntur scriptae, obveniunt hic illic notae breves, in forma conclusionum sequentium (e. g. *conclusio 1, 2*).

Non multa commenti supplementa a Benedicto Hesse exarata obveniunt in f. 19v, 35r, 37r, 48r infra, 58v infra, 65r infra: *Potest ex disposicione divine sapiencie ...*; 92r, 103r, 104r, 157r add. (= f. additum): *Utrum ignorancia excuset peccatum ...*, 244r, 296r, 315r-v (add.): *Nota, quid sit synderesis. Respondetur, quod est habitus principiorum ...*; 320v supra, 328r (etiam interl.), 344v, 352r-v add.: *Utrum potestas dominandi sit appetenda. Respondetur secundum Petrum ⟨de Tarantasia⟩, quod triplex est potestas dominandi ...*; f. 352v: *Utrum professi in aliqua religione teneantur obedire in omnibus prelatis suis. Respondet b⟨eatus⟩ T⟨homas⟩, quod triplex est obediencia ...*; f. 354v: *Utrum omnis inobediencia sit mortale peccatum. Respondet Pe⟨trus⟩ de Tar⟨antasia⟩ ... Utrum homo fidelis teneatur obedire domino seu principi infideli. Respondetur, quod talis infidelis aut est iuste consecutus ...*

In plurimis foliis commentum in Sententias supplevit Petrus Briger de Cracovia (cf. eius script. in cod. BJ 1518), i. a. in f. 7v: *Hec verba, ut dicit Bonaventura ...*; 18v-19r, 28r: *Dicit Bo⟨na⟩ve⟨ntura⟩*; f. 54v: *Utrum angeli in assumptis corporibus habeant operaciones convenientes potencie sensitive ...*; 305r-v: *Pro quo est notandum, quod plures fines stature ... ut dicit Bonaventura ...*; 316r infra: *Dicit beatus Thomas ...*; 323r: *Simplices vero et populares moti sunt ex ignorancia ...* etiam in minoribus addititiis, 32r-v: *Conclusio: Omnium angelorum malorum ...*; 54r-v: *Utrum demones in corpore assumpto exerceant operaciones anime vegetative ...*; 315v et 314v: *Utrum consciencia aliquando erret ...*

Matthias de Labischin in f. 92r: *Nota*: *Tempus uno modo capitur prout est aerea qualitas ...* (eius script. cf. in cod. BJ 1367, 1390, 1455, 1456).

Manu Matthiae de Sanspow, f. 8r, 75v: *scilicet quia non habuit speciem ...* et glossa interl., 142v: *Quattuor radices malorum*, infra: *Temptacio perficitur*, et manicula; 206v: *Gracia et virtus non faciunt unum secundum essenciam*; 291v glossa interl.: *Blasfemia est irreligiosa distraccio ...*; 292v: *Que non possunt vitari sine gracia ex sola natura humana* (eius script. cf. i. a. in cod. BJ 1265-1266, 1457).

Ioannes Beber de Osswyanczym, e. g. f. 9r: *Credendum est causam omnium creaturarum ...*; 14r: *3º de separacione eorum per aversionem ...*; 59r: *quod seraphin non denominatur a sciencia ...*; 62v: *Que harum opinionum sit verior, Magister non determinat ...*; 79r: *Sed diceres: Tamen de novo creantur anime intellective ...*; 97r: *Et secundum hoc Deus dicitur ...*; 141r: *Eciam, ut dicit Beda, serpens apparuit ...*; 236v: *Et tria facit: Primo agit de modo ...*; 246r: *Et 3 facit: Primo ostendit, quomodo peccatum per baptismum remittatur ...*; 261v: *Vel in capitulo isto arguit ...*; 273v: *Et ab hoc loco usque ad finem libri 4 facit principaliter ...* (eius script. cf. in cod. BJ 263, f. 24v; 1918, f. 39v; 2219, p. 10; 1518).

Notae suppletivae manu Bernardi Crotinphul alias Mikosz de Nissa i. a. in f. 40v: *Pe⟨trus⟩ de Ta⟨rantasia⟩*: *Libertas arbitrii duplex ...*; 150r: *Bo⟨na⟩ven⟨tura⟩*: *Non esse concedendum ...*; 160r: *Petrus ⟨de Tarantasia⟩*: *Prima ignorancia processit primum peccatum ...*; 220v: *Bo⟨na⟩ven⟨tura⟩*: *Mandata Dei dupliciter contingit impleri ...*; 238r: *S⟨anctus⟩ To⟨mas⟩ dicit ...*; 294r: *Arguitur: Omne, quod est a Deo ...*; 302r infra: *3 hoc verbum Magister intelligit de caritate increata ...* Eiusdem manu adnotationes de Sententiarum divisionibus: f. 201v: *Hic secundum Bo⟨na⟩ve⟨nturam⟩ incipit disti⟨n⟩ccio XXVII*; 205r: *Secundum To⟨mam⟩ de Argentina hic incipit dist. 27, similiter secundum*

Pe⟨trum⟩ de Taren⟨tasia⟩ [!], *non secundum Albertum Magnum* ... (eius script. cf. in cod. BJ 515; 1531, f. 315r).

Iacobus de Gostynin, f. 22r (circa dorsum): *Alb⟨ertus⟩* ...; 36r: *In Apocakalipsi* ...(eius script. cf. in cod. BJ 263, f. 47r-v; 505).

Stanislaus Tworkonis de Schadek, e. g. f. 29r: *Quod tribus modis dicitur perfectum* ...; 62r: *Quidam dicunt secundum numerum* ...; 133r: *Ambigua Augustini verba ponit* ...; 141v: *De versucia diaboli* ... (eius script. cf. cod. 824, 2026).

Stanislaus de Zawada, e. g. f. 106r: *Albertus* ... et nota circa dorsum scripta, 184v: *Albertus: Item dicuntur non posse* ...; 333r: *Et videtur, quod diversa* ...; 334r: *Albertus sic assumit racionem* ...(eius script. cf. in cod. BJ 1358, 1429).

Manu Ioannis Michalowsky (de Michałów) notae, i. a. in f. 48v: *Franciscus Maronis* ..., *Augustinus De Genesi ad litteram, libro tercio, c. X* ...; 70v cum manicula: *An beatissimorum spirituum premium accidentale augetur* ..., 105r: *Augustinus libro VI De Genesi ad litteram, c. XII* ...; 115r: *Leo papa* ...; 125r cum manicula: *Aug⟨ustinus⟩ libro VI, c. XXV De Genesi ad litteram* ...; 195v: *Hec est gracia, que gratis datur* ..., 206r, 223r infra rubro, 227v-229v, 233r: *Augustinus libro secundo De nupciis et concupiscencia* ...(eius script. nec non maniculas cf. in cod. BJ 249, 524, 774, 3409).

Plures insuper, qui codice usi sunt in s. XV et XVI, notas et excerpta ex auctoribus variis inscripserunt, e. g. f. 43v: *Aug⟨ustinus⟩ 8 De civitate Dei* ..., f. 55v: *De quibus Augustinus libro 15 De ci⟨vitate⟩ Dei* ...; 57v: *Albertus di⟨stinctione⟩ presenti, articulo 5to, ad 4um dicit* ...; 61v: *Albertus di. 9, ar. 8, ad ultimum dicit* ...; 65r: *Et dicit Albertus* ...; alia manu 74r: *Pe⟨trus⟩ de Ta⟨rantasia⟩*: *Una opinio Augustini* ..., 81v: *Communis opinio, quod formacio lucis* ...; 108v alia manu: *Aristoteles XVI Animalium dicit* ...; 125r: *P⟨etrus de⟩ T⟨arantasia⟩*: *Illud lignum mihi esset*...; 226r: *Noto, quod Adam et Eva* ...; 230v: *Hic Magister prosequitur octo nomina* ...; 280v: *In omni privacione tria est considerare* ...; 301r: *Ista est distin⟨ctio⟩ XXXVIII huius secundi* ...; 329r: *Hic est 2ª pars pricipalis, in qua comparat malos actus* ...; de notis manu Ioannis de Leschnycza, Michaelis Sternberg de Lgota, Stanislai Bylica de Ilkusch, cf. Wójcik, Autografy, 97, 104, 106. Maniculae Thomae de Strzempino, e. g. f. 87v, 101v, 164r, 183v, 230v, 280v. Maniculae variae, e. g. f. 15r, 31v, 32r, 40r, 41v, 42r-43v, 45v, 49r, 51v, 54r-v, 61v-62r, 73r, 51v, 61v-62r, 73r, 116v, 150r, 245r, 251v, 280r, 289r, 326r, 424v.

C o m p a c t u r a : Antequam codex compactus est, tempore haud sane brevi (similiter cod. BJ 1518 et 1531) adhibebatur, multa enim variis manibus marginalia dorsi regione exarata habet inde a tempore, quo pars eius principalis scripta erat, usque ad s. XVI, quae in codice iam consuto exarata esse impossibile videtur: e. g. manu Benedicti Hesse: f. 35r, 43r, 94v, 164r, 274r, 325r, 336r; Petri Briger de Cracovia: f. 169r, 294v, 298v; Ioannis Beber de Osswyanczym f. 65v, 98v, 101r; Ioannis Michalowsky (de Michałów), i. a. in f. 48v, 115r nec non aliis manibus aliquantis, f. 31r, 36r, 40r, 59v, 130r, 161r, 230r, 268r, 316r. Compactura primitiva videtur confecta esse Cracoviae sub s. XV fine seu etiam XVI in., adhibitis tabulis ligneis corio fusco obtectis, ornamento simplici lineari decorato. Dorsum fere planum, ligamenta quattuor duplicia. Codex olim cingulis coriaceis duobus in anteriore integumento claudebatur, quorum vestigia in posteriore integumento exstant. Volumen non adaequatum, anguli rotundati. Schedulae oblongae membranaceae fasciculorum suturam munientes vacuae in fasc. 3--29. Compactura usu ac tempore fatigata a. 1936 ad veteris instar renovata est. Primitivae compacturae nihil asservatur nisi tabula posterior et corii, quo ista antiquitus obtegebatur, fragmenta, quae novo illi desuper agglutinata sunt. Ante- et postfolium recentia chartacea (f. I, II) singulas cum foliis integumentis agglutinatis efficiunt unitates. In folii integumento anteriori agglutinato Alexander Birkenmajer notavit haec: *Rękopis i jego oprawę wyrestaurował introligator Jan Wyżga w r. 1936. Dano nowy grzbiet (stary nie był zdobiony), nową przednią okładkę (której niedostawało), nowe wyklejki i nowe karty ochronne.* Codicis status post renovationem satisfaciens, sed chartae, a pluribus viris doctis versatae, multum passae, obsoletae et maculosae factae sunt. Folia dirupta et crispata chartae novae ope suppleta et adaequata sunt, e. g. 1-18, 20-27, 93-95, 118-119, 205-213, 312-354.

C o d i c i s   o r i g o   e t   f a t a : Ex eis, quae in colophone f. 353v leguntur scripta atque in cod. BJ 1531, quo Sententiarum et commenti liber III comprehenditur (cf. f. 315r: ... *tercius finitus festo sanctique Tiburcii* [14 IV] *anno milleno quadringen⟨tesimo⟩ vigi⟨nti⟩que nono* ...), conicere potest codicem (Petri Lombardi Sententiarum liber III cum commento sine supplementis posterioribus) Cracoviae in fine a. 1428 exaratum esse et in initio a. 1429 finitum (*finitus feria quarta infra octavas Epyphanie* = 9 I 1429). Notae in codice aggregatae (cf. supra citatas) indicant, quod hoc commentum etiamnum s. XVI a viris doctis gradatim augebatur. In nostri saeculi commentationibus (M. Markowski, S. Włodek) Benedictus Hesse codicis huius auctor et possessor declaratur. Benedictus principiorum in Sententias auctor fuisse hoc argumento ducebatur, quod supra allata adnotatio in f. 6r false pro eius manu scripta habebatur, quae tamen opinio sequenter denegata est, cf. R. Tatarzyński, Autograf Benedykta Hessego, „Przegląd Tomistyczny", XIV 2008, 191-194 (in hac commentatione pristini foliorum codicis numeri citantur). Atqui adnotationem hanc scriba quidam potius Benedicti Hesse mandatu vel iussu exaravisse videtur. Scribae huius manus ductum neque alibi in codice nostro reperire, neque cuidam, quem novimus, scribae attribuere contigit. Attamen occurrere videtur similis manus scriptura in plurimis foliis cod. BJ 1365, cf. i. a. f. 228r-v, 230v-231r, 259r (minorum dimensionum additum), 281r-282v, 314v-315r, 320v-321r, 323r-324r. Res eo difficilior ostenditur, quod in adnotatione, de qua agitur, neque ullum datum temporale, neque nomen quodpiam praesto habetur. Ignotum tandem personae nomen restat, cui Benedictus Hesse in suo principio in Sententias replicavit. Conclusionum quaedam, quibus replicavit (cf. supra), asservantur in cod. BJ 1525 in lectione Iacobi de Sandecia Nova. Non dubitamus, quod Benedictus Hesse codicis possessor fuit eoque usus est, cum Sententiarum librum II in Universitate Cracoviensi legeret, quod satis superque eius manus scriptura probatur (cf. Notas et glossas). Etiam multi alii Universitatis Cracoviensis theologiae professores codicem hunc ad Lombardi Sententias legendas adhibuerunt et adnotationes suas in eius marginibus reliquerunt, inde ab a. 1429 spatio duorum fere saeculorum, similiter atque cod. BJ 1518 et 1531. Signatura antiqua: topogr.: *CC IX 16* manu I. G. Bandtkie.

B i b l i o g r a p h i c a : Wisłocki, Katalog, 372; Markowski, Wykłady wstępne, 335-339; Włodek, Krakowski komentarz, 131, 144, 149, 161-163; Markowski, Pierwsi bakałarze, 290-291; Id., Dzieje Teologii, 139-140, 195, 201.

KW, RT

1520

Lat., 1420 et ca, chart., cm 30×22, f. 289+II.

1. f. 1r-8r: Nicolaus Coslowsky, Principium in IV librum Sententiarum Petri Lombardi

[Recom. theol.] —*Sume tibi librum grandem* ...[Is 8, 1]. *Venerabiles magistri.* —*Iuxta venerabilem doctorem Augustinum super Psalmo centesimum* [!] *tercium* [!], *quia Deus, qui inhabitat lucem inaccessibilem, nondum conspici potest nostri cordis puritate* ...[f. 1v]... —*Ut autem nostrum thema in librum hunc introduceretur, sicut in priores fuerat introductum, illa quatuor, ex quibus sciencie magne et grandes dicuntur, circa recommendacionem primi notata hic consimiliter sunt notanda* ...[f. 3r]... *Eam autem docere volenti per prophetam imperat dicens:* —*Sume tibi librum grandem, que fuerunt verba vestris reverenciis in principio loco thematis proposita.* [Alia manu, erasum: *Sequitur istud*]. —*In quibus verbis iuxta materiam quatuor librorum 4*[or] *innuuntur, que sacre sciencie preeminenciam ostendunt: Primo ipsius sciencie altitudo, cum dicitur: Sume, de qua circa primi libri inicium dictum est* ...)([f. 4v]... *ut pacem internam assequeremur et eternam. Quam nobis concedat Deus per secula benedictus. Amen.* [Quaestio; f. 5r] —⟨*U*⟩*trum pro quolibet tempore sacramenta erant* [*necessario* inter columnas manu Nicolai Coslowsky (?)] *instituta pro salutis assecucione. Quod questio sit falsa, arguitur sic* ...)([f. 8r]... *quia ex defectu nature homo nullam habet proporcionem ad vivendum cum Deo per gloriam nisi per media graciarum virtutum sacramentorum etc.* [Manu Nicolai Coslowsky (?):] *Et Allexander de Halis pulcre deducit, quem in suscepcione sacramentorum et in distribucione graciarum sacramentalium divina relucet pietas ... ut quedam influant in alia, ut infima regantur a supremis per media Ecclesie* [?]. *Iesus, Maria, Christus* [alia manu].

Cf. Włodek, Krakowski komentarz, 141; Markowski, Mikołaj z Kozłowa, 99-100; Id., Dzieje Teologii, 130-131. Nicolai Kozlowsky Principia in ceteros Sententiarum libros in cod. BJ 1524, 2r-11r (in lib. III); 1525, f. 1r-14v (in lib. I); 1620, f. 13r-222v (in lib. II).

f. 8v-11v vacua, f. 8v marginum schemate instructum.

2. f. 12r-286v: Petrus Lombardus, Sententiarum liber IV

Liber quartus de sacramentis [in marg.]. *Incipit Prologus in librum 4*[m]. *Hiis tractatis, que ad doctrinam rerum pertinent ... ad doctrinam signorum accedamus.* [Textus] —*Samaritanus enim vulnerato appropians*

...)(... *via duce pervenit. Explicit liber quartus Sentenciarum anno Domini M*^{o} *CCCC XX*^{o}.

Cf. cod. BJ 1512 descr., nr. **1**.

3. f. 12r-286v: Communis lectura Pragensis et Commentum Nicolao Coslowsky attributum in IV librum Sententiarum Petri Lombardi in marginibus scripta

[Communis lectura Pragensis] —*Samaritanus.* —*Iste liber 4*^{us} *est de sacramentis et futura resurreccione. Et primo de sacramentis in communi* ...)([f. 286v]... *sedentis in throno, que cognicio est vita eterna, Io⟨hannis⟩ 17* [, 3], *pervenire valeamus. Hoc nobis concedat trinus et unus in Spiritu Sancto benedictus. Amen.*

[Com. Nicolai Coslowsky (?), Dist. 1; f. 12r] —*Utrum sacramenta pro quolibet tempore necessario ins⟨ti⟩tuta efficaciam differentem habuerunt. Et Magister primo ponit diffiniciones sacramenti in littera. Circa primam diffinicionem* ...[cf. cod. BJ 1529, f. 2v (Sigismundus de Pyzdry); 1534, f. 2v (Paulus de Pyskowice)] *Ita, quod Prologus iste continuat materiam sequentem ad precedentem* ...[f. 15r] *Beda facit hic excepcionem pro tanto* ...[Dist. 2; f. 17r] —*Utrum Nove legis sacramenta debite ordinata et* [canc.: *distincta*; suprascr.: *numerata*] *in remedium et* [suprascr.: *in maximum*] *defectum sint tempore debito instituta. Circa primum nota, quod Magister in enumeracione sacramentorum ponit numerum septenarium* ...[cf. cod. BJ 1529, f. 6v]. [Dist. 3; f. 19v] —*Utrum baptismi, ut est No⟨ve⟩ le⟨gis⟩ sacramentum, forma, materia, actus et institucio debite assignentur. Et primo Magister ponit diffinicionem baptismi in littera* ...[f. 20v] *Circa formam baptismi notat b⟨eatus⟩ T⟨homas⟩ et Pe⟨trus⟩ de Tar⟨antasia⟩* ...[cf. cod. BJ 1529, f. 8v]. [F. 21r]... *Ex istis verbis Ambrosii aliqui exceperunt istam opinionem* ...[f. 28r]... *Notat B⟨ona⟩ve⟨ntura⟩, quod induere Christum est aliquem habitum accipere* ...[f. 44r]... *Dicit Hugo de Sancto Victore: Qui parvulos ad baptismum offerunt* ...[Dist. 7; f. 46r]... —*Utrum sacramentum confirmacionis habeat materiam et formam et efficienciam uberiorem ... Primus articulus est, an confirmacio sit speciale sacramentum* ...[cf. cod. BJ 1529, f. 33v]. [Dist. 10; f. 57r] —*Utrum Corpus Christi in sacramento existens veraciter sit ibi ut in loco facta substanciarum virtute verborum transsubstanciacione. Notandum de primo secundum b⟨eatum⟩ T⟨homam⟩: Aliquid esse in sacramento intelligitur dupliciter* ...[cf. cod. BJ 1529, f. 43v]. [Dist. 14; f. 78r] —*Utrum penitencia, sacramentum et virtus resumi et solemnizari potest habens efficaciam sicud alia sacramenta. Primus articulus est, quomodo penitencia est virtus ... Notandum, secundum Petrum de Tar⟨antasia⟩ penitencia, ut Magister dicit in littera, est duplex: quedam interior* ...[cf. cod. BJ 1529, f. 62r]. [F. 79v]... *Magister in hanc diffinicione⟨m⟩ diffiniciones Gregorii et Ambrosii ponit ad formam ex eis plenam* ...[f. 108v]... *Loquitur hic Augustinus ex ypotesi, hoc est ex supposicione* ...[Dist. 20; f. 129r]... *Titulus questionis: — Utrum pro peccatis mortalibus pena debita per penitenciam seram, per penam purgatoriam et per opera aliena expietur. Ista est materia presentis distinccionis* [etiam in cod. BJ 1529, f. 108v solus titulus quaestionis]. [Dist. 23; f. 144v]... — *Utrum unccionis extreme sacramentum valeat ad alleviacionem anime et corporis sepius iterandum* ...[f. 145r] *Hoc sacramentum. Circa primum articulum questionis notandum secundum Pe⟨trum⟩ de Tar⟨antasia⟩ et b⟨eatum⟩ T⟨homam⟩* ...[cf. cod. BJ 1529, f. 122v]. [Dist. 24; f. 147r]... — *Utrum diversitas ordinum, effectuum et condicionum ordinibus annexarum convenienter assignentur* ...[f. 148r] *Circa primum punctum questionis, videlicet de diversitate ordinum, notandum est* ...[cf. cod. BJ 1529, f. 124v]. [Dist. 26; f. 165r]... — *Utrum matrimonium graciam conferat, actus meritorios habeat et aliqua ad sui integritatem requisita* ...[f. 167r]... *Notandum, quod hic sunt opiniones* ...[cf. cod. BJ 1529, f. 141v]. [Dist. 30; f. 183r]... — *Utrum error impediat consensum matrimonii, quod inter Mariam et Ioseph erat Deo placitum et perfectum* ...[f. 183v] *Circa primum articulum notandum: Quicquid impedit causam alicuius effectus* ...[cf. cod. BJ 1529, f. 157v]. [Dist. 40; f. 229r]... — *Utrum consanguineitatis gradus hominum matrimonia secundum legem ewangelicam dissolvant. Primus punctus erit, an solum inter homines sit consanguineitas* ...[cf. cod. BJ 1529, f. 198v]. [F. 283r]... *Dicit Richardus de Media Villa: Ex quo peccatum non potest delere extrema vestigia nature* ...[Dist. 50; f. 280v]... — *Utrum dampnati penas sustineant in voluntate, in intellectu et corpore, et electorum comparacione. Ista est materia distinccionis et ordo* ...[cf. cod. BJ 1529, f. 245v]. [F. 286v]... *Beatus Tho⟨mas⟩ dicit: Magister in fine operis tangit visionem Ysaie, qui VI capitulo dicit: Vidi Dominum sedentem ...⟩⟨... et tunc videbimus, amabimus, laudabimus, cum enim apparuerit Christus, vita nostra, tunc et nos apparebimus cum eo in gloria. Ad quam nos perducat Christus Ihesus per secula benedictus. Amen.*

Cf. RS 964; Włodek, Krakowski komentarz, 141, 158; Markowski, Mikołaj z Kozłowa, 99-100; Id., Dzieje Teologii, 130-131; Półtawski, Communis lectura, 11-15, 16--20 (cod. nostrum omisit); Swieżawski, Filozofia, 131-132 (cod. nostrum omisit). Communis lecturae Pragensis textus asservatur in cod. BJ (lib. I-IV) 1435, 2066, 2227; (lib. II) 1620; (lib III) 1524; (lib. IV) 1528, 1529. Commento, quod in nostri codicis marginibus occurrit quodque Nicolao Coslowsky auctori attribuimus, simillimum in cod. BJ 1529, f. 2r-250v, in marginibus quoque, legitur scriptum. Ceterae partes commenti in Sententiarum libros, quod in commentationibus a viris doctis Nicolao nostro attribuuntur, in cod. BJ 1524, 14r-190r (in lib. III); 1525, f. 69r-289v (in lib. I); 1620, f. 13r-222v (in lib. II) asservantur.

f. 287r-289v vacua, f. 287r et 289v marginum schemate instructa.

*4. f. Ir-IIv: Missale (monasticum?, Italia?). Fragm.: f. Ir-v: orationum ex Ordine Missae fragmenta, missae pro peregrinantibus, praefationes (cum notis musicis), *communicantes* in diversis festivitatibus; f. IIr-v: canonis Romani et formae Pater noster fragmenta (cum notis musicis)

XIII ex., Lat., membr., foliorum 4 fragm. codicis formae 2°, notis musicis quadratis instructorum.

F a s c i c u l i : 1^{6+5} (f. 1-11, post f. 9 unum folium desideratur); 2^{6+6} (f. 12-23); 3^{5+5} (f. 24-33); $4\text{-}14^{6+6}$ (f. 34-165); 15^{5+5} (f. 166-175); $16\text{-}24^{6+6}$ (f. 176-283); 25^{3+3} (f. 284-289). Custodes: *primus – XXIIII* in initio et fine fasc. 2-17, 19-20, 22-23; in fine fasc.: 18, 21, 24; in initio fasc. 25; rubro in fine fasc. 7, 12, 14. Fasc. 1 additus, extra ordinem.

S i g n a a q u a t i c a : 1. Var. Piccard-Online 20742 (1419) f. 1-2, 4-11; 2. Var. Piccard 16, IV 1265 (1419, signum in albo reproductum baculo inclinato caret) f. 12--289. Idem signum in cod. BJ 1524. F. 3 cum altera bifolii parte, tum etiam signo aquatico caret.

S c r i p t u r a e t o r n a m e n t a : Codex tribus manibus exaratus: 1. f. 1r-8r; 2. f. 12r-286v (textus Sententiarum et Communis lecturae Pragensis) – eadem manus cod. BJ 1524, f. 14r-190r textus analogicos exaravit nec non 1525, f. 1r-54r, 69r-290v. Scripturae modus et ratio cursivae librariae/formatae q. v. assimilatur (cf. Derolez, Palaeography, Pl. 95), cuius manus peculiaria sunt interpunctionis signa in forma lineolarum verticalium tenuissimarum; 3. manus, quae vulgo Nicolao Coslowsky attribuitur (de quo cf. cod. BJ 306 descr.; eius scripturam cf. in cod. BJ 1907, f. 154r: litterulae minutae in codicis BJ 1520 marginibus a Coslowsky scriptura autographa opinione nostra paulo differunt, cf. Kowalczyk, Z badań, 21), f. 8r (finis supplementum), f. 12r-286v (commentum marginale, cf. supra nr. **3**). Columnarum duarum schema atramento linea simplici ductum, non ubique diligenter, e. g. f. 8r. Columnae in f. 1r-8r illis in f. 12r--286v latiores et longiores. Rubricatio: rubro distinctionum capitulorum tituli et auctores citati. Litterae initiales rubrae simplices in initio distinctionum et his maiores calamo, fusco colore decoratae, e. g. f. 12r, 25v, 46r, 61r, 77v, 101v, 129r, 147r, 181v, 207v, 231v, 280v. In pagina currenti distinctionum numeri Sententiarum scribae manu exarati. In f. 3r rasura. Notae manu, quae Nicolao Coslowsky attribuitur, forma peculiari in textum oblique inseruntur, e. g. f. 244v, 245v, 286v.

N o t a e e t g l o s s a e praeter commenta in f. 12r-286v, cf. nr. **3** – paucae. Scribae Sententiarum textus emendationes et supplementa, e. g. f. 55v, 126v, 172v, 185r, 232r; similia aliis manibus, e. g. f. 7v, 87r; emendationes, supplementa, vocabula scriptorum materiam indicantia manu, quae Nicolao Coslowsky attribuitur, e. g. f. 1r--4v, 5r-6r, 7r-8r, 177v, 187r. Maniculae, e. g. f. 16r, 55v, 56r, 89v (Nicolai Coslowsky),

126r-v, 171r, 172r, 174r, 230r. Signum in forma circulorum duorum lineola coniunctorum notam in f. 258r ad textum convenientem refert.

C o m p a c t u r a certissime Cracoviae postquam codex ipse scriptus est, h. e. post a. 1420, confecta, quod commento in marginibus ante compacturam factam inscripto testificatur. Tabulae ligneae corio olim albo, nunc obscuriore facto, partim obtectae. Vestigia cinguli coriacei tabulae corii firmandi causa clavulorum ope affixi. In tabularum extremitatibus ornamentum lineare simplex linea duplici effectum. Cinguli coriacei et fibulae cum ligula, quibus codex olim claudebatur, vestigia. Dorsum convexum, ligamenta quattuor duplicia, circa quae funiculi impressi vestigium exstat. Codicis capiti et calci lora olim colore amaranteo imbuta, usu ac tempore obscura facta, obsuta. Compacturae modus ceteris voluminibus ex libris Nicolai Coslowski assimilatur, e. g.: cod. BJ 1524, 1525, 1620. Volumen adaequatum, anguli rotundati. Ante- et postfolium membranacea, formae minoris, conscripta: f. I, II, cf. nr. ***4**. Iuxta f. 46r schedula volans: *Non dixit* [suprascr.: *Ihesum*] *Filium sancta* ||*ns lapidabant eum pre*||. In eiusdem parte versa: *domo*; accedunt litterarum maiuscularum reliquiae. Schedulae oblongae fasciculorum suturam munientes membranaceae, vacuae. Codicis status: humiditatis infectae vestigia, praecipue in angulis superioribus. Folium primum, ultimum, ante- et postfolium obsoleta. Tabulae posterioris fragmentum ruptum. Chartae cariosae et friatae. F. 12 e volumine labitur.

C o d i c i s o r i g o e t f a t a : Codex a. 1420 et sequenter Cracoviae conscribebatur, iussu Nicolai Coslowsky ut videtur, qui eius possessor factus est, similiter atque cod. BJ 1524, 1525, 1620. Scriptura eiusdem in codice occurrit, cf. Script. et ornam. nec non Notas et glossas. Signaturae antiquae: Fasseau: *556*; topogr.: *CC V 22.*

B i b l i o g r a p h i c a : Wisłocki, Katalog, 373; Włodek, Krakowski komentarz, 141; Markowski, Réplique, 50-54; Id., Mikołaj z Kozłowa, 99-100, 132; Id., Dzieje Teologii, 130-131; Kowalczyk, Z badań, 20, 22, 27; Wójcik, Commentaires, 113; Id., Wykład, 119.

KW, LN

1521

Lat., post XV m. et ante 1552, chart., cm 27,5×21 et minus, f. 126.

1. f. 1r-4r: Adnotationes et excerpta manu Nicolai de Schadek scripta

Contra incontinentes [in marg.]. *Excusare aliqui contendunt incontinenciam suam dicentes: Non possum esse continens, nisi Deus dederit* [Sap 8, 21]... *qui plures habueris uxores.* [F. 1v] *Tria a nobis requirit Deus* [in marg.]. *Altissimus creavit hominem ad imaginem et similitudinem suam ... et salvari cupiunt etc.* [F. 2r] *Charitas et dilectio prefertur omni doctrine vel scientie* [in marg.]. *Hug⟨o⟩ de S⟨ancto⟩ Vic⟨tore⟩: Pietas divina non attendit quantum cognicione credatur ... spes nostra firmatur et nutritur charitas etc. Vide ibi.* [F. 2v] *Sacerdotalis officium finis est, ut erudiant homines de his, que secundum ewangelicam legem necessarium est credere* ...[f. 3r]... *causam materialem cognoverunt, quia naturales motus investigabunt tantummodo.* [F. 4r] *Si fides et charitas seiungi nequeunt, ut aiunt heretici* ...)(... *nescio vos, discedite etc.* [Lc 13, 27].

f. 3v vacuum.

2. f. 4v: De Corpore Christi

De utilitate communionis altaris. —Corpus Christi in Eucharistia nobis est sacramentum, id est sacre rei signum ...)(... *et de quo dicit: Qui manducat hunc panem, vivet in eternum etc.* [Io 6, 59].

3. f. 5r-v: Notae manu Nicolai de Schadek scriptae

In dimissione peccatorum tria Ecclesia facit: oracionem, que est amor Dei ...[f. 5v] *Aug⟨ustinus⟩: Et si in manu Dei sit omnis vita et mors* ... *Chrisost⟨omus⟩: Mensa divitum – rapinis pauperum* ...)(... *et tercium adducit (id est luxuria, que nascitur ex illis duobus), iram et perdicionem.*

4. f. 6r-9r: Commentum super Prologum Sententiarum Petri Lombardi manu Nicolai de Schadek scriptum

I⟨esus⟩ N⟨azarenus⟩ R⟨ex⟩ I⟨udeorum⟩ [in marg.]. *Iste est liber, qui dictus est Sentenciarum. —Sentencia secundum d⟨octorem⟩ s⟨anctum⟩* [Thomam de Aquino] *in 3 Sentenciarum, dis. 23, est determinata accepcio alterius partis contradiccionis et est eadem descripcio cum illa Avic⟨enne⟩ 6º Naturalium* ... *Summaria sentencia prime partis. In prima parte Prologi dicit in generali nos volentes aliquod in materia theologorum compilare* ...[f. 8r] *—Horum igitur Deo odibilem. —Ista est secunda pars principalis Prologi, in qua reddit auditorem docilem assignando causas huius libri* ...[f. 8v]... *Tercia pars Prologi, ibi: Non igitur, in qua reddit auditorem attentum. Attencio paratur ex magnitudine rei* ...)(... *qualis fuit Magister, qui Sentencias suas scripsit et per dicta aliorum confirmavit sua.*

f. 9v cf. Notas et glossas.

5. f. 10r-120v: Ioannes de Dambrowka, Principia et Quaestiones super libros Sententiarum Petri Lombardi

[Lib. I. Princ.; Invocatio] *In nomine Domini nostri Ihesu Cristi, per quem accepimus graciam* [Rm 1, 5]. *Amen. —In exordio librorum Sentenciarum animadvertendum duxi illud eulogium Apostoli* ... *—Omne, quodcumque facitis* ...[Col 3, 17]. *—Per quod quidem eulogium ad tria prin-*

cipaliter facienda informamur ...⟩⟨*... ad salutis eterne finalem adopcionem. Quam nobis tribuat Deus per secula benedictus. Amen.* [Recom. theol.] —*Primo principali breviter premisso ad secundum principale, scilicet ad opus intentum, cum fiducia accedamus. Circa quod primo utcumque potero, sacram theologiam recommendabo ...* —*Iohannes est nomen eius* [Lc 1, 63]. *Patres optimi et domini.* —*Quia secundum b⟨eatum⟩ Augustinum, in De fide ad Petrum, Deus summe bonus est ...*⟩⟨[f. 12v]*... hic per graciam, per quam tandem perveniamus ad vitam eternam. Quam nobis concedat Deus per secula benedictus. Amen.* [Q. Princ.] *Primo huius operis intenti expedito superest secundum, questionis scilicet determinacio, et hec proponitur sub hac forma verborum:* —*Utrum preter sciencias phisicas sapiencie divine aminiculativas ponenda sit sacra theologia pro consequenda beatitudine viatori necessaria. Ad cuius partes arguitur primo, quod questio sit falsa ...*⟩⟨[f. 14v]*... ut eum hic cognoscat per lumen gracie et tandem fruatur eo per lumen glorie. Quod nobis concedat, qui vivit et regnat, Deus per secula benedictus. Amen.* [Q. Prol.] —*Utrum preter sensum littere in contextu solius Sacre Scripture plures sensus sint ponendi. Et arguitur, quod non ...*⟩⟨[f. 15r]*... et ita evitatur omnis erroris occasio* [cf. cod. BJ 1394/1, f. 12r]. [Q. dist. 1] —*Utrum formalis beatitudo hominis sit fruicio nostre create voluntatis. Et arguitur, quod non ...*[cf. RS 536, cod. BJ 1459, f. 1r]. [Q. dist. 37; f. 33r]... —*Utrum increatum esse essencialiter et proprie dicatur esse semper* [f. 33v] *et ubique. Et arguitur, quod non ...*⟩⟨[f. 39r]*... efficiat participes hic per graciam et tandem in futuro per gloriam. Quam nobis concedat ipse Ihesus Christus passus, vivens cum Patre suo ingenito et Spiritu Paraclito nunc et in secula seculorum. Amen.* [Lib. II. Princ.] *Secundi libri* [manu Nicolai de Schadek]. *In nomine Domini nostri Ihesu Cristi, per quem accepimus graciam. Amen.* —*In actu presenti faciendo, videlicet Principium in secundum librum Sentenciarum, tria per ordinem ...*[Recom. theol.] —*Quantum ad primum pro themate recommendacionis sacre presentis theologie resumo verbum, alias per me in principio cursus mei et primi libri Sentenciarum sumptum ...* —*Iohannes est nomen eius* [Lc 1, 63]. *Venerabiles patres, magistri ...* —*Quamquam secundum Aristotelem in prohemio libri De anima, omnis sciencia sit de numero bonorum honorabilium ...*⟩⟨[f. 41r]*... cuius visionis nos dignos faciat Creator omnium, potentissimus Deus per secula benedictus. Amen.* [Q. Princ.] *Quantum ad secundum questio ista est determinata.* —*Utrum ab increato* ⟨*esse*⟩ *fuerit possibile per creacionem mundum ab eterno processisse. Et arguitur, quod sic* [cf. RS 536; cod. BJ 1459, f. 75r]...⟩⟨[f. 42v]*... dirigendo per viam iusticie ad culmen celestis* *curie. Quod nobis conscendere tribuat, qui sine fine vivit* ...[Q. dist. 1] —*Utrum Deus gloriosus sit omnium rerum citra se principium effectivum. Et arguitur, quod non* [cf. etiam RS 534 (Matthias de Sanspow)]...⟩⟨[f. 62v]... *ut per eas consequamur eterne beatitudinis premium. Quod nobis omnibus concedat Deus* ...[Lib. III. Princ.] *Tercii libri* [manu Nicolai de Schadek]. *In nomine Domini nostri Ihesu Cristi, per quem suscepimus graciam.* —*In actu presenti faciendo Principium in tercium librum Sentenciarum, tria per ordinem duce Deo intendo facere* ...[Recom. theol.] —*Quantum ad primum pro fundamento recommendacionis sacre theologie resumo thema* ... —*Iohannes est nomen eius* [Lc 1, 63]. *Venerabiles patres, maystri* ... —*Quemadmodum omnia creata, que ex Deo prodigerunt* [recte: prodierunt] *originaliter et in Deum reddeunt* [!] *finaliter* ...⟩⟨[f. 64r]... *que est de incarnacione et passione unigeniti Filii Domini nostri Ihesu Christi per secula benedicti. Amen.* [Q. Princ.] —*Utrum Dei Filius incarnatus* [f. 64v] *tempore congruo reparacionem humane nature fuerit operatus. Et arguitur, quod non* [cf. etiam RS 543 (Michael de Wratislavia)]...⟩⟨[f. 65v]... *reperavit* [!] *nos per suam incarnacionem ad gloriam sempiternam. Quam nobis concedat* ...[Q. dist. 1] —*Utrum personam Filii magis deceat incarnari quam personam Patris et Spiritus Sancti. Et arguitur, quod non* ...⟩⟨[f. 90r]... *et tandem per gloriam sempiternam. Quam nobis concedat unigenitus Dei Filius, qui pro nobis incarnatus, passus, mortuus et resurgens ad celosque ascendens, cum Patre vivit* ...[Lib. IV. Princ.] *In nomine Domini nostri Ihesu Cristi, per quem accepimus graciam. Amen.* —*In actu presenti faciendo Principium in quartum librum Sentenciarum, tria duce Deo per ordinem intendo facere* ...[Recom. theol.] —*Quantum* [f. 90v] *ad primum pro fundamento recommendacionis sacre theologie resumo thema* ... —*Iohannes est nomen eius* [Lc 1, 63]. *Venerabiles maystri* ... —*Quemadmodum omnia creata, que ex Deo prodierunt originaliter et in Deum redeunt finaliter, ipsi Deo comparata nihil sunt* ...⟩⟨[f. 92v]... *generis humani Redemptore* [f. 93r] *unigenito Dei Filio, Ihesu Christo, per secula benedicto. Amen.* [Q. Princ.] *Expedito primo accedo ad secundum, videlicet ad questionis determinacionem quero primo etc.* —*Utrum Nowe legis sacramenta pro salutis assecucione tempore gracie necessario sint instituta. Et arguitur, quod non* [cf. etiam RS 543 (Michael de Wratislavia)]...⟩⟨[f. 93v]... *ibi Augustinus necessarium capit pro utili, ut tactum est in notabili et correlario II° conclusionis tercie.* [Q. dist. 1]... —*U⟨trum⟩ Nowe legis sacramenta gracie, quam conferunt, sint effectiva causa. Et arguitur, quod non* ...⟩⟨... *caritas sine invidia, felicitas sine mi-*

seria. Quam felicitatem nobis attingere concedat, qui in Trinitate perfecta vivit et regnat, Deus per secula benedictus. Amen.

Cf. RS 415; J. B. Korolec, A. Półtawski, Z. Włodek, Commentaires sur les Sentences. Supplément au Répertoire de F. Stegmüller, „Mediaevalia Philosophica Polonorum", I 1958, 29; Włodek, Krakowski komentarz, 131-132; Scripta manent, XXVI. Ed. q. 1 ex Principio in lib. I: Włodek, Filozofia a teologia, 93-102 (ex hocce codice) nec non Scripta manent, 20-28 (ex hocce codice), 60-72 (ed. quaestionum super lib. I, dist. 3, 8, 35, 36, 43 ex cod. BJ 1764); ed. q. 1 ex Principio in lib. II: M. Szafarkiewicz, Wykład wstępny Jana z Dąbrówki do drugiej księgi Sentencji Piotra Lombarda, „Acta Mediaevalia", [I] 1973, 149-156 (cod. nostrum omittit); ed. omnium quaestionum titulorum: Scripta manent, 306-318. Textus quoque in cod. BJ 764, 1522, 1532, 1538, 1764 (cod. autographus), 2067, 2187, 2202, 2204, 2212, 2655 (def.), 2696, ms. BJ Acc. 69/54.

6. f. 120v: Adnotationes ad Sententias Petri Lombardi

Noto secundum Richardum: Tria sunt loca, in quibus Ma⟨g⟩ister Sentenciarum non tenetur in primo libro communiter a doctoribus. Et primus est, ubi dicit, quod caritas, qua diligimus Deum et proximum, est Spiritus Sanctus ...⟩⟨... qui cognovit consangwineam uxoris sue, capitulo: Discrecionem et capitulo: Iordane.

Cf. C. Angotti, Les listes des 'opiniones Magistri Sententiarum' quae communiter non tenentur: forme et usage dans la 'lectio' des 'Sentences', [in:] Mediaeval Commentaries on the 'Sentences' of Peter Lombard, 3, Leiden 2015, 79-144. Cf. etiam cod. BJ 764, 1435, 1437, 1438, 1456, 1526, 1530, 1533, 1536, 1537, 1538, 1542, 1560, 1572, 1573, 2187, 2204, 2212, 2655, 2696, ms. BJ Acc. 69/54.

7. f. 121r-123r: Petri Lombardi Sententiae metrice redactae. Expositio

Primus Sentenciarum. —Res. —Totus liber Sentenciarum de rebus, signis et quid sit uti vel frui ...⟩⟨... 50. Tribuit pena molestis. Perversa voluntas dampnatorum nihil minuit suplici ... quia tunc mali non possunt videre bonos, sed boni videbunt malos etc.

Cf. RS 21; J. B. Korolec, A. Półtawski, Z. Włodek, Commentaires sur les Sentences, ut supra, 28. Textus quoque in cod. BJ 1522, 1538, 1540, 1542, 1543, 1545, 1546, 1547, 1548, 1549, 1573, 1604, 2066, 2187, 2202, 2204, 2212, 2655, 2696, ms. BJ Acc. 69/54.

f. 123v cf. Cod. orig. et fata.

f. 124r-126v vacua.

8. f. integ. ant. aggl.: Condiciones ad praedicandum requisitae et aliae notae manu Nicolai de Schadek scriptae

Condiciones predicatorum. Gestus compone, non protrahe, nec celer esto ...⟩⟨... undecim hec bene valent predicare volenti [cf. Walther, Initia,

7205. Ed. in: J. S. Bojarski, Jan z Ludziska i przypisywane mu mowy uniwersyteckie, „Studia Mediewistyczne", XIV 1973, 50 (e cod. BJ 126). Idem textus in cod. BJ 126, f. 50r]. — *Quadruplices sunt clerici, videlicet prelati et hi ociosi in Ecclesia contra naturam sue legis ...*⟩⟨*... et totam vitam periculis subiciunt, ut victum habeant etc. Rome in Rota delin*⟨*e*⟩*acio* [?] *facta etc.*

9. f. integ. post. aggl.: Adnotationes de Collegarum Studii Cracoviensis proventibus Nicolai de Schadek manu scriptae

— *Collegium Studii Crac*⟨*oviensis*⟩ *hos habet proventus: Canonicus senior theologus 200 florenos ...*⟩⟨*... altarista And*⟨*reas*⟩ *Rudowsky 19* [?] *marcas in zuppis. Summa 1365 florenos.*

F a s c i c u l i : 1^{3+3} (f. integ. ant. aggl., 1-5); 2^{2+2} (f. 6-9); 3^{8+8} (f. 10-25); 4-9^{6+6} (f. 26-97); 10^{7+7} (f. 98-111); 11^{6+6} (f. 112-123); 12^{2+2} (f. 124-126, f. integ. post. aggl.). Fasc. 1-2 et 12 s. XVI additi sunt. Fasciculi secundi chartae dimensiones 21x17cm habent. Codex duabus partibus constat: 1. fasc. 3-11 (f. 10-123); 2. fasc. 1-2, 12 (f. 1-9, 124-126).

S i g n a a q u a t i c a : 1. Var. Piccard 11, V 1285 (1523) f. integ. ant. aggl., 1--5; 2. Badecki 37 (1527-1549) f. 6-9; 3. Var. Piccard 2, XIII 81 (1463) f. 10-25, 38, 49, 86-111; 4. Var. Piccard 2, XI 366 (1457-1461) f. 26-37, 39-48, 50-73, 112-123; 5. Var. Piccard 2, XIII 354 (1461-1463) f. 74-85; 6. Var. Piccard 13, II 1080 (1556-1558) f. 124-126, f. integ. post. aggl. Charta a. 1457-1463 et 1523-1558 in usu erat.

S c r i p t u r a e t o r n a m e n t a : Codicis pars principalis, f. 10r-123v, s. XV dimidio posteriore una manu anonyma exarata. Columnarum duarum schema atramento, linea simplici omnino ductum, in solo f. 55r duplici; textus nr. **7** (f. 121r-123r) una columna in schemate duarum exaratus. Margines angusti. Scriptura satis diligens, cursiva textualis, quaestionum tituli litteris maioribus hastisque et litterarum definitionibus in marginem superiorem porrectis, e. g. f. 40v-41r, 45v, 52r, 84v-85r. Signum divisionis vocabulorum inter lineas punctis duobus compositum. Condensatae ultra modum litterae in f. 28r, 70r, 84v. Litterarum initialium inscribendarum loca vacua relicta in librorum capitibus, f. 10r, 39r, 62v, 90r rubro implevit demum codicis possessor, Nicolaus de Szadek, litterarum antiquiorum formam et decorationem imitando. Idem quoque paginam currentem in quibusdam foliis exaravit, rubro et fusco atramento, hic illic Sententiarum librorum numeros, e. g. f. 26v, et distinctionum interdum, e. g. f. 41r. Rubricatio, etiam a Nicolao de Szadek, in paucis locis parce facta, e. g. f. 10r-13v, 35v usque ad calcem. Designationes peculiares, e. g. f. 24r, 75v, 77r. Pars codicis s. XVI addita duabus manibus exarata: 1. Nicolai de Szadek: f. 1r-4r, 5r-9v nec non folia integumento utrique agglutinata; 2. scriptura currenti humanistica cuiusdam anonymi: f. 4v. Scriptura in hac parte una columna sine marginibus disposita in f. 1r-3r, 5v, 9v; in f. 2r, 4r duabus columnis, item sine marginibus; in f. 6r-9r duarum columnarum schema stilo ductum. Etiam in hac codicis parte rubricatio manu Nicolai de Szadek. Atramenti maculae in f. 19r, 29r.

N o t a e e t g l o s s a e medii aevi paucae: textus supplementa et emendationes scribae manu, e. g. f. 20r, 22v, 28r, 30r, 41v, 47v, 96r; recentioris aevi plurimum Nicolai de Szadek, praecipue in f. 90-120r. Eius manu distinctionum numeri quaestionum titulos comitantes, vocabula scriptorum materiam indicantia, e. g. f. 43v,

93v-94r, 95r, textus emendationes et supplementa, e. g. f. 86r, 90v, notae longiores, e. g. f. 67v-69r, 80r, 83r-84r. In f. 9v eiusdem Nicolai manu: *Iustificacio proprie significat remissionem peccatorum et absolucionem a culpa et pena* ... In f. 86v alia manu s. XVI nota: *Duplices sunt virtutes: politice, que ordinantur ad bonum utile* ..., etiam s. XVI in f. 115v: *Matthei XXV°* [, 31-33]: *Cum venererit* [!] *Filius hominis in maiestate sua* ...

C o m p a c t u r a : Pars antiquior codicis sine compactura verisimillime usque ad s. XVI adhibebatur, cuius documentum f. 10r et 123v usu obsoleta facta. Quae ad nos advenit compactura, Cracoviae circa s. XVI medium confecta esse videtur et tabulis ligneis constat oblique praecisis non usitato modo: tabularum nempe partes volumini proximae at non exteriores sunt acuatae, et corio radiculi ope ornato est partim obtecta. In bordiura repraesentantur imagines: 1. *PECCATVM* (Temptatio); 2. *IVSTIFICACIO* (Resurrectio); 3. *SATISFACTIO* (Crucifixio); 4. serpens aeneus – non subscriptus. Radiculum simile cf. K. Haebler, Rollen- und Plattenstempel des XVI. Jahrhunderts, 2, Leipzig 1929, 15, Nr. 13 (ex a. 1540). In anterioris integumenti planitie militis currentis imago, qui cornu canit et una manu hastam tenet, sexies impressa. In anterioris integumenti bordiurae parte superiore et inferiore: *Liber m⟨agistri⟩ Nicolai Sadconi ca⟨nonici⟩ s⟨ancti⟩ Floria⟨ni⟩*. In planitie et in bordiura integumenti posterioris eiusdem radiculi impressiones. Dorsum signaculo in palmae forma decoratum. Codex olim duobus cingulis coriaceis et fibulis metallicis claudebatur, quarum nihil nisi inferioris fragmentum, aerugine inductum, in tabula anteriore nec non cinguli utriusque fragmenta in posteriore integumento exstat. Dorsum planum, ligamenta tria duplicia, codicis capiti et calci funiculi obsuti corio obtecti, quorum inferiorem corium mutilum revelat. Volumen adaequatum, anguli rotundati. In foliorum sectura perpendiculari et superiore: *Quaest⟨iones⟩ Sent⟨enciarum⟩*; in foliorum sectura perpendiculari, iuxta indiculos, librorum sequentium numeri: *2-4*. Integumentorum partibus interioribus folia chartacea agglutinata, cf. nr. **8-9**. Codicis status: integumenti corium mucore afflictum, in dorso incompletum. F. 1-5, 10 e volumine labuntur. Fasciculi 3 sutura (f. 17/18) scissa. Foliorum 63-72 partes superiores circa dorsum corrumpi incepta, cuius causa hamus (fibulae pars) aeneus inter folia insertus, quem cum ceteris metallicis elementis Bibliothecae Jagellonicae officinae libris renovandis tradidimus. Folii 75 et 104 partes extremae ad perpendiculum plicatae: 95×9/14 mm et folii 110: 32×10 mm, ne notae ibidem scriptae a compaginatore reciderentur. Tessera chartacea vacua ad f. 63r. Anna Lewicka-Kamińska nihil de hac compactura disseruit, adnotavit tamen aliam in eadem pergula a. 1537 confectam, i. e. libri impressi BJ Theol. 7971 III (cf. ms. BJ Acc. 152/80). Cf. etiam compact. cod. BJ 1568-1569.

C o d i c i s o r i g o e t f a t a : Codicis pars antiquior s. XV dimidio posteriore confecta, recentior ante a. 1552. Partem quandam codicis Nicolaus Procopiades de Szadek manu propria exaravit, cf. Script. et ornam., idem quoque codicis possessor fuit, cf. inscriptionem in compactura (de quo supra in Compact.) et in f. 10r: *Liber m⟨agistri⟩ Nicolai Sadkonÿ, can⟨onici⟩ s⟨ancti⟩ Floriani et Cracoviensis*, nec non manu ipsius notam de lectionibus super Sententias, ad quas codice hoc usus est, in f. 123v: *Anno 1550 co⟨mmutacione⟩ hie⟨mali⟩ quartum Sentenciarum legi, dis⟨tincionem⟩ 52. Anno 1551 pro co⟨mmutacione⟩ hiemali incepi eiusdem quarti. Anno 1552 legi secundum* [inter lin.: *tercium etc.*] *co⟨mmutacione⟩ hie⟨mali⟩ post Nativitatem Domini*. Nicolaus de Szadek Universitatis albo a. 1504 inscriptus est, cf. Metryka, 1, 613 (04h/344), baccalarius a. 1508 factus, magister a. 1512, pluries rectoris munus functus (cf. Najstarsza księga promocji, 1508/18B, 1512/6M; de eo cf. PSB, 21, 138-142). Signaturae antiquae: Fasseau: *755*; topogr.: *CC VI 10*.

Bibliographica: Wisłocki, Katalog, 373; J. B. Korolec, A. Półtawski, Z. Włodek, Commentaires, ut supra, 29; Włodek, Krakowski komentarz, 132.

AP, MZ, LN

1522

Lat., 1448, ca 1470 et XV ex. vel XVI in., chart., cm 30,5×21,5, f. 460+II.

1. f. 1r-3v: Petri Lombardi Sententiae metrice redactae. Versus memorialis et Expositio

Primi libri [rubro]. [Versus memorialis] —*Res. Tres. Vestigium. Genuit. Natura. Volendo ...⟩⟨... tribuit penam malefactis. Nota: IIIVLX* [suprascr.: *Distincciones primi libri retrograde capiendo numerum*], *XLVIII duo bis retrahe* [suprascr.: *Et manent 44 distincciones secundi libri*], *ter dena simul* X^{a} [?] [suprascr.: *40 sunt distincciones tercii libri, quinquaginta* IIII^{i} *libri*]. [Expositio; f. 1v] —*Res.* —*Totus liber Sentenciarum de rebus, signis et quid sit uti vel frui ...⟩⟨... L. Penamque molestus. Damnati scire possunt ... mali non possunt videre bonos, sed boni videbunt malos.*

Cf. cod. 1521 descr., nr. **7**; Walther, Initia, 16652.

2. f. 4r-v: Pius papa II (Aeneas Silvius Piccolomini), Responsio oratoribus regis Bohemiae data

—*Superioribus diebus cum audivissemus vos, oratores carissimi filii regis Bohemie illustris, quamvis aliqua ex tempore diximus ...⟩⟨... prestante Domino nostro, Ihesu Christo, cui est honor et gloria et imperium per infinita secula seculorum. Amen. Rome* XX^{a} [recte: 31] *Marcii ⟨MCCCC⟩* LXII°.

Cf. Bertalot, Initia II/2, 22779. Ed.: Oration 'Superioribus diebus' of Pope Pius II (31 March 1462, Rome), ed. and transl. M. von Cotta-Schönberg, Copenhagen 2015, 22-59 (Orations of Enea Silvio Piccolomini/Pope Pius II, 62): <halshs.archives--ouvertes.fr/hal-01230088/document> (accessus 30.06.2016). Idem textus in cod. BJ 423, f. 232v-234v.

3. f. 5r-v: Donatus Acciaiolus, Vita Caroli Magni. Prol.

—*Cum oratores omnium christianorum privatique etiam homines undique ad te concurrant, serenissime rex, qui felicitati tue gratulatum veniunt ...⟩⟨... amplitudini tue vehementer comendet.*

Cf. BHL 1617; Bertalot, Initia II/1, 3735; BAMAT 17, 989; D. Gatti, La Vita Caroli di Donato Acciaiuoli: la leggenda di Carlo Magno in funzione di una historia di gesta, Bologna 1981 (Il mondo medievale. Sezione di storia delle istituzioni, della spiritualità e delle idee, 7). Ed.: Argentinae [post 1470-71] (GW M34477); W. Strobl, in praeparatione.

4. f. 6r-301v: Petrus Lombardus, Sententiarum libri I-IV

[Prol.] — *Cupientes aliquid de penuria* ...)([f. 6v]... *capitula distinguuntur, premisimus.* [Textus] — *Veteris ac Nove legis continenciam* ...)(... *via duce pervenit. Explicit liber quartus Sentenciarum per me Stanislaum presbiterum de Brzostek anno Domini Millesimo CCCC XL VIII°, secunda feria post dominicam Letare* [4 III].

Cf. cod. BJ 1512 descr., nr. **1**. Lib. I: f. 6r-96v; II: f. 97r-161v; III: f. 161v-216v; IV: f. 216v-301v. In f. 67r-68r (Lib. I, dist. 31, cap. 2-4) textus ordo turbatus, qui rectus debet esse hic: f. 66vb, 68ra usque ad lin. 8, 67va-vb (f. 67r vacuum), 68ra inde a lin. 9 etc. F. 76r-v vacuum sine textus defectu. Hic illic (f. 38vb, 93ra, 146vb, 183rb-va, 199va, 228va, 237va, 237vb, 254rb, 281rb) Sententiarum fragmenta (glossae volatiles q. v.) lineolis rubris in quadratum ducta, vel linea rubra a textu separata sunt (quorum quaedam in ed. desiderantur).

5. f. 301v-460v: Ioannes de Dambrowka, Principia et Quaestiones super libros Sententiarum Petri Lombardi

[Lib. I. Princ.; Invocatio] *In nomine Domini* ... — *In exordio librorum Sentenciarum* ... — *Omne, quodcumque facitis* ...[Col 3, 17]. — *Per quod quidem eulogium* ...[Recom. theol.; f. 302r]... — *Iohannes est nomen eius* [Lc 1, 63]... — *Quia secundum beatum Augustinum* ...[f. 305r]... [Q. Princ.]... — *Utrum preter sciencias phisicas* ...[f. 308r]... [Q. Prol.] — *Utrum preter sensum littere* ...[f. 308v]... [Q. dist. 1; rubro in intercol.: *Res. I*]... — *Utrum formalis beatitudo hominis* ...[f. 340v]... *in secula seculorum. Amen etc. Pobyedzysczyta etc.* [Lib. II. Princ.; f. 341r]... — *In actu presenti faciendo, videlicet Principium in secundum librum* ...[Recom. theol.]... — *Iohannes est nomen eius* [Lc 1, 63]... — *Quamquam secundum Aristotelem* ...[f. 343r]... [Q. Princ.]... — *Utrum ab increato esse* ...[f. 344v]... [Q. dist. 1; in marg. rubro: *Angelus*] — *Utrum Deus gloriosus* ...[f. 368r]... [Lib. III. Princ.]... — *In actu presenti faciendo Principium in tercium librum* ...[Recom. theol.]... — *Iohannes est nomen eius* [Lc 1, 63]... — *Quemadmodum omnia creata* ...[f. 370v]... [Q. Princ.] *Sequitur prima questio* [rubro]. — *Utrum Dei Filius incarnatus* ...[f. 372v]... [Q. dist. 1] — *Utrum personam Filii* ...[f. 408r]... [Lib. IV. Princ.] — *In actu presenti faciendo Principium in quartum librum* ...[Recom. theol.]... — *Iohannes est nomen eius* [Lc 1, 63]... — *Quemadmodum omnia creata* ...[f. 415r]... [Q. Princ.]... — *Utrum Nowe legis sacramenta* ...[f. 417r]... [Q. dist. 1; in marg. rubro: *Questio prima*] — *Utrum Nowe legis sacramenta* ...)(... *caritas sine invidia, felicitas sine miseria. Quam felicitatem nobis attingere concedat, qui in Trinitate perfecta vivit et regnat, Deus per secula. Amen. Pobyedzysczyta calamisavit.*

Cf. cod. BJ 1521 descr., nr. **5**. Princ. IV in codice nostro bis exaratum invenitur: 1. a scriba tertio in fine fasciculi 35 absque fine (f. 408r-410v [=411r-414va lin. 18]); 2. a scriba secundo in initio fasciculi 36 totum, una cum fine (f. 411r-415r). In marginibus iuxta titulos quaestionum Commenti in Sententiarum lib. I-II (f. 308v-347r) rubro vocabula sequentia versus memorialis scripta leguntur, cf. nr. **1** (*Res. Tres. Vestigium* ...).

***6.** f. integ. ant. aggl.: Marcus Tullius Cicero, De oratore libri tres. Fragm. duo: lib. II, 41 (176) et 43 (182)

[I] —*Si vero assequitur, ut talis videatur ... ad dicendum requiret.* [II] *Conciliantur autem animi dignitate ...*⟩⟨*... quam fingi, si nulla sunt.*

Ed.: Lipsiae 1907, 110, 112.

XV ex. (?), Lat., chart., f. 1.

***7**. f. IIr-v: Missale. Canonis fragm.

⟨*T*⟩*e igitur, clementissime ...*⟩⟨*... eterno Deo vivo et vero.*

XV (?), Lat., membr., f. 1.

F a s c i c u l i : 1^{4+1} (f. 1-5, ante f. 5 septem folia desiderantur); $2\text{-}4^{6+6}$ (f. 6-41); 5^{5+6} (f. 42-52, ante f. 42 unum folium desideratur); 6^{6+6} (f. 53-64); 7^{7+7} (f. 65-78); $8\text{-}14^{6+6}$ (f. 79-162); 15^{7+7} (f. 163-176); $16\text{-}28^{6+6}$ (f. 177-332); 29^{4+4} (f. 333-340); $30\text{-}31^{6+6}$ (f. 341-364); 32^{5+5} (f. 365-374); $33\text{-}38^{6+6}$ (f. 375-446); 39^{7+7} (f. 447-460). Custodes in fasc. 6 (f. 64v: *1*), 7 (f. 65r: *2*), 8 (f. 90v: *3* [?]) et possibiliter etiam in fasc. 3 (f. 18r: *II primi*; custos?). Reclamans una in f. 41v.

S i g n a a q u a t i c a : 1. Piccard-Online 69732 (1457), Piccard 2, XIII 264 (1448, 1462) f. 1, 5; 2. (variantia duo) Piccard-Online 65417 (1450), Piccard 2, XII 259-260 (1450, 1451) f. 2, 4, 309-340, 353-386, 411-452, 455-460; 3. (variantia duo) Piccard-Online 100405 (1449), Piccard 3, II 308 (1446-1450) et Piccard-Online 100416 (1446), Piccard 3, II 311 (1446) f. 6-29, 127-284; 4. (variantia duo) Piccard 16, VII 1849 (1448), 1856 (1451), 1852 (1451), Piccard-Online 151394 (1451), 151399 (1451) et Piccard 16, VII 1847-1848 (1447, 1448), Piccard-Online 151402 (1452), 151393 (1451), 151389 (1448) f. 30-51, 285-308, 341-352, f. integ. post. aggl.; 5. (variantia duo) Piccard 2, XIII 221 (1443-1446), Piccard-Online 69833 (1446) et Piccard 2, XIII 222 (1443-1446) f. 53-102, 115-126; 6. (variantia duo) Piccard-Online 68860 (1448-1450) et 68861 (1448-1450) f. 103-114; 7. (variantia duo simillima) Piccard 2, XIII 33 (1445-1452), Piccard-Online 69356 (1447), 69360 (1447), 69363 (1447), 69418-68419 (1452) f. 387-410; 8. Var. Piccard-Online 69064 (1446) f. 453-454. F. 3 et 52 cum signis tum etiam alteris bifolii partibus carent. Charta a. 1443-1462 in usu erat.

S c r i p t u r a e t o r n a m e n t a : Codex aliquot manibus exaratus: 1. f. 6r-302r, lin. 26 et probabiliter f. 1r (ductu vario): Stanislaus presbyter *de Brzostek*, cf. f. 301v: *per me Stanislaum presbiterum de Brzostek* (cf. Colophons, 17327); 2. f. 302r, lin. 26-340v, 411r-460v: *Pobyedzysczyta* quidam (cf. f. 340v, 460v), verisimiliter quidam de Pobiedziska in Magna Polonia oriundus (f. 460v: *Pobyedzysczyta calamisavit*, in Vocabulario Palaeopolonico = Słownik staropolski, 6, 198, erronee: calami satiavit); 3. f. 341r-410v; 4. f. 1v-3v; 5. f. 4r-v ca a. 1470 conscriptum (textus nr. **2**. 31 III 1462 creatus), antequam tamen codex compactus est, cf. Compact.; 6. f. 5r-v scriptum s. XV ex. vel XVI in. (textus nr. **3**. a. 1461 creatus), probabiliter eadem manu, quae notam in f. IIv et nr. ***6**. exaraverat. Stanislaus presbyter *de Brzostek* verisimiliter est idem atque Stanislaus de Brzostek presbyter vicarius in Bochnya (Bochnia) in causa die 19 XII 1450 notata nominatus (cf. Archivum Curiae Metropolitanae Cracoviensis, Acta officialia, 9, p. 57) nec non verisimiliter Stanislaus clericus de Brzosthek in adnotatione die 16 VI 1441 facta nominatus (cf. Cracovia artificum. Supplementa, 1441-1450, nr 63). Scriba, qui se ipsum *Pobyedzysczyta* nominat, verisimiliter est Ioannes de Pobyedziska (Pobiedziska), cod. BJ 4246 scriba (cf. f. 4r: *Iste liber est inceptus reportare in vigilia sancti Gregorii feria secunda per Iohannem de Pobyedzyska, olim filium cuiusdam Iacobi*); etiam Metryka, 2, 376 quosdam Universitatis Cracoviensis studentes de Pobiedziska oriundos nominat, difficile tamen dictu, utrum de horum quovis hic agatur necne (cf. etiam Catalogus, 4, 117; Bullarium Poloniae, 6, 296, nr. 1420, 1422; Repertorium Germanicum, 8, nr. 158). Scriptura in toto codice duabus (una in solis f. 4r-5v) columnis disposita, quarum schema atramento ductum (in f. 36r rubro), quarumque latitudo et altitudo variant. Schemati efficiendo marginum extremitates perforatae sunt. Emendationes, i. a. rubro atramento, in locis erasis et in maculis (f. 135v-137r, 330r, 333r-v, alia). Pagina currens: in Sententiarum textu libri et distinctionis numerus in f. 39r-63r, hic illic etiam in ceteris foliis, manu scribae praesertim; in Commento (exceptis Principiis) libri et distinctionis numerus, saepissime rubro. Rubricatio in codice obvia. In initiis Prologi, Sententiarum librorum sequentium et Commenti litterae initiales, quarum altitudo 4-7 textus lineis aequa: decoratae, multicolores, partes mediae harum expletae sunt ornamentis quadrata imitantibus, quorum margines quasi prominentes videntur et capreolis ornatae (f. 6r, 97r, 161v, 216v); rubrae et caeruleae, ornamento ad margaritarum et capreolorum instar effecto ornatae (f. 6v, 341r, 368r, 370v, 408r – in media littera illud *S* inscriptum, 411r); rubro et nigro colore (f. 301v). Accedunt litterae initiales rubrae plurimae, quarum magnitudo varia.

N o t a e e t g l o s s a e : Glossae marginales et interlineares manuum aliquot, possibiliter etiam codicis scribae, Petri Lombardi Sententiarum textum comitant (f. 6r--301v), e. g. f. 7r: *Contra. I*[a] *Io. II* [, 15]: *Nolite diligere mundum etc. Respondetur, quod mundus quandoque sumitur pro universitate creaturarum, aliquando pro fluxu diviciarum* ...; *Sed contra. Bestie fruuntur, quia propter se delectantur in delectabili, sed non utuntur. Si dicas, quod hoc sumptum est translative, quero quare non simile transfertur verbum utendi* ...; f. 8r: *Quare pocius dicitur de homine: Ego fruar te in Domino* [Phle 20], *quam de alia creatura, puta de azino vel equo* ...; *Contra. Deus diligit se, non tamen utitur, quia non diligit se propter aliud, nec fruitur, quia ubi fruicio, ibi inherencia et indigencia* ...; f. 10r: *Faciamus hominem etc.* [Gen 1, 26]. *Utrum ymago stet ibi pro essencia vel pro persona. Si pro essencia, ergo idem est dicere ymaginem nostram et essenciam nostram* ...; f. 113v: *A Luna Iudei incipiunt festum, quia sunt in umbra, sed nos a Sole, quia in lumine ambulamus* [?]; *Maior est auctoritas quam humani ingenii perspicacitas*; f. 234r: *Sumitur occulte Christus* ...[cf. Walther, Initia, 18750; Id., Proverbia, 30656a]; *Panis mutatur* ...[cf. Walther, Initia, 13624]; f. 243r: *Larga Dei pyetas veniam non dimidiabit, aut nichil, aut totum propiciando dabit* [cf. Ibid., 11699 (septimus versus)]; f. 244r: *Mens mala, mors intus* ...[cf. Ibid., 10911; Walther, Proverbia, 14699]; f. 274r: *Sex in lacte dies* ...[cf. Ibid., 28207]; f. 292v: *Oracio vocalis prodest ad congruam satisfaccionem, ad mentis evigilacionem* ... Notae manu Matthiae de Schydlow scriptae, f. 134v: *Caritas Spiritus Sancti*; 214v: *Consuetudo iurandi mala*; 303v, 432r, IIv. Nota rubro in marg. lineolae undosae forma (f. 20r, 25r). F. 9r: *Hic Magister non tenetur* (notae simillimae in f. 38v, 55v, 103r, 134r, 139v, 140r, 168r, 192r, 193r, 195r, 217r, 229r, 237r). F. 19r: *Hic incepi*. Signa rubra in Commento vocabula scriptorum materiam et textus structuram indicant. Maniculae plurimae in toto codice, quarum quaedam a Matthia de Schydlow delineatae. In f. IIv (postfolium) manu s. XV ex. (post a. 1478): *Anno Domini M^o quadringentesimo septuagesimo octavo in die Iohannis ewangeliste* [27 XII] *in civitate Poznaniensi dominus Andreas de Bnyn mortuus est* [qui re vera die 5 I 1479 de vita decessit]*; eodem anno Derslaus de Rithwany cum Iohanne fratre suo. Derslaus palatinus Cracoviensis fuit et Iohannes marsalcus* [Derslaus 14 I 1478, Iohannes a. 1478 vel 1479 (post 10 VIII 1478) obiit, cf. PSB 33, 583-588, 588-592].

C o m p a c t u r a Cracoviae verisimillime confecta ca a. 1470 (cf. Responsionem in f. 4r-v, quae die 31 III 1462 data erat, ante compacturam factam exaratam). Tabulae ligneae corio albo olim, nunc fusco facto, obtectae, ornamento lineari simplici decorato. Codex cingulis coriaceis duobus, qui partim adhuc asservantur, clavorum ope tabulae posteriori affixis, et ligularum ope, quae nunc deperditae sunt, in tabula anteriore claudebatur. Umbonum quinorum rotundorum in utraque tabula vestigia. Dorsum paululum convexum, ligamenta quattuor duplicia, quibus parallele funiculi impressio cernitur, codicis capiti et calci lora texta obsuta cernuntur. Volumen adaequatum, anguli rotundati. Indiculi coriacei, rubri et virides vicissim, Sententiarum et Commenti libros singulos indicant. Antefolium membr. (f. I) marginum schemate distinctum; postfolium membr. (f. II), cf. nr. ***7** nec non Notas et glossas. Integumentorum partibus interioribus folia chartacea agglutinata: anterius conscriptum, cf. nr. ***6** (in parte superiore notula erasa illegibilis), posterius vacuum. Schedulae membranaceae fasciculi uniuscuiusque suturam munientes vacuae. Iuxta f. 199/200, 441/442 schedulae conscriptae, olim tesserarum vice adhibitae. Codicis status satisfaciens, sed dorsi ligamenta rumpi incipiunt, humiditatis olim infectae vestigia in margine inferiore, in f. 64 maculae, in f. 127-138 (fasc. 12) atramenti maculae.

C o d i c i s o r i g o e t f a t a : Codex a. 1448 in Universitatis Cracoviensis studiosorum professorumque societate confectus esse videtur, ubi ad Sententias legendas in Facultate Theologica adhibebatur. Textus in f. 4r-v ca a. 1470 et 5r-v s. XV ex. vel XVI in. descripti sunt, cf. Script. et ornam. Signaturae antiquae: Kucharski scripsit: *Libri 4 Sententiarum; cuius, non liquet*; Fasseau (f. Ir, 6r): *539* [verisimiliter corr. ex *509*]; topogr.: *CC VI 11.*

B i b l i o g r a p h i c a : Wisłocki, Katalog, 373; Kowalczyk, Maciej z Szydłowa, 81-82; W. Strobl, Karl der Grosse im italienischen Renaissance-Humanismus. Beobachtungen zur Rezeption der Vita Caroli Magni des Donato Acciaiuoli im 15. Jahrhundert, „Deutsches Archiv für Erforschung des Mittelalters", LXVIII 2012, 106.

AP, WZ

1523

Lat., ca 1500, chart., cm 32×21, f. 203+IV.

f. 1r-v vacuum.

1. f. 2r-198r: Petrus de Tarantasia OP, Commentum in III librum Sententiarum Petri Lombardi

[Prooem.] —⟨U⟩*bi venit plenitudo temporis* ...[Gal 4, 4]. —*In hiis verbis opus reparacionis mundi, que est per Cristum facta, describitur* ...⟩⟨[f. 2v]... *per que omnia habetur adopcio celestis. Prestante eodem Domino nostro Iesu Cristo etc.* [Com.] —⟨C⟩*um venit igitur.* —*Liber Sentenciarum sicut quidam fluvius paradisi egrediens* ...⟩⟨[f. 193v]... *adveniens Christus vacuam, ut dictum est, implevit. Qui est in secula seculorum et nunc, et in perpetuum. Amen. Rogo, sancta Maria, solamen. Et sic est finis. Toelos* [!]. [F. 194r] *Regestrum. Utrum actus incarnacionis fuit possibilis* ...⟩⟨... *U⟨trum⟩ lex implicatur per ewangeliam Domini. Telos. Sit laus Deo et sancto Bartholomeo etc.*

Cf. RS 690; Kaeppeli, 3340; Gołaszewska, Commentaires, 25-26. Ed.: vol. 1-4, Tolosae 1649-1652 (repr. 1979). Petri de Tarantasia OP Commentum in libros Sententiarum Petri Lombardi asservatur in cod. BJ (lib. I) 1497, 1539, 1540, 1546, 1548; (lib. II) 1542, 1545, 1573, 1526 fragm.; (lib. III) 1543, 1549, 2230; (lib. IV) 1541, 1544, 1547.

f. 198v-203v vacua, f. 202r-203v marginum schemate instructa.

***2.** f. IIIr: Diploma: ca 1500, s. l. Instrumentum publicum. Fragm.: Nicolaus, Galli filius, de Lasko, canonicus ecclesiae s. Petri de Pozega in dioecesi Quinque Ecclesiarum (Pécs), notarius publicus a caesare nominatus, confirmat, quod procuratores in causis ad opes attinentibus a quadam persona ignota constituti sunt.

||... *presentibus ibidem honorabilibus viris Benedicto de Irswasegh* [Isaszeg] *Wachiensis* [Vacium (Vác) in Hungaria, cf. G. Györffy, Az Árpád-kori Magyarország történeti földrajza, 4, Budapest 1998, 522-523], *Petro Cosse (Cosky?) de Vachyche, presbiteris Cracouiensis diocesum, Thoma baccalario de Bachka* [Bač, cf. G. Györffy, ut supra, 1, Budapest 1966, 210-213], *Petro Gaschowech de Cracouia, Sthanizlao* [!] *de Sandomiria et Blasio curato de Becheh* [Beche (Novi Bečej), in Servia] *diocesis Chanadiensis* [Cenadium (Csanád, Cenad), in Hungaria meridionali]... *Et ego Nicolaus Galli de Lasko canonicus ecclesie sancti Petri de Pozega diocesis Quinquecclesie* ...

Lat., membr., ante- et postfolium vetera incompleta secum coniuncta.

F a s c i c u l i : 1-16^{6+6} (f. 1-192); 17^{6+5} (f. 193-203, post f. 199 unum folium desideratur). Custodes in fasc. 1, 3-6, 8-12: *primus, 3us-6us, VIII^{us}-XII*, in fasc. 3-4 etiam in initio: *3us-4us*.

S i g n a a q u a t i c a : 1. Var. Piccard-Online 151835 (1491) f. 1-24; 2. Var. Piccard-Online 53072 (1500) f. 25-60; 3. Var. Piccard-Online 71264 (1500) f. 61-108, 145-168; 4. Var. Piccard-Online 71045 (1492) f. 109-144; 5. Var. Piccard-Online 66059 (1504) f. 169-196, 198-203 (simile signum in cod. BJ 1540, f. 70-105; 1541, f. 1-12, 101-172). F. 197 signo caret. Charta a. 1491-1504 in usu erat.

S c r i p t u r a e t o r n a m e n t a : Codex duabus manibus exaratus: 1. f. 2r--145v; 2. f. 146r-198r. Alterius scribae ductus diligentissimus, quamvis atramenti maculae occurrunt, e. g. f. 127r, litterae aequales et proportionales, inornatae, illae tamen, quibus unaquaque scripturae columna incipit, formam maiusculae litterae habent et hastas in marginem superiorem peculiariter protractam. Scriba alter Baltassar de Brzesczye esse videtur, qui quoque cod. BJ 1541 exaravit (cf. ibidem in f. 198r eius nomen, quod scribam testificari videtur, et adnotationem in f. IIr, in qua nomen iterum et locus originis legitur scriptus). Ductus eius varius, litterae initio minores, quae gradatim maiores fiunt (cf. *Et* in f. 146r, 168r). Singularis tamen et his et illis exquisita sed ficticia hastarum forma in marginem superiorem, interdum quoque in lateralem protractarum, e. g. f. 147v, 150r, 157r. Duarum columnarum schema atramento lineolis simplicibus ductum. Margines potius vacui, superior inferiore bis angustior. Loca vacua litteris initialibus inscribendis in toto codice. Macula atramenti in f. 2v.

N o t a e e t g l o s s a e paucae. Emendationes et supplementa scribae prioris, e. g. f. 24r, 25r, 37r, 42v, 65r, 67v, 84v, 101r, 102v, 106r, 132r, 138r. Posterioribus manibus: supplementa et emendationes, e. g. f. 3v, 5v, 11r-12r 15r, 16r-18r 20v 87r; vocabula i. a. ad quaestiones attinentia: *Contra, Responsio*, e. g. f. 3r-6r, 13r-14v; textus partium nec non distinctionum numeri, e. g. f. 13r, 15r, 19r-20v, 27r; definitiones et divisiones, e. g. f. 20v. In f. 15r et alibi Stanislai Bylica de Ilkusch marginalia occurrunt, cod. BJ 1540 possessoris, cuius manus scriptura quoque in cod. BJ 1541 marginibus visui obicitur. In cod. BJ 1573 manu eiusdem f. 1r-2v, 4v, 6r, 8r-9r scripta leguntur (eius scripturam cf. in cod. AUJ 63, p. 65-67). In f. 30r, 87r, 107r, 108r, 109r-110v marginalia Martini Biem de Ilkusch (eius scripturam cf. in cod. BJ 1515, 1853, p. 10 sqq., cod. AUJ 63, p. 42-43).

C o m p a c t u r a in officina, in qua cum aliorum tum quoque Arnulphi de Mirzinec libri compacti esse solebant, probabiliter ca a. 1504 confecta. Tabulae ligneae oblique praecisae, corio fusco partim obtectae, quod in utraque tabula lineis horizontalibus impressis in tres partes dividitur. Pars media, quae plagae totius 4/6 partes occupat et duae exteriores. Signaculorum impressorum duorum vestigia: 1. floris artificiosi, 2. palmae. In parte media utriusque tabulae signaculum utrumque alternatim impressum. In partibus exterioribus solum signaculum nr. 2. In tabula anteriore accedunt in hisce partibus exterioribus lineae diagonales quaternae se invicem decussantes. Codex olim fibulae ope claudebatur, cuius pars ferrea in tabula anteriore adhuc exstat, in qua inscriptio laesa legitur: *Mar⟨ia⟩*. Volumen adaequatum, in sectura superiore: *Petrus de Tarantasia, Super tercium Sentenciarum*. Dorsum paulo convexum, ligamenta tria duplicia, inter primum et secundum ligamentum codicis signatura inaurata impressa. Codicis renovator ante- et postfolium chartacea addidit cum foliis incompletis integumentorum partibus interioribus agglutinatis singulas componentia partes (f. I, IV). Vetera ante- et postfolium membranacea secum coniuncta nunc f. III constituunt, cf. nr. ***2**. In fine fragmentum parvum diplomatis membranacei agglutinatum est, quod olim tesserae vice fungebatur (f. II). Renovata est compactura a. 1937: corium vetus (illud posterioris integumenti consarcinatum), huic novo agglutinatum est, tabula posterior suppleta, dorsum novum additum, de quo A. Birkenmajer in folio integumento anteriori agglutinato adnotavit: *Rękopis i jego oprawę wyrestaurował introligator Jan Wyżga w r. 1937. Dodano po jednej karcie ochronnej na początku i na końcu rękopisu. Tylną deskę okładkową nadstawiono, grzbiet dano nowy (stary nie był zdobiony). Wszywki pergaminowe (niegdyś ochraniające pierwszy i ostatni arkusz) odjęto, połączono i wprawiono na końcu rękopisu (fragment instrumentu notarialnego).* Compacturae simillimae sunt cod. BJ 1540 et 1541, cf. A. Lewicka-Kamińska, ms. BJ Acc. 50/80. Codicis status: lacunae ab atramento edace factae: f. 25-28, 34-36, 109-113, 117-125. Humiditate afflictae extremitates totius voluminis. Folia defectiva, praesertim eorum extremitates, charta nova agglutinata consarta sunt, e. g. f. 1-7, 72, 193, 198-204.

Codicis origo et fata: Codex ca a. 1500, Cracoviae verisimile, confectus est. Codicibus BJ 1540, 1541, 1573 pluribus rebus colligatus est: scriptura scribae nr. 2 affinitatem cum cod. BJ 1541 apparet (cf. Script. et ornam.), signa aquatica et compacturae modus originem propinquam codicibus BJ 1540 et 1541 indicat (cf. Signa aquatica et Compact.), Stanislai Bylica de Ilkusch marginalia etiam affinitatem cum cod. BJ 1573 probant (cf. Notas et glossas). Stanislaus Bylica cod. BJ 1540 habuit, quo Petri de Tarantasia Commentum in I librum Sententiarum Petri Lombardi comprehenditur; codices duo supra nominati et noster commentum in libros II-IV Sententiarum continent. Ergo Stanislai Bylica de Ilkusch adnotationes in tribus hisce codicibus testificantur, quod iste libris supra nominatis indubitanter usus est; non impossibile etiam videtur eorundem possessor fuisse (Stanislaus Bylica de Ilkusch Universitatis albo studiosorum a. 1476 inscriptus, cf. Metryka, 1, 389 (76h/242), baccalarius a. 1478 factus, cf. Najstarsza księga promocji, 78/81B, magister a. 1484, cf. Ibid., 84/11M, a. 1495 Artium Facultatis decanus, cf. Ibid., 1495e; cf. de eo etiam PSB 3, 168). Quattuor, quos examinamus, codices etiam Martini Biem de Ilkusch lecturae testimonia praebent, qui Stanislai testamenti exsecutor exstitit (cf. cod. AUJ 69, f. 18v), quique codices istos hereditare potuit (cf. de eo cod. BJ 545 descr.). Signaturae antiquae: Fasseau: *667*; topogr.: *CC VI 12*; in cingulo chartaceo inter folia inserto (nunc deperdito): *346*.

Bibliographica: Wisłocki, Katalog, 373; Gołaszewska, Commentaires, 26; Markowski, Zygmunt z Pyzdr, 201.

MGo, ZS, LN

1524

Lat., 1420 et ca, chart., cm 30×22, f. 191+I.

1. f. 1r: De sexto praecepto

—*Non mechaberis. —Spiritualiter hoc preceptum intelligendo, prout iam dictum est, idem est hoc preceptum primo principio prime thabule, que prohibetur idolatria ...)(... intelligitur non de usu coniugali, sed de solicitudine.*

Cf. Włodek, Krakowski komentarz, 140.

f. 1v vacuum.

2. f. 2r-11r: Nicolaus Coslowsky, Principium in III librum Sententiarum Petri Lombardi

Principium in tercium li⟨brum⟩ Sentenciarum [in marg.]. —*Sume tibi librum grandem* ...[Is 8, 1]. *Venerabiles magistri et domini.* —*Iuxta Augustinum, doctorem eximium, libro III° De Trinitate, nichil fit, quod non de interiori atque intelligibili aula summi imperatoris* ...[Recom. theol.; f. 3r]... —*Ut autem thema nostrum in librum hunc introduceretur, sicut fuerat in precedentes introductum, illa quattuor, que in recommendacione sciencie divine in librum primum notata sunt* ...[f. 4r]... *et precipue mihi eius altissimas materias pertractanti per prophetam dicitur:* —*Sume tibi librum grandem, que fuerunt verba vestris reverenciis in principio proposita.* —*In quibus verbis IIII^or^ Sacram Scripturam recomendancia innuuntur: Primum est sciencie altitudo in hoc, cum dicitur: Sume, de qua circa principium primi dictum est* ...⟩⟨[f. 6r]... *pertransit homo* [inter lineas manu Nicolai Coslowsky: *scilicet 'a'*; in marg.: *'a': a figura ad veritatem, a tenebris ad lucem, a speculo et enigmate ad spem. Et sic*] *a vita presenti ad futuram, cuius* [inter lineas manu Nicolai Coslowsky: *visionis*] *nos participes faciat* [manu Nicolai Coslowsky: *Deus per secula benedictus*]. [Quaestiones] —*Utrum lapsus humane nature reparari poterat alio modo quam per incarnacionem divine persone. Quod questio sit vera, arguitur sic* ...[f. 8v]... *Correlarium ultimum: Questio, ut proponitur, est vera.* —*Utrum Christus in veritate sue carnis secundum divine legis observanciam, indiguit signaculo circumcisionis. Quod questio sit vera, patet ex texto evangelico* ...⟩⟨... *Correlarium quartum: Questio, ut proponitur, est vera et racio ad oppositum est soluta.*

Cf. Włodek, Krakowski komentarz, 140; Markowski, Mikołaj z Kozłowa, 98, 132 (Quaestionem in f. 8v-11r Markowski Nicolao Budissen attribuit); Id., Dzieje Teologii, 130. De ceteris BJ cod., ubi Nicolai Coslowsky Principia in alios Sententiarum libros asservantur, cf. cod. BJ 1520 descr., nr. **1**.

f. 11v-13v vacua.

3. f. 14r-190r: Petrus Lombardus, Sententiarum liber III

—*Cum venit igitur plenitudo temporis* ...⟩⟨... *ut viciorum fere occidantur et cetera. Explicit liber tercius Sentenciarum scriptus anno Domini millessimo* [!] *CCCC XX°.*

Cf. cod. BJ 1512 descr., nr. **1**.

4. f. 14r-190r: Communis lectura Pragensis et Commentum Nicolao Coslowsky attributum in III librum Sententiarum Petri Lombardi in marginibus scripta

[Communis lectura Pragensis] *Cum igitur venit. —In hoc* 3° *agit de misterio incarnacionis et passionis Filii Dei* ...[cf. cod. BJ 1456, f. 210v (Matthias de Labischyn), RS 533] ...⟩⟨[f. 189v]... *feras occidit viciorum. Quod in nobis facere dignetur idem Ihesus Christus cum Patre et Spiritu Sancto benedictus in secula seculorum. Amen etc.*

[Com. Nicolai Coslowsky (?); f. 14r] *—B⟨eatus⟩ T⟨homas⟩: Postquam Magister in duobus libris precede⟨n⟩tibus determinavit de rebus divinis ... Notat Alexander, quod plenitudo temporis dicitur non illa plenitudo ... Questio ista tractabitur pro littere determinacione: —Utrum incarnari magis decuit Filii personam quam Patris vel Spiritus Sancti et est materia istius distinccionis* ...[f. 15r]... *Dicit Albertus: Licet in intellectu missionis claudetur incarnacio* ...[f. 20r]... *Dicit B⟨ona⟩v⟨entura⟩: Quamvis Beata Virgo Deo vicinior fuit* ...[f. 27v]... *Hugo de Sancto Victore assignat racionem, quare Maria concipit de Spiritu Sancto* ...[f. 31r]... *D⟨icit⟩ Albertus Magnus: Quamvis actus forme sint multi ... Dicit Pe⟨trus⟩ de Tar⟨antasia⟩: Forma uno modo dicitur ex relacione ad materiam ... Quia eciam dicit Aristoteles 5 Physicorum: Dicimus nomen nature principalius convenire forme* ...[f. 42r]... *Notandum: Augustinus ponit duas divisiones habitus* ...[f. 43v] *Notandum, quod Appostolus dicens ad Philippenses II* [, 7]: *Exinanivit se ipsum forma⟨m⟩ servi* ...[f. 55v] *Cum declaracione littere* X^e *distinccicionis hec questio determinabitur: —Utrum Christus secundum quod homo persona existens, sit adoptivus et ab eterno predestinatus Filius Dei. Argumenta pro et contra ad questionem ponuntur in littera* ...[f. 60r]... *Ex auctoritate precedenti et ista Ambrosy: Hec habetur conclusio* ...[Dist. 15; f. 75r] *Hec questio circa hanc distinccionem determinabitur: —Utrum Christus secundum animam et secundum corpus vere passiones sustinuerit. Notat b⟨eatus⟩ Thomas, quod passio non dicitur fieri* ...[f. 83r]... *Advertendum, quod Boecius ponit unam aliam divisionem* ...[Dist. 20; f. 102r] *—Utrum per solius Christi passionem bonam simpliciter et non aliter natura humana debebat reparari. Notat b⟨eatus⟩ T⟨homas⟩ necessitatem triplicem* ...[Dist. 23; f. 117r] *Questio tractans materiam distinccionis est ista: —Utrum tres virtutes theologice a moralibus et intellectualibus habitibus distincte inter se habeant ordinem, manentes in suo esse adveniente* ...[f. 127r]... *Notandum, Hugo libro primo De sacramentis, parte X a principio quinti capituli* ...[Dist. 30; f. 145v] *—Utrum dileccio Dei et proximi, amici et* *inimici, ad quam omnes tenentur, aliquam habeat equalitatem vel excessum. Notandum de primo, quod dileccio Dei* ...[f. 154v] — *Utrum virtutes cardinales inter se et moralibus distincte in patria evacuentur. Notat b⟨eatus⟩ T⟨homas⟩, quod licet virtus et natura inclinent* ...[f. 161r] *Altisidorensis* [!] *notat tres status timentis serviliter* ...[Dist. 40; f. 189r] — *Utrum differencie legis et ewangelii convenienter in ista distinccione assignentur. Notandum, quod duplex est racio legis et ewangelii* ...⟩⟨... *feras in nobis occidit et virtutes perficit, quibus perveniatur ad vitam eternam, in qua cum Christo vivemus* ... *Distinccione XXII tenet Magister, quod in triduo mortis Christus fuit homo et a doctoribus communiter hoc non tenetur* [= f. 112r in marg.].

Cf. RS 964, 1057; Włodek, Krakowski komentarz, 140, 158; Markowski, Mikołaj z Kozłowa, 99-100; Id., Dzieje Teologii, 131; Półtawski, Communis lectura, 11-15, 16-20 (cod. nostrum non citat); Swieżawski, Filozofia, 131-132 (cod. nostrum non citat). De ceteris codicibus, ubi textus Communis lecturae Pragensis asservatur, cf. cod. BJ 1520, descr. nr. **3**. De commento in Sententiarum libros ceteros, quod in commentationibus a viris doctis Nicolao Coslowsky attribuitur, cf. cod. BJ 1520 descr., nr. **3**.

5. f. 190v: Sermo in dom. Adventus (?)

Sermo de virginitate super ewangelio ultime dominice ante adventum Domini. — *Abiit Iesus* [Io 6, 1]. — *Si aliquando invenis, quod Ihesus sedit, ut inter doctores et in eorum medio* ...⟩⟨... *XII consilia ewangelica ex se relinquunt: primum est paupertatis voluntarie* ... *XII de fraterna correccione. Inveni alibi.*

Cf. Włodek, Krakowski komentarz, 140.

f. 191r vacuum.

6. f. 191v: Sermo in dom. 25 post Pentecosten. Fragm.

— *Dominus iustus noster* ...[Ier 23, 6; 33, 16]. — *Quam verba hec prophetice sint de nostri Salvatoris adventu in carnem* ...⟩⟨... *eorum insolencie tamquam vis* [recte: vas] *figuli confringantur*||

Cf. Włodek, Krakowski komentarz, 140.

7. f. 191v, IIr: De matrimonio

— *Symon de Cassia in tractatu De iusticia christiana, capitulo XII, dicit: Iniciavit Deus matrimonium non a corrupcione, non a libidine* ...⟩⟨... *licet bona sint, quecumque creata sunt, tamen sepe amor pervertitur, ex quo oritur* [?] *usus perversus.*

Cf. Włodek, Krakowski komentarz, 140. Probabiliter excerpta ex lib. XV, cap. 3 Expositionis super totum corpus Evangeliorum Simonis de Cassia.

F a s c i c u l i : 1^{1+6+6} (f. 1-13, f. 1 a compaginatore additum), $2\text{-}11^{6+6}$ (f. 14-133), 12^{7+7} (f. 134-147), 13^{5+5} (f. 148-157), $14\text{-}15^{6+6}$ (f. 158-181), 16^{5+5} (f. 182-191). In fasciculo 8, inter f. 93v et 94r schedula minima chartacea conscripta dorso immissa, numero f. 93a instructa.

S i g n a a q u a t i c a : 1. Var. Piccard-Online 20756 (1422) f. 1; 2. Var. Piccard 14, I 616 (1420, 1421) f. 2-13; 3. Var. Piccard 16, IV 1265 (1419, signum in albo reproductum baculo inclinato caret) f. 14-53, 58-191 (idem signum in cod. BJ 1520); 4. Var. Piccard 9, VII 516 (1420) f. 54-57. F. 93a sine ullo signo. Charta a. 1419-1422 in usu erat.

S c r i p t u r a e t o r n a m e n t a : Codex pluribus manibus exaratus. F. 2r--11r manu Vincentii de Casimiria (cf. eius scripturam in cod. BJ 447, f. 1r-229r). Textum Sententiarum in f. 14r-190r (in columnis) et Communis lecturae Pragensis (in marginibus) eadem manus exaravit, quae in cod. BJ 1520, f. 12r-286v (textum Sententiarum et Communis lecturae Pragensis) nec non in cod. BJ 1525, f. 1r-54r, 69r-290v. Quae scriptura cursivae librariae/formatae assimilatur (cf. Derolez, Palaeography, Pl. 95), cuius manus peculiaria sunt interpunctionis signa in forma lineolarum verticalium tenuissimarum. Commentum in marginibus litterulis minutis, quae scriptura vulgo Nicolao Coslowsky attribuitur (de quo cf. cod. BJ 306 descr.; eius scripturam cf. in cod. BJ 1907, f. 154r: attamen litterulae in nostri codicis marginibus a Coslowsky scriptura autographa paulo differunt). Scriptura in toto codice duabus columnis disposita est, quarum margines atramento, linea simplici ducti. In f. 14r-190r margo addititius in foliorum extremitatibus ductus. Rubricatio: capitulorum in distinctionibus tituli et auctorum nomina rubra. Littera initialis in f. 2r caerulea, litterae rubrae communes in distinctionum initiis, accedunt paulo maiores rubrae litterae fusco colore calamo decoratae, e. g. f. 14r, 28v, 55v, 81v, 125v, 145r, 188v. Fragmentum cancellatum in f. 5r.

N o t a e e t g l o s s a e : cf. nr. **4** (f. 14r-190r), ceterum paucae. Emendationes et supplementa a scribis illatae, e. g. f. 6r; vocabula scriptorum materiam indicantia, e. g. f. 6v-8r, 9r-11r, 19v, 188v; emendationes et supplementa manu, quae Nicolai Coslowsky esse fertur, e. g. f. 2v, 4r, 5r, 6r-8r, 9r-11r, 29v. Maniculae, e. g. f. 65v, 89v.

C o m p a c t u r a Cracoviae verisimillime confecta post codicem scriptum, h. e. post a. 1420. Commentum enim in marginibus ante compacturam factam sine dubio exaratum erat. Codex tabulis ligneis compactus, partim corio fusco clariore obtectis. Corium cingulo coriaceo coloris fusco obscurioris, clavulorum ope affixo, in utroque integumento definitum. Tabularum anguli rotundati. Codex olim duobus cingulis coriaceis metallo praefixis et ligulis in anteriore integumento claudebatur. Dorsum convexum, ligamenta quattuor duplicia, ad quae paralelle funiculi impressio cernitur. Eiusmodi compacturas habemus etiam in aliis Nicolai Coslowsky codicibus, cf. cod. BJ 1520, 1525, 1620. Volumen post renovationem non adaequatum, primo tamen fasciculi singuli ad regulam praecisi erant. Postfolium membranaceum vetus: f. II (dimidium latitudinis), cf. nr. **7**. Ante- et postfolium chartacea recentia vacua: f. I, III, a codicis renovatore a. 1934 addita, singulas cum foliis integumentis agglutinatis efficiunt chartas, etiam in latitudine dimidiatas. Dorsi quoque corium defectivum, cum codex renovaretur, suppletum est nec non cinguli coriacei, quibus corium tabulis astringitur. In folio integumenti parti interiori agglutinato manu Alexandri Birkenmajer nota: *Rękopis i jego oprawę wyrestaurował introligator Jan Wyżga w r. 1934. Karty ochronne nowe.* Codicis status: humiditatis infectae vestigia, foliorum extremitates cariosae et putridae (laterales et inferiores) tempore renovationis confirmatae.

Codicis origo et fata: Codex a. 1420 Cracoviae confectus, iussu Nicolai Coslowsky verisimillime, qui eius possessor fuit similiter atque cod. BJ 1520, 1525, 1620, quibus quoque commentarii in Sententiarum alios libros comprehenduntur. Nicolai manus scriptura in codice obvenit, cf. Script. et ornam.; Notas et glossas. Signaturae antiquae: Fasseau: *770*; topogr.: *CC VI 13*.

Bibliographica: Wisłocki, Katalog, 373; Włodek, Krakowski komentarz, 140-141; Markowski, Mikołaj z Kozłowa, 132.

KW, LN

1525

Lat., 1420 et ca, chart., cm 31×21, f. 290+I.

1. f. 1r-14v: Nicolaus Coslowsky, Principium in I librum Sententiarum Petri Lombardi

In nomine Domini nostri Ihesu, in quo vivimus, movemur et sumus [in marg.]. [Invocatio] —*Circa divini auxilii invocacionem confiteor, quod omnia a Deo creata sunt, gubernantur, distinguuntur* ...⟩⟨... *esset acceptus omni tempore, Sap. IX* [, 10]. *Et tantum de divini auxilii invocacione.* [Recom. theol.] —*Qua premissa in sacre sciencie,* [f. 1v] *videlicet theologie, recommendacionem thema alias repetitum resumo, videlicet illud:* —*Sume tibi librum grandem* ...[Is 8, 1]... —*Quamquam omnia opera Domini magna sint* ...⟩⟨[f. 3v]... *ex quibus omnibus huius sciencie magnitudo et excellencia apparet manifeste.* —*Ut autem nostrum thema in librum hunc primum et consequenter in alios tres debite introducatur, quattuor notanda sunt* ... *Primo namque sciencia hec grandis dicitur propter arduitatem illius* ...⟩⟨[f. 6v]... *et hoc ut induceret ad humilitatem, ad timorem et ad perseveranciam, quia solum, qui perseveraverit in finem, hic salvus erit* [Mt 10, 22]. *Cuius salutis nos participes* ...[Quaestio] —*Utrum sciencia theoloÿe* [!] *subiectum habeat attribucionis sicut alie sciencie humanitus adinvente. Quod questio sit falsa, arguitur sic* ...⟩⟨[f. 12v]... *dubium est, sub qua contraccione fuerit subiectum et per consequens correlarium verum.* [De causis Sententiarum] —*Antequam veniatur ad explanacionem Prologi, primo aliqua premittenda sunt de causis huius libri. Et primo de causa efficiente et* [suprascr.: *de*] *instrumentali* ...⟩⟨... *ibi est similitudo, sed non solitudo, et hoc est, quod dicit. Hoc ergo verum faciamus etc.*

Cf. Markowski, Wykład, 11; Id., Poglądy, 71; Id., Mikołaj z Kozłowa, 98; Id., Dzieje Teologii, 130; Id., Pierwsi bakałarze, 289-290; Włodek, Filozofia a teologia, 41; Wójcik, Wykład, 117-118. Ed.: Ibid., 123-159. De ceteris BJ cod., ubi Nicolai Coslowsky Principia in alios Sententiarum libros asservantur, cf. cod. BJ 1520 descr., nr. **1**. Fragm. De causis Sententiarum etiam in cod. BJ 1518, f. 11v-14v.

2. f. 14v-26r: Nicolaus Budissen de Cracovia, Principium in I librum Sententiarum Petri Lombardi

Sequitur alia posicio etc. [*Recomendacio in Sentencias magistri Budissin* manu Nicolai Coslowsky]. [Invocatio] *R⟨everendi⟩ pa⟨tres⟩ mei et domini prestantissimi. —Naturalium ac huius mundi sapientum cupientes sequi vestigia philosophorum ...*⟩⟨[f. 15r]... *ostendit veraciter, utiliter docet et prudenter.* [Recom. theol.] —*Pro aliquali igitur eius recommendacione assumo verbum in principio cursus mei assumptum et Mt 22º* [, 16] *scriptum*: —*Viam Dei in veritate docemus. Reverendi patres mei et domini nimium venerandi. —Sacre Scripture tractaturus misteria a Deo excelso, scienciarum datore ... quia pusillus virtute importabile onus humeris meis assumo ...*⟩⟨[f. 22r]... *preceptis eius obediamus et obediendo vitam eternam habeamus. Quam nobis donare* ...[Quaestio] *Eiusdem posicio, contra quam replicatur supra* [manu Nicolai Coslowsky]. —*Utrum theologia militancium subalternata theologie triumphancium Deum sub racione abissali habeat in subiectum. Et videtur, quod non ...*⟩⟨*... Correlarium: questio quoad suppositum et quesitum est falsa, patet ex dictis etc.*

Cf. Markowski, Wykład, 11; Id., Poglądy, 71; Id., Mikołaj Budissen, 99-118; Id., Dzieje Teologii, 123-124; Id., Pierwsi bakałarze, 268; Wójcik, Wykład, 118; Włodek, Filozofia a teologia, 41. Ed. quaestionis: Ibid., 54-63; Scripta manent, 12-19.

3. f. 26r-42v: Andreas de Kokorzyno, Principium in I librum Sententiarum Petri Lombardi

Sequitur alia posicio etc. [*Recomendacio m⟨agistri⟩ Andree de Kokorzino* manu Nicolai Coslowsky]. —*Circa presentem actum tria oc⟨c⟩urrunt, que expediunt quemlibet ipsum facientem ...*⟩⟨*... tercium est humilis exhibicio persone mee exigue pro graciarum accione condonacione.* [Recom. Sacrae Scripturae] *Reverendi patres et domini venerandi. —Cum secundum auctorem Rudium ⟨doctrine⟩ in De quinque clavibus sapiencie omnibus in rebus peragendis ... primo invocandum est divinum auxilium* ...[f. 26v]... *Sic ergo divino invocato auxilio pro Sacre Scripture recomendacione assumam verbum ... —Liber generacionis Ihesu Christi* ...[Mt 1, 1]... —*Beatus Augustinus nature supernam dignitatem* ...[f. 31v]... *ergo Sacra Scriptura est* [f. 32r]: —*Liber generacionis Ihesu*

Christi [Mt 1, 1], *que fuerunt verba vestris reverenciis loco thematis proposita.* —*In quibus quidem verbis iuxta materiam quattuor librorum parcialium huius libri Sentenciarum, quem pre manibus habemus* ...[cf. infra f. 48r]... ...⟩⟨[f. 33r]... *de primo descendendo consequenter ad secundum principale presentis negocii formo talem conclusionem* [!]. [Quaestio] *Posicio eiusdem, in qua replicat contra magistrum Cruczborg* [manu Nicolai Coslowsky]. —*Utrum cum divine essencie simplicissima unitate et benedicta personali Trinitate tantum unum Deum possit ostendi demonstrabili probabilitate. Quod questio sit falsa maxime quantum ad quesitum, arguitur sic* ...⟩⟨[f. 42r]... *omnium encium est unus solus princeps, qui est Deus benedictus, igitur conclusio vera. Corollarium, quod sequitur ex tota posicione: Questio, sicut proponitur, est vera et tantum de secundo principali in hoc actu faciendo.* [Gratiarum actio] —*Sed quia considerans illud Apostoli: Quid habes, quod non accepisti* ...[1 Cor 4. 7]. *Et si non in aliis, maxime tamen in me verificari et locum habere ... refero graciarum acciones ... sancto Stanislao ... domino Wladislao, regi Polonie, qui erexit hoc studium* ...[f. 42v]... *precipue vero magistro meo Nicolao Pyser, qui de benignitate sua me primo ad legendum cursum presentavit ... magistro meo Francisco ⟨de Brega⟩, sacre theologie professori et magistro Stanislao ⟨de Scarbimiria⟩, decretorum doctori ... recomendo ... ceteros defunctos benefactores ... magistrum Iohannem Ysneri, magistrum Iohannem Sczekna, magistrum Bartholomeum de Yasel, magistrum Nico⟨laum⟩ Vigandi,* [f. 43r] *magistrum Lucam ⟨de Magna Cosmin⟩, magistrum Nicolaum Byczinki, recomendo me eciam vobis etc.*

Cf. Markowski, Wykład, 11-12; Id., Poglądy, 71; Id., Dzieje Teologii, 132-133; Wójcik, Wykład, 118; Włodek, Filozofia a teologia, 41; Z. Kozłowska-Budkowa, Uniwersytet Jagielloński w dobie Grunwaldu, Kraków 1961, 66 (Zeszyty Naukowe UJ, Prace Historyczne, 8); Jagosz, Beatyfikacja, 45. Ed. quaestionis: Markowski, Wykład, 13-51.

4. f. 43r-54r: Iacobus de Sandecia Nova, Principium in I librum Sententiarum Petri Lombardi

Recomendacio m⟨agistri⟩ Iacobi de Szandecz [manu Nicolai Coslowsky]. *In nomine benedicte et individue Trinitatis* ... —*In presenti actu quatuor debeo facere. Primo debeo ante omnia invocare divinum auxilium ... Secundo, auxilio divino invocato debeo Sacram Scripturam theologicam scienciam aliqualiter recommendare et laudibus magnificare ... Tercio, premissa Sacre Scripture recommendacione debeo pro mea exercitacione unam questionem determinare ... Quarto ... et graciarum accione Dominus sit illuminacio mea et salus mea* [Ps 26, 1]. [Invocatio] —*Merito ergo primo a me invocandum est divinum auxilium ad complendum hoc opus* ...⟩⟨[f. 44r]... *et communicacio Sancti Spiritus sit cum omnibus nobis. Amen.* [Recom. Sacrae Scripturae] —*Et quia sic invocato divino auxilio et eodem salvo conductu venio ad secundum, scilicet ad recommendacionem Sacre Scripture divinitus inspirate. Pro cuius magnificencia et laude assumo verbum thematis, quod alias incursus mei principio assumpseram, videlicet:* —*Sol egressus est super terram* ...[Gen 19, 23]. *Reverendi patres, magistri ceterique domini venerandi.* —*Dum oculis conspicio mentis abissalem sacratissime ac Divine Scripture voraginem, que non profundatur* ...[f. 48r]... *Sol egressus* ... *In quibus quidem verbis* ...[cf. supra f. 32r]... [Gratiarum actio; f. 49v]... *Felici* ... *venio* ... *ad quartum principale et finale, scilicet ad reddendum graciarum acciones* ...[f. 50r]... *Precipue vero regracior venerabili viro, magistro Nicolao Piser* ... *magistro Francisco Creysewicz* ...⟩⟨[f. 50r]... *retributor omnium bonorum nobis omnibus conferat suam graciam et vitam eternam. Amen. Posicio eiusdem* [manu Nicolai Coslowsky]. [Quaestio] —*Utrum sciencia theologica viatorum subalternata theologie beatorum sit realiter ab habitu fidei distincta ac prerequirens ut mens scientis eandem sit a Deo specialiter preillustrata. Et arguitur, quod non* ...⟩⟨... *ista patent ex premissis et tantum de questione ex opitulante gracia divina expedicione.*

Cf. Markowski, Wykład, 12; Id., Poglądy, 71-72; Id., Jakub z Nowego Sącza, 8-27; Id., Dzieje Teologii, 122-123; Wójcik, Wykład, 118-119; Włodek, Filozofia a teologia, 41. Ed. quaestionis: Ibid., 45-54; Scripta manent, 5-11.

5. f. 54r-60v, 63v-64v, 61r-63v: Ioannes de Frankenstein OP, Recommendatio fratris Hermanni OP cum quaestione disputanda

—*Quia secundum Al⟨bertum⟩ primum principium Deus vivus, gloriosus dicitur, ideo per se primum principium* ... *Nam primo proponetur monitive recommendacio instructoria, 2°* *largietur promotive licenciacio perfectiva ac 3°* *apponetur conclusive graciarum accio applausiva* ... *Quantum igitur ad primum peragendum ocurrebat mihi pro themate verbum:* —*Hermon in nomine tuo, scriptum in Ps. 88* [, 13] *dictumque in tam solempnis congregacionis medio pro nostri licenciandi negocio exclamativo.* [F. 54v] —*Secundum Ieronimum in De interpretacionibus nominis Hermon interpretatur anathema tristicie* ...[f. 58v]... *quod ei et omnibus conferat, qui sine fine vivit et regnat. Amen etc. Quantum autem ad 2^m^ largiendum est advertendum, quod magister sacre theologie est clavicularius Sacre Scripture* ... *Et ego frater Io⟨annes⟩ auctoritate omnipotentis Dei et Sedis Apostolice et reverendi in Christo patris et domini, domini Al⟨berti⟩, episcopi Cracoviensis, huius alme Universitatis cancellarii, ac reverendissimi generalis m⟨agistri⟩ Ordinis nostri Predicatorum, fratris*

Leonardi mihi in hac parte commissa concedo et do et assigno tibi, fratri Hermano licenciam incipiendi in sacra theologia ac magisterium capiendi in eadem omnesque actus et singulos ad magisterium dicte facultatis pertinentes exercendi, que licenciatis in eadem sacra theologia Parisius et Bononie conceduntur ... Quantum vero ad 3^m^ concludendum accionem, videlicet graciarum ... tibi quoque invictissimo principe [f. 59r] *Wladislao, regi Polonie, gloriosissimo huius alme Universitatis fundatori ... ut princeps medeatur te, ut salus revelet se tibi, ut lux in secula seculorum. Amen.* [Q. disputanda] — *Ut actus presens vesperiarum tamquam insigne studiosus stet in omni parte sua firmus sicud tetragonus sine vituperio ... Quantum igitur ad primum questio disputanda sit ista: — Utrum Christus homo temporali nativitate natus sit de Virgine. Quod non arguitur sic* ...[f. 60v]... *est realiter et principaliter Virgo.* [Alia manu: *Declaracionem ulteriorem huius questionis vide post recommendacionem sequentem*; f. 63v] *Declaracio questionis supraposite* [in marg.]. *Sciendum: Miraculum dicitur quasi admirabile* ...[f. 64v]... *Quinta proposicio: Conveniens fuit, ut Verbum Dei temporali nativitate etc., ut supra vide.* [F. 61r] *Quantum ad 3^m^ principale huius actus reassumo thema ... —Hermon in nomine tuo ...*)(... *dies dominicus velud octavus, eterna videlicet requies spiritus et corporis simul in Domino. Quod prestare nobis dignetur ...*

Cf. Wójcik, Rekomendacja, 13-16; Markowski, Wykład, 12-13 (sicut: Recommendatio 'Bibliae' Ioannis Biskupiec de Opatów); Id., Poglądy, 72 (sicut: Ioannes Biskupiec de Opatów, Recommendatio theologiae); Wójcik, Wykład, 119 (sicut: Ioannes Biskupiec de Opatowiec, Recommendatio theologiae); Markowski, Dzieje Teologii, 124-125, adn. 39; Frankenstein, Traktat, 393; Markowski, Pierwsi bakałarze, 260, 289; P. Kielar, Jan z Ząbkowic, [in:] Studia nad historią dominikanów w Polsce 1222-1972, 1, Warszawa 1975, 423; M. Zdanek, Szkoły i studia dominikanów krakowskich w średniowieczu, Warszawa 2005, 133-135; A. Zajchowska, Między uniwersytetem a zakonem. Biografia i spuścizna pisarska dominikanina Jana z Ząbkowic († 1446), Warszawa 2013, 313. Ed.: Wójcik, Rekomendacja, 17-52.

f. 65r-68v vacua, marginum schemate instructa.

6. f. 69r-207v, 289v-290r, 207v-209v, 290r, 209v-211v, 290v, 211v-289v: Petrus Lombardus, Sententiarum liber I

[Prol.] — *Cupientes aliquid de penuria ...*)([f. 70v]... *capitula distinguuntur, premisimus etc.* [Textus] — *Veteris ac Nove legis continenciam ...*)(... *quem Deus non voluit.* [*Que ad misterium ... ad consideracionem creaturarum transeamus* – in ed. lib. 2] *et cetera. Explicit liber primus Senteciarum. Anno Domini M^o^ CCCC XX°.*

Cf. cod. BJ 1512 descr., nr. **1**. In f. 289v-290v adscripti sunt textus, qui in editione distinguuntur sicut fragmenta, quae in quibusdam solum codicibus asservantur.

7. f. 69r-289v: Commentum marginale et interlineare in I librum Sententiarum Petri Lombardi

[Com. in Prol.] —*Penuria est defectus substancie exterioris et transsumitur ad significandum defectum sciencie acquisite* ...)([f. 70v]... *non cuilibet ergo subdit Magister ad corrigendum librum suum, sed solum illi, in quo est Spiritus Sanctus.* [Com. in Textum] —*Veteris ac No⟨ve⟩.* —*Finito Prologo incipit tractatus, qui dividitur in tres partes. In prima premittit Magister distinccionem unam prohemialem ad totum tractatum* ...[f. 71v]... *Notat b⟨eatus⟩ Th⟨omas⟩: Ordo bonorum dupliciter potest considerari* ...[f. 72v]... *Ita quod tantum vult Augustinus, quod illis, quibus iam angeli fruuntur rebus* ...[f. 76r]... *Quam Greci. Notandum, hec glossa Linco⟨l⟩niensis dicit quinque nomina composita* ...[f. 77r] *Faciamus hominem. Secundum b⟨eatum⟩ Th⟨omam⟩ et Petrum de Tarantasia ex hac auctoritate Augustinus et Hylarius nituntur ostendere unitatem essencie et pluralitatem personarum ... Neque diversitatem. Notat Bonaventura similitudinem duplicem* ...[f. 81r]... *Sed diceres: Motores orbium sunt immutabiles, quia secundum Philosophum movent non mote. Respondetur secundum Egidium* ...[f. 87v] *Unus unum genuit. Dicit Alexander, quod generacio eterna est premium fidei* ...[Dist. 10; f. 111v]... *Hec distinccio habet quattuor capitula et continuatur etc. Supra Magister determinat de generacione Filii a Patre* ...[f. 116v]... *Anathema sit secundum Hanschelmum* [!], *quem allegat b⟨eatus⟩ Th⟨omas⟩ et B⟨ona⟩v⟨entura⟩* ...[Dist. 20; f. 161r]... *Distinccio XX*[a]. *Hec distinccio habet unicum capitulum et continuatur sic: Ostensa equalitate trium personarum in magnitudine hic ostendit* ...[Dist. 30; f. 201v]... *Hec distinccio habet capitula 4*[or] *et continuatur sic: Ostenso, quod principium dicitur de Deo* ...[223v] *Hic Magister respondit ad racionem factam in principio distinccionis ... Gilbertus circa hoc erravit* [manu Nicolai Coslowsky (?); f. 248v] *Dicit Priscianus, quod gerundiva habent quinque exponi per dum, quinque per quia* ...[f. 251r]... *Mt. XVIII dicit Hugo De sacramentis, parte 2*[a] ...[Dist. 40; f. 251v]... *Distinccio hec habet tria capitula et continuatur: Ostenso de sciencia Dei inquantum hic specialiter agitur* ...[Dist. 48; f. 286r]... *Hec distinccio, que tractat de conformitate voluntatis divine et nostre, habet duo capitula* ...)(... *secundus autem est de cognicione naturali, quia illa ex sensu principium sumit.*

Cf. Markowski, Mikołaj z Kozłowa, 99; Wójcik, Wykład, 119.

F a s c i c u l i : 1-4^{6+6} (f. 1-48), 5^{4+4} (f. 49-56), 6^{6+6} (f. 57-68), 7^{5+5} (f. 69-78), 8--21^{6+6} (79-246), 22^{5+5} (f. 247-256), 23-24^{6+6} (f. 257-280), 25^{3+3} (f. 281-286, nullus in textu defectus seu transpositio occurrit, quamquam fasc. hic miro modo compositus est: f. 282 et 285 signis aquaticis carent, attamen utrumque f. 283 et 284 signum praebet), 26^{2+2} (f. 287-290). Reclamans in fine fasc. 5 (f. 56v), in f. 257 probabiliter custodis fragmentum.

S i g n a a q u a t i c a : 1. Var. Piccard 9, VII 476 (1423) f. 1-24; 2. Var. Piccard 14, I 616 (1420, 1421) f. 25-68; 3. Var. Piccard 2, XII 152 (1418) f. 69-78; 4. Var. Piccard 2, VI 415 (1428, 1429) f. 79-114; 5. Var. Piccard 9, VII 415 (1420) f. 115-281, 283-284, 286-290. F. 282 et 285 signis aquaticis carent, cf. Fasc. Charta a. 1420-1429 in usu erat.

S c r i p t u r a e t o r n a m e n t a : Codex duabus manibus exaratus: 1. f. 1r--54r, 69r-290v – eadem manus in cod. BJ 1520, f. 12r-286v (textus Sententiarum et Communis lectura Pragensis); 1524, f. 14r-190r (textus Sententiarum et Communis lectura Pragensis); 2. f. 54r-64v. Prioris manus scribendi modus et ratio cursivae librariae/formatae q. v. assimilatur (cf. Derolez, Palaeography, Pl. 95), cuius manus peculiaria sunt interpunctionis signa in forma lineolarum verticalium tenuissimarum; manus nr. 2 scriptura est littera cursiva textualis, cuius peculiares sunt arcus parvi, quibus vocabula inter lineas dividuntur. Scriptura duabus columnis, linea simplici atramento ductis, disposita. Rubricatio in toto volumine, exceptis f. 54v-64v, 154v-155r. Rubro capitum tituli in distinctionibus et auctores exarati. Distinctiones incipiunt litterae initiales rubrae, simplices, quarum altitudo duabus scripturae lineis aequa; accedunt his maiores, rubrae quoque et calamo fusco colore decoratae, e. g. f. 69r, 75v, 87r, 89r, 106v, 111v, 115r, 117v, 120v, 124r, 127v, 133r, 150v, 161r, 163v, 176r, 182r, 188r, 192v, 198r, 201v, 204r, 210r, 216r, 220v, 226v, 229v, 233v, 243r, 247v, 251v, 255r, 260r, 263v, 268v, 275v, 282v, 286r. Hic illic inter f. 69r et 289v pagina currens a Nicolao Coslowsky inscripta. Loca in lineolis scribi omissa paragraphorum signis rubris impleta sunt, e. g. f. 1r, 6v-12r, 51v-53v; etiam loca vacua, pro vocabulis ex originali non lectis relicta, obveniunt, e. g. f. 46r; textus fragmentum cancellatum, e. g. f. 5r, 8v--9r, 202r. In f. 165r, 207r textus columna, a linea rubra verticaliter ducta, in duas partes divisa. Lacunae in f. 5r litterulis minoribus suppletae.

N o t a e e t g l o s s a e paucae, praeter commentum in f. 69r-289v, cf. nr. **7**. Emendationes et supplementa scribarum manibus, e. g. f. 6v-7r, 23r, 63v; vocabula scriptorum materiam indicantia, e. g. f. 1v, 13v, 59r-60r, 64r-v; emendationes et supplementa manu Nicolai Coslowsky, e. g. f. 3v, 5r-v, 8r-9v, 11r, 14r; manu Bernardi de Nissa (?), e. g. f. 9r; etiam aliarum manuum emendationes et supplementa, e. g. f. 80v-81v, 83v; vocabula scriptorum materiam indicantia, e. g. f. 72v-74r, 75r, 82r, 84v-85v, 88r--89r, 108r, 110r, 121v, 123v, 135r-137r, 151v. Maniculae, e. g. f. 24v, 81v-82v, 84v, 90v, 114v, 122v, 130r, 131v, 146v, 151v-152v, 154v, 179r, 207r.

C o m p a c t u r a Cracoviae, certe postquam ipse codex est scriptus, h. e. post a. 1420, confecta, quod commentum Nicolai Coslowsky in marginibus ante compacturam factam inscriptum testificatur. Tabulae ligneae corio fusco clariore partim obtectae. Corium tabulae cingulo coriaceo obscurioris coloris firmandi causa clavulorum ope astrictum. In tabularum extremitatibus ornamentum lineare simplex linea duplici effectum. Cinguli coriacei et fibulae cum ligula, quibus codex olim claudebatur, vestigia. In tabula anteriore exterius inscriptio, quae radiorum ultraviolaceorum ope vix legitur:

Volumen primi Sentenciarum Nicolai Koslowsky. Dorsum convexum, ligamenta quattuor duplicia, circa quae funiculi impressi vestigium exstat. Compacturae modus ceteris voluminibus ex libris Nicolai Coslowski assimilatur, e. g.: cod. BJ 1520, 1524, 1620. Volumen post renovationem non adaequatum, primo tamen fasciculi singuli ad regulam praecisi erant. Anguli rotundati. Antefolium vetus chart.: f. II, calami probationes in f. IIr. Ante- et postfolium recentia chartacea vacua: f. I, III, a codicis renovatore a. 1934 addita, singulas cum foliis integumentis agglutinatis, in latitudine dimidiatis, efficiunt chartas. Dorsi quoque corium defectivum, cum codex renovaretur, suppletum est et cinguli coriacei, quibus corium tabulis astringitur, additi. In folio integumenti anterioris parti interiori agglutinato, manu Alexandri Birkenmajer, nota exarata: *Rękopis i jego oprawę wyrestaurował introligator Jan Wyżga w r. 1934. Karty ochronne są nowe.* Codicis status: humiditatis infectae vestigia, foliorum extremitates cariosae et putridae (laterales et inferiores) tempore renovationis confirmatae. In f. 232r parte inferiore macula rubra. Corium dorsi iuxta tabulam anteriorem dissolutum.

Codicis origo et fata: Codex a 1420 Cracoviae confectus, iussu Nicolai Coslowsky verisimillime, qui eius possessor fuit, cf. Compacturam, cuiusque manus scriptura in eo saepius obvenit, cf. Script. et ornam. nec non Notas et glossas. Etiam alii viri docti Cracoviensis Universitatis codicem manibus vertebant, quod notis et glossis eorum probatur. Signaturae antiquae: Fasseau: *816*; topogr.: *CC VI 14*.

Bibliographica: Wisłocki, Katalog, 373; Markowski, Réplique, 50-54; Id., Wykład, 10-13; Id., Poglądy, 71-72; Id., Jakub z Nowego Sącza, 8-27; Id., Mikołaj Budissen, 99-118; Id., Spis, 137-138, 220-221; Id., Mikołaj z Kozłowa, 131-132; Wójcik, Commentaires, 112; Id., Wykład, 117-119; Id., Jan z Kluczborka, 27-28, 67-69.

KW, LN

1526

Lat., 1438, chart., cm 30×21,5, f. 251+II.

f. 1r cf. Cod. orig. et fata.

f. 1v vacuum.

1. f. 2r-7r: Benedictus Hesse de Cracovia, Principium in II librum Sententiarum Petri Lombardi

Ductrix sit penne sancta Maria mee [in marg.]. *In nomine Patris et Filii et Spiritus Sancti. Amen. —Nam sicut ait b⟨eatus⟩ Thomas, Contra gentiles in Prologo secundi libri, cuiuslibet rei perfecta cognicio haberi non potest ... —Misit verbum suum et sanavit eos* [Ps 106, 20]. *Honorabiles patres m⟨agistri⟩ et domini in Christo dilecti. —Beatus Augustinus nature superne dignitate⟨m⟩ et racionalis creature eternam felicitatem considerans ...*⟩⟨[f. 5r]... *hic per speciem et in enigmate, et postea facie ad faciem in lumine glorie. Cuius nos dignos efficiat Creator omnium Deus, qui sit benedictus in secula seculorum. Amen.* [Quaestio] *Questio respi-*

ciens totum 2[um] librum est ista: — Utrum totum universum inicium habeat ab unico principio agente ex libera voluntate et non ex necessitate. Arguitur, quod non ...⟩⟨[f. 7r]... *ut scilicet habeat esse post non esse et ut manifestius declaret suum auctorem.*

Cf. Włodek, Krakowski komentarz, 146-147, 149; Markowski, Dzieje Teologii, 140. Idem textus in cod. BJ 1519, f. 1r-6v; 1538, f. 64r-111r.

2. f. 7v-245v: Petrus Lombardus, Sententiarum liber II

[Textus] — *Creacionem rerum insinuans Scriptura* ...⟩⟨[f. 245r]... *nulli potestati obediamus. Aliqui libri non habent hoc, sed in principio tercii* [in marg.]. *Huius voluminis continencia sub compendio perstringitur* [inter lineas adscr.]. *Sic enim ordo racionis postulat* ...[f. 245v]... *ut Samaritanus ad vulneratum, medicus ad infirmum, gracia ad miserum accedat.* [*⟨I⟩am nunc hiis intelligendis ... Deo revelante valeamus* = Initium III lib. in marg.].

Cf. cod. BJ 1512 descr., nr. **1**.

3. f. 7v-247r: Benedictus Hesse de Cracovia, Commentum in II librum Sententiarum Petri Lombardi et Quaestiones ex Commento 'Utrum Deus gloriosus' depromptae

[Prol.] — *Liber iste secundus agit primo de hominis condicione, 2[o] de eiusdem lapsu et temptacione infra distinccione 21[a] ... — Supra in primo libro Magister determinavit de Deo, quantum ad racionem sue naturalis perfeccionis. In isto secundo determinat de ipso, inquantum eius perfeccio et bonitas relucet ...*⟩⟨... *Et iste tercius modus convenit cum primo modo inicii in quinto Methaphisice* [hic est finis in cod. BJ 1519]... *quia sic eciam sunt plura sicut in liquidis principium est aqua, in aridis autem terra. Sed simpliciter primum solum est unicum.* [Com.] — *Creacionem rerum insinuans scriptura ... — Hic Magister ex conclusione iam posita et ex dictis verbis Moysi elidit duos errores Platonis. Primus, per quem dixit tria esse principia rerum coeterna* ...⟩⟨[f. 245r]... *locum fidei et virtutem non dimiseris* [finis in marg.].

[Quaestiones ex Com. 'Utrum Deus gloriosus' depromptae; f. 12r] — *Utrum sit tantum unum principium omnium citra se visibilium et invisibilium rerum effectivum. Quod non. Duo sunt principia contraria: unum bonorum, alterum malorum* ...[f. 24v]... — *Utrum angeli fuerunt creati beati. Et videtur, quod sic, quia clare Deum videre est esse beatum* ...[f. 245v]... — *Utrum omnis potestas sit a Deo. Quod non arguitur primo sic: Potestas peccandi non est a Deo* ...⟩⟨[f. 246r]... *due alie ar-*

guunt de inordinato modo perveniendi ad prelacionem vel de abusu. [Q. 4 additae]. — *Utrum potestas dominandi sit appetenda. Respondetur secundum Petrum* ⟨*de Tarantasia*⟩, *quod triplex est potestas dominandi, scilicet temporalis* ...[f. 246v]... — *Utrum professi in aliqua religione teneantur obedire in omnibus suis prelatis. Respondet b*⟨*eatus*⟩ *T*⟨*homas*⟩, *quod triplex est obediencia* ... — *Utrum omnis inobediencia sit mortale peccatum. Respondet P*⟨*etrus*⟩ *de T*⟨*arantasia*⟩ ...[f. 247r]... — *Utrum homo fidelis teneatur obedire domino seu principi infideli. Respondetur, quod talis infidelis* ...⟩⟨... *sed Deus est summus dominus et universalissimus imperator, respectu cuius omnis princeps huius mundi est inferior etc.* [Adnotationes ad Sententias Petri Lombardi] *Nota errores. Nota, quod in tribus locis Magister non tenetur in 2º libro. Primus est, quod in angelis premium precessit meritum, distinccione V, capitulo ultimo* ...⟩⟨... *sed quod ab Adam descendit lege propagacionis in se auctum et multiplicatum in futuro resurget, distinccione 30, capitulo 2º* [cf. cod. BJ 1521 descr., nr. **6**]. *Explicit secundus liber Sentenciarum, finitus feria tercia post festum Bartholomei* [26 VIII] *anno Domini millesimo CCCCº XXXVIIIº per Iacobum de Schamotuli.*

Cf. RS 1057; Półtawski, Communis lectura, 26-27 (index quaestionum); Włodek, Krakowski komentarz, 130-131, 142; Markowski, Dzieje Teologii, 140 (in adn. 185 cod. BJ 1526, ubi commentum in lib. II invenitur, false affertur una cum cod. BJ 1531, ubi commentum in lib. III invenitur). Ed. Quaestionum ex Commento dicto 'Utrum Deus gloriosus' (lib. I-II): Włodek, Krakowski komentarz, 166-355. Post commentum in unamquamque distinctionem sequuntur Quaestiones singulae Commenti Pragensis 'Utrum Deus gloriosus'. Quaestiones libri II in cod. BJ 1526, f. 12r-v, 16r-v, 22r-v, 24v--25v (quaestionis textus differt, cf. supra), 32r-v, 38r-v, 42r-43r cum add., 47r-v, 50v--51r, 58v-59v, 63v-64r, 68r-v, 71v-72r, 75r-v, 79v-80v, 85r-v, 90r-91r, 96v-97r, 103r-v, 110v-111r, 115r-116r, 124v-125v, 132r-133r, 140v-141v, 147r-v, 151v-152v, 156r-v, 163r-164r, 169r-170r, 176r-v, 183v-184v, 189r-v, 197r-v, 203v-204v, 208v-209v, 215v--216r, 221r-222r, 226v-228r, 232r-233r, 237v-238r, 242r-243r, 245v-246r cum add. De ceteris BJ codicibus, ubi eaedem quaestiones asservantur, cf. cod. BJ 1435 descr., nr. **5**. Idem textus in cod. BJ 1519, 7r-353v; 1538, f. 64r-111r; cf. etiam textum in cod. BJ 1437, f. 1r-250r.

f. 247v-251v vacua.

***4.** f. Ir-IIv: Petrus de Tarantasia OP, Commentum in II librum Sententiarum Petri Lombardi. Dist. 30-31 fragm.

||*sed ipsum corpus est considerare dupliciter: secundum speciem et materiam. Secundum speciem manet, sed materia tota corporis continue fluit et refluit* ... ⟨*C*⟩*irca secundum duo queruntur: primo, an originale sit concupiscencia, secundo, an innoticia sit peccatum originale vel pars eius. Ad primum videtur, quod originale sit concupiscencia, quia dicit*

Augustinus, quod originale peccatum est concupiscencia ...[f. Iv]... ⟨*A*⟩*d secundum videtur, quod non in omnibus ab Adam descendentibus fit originale peccatum. Opponit Iulianus, Augustinus* ... ⟨*C*⟩*irca tercium queruntur duo: primo, cui potencie anime principaliter inest peccatum originale; secundo, si magis est corrupta generativa quam alie potencie* ... *Gracia opponitur originali opposicione mediata*|| [f. IIr] ||*manet eadem secundum essenciam et esse, quod hic non contingit* ... ⟨*A*⟩*d secundum videtur, quod seminis decisio et generacio fiat de substancia parentum* ... *Triplex est opinio, ut dictum est. Nam quidam dicunt, quod semen, unde proles generatur* ... *Notandum tamen, quod duplex est hominis nativitas, scilicet in utero* ...⟩⟨... *et in speciem corporis veram convertitur.*

Cod. BJ 1542 et textu edito respecto nostri textus ordo turbatus est, cf. cod. BJ 1542, f. 145r, 142v-144r, 149r-v, 145v-146v, 144r-145r. Ed.: Tolosae 1649-1652 (repr. 1979), vol. 2, p. 262, 258-260, 270, 263-264, 260-262. Cf. cod. BJ 1523 descr., nr. **1**.

XIII, Lat., membr., f. 2, f. IIv litterae maxime detritae vix leguntur, textus partim erasus.

F a s c i c u l i : 1-20^{6+6} (f. 1-240); 21^{6+5} (f. 241-251, post f. 249 unum folium desideratur). Custodes in finibus fasc.: *2-20*. Custodes bifoliorum: *1-6*, in fasc. 1-3 non omnes conspici possunt; in fasc. 4-5 visui non obiciuntur; in fasc. 17-20 rubri. Reclamantes in fasc.: 1-3, 5-14, 20; paulo praecisae in fasc.: 6, 9, 18-19; desiderantur in fasc.: 4, 15-17.

S i g n a a q u a t i c a : 1. Piekosiński 894 (1438), var. Piccard 2, XI 88 (1436-1442) f. 6-36, 49-242, 244-251; 2. Var. Piccard 2, XII 872-873 (1436-1441), Briquet 14871 (1434-1435) f. 37-48. F. 243 cum signo tum quoque altera bifolii parte caret. Signum nr. 1 etiam in cod. BJ 1528, 1552.

S c r i p t u r a e t o r n a m e n t a : Codex diligentissime littera cursiva currente ab Iacobo de Schamotuli, una columna disposita scriptura, a. 1438 exaratus (cf. colophonem in f. 247r; Iacobus Matthiae de Schamotuli (Szamotuły) a. 1437 Universitatis Cracoviensis Artium Facultati assumptus, cf. Metryka, 1, 178 (37e/025), in rectoratu tertio Iacobi Zaborowski; Colophons, 7990; A. Gąsiorowski, Szamotulscy studenci na krakowskim uniwersytecie w XV i XVI wieku, [in:] Szamotuły. Karty z dziejów miasta, 1, Szamotuły 2006, 85). Sententiarum textus litteris maioribus quam commentum scriptus, spatiis inter lineas relictis pro notis et glossis inscribendis. Rubricatio exigua. Sola littera initialis in f. 7v: *C* rubro et caeruleo atramento scripta et ornamento filigrana imitanti in margine delineato comitata. Ceterum litterae initiales, quaestionum tituli, auctorum citatorum nomina, interpunctionis signa – rubra. Etiam rubri in pagina currenti Sententiarum distinctionum numeri, aut vocabulis aut numeris Romanis scripti.

N o t a e e t g l o s s a e : Notae plus minusve breves marginales et interlineares Sententiarum loca declarantes a codicis scriba, Iacobo de Schamotuli, scriptae in toto codice inveniuntur, excepto textu, ubi quaestiones ex commento dicto 'Utrum Deus gloriosus' leguntur, e. g. f. 5r-6r, 7v. Commenti supplementa, e. g. f. 8r-11v, 14r, 18r, 29r-32r, 44r-45v, 117v-118v, 168r-v, 188r, 190v-193r, 238v-242r, 243v-245r. Notae interlineares, e. g. f. 12v-14v, 18r-21r, 29r, 35v-38r, 73v-75r, 120v-121v, 136v-140r, 144v--146v, 177r-178v, 199v-200v, 229r-230r. Auctores citati, e. g. f. 30v: *Dicit b⟨eatus⟩ T⟨homas⟩ ...*; f. 44v: *Dicit b⟨eatus⟩ T⟨homas⟩ ... ut vult Gregorius ...*; f. 82r: *Hoc probat P⟨etrus⟩ de T⟨arantasia⟩ ...*; f. 84r: *De viri costa, quia ut dicit B⟨ona⟩v⟨entura⟩ ...*; f. 207v: *Nota, quod hic Augustinus ...*; f. 217v, 235r: *Dicit b⟨eatus⟩ T⟨homas⟩ ...* Rubro in marginibus capitum sequentium numeri, e. g. f. 21r-23v, 56r-58v, 68v-70v, 129v-131v, 199v-203v; rubro in f. 246r: *Dubium de appetitu dominandi*; f. 246v: *De obediencia monachorum*; f. 247r: *Dubium de obediencia domino infideli.* Maniculae in f. 128v, 143v, 153v; Mercurii planetae signum in f. 92r-v delineatum.

C o m p a c t u r a codici contemporanea. Tabulae ligneae corio cervino inornato partim obtectae, quod cingulis angustis coloris viridis in utroque integumento definitum et clavis quaternis affixum erat (fragmentum solum unius cinguli in anteriore tabula asservatur). In tabulis ornamentum lineare simplex impressum. Codex olim cingulorum coriaceorum et ligularum binorum ope in tabula anteriore claudebatur, quorum vestigia exstant. Volumen adaequatum, anguli rotundati. Dorsum paulo convexum, ligamenta quattuor duplicia, codicis capiti et calci funiculi obsuti corio obtecti. Ante- et postfolium membranacea: f. I et II, textu s. XIII conscripta, cf. nr. ***3**. Schedulae, quibus fasciculorum sutura firmatur, membranaceae, vacuae. Codicis status: compactura demolita. Tabulae anterioris ligamenta rupta, funiculus calci obsutus ruptus, tabula anterior solo funiculo capiti obsuto cum volumine tenetur. Corium maxime laesum, discissum, detritum. Foliorum extremitates humiditatis infectae vestigia praebent, angulus inferior f. 170 dilapsus.

C o d i c i s o r i g o e t f a t a : Codex Cracoviae a. 1438 mensis Augusti fine confectus, cf. colophonem manu Iacobi de Schamotuli in f. 247r exaratum. Principaliter continet copiam libri II Petri Lombardi Sententiarum cum commento a. 1429 concepto, sine posterioribus supplementis (cf. cod. BJ 1519 descr.). Iacobus, studens inde ab a. 1437, codicem hunc ad Universitatis usum exaravisse videtur. In tabula anteriore inscriptio vix legitur: *Secundus liber Sentenciarum. Magister* [?] *pro libraria* [...]. Signaturae antiquae: in f. 1r: *Liber secundus Sentenczyarum*; Fasseau: *741*; topogr.: *CC VI 15.*

B i b l i o g r a p h i c a : Wisłocki, Katalog, 373; Włodek, Krakowski komentarz, 146-147.

KW, RT

1527

Lat., ca 1400, chart., cm 29,5×22,5, f. 209+II.

f. 1r cf. Notas et glossas.

1. f. 1v: Quaestiunculae super Sententias

Nota: Circa disti⟨nccionem⟩ XLVI primi libri S⟨entenciarum⟩ primo queritur: — Utrum Deus velit aliquorum salutem, qui non salventur. Dicendum, quod sic ... — Utrum mala fieri sit bonum. Dicendum, quod per se mala fieri non est bonum ... — Utrum Deus velit mala fieri. Dicendum, quod non ... — Utrum malum sit de perfeccione universi. Dicendum, quod non ...⟩⟨*... et quem vult, indurat voluntati signi. Nota.*

2. f. 2r: Nota de voluntate Dei

Nota de voluntate Dei. — Voluntas Dei est, id est preceptum Dei, quod est voluntas signi ...⟩⟨*... ut sanctificeris nos unde operando, quoniam* [?] *dicitur Leviticus* [11, 44; 19, 2]: *Sancti estote, quoniam ego sanctus sum.*

f. 2v vacuum, marginum schemate instructum.

3. f. 3r-4v: Excerpta ex Decretalibus Gregorii IX: De officio iudicis ordinarii; De praebendis et dignitatibus; De electione et electi potestate; De translatione episcopi; De officio et potestate iudicis delegati; De officio iudicis; De verborum significatione; De iudiciis; De foro competenti

Item in generali concilico [?], *De officio ordinarii, libro I*[o] *Decretalium, capitulo XIII* [in marg.]. *—Irrefragabili constitucione scimus* [recte: sancimus], *ut ecclesiarum prelati ad corrigendum subditorum excessus, maxime clericorum ... ad tantam insolenciam repellandam. Glossa: Sibi vicarium constituat. Et tamen iste vicarius habebit ordinariam iurisdiccionem sive potestatem ...*[Cap. XV] *—Inter cetera, que ad salutem spectant populi christiani ... districte subiaceat ulcioni etc. Glossa: Predicacionis officio. Quid privilegiorum est 5*[a] *de statu ...*[f. 3v] *De prebendis et dignitatibus, l*⟨*ibro*⟩ *III* [in marg.]. *—Significatum est, quod cuidam sacerdoti prebendam unam ... Glossa: Potest locare operas suas ad certum tempus ... —Grave nimis* ⟨*est*⟩ *et absurdum ... De eleccione et electi potestate, libro I*[o] *Decretalium dicitur: —Nichil est, quod Ecclesie Dei magis noceat, quam quod indigni assumuntur ...*[f. 4r] *De translacione I*[o] *libro Decretalium. —Inter corporalia et spiritualia eam cognovimus differenciam ... De officio et potestate iudicis delegati, I*[o] *libro Decretalium, capitulo I*[o]. *—Quia quesitum est, quid faciendum sit de potestate ... De officio iudicis, libro I*[o] *Decretalium. —Ex litteris etc. Quod monachus proposuit ... Libro V*[o] *Decretalium, De verborum significacione. —Dicitur, quod in omni negocio iudicii hec persone queruntur ...*[f. 4v] *Libro 2*[o] *Decretalium, De iudiciis, ubi dicitur: —Decernimus, ut layci ecclesiastica tractare negocia non presumant ... —Excommunicatus in iudicio potest conveniri ... — Utrum liceat regi vel alicui seculari persone iudicare clericos cuiuscumque ordinis sive in furto, seu in homicidio vel periurio ... De foro compete*⟨*n*⟩*ti, libro II*[o] *Decretalium: Quod clericis, et* *infra: M⟨andamus⟩, quatenus si quas causas pecuniarias clerici habuerint contra aliquos ... —Si clericus laycum de rebus suis vel Ecclesie impecierit ...⟩⟨... de consuetudine habeantur. Et hoc propter negligenciam laycorum in exhibendam clericis instanciam.*

Ed. textus: Corpus iuris canonici, 2, 191-192, 467-468, 478, 89, 98, 158, 194-195, 914, 239, 241, 242, 250, 249 (in editione glossae desiderantur). Textus, qui in glossis occurrunt, inveniri possunt in ed.: Decretales Gregorii IX Pont. Max. suis Commentariis illustratae ..., ed. M. Gibertus, Lutetiae Parisiorum 1561.

f. 5r-6v vacua, f. 6r-v marginum schemate instructum.

4. f. 7r-206v: Petrus Lombardus, Sententiarum libri III et IV

Incipiunt capitula tercii libri. Quare Filius carnem assumpsit, non Pater vel Spiritus Sanctus ...⟩⟨[f. 8r]*... De legis et ewangelii distancia. Expliciunt capitula libri tercii Sentenciarum. Sequitur textus.* [F. 9r] *—Cum venit igitur plenitudo temporis ...⟩⟨*[f. 82v]*... ut viciorum fere occidantur.* [F. 83r] *Explicit tercius liber Sentenciarum. Incipiunt capitula quarti libri Sentenciarum. Quid sit sacramentum. Quid sit signum ...⟩⟨*[f. 84v]*... Utrum visa impiorum pena minuat vel augeat gloriam beatorum. Explicit registrum quarti libri Sentenciarum. Sequitur textus. —Samaritanus enim vulnerato apropians ...⟩⟨... via duce pervenit. Explicit liber Sentenciarum.*

Cf. cod. BJ 1512 descr., nr. **1**; Wójcik, Commentaires, 114. F. 8v, 46r-48r, 52v-53v, 59r vacua, marginum schemate instructa. F. 45v, 52r, 59v, 130v-131r cf. Notas et glossas.

f. 207r-209v vacua.

***5.** f. Iv, IIv, Ir, IIr, Ir, IIr, Iv, IIv: Aelius Donatus, Ars minor. Fragm.: VIII, 6-X, 6; XI, 1-14; XIII, 2-XIV, 11; XIV, 19-XV, 9; XXXI, 6-28; XXXI, 38-XXXII, 10; XXXII, 23-42; XXXII, 51- XXXIII, 3

Ed.: P. Schwenke, Mainz 1903.

XV, Lat., membr., fragm. bifolii una columna conscripti, parallele ad textus lineas in duas partes dissecti.

***6.** f. integ. ant. et post. aggl.: Commentum in Graecismum Eberhardi Bethuniensis. Fragm.: cap. X, v. 56-83; XI, v. 100-127

||*ideo dicitur ornate componi ad metrum vel dictamen faci ... —Muscipule murum. —Ponit differenciam inter muscipulam et decipulam ... Si cor non ori concor⟨dat⟩. Ponit differenciam inter confessionem et fassionem ... ut habet his versibus: Confiteor sponte etc. Item, si cor non oret*

etc. [f. integ. post. aggl.]. ⟨*S*⟩*uperfluo sumptum vel dicitur Abachos ... Attendas proprie car*⟨*chesia*⟩ ... *Karchesia duo signat. Uno modo dicuntur sacra vasa templi* ...⟩⟨... *Ac recte dabitur tibi nomen ... libitum pertinet ad homines, placitum pertinet ad demones, sed voluntas*||

Cf. A. Grondeux, Le Graecismus d'Évrard de Béthune à travers ses gloses. Entre grammaire positive et grammaire spéculative du XIIIe au XVe siècle, Paris 2000 (Studia Artistarum, 8).

XIV, Lat., chart., f. 2 formae folio, duabus textus columnis conscripta.

F a s c i c u l i : 1^{5+3} (f. 1-8, post f. 4 unum folium, ante f. 6 tria folia desiderantur); 2^{6+6} (f. 9-20); 3^{5+5} (f. 21-30); 4^{6+5} (31-41, post f. 39 unum folium desideratur); 5^{7+7} (f. 42-55, f. 43-45, 52-54 ceteris plus quam 10 mm angustiora); 6^{2+2} (f. 56-59); 7--8^{6+6} (f. 60-83); 9^{6+7} (84-96, ante f. 84 unum folium desideratur); 10-13^{6+6} (f. 97-144); 14^{3+5} (145-152, ante f. 145 duo folia desiderantur); 15-16^{6+6} (f. 153-176); 17^{5+5} (f. 177--186); 18^{4+4} (f. 187-194); 19^{6+5} (f. 195-205, post f. 205 unum folium desideratur); 20^{1+3} (f. 206-209, ante f. 206 unum folium, post f. 206 quattuor folia, ante f. 207 unum folium, post f. 208 duo folia desiderantur – primitive sexternio). Custodes in fasc. 1-18: *I sexternus – XVIII sexternus* in fasciculorum finibus; in initiis in fasc. 11-12: *3us-4us*. Accedunt erronei custodes, cancellati in fasc. 2-6: *I^{us}-V^{us}*, 7-8: *V^{us}-VI^{us}*. Reclamantes in fasc. 2-4, 7, 12, 14-18.

S i g n a   a q u a t i c a : 1. Var. Piccard-Online 66994 (1399) et 67184 (1400) f. 1, 8-9, 11, 13, 16, 18, 20-23, 25-26, 28-31, 36-37, 41-42, 46-47, 50-51, 55-56, 59, 84--85, 87, 89-90, 92, 94-95; 2. Var. Piccard-Online 67182 (1401) f. 2-3, 6-7, 10, 12, 14--15, 17, 19, 24, 27, 32-35, 38-40, 48-49, 57-58, 86, 88, 91, 93; 3. Var. Piccard 2, VIII 73 (1399) f. 43-45, 52-54; 4. Var. Piccard-Online 40119 (1400) f. 60-83, 97-151, 153, 164; 5. Var. Piccard-Online 40073 (1399) f. 154, 158-159, 163, 167-168, 173-174, 177-188, 190-191, 193-194, 196, 198-203, 205; 6. Var. Piccard-Online 40072 (1398) f. 155-157, 160-162, 165-166, 169-172, 175-176, 189, 192, 197, 204; 7. Var. Piccard-Online 40278 (1394) f. 207. F. 4, 5, 96, 152, 195, 206, 208-209 signis carent. Charta a. 1394-1401 in usu erat.

S c r i p t u r a   e t   o r n a m e n t a : Codex aliquot manibus, varia diligentia, scriptura currenti exaratus. Duarum columnarum schema atramento ductum. Margo inferior et exterior ceteris bis latior. In pagina currenti rubro librorum et distinctionum numeri: in codicis aperti parte sinistra: *L. S.*, in dextra: numeri Romani. Rubricatio abundans. In f. 9r littera initialis *C*, lineis scripturae 6 aequa, colore viridi picta et minio exsecuto ornamento ad margaritarum et vitrearum instar, floratura aucto decorata; f. 41r littera initialis *N* lineis scripturae 3 aequa, rubra, ornamento vegetabili fusco colore adumbrato decorata; f. 84v littera initialis *S* lineis scripturae 7 aequa, acanthi foliorum delineatorum specie, viridi et cinereo coloribus picta et minio exsecuto ornamento ad margaritarum et vitrearum instar, floratura aucto decorata. Accedunt simplices litterae minio depictae variae magnitudinis, e. g. f. 198v. Litteras initiales repraesentantia occurrunt. Capitum tituli litteris maioribus scripti, fracturam q. v. in mentem adducentibus. Indices in f. 7r-8r et 83r-84r quoque rubricati, quorum hi in f. 7r-8r litteras initiales simplices minio pictas magnitudinis variae habent. In f. 67r versus 4 oblitterati, in f. 145r item oblitterati textus versus 9 in una columna scripti. Etiam in f. 206r titulus oblitteratus.

Notae et glossae: Scribarum manibus in marginibus vocabula scriptorum materiam indicantia, e. g. f. 31r: *corporalium*, 63r: *Augustinus De doctrina christiana*, 65v: *Libro De doctrina christiana, c. XXXIII*, 68v, 74v, 167v, emendationes et supplementa, e. g. f. 11v, 29v, 63r. Aliis etiam manibus vocabula scriptorum materiam indicantia, emendationes et supplementa exarata occurrunt, e. g. 24r, 25v, 27r, 37r, 41r, 42r, 56v, 113v, 134v. Plures etiam notae manu ca. a. 1400 inscriptae in marginibus et linea rubra subscriptae, e. g. f. 54v-55r, 87r-v, 88v-90r, 91r-93r, 100v-102v, 103r--107r. In f. 1r excerpta variis manibus exarata: *Ubi baptismus obmittetur, omnia sacramenta resumitur, ut habetur De uno clerico ... Preter racionem, contra racionem vel secundum racionem, passio dicitur preter racionem ... Certamina cuncta ducit virtutum ... Unde superbia est regina peccatorum ... Item tempore interdicti hore per presbyterum debent secrete et cum silencio adimpleri ... Isaye 5* [65, 17]: *Ego creo celos novos ... Item omnis fornicator d⟨ir⟩igit affectum suum in plures ...* In marginibus hic illic notae productiores ad textum attinentes leguntur scriptae, e. g. f. 23r: *Egidius. Latrie accio est confessio, graciarum accio et laudes Deo dicere ...*; f. 35v: *Nota, si corpus omnium dicitur mortuum ...*; f. 36r: *Hic sunt preambule questionis, an voluit pati vel non ...*; f. 38v: *Operaciones Christi fuerunt multum et extrahenter divine ...*; f. 59v: *Cris⟨ostomus⟩: In statu innocencie tres articuli. Creator omnium bonorum Deus...*; f. 68r: *Omnis homo est proximus. Triplex dicitur inimicus, ut inimicus vel in communi vel in speciali ...*; f. 69v: *Fides et spes in patriam transiliunt ...*; f. 99v: *Si Polonus sacerdoti Theutonicali confiteri debet et sacerdos ignorat li⟨n⟩gwam, potest per alium audire, per interpretem audire confitentem tempore necessitatis ...*; f. 126r: *Waldensium opinio est, quod melius est confiteri layco bono quam presbytero malo, que falsa est ...*; f. 148v: *Nota ex statuto Cracoviensi, quod prohibetur omnibus et singulis prelatis, canonicis, beneficiatis, rectoribus ecclesiarum vel non beneficiatis extraneos presbiteros fovere sive receptoriis contrarium facientes excommunicati sunt ... Et illi, qui extraneos admittunt ad divina officia celebrandum, incurrunt penam pecuniarum episcopo ...*; f. 176v: *Calixtus papa ⟨II⟩ dicit: Presbiteris, diaconibus, subdiaconibus, monachis concubinas habere seu matrimonia contrahere ...* In f. 130v-131r, quae in Sententiis scribendis omissa sunt: *Hic nullus est defectus. Triplex clausura, scilicet originale peccatum ... Nota, quod dicit Wil⟨helmus⟩, quod sacerdos sacerdotem alterius provincie non potest audire ...*[f. 131r] *Egydius super 4º S⟨entenciarum⟩, d⟨ist⟩. IXª dicit: Utrum peccat quis, qui sumit Corpus Christi cum consciencia peccati mortalis. Dicendum simpliciter, quod sic ... Utrum aliquis existens in mortali, sed non conscienciam habeat mortalis peccati, peccet accedendo ad hoc sacramentum. Dicendum, quod homo debet se probare ... Utrum sacerdos debet negare Corpus Christi illi, quem cognoscit esse in mortali. Dicendum, quod si est ocultum, potest negare in oculto ... Rubrica de iniuriis, libro Vº Decretalium, capitulo XXXV⟨III⟩, ubi dicitur: Omnis utriusque sexus fidelis ...*[ed.: Corpus iuris canonici, 2, 887-888]. Auctores citati: Aegidius Romanus, e. g. f. 139r; Alexander de Hales, e. g. f. 108r; Ambrosius Mediolanensis (?), e. g. f. 89r; Augustinus Hipponensis, e. g. f. 55r, 74v, 110r, 134r, 163r, 174r; Bonaventura, e. g. f. 191r, 201v; Callistus II papa, e. g. f. 176v; Innocentius II papa, e. g. f. 176v; Ioannes Chrysostomus, e. g. f. 133v, 168v; Gregorius Magnus papa, e. g. f. 100r, 139r; Hilarius papa, e. g. f. 109v; Hugo (non liquet utrum de s. Caro an de s. Victore), e. g. f. 133r, 143r, 177r; Ioannes Damascenus, e. g. f. 163r; Isidorus Hispalensis (de Sevilla), e. g. f. 162v; Petrus de Tarantasia, e. g. f. 120v, 123v, 168v, 187r, 200v; Thomas de Aquino, e. g. f. 23r, 78r, 145r, 158v; Thomas de Argentina, e. g. f. 119v, 136v, 160v. Occurrunt etiam hic illic quaestionum tituli, e. g. f. 108v: *Utrum omne accidens potest esse sine subiecto ...*; f. 112r: *Utrum penitencia sit virtus moralis ...*; f. 123r: *Utrum dolor certus circa sacramentum sit satisfaccio ad remissionem peccatorum ...*; alibi quoque sententiae, e. g. f. 78v: *Monachus peccat mortaliter, cum iocose nititur*; f. 116r: *Sacerdos gerit vicem Cristi in Ecclesia*; f. 134v: *Mala vita sacerdotis non ledit subditos*; f. 135r: *Maioribus penis est puniendus sacerdos quam laycus.* In f. 45v: *Hic nullus est defectus, sed verte folia et invenies*, in f. 52r: *Hic nullus defectus est, sed verte.* Calami probationes in f. 1r et 209v: *In omnem terram exivit sonus eorum* [Ps 18, 5; alia manu:] *In omnem terram exivit sonus eorum* [alia manu:], *quia habitus capit unitatem ab actu ...* Calami probationes quoque in foliis integumento utrique agglutinato, in posteriore etiam delineationes quaedam. Maniculae, e. g. f. 32r, 36r, 118r-121v, 136r, 143v.

C o m p a c t u r a codici contemporanea esse videtur, seu paulo posterior. Tabulae ligneae corio cervino obtectae, olim claro, nunc obscuriore facto, multis locis defectivo. Codex olim cingulis coriaceis duobus et ligulis in anteriore integumento claudebatur. Umbonum rotundorum quinorum, qui olim utrumque integumentum decorabant, duo in anteriore, unus in posteriore adhuc asservantur. Dorsum convexum quattuor ligamentis duplicibus consutum. Codicis capiti et calci fila coriacea obsuta. Volumen adaequatum, anguli rotundati. Ante- et postfolium membranacea incompleta: f. I et II, cf. nr. ***5**, in f. Iv intercolumnio: *Boguslaus* [?]. Folia integumento utrique agglutinata conscripta, cf. nr. ***6**. Schedulae oblongae membranaceae fasciculorum suturam munientes vacuae. Iuxta f. 203r in schedula parva s. Augustini De civitate Dei fragmentum: *Augustinus in I° De ci⟨vitate⟩ Dei: Si propterea quis⟨que⟩ obiurgandis et corripientibus ...* Codex bene omnino asservatur, sed integumenti corium multis locis defectivum factum est, clavorum autem rubigo folia compacturae vicina infecit. Folii 42 extremitati inferiori chartae cingulus parvus agglutinatus.

C o d i c i s o r i g o e t f a t a : Codex s. XIV ex. vel XV in. confectus esse videtur. Signaturae antiquae: Kucharski: *Tertius liber Sententiarum*; Fasseau (?): *101* (in f. 9r); topogr.: *CC VI 16.* In cingulo chartaceo olim inter folia inserto, nunc deperdito: *350* et *24.*

B i b l i o g r a p h i c a : Wisłocki, Katalog, 374; Wójcik, Commentaires, 114.

KW, LN

1528

Lat., post 1438 et ca 1473, chart., cm 30,5×21, f. 325+V.

f. 1r vacuum.

f. 1v cf. nr. **2**.

1. f. 2r-325v: Petrus Lombardus, Sententiarum liber IV

Hiis tractatis, que ad doctrinam rerum pertinent ... ad doctrinam signorum accedamus. [Textus] —⟨*S*⟩*amaritanus enim vulnerato appropinquans* [suprascr. *appropians*]...⟩⟨... *via duce pervenit.*

Cf. cod. BJ 1512 descr., nr. **1**.

2. f. 1v-325v: Communis lectura Pragensis in IV librum Sententiarum Petri Lombardi in marginibus manu Ioannis de Dambrowka scripta

[Adn.] —⟨*Samaritanus*⟩. —*Iste liber Sentenciarum tamquam fluvius paradisi in quattuor capita dividitur, id est in 4*[or] *libros parciales ... in prima parte primo ponit partem prohemialem, 2*[o] *partem executivam, ibi: Sacramentum.* [Cf. RS 690: Petrus de Tarantasia, Com. in IV lib. Sententiarum, dist. 1, divisio]. [Crucis signum] *Et dividitur in d*⟨*uo*⟩: *in prologum et execucionem, ibi: —Samaritanus. Prologus continuat sequencia ad precedencia, q*⟨*uasi*⟩ *d*⟨*iceret*⟩: *Postquam dictum est de rebus, quibus est fruendum, scilicet de Deo et de singularum personarum proprietatibus attributis ... scilicet sanctificacionem in presenti per graciam sacramentalem et sanctificacionem in futuro per gloriosam resuscitacionem. Et primo agendum est de effectu sanctificacionis* [cf. RS 534: Matthias de Sanspow, Com. in Prol. IV lib. Sententiarum; Włodek, Maciej ze Sąspowa, 52; Markowski, Dzieje Teologii, 168. Idem textus in cod. BJ 1442, f. 301v (cod. autographus). Crucis parvae signo signavit Ioannes de Dambrowka textum, quem Petri de Tarantasia Commenti prologo medio inserere voluit].

[Communis lectura Pragensis; f. 2r] —*Iste liber quartus est de sacramentis et futura resurreccione. Et prima distinccio tractat de sacramentis in communi* ...⟩⟨... *sedentis in throno, que cognicio est vita eterna, Ioh*⟨*annis*⟩ *17, pervenire valeamus. Hoc nobis concedat trinus et unus per secula benedictus. Amen ... Epilogat, quod hoc sufficit sibi ... de quibus egit in 2, 3 et 4, pervenit ad pedes, id est ad ea, que in fine mundi et post agentur.*

Cf. RS 964; Półtawski, Communis lectura, 14 (cod. nostrum omisit); Włodek, Krakowski komentarz, 130, 154, 158. De ceteris codicibus, ubi textus Communis lecturae Pragensis asservatur, cf. cod. BJ 1520, descr. nr. **3**.

3. f. 2r-320v: Ioannes Beber de Osswyanczym, Commentum marginale in librum IV Sententiarum Petri Lombardi

—Prosequitur intentum. Et primo determinat de sacramentis secundum se ...⟩⟨*... qua moventur ad exhibendum Deo confessionem. Richardus.*

***4.** f. IIr-v: Buonaguida, Summa introductoria super officio advocationis in foro Ecclesiae. Fragm.: Pars III, tit. 7 (absque initio), 8, 9 (fragm.)

||*IIII. q. III: Si testes III v*⟨*ersiculo*⟩*: venturis et c. De testibus ... de testibus prohibentur in libello domini Pillii t*⟨*itulo*⟩ *de probationibus et dig*⟨*nior est probatio*⟩|| ...⟩⟨... ||*productione publicatio testium renuntiatio sive inclusio ... et sub uno sicut facit iurisconsultus ff. ad l*⟨*egem*⟩ *Aquiliam*||

Cf. Schulte, Geschichte, 2, 111. Ed.: A. Wunderlich, [in:] Anecdota, quae processum civilem spectant, Gottingae 1841, 283-302.

XIV, Lat., membr., fragm. folii in parte superiore et verticali praecisi; textus duabus columnis dispositus. Alium fragm. eiusdem codicis cf. nr. ***5**.

***5.** f. IIIr: Pseudo-Bernardus Compostellanus iunior vel Bernardus Parmensis vel Petrus Ilerdensis, Margarita sive Breviarium ad omnes materias in iure canonico inveniendas. Fragm.

⟨*—Verborum superfluitate penitus resecata de talento credito vobis relinquo, socii, margaritam ...*⟩ ||*in sanguine crudo ... De consecra*⟨*cione*⟩*, di II: Si quis sanguis; Extra. De fide catholica ...*⟩⟨*... Item, quantum extendatur privilegium immunitatis et utrum ipso iure sint excommunicati transgressores,* ⟨*tractatur*⟩ *e*⟨*adem*⟩ *q*⟨*uestione*⟩*: Omnis, et c*⟨*apitulo*⟩*: Sicut. Explicit Breviarium ad omnes materias in iure canonico inveniendas.*

Cf. Schulte, Geschichte, 2, 118, 120, 485-486; Kuttner, Repertorium, 318, Anm. 1; M. C. Diaz y Diaz, Index Scriptorum Latinorum Medii Aevi Hispanorum, Salamanca 1959, nr. 1350 (Filosofia y Letras, 13, 2); Dolezalek, Verzeichnis, 1, cod. Montecassino 313. Ed.: Parisiis 1516, f. 97vb-98rb.

XIV, Lat., membr., fragm. folii in parte superiore praecisi; textus duabus columnis dispositus. Aliud fragm. eiusdem codicis cf. nr. ***4**. F. IIIv vacuum.

F a s c i c u l i : 1^{7+6} (f. 1-13, f. 1 additum, custos in f. 2r); $2\text{-}27^{6+6}$ (f. 14-325). Custodes numeris Arabicis in finibus fasc.: rubri in fasc. 1-15; nigri in fasc. 16-26; accedunt custodes nigri in initio fasc. 1, 4-14 (in fasc. 14 custos: *1*). Reclamantes in f. 61v et 73v. F. 61, 80-85, 104-109, 120-121 133, 155, 231, alia ceteris angustiora ca 0,5 cm. Custodes plumbo s. XX in dorsi proximitate in initio fasciculorum exarati; in fasc. 1 et 2 initio (f. 1 et 14) in parte superiore codicis signatura plumbo exarata: *1528*.

S i g n u m a q u a t i c u m : Id. Piccard 2, XI 88 (1436-1442), var. Piekosiński 894 (1438). Idem signum in cod. BJ 1526.

S c r i p t u r a e t o r n a m e n t a : Textus Sententiarum principalis una manu, littera cursiva textuali, magnis spatiis interlinearibus exaratus. Ad hoc margines paene totaliter glossis a duabus scribis conscripti: Ioanne de Dambrowka et Ioanne Beber de Osswyanczym. Sententiarum textus in schemate unius columnae 19×10,5 cm scriptus, cuius margines verticales atramento duplici linea ducti, et addititii in paginae extremitate, glossis inscribendis, simplici linea, horizontales autem simplici linea tantum. Margines inferiores et exteriores latissimi, angustissimus circa codicis dorsum. In pagina currenti Ioannes de Dambrowka inconsequenter exarabat rubro parte recta folii recti distinctionum numeros (f. 8r, 10r, 17r etc.). Porro titulos, distinctionum numeros, interpunctionis signa, auctorum citatorum nomina, quaedam maioris momenti in textu – rubro scripsit. Quaedam in textu et in glossa lineis rubris infra ductis distinguuntur. In toto codice litterae initiales parvae, exiguae, rubrae, caeruleae et virides (f. 45v etc.), non multum maiores in distinctionum initiis, sine ornamentis (e. g. f. 39v). In f. 2r litterae initiali ceterarum maiori inscribendae locus vacuus exstat (= 7 lineis altus). Interpunctionis et paragraphorum signa rubra lineolas a scriba anterius positas tegunt. Scribae cancellationes, e. g. f. 3v; Ibid. vocabulum mendose scriptum et erasum. Media linea in f. 298r cancellata et erasa. Atramenti maculae, e. g. f. 48r, 253v-254r.

N o t a e e t g l o s s a e commentum in partes selectas libri IV Petri Lombardi Sententiarum constituunt. Glossa marginalis et interlinearis in omnibus paginis, cum aliorum tum etiam scribae manu, Ioannis de Dambrowka, qua fragmenta Petri Lombardi Sententiarum libri IV Expositionis Communis lectura Pragensis dictae continentur nec non Ioannis Beber de Osswyanczym, etiam interlinearis, cf. f. 2r: —*Res hic capitur, ut distinguitur contra signum. Ex hoc habetur, quod sacramenta, que sunt medicine animarum, a Christo fluxerunt et ab ipso efficaciam habent* ... Alia manu in f. 199r parte superiore: *honestat.* Scribae emendationes, e. g.: f. 3v. Additamenta Ioannis de Dambrowka ad textum Communis lecturae Pragensis et eius maniculae multum peculiares, e. g. f. 5v: *Ex quo habetur, quod quolibet tempore post lapsum erat aliquod remedium contra originale peccatum* ...; *Illa autem 3 secundum Hugo⟨nem⟩ De sacramentis: sacrificia, oblaciones, decime* ...; *Per decimaciones significabatur curandorum imperfeccio, per oblacionem futura per Christum liberacio, per sacrificium modus liberacionis, scilicet passio,* etc. plurima. Ioannis de Dambrowka glossae et divisiones graphice repraesentatae et rubricatae, e. g. f. 2v: *Signorum quoddam nec est sacrum, nec sacrum significans, ut circulus vini; nec sacrum sed sacrum significans, ut serpens eneus* ... Numeri in margine, quibus argumenta prolata indicantur, e. g. f. 6r. Ioannis Beber de Osswyanczym glossae: f. 6r, 7v, 16v, 18v, 38r: *In confirmacione: Sacramentum tantum – unccio exterior, res tantum – gracia seu unccio interior, sacramentum et res – caracter* et alia plurima. Interdum est hoc forma graphica textus alibi in continuo scripti, e. g. cod. BJ 1528, f. 3r = cod. BJ 2227, f. 113r; cod. BJ 1528, f. 251r = cod. BJ 2227, f. 149r. Litteras quasdam Ioannis de Dambrowka evanidas seu pallidas factas (f. 9r, 13r etc.) Ioannes Beber de Osswyanczym iterum calamo suo duxit, ut legibiles efficerentur; etiam emendationes, cancellationes, additamenta eius manu saepius occurrunt, e. g. f. 6r: *Culter tamen lapideus non fuit de necessitate*; f. 16v: *Secundum Bonaven⟨turam⟩ facta divulgacione euangeli nullo modo sine transgressione licebat circumcisionem servare* ...; f. 18r et cetera plurima. Capitum numeri manu Ioannis de Dambrowka rubro vel nigro exarati. Eiusdem maniculae: f. 5v, 30r, 53r, 235r, 269v, 274v, 275r, 302r, 306v, distinctiones peculiares, f. 30r, 32r (sagitta parva locum declaratum indicat). Carmen: f. 6r: *Cauterium, signum, meritum, medicina, figura, exemplum*, cf. Legenda aurea, 128.

C o m p a c t u r a s. XX renovata: tabulae ligneae, quarum posterior recens (anteriore paulo crassior), corio claro partim obtectae. In tabula anteriore veteri ornamentum lineare simplex; clavorum et cingulorum duorum, quibus codex olim obligabatur et in anteriore tabula fibularum ope claudebatur, vestigia exstant. Dorsum planum. Ligamenta quattuor duplicia, lora texta codicis capiti et calci obsuta dorsi corio recenti obtecta. Signatura auro in dorso impressa: *1528*. Inscriptio s. XV in tabula anteriore: *Quartus liber Sentenciarum*. Volumen adaequatum, anguli rotundati. Ante- et postfolium recentia chartacea (f. I, IV) singulas cum foliis integumentis agglutinatis efficiunt unitates. Ante- et postfolium membranacea vetera (f. II, III), cf. nr. ***4** et ***5**. Schedulae membr. fasciculorum suturam firmantes angustissimae, vacuae. Codicis status: Post renovationem codex bene asservatur, tantum humiditatis olim infectae vestigia in foliorum angulis superioribus cernuntur, quorum quaedam chartae alienae frustulis sunt sarta, e. g. f. 63, 117, 165, 214, 225, 250, 251. F. 75 rumpi inceptum in margine inferiore; angulus superior f. 270 abruptus. Postfolio (f. IV) chartulae fragmentum agglutinatum, iuxta f. 273 repertum, olim f. 272a, nunc f. V, in quo nihil nisi calami probationes leguntur. Ladislaus Wisłocki, cum codicem hunc describeret, haec scripsit (cf. Katalog, 374): *brak końca, gdzie tylko ślad kilku kart wydartych* (finis desideratur, ereptorum foliorum aliquot vestigia sola), in codice renovato tamen nulla ereptorum foliorum indicia cerni possunt, nec ullo textu fine carere videtur.

C o d i c i s o r i g o e t f a t a : Codex Cracoviae s. XV dimidio priore confectus esse videtur, post a. 1438 verisimillime. Eodem signo aquatico charta distincta in cod. BJ 1526 ex a. 1438 occurrit. Hic est sine dubio codex in Ioannis de Dambrowka testamento laudatus, sub nr. 17 sicut „Quartus liber Sententiarum cum commento incomplete Universitati usum magistro Ioanni de Slupcza" (cf. Szelińska, Dwa testamenty, 10). Ioannes de Dambrowka codice usus esse videtur, cum Petri Lombardi Sententias in Theologiae Facultate a. 1439-1446 legeret (cf. Włodek, Krakowski komentarz, 155), nulla tamen huius originis indicia praesentantur. Qua de causa Communis lecturae Pragensis textus eo comprehensus Ioannis de Dambrowka auctoris in litteratura (cf. Hornowska, Szelińska) fertur. Ioannis Beber de Osswyanczym Commentum in marginibus ca a. 1473 verisimillime adscriptum est (cf. Markowski, Dzieje Teologii, 184). In tabula anteriore superius titulus scriptus legitur: *Quartus liber Sententiarum*. Signaturae antiquae: Fasseau: *218*; topogr.: *CC VI 17*.

B i b l i o g r a p h i c a : Wisłocki, Katalog, 374; Hornowska, Zbiory, 164; Szelińska, Dwa testamenty, 10, 16, 33; Szelińska, Biblioteki, 70; Wójcik, Commentaires, 114.

KW, AK

1529

Lat., 1428 et ante, chart., cm 30,5×21,5, f. 253+II.

f. 1r-v cf. Notas et glossas.

1. f. 2r-250v: Petrus Lombardus, Sententiarum liber IV

—*Samaritanus enim vulnerato appropians* ...⟩⟨... *via duce pervenit. Explicit quartus liber Sentenciarum et cetera* [rubro].

Cf. cod. BJ 1512 descr., nr. **1**.

2. f. 2r-250v: Communis lectura Pragensis et Commentum Nicolao Coslowsky attributum in IV librum Sententiarum in marginibus scripta

[Communis lectura Pragensis] —*Samaritanus.* —*Iste liber est 4us de sacramentis et futura resurreccione.* [*Et dividitur in partem prohemialem ... et habet 50 distincciones* – manu Sigismundi de Pyzdry adscr.]. *In prima de sacramentis in communi* ...⟩⟨[f. 250r]... *sedentis in throno, que cognicio est vita eterna, Io⟨hannis⟩ 17* [, 3], *pervenire valeamus. Hoc nobis concedat trinus et unus in Spiritu Sancto benedictus. Amen.*

[Com. Nicolai Coslowsky (?), Dist. 1; f. 2v]... *Questio principalis:* —*Utrum sacramenta pro quolibet tempore necessario instituta efficicaciam* [!] *differentem habuerunt. Sic enim procedit, quod primo ponit condiciones communes sacramentorum ve⟨teris⟩ et no⟨ve⟩ le⟨gis⟩ ... Et Magister primo ponit diffiniciones sacramenti in littera. Circa primam diffinicionem* ...⟩⟨... *et tunc videbimus, amabimus, laudabimus, cum enim apparuerit Christus, vita nostra, tunc et nos apparebimus cum eo in gloria. Ad quam nos perducat Christus Iesus per secula benedictus. Amen.*

[f. 2r-27v: manu Sigismundi de Pyzdry Com. et glossa interl.] —*Hiis tractatis, que ad doctrinam rerum pertinent* ...⟩⟨... *ad doctrinam signorum accedamus.* —*Notandum, quod Prologus iste innuit ordinem debitum. Sicut enim 2us liber respondet primo* ...[f. 4v]... *Nota, quod Beda facit hic excepcionem pro tanto* ...[cf. cod. BJ 1525, f. 15r] ...⟩⟨... *et sanctificabis eum.*

Cf. cod. BJ 1520 descr., nr. **3**; Markowski, Dzieje Teologii, 134-136 (cod. nostrum omisit). Sigismundi de Pyzdry Principium in I lib. Sententiarum Petri Lombardi in cod. BJ 325, f. 125r-129v, 130v; in II lib. f. 131v-135v; in IV lib. f. 138r-142v.

F a s c i c u l i : 1^{7+6} (f. 1-13, post f. 13 unum folium desideratur); $2\text{-}21^{6+6}$ (f. 14--253). Custodes in fine fasc.: 1-21 *primus quarti – 21us et ultimus quarti.*

S i g n a a q u a t i c a : 1. Var. Piccard 2, XI 107 (1416-1418) f. 2-13, 15, 17, 19-20, 22, 24, 27, 29-30, 33-34, 36, 38, 40, 42-45, 47, 49-52, 54-57, 59-87, 90-93, 96--101, 103-104, 106-109, 112, 114-117, 119, 125, 130, 223-224; 2. Var. Piccard 2, XI 111 (1416-1421) f. 14, 16, 18, 21, 23, 25-26, 28, 31-32, 35, 37, 39, 41, 46, 48, 53, 58, 88-89, 94-95, 102, 105, 110-111, 113, 118, 120-124, 126-129, 131-133; 3. Var. Piccard 2, XII 65 (1424-1426) f. 134-222, 225-253. F. 1 cum signo aquatico tum quoque bifolii altera parte caret. Signa nr. 1-2 etiam in cod. BJ 1533. Charta a. 1416-1426 in usu erat.

S c r i p t u r a e t o r n a m e n t a : Codex aliquot manibus exaratus. Sententiarum Lombardi liber IV diligentissime una manu, littera cursiva textuali descriptus, cuius scripturae peculiaris est abbreviatio *er* inversa directione, in comparatione cum communiter usitata, porrecta, quae abbreviatio etiam in cod. BJ 1377, 1441, alia tamen manu exaratis, occurrit. Unius columnae schema (ca 10-10,5 cm latae) atramento ductum. Haec columna litteris grandioribus scripta, lineas ca 13 scripturae continet in unaquaque pagina, quae lineae una ab altera ca 1 cm distant, quo glossis interlinearibus inscribendis spatia restent. Margines exteriores admodum lati comparati sunt: inferior ca 8 cm, exterior ca 8,5 cm, superior ca 3,5 cm, circa dorsum angustissimus: 4,5 cm. Marginum lineae conspiciuntur etiam in foliorum extremitatibus. Litteras initiales rubro inscribendas repraesentantia, nigro atramento inscripta, in mediis litteris adhuc conspiciuntur, e. g. in f. 3v, 5r, 14v, 96v, 201v, 237r. Commentum, non continue inscriptum, manu ignota, littera minuscula diligentissime exaratum; in margine inferiore, extra commentum interdum, quaestiones breves plurimum. Commentum magis copiosum in f. 2r-19v, 28r--v, 33r-37v, 40r-41v, 57v-60v, 61v-62r, 64v-66r, 74v, 83v-84r, 96r, 98v, 110r, 114v, 115v, 118r, 141v-144v, 145v-146r, 152v, 156r, 157r-v, 159r, 178r, 181v, 185r-v, 187r, 188v-189r, 193r, 195r, 20v-201v, 212v-213v, 215r-216r, 218v-219r, 221v, 224v-225r, 233r-234r, 239v, 245v, 248v, 250v, aliis. In initio, f. 2r-27v, etiam supplementa minuscula ad Sigismundi de Pyzdry commentum (cf. infra Notas et glossas). Alius quidam quoque codicis huius lector commentum in plurimis locis supplevit, litteris currentibus minime diligentibus (cf. Notas et glossas). Nullum vero commentum, nullae notae, sed solae glossae interlineares in f. 38v, 42r, 133v, 166v, 167v, 174v, 226r, 227v, 230v--231r, 236r, 237v, 249v. Rubricatio exilis: distinctionum et capitum tituli. Litterae initiales parvae plurimae, rubrae. In pagina currenti distinctionum numeri rubri.

N o t a e e t g l o s s a e : Sigismundi de Pyzdry manu in f. 2r-27v supplementa minuscula ad commentum attinentia in locis vacuis sub commento marginali anterius manu ignota inscripto, nec non glossae interlineares (Sigismundi de Pyzdry scripturam cf. in cod. BJ 1651, f. 107r-161r, 161v-166r, in f. 165v: *Per magistrum Sigismundum de Pysdri* ... nec non in cod. BJ 325). Manu Benedicti Hesse de Cracovia Sententiarum textus supplementa, e. g. f. 9v: *quedam ad substanciam et causam sacramenti*; glossae interlineares, f. 10r, 10v: *et Spiritus Sanctus, per quem unctus est* et infra glossa interlinearis; 12r: *et igitur intencio baptisandi* ... Supplementa in commenti initio manu ignota, quae quoque in cod. BJ 1533 scripsit (i. a. f. 29v, 130v, 134v) in f. 1v: *Iste Prologus continuat materiam sequentem ad precedentem* ...[cf. cod. BJ 1520, f. 12r] et alibi saepissime, e. g. f. 20v infra: *Nota: Richardus dicit* ...; f. 24v: *Quia columbam attendo, nota, quod columba* ...; f. 31v, 32v-33r, 34r, 35r: *Dubitatur an ille, qui confirmatur, debeat teneri* ...; 37v, 47r, 58v, f. Ir: *Nota, quod septem sacramenta comparantur VII operibus Dei ab inicio factis. Primo enim die fecit lucem, que consonat baptismo* ...)(... *qui fide, spe et caritate hic te sumus imitari.* Manu cuiusdam, qui codice usus est in marginibus distinctionum et capitum numeri, rubri interdum, e. g. f. 2r, 3r-v, 24r, 35v, 38r, 61v. Litterae alphabeti: *a-d* in textu partes commenti relativas marginales designant, e. g. f. 5r, 6r-14r, 40r-41v. Auctores in textu citati, e. g. *Thomas* f. 36v, 61v, 87v, textus suppletio in f. 42v: *Berengarius episcopus.* Aliis manibus in f. 1r supra: *Paulus, qui et Sa⟨u⟩lus, predicator generalis, apostolus Ihesu Christi, vas eleccionis*; f. IIv: *Augustinus, De Trinitate et De divinis nominibus ait* ... Maniculae, f. 6r, 149v, 186r, 187r.

C o m p a c t u r a codici contemporanea. Tabulae ligneae corio olim albo, nunc obscuriore facto, partim obtectae, quod cingulo angustissimo coloris amarantei in utroque integumento firmandi causa definitum est, et clavulis affixum, quorum in tabula anteriore 5, in posteriore 4 asservantur. Vestigia cinguli coriacei, clavis et ligulae in anteriore integumento, quibus codex olim claudebatur (lamnulae vestigium in forma lacrimae). Dorsum convexum, quattuor ligamenta duplicia. Codicis capiti et calci lora texta obsuta. Voluminis sola pars longior adaequata, anguli rotundati. Ante- et postfolium (f. I, II) membranacea incompleta, notis s. XV conscripta (cf. Notas et glossas). Codicis status: Codex bene asservatur, tantum humiditatis infectae vestigia foliorum extremitates plurimae praebent. Cinguli quibus corium tabulis affixum est, rupti et detriti, tabulae anterioris ligamenta et lora codicis extremitatibus obsuta rupta; tabulae posterioris angulus superior fractus; folii 35 pars superior et f. 136 pars inferior scissa, versa folii parte glutinae ope consarcinata.

Codicis origo et fata: Codex adhuc in commentationibus super commenta in Sententias non adductus. Confectus est Cracoviae, certissime ante a. 1428, quo anno Sigismundus de Pyzdry Sententiarum librum IV legere in Universitate incepit et eodem anno mortuus est (cf. Markowski, Zygmunt z Pyzdr, 173; Id., Pierwsi bakałarze, 268-269). Etiam commenti supplementa et glossae marginales eiusdem de Sigismudo codicis nostri possessore testificantur (de Sigismundo de Pyzdry cf. cod. BJ 311 descr.). In tabula anteriore inscriptionis vestigium incertae: *L⟨iber⟩ quartus Sententiarum magistri* [...]. Signaturae antiquae: Fasseau: *1005*; topogr.: *CC V 2*, in cingulo chartaceo inter f. 84 et 85 inserto: *10* et *352*.

Bibliographica: Wisłocki, Katalog, 374.

KW, RT

1530

Lat., post XV m. (1458-1459), chart., cm 30,5×20, f. 381+II.

f. 1v-9v vacua.

1. f. 10r-51r: Robertus Kilwardby OP, Tabula in libros Sententiarum Petri Lombardi

Registrum super Magistrum Sentenciarum. Et primo de A [in marg. sup.]. —*Abraham. Quod Christus in eo non fuit decimatus ... dist. 3, cap. 3 ...*⟩⟨*... Ypostasis ... Quomodo proprietates determinant ypostases ... sub hoc nomine ypostasis, li⟨bro⟩ 1, dist. 26, cap. 1. Finis huius registri per me Petrum de Curowo, regrosatum vero a domino Andrea, presbytero de Grodzisko, nec non finitum feria sexta in vigilia sancti Martini, gloriosi episcopi confessoris* [10 XI], *ante sero modicum, dum voluit sol dare occasum, sub anno Domini millesimo XL^{mo} L^{mo} VIII°.*

Cf. RS 10,1, 743; Doucet, Commentaires, 10,1, 743; Glorieux, Faculté, 335, nr. 411ae; Kaeppeli, 3520.

2. f. 51v-52r: Adnotationes ad Sententias Petri Lombardi

Nota: In conclusionibus subscriptis recedunt doctores a Magistro. Primo in distinccione 17 libri primi dicit, quod caritas Dei et proximi est S⟨piritus⟩ Sanctus solum et non habitus creatus ...⟩⟨... *et prima probavit contractum, contrarium habetur de sacramentis. Hec de quarto libro. Finis, in quibus non tenetur Magister.*

Cf. cod. BJ 1521 descr., nr. **6**, etiam infra, nr. **4**.

f. 52v vacuum.

3. f. 53r-376v: Petrus Lombardus, Sententiarum libri I-IV cum glossa marginali et interlineari

Registrum super primum librum. Et primo de omni doctrina, que est etc. [in marg. sup.]. *Omnis doctrina est de rebus vel de signis* ...⟩⟨[f. 54v]... *utrum passiones sanctorum debeamus velle. Amen.* [Prol.; f. 55r] —*Cupientes aliquid de penuria* ...⟩⟨[f. 55v]... *capitula distinguuntur, premisimus.* [Lib. I] —*Veteris ac Nove legis continenciam* ...[f. 138r]... *et sancti Stanislai ... finitus, alias scriptus est per me Petrum de Curowo liber iste sub anno Domini M° XL° LIX° infra octavas Pasche vel paulo post* ...[f. 240r] *Liber Sentenciarum secundus scriptus est per Petrum de Curowo anno Domini M° XL LVIII in die sancte Lucie* [13 XII]...⟩⟨... *via duce, id est Christo, pervenit. Explicit Magister per Petrum de Curowo, Christe, quoniam finitus* [superscr.: *alias scriptus*] *est per me Petrum de Curowo liber iste. Metrum non est.*

Cf. cod. BJ 1512 descr., nr. **1**. Lib. I: f. 53r-138r (IV 1459); II: f. 139r-239v (13 XII 1458); III: f. 240r-296v; IV: f. 297r-376v. F. 138v vacuum.

4. f. 377r: Adnotationes ad Sententias Petri Lombardi

Nota, quod tria sunt loca, in quibus Magister non tenetur communiter, in primo libro videlicet, ubi ipse ponit, quod caritas, qua diligimus Deum et proximum, est Spiritus Sanctus ...⟩⟨... *in reddendo debito, incipit excusari per obedienciam et timorem.*

Cf. cod. BJ 1521 descr., nr. **6**, etiam supra, nr. **2**.

5. f. 377r-378v: Declaratio arboris affinitatis

—*Nunc formetur arbor affinitatis. In medio arboris quatuor sunt celulle et in ipsa superiori ponitur primus gradus, in secunda secundus* ...⟩⟨[f. 378r]... *quia affines habentur loco parentum. Et quod sentitur de consanguineitate, idem de affinitate etc. Amen* [delineatio arboris affinitatis; f. 378v: delineatio arboris consanguineitatis].

Cf. Schulte, Geschichte, 2, 214-216. Ed.: Corpus iuris canonici, 1, 1434-1436 (textus); 1431-1432 (arboris ex f. 378r schema); 1425-1426 (arboris ex f. 378v schema). Cf. cod. BJ 1391, f. 48r; 1456, f. 401r-v; 1510, f. 172v et 174v (delineatio).

6. f. 379r-380r: Excerpta ex commentis variorum auctorum in Sententias Petri Lombardi, i. a. Richardi de Mediavilla et Ioannis Duns Scoti

—*Tres misse celebrantur in Domini Nativitate. De consecracione, dist. 1, Nocte sancta, glossa ibidem: una ante diem, que significat tempus ... Et has raciones eciam ponit Guido, archiepiscopus Morinensis in tractatu, quem fecit, De officiis Ecclesie, c. 2 ...*[f. 379v]... *debemus esse in continua graciarum accione* [cf. lib. IV, dist. 12, cap. 4]. *Et hec superius dicta patent his versibus, et hoc implicite: Verborum forma, vinum, cui mixta sit unda, panis triticeus, intencio presbiteratus missam perficiunt, ornatum cetera signant* [*Panis triticeus* ..., cf. Walther, Initia, 13628: cod. BUWr I O 18, f. 275v]. *Et hec Magister breviter tangit in 3° c. d. ... Sequitur littera. Illud etiam dici. Distinccio IX 4^i^ libri ... De consecracione di⟨stinccio⟩ II. Tanta in gloria ... et in palato sit queque digno. Richardus ⟨de Mediavilla⟩. Manducare Corpus Christi sacramentaliter dupliciter intellegitur. Uno modo manducare ipsum per manducacionem speciei ... Ut quid paras dentem et ventrem? Crede, quod manducasti* [cf. lib. IV, dist. 9, cap. 1]...[f. 380r]. *An corpus Christi possit esse similiter in celo et in eukaristia. Dicit Scotus et alii doctores, quod per conversionem altaris ...*)(*... pars autem missa in calicem, que representat passionem, scilicet illam partem corporis Ecclesie, que ad⟨h⟩uc patitur miseracionem temporalis vite* [cf. lib. IV, dist. 12, cap. 4].

Cf. RS 722. Ed.: Ricardi de Mediavilla Super quatuor libros Sententiarum Petri Lombardi Quaestiones subtilissimae, Brixiae 1591, 165-168.

f. 380v vacuum.

7. f. 381r: Declaratio arboris cognationis spiritualis

Nota. —*Viginti persone possunt prohiberi per hanc cognacionem spiritualem, quinque ex parte baptisantis, quinque ex parte levantis, quinque ex parte confirmantis et quinque ex parte tenentis in confirmacione ...*)(*... necessitas aliqua vel esse patrinus in cathecismo, baptismo et confirmacione, ut in dicto capitulo: Non plures, et in capitulo: Quamvis de cognacione spirituali libro VI in glossa secunda.* [Schema delineatum in forma circulorum, qui descriptione impedimentorum coniuncti sunt] *Baptisans, Levans, Confirmans, Tenens ...*)(*... Baptisatus, Levatus, Confirmatus, Tentus.*

8. f. 381v: Aeneas Silvius Piccolomini, Historia Bohemica. Fragm.: Lib. II, cap. 35. Excerpta

Eneas in secundo libro Historie Bohemice. —Bohemi ab Ecclesia recedentes katholica ipsam Valdensium sectam atque insaniam amplexi sunt ...)(... sed attulit novam pestem Petrus Drasnensis, id est oppidum Mysne super Albim situm, de communione sub utraque specie. [In marg.:]... *Albicus, medicus, extranea muliere baratrum.*

Ed.: Aeneas Silvius Piccolomini, Historia Bohemica, hrsg. von J. Hejnic, H. Rothe, Bd. 1. Historisch-kritische Ausgabe des latenischen Textes, besorgt von J. Hejnic, übers. von E. Udolph, Köln-Weimar-Wien 2005, 228-242 (Bausteine zur slavischen Philologie und Kulturgeschichte, N.F. Reihe B, 20, 1).

***9.** f. Ir-v, IIr-v: Missale. Fragm. duo: Dom. 1 et 2 Adv., Orationes pro defunctis

f. Ir: Lectio (Rm 13, 11-14), Graduale (Ps 24), Alleluia (Ps 84), Evangelium (Mt 21, 1-9); f. Iv: Offertorium (Ps 24), Secreta, Communio (Ps 84), Postcommunio. Dom. 2 Adv.: Introitus (Is 30, Ps 79), Oratio, Lectio (Rm 15, 4-11); f. IIr: Orationes pro defunctis. *In anniversario,* Lectio (1 Cor 15, 51-57), f. IIr-v: Evangelium (Io 6, 37-40), f. IIv: *Secretum,* Complenda, *Pro episcopis,* Lectio (1 Cor 15, 20-23), Evangelium (Io 6, 51--55), alia.

XIV, Lat., membr., f. 2 duarum columnarum schemate conscripta, rubricatio in f. IIr-v.

Fasciculi: 1^{5+4} (f. 1-9, post f. 8 unum folium desideratur), $2\text{-}32^{6+6}$ (f. 10--381). Reclamantes praecisae, partim conspicuae in nonnullis fasc. (nigrae: fasc. 14-16, 27; rubrae: fasc. 20 in f. 237v). Custodes plumbo s. XX in dorsi proximitate in initio fasciculorum exarati (in fasc. 11 erroneus: *8*).

Signa aquatica: 1. Bovis caput baculo simplici supra caput eminente linea undosa circumplicato – signum in repertoriis non inventum f. 1, 9; 2. Id. Piccard 2, XIII 465 (1466) f. 3-8; 3. Var. Piccard 3, I 175 (1456-1458) f. 10-57, 106-117, 142-381; 4. Var. Piccard-Online 161875 (1455) f. 58-105, 118-141. F. 2 cum altera bifolii parte, tum etiam signo aquatico caret. Charta a. 1455-1466 in usu erat.

Scriptura et ornamenta: Textus principalis Petri Lombardi Sententiarum a Petro de Curowo (Kurów) littera currenti diligentissima, ductu variante, nullis paene correctionibus exaratus. Quattuor locis nomen suum scriba posuit: f. 51r, 138r, 240r, 376v. Pars initialis (f. 10r-52r) alio ductu: *Andrea, presbytero de Grodzisko* [?], quae tamen scriptura etiam peculiarem pro Petri de Curowo ductu litteram N illae H simillimam praebet, nec non Petri scripturae simillimos titulum in f. 10r et colophonem in f. 52r litteris maiusculis scriptos. Quidnam etiam de colophone in f. 51r iudicandum sit, difficile dictu: *Finis huius registri per me Petrum de Curowo, regrosatum vero a domino Andrea, presbytero de Grodzisko, nec non finitum* [...]. Petri de Curowo, Andreae filii scripturam cf. in cod. BJ 1357 (a. 1457), cf. colophones in p. 356 et 768; BJ 1943, p. 144 (alio ductu scriptum), 603; BJ 1903, f. 139v, cf. etiam Colophons, 15464-15467, de eo cf. cod. BJ 1357 descr., Catalogus, 9, 98-99. Andreas, presbyter de Grodzisko, adhuc ignotus. F. 10r-52v: Duarum columnarum schema linea duplici (simplici inter columnas) atramento secundum longitudinem, stilo secundum latitudinem ductum; in f. 46r-52v interiores columnae addititios margines duplici linea ductos habent, a scriba despectos; in f. 53r-381v una columna (12 cm) linea duplici ducta (in f. 379r-381v margines despecti). Accedunt lineae verticales atramento secundum foliorum extremitates interiores et exteriores ductae, glossis inscribendis. Codicis margines aequis intervallis perforati sunt linearum schemati efficiendo. Margines potius angusti, inferior ceteris latior. Pagina currens rubro: in textu (folii parte recta) libri numerus Romanus, in indice – littera lemmati relativa. Rubricatio. Tituli litteris maiusculis in initio indicis et textus. Distinctionum et capitum tituli in toto codice, interpunctio – rubra. Litterae initiales parvae easque repraesentantia in toto codice; in f. 10r ceteris maiores (4 scripturae lineis aequae); accedunt etiam litterae spectabiliores in initio singularum indicis litterarum. In f. 53r littera *O* 5 scripturae lineis aequa non nisi adumbrata, in f. 55r (libri I initio) ornatissima littera *C* coloribus rubro et viridi depicta, ornamento vitis imaginem exprimente in margine superiore atque decorationum ad vitrearum instar depictis elementis instructa, scripturae lineis 8 aequa; in media littera imago hominis asino pabulum dantis. Similiter depicta littera initialis in f. 142r (lib. II initium) regis coronati imaginem mediam praesentat scripturae lineis 7 aequam. In libri III initio (f. 240r) locum vacuum in initio indicis capitum, nullum tamen in ipsius libri initio (f. 242r), similiter etiam in initio libri IV (f. 297r et 299r), ubi solus titulus legitur scriptus. Occurrunt quoque in textu litterae initiales uno colore pictae in distinctionum initiis, e. g. f. 199v. Liber unusquisque in folii recti initio incipit, quare ante librum I et II in folio praecedenti verso aliquantum loci vacui restat. Loca vacua titulis inscribendis, ubi repraesentantia sola cernuntur, e. g. f. 55v etc. Interdum etiam repraesentantia nulla: e. g. f. 57r. In f. 105v textus lineae quattuor oblitteratae.

Notae et glossae: Glossae marginales signis instructae, quibus textus locis referuntur: f. 79r: *Magis enim etc. Quia fratrem secundum hominem ad sensum mente specie sensibili dileccionem ab intellectu per rei ipsius presenciam, item fratrem quoad iusticiam per fidem, dileccionem per visionem intelligibilem.* Porro: *Quia superbia dileccioni, que Deus est, contraria est, quia humilitas facit vacuum a tumore superbie et comparem gracie Spiritus Sancti.* Porro: *Nam scandalum esse in aliquo non stat cum caritate, in eodem scandalizat autem ille, qui dicto vel facto nunquam recto occasionem dat ruine, ut habetur in glossa Mt XXVIII etc.* F. 79v: *Deus est paciencia mea, quia predicacio proprium distinguit ...* f. 83r: *Quod si non est, nisi quia datus, id est, si non habet esse nisi eo, quo datus, sicut filius nascendo habet non tantum, ut sit filius, quod relative dicitur, sed omnino ut sit.* F. 87v: *Nota: Deus non potest dici triplex, nec potest dici trinarius personarum, sicut Deus trinarum personarum ...* In glossis citantur, e. g.: Ioannes Damascenus: f. 55r; Petrus de Tarantasia f. 207v, 251r; Thomas de Aquino f. 207v; Bonaventura f. 72v; Sacrae Scripturae loci: f. 55r, 56v. Distinctionum tituli in marginibus a scriba exarati, e. g.: f. 55v, 57r. Idem alia manu, e. g.: f. 65v, 66v, 68v. F. 59r supplementum in margine scribae manu signo emendatorio suppeditatum, quod in textu edito desideratur. Aliis manibus litterulis minusculis capitum tituli: f. 55v: *Omnis doctrina vel est de rebus vel de signis*; *De rebus communiter agentibus* [recte: agit]; f. 57r: *utendum est ergo virtutibus etc.*; distinctiones et capita numeris Romanis signata. F. 1r: *Circa D. 6 l⟨ibri⟩ primi Thomas de Argentina. —Attributum nihil aliud est nisi ⟨perfeccio simplex⟩ communis Creatori et creature ... ⟩⟨... sicut esse incarnatum de Virgine natum et consilia talia namque ex crea⟨turis⟩ nequaquam possumus investigare* [Ed.: Argentinae 1490]; f. Ir: *Substancia per se: Deus est necessarium ex se et a se*; *Substancia ad se*: *intencie sunt necessarium ex se sed non a se, et tale necessarium potest habere causam.* F. Iv: Alberti de Brudzewo manu schema tale: *due emanaciones: per modum nature – per modum voluntatis; tres persone: Pater, Filius, Spiritus; proprietates quatuor: paternitas, filiacio, communis spiracio, processio; nociones quinque: innascibilitas, paternitas, filiacio, communis spiracio, processio* [cf. Thomas de Aquino, Summa theologiae, 1, 30, 2]; *proprium dicitur, quo una persona distinguitur ab alia* [cf. Thomas de Aquino, Super Sententias, 1, 33-34]; *vita – actus intrans ... spirituali, quod est in actu completo; Hanselmus: communia sunt vera prima veritate, vera veritate effectiva vel simili* [?] *exemplari non autem inhesiva.* Carmina: f. Ir: *Mors iusti subita, quando precessit bona vita, non minuantur merita, si moriatur ita* [cf. Walther, Proverbia, 15169: Joannis de Fordun Scotichronicon, Edinburgi 1750, 2, 118 et 229]. Glossa interlinearis adeo abundans, ut interdum in margine finitur, multas declarationes et analogias ad textum continet, e. g. 62r *Gilbertus Porritanus* [sicut *veritatis adversarius*]; f. 175r: *Sara genuit XXI et Anna mater Samuel regis*; f. 185r: [Eva] *non ideo ex ignorancia, quod nesciret prohibicionem, sed quia non consideravit omnem eventum, qui poterat ex transgressione contingere, quem si considerasset, non pecasset. Hec Pe⟨trus⟩ de T⟨arantasia⟩.* Nota manu, qua scripti sunt capitum numeri in margine f. 58r. Notae codicis possessoris, Alberti de Brudzewo: f. Ir: *Anno Domini 1482 Cracouie et circumcirca viguit pestis, quam astrologi Cracouienses pro anno precedenti pronostico suo erronee indicaverant.* Maniculae: f. 108r, 142v, 231v, 355v, 369v, maniculae rubrae: f. 63v, 65r, 68r.

C o m p a c t u r a Cracoviae verisimillime s. XV dimidio posteriore confecta, tabulis ligneis crassis constat, corio olim claro, nunc obscuriore facto obtectis. Lineis duplicibus bordiura a planitie discreta, cui ornamentum lineare simplex impressum est. Cingulorum coriaceorum metallo praefixorum et ligularum, quibus codex in anteriore integumento olim claudebatur, nihil nisi clavi in tabula posteriore asservantur. In utroque integumento metallicarum laminarum magnarum, forma circuli irregularis vel rosettae in media planitie, partis quartae circuli in angulis, vestigia: corii color originalis et aeruginis reliquiae. Anterioris integumenti lamina (tribus clavulis affixa) minor est illa posteriore (clavulis quattuor, quorum 2 asservantur, affixa). In corio anterioris integumenti, quod in interiorem tabulae partem plicatum est, calami probationes: *Corrumpunt bonos mores consorcia prava*; cernitur etiam ibidem scriptura reflexa, quae textui in vicino antefolio (f. Ir) respondet quidem, tamen quasi aliquantulum promoto. Etiam in tabula posteriore litterarum singularum reflexiones similes nec non calami probationes: *Corrumpunt mores hominum colloquia prava* [cf. Walther, Proverbia, 3579]. Volumen adaequatum, anguli rotundati. Dorsum convexum, ligamenta quattuor duplicia et duo simplicia, secundum quae funiculi impressi vestigia cernuntur; codicis capiti et calci lora texta obsuta dorsi corio obtecta. Ante- et postfolium membranacea: f. I, II, cf. nr. ***9** nec non Notas et glossas. Schedulae membranaceae, quibus fasciculorum sutura munitur, angustissimae, non ubique cernuntur, vacuae plerumque vel illegibiles, inde a fasc. 26 conscriptae, verisimiliter ex eadem materia atque nr. ***9**. In parte interiore tabulae anterioris: *Liber Sentenciarum Magistri Petri Lombardi edicione* [?], *possessione olim magistri Alberti de Brudzewo, baccalarii sacre theologie, canonici sancti Floriani, legatus pro libraria theologorum Domus Artistarum Maioris anno Christi 1495.* Chartulae frustulum conscriptum mediis vocabulis, tessera inter f. 157 et 158 reperta. Codicis status: Codex infusionem passus est, cuius vestigia in parte superiore exterius praecipue obiciuntur. Qua de causa chartae in initio et fine inter se et cum compactura conglutinatae sunt et partim demolitae. Quare hic illic litterae etiam elotae sunt, cf. glossam in f. 263r. Ceterum codicis status satisfaciens.

C o d i c i s o r i g o e t f a t a : Codex post XV m. confectus, scimus solum, quod textus a Petro de Curowo subscripti (cf. f. 51r et 138r), qui simul eius possessor fuit, a. 1458-1459 exarati sunt (de Petro de Curowo cf. cod. BJ 1357 descr.); codex postea Alberto de Brudzewo erat, cf. notam in compactura et f. Ir: *Anno Domini millesimo quadringentesimo septuagesimo sexto currente bissextili, magisterii vero sui tercio currente, sexto Kalendas Septembris, alias in vigilia sancti Augustini episcopi* [27 VIII] *in illa sillaba Ruph, anno vero a nativitate sui 31 currente magister Albertus de Brudzewo, protunc senior in domo dominorum Myelstynsky, in platea Fratrum sita, alias in Bursa Ungarorum, in Collegium Minus vocatus est, qui et anno Domini 1468 currente 8 Kalendas Septembris, alias in crastino sancti Bartholomei apostoli* [25 VIII], *ad Universitatem venit studiumque absque abscessu continuavit. Anno Domini 1470 Albertus de Brudzewo pro quartali Lucie* [13 XII] *in baccalarium est promotus, anno vero 1474 post Nativitatis Domini in magistrum. Anno Christi 1483, sexta Marcii, alias in vigilia Thome de Aquino, magister Albertus de Brudzewo in Maius Collegium assumptus est per eleccionem ex minoribus. Anno 1490 dominica Oculi, alias 14 Marcii, in baccalarium theologie presentatus et incepcionem cursus feria tercia post Iudica* [30 III] *fecit* [ed.: Commentariolum, XXII-XXIII]. De Adalberto de Brudzewo, cuius alii duo codices ab eodem Petro exarati in BJ asservantur: 1357, 1943, cf. cod. BJ 548 descr. Signaturae antiquae: Fasseau: *662*; topogr.: *CC V 16*.

B i b l i o g r a p h i c a : J. S. Bandtkie, Historia Biblioteki Uniwersytetu Jagiellońskiego w Krakowie, Kraków 1821, 22-23; Wisłocki, 374; Commentariolum, XXII-XXIII; Zinner, Verzeichnis 1815; Palacz, Wojciech z Brudzewa, 173-174, 190; Markowski, Spis, 209-210; Id., Burydanizm, 240, 269, adn. 225; Pawlikowska, Wojciech z Brudzewa, 69, adn. 4; 71, adn. 8; 72, adn. 9; imago phot. f. Ir-v in p. 70 et 77; R. Palacz, Wojciech z Brudzewa jako astronom i filozof, Materiały do hist. filoz. średn. w Polsce, VII (XVIII), Warszawa 1974, 64-65, 74, 89 adn. 17, 90 adn. 28; Markowski, Dzieje Teologii, 200; Id., Pierwsi bakałarze, 283 (nr. 123); A. Włodarek, Architektura średniowiecznych kolegiów i burs Uniwersytetu Krakowskiego, Kraków 2000.

KW, AK

1531

Lat., ca 1425 et 1429, chart., cm 30,5×21, f. 340+IV.

1. f. 1r-8v: Benedictus Hesse de Cracovia, Principium in III librum Sententiarum Petri Lombardi

—*In nomine Domini nostri Ihesu Christi, in quo omne genu flectitur, celestium, terrestrium et infernorum* [Phli 2, 10]. —*In isto actu duo sunt facienda: primo brevis recommendacio Sacre Scripture et hoc quo⟨ad⟩ tercium librum, secundo una questio determinabitur. Quantum ad primum pro recommendacione tercii libri Sentenciarum, quem gracia Dei operante incipere intendo et ea cooperante perficere propono, assumo thema michi conswetum, quod in cursu meo et in aliis duobus meis principiis assumpseram:* —*Misit verbum suum et sanavit eos* ...[Ps 106,

20]. *Reverendi patres, magistri venerandi* ... — [*Iuxta sentenciam beati Augustini* [recte: Fulgentii ep. Ruspensis], *De fide ad Petrum* – in marg.], *homo primus secundum pure nature* ...[f. 2r]... *Sacra Scriptura redditur commendabilis, consideranda sunt: primo videlicet ab eminencia prodi⟨gi⟩osa mirifice contentiva* ...[f. 3v]... *In quibus quidem verbis quatuor innuuntur. Primum est immense divinitatis mira altitudo et hec cum dicitur: Misit* ...⟩⟨[f. 5r]... *videbimus revelata facie post hanc vitam. Quod nobis concedat Pater,* [*Christus pro nobis natus, qui est benedictus in secula seculorum. Amen* – manu Benedicti Hesse adscr.]. [Quaestio; f. 5v] — *Utrum adveniente plenitudine temporis congruum erat Filium Dei incarnari pro reparacione generis humani. Et videtur, quod non. Magnitudo amoris causat donum* ...[f. 7r]... *Istis sic stantibus sit conclusio prima: Congruum erat personam divinam assumere humanam naturam. Probatur sic: Congruum erat Deum assumere humanam naturam, igitur conclusio vera* ...[f. 7v]... *Conclusio* 2^a*: Adveniente plenitudine temporum congruum erat Deum incarnari. Patet conclusio per illud ad Galatas IIII* [, 4]: *Cum igitur venit plenitudo temporis* ...[f. 8r]... *Conclusio tercia: Stante casu primi hominis, si genus humanum debuit reparari, congruum erat Filium Dei incarnari. Patet ex verbis Leonis pape in sermone de Trinitate* ...⟩⟨... *sed non necessitas consequencie, ut sufficienter determinatum est in primo libro.* [*Ad argumentum principale respondetur, quod amor* ...⟩⟨... *ne illud contempneret ex superbia, si prius suam infirmitatem non cognoscet* – alia manu adscr.].

Cf. Markowski, Wykłady wstępne, 334-340; Włodek, Krakowski komentarz, 145--150. Textus absque initio in cod. BJ 1538, f. 111v-112r, 109v-110r (in marg. inf.); Gnesna, Bibl. Capit. 166, f. 2r-8v.

f. 9r-12v vacua.

2. f. 13v-315r: Petrus Lombardus, Sententiarum liber III

— *Cum venit igitur plenitudo temporis* ...⟩⟨... *ut viciorum fere occidantur.*

Cf. cod. BJ 1512 descr., nr. **1**.

3. f. 13r-315r: Benedictus Hesse de Cracovia, Commentum in III librum Sententiarum Petri Lombardi

— *Liber tercius, in quo agit de sacramento incarnacionis Filii Dei, de misterio passionis eius et de virtutibus et donis, quibus Christus, Dei Filius, erat plenus* ...⟩⟨[f. 13v]... *aliquam perfeccionem acquirit, quod Deo non convenit, ut dicit probacio questionis. Tercium: Humana natura ex se non habet hoc, ut divine uniatur, declara ex notabili* [*illo circa tale signum* —o manu Benedicti Hesse de Cracovia]. [F. 14r] *Capitulum secundum, in quo ostendit, quare Filius pocius debuit incarnari quam Pater vel Spiritus Sanctus. Et ex isto capitulo elicitur 2ª conclusio ...*⟩⟨[f. 314v]... *feras occidit viciorum. Quod in nobis facere dignetur idem Ihesus ... qui cum Patre et Spiritu Sancto Mariaque Matre sua ac genitrice omnibusque sanctis in consorcium sue glorie assumptis, sit benedictus, ut nos et in futuro benedicat per secula seculorum. Amen.* [F. 315r] *Explicit iste liber dictus Sentenqueciarum* [!] *tercius finitus festo sanctique Tiburcii* [14 IV] *anno milleno quadringen⟨tesimo⟩ vigi⟨nti⟩que nono. Nomen scriptoris, si tu cognoscere velis:* ***Ma*** *tibi sit primum,* ***thi*** *sequens,* ***as*** *quoque trinum et de Konarske nacione sit tibi ipse. Virginis intacte Filius devote precetur, ut scriptoris huius anima celo revocetur, qui libro isti finem posuit diligenter, misterium Christi, qui perstrepat donaque grata.* [Sub textu autographa magistrorum, qui codice hoc usi sunt in lectionibus:] *Magister Stanislaus de Gorky terminavit feria 6 post Mathei 1496* [23 IX] *commutacione estivali. Ave Maria. Magister Nicolaus Mikosz de Cracovia finivit tercium in profesto Corporis Christi* [25 V], *alias in die sancti Urbani martiris et pontificis, anno 1513. Stanislaus de* [Lovitia] *Maslkij, sacre theologie baccalarius, tercium librum Sentenciarum fini⟨vi⟩t in profesto Ioannis Crisostoni* [26 I], *alias feria tercia infra octavas sancte Agnetis virginis, 1524. Frater Ioannes de Cazimiria, prior cenobii Carmelitarum in Arena finivit hunc tercium in profesto divi Stanislai mensis Maii* [7 V] *1528. Magister Michael de Wislicia finivit primum in vigilia Translacionis sancti Stanislai* [26 IX] *1544 et incepit prelegere secundum ab inicio commutacionis sequentis, quem terminavit anno Domini 1545 die 18 Iunii et statim incepit istum tercium proximo die legibili, quem finivit in vigilia s⟨ancte⟩ Katherine* [24 XI]... *et ita incepit quartum proximo die legibili.* [F. 315v] *Magister Nicolaus Panecius de Czerwiensk lib⟨rum⟩ 3 Sentenciarum anno Domini 1588, 9 Septembris prelegere incepit, deinde propter pestem integro semestri graviter desaevientem intermisit, qua sedata eundem sacrum librum 3 De incarnacione D⟨omini⟩ Iesu Christi terminavit atque per Dei omnipotentis graciam finivit anno ab incarnacione Domini nostri Iesu Christi 1590, 16 Februarii, feria 6 ante dominicam Septuagesimam.*

Cf. Markowski, Wykłady wstępne, 334-340; Włodek, Krakowski komentarz, 130--131, 145-155, 157-159; Markowski, Dzieje Teologii, 139-140, 195, 208-209, 213-214. Idem textus in cod. BJ 1538, f. 112v-144v; Gnesna, Bibl. Capit. 166, f. 8v-326r. F. 25v vacuum.

f. 316r-318v vacua, f. 318v marginum schemate distinctum.

4. f. 319r-340v: Quaestiones ex Commento 'Utrum Deus gloriosus' in III librum Sententiarum Petri Lombardi

— *Circa tercium Sentenciarum queritur primo:* — *Utrum Deum incarnari fuit congruum et possibile per unionem humane nature. Videtur, quod non* ...〉〈... *conclusio tercia: Preter legem Mosaycam ferenda fuit lex ewangelica. Probetur, quia lex Mosayca in omnibus preceptis imperfectum*||

Cf. Włodek, Krakowski komentarz, 158-159 index quaestionum; Rebeta, Komentarz, 86-90; Markowski, Wykłady wstępne, 337; Kałuża, Podręcznik teologii, 235-254; Scripta manent, 300-302 (Anonymi Pragensis index quaestionum ex cod. nostro). In ultimae quaestionis fine versus decem desiderantur. Easdem quaestiones cf. cod. BJ 1437 descr., nr. **2** et quaestiones nonnullas in cod. 1538 BJ descr., nr. **2**.

F a s c i c u l i : 1^{6+6} (f. 1-12); 2^{6+8}(f. 13-26, f. 21 et 25 minorum dimensionum add.); 3^{7+6}(f. 27-39, f. 30 minorum dimensionum add.); 4^{6+6}(f. 40-51); 5-6^{6+7} (f. 52-77, f. 61 et 75 minorum dimensionum add.); 7^{6+6}(f. 78-89); 8^{6+7} (f. 90-102, f. 101 minorum dimensionum add.); 9-10^{6+6} (f. 103-126); 11^{6+7} (f. 127-139, f. 138 minorum dimensionum add.); 12-13^{7+6} (f. 140-165, f. 145 et 156 minorum dimensionum add.); 14^{6+6} (f. 166-177); 15^{7+6} (f. 178-190, f. 180 minorum dimensionum add.); 16^{6+7} (f. 191-203, f. 198 minorum dimensionum add.); 17-18^{6+6} (f. 204-227); 19^{8+8} (f. 228-243, f. 229, 234, 237, 241 minorum dimensionum add.); 20^{7+7} (f. 244-257, f. 249 et 252 minorum dimensionum add.); 21-24^{6+6} (f. 258-305); 25^{7+6} (f. 306-318, f. 308 minorum dimensionum add.); 26^{6+6} (f. 319-330); 27^{5+5} (f. 331-340). Fasc. initialis (Principium), qui tempore demum, quo codex compingeretur, adiunctus esse videtur, nullo custode ornatur. Custodes in angulo sinistro ultimi folii asservantur in fasc.: 3 (*2us 3^{ii}*), 5 (*4us*), 7 (*6*), 9-11 (*8--10*), 13-15 (*12-14*), 16 (*15* praecisus), 17 (〈*1*〉*6* praecisus), 20-21 (*19-20*), 23-24 (*22--23*). Reclamantes in fasc. 2-24. Folia addititia volumini adsuta, ceteris plus minusve minora, manibus s. XV-XVI conscripta sunt (cf. Notas et glossas). Foliatio nostra emendata etiam minimas schedulas addititias complectitur.

S i g n a a q u a t i c a : 1. Var. Piekosiński 881 (1429) f. 1-12 (signum vix discernibile), 27-29, 31-60, 62-74, 76-100, 102-137, 139-144, 146-155, 157-179, 181-197, 199-228, 230-233, 235-236, 238-240, 242-248, 250-251, 253-307, 309-318, IV; 2. Piekosiński 888 (1427), var. Piccard 2, XI 109 (1416-1426) f. 13-24, 26, II; 3. Var. Piccard 9, VII 518 (1422) f. 319-340. Folia minora addititia absque signis: 25, 30, 75, 101, 138, 145, 156, 180, 198, 229, 234, 237, 241, 249, 252; signi nr. 3 fragm. in f. 61; cornuum et baculi rosetta septifolia definiti (?) fragm. f. 308. Charta a. 1416-1429 in usu erat.

S c r i p t u r a e t o r n a m e n t a : Codex pluribus manibus exaratus. Pars finalis (f. 319r-340v) ca a. 1425 duabus columnis disposita scriptura manu scribae, cuius nomen ignoratur, quique pro Paulo de Worczin codices exaravisse solebat, scripta (cf. Rebeta, Komentarz, 88-89, 106, 245; Nowak, Przyczynki, 284). In qua parte sola columna in f. 322r alia manu est scripta, versus autem aliquot infimi a Benedicto Hesse de Cracovia. Petri Lombardi Sententias una cum commento et glossa marginali (foliis aliquibus exceptis, i. a. addititiis minoribus) Matthias de Konarske exaravit (Matthias Pauli de Konarske, de eo cf. cod. BJ 1518 descr.; Colophons, 13493), cuius scriptura colophone in f. 315r et in cod. BJ 1519 f. 353v probata est). Sententiarum textus litteris bis maioribus quam commentum, in paginae columna centrali, quae schemate angustior est, scriptus, cuius margines ampli textus supplendi possibilitatem praestabant. F. 1r-8v alia manu exarata, etiam alia additiones minoris momenti in f. 5r, 8v. Benedictus Hesse manu propria in aliquantis schedulis addititiis commentum adimplevit: f. 21r-v, 25r, 30r-v, 61r-v, 75r-v, 101r-v, 156r-v, 180r-v, 198r-v, 229v, 234r-v, 237r-v infra, 241r-v, 249r-v, 308r supra (versus 18). Petrus Ioannis Briger de Cracovia haec commenti in II librum Sententiarum supplementa diligentissima scriptura conscripsit in schedulis minoribus addititiis: f. 138r-v, 145r-v, 229r, 237v supra, 252r-v, 308r partem inferiorem usque ad 308v post Benedictum Hesse (cf. etiam Notas et glossas; de Petro Briger de Cracovia cf. supra, cod. 1518 descr., cap. de script.). In f. 315r manu Ioannis de Slupcza: *Augustinus in libro De X cordibus dicit: Decalogus legis X precepta habet ...* Accedunt notae plurimae variis manibus Universitatis Cracoviensis theologiae professorum codicem ad lectiones adhibentium exaratae (cf. supra nr. **2**, f. 315r et Notas et glossas). Multi etiam Universitatis Cracoviensis viri docti commentum adimpleverunt (similiter atque in cod. BJ 1518 et 1519), cf. Notas et glossas. Rubricatio eandemque repraesentantia, e. g. f. 102r, 109r, 116v, 254v, 285r, 312v. Distinctionum numeri sequentes et capitum tituli rubri, e. g. 26r, 110r, 195v, 230r, 297v; quaestiones, e. g. f. 17r, 29v, 44v, 85r, 181r, 208v, 314r; auctoritates citatae, e. g. f. 31, 100r, 178r, 305v-306r. Litterae initiales simplices, maiores minoresve, rubrae (hic illic rubro et nigro atramento), scripturae 1-3 lineis aequae inscriptae, e. g. f. 14r, 27v, 285r, 326r. Commenti partes rubra linea ab ipso Sententiarum textu divisae vel lineolis rubris circumdatae, e. g. f. 13v-16r, 139r, 150v, etc. In pagina currenti distinctionum numeri vocabulis vel ciffris Romanis rubris inscripti leguntur. Atramenti maculae, e. g. f. 225r, 236v, 238r-239r, 286r-v.

N o t a e e t g l o s s a e partes selectas commenti comitant. In codicis parte tempore paulo anteriore (ca a. 1425) scripta, f. 319r-340v, Pauli de Worczin (qui in Universitate Sententias legisse a. 1422-1423 fertur) marginalia conspiciuntur, quae sunt: *nota, conclusio, dubium, articulus, distinccio* nec non eiusdem manus signa peculiaria: ꟳ (cf. PSB 25, 398-400; Markowski, Dzieje Teologii, 138; de eius autographo cf. Rebeta, Komentarz, 79-83).

Benedicti Hesse de Cracovia manu e. g. f. 14r: *Secundum intencionem ...*, 20v: *Communem speciem ...*, 21r-v add.: *Circa illum textum ... notat Albertus ...*; 25r add.: *Nota de communicacione ydiomatum ...*; 30r-v add.: *Magister inquirit hanc questionem, quare Leui decimatus est in lumbis Abrahe ...*; 61r-v add.: *Utrum hec sit vera: Filius Dei est predestinatus. Respondetur, quod predestinacio importat ordinem ad finem ...*; 75r-v add.: *Nota, quod cultus Deo debitus IIII^{or} nominibus vocatur ... Utrum latria possit exhiberi adversario Christi ...*; 101r-v add.: *Nota, quod preter scienciam ...*; 130v interl.: *Thomas de Argentina dicit, quod talis determinacio ...*; 180r-v add.: *Nota secundum Allexandrum: Nullus dicitur proprie servire Deo ...*; 198r-v add.: *Nota: Symbolum apostolorum continet fidei fundamentum ...*; 229v add.: *Utrum omnes habentes karitatem perfectam ... Utrum homo plus debeat diligere uxorem quam patrem et matrem ...*; 237r-v add.: *Alia sunt beneficia spiritualia ...*[f. 237v]... *Nota, quod hec opinio ponit ... Hoc notabile pertinet ad distinccionem 31 circa principium*; 241r-v add.: *Nota secundum Tho⟨mam⟩ de Ar⟨gentina⟩ ...*; 249r-v add.: *Utrum Christus magis dilexit Iohannem, an Petrum ...*; 323r: *Item nota*: *Dicit b⟨eatus⟩ Tho⟨mas⟩, quod crux Christi ...*; 335v: *⟨C⟩orrelarium conclusionis 5^{e} ...*

Petrus Briger de Cracovia (eius script. cf. in cod. BJ 1518 et 1519) folia minora conscripsit: 138r-v: *Exaltavit et donavit. Nota, duplex est exaltacio ...*; 145r-v: *Nota, quod potestas temptacionis dyabolice ...*; 229r: *Nota: Secundum Albertum perfeccio caritatis est sextuplex ...*; 252r-v: *Postquam Magister determinavit ...*; f. 308r post Benedictum Hesse: *Utrum per iuramentum dolosum contrahatur obligacio ... Utrum omne iuramentum coactum sit obligatorium* ...[f. 308v]... *Utrum iuramentum incautum et illicitum sit obligatorium ... Utrum liceat recipere iuramentum ab ydolatra factum* ... Idem quoque in locis plurimis commentum in Sententias supplevit, e. g. f. 85v: *Ymmo et cum determinacione* ...; 94r: *Nota: Plenitudo gracie est quadruplex* ...; 98v: *Ambrosius in littera ostendit in Christo esse duos sensus*...; 104r-v: *Nec ita clare, ubi vult* ...; 105v: *Notandum, quod anima racionalis* ...; 107r circa voluminis dorsum: *Supra Magister determinavit* ...; 126r: *Sed diceres: aut racio assenciebat* ...; 128v: *Nota: Secundum Bo⟨na⟩v⟨enturam⟩, quod Christus consequenter oravit* ...; 133v: *Nota: Secundum Bo⟨nam⟩ven⟨turam⟩, quod contingit mereri tripliciter* ...; 135v: *Dicit b⟨eatus⟩ Tho⟨mas⟩, quod aliqua res* ...; 141v: *Dicit Altissiodorensis: Passio Christi fuit* ...; 158v: *Notat b⟨eatus⟩ Tho⟨mas⟩, quod in Christi passione tria sunt consideranda* ...; 161r: *Nota: Secundum Allexandrum medium unionis inter aliqua extrema est duplex* ...; 170v-171r: *Nec descendit ad lymbum puerorum* ...; 174v: *Nota: Dicit beatus Tho⟨mas⟩, quod ascendere in celum* ...; 175v: *Nota secundum Bo⟨nam⟩ven⟨turam⟩: Calciamentum est humanitas Christi* ...; 195v: *Sicut patet de Sibilla* ...; 205v: *Nota, quod dona gratuita sunt duplicia* ...; 215r-v: *Postquam Magister determinavit de karitate* ...; 270r supra: *Post determinacionem de donis in se* ...; 311v: *Supra Magister determinavit de distinccione mandatorum Decalogi* ...[cf. etiam Notas et glossas in cod. BJ 1518 et 1519].

Manu Ioannis Beber de Osswyanczym, e. g. f. 29v: *Hugo*: *Decimari in lumbis Abrahe* ...; 39r: *Assumpcio significat 3* ..., 43r: *sanctorum auctoritates concordando* ...; 48r: *Supra Magister determinavit de modo illius excellentissime unionis* ...; 50v: *Sed hec opinio falsa est, ut dicit Richardus* ...; 69r: *Distinccio octava continuatur sic: Prius Magister determinavit* ...; 109r: *Conclusio: Christus non assumsit* [!] *omnes defectus penales* ...; 137r: *Sed diceres: Si plura merita non fuerunt maioris virtutis quam pauciora* ...; 164r: *Magister respondet, quod si intelligunt sic* ...; 189r: *Dicitur: Christus vere natus de Virgine, passus, mortuus* ...; 340v: *Correlarie sequitur, quod quia lex vetus ad plura obligabat* ... Post Petri Briger de Cracovia scriptum infra manu Ioannis Beber de Osswyanczym adscr., e. g. 175v: *Proponit intentum suum et deinde prosequitur* ...; 270r: *Vel pocius in 3 partes. In prima assignat differenciam inter sapienciam et scienciam* ...; 311v: *Vel sic et dividitur in 3 partes* ...

Notae manu Bernardi Crotinphul alias Mikosz de Nissa in f. 46r: *Nestorius duas personas* ...; 50v: *His auctoritatibus* ...; 135v: *Quamvis enim homo reformetur* ...; 150v infra: *Hoc est illius visionis* ...

Iacobi de Gostynin, f. 27r: *quia expers fuit* ...; 66r: *Durandus* ...; 67v: *quia iste due substancie* ...

Manu Ioannis Michalowsky (de Michałów) notae in f. 19v: *Libro 3, c. IIII ibidem ait: Ipostasis autem individuum demonstrat* ...; 64r: *Homousios, id est consubstancialis* ...; 86r supra: *Hec verba* ...; 97v: *Ambrosius libro unico, c. VII, De incarnacionis dominice sacramento* ...; 200v: *Augustinus libro unico De spiritu* ...; maniculae: 19v, 174v (de Ioanne de Michałów cf. cod. BJ 1518 descr.).

Stanislaus de Lovitia (Łowicz) Maslkij in f. 75v: *Mali prelati sunt honorandi* ...[cf. colophonem in f. 315r]. Plures etiam alii codicis lectores notas varias inscripserunt, e. g. f. 43r-v infra: *Item, si in Christo esset unio in natura* ...; 48r supra: *Alexander de ⟨H⟩ales* ...; 116v: *Propassio secundum Ieronimum* ...; alia manu posteriore, f. 26r, 37r, 73r-v supra: *Latria est reverencia soli Deo* ...; 201v, 205r: *Thomas de Argentina* ...; 285r-v,

299v. Maniculae Thomae de Strzempino, f. 106v, 278v; aliae: f. 31v, 90v rubro, 120v, 122r, 137v, 169v, 170v, 179v, 205v, 209v-210r, 215v, 234r, 240v-241r, 245v, 251v, 260r--v, 262v, 266r, 270r-v, 276r-v, 281v-282r, 285r, 291v, 294v, 301v, 304r, 320v, 338r.

C o m p a c t u r a : Codex noster, similiter atque cod. BJ 1518 et 1519, antequam compactus est, tempore haud sane brevi adhibebatur, multa enim variis temporibus et manibus marginalia dorsi regione, inde a sua origine usque ad s. XVI, inscripta praebet, quae in codice compacto exarata esse impossibile videtur: e. g. f. 107r, 206r Petri Briger de Cracovia; 280v, 299r Ioannis Beber de Osswyanczym; Ioannis Michalowsky (de Michałów), i. a. in f. 19v, nec non aliorum quorundam, f. 14r, 17r, 27r, 31r, 38r, 62r, 135r. Compactura primitiva Cracoviae confecta esse videtur sub s. XV fine vel etiam s. XVI in., adhibitis tabulis ligneis corio fusco obtectis ornamento simplici lineari decorato. Dorsum paulo convexum, ligamenta quattuor duplicia. Codex olim cingulis coriaceis duobus et ligulis in anteriore integumento claudebatur. Volumen non adaequatum, anguli rotundati. Compactura usu ac tempore fatigata a. 1936 ad veteris illius instar renovata est. Primitivae compacturae non asservantur nisi tabulae et integumentorum corium paulo defectivum, quod novo illi desuper agglutinatum est. Ante- et postfolium recentia chartacea (f. I, V) singulas cum foliis integumentis agglutinatis efficiunt unitates. Accedit antefolium vetus: f. III. In folio integumento anteriori agglutinato Alexander Birkenmajer notavit haec: *Rękopis i jego oprawę wyrestaurował introligator Jan Wyżga w r. 1936. Dano nowy grzbiet (stary nie był zdobiony), nowe wyklejki i nowe karty ochronne. Dawne wyklejki wprawiono na początku i na końcu rękopisu.* Codicis status post renovationem satisfaciens. Codicis chartae a pluribus viris doctis versatae, multum passae, obsoletae, maculosae. Folia dirupta et crispata chartae novae ope suppleta et adaequata sunt, e. g. f. II-III, 1-2, 20, 24, 29, 37, 54, 102-103, 108, 116--118, 125-126, alia. F. 330 medium disscissum.

C o d i c i s o r i g o e t f a t a : Ex colophone in f. 315r comperimus codicem Cracoviae a. 1429 conscriptum esse, cui adiciendum est, quod pars voluminis finalis (fasc. duo: f. 319-340) ex possessione Pauli de Worczyn, ca a. 1425 confecta est (cf. Rebeta, Komentarz, 244-245). Similiter atque in cod. BJ 1518 et 1519 nullas ad originem inscriptiones in codice invenimus. Cum tamen et Principium et commentum in Petri Lombardi Sententias Benedicto Hesse de Cracovia auctori attributum sit, elicitur ex hoc et codex ipse eiusdem fuisse (cf. etiam supra Cod. orig. et fata in cod. BJ 1518 et 1519 descr.). Tempore sequenti multi quoque alii professores codicem ad Lombardi Sententias legendas adhibuerunt. Fuit hoc ideo enchiridion in Universitate Cracoviensi ad istas lectiones frequenter usitatum. In f. 315r horum adnotationes autographas legimus: magistri Stanislai de Gorky (cf. Markowski, Dzieje Teologii, 195); magistri Nicolai Mikosz de Cracovia (cf. de eo cod. BJ 1492 descr., Markowski, Dzieje Teologii, 208-209); Stanislai de [Lovitia] Maslkij (cf. Ibid., 213, 248, 251, 255); fratris Ioannis de Casimiria (cf. Ibid., 214, 248, 251, 252, 258, 266); magistri Michaelis de Vislicia (cf. colophonem in cod. BJ 1519, f. 353v et Cod. orig. et fata); f. 315v: magistri Nicolai Panecii de Czerwiensk. Signatura antiqua: topogr.: *CC IX 14* manu I. G. Bandtkie.

B i b l i o g r a p h i c a : Wisłocki, Katalog, 374-375; Markowski, Wykłady wstępne, 334-340; Rebeta, Komentarz, 70, 88-90, 106, 244-245; Włodek, Krakowski komentarz, 131, 145-155, 157-159; Markowski, Dzieje Teologii, 139-140; Id., Spis, 209, 224, 251, 270; Rebeta, Paweł z Worczyna, 84, 86, 88-90.

KW, RT

1532

Lat., ca 1500, chart., cm 30×21, f. 158+II.

f. 1r-139v: Commentum in libros I-III Sententiarum Petri Lombardi et Quaestiones Ioannis de Dambrowka

[Prol.] —*⟨I⟩nnixus hiis, que per me circa principiationem librorum, quos pre manibus habituri sumus, prelibata fuere, ad ea iam auxiliante Domino me confero, que nostre instructioni plus subservire videbuntur. Primo tamen ad generalia, que circa initia librorum pro aggressu faciliori sequentium premittuntur, sicut sunt: cause, utilitas, titulus, intentio. Cause ideo, quia tunc nos unumquodque scire arbitramur* ...[f. 2r]... *De materia autem librorum partialium hoc in summa tenendum est, quod Magister in primo libro agit de Deo absolute secundum rationem sue perfectionis* ... —*Candor est enim lucis eterne* ...[Sap 7, 26)]. —*Ecce materia primi* ... *Nam in primo libro intentio Magistri principaliter circa quatuor versatur. Primo circa personarum in essentia unitatem* ...⟩⟨[f. 3v]... *donec me reformes ad integrum tu, qui es laudabilis et gloriosus in secula seculorum. Amen.* [Divisio] —*⟨I⟩ste liber dictus Sentenciarum ex eo, quod sentencias antiquorum patrum et doctorum de katholicis veritatibus hincinde collectas summatim comprehendat, prima sui divisione dividitur in tres partes* ...⟩⟨... *aliter non esset gratus et per consequens non bonus discipulus. Dicit ergo:* [Com. in Prol.; f. 4r] —*⟨C⟩upientes aliquid de penuria* ... —*Hec verba captacionis benivolencie sunt apud ipsos auditores seu addiscentes doctrinam Magistri per locum a propria persona* ...⟩⟨[f. 6r]... *quia vult ordinare capitula, ut sic quisque proficere cupiens in hoc libro desideratam facilius invenire possit materiam.*

[Ioannes de Dambrowka, Q. Prol.] —*Pro maiori intelligentia huius Prohemii movetur hec questio:* — *Utrum preter sensum littere in contextu solius Sacre Scripture plures sint sensus ponendi. Arguitur, quod non* ...⟩⟨[f. 6v]... *et ita evitatur omnis erroris occasio.*

[Com. in lib. I] —*⟨V⟩eteris ac Nove legis et cetera.* —*Postquam Magister premisit sui libri Prologum, hic aggreditur tractatum. Et dividitur in duas partes* ...[f. 19v]... *Nunc vero* ... *Ista est distinctio decima, in qua Magister postquam egit de generacione Filii a Patre* ...[f. 28r]... *⟨N⟩unc ostendere restat* ... *Ista est distinctio XX, in qua Magister ostensa equalitate magnitudinis divinarum personarum in essendo* ...⟩⟨[f. 47v]... *et in gracia ac caritate usque in finem custodiret.*

[Ioannes de Dambrowka, Q. lib. I; Q. dist. 1; f. 7v] —*Utrum formalis beatitudo hominis sit fruitio nostre create voluntatis. Arguitur, quod non* ...⟩⟨[f. 47v]... *ut nos sue passionis et mortis efficiat participes hic per graciam et tandem in futuro per gloriam, quam nobis concedat ipse Ihesus Christus passus, vivens cum Patre suo ingenito et Spiritu Paracleto nunc et in secula seculorum. Amen. Finis. Perreptatum est.*

[Lib. II. Princ.; Recom. theol.; f. 51r] *Super secundum librum Sen⟨tenciarum⟩ sequitur principiatio. ⟨I⟩n nomine Domini. Amen. Ad laudem et honorem nominis Dei Genitricisque eius gloriose semper Virginis Marie, tocius quoque celestis curie ... Primo libro Sententiarum profunde, sancte et individue Trinitatis misteria tractante divino suffragio transacto, nunc de eodem et intimis medullis confisus librum secundum aggredior ... huius lectionis iure propositum resumo: —Altissimus effudit sapienciam* ...[Eccli 1, 8-10]. —*In quo ad commendacionem sacre theologie iuxta numerum et materiam quattuor librorum magistri Petri Lombardi* ...⟩⟨[f. 52r]... *amando possideret et possidendo frueretur. Quod nobis concedat ipse Creator et Redemptor ac Glorificator omnium per secula benedictus. Amen.*

[Quaestio] *Primo huius actus expedito superest secundum, videlicet questionis determinacio, que sub hac verborum serie proponitur: — Utrum sit tantum unum primum creacionis principium cuiuslibet secundorum in esse voluntate libera productivum. Que quidem questio principaliter duo innuit. Primo querit, an sit tantum unum creacionis primum principium, secundo, an tale primum principium non necessitate naturali, sed libera voluntate sit cuiuslibet secundorum in esse productivum. Pro cuius questionis evidencia arguitur ... quod questio ... sit falsa* ...[f. 53v]... iam venio ad ultimum ad ipsas videlicet gracias etc.

[Ioannes de Dambrowka, Q. Princ.; f. 54r] *Circa inicium secundi libri queritur: —Utrum ab increato esse fuerit possibile per creacionem mundum ab eterno processisse. Et arguitur, quod sic* ...⟩⟨[f. 54v]... *dirigendo per viam iusticie ad culmen celestis curie. Quam nos conscendere tribuat, qui sine fine vivit et regnat per secula seculorum.* Amen].

[Com.; f. 55r] —*Creationem rerum* ... —*Hic incipit secundus liber Sententiarum, in quo postquam Magister egit de rebus fruibilibus, id est divinis personis* ...⟩⟨[f. 89v]... *et non sunt contraria anime et regule sue.*

[Ioannes de Dambrowka, Q. lib. II, dist. 1; f. 55r] —*Utrum Deus gloriosus sit omnium rerum citra se principium effectivum. Et arguitur, quod non* ...[f. 88v]... [Q. add.] *Declaracio.* —⟨*U*⟩*trum homo fidelis teneatur obedire domino infideli seu principi infideli. Dicendum secundum Tho⟨mam⟩ de Ar⟨gentina⟩, quod talis infidelis* ...⟩⟨[f. 89r]... *sed Deus est summus Dominus et universalissimus imperator, respectu cuius omnis princeps huius mundi est inferior, ergo etc.* [cf. cod. BJ 1526, f. 247r]. *Quidam tamen doctores dicunt, quod huiusmodi dominium, quod habet princeps infidelis* ...⟩⟨[f. 89v]... —*Utrum potestas dominandi sit appetenda. Respondetur secundum P⟨etrum⟩* de *T⟨arantasia⟩, quod triplex est potestas dominandi, scilicet temporalis* ...⟩⟨... *primus ad martirii tormenta ducebatur* [cf. cod. BJ 1526, f. 246r]. *Habes, mi lector, finem secundi.*

[Lib. III. Recom. theol.; f. 91r] *Super tertium librum Sententiarum sequitur principiatio. In nomine Domini. Amen.* —*Ad laudem et honorem nominis Dei Genitricisque eius gloriose ... librum tercium aggredior ... thema principale tocius libri in principio huius lectionis mee propositum resumo: ...* —*Altissimus effudit sapienciam suam super omnia opera sua* [Eccli 1, 8-10]. —*In quo ad commendacionem sacre theologie iuxta numerum et materiam quattuor librorum magistri Petri Lombardi, ut tunc predixi, quattuor breviter innuuntur. Primo tangitur Sacre Scripture profunda subtilitas* ...⟩⟨[f. 92r]... *per que omnia habetur adopcio celestis et eterna, eodem adoptante Domino nostro Ihesu Christo in secula benedicto. Amen.* [Quaestio] —*Utrum ad reparacionem generis humani necessarium fuerit per operacionem Spiritus Sancti Dei Filium incarnari. Arguitur, quod non ... In cuius decisione sumpta laudabili protestacione in scolis theologicis fieri consueta et per me iam pluries repetita ... solitum servabo ordinem* ...⟩⟨[f. 93v]... *ut cognoscant te, solum Deum, et quem misisti, Ihesum Christum, cuius vite participes faciat nos idem Dominus noster Ihesus Christus, qui est via, veritas et vita per secula benedictus. Amen.*

[Com.; f. 94r] —*⟨C⟩um venit igitur plenitudo* ... —*Hic incipit tercius liber Sentenciarum, in quo Magister postquam egit de Deo secundum se seu secundum racionem sue naturalis perfectionis* ...⟩⟨[f. 138v]... *Ista est distinctio XL et ultima huius tercii libri, in qua Magister postquam egit de peccatis ... Tercium usque ad finem distinctionis.*

[Ioannes de Dambrowka, Lib. III. Q. Princ.; f. 94r] —*Utrum Dei Filius incarnatus tempore congruo reparacionem humane nature fuerit reparatus. Et arguitur, quod non* ...[Q. dist. 1; f. 96r] —*Utrum personam Filii magis deceat incarnari quam personam Patris et Spiritus Sancti. Et arguitur, quod non* ...[f. 97r-101r: Q. 2, dist. 2] —*Utrum Virgo gloriosa fuerit concepta in originali peccato. Arguitur, quod sic* ...[cf. cod. BJ 1764, f. 303v; q. in autographo diffusius non tractata; 1521 f. 66v] ...⟩⟨[f.

139v]... *Littera occidit, spiritus vivificat* [2 Cor 3, 6], *hic per graciam in sacramentis infusam et tandem per gloriam sempiternam. Quam nobis concedat unigenitus Dei Filius, qui pro nobis incarnatus, passus, mortuus et resurgens ad celosque ascendens cum Patre vivit et regnat in Spiritus Sancti unitate per infinita secula seculorum. Amen. Finis tercii perreptatus.*

Quoad Ioannis de Dambrowka Quaestiones cf. cod. BJ 1521 descr., nr. **5**. Quaestiones Ioannis de Dambrowka cum his in cod. BJ 1521 comparando apparet, quod in libro I Principii quaestio desideratur (cf. cod. BJ 1521, f. 12v: *Utrum praeter scientias philosophicas* [ibi: *phisicas*], *sapientiae divinae aminiculativas, ponenda sit sacra theologia, pro consequenda beatitudine viatori necessaria*, cf. RS 415), atqui in libri II initio addita est quaestio in f. 52r: *Utrum sit tantum unum primum creacionis principium* ..., et in libri III initio, f. 92r: *Utrum ad Reparacionem generis humani necessarium fuerit* ...; nec non effusa libri III (dist. 2, q. 2) quaestio, titulo mutato, in f. 97r-101r: *Utrum Virgo gloriosa fuerit concepta in originali peccato*, quae in Commento Ioannis solum habet titulum (cf. cod. BJ 1764, f. 303v; 1521 f. 66v). Cuius initium miram cum commento Thomae de Argentina III, 3 similitudinem demonstrat (cf. RS 895. Ed.: Argentinae 1490; inc. BJ 1721, f. bb1v). Haec quaestio verisimillime erronee hic inscripta est, quod ex scribae adnotatione liquet in f. 101r: *Attende, mi lector, hic variatas esse questiones non scriptoris vicio, cum is maximum diligencie onus tanto adiunxit operi, verum ex originali deceptus, errorem hic humiliter revocat. Ut igitur a devio in viam accedamus, hec sequens questio tercie* [canc.: *questioni*] *distinctioni deserviens movetur hoc modo.* Circa finem quaestionum nonnullarum declarationes additae sunt, in quibus saepissime de quodam auctore agitur: f. 27r (Petrus de Tarantasia), 29r (Petrus Aureoli), f. 30r: *Individuum hoc aliquid particulare, singulare, existencia, subsistencia,* [f. 30v] *ipostasis, res nature, suppositum, persona idem sunt, quia significant substanciam, sed diversis Racionibus*; f. 38v, 56r, 61v, 77v, 78v, 79v, 83v, 85v, 86v, 87v, 88v: *Utrum homo fidelis teneatur obedire domino infideli seu principi infideli. Dicendum secundum Thomam de Argentina* ... Ed. fragm.: M. Szafarkiewicz, Wykład wstępny Jana z Dąbrówki do drugiej księgi Sentencji Piotra Lombarda, „Acta Mediaevalia", [I] 1973, 149-156, ed. ex cod. BJ 1764, f. 244r-246v (= 1532, f. 54r-v).

Ioannis de Dambrowka quaestiones insertae sunt Commento ignoti auctoris, cuius Principium invocat in libro I verbum thematis: *Candor est enim lucis eterne* ...[Sap 7, 26], in libro II et III: *Altissimus effudit sapienciam* ...[Eccli 1, 8-10]. Introductoriae Commenti partes in distinctiones singulas (tantum 'in generali') Henrici de Gorkum textui concordant, cf. RS 321; ed.: Conclusiones super quattuor libros Sententiarum, [Lyon] [non post 1489]. Idem ut videtur commentum, sine auctoris certo nomine (Henricus de Gorrichem?), cf. Michael, Handschriften Soest, 141-144 (Wissenschaftliche Stadtbibliothek Soest, ms. 21a, f. 1r-252v, lib. I-IV), nec non Macken, Bibliotheca, 194, cat. 51 (Darmstadt, Hessische Landes- und Hochschulbibliothek, 12 (XV), f. 1r-151v, lib. I, 38-IV). Commentum nostrum etiam illos Michaelis Aiguani de Bononia in mentem adducit (RS 536, e. g. f. 7v, 54r), Ioannis de Dambrowka (RS 415, e. g. f. 55r, 94r), Matthiae de Sanspow (RS 534, e. g. f. 6r), Michaelis de Wratislavia (RS 543, e. g. f. 3v, 94r). F. 102v, 104v, 105v, 106v, 107v, 116r, 121v, 127v, 129v. F. 48r-50v, 90r-v vacua.

f. 140r-158v vacua.

Fasciculi: 1-13^{5+5} (f. 1-130); 14^{5+4} (f. 131-139, unum folium post f. 139 desideratur); 15-16^{3+3} (f. 140-151); 17^{3+4} (f. 152-158, unum folium ante f. 152 desideratur). Custodes plumbo s. XX in dorsi proximitate in initio fasciculorum exarati: *1-17*. In ultimo f. 158r, parte inferiore: *19*, hocce tempore plumbo scriptum. Foliatio plumbo in nonnullis foliis a L. Wisłocki (?) scripta, suppleta et emendata inde a f. 140. Secundum Ladislai Wisłocki descriptionem (Katalog, 375) continebat codex illo tempore folia 138 conscripta et 41 vacua. Verumtamen nunc 139 conscripta et 19 vacua folia habemus nullaque amissorum foliorum vestigia oculis obiciuntur.

Signa aquatica: 1. Var. Briquet 13572 (1491-1504) f. 1-120; 2. Piekosiński 1106 (1503) f. 121-139; 3. Var. Piccard 9, IX 979 (1537 Cracoviae) f. 140-158. F. 131 cum altera bifolii parte tum etiam signo aquatico caret. Charta codicis a. 1491-1503, charta compacturae a. 1537 in usu erat.

Scriptura et ornamenta: Scriptura cursiva textualis, ad humanisticam illam vergens, unius manus s. XV ex. et XVI in. Columnarum trium, stilo linea simplici ductarum, schema inusitatum: in media pagina columna latissima, duae circumstantes angustiores; harum latus utrumque alia etiamnum linea discretum; accedit circa verticalem extremitatem quasi quarta columna seu margo, plerumque vacuus, cuius latitudo vicinae columnae aequa. Columnae ca 0,5 cm a se invicem distant. Quae vario modo et ordine conscriptae sunt: 2, et in 1 et/vel 3 glossae (f. 1r-3r); 2, 3 (f. 3v, 13r); 2, 1, 3; 1, 2, 3 (f. 51r, 91r sqq.); 1, 2 et in 3 glossae (f. 4v); 2, 3 et in 1 glossae (f. 4r, 5r). Textus continuatio signis peculiaribus indicatur, cf. f. 3v-4v, 9v, 22r additio ad col. 3 designata signo # in col. 1; f. 87v (manicula sequentiam textus col. 2 et 3 designat, et subsequenter col. tertiae folii 87v et primae iam in f. 88r) et alia. Hic illic videtur, quod cum scriba distinctionem novam a nova pagina incipere voluisset, textum columnae 2 in col. 3 finivit (e. g. f. 3v); alibi loci parsimoniae causa hoc idem fecit (e. g. f. 4r). In foliis ultimis sine scriptura schema delineari neglectum est: f. 140-158. Paucis locis textus linea rubra subducta notati. Manu Nicolai de Schadek atramento rubro distinctionum numeri (Nicolai Procopiadis de Schadek scripturam cf. cod. BJ 1521, f. 10r). Pauca quoque litteras initiales repraesentantia (e. g. f. 26r, 61v), plerumque loca vacua his litteris inscribendis exstant vel raro in isto loco distinctionis numerus ruber, e. g. f. 19v, 29v. Cancellationes et emendationes (f. 4r). Lemmata in textu litteris maioribus, quarum magnitudo a paragraphi gravitate dependet.

Notae et glossae: Scribae adnotationes textus ordinem rectum indicantes, e. g. f. 96r: *Ista questio spectat ad primam distinctionem*; f. 96v: *Ista questio est distinctionis precedentis, scilicet secunde.* Glossa marginalis, in qua citatus: Robertus Grosseteste (Lincolniensis), f. 1r: *Vel secundum Linconiensem in Exameron, ut Christus est unum triplici unitate* ...; s. Augustinus, f. 1r: *Quem. Augustinus homo glorificatus inveniet pascua interius in divinitate Salvatoris et exterius in humanitate*; Aristoteles, f. 1r: *Tunc arbitramus unumquodque cognoscere* ...; s. Thomas de Aquino, f. 1r: *Secundum Doc⟨torem⟩ san⟨ctum⟩, in scripto Veteris artis, tres inveniuntur cogniciones subiecti* ...; f. 2v: *Doctor Sanctus in tractatulo De differencia verbi divini et humani* ...; Boethius, f. 1v: *Bohetius* [!]. *Locus ab autoritate* [!] *est infirmissimus* ...; s. Bonaventura, f. 1v: *B. V. Attribuendo sibi proprietatem, que in nullo creato invenitur* ...; f. 2r: *B. V. Credibile enim secundum quod habet in se racionem prime veritatis* ...; Thomas de Argentina, f. 5r: *Postquam Magister ostendit difficultatem istius tractatus* ...;

f. 5v: *Horum igitur. Tho⟨mas de⟩ Arg⟨entina⟩. Postquam ostendit superius difficultatem sui operis, qua reddit nos attentos* ...; Aegidius de Roma, f. 7r: *Una fruicione frui debemus tribus personis* ...; f. 9v: *Egidius. Unde supposita divina, licet plura sint, tamen habent eandem naturam* ...; Henricus de Gandavo, f. 12r: *Henricus de Gandawo ponit, quod potencie sunt idem realiter cum essentia anime* ...; Petrus de Tarantasia, f. 1v, 12v: *Differt ratio substantie essentie et subiecta* ...; f. 17r: *Notandum secundum P⟨etrum⟩ de T⟨arantasia⟩, quod in creaturis sui ipsius diffusio est duplex*) et alii. In glossa in f. 100v: *Exemplum: secundum famam tocius Anglie de magistro Alexandro Uxoniensis Universitatis* ... Sacrae Scripturae loci: f. 3r: *Baruch tertio De sapientia* [Gen 30, 9]: *tradidit eam Iacob puero suo* ...; f. 4r: *Mt 5* [, 12]. *Gaudete et exultate, quoniam merces vestra copiosa est in celis*, alia. Accedunt quaestiones in commento marginali, e. g.: f. 26r: *Utrum possumus cognoscere, quid est caritas. Advertendum, quod duplex est noticia* ...; f. 130v: *Utrum Christus magis dilexerit Iohannem quam Petrum. Videtur, quod plus Iohannem* ...[cf. Dionysius Carthusiensis, In Sententiarum quatuor libros Commentarii, vol. 3, p. 286]. Maniculae: f. 100v, 101r, 104v, 106v, 131r, 132r-v (textus ordinem rectum indicat). Nicolai de Schadek manu glossae scriptae in f. 47v: *Ad argumenta in oppositum* [?] *dicendum est* ...; f. 57v, 96v: *magis Filio convenit incarnacio*; f. 114v: *Christus in omni sua voluntate non fuit exauditus, probatur* ... *Item oracio sensualitatis Christi* ... F. 95r-v, 99v-100r glossis carent. F. 101r: *Attende, mi lector, hic variatas esse questiones non scriptoris vicio, cum is maximum diligencie onus tanto adiunxit operi, verum ex originali deceptus, errorem hic humiliter revocat. Ut igitur e devio in viam accedamus, hec sequens questio tercie distinccioni deserviens movetur hoc modo.*

C o m p a c t u r a Cracoviae verisimillime s. XVI annis quinquagesimis confecta, adhibita membrana crassa, multum undulata et maculosa. F. 140-158 vacua a compaginatore Cracoviensi addita esse videntur, cf. signum aquaticum nr. 3. Rugosae et contractae membranae causa volumen extra compacturam eminet. In parte interiore integumenti anterioris membranae taenia horizontaliter agglutinata, in qua codicis signatura a L. Wisłocki scripta legitur. Dorsum planum membrana clariore effectum. Integumentum cum dorso glutinae ope coniunctum et quattuor taeniis affixum, qui est modus et ratio compacturarum membranacearum mollium conficiendarum. Volumen non adaequatum, anguli rotundati. Ante- et postfolium: f. I, II chartacea s. XX, cum codex renovaretur, addita, vacua. Codex s. XX dimidio priore (tricesimis annis?) renovatus. Debilitatum f. 1 chartae cingulis circumcirca confirmatum est; folia cetera primi fasciculi (f. 1-10) schedulis, quae Falz Germanica lingua vocantur, agglutinatis communita sunt. Item f. 10 et f. 11 in dorso conglutinata sunt, ceterum charta lacunosa consarcinata est, e. g. f. 10, 11, 111 etc. Suppletus est quoque folii 71 angulus abruptus. Codex in dorso 10 locis filo albo consutus (5 suturae). Addita sunt ante- et postfolium chartacea, quorum charta prolongata (ca 4 cm) utroque integumento agglutinata est. Quorundam foliorum extremitates (f. 139-158), antequam codex renovatus erat, praecisae esse videntur. Codicis pars superior humiditate infecta passa est, folium initiale multum vexatum. Charta folii 101 inferioris trita. F. 91-92 atramento maculatum. F. 111r et totus fasc. 12 valde obsoletus et maculosus.

C o d i c i s o r i g o e t f a t a : Codex Cracoviae ca a. 1500 confectus. In parte interiore integumenti anterioris manu Nicolai de Schadek (?): *Shadek incipiet et ego 5* [?] *disti⟨nccionem⟩ post.* (de Nicolao Procopiade de Schadek cf. cod. BJ 307 descr.). In antiqui catalogi chartula G. S. Bandtkie scripsit, quae hodie in ipso codice desiderantur: *Recenti manu quodlibeta b. Thomae, sed hoc falsum est.* Signaturae antiquae: Fasseau: *936*; topogr.: *CC VII 35*.

Bibliographica: Wisłocki, Katalog, 375; J. B. Korolec, A. Półtawski, Z. Włodek, Commentaires sur les Sentences. Supplément au Répertoire de F. Stegmüller, „Mediaevalia Philosophica Polonorum", I 1958, 29; Scripta manent, XXVI; M. Szafarkiewicz, Wykład wstępny Jana z Dąbrówki do drugiej księgi Sentencji Piotra Lombarda, „Acta Mediaevalia", [I] 1973, 140.

MZ, AK

1533

Lat., ca 1426, chart., cm 30,5×21,5, f. 272+IV.

1. f. 1r-268r: Petrus Lombardus, Sententiarum liber I

[Prol.] —*Cupientes aliquid de penuria* ...)([f. 3r]... *capitula distinguuntur, premisimus. Incipit liber primus Sentenciarum magistri Petri.* —*Veteris ac Nove legis continenciam* ...)([f. 268r]... *quem Deus non voluit. Explicit primus liber Sentenciarum.* [*Que ad misterium divine unitatis* ... *ad consideracionem creaturarum transeamus* – manu post. adscr.; in ed. lib. 2].

Cf. cod. BJ 1512 descr., nr. **1**.

2. f. 1r-268r: Sigismundus de Pyzdry, Commentum marginale in I librum Sententiarum Petri Lombardi

[In Prol.] —*Cupientes.* —*Iste liber dictus Sentenciarum prima sui divisione dividitur in tres partes: in prologum, tractatum et epilogum* ...)([f. 3r]... *et illud registrum incipit sic: Omnis doctrina et in aliquibus libris precedit prologum, in aliquibus vero sequitur, de quo non est magna cura.* [Com.] —*Veteris legis.* —*Hic incipit tractatus et habet 4^{or} libros parciales, in quorum primo Magister tractat, premissis aliquibus communibus, de trinitate personarum et unitate essencie* ...[f. 10r]... *Hoc itaque. In hac distinccione 2^{a} Magister ostendit, quod de Beatissima Trinitate et simplicissima unitate senciendum sit* ...[f. 11r]... *Queritur:* —*An Deus per essenciam sit unus. Et videtur, quod non, quia Philosophus in libro De generacione et corrupcione dicit* ...[f. 12v]... *Queritur:* —*An in unitate essencie divine ponere pluralitatem personarum sit possibile. Et videtur, quod non* ...[f. 13v]... *Queritur:* —*An trinitas in divinis personis sit rei vel racionis tantum. Et videtur, quot* [!] *racionis tantum* ...[f. 61r] *Ista est distinccio X^{a}. Et continuatur sic ad precedencia. Supra Magister* *a distinccione 4ª usque huc determinavit de generacione Filii a Patre. Hic incipit determinare de processione Spiritus Sancti ab utroque* ...[f. 61v]... *Queritur: — Utrum Spiritus Sanctus procedit per modum amoris. Et videtur, quod non* ...[f. 62r]... *Queritur: — Utrum Spiritus Sanctus sit caritas seu amor a proprietate sive proprie. Et videtur, quod non* ...[f. 120r]... *Ista est distinccio XXª, que continuat ad precedencia, postquam Magister superius ostendit personas divinas esse equales in eternitate ... Hic ostendit eas esse equales in potestate seu in potencia* ...[f. 120v]... *Queritur: —An Filius sicut Pater sit omnipotens. Et videtur, quod non* ...[f. 121r]... *Queritur: —An aliquid sit equale Deo. Et videtur, quod sic* ...[f. 167v]... *Distinccio XXXª. Et continuatur sic ad precedencia. Supra determinavit de innascibilitate ..., hic incidenter occasione premissorum determinat de relacionibus, que dicuntur de Deo ex tempore* ...[f. 168r]... *Queritur: — Utrum aliqua dicantur de Deo ex tempore. Et videtur, quod non* ...[f. 168v]... *Queritur: —An ea, que predicantur de Deo ex tempore, predicantur de eo per se vel per accidens. Et videtur, quod per accidens* ...[f. 169r]... *Queritur: —An ea, que dicuntur de Deo ex tempore, an dicantur secundum substanciam, an secundum relacionem. Et videtur, quod non secundum substanciam* ...[f. 169v]... *Queritur: — Utrum talia predicata ex tempore ponunt aliquam realem relacionem in Deo. Et videtur, quod sic, nam secundum Philosophum 5º Methaphysice* ...[f. 192r]... *Queritur: —An essencia sit idem cum persona. Et videtur, quod non, quia omnis persona divina nihil est generans* ...[f. 204r]... *Queritur: —An Deus cognoscat mala. Et videtur, quod non* ...[f. 204v]... *Queritur: —An Deus ea, que cognoscat, sumit in ipso. Et videtur, quod non* ...[f. 205r]... *Queritur: —An Deus uno modo cognoscat omnia. Et videtur, quod non* ...[f. 205v]... *Queritur: —An idee sunt in Deo, per quas cognoscat. Et videtur, quod non* ...[f. 206r]... *Queritur: —An plures idee sunt in Deo. Et videtur, quod non* ...[f. 207r]... *Queritur: — Utrum Deus sit in omnibus rebus. Et videtur, quod non* ...[f. 220v]... *Queritur: — Utrum sciencia Dei imponit rebus scitis necessitatem infallibilem. Et videtur, quod sic, quia dicit Boecius* ...[f. 222r]... *Queritur: — Utrum divina presciencia habeat esse necessarium. Et videtur, quod sic* ...[f. 222v]... *Queritur: —An Deus possit nescire, quod scit. Et videtur, quod non* ...[f. 223r]... *Queritur: —An Deus potest scire, quod nescit, vel plura quam scit. Et videtur, quod non* ...[f. 224r]... *Queritur: —An Deus scit infinita. Et videtur, quod non* ...[f. 226r]... *Distinccio XLª. Et continuatur sic ad precedencia. Supra Magister tractavit de sciencia Dei in communi, hic incipit tractare de ipsa in speciali ... Queritur: —An illa diffinicio predestinacionis sit bona, scilicet quod predestinacio est preparacio gracie in presenti et glorie in futuro. Et videtur, quod non* ...[f. 227v]... *Queritur: — Utrum predestinacio inponat necessitatem. Et videtur, quod sic* ...[f. 228v]... *Queritur: — An numerus predestinatorum possit augeri. Et videtur, quod sic* ...[f. 229r]... *Queritur: — Que est differencia inter reprobacionem et obduracionem. Respondetur, quod in reprobacione sunt tria: primum previsio iniquitatis ab eterno* ...[f. 230r]... *Queritur: — An eleccio sit in Deo ab eterno. Et videtur, quod non* ...[f. 231r]... *Queritur: — An predestinacio possit habere in homine predestinato causam meritoriam vel in altero. Et videtur, quod sic* ...[f. 231v]... *Queritur: — An in presciencia meritorum sit causa motiva in Deo ad predestinandum. Et videtur, quod sic* ...[f. 234r]... *Queritur: — Utrum Deus semper scit, quidquid semel scivit. Et Magister vult, quod sic* ...[f. 235v]... *Queritur: — An in Deo est pena. Et videtur, quod non* ...[f. 238r]... *Queritur: — Utrum Deus potest facere impossibilia per accidens, ut mundum non fuisse. Respondetur, quod licet Deus potest facere impossibilia per se* ...[f. 239v]... *Queritur: — An essencia Dei sit infinita. Et videtur, quod non* ...[f. 240r]... *Queritur: — An potencia Dei sit ad infinita. Et videtur, quod non* ...[f. 240v]... *Queritur: — An potencia Dei sit ad infinita. Et videtur, quod sic* ...[f. 241v]... *Queritur: — An aliqua possit de potencia absoluta, que non possit de potencia ordinata* ...[f. 244v]... *Queritur: — An Deus singulas partes universi poterit facere meliores. Et videtur, quod non* ...[f. 245r]... *Queritur: — An totum hoc universum potest facere melius. Et videtur, quod non* ...[f. 245v]... *Queritur: — An creaturas excelentissimas universi potuit facere meliores. Et videtur, quod non* ...[f. 249r]... *Queritur: — An voluntas Dei sit causa necessaria. Et videtur, quod non* ...[f. 253r]... *Queritur: — An Deus vult omnes homines salvos fieri. Et videtur, quod sic* ...[f. 253v]... *Queritur: — An Deus velit mala fieri. Et videtur, quod sic* ...[f. 254v]... *Queritur: — An iuste permittit Deus mala fieri. Et videtur, quod non* ...[f. 255v] *Queritur: — An mala fieri sit verum. Et videtur, quod non* ...[f. 257r]... *Queritur: — An mala fieri sit bonum simpliciter. Et videtur, quod sic* ...[f. 259r]... *Queritur: — An malum est ordinabile. Et videtur, quod non* ...[f. 262v]... *Queritur: — An aliquid fiat contra voluntatem signi. Et videtur, quod non* ...[f. 264v]... *Distinccio 48. Et continuatur sic ad precedencia. Postquam egit de voluntate Dei secundum se et per comparacionem ad effectum, hic agit de ea per comparacionem ad voluntatem humanam* ... *Queritur: — An Deus possit malum precipere. Et videtur, quod sic* ...[f. 265v]... *Queritur: — An voluntas humana possit conformari divine. Et videtur, quod non* ...[f. 266r]... *Que-*

ritur: —An omnes tenemur ad conformitatem divine voluntatis. Et videtur, quod non ...[f. 266v]... *Queritur: —An tenemur semper conformare in forma volendi. Et videtur, quod sic* ...[f. 267r]... *Queritur: —An tenemur conformari in volito. Et videtur, quod sic* ...)(... *possunt tamen comparari eis per comparacionem ad naturam pacientis etc.*

Cf. Markowski, Zygmunt z Pyzdr, 169-205; Włodek, Krakowski komentarz, 142; Markowski, Pierwsi bakałarze, 268-269; Id., Dzieje Teologii, 135, 245. Sigismundi de Pyzdry Principium in I lib. Sententiarum Petri Lombardi in cod. BJ 325, f. 125r-129v, 130v; in II lib. f. 131v-135v; in IV lib. f. 138r-142v. Commenti marginalis manu propria Sigismundi de Pyzdry in IV lib. Sententiarum initium in cod. BJ 1529, f. 2r-27v scriptum.

f. 268v-272v vacua.

3. f. IIr: Adnotationes ad Sententias Petri Lombardi

In istis non creditur hodie Magistro. In primo libro: Primo, quod nomina numeralia non ponuntur in divinis predicative, sed privative, di. 24, c. 2. Similiter equale est simile, di. 31, c. 3 ... In 2º libro: Primo, quod in angelis premium precessit meritum, di. V, c. ultimo ... In 3º libro: Primo, quod anima absoluta a corpore dicitur persona, di. 5, c. ultimo ... In 4º libro: Primo, quod legalia sacramenta Ecclesie, si cum fide et caritate fierent, non iustificabant, di. I, c. ⟨*4*⟩: *Signorum vero* ...)(... *Decimo de duabus commatribus, di. 42. Primus liber Sentenciarum male intitulatur in hiis punctis, di. 4, c. 3, ubi dicitur: Item in libro De fide ad Petrum non est ibi, sed in Enchiridion c. 5* ...)(... *Quartus liber Sentenciarum male intitulatur, di. 13, c. ultimo, ubi dicit: Idem, scilicet Hylarius, in octavo, falsum est hoc, quia est in VII* ...)(... *c. 22.*

Cf. cod. BJ 1521 descr., nr. **6**.

F a s c i c u l i: 1-7^{6+6} (f. 1-84); 8^{7+7} (f. 85-98); 9-22^{6+6} (f. 99-266); 23^{3+3} (f. 267--272). Custodes in finibus fasc.: 1-22 *primus primi – 20us 2us primi* et in initio fasc. 23: *ultimus primi*.

S i g n a a q u a t i c a: 1. Var. Piccard 2, XI 107 (1416-1418) f. 1-3, 5-8, 10-12, 14, 18-19, 23, 27-34, 37-38, 41, 44, 47-48, 51, 53-56, 58, 64, 66-67, 69, 75-82, 87-88, 90, 93, 95-96, 98-99, 101, 103, 106, 108, 110-113, 120-122, 124-126, 128-129, 131--133, 135-136, 139-142, 145-146, 148-150, 155-157, 159, 162, 164-165, 167, 170-171, 173-174, 179-180, 182-184, 186-187, 190-191, 193-195, 197, 199-202, 204, 206-207, 211-214, 218, 220-221, 228-229, 234, 239, 244-245, 248-249, 252-253, 255, 258, 260--261, 263, 266-272; 2. Var. Piccard 2, XI 111 (1416-1421) f. 4, 9, 13, 15-17, 20-22, 24--26, 35-36, 39-40, 42-43, 45-46, 49-50, 52, 57, 59-63, 65, 68, 70-74, 83-86, 89, 91-92, 94, 97, 100, 102, 104-105, 107, 109, 114-119, 123, 127, 130, 134, 137-138, 143-144, 147, 151-154, 158, 160-161, 163, 166, 168-169, 172, 175-178, 181, 185, 188-189, 192, 196, 198, 203, 205, 208-210, 215-217, 219, 222-227, 230-233, 235-238, 240-243, 246--247, 250-251, 254, 256-257, 259, 262, 264-265. Eadem signa in cod. BJ 1529.

S c r i p t u r a e t o r n a m e n t a : Sententiarum Lombardi liber I diligentissime una manu, littera cursiva textuali descriptus. Unius columnae schema (ca 10,5 cm latum) atramento ductum. Haec columna litteris maioribus scripta, lineas ca 12-13 scripturae continet in unaquaque pagina, quae lineae una ab altera distant glossis interlinearibus inscribendis locum praebentes. Margines exteriores, commento destinati, admodum lati sunt: inferior maximus, exterior medius, superior praecedenti minor, circa dorsum angustissimus. Schema simillimum nec non idem scriba penna crassiore scribens in cod. BJ 1529 occurrit. Litteras initiales rubro inscribendas repraesentantia, nigro atramento inscripta, in mediis litteris adhuc conspiciuntur, e. g. in f. 23r-27v, 213v-215r, 261r-264v. Commentum manu Sigismundi de Pyzdry inscriptum (cf. Cod. orig. et fata), in marginibus superioribus et lateralibus plerumque, non tamen continue inscriptum. Commentum magis copiosum in f. 1r-v, 4v-6r, 10r, 11r-v, 20v-21r, 27r-28r, 30r-32r, 42r-44v, aliis. In marginibus inferioribus quaestiones in Sententias breves quoque manu Sigismundi de Pyzdry (cf. cod. BJ 1651, f. 107r-161r, 161v-166r, in f. 165v: *Per magistrum Sigismundum de Pysdri, qui est serwus indignus Ihesu Christi. Hec sunt recepta breviter ex Katholicon etc.* Cf. etiam scripturam eiusdem in cod. BJ 325). Pluribus in locis commentum est suppletum a duobus viris, qui codicem adhibebant: ab Ioanne Beber de Osswyanczym et a quodam anonymo, scriptura cursiva velocissima, negligenti (cf. infra Notas et glossas). Rubricatio exilis. Capitum et distinctionum tituli, interpunctionis signa rubra. Litterae initiales parvae plurimae rubrae. In pagina currenti distinctionum numeri Romani rubri.

N o t a e e t g l o s s a e : Praeter Sigismundi de Pyzdry commentum marginale (cf. supra nr. **2**), multa in codicis marginibus commenti in Petri Lombardi Sententias supplementa manu Ioannis Beber de Osswyanczym, e. g. f. 10r: *Postquam Magister inquisivit materiam huius libri primi et per consequens aliorum trium, hic incipit agere de rebus, quibus fruendum est* ..., 11r, 27v, 34r-v, 40r, 42v, 48r-v, 50v, 51v-52v, 55v, 58r, 59v-60v, 64v, 65v, 67v, 69v-70v, 71v, 72v-74r, 79v, 83r-v, 84v-86v, 88r-89r, 93v, 96v-97v, 101v-102v, 104r, 105v, 134v, 142v, 147v-148r, 151v-154v, 161r-165r, 168r, 170v-172r, 173v-175r, 177v-182r, 188v-189v. Commenti supplementa cetera manu ignota exarata: f. 29v, 130v, 134v: *Hoc pertinet ad post circa tale signum. Nota: Secundum intencionem Magistri unitas in Deo non ponitur nisi privative* ... (cf. f. 135r: *Vide prima in columpna anteriori circa signum tale* [paragraphi signum]); f. 141r, 142r, 153r: *Ubi nota de communicacione ydyomatum* ...; 183v, 186v supra, 190r, 193v-194r, 197r, 198r, 203r, 204v-206v, 207v-208v, 210v-211r, 212v-213r, 215v, 217v: *Dubitatur, utrum Deus sit immutabilis secundum locum. Respondet Bonaventura* ...; 218v, 220r, 221r, 224r, 226r: *Nota: Predestinacio describitur pluribus modis* ...; 227v-228v, 229v230r, 234r: *Nota: B⟨ona⟩v⟨entura⟩ tractans de causa predestinacionis dicit ... Egidius videtur dicere solam voluntatem divinam esse causam predestinacionis* ...; 238r--239r, 251v-252r, 254r, 257r-259r, 261r: *Contra litteram, que dicit: Omne verum* ...; 263v-268r. Manu, ut supra, f. 267v: *Gregorius de Armenio* [Rimini] *dicit: Si alicui revelaretur sua dampnacio* ...)(... *et post hanc vitam eternam consequatur beatitudinem, quam omnes laboremus adipisci. Amen* [idem textus in cod. BJ 1518, f. 412v]. Etiam incontinua glossa interlinearis a Sigismundo de Pyzdry in foliis selectis exarata legitur, e. g. f. 1r-6r, 13r, 15v-22r, 33v-34v, 46r, 62r-67v, 176v-178r, 203v-206r, hic illic a Ioanne Beber de Osswyanczym quoque, e. g. f. 10r-11v, 18r, 24v-25r, 83v-85r. Maniculae sparsae, e. g. f. 119v, 210v (rubro), 239v, 240v, 250v (rubro), 254r.

C o m p a c t u r a primitiva s. XV dimidio priore Cracoviae verisimillime confecta tabulis tenuibus corio fusco ornamento lineari decoratis partim obtectis constituebatur. Codex iam postquam Sigismundus de Pyzdry lectiones in I librum Sententiarum Petri Lombardi compleverat, compactus est (cf. marginalia dorsi regione inscripta, quae in codice compacto exarari impossibile videtur, e. g. f. 76v, 81v, 82v, 83v, 123v). Codex olim cingulis coriaceis duobus et ligulis in anteriore integumento claudebatur; in posteriore tabula excavationes magnae admodum nec non lacunae, quibus clavi infigebantur exstant. In dorso, plano fere, ligamenta quattuor duplicia et duo simplicia. Volumen adaequatum, anguli rotundati. Ante- et postfolium membr. vetera: f. II (cf. nr. **3**) et III vacuum. Ante- et postfolium chart. recentia: f. I, IV, singulas cum foliis integ. partibus interioribus aggl. efficiunt chartas, quarum latitudo corii fragmentis, quod tabulas exterius obtegunt, aequa. Corio integumenti detrito facto codex ad renovationem traditus est, de qua Alexandri Birkenmajer nota in folio integumenti parti interiori agglutinato docet: *Rękopis i jego oprawę wyrestaurował introligator Jan Wyżga w r. 1936. Dano nowe pokrycie skórzane na wzór starego, które również sięgało do 1/3 okładki. Dano nowe karty ochronne.* Codex bene asservatur. Humiditatis vestigia minima in margine superiore et inferiore. Glutinae ope sartus f. 166 margo.

C o d i c i s o r i g o e t f a t a : Codex Cracoviae ante a. 1426 confectus est, cum eo verisimillime anno Sigismundus de Pyzdry a Nicolao de Kozłów *ad legendas Sententias* praesentaretur (cf. Markowski, Pierwsi bakałarze, 268-269). Cum commentum Sigismundi manu conscriptum tum quoque nota in f. IIr superiore (s. XV): *Memoriale magistri Sigismundi, qui petivit propter Deum, ut eum memorie vestre temporibus vite vestre imprimatis* documento sunt, quod codex ex eiusdem bibliotheca venit (de Sigismundo de Pyzdry cf. cod. BJ 311 descr.). Etiam Ioannes Beber de Osswyanczym codicem manibus versabat, de quo notae et textus in marginibus manu eiusdem scripti testificantur (cf. Notas et glossas; de eo cf. cod. BJ 296, 302 et 1518 descr.). Signaturae antiquae: Fasseau: *37*; topogr.: *CC VII 33*.

B i b l i o g r a p h i c a : Wisłocki, Katalog, 375; Włodek, Krakowski komentarz, 142.

KW, RT

1534

Lat., 1444-1445, chart., cm 30,5×20,5, f. 376+ III.

f. 1r-v vacuum.

1. f. 2r-363v, 369r-v: Petrus Lombardus, Sententiarum liber IV

Hiis tractatis, que ad doctrinam rerum pertinent ... ad doctrinam signorum accedamus. [Textus; f. 2v] —*Samaritanus enim vulnerato appropians ...*⟩⟨[f. 363v]... *via duce pervenit etc.*

Cf. cod. BJ 1512 descr., nr. **1**.

2. f. 2r-363v, 369r-v: Paulus de Pyskowice, Expositio libri IV Sententiarum Petri Lombardi et Quaestiones ex commento 'Utrum Deus gloriosus' depromptae

[Expositio Prol.; f. 2r] —*Ita quod Prologus iste continuat materiam sequentem ad precedentem acc* [!] *si d⟨icit⟩: Postquam determinatum est de illis rebus, quibus est fruendum, videlicet de Deo, Trinitate ...⟩⟨... Et* 4us *agit de effectibus Verbi incarnati et primo de sacramentis in communi, ut in ista distinccione prima, secundo in speciali in distinccione* 2^{a}. [Prol. Expositionis] —*Samaritanus.* —*Postquam Magister in* 3° *libro determinavit de missione Verbi incarnati, hic in isto* 4° *determinat de effectibus Verbi incarnati, et divi⟨di⟩tur iste liber totalis in duas partes. In prima determinat de sacramentis ...* —*Iste est liber* 4^{tus} *tractans de sacramentis et de futura resurreccione* [suprascr.: *et de gloria resurgencium*]. *Et habet 50 distincciones, in quarum prima tractat de sacramentis in communi. Et habet 15 capitula, in quorum primo premittit huius materie utilitatem ...⟩⟨*[f. 2v]*... Et Magister hic in principio huius* 4^{i}, *qui omnes in sentenciis fere concordant et ut plurimum in verbis.* [Expositio] —*Samaritanus enim vulnerato appropians ...* —*Hic ponit numerum et ordinem considerandorum de sacramentis, et dicit* 4^{or} *esse consideranda de sacramentis. Primo, quid sit sacramentum;* 2°, *quare sint instituta ... Questio pro declaracione distinctionis est ista:* —*Utrum sacramenta pro quolibet tempore necessario instituta efficaciam differentem habuerunt. Et Magister primo ponit diffiniciones sacramenti in littera ...*[f. 84v] —*Utrum christifidelibus v⟨enerabile⟩ sacramentum Eukaristie magis expediat interpelatim quam cottidie sumere. Et arguitur, quod non ...*[f. 293r] —*Ad intelligendam arborem affinitatis primo videndum, quid sit affinitas. Et est secundum peritos quedam propinquitas personarum ex carnali copula proveniens ...*[f. 294v] —*Ad arborem consangwinitatis docendam et intelligendam primo videndum, quid sit consangwinitas. Et est secundum peritos doctores vinculum personarum, ab eodem scipite descendencium carnali prop⟨a⟩gacione contractum ...*[f. 297r]*...* 4^{m} *gradum prohibicio non excedit, ut habetur Extra. eodem* [4], *De consanguinitate et aff⟨initate⟩: Non debet. Hec de arbore consanguinitatis dicta sint ad presens ...⟩⟨*[f. 369v]*... pulcritudo sine deformitate, virtus sine falsitate, caritas sine invidia, felicitas sine miseria. Amen. Pax a tentacione, quam nobis prestare dignetur cum omnibus sanctis Deus unus in essencia et trinus in personis. Amen.* [F. 11v-368v: Quaestiones ex Commento 'Utrum Deus gloriosus' depromptae] — *Utrum sacramenta Ve⟨teris⟩ l⟨egis⟩ habebant iustificare et graciam percipientibus ea conferre, sicut modo sacramenta No⟨ve⟩ l⟨egis⟩ habent facere. Arguitur primo, quod sic ...⟩⟨... quia, ut allegat Magister in littera beatum Gregorium,* *que dicit, quod reprobi usque ad diem iudicii vident gloriam sanctorum. Ad quam nos perducat Iesus Christus in secula benedictus. Amen etc.*

Cf. RS 534, 964; Włodek, Paweł z Pyskowic, 145-146, 159-160; Ead., Krakowski komentarz, 148-149, 150-152, 155, 157; ed. indicis quaestionum ex Commento 'Utrum Deus gloriosus' Ibid., 159-160; Scripta manent, 302-305; Markowski, Dzieje Teologii, 153-156. F. 84v-85v ed.: Włodek, Paul de Pyskowice, 463-466. Ad textum supra in f. 293r-297r: *Ad intelligendam* ... idem textus in cod. Národní knihovna České republiky IV.B.21, f. 1r-5r (http://www.manuscriptorium.com/apps/main/index.php?request=request_document&docId=rec1379661394_15 accessus 18.12.2015) et Universitätsbibliothek Münster (Westfalen) Hs. 157, f. 186r-189r. Post singulas distinctiones leguntur Quaestiones ex Commento Pragensi 'Utrum Deus gloriosus' secundum ordinem. Uncis includimus praecedentem foliationem quaestionum singularum ad lib. IV in cod. BJ 1534, f. 11v-12r (olim f. 10v-11r), 15v-16r (14v-15r), 16r-17r (15r-16r), f. 24r-25r (23r--24r), f. 33r-v (32r-v), f. 38v-39v (37v-38v), f. 46v-47v (45v-46v), f. 51v-52r (50v-51r), f. 58v-59v (57v-58v), f. 64r-65r (63r-64r), f. 69v-70v (68v-69v), f. 78r (77r), f. 84v-85v (83v-84v), f. 93r-v (92r-v), f. 104r-106r (103r-105r), f. 119v-121v (118v-120v), f. 129r--130v (128r-129v), f. 143v-145v (142v-144v), f. 145v-147r (144v-146r), f. 156r-158r (155r-157r), f. 164v-166r (162v-164r), f. 173r-v, 175r-v (171r-v, 172r-v), f. 174r-v (171a), f. 181r-182v (178r-179v), f. 187r-188v (183r-184v), f. 192r-193v (188r-189v), f. 205r-206v (201r-202v), f. 213r-214v (209r-210v), f. 219v-220v (215v-216v), f. 228r--229r (224r-225r), f. 235r-236r (231r-232r), f. 241r (237r), f. 260v-261v (256v-257v), f. 273r-274r (269r-270r), f. 287v-288v (283v-284v), f. 299r-300r (295r-296r), f. 318v--320r (314v-316r), f. 327r-v (323r-v), f. 344v-346r (340v-342r), f. 349v-351v (345v--347v), f. 364r-368r (360r-364r), f. 368r-369v (364r-365v). De ceteris BJ codicibus, ubi quaestiones (lib. I-II) ex Commento 'Utrum Deus gloriosus' asservantur, cf. cod. BJ 1435 descr., nr. **5**; lib. III, cf. cod. BJ 1531 descr., nr. **4**. F. 249v vacuum.

3. f. 2v-357r: Pseudo-Bonaventura, Sententiae Sententiarum seu Compendium metricum super libros Sententiarum. Fragm.: Lib. IV, dist. 1-36, 38-50

Wersus. —Sacrum signatum, sacra signans sive sacratum. Secretum, Sacramentum dic esse vocatum ...)(... Ex hoc gaudentes, nichil ipsis compacientes||

Cf. Distelbrink, 198; RS 14. Ed.: S. Bonaventurae Opera omnia, 6, Parisiis 1866, 648-658. Sententiarum expositionem carmina comitant, in distinctionum initiis in margine scripta: f. 2v, 12v, 17r, 25v, 34v, 40r, 48r, 52v, 60r (in cod. nostro versus duo in fine differunt: *Hostia comemorat passum peccataque donat* | *Roborat et munit debilitata reficit*, cf. Walther, Initia, 8478a), 65r, 70v, 78v (in cod. add. 8: *Hostia dividitur per partes ...)(... animam corpusque tuetur*), 86r, 94r, 106r, 121v, 130v, 158r, 166r, 176r, 182v (in cod. add. versus duo: *Fratres odit, apostata fit ...)(... Penituisse piger pristina culpa redit*), 188v, 193v-194r, 206v, 214v, 220v, 229r, 233r, 236r, 242v, 250v, 254v, 262r, 266r, 270v, 276v (dist. 38-39), 288v, 300r (in cod. nostri initio 5 versus additi: *Coniugibus nostris, quos linea sangwinis unit ...)(... Mutat nupta g⟨e⟩nus, sed generata gradum*), 306r, 313r, 320r, 328r, 334v, 340r (in ed. adduntur versus 6), 346r, 352r, 357r dist. 50 in cod. absque fine (in ed. adduntur versus 11: *Plasmator rerum, lumen de lumine verum ...*)(*... Hinc rogo me signa, Francisce, per haec tua signa. Amen*). Alia pars eiusdem operis (Lib. II, dist. 1-33 – III, 1-40) in cod. BJ 1437, f. 1r-313r.

4. f. 364r-368r: Benedictus Hesse de Cracovia, Quaestio Principii

—*Utrum dampnati per comparacionem ad statum beatorum mutuo se videant quoad gloriam sanctorum et penam damnatorum. Questio tantum querit, utrum dampnati videant gloriam sanctorum et beati videant penam dampnatorum. Et arguitur, quod non. Pro prima parte: Dampnati existentes in inferno nihil vident* ...[f. 366v]... *Et per consequens raciones magistri mei reverendi mecum concurrentis, probantes illam partem correlarii, non sunt sufficientes ad hoc probandum, nec suum correlarium videtur multum esse* [f. 367r] *contra correlarium meum, in quo dixi: Si homo non peccaset, Deus incarnatus non fuisset, quia secundum diversitatem sensuum potest stare utrumque ... Aut secundum quod sonat in naturam, sic fuisset incarnatus, ut dicit magister meus reverendus in suo correlario. Et ideo correlarium meum positum, quod magister reverendus voluit improbare in tercio suo principio, stat adhuc in veritate, ut patet ex dictis. Et non mirum, quod magister meus reverendus mihi contrariatur in hoc correlario et ego e converso sibi, quia in materia probabili licet sapientem sapienti contradicere ex primo Topicorum. Et licet magister reverendus dicat, quod meum correlarium minus solidis fulcitur auctoritatibus et racionibus, credo tamen, quod oppositum deberet estimare, quia correlarium meum plus sonat pietati fidei et auctoritatibus sanctorum magis concordat et affectum nostrum ardencius inflammat, ut ista pulcre declarat B*⟨*ona*⟩*v*⟨*entura*⟩*, q. 2, articulo 2. Et eciam correlarium meum magis fundatur in communi opinione doctorum* ...)([f. 368r]... *scilicet septem sacramenta ad sanandum septem vulnera nostra, scilicet peccata, cui benediccio et claritas, et sapiencia, et graciarum accio, honor et virtus, fortitudo per infinita secula seculorum. Amen etc.*

Cf. Włodek, Krakowski komentarz, 148-152. Ead. quaestio in Bibl. Capituli Gnesnensis, cod. 165, f. 458r-467r.

5. f. 369v-370r: Paulus de Pyskowice, Gratiarum actio

—*Et quoniam vicium ingratitudinis merito incurrit, qui pro beneficiis acceptis benefactori debitas graciarum acciones non rependit ... Ideoque gracia* [f. 370r] *Dei sum id, quod sum et ecce quanta fecit michi Dominus ... Regracior insuper venerabilibus et eximiis dominis magistris sacre pagine et signanter magistro Laurencio de Rathibor professori sacre theologie, qui me sua presencia dignatus est ad Sentencias presentare et precipue regracior magistro mecum concurrenti magistro Mathie* ⟨*de Labischin*⟩, *sacre theologie baccalario ... per me solemniter circa principia librorum factas et in genere repetitas quam et* [...]. [*Anno 1444 feria quinta post Letare* [26 III] *finis* – in marg. sup.].

Cf. Włodek, Paweł z Pyskowic, 161; Ead., Krakowski komentarz, 150-152; Markowski, Dzieje Teologii, 153-155; 156, adn. 355 (cod. BJ 2234, f. 99r manu Matthiae de Labischin: ... *eciam regracior venerabili magistro Paulo de Pyskowicze nunc professori, tunc baccalario sacre theologie, qui pacienter ferebat meas replicaciones* ...). Ed.: Włodek, Paweł z Pyskowic, 164-168.

6. f. 370v-373r: Registrum quaestionum IV libri Sententiarum Petri Lombardi

Registrum questionum cum dubiis super 4to libro Sentenciarum secundum ordinem distinccionum et capitulorum. Utrum sacramenta pro quolibet tempore necessario instituta efficaciam differentem habuerunt ...⟩⟨... *Registrum factum est sub anno 1445 ... Item omnia hic secundum ordinem notata et descripta in hoc libro secundum ordinem inveniantur, licet aliqua in notatis et aliqua in questionibus et dubiis. Questio determinata circa principium 4^ti^ est ista: Utrum per divinorum sacramentorum suscepcionem pro quolibet statu homo adeptus sit gracie adepcionem. Ista in fine est determinata: Utrum anime dampnatorum cognoscentes ea, que aguntur circa amicos ipsorum, videant gloriam beatorum. Quas vide circa 3^m^ li*⟨*brum*⟩ *Sentenciarum cum recommendacionibus Sacre Scripture super 4° li*⟨*bro*⟩ *Sentenciarum et questionibus circa principia aliorum librorum et alias conclusiones, contra quarum conclusiones iuxta imbecillitatem ingenii replicavi. Utrum dampnati cognoscentes gloriam beatorum pocius velint non esse quam penalis esse cum tribus articulis ... Utrum in patria Deum nude videant in sua essencia.*

Cf. Włodek, Krakowski komentarz, 151-152, 159-160.

f. 373v-376v vacua.

***7**. f. Iv, IIIr: Diploma: 1424, 19 Decembris, Cracoviae. Instrumentum publicum a quodam Andreae filio de Strzelce [nunc: Strzelce Opolskie], clerico dioecesis Wratislaviensis, auctoritate imperiali notario publico redactum, in quo confirmat, quod Stanislaus Przedborii filius de Nieprowice, canonicus Cracoviensis, procuratoris vice Martini Einhardi filii de Goworzyn, ecclesiae s. Nicolai extra muros Cracovienses rectoris, in contentione de ecclesiae s. Nicolai paroecia ad Sedem Apostolicam appellationem interponit.

Ed.: Zbiór dokumentów katedry i diecezji krakowskiej, 2, 86-88, nr. 252.

XV, Lat., membr., diploma in duas partes scissum, quarum latitudo medietati folii regularis aequa. Asservatur subscriptionis pars et signum notariale.

F a s c i c u l i: 1^{8+7} (f. 1-15, f. 6 add.); $2\text{-}11^{7+7}$ (f. 16-155); 12^{8+7} (f. 156-170, f. 162 add.); 13^{8+8} (f. 171-186, f. 174, 183 add.); $14\text{-}23^{7+7}$ (f. 187-326); 24^{8+8} (f. 327-342); 25^{7+7} (f. 343-356); 26^{11+9} (f. 357-376, post f. 374 et 376 singula folia desiderantur). Reclamantes in fasc.: 1-15, 24-25; paululum praecisae: 2, 7-9, 11-12, 16-17. Custodes in initio fasc. 1-19, 21-23, 25-26: *primus, 2us-9us, X^{us}-XVII, 18-19, 21-23us, 25-26us*. Accedunt custodes in codicis dorsi proximitate s. XX plumbo exarati. Foliatio recentiore aevo inscripta nostra foliatione supposita est.

S i g n a a q u a t i c a: 1. vix simile Piccard 2, XIII 611 (1441, 1442) f. 1-2, 5, 6 (f. add. dimensionum minorum, signi sola pars superior visibilis), 11, 14-16, 20, 22-23, 25, 29-32, 35, 38, 41-43, 45-47, 49, 52, 54-56, 60, 62, 64-65, 67, 69, 73, 76, 78-79, 81, 84, 89-96, 106-107, 117-124, 129-131, 134-135, 138-140, 145-147, 150-152, 156, 160, 166, 170, 172, 175, 182, 185, 188-189, 191, 193-194, 196, 198-199, 202, 205-210, 213, 215, 219-220, 223-224, 228-229, 231-233, 238-240, 242-245, 247, 252, 254-256, 258, 269, 277-278, 285-286, 288-289, 294, 297-299, 301-302, 309-310, 312-313, 316, 318, 321, 323, 326, 330, 339, 346, 348, 351, 353, 358, 361-362, 365-366, 369-370, 373-374, 376; 2. signo praecedenti 1 cm longius, vix simile Piccard 2, XIII 611 (1441, 1442) f. 3--4, 7-10, 12-13, 17-19, 21, 24, 26-28, 33-34, 36-37, 39-40, 44, 48, 50-51, 53, 57-59, 61, 63, 66, 68, 70-72, 74-75, 77, 80, 82-83, 85-88, 97-105, 108-116, 125-128, 132-133, 136-137, 141-144, 148-149, 153-155, 157-159, 161, 163-165, 167-169, 171, 173, 176--181, 184, 186-187, 190, 192, 195, 197, 200-201, 203-204, 211-212, 214, 216-218, 221--222, 225-227, 230, 234-237, 241, 246, 248-251, 253, 257, 259-268, 270-276, 279-284, 287, 290, 296, 300, 303-308, 311, 314-315, 317, 319-320, 327-329, 331-338, 340-345, 347, 349-350, 352, 354-356, 359, 363-364, 367-368, 371-372, 375; 3. Var. Piccard 2, XIII 41 (1435-1439) f. 291-292; 4. Piekosiński 1023 (1445) f. integ. post. aggl. F. 162 add., 174 add., 183 add.; f. 357 et 360 altera bifolii parte signo distincta carent. Charta a. 1435-1442 in usu erat.

S c r i p t u r a e t o r n a m e n t a: Codex pluribus manibus exaratus, una columna stilo ducta disposita scriptura. Partem codicis principalem, i. e. Sententiarum librum IV, litteris maioribus nec non commentum minoribus illis (cursiva textuali) in f. 2r-287v satis diligenter unus scriba anonymus exaravit. Hic illic, cf. f. 27r, 28r, 36v, 60r, 226r, 242r, 254r, et praecipue in parte codicis posteriore, scripturae ductus differt, quo alii scribae indicantur. Alia manu, litteris in sinistram partem inclinatis, conscripta sunt f. 190r, 220r-v, 243r, 287v-291r, 312v-320v, 322v, 324r-329r, 333r-345v, 364r--368v. Manu, quae Paulo de Pyskowice attribuitur, nullum equidem autographum ab eo subscriptum praesto habemus, exaratae sunt i. a. Sententiae Sententiarum super librum IV, in margine inferiore saepissime forma graphica stabili et peculiari: illud *Wersus*, rubro, a quo rubrae lineae versum istum circumscribunt et unamquamque lineam saepiunt, cf. supra nr. **3**. Accedit i. a. in f. 60r: *Utrum Christi Corporis et Sanguinis sumpcio ad salutem necessaria sit* ...; f. 84v-85v: *Utrum christifidelibus* ..., f. 93r-v, 241r. Hic illic in textus columna quaestiones minutae manu Paulo de Pyskowice attributa scriptae, e. g. f. 241r, *expositio* f. 293r-297r (lineae 3 in f. 297r) nec non *registrum quaestionum* in f. 370v-373r (cf. Scripturam, quae Pauli esse fertur, in cod. BJ 1310, f. 43r-68v, 337r-349v; 1394/1, f. 2r-14v, 16r-38v; 1394/2, f. 85r-90r, 92v-93v, 142r-142v; 1900, f. 289v). Rubricatio copiosa, quamquam non diligens. Rubro tituli et auctores in Petri Lombardi textu citati. Expositio lineolis rubris circumscripta. *Arbor consanguini-*

tatis in f. 291v-292v circulorum forma praesentata. Litterae initiales a textus scriba minio depictae. Eaedem cinnabaris colore plurimae, nulla tamen arte scriptae, quarum tamen quaedam maiorum dimensionum et quasi filigranis decoratae, e. g. f. 2v rubro et nigro colore (5,5x5,5 cm), 35r, 47r, 60v (capita parva duo), 78v, 93v (hominis facies litterae *P* inscripta), 193v, 227r (caput parvum), 306v; ornamentum vegetabile, e. g. f. 7v, 236v, 242v, 328v. Littera initialis loci penuriae causa ad libellam scripta in f. 51r: *h*. Littera in margine emendata: f. 30r. Litterae initiales in expositione nigrae plerumque, non nimis magnae, decorationis tamen elementis praeditae, e. g. f. 12v, 33r, 51v. Atramenti maculae, e. g. f. 45r, 48v, 142v, 264r, 348r-v, 354r, 370v, 371r; cancellata quaedam: f. 372v.

N o t a e e t g l o s s a e : In plurimis foliis notae breves, glossae marginales, interdum et interlineares occurrunt, quibus loci quaedam Petri Lombardi Sententiarum declarantur. In Petri Lombardi textu glossae interlineares scribae manu, et paucissimae manu Pauli de Pyskowice, e. g. f. 14v, 31v-32r, 337r. Plures tamen in marginibus leguntur notae scriptae nec non Petri Lombardi textus declarationes addititiae, etiam manu Pauli de Pyskowice exaratae, e. g. f. 3v: *Nota*: *In sacramentis sunt consideranda quinque* ...; f. 12v-13r: *Nota*: *Aliqui accipiunt numerum sacramentorum secundum adoptacionem ad virtutes* ...; f. 26v, 33r, 38v, 40v, 46v, 112v, 205v, 215v, 341r, 342r: *Nota secundum P⟨etrum⟩ de T⟨arantasia⟩* ...; f. 46r et 47v, 122v, 162r, 180v: *Nota secundum b⟨eatum⟩ T⟨homam⟩* ...; f. 93v: *Secundum Richardum continuatur sic* ...; f. 94r: *Dicit B⟨ona⟩v⟨entura⟩* ...; f. 121v: *Richardus dicit sic* ...; f. 128v: *Augustinus in sermone de X c⟨h⟩ordis* ...; f. 144v: *Nota secundum Richardum* ...; f. 325v: *Nota secundum Tho⟨mam⟩ de Argentina* ...; f. 334v: *Secundum P⟨etrum⟩ de T⟨arantasia⟩ continuatur sic* ...; f. 358r: *Nota, quia vita presens habet se ut messis* ... Manu Pauli de Pyskowice breves quoque quaestiones leguntur scriptae, cf. f. 43v: —*Utrum parvuli Iudeorum et paganorum sint in viti⟨i⟩s parentibus baptisandi. Et videtur, quod sic* ...; f. 67r: —*Utrum Corpus Christi sub specie panis possit videri visione intellectuali. Et arguitur, quod non* ...; f. 68r: —*Utrum angelus possit videre Corpus Christi sub sacramento. Respondet b⟨eatus⟩ T⟨homas⟩* ...; f. 91v: —*Utrum celebrans in loco interdicto sit irregularis. Respondet Richardus, quod sic* ...; f. 93r: —*Utrum heretici sint tollerandi. Et videtur, quod sic* ...; f. 110v: —*Utrum homo possit Deo satisfacere pro culpa. Videtur, quod non* ...; f. 118v: —*Utrum homo teneatur ad restituendum ea, que legittima mercacione lucratus est de bonis, que ipse vel eius pater acquisierat per usuram. Et videtur, quod sic* ...; f. 128v: —*Utrum veniale peccatum possit remitti sine mortali. Et videtur, quod sic* ...; f. 131r: —*Utrum atricio possit fieri contricio. Et videtur, quod non* ...; f. 134v: —*Quid sit iustificacio* ...; f. 153v: —*Utrum excommunicacio debeat fieri. Et videtur, quod non* ...; f. 168v: —*Utrum pena purgatorii sit satisfactoria. Et videtur, quod non* ...; f. 183r: —*Utrum omnia peccata redeunt. Et videtur, quod sic* ...; f. 201r: —*Utrum tantum VII sint ordines ecclesiastici. Et arguitur, quod plures sunt quam VII* ...; f. 212v: —*Utrum sexus muliberis* [recte: muliebris] *impediat suscepcionem ordinis. Et videtur, quod sic* ...; f. 215r: —*Utrum matrimonium sit de lege nature. Et arguitur, quod non* ...; f. 229v: —*Utrum consensus de futuro de se matrimonium efficere possit. Et videtur, quod sic* ...; f. 273v: —*Utrum liceat viro uxorem dimittere causa fornicacionis. Et videtur, quod non* ...; f. 359v: —*Utrum dampnati utuntur aliquando sciencia acquisita in hoc mundo. Et videtur, quod non* ...; f. 360r: —*Utrum reprobi vellent non esse. Et videtur, quod non* ...; f. 362v: —*Utrum in inferno sint tenebre carnales. Et arguitur, quod non* ... —*Utrum carencia visionis Dei sit maxima omnium penarum, que sint in inferno. Et videtur, quod non* ... Alia manu f. 5v-6r: —*Utrum tempore gracie potuerunt sine peccato observari legalia. Videtur, quod sic* ...; f. 354v: — *Utrum sancti in patria Deum videant per essenciam. Et videtur, quod non* ... Alia manu in f. 168v: *Sed diceret aliquis: — Utrum pena purgatorii sit gravior quam alia pena mundi. Et videtur, quod non* ... Nota correctoria manu Pauli de Pyskowice, f. 15v: *Hec questio spectat ad precedentem distinccionem.* Pauli de Pyskowice maniculae in marginibus, cf. i. a. f. 3r, 12v, 20r, 26v, 46v, 81v, 90v, 134v, 197v, 210v (rubro), 223v, 241v, 276v, 290v, 371r; maniculae aliorum, e. g. f. 3r (infra), 22v, 30r, 31v, 47v, 77v, 92v, 103r, 237v, 246v, 247r, 257v, 269r, 276v (supra), 361r, 367r, 373r.

C o m p a c t u r a Cracoviae post a. 1445 confecta, cf. Signa aquatica, nr. 4. Codex aliquantulo temporis spatio absque integumentis adhibebatur, de quo cum folia exteriora sordida, tum quoque adnotationes Pauli de Pyskowice manu dorsi regione testificantur, cf. f. 56r-v, 91v, 135r, 201v-202r, 217v, 304v, 338r-339r. Compactura tabulis ligneis admodum crassis, oblique paulo praecisis, constat, quae tabulae partim corio inornato obtectae sunt, sed corii huius angustus solum clavus fusci coloris asservatur, loris rubri coloris angustissimis firmatus, quae lora clavis quaternis tabulae cuique affixa sunt (asservatur integrum paene in tabula posteriore, in anteriore autem supra et infra mutilum). In tabulis ornamentum lineare simplex impressum. Codex olim cingulis coriaceis duobus et ligulis in anteriore integumento claudebatur. Schedula membranacea in tabula anteriore agglutinata, in qua nota ad originem spectans, inscriptionem anteriorem obumbrat, de qua nihil nisi *Que*|| *Festo* [...] legitur, cf. Cod. orig. et fata. Infra haec inscriptionis cuiusdam, creta alba adhibita, vestigia. In tabula posteriore inscriptionum atramento factarum reliquae. Dorsum paulo convexum, quattuor locis ligamentis duplicibus consutum; codicis capiti et calci funiculi obsuti, quondam dorsi corio obtecti, quod usu ac tempore demolitum est. Funiculi fragmenta a capite usque ad f. 158 et 316 pendentia tesserarum vices gerunt. Volumen adaequatum, anguli rotundati. Antefolium (f. I) et postfolium (f. III) membranacea, quorum latitudo medietati folii regularis aequa, diploma s. XV in duas partes scissum constituunt, cf. nr. *7; antefolium chartaceum: f. II. Folia integumentorum partibus interioribus agglutinata chartacea: in anteriore signaturae antiquae, posterius vacuum. Schedulae fasciculorum suturam munientes membranaceae, vacuae; conscriptae in fasc.: 4, 6-10, 13. Codicis status: compactura demolita, ligamenta circa tabulam utramque rupta. Corium multum detritum et scissum. Codicis pars circa extremitatem inferiorem humiditate infecta vitiata, putrida et cariosa, fragmenta debilia facta labuntur. Maculae fusci et violacei coloris in quibusdam marginibus commentum lectu difficilem reddunt, e. g. f. 87v, 127r, 128v-129r, 130r--131v, 236v-238r, 338v-339r. Foliorum 120, 232, 235, 333 anguli superiores detracti; folii 170 angulus inferior detractus; foliorum 167, 170, 298, 309, 310, 312, 320-326 extremitates diminutae, inaeaquatae.

C o d i c i s o r i g o e t f a t a : Codex in Universitate Cracoviensi inter a. 1444 (f. 370r: *Anno 1444 feria quinta post Letare* [26 III] *finis*) et 1445 (cf. 373r: *Registrum factum est sub anno 1445*) confectus. Pauli de Pyskowice proprius fuit, qui eodem ad lectiones libri IV Sententiarum in Facultate Theologiae Universitatis Cracoviensis usus est (de Paulo de Pyskowice cf. cod. BJ 513 descr.). In schedula membranacea tabulae anteriori agglutinata: *Quartus liber Sentenciarum cum Lectura maystri Pauli professoris sacre theologie* [*Pyskowice* infra alia manu adscr.]. Signaturae antiquae: Fasseau: *1080*; topogr.: *CC IV 26.*

B i b l i o g r a p h i c a : Wisłocki, Katalog, 375; Włodek, Paweł z Pyskowic, 145-146, 159-160; Ead., Krakowski komentarz, 150-152, 159-161, 164-168; Ead., Paul de Pyskowice, 461-466; Scripta manent, 302-305 (registrum quaestionum); Markowski, Dzieje Teologii, 154-155.

KW, RT

1535

Lat., XIV ex., membr., cm 37,5×28,5, f. 97.

f. 1r cf. Cod. orig. et fata.

f. 1v vacuum.

1. f. 2r-97r: Petrus Lombardus, Sententiarum liber IV. Absque initio et fine

— ⟨*Samaritanus enim vulnerato appropians ...*⟩ *instituta sunt, ut per illud, quod foris in specie visibili cernitur ad invisibilem virtutem* ...[f. 96v]... *ideo, quia Apostolus ait* [Eph 4, 13]: *Donec occurramus omnes in virum perfectum in mensura⟨m⟩*|| [f. 97r] ||*durat mundus, angeli angelis, demones demonibus, homines hominibus presunt ...*⟩⟨*... sicut extiterunt intentores in culpa. Finit distinccio quadragesima septima. Sequntur* [!] *conclusiones.*

Cf. cod. BJ 1512 descr., nr. **1**. Desideratur Prologus et distinctionis primae pars. Post f. 96 folia decem desiderantur et dist. 44 sequentia, dist. 45, 46, et dist. 47 initium. Petri Lombardi Sententiarum textus hic in dist. 47 finit, desiderantur dist. 48-50. F. 3r vacuum sine textus defectu. Post f. 11 unum folium rescissum sine textus defectu.

2. f. 13r-97v: Commentum in IV librum Sententiarum. Absque initio et fine

Sequntur [!] *conclusiones distinccionis sexte. Circa sextam distinccionem primo queritur: — Utrum aliquis parvulus existens in utero matris baptizari possit. Dicendum, quod non* ...[f. 14r]... *Sequntur conclusiones distinccionis septime. Circa septimam distinccionem primo queritur de confirmacione: — Utrum confirmacio sit sacramentum. Dicendum, quod sic* ...[f. 16r]... *Sequntur conclusiones. Circa octavam distinccionem primo queritur: — Utrum Eucaristia sit sacramentum. Dicendum, quod sic* ...[f. 29r]... *Incipiunt conclusiones. Circa XIIII distinccionem primo queritur: — Utrum penitencia sit sacramentum et utrum penitencia sit virtus et utrum sit virtus specialis et utrum sit virtus theoloyca et utrum reducatur ad iusticiam et quid sit penitencia. Dicendum ad primum, quod penitencia est sacramentum* ...[f. 52v]... *Incipiunt conclusiones. Circa XX distinccionem primo queritur: — Utrum aliquis possit penitere in extre-*

mis vite sue et utrum penitens in fine vite possit ab aliquo sacerdote absolvi et utrum penitentibus in fine reservetur aliqua pena post mortem. Ad primum dicendum, quod Deus nulli se ad graciam preparanti graciam suam denegat ...[f. 57v]... *Incipiuntur conclusiones. Circa vicesima⟨m⟩ terciam distinccionem primo queritur: — Utrum extrema unccio sit sacramentum et utrum sit unum sacramentum et utrum hoc sacramentum fuerit institutum a Christo. Dicendum ad primum, quod unccio est sacramentum* ...[f. 61r]... *Sequntur conclusiones. Circa XXIIII distinccionem primo queritur: — Utrum ordo in Ecclesia esse debeat. Item queritur, quid sit ordo et utrum sit sacramentum. Item queritur, que sit forma huius sacramenti et utrum hoc sacramentum habeat materiam. Dicendum ad primum, quod in Ecclesia debet esse ordo* ...[f. 68v]... *Sequntur conclusiones. Circa distinccionem XXVII primo queritur: — Quid sit in genere coniunccionis et utrum matrimonium debeat denominari a matre et quid sit matrimonium. Dicendum ad primum, quod matrimonium est in genere coniunccionis* ...[f. 73r]... *Sequntur conclusiones. Circa tricesimam distinccionem primo queritur: — Utrum error debet poni impedimentum matrimonii per se. Dicendum, quod sic* ...[f. 89v]... *Secuntur conclusiones. Circa XL distinccionem primo queritur: — Quid sit consanguinitas. Dicendum, quod ut communiter ponitur, consanguinitas est vinculum ab eodem stipite* ...[f. 96v]... *divina virtute ad hoc adiuvante, sicut dicit Augustinus. Finiunt conclusiones* ...[f. 97r]... *Hic incipiunt conclusiones. Circa XLVII distinccionem primo queritur, utrum generale iudicium sit futurum et utrum illud iudicium fiat per vocalem locucionem et utrum tempus futuri iudicii sit ignotum. Dicendum ad primum, quod generale iudicium futurum est* ...⟩⟨... *dicendum ad primum, quod ignis ille quantum ad hoc, quod est mundum renovare, precedet iudicium, quia mundus*||

Commentum inde a dist. sexta incipit, praecedentibus inscribendis loca vacua in f. 3r, 4r, 6r, 7r, 10v relicta sunt. Cum Sententiarum textus (cf. supra nr. **1**) tum etiam commentum post f. 96v in dist. 44-46, commenti in dist. 47 finis nec non commentum in dist. 48-50 desiderantur.

F a s c i c u l i: 1^{6+5} (f. 1-11, antefolium fasciculo adnumeratum), $2\text{-}8^{6+6}$ (f. 12--95), 9^{1+1} (f. 96-97, post f. 96 decem folia erepta). Custodes in initiis fasc. 2-9: *1us-8us*. Custodes bifoliorum litteris designati: *a-m*, in quibusdam fasc. partim abscisi, vel prorsus desiderantur (e. g. in fasc. 7-8).

M e m b r a n a crassa admodum, dealbata, utraque parte polita, superioris qualitatis. Defectus naturales, e. g. f. 50, 58, 62, 81; lacunae, e. g. f. 3, 15, 16, 19, 23, 27, 31, 42, 63, 77; suturae vestigia, e. g. f. 6, 43, 53, 55, 56, 68, 71, 86; scissura in f. 79.

S c r i p t u r a e t o r n a m e n t a : Codex una manu s. XIV ex. exaratus. Lombardi textus saepissime una columna (ca 125-135 mm) dispositus, duabus vero (ca 75-100 mm) commenti, schemate atramento lineis duplicibus ducto, hic illic etiam lineae horizontales obiciuntur, e. g. f. 81r, 90r. Hoc tamen non ubique ita servatur, sunt enim paginae, in quibus duae commenti textus columnae in schemate Sententiarum textui destinato inscriptae sunt, quo facto columnae hae angustiores factae sunt, e. g. f. 14v. Marginis dextri et sinistri latitudo secundum schema delineatum variat, superior tamen et inferior invariabilis manet. Pagina currens rubro libri numerum exhibet eo modo: in versa aperti codicis pagina: *L⟨iber⟩*, in recta: *IIII*. Rubricatio: litterae initiales simplices rubrae, paragraphorum signa et trigones parvi, qui interpunctionis vicem gerunt, e. g. f. 43r-45r. Emendationes paucae interlineares, e. g. f. 10r, 12r, 16r, 70v, 87v, 92r. Vocabula quaedam cancellata, e. g. f. 91r, 97r.

N o t a e e t g l o s s a e : Distinctionum, capitum, quaestionum numeri rubro in marginibus exarati; textus supplementa in f. 11r, 43r, 64v (scribae manu). Maniculae, e. g. f. 21r, 26r.

C o m p a c t u r a s. XIV ex. vel XV in. confecta adhibitis tabulis ligneis partim corio cervino olim albo, nunc obscuro facto, obtectis, quod cingulo coloris rubri in subnigrum vergente in utroque integumento definitum est (cuius reliquiae sub clavis, quibus tabulae anteriori olim affigebatur, cerni possunt). Codex olim cingulis duobus, metallo praefixis, et ligulis in anteriore integumento claudebatur. Ligularum vestigia in anteriore integumento et concavationes in posteriore adhuc asservantur. In frustulo membr. tabulae anteriori agglutinato inscriptio, cf. Cod. orig. et fata. Dorsum paulo convexum, ligamenta quinque duplicia, schedula signatura ornata inter 1 et 2 ligamentum agglutinata. Codicis capiti et calci lora tenuia artificiose texta, colore rubro in subnigrum vergente tincta (in capite totum et in calce reliquiae solae exstant). Volumen adaequatum. Tessera chartacea vacua iuxta f. 49r. Codex bene asservatur. Corium integumenti posterioris partim ruptum, in anteriore tabula inscriptiones quaedam creta exaratae, quae legi non possunt.

C o d i c i s o r i g o e t f a t a : Codex Pragae s. XIV ex. confectus esse videtur. Ioanni Sczeknae pertinuit (de quo cf. cod. BJ 657 descr.; PSB 47, 231-235) et cum libris eius Cracoviam venit. In membranae frustulo tabulae anteriori agglutinato, manu s. XV: *Quartus liber Sentenciarum m⟨agistri⟩ Sczeckna.* Signaturae antiquae: Kucharski scripsit: *Liber 4^{tus} Magistri Sententiarum* (f. 1r); Fasseau: *359*; topogr.: *CC IV 18*; in cingulo chartaceo olim inter folia inserto, nunc deperdito: *23* et *338*.

B i b l i o g r a p h i c a : Wisłocki, Katalog, 375; Siemiątkowska, Jan Sczekna, 69.

KW, LN

1536

Lat., XIV ex. et XV in., membr., cm 37×26,5, f. 139.

f. 1r cf. Cod. orig. et fata.

f. 1v vacuum.

1. f. 2r-139v: Petrus Lombardus, Sententiarum liber IV. Absque fine

Incipit Prologus in quartum librum. ⟨*H*⟩*is tractatis, que ad doctrinam rerum pertinent ... ad doctrinam signorum accedamus. Explicit Prologus. Incipiunt capitula.* ⟨*D*⟩*e sacramentis. Quid sit sacramentum. Quid sit signum ...*⟩⟨[f. 3r]... *Utrum visa impiorum pena minuat vel a*⟨*u*⟩*geat bonorum gloriam. Expliciunt capitula.* [Adnotationes ad Sententias Petri Lombardi] *Primus, ubi dicit, quod sacramenta legis sive legalia non iustificant ... d. 1, c. 2*^{o} *...*⟩⟨*... Octavus est, ubi dicit, quod ille, qui vivente uxore legittima contraxit cum alia ... ab Ecclesia in reddendo debito incepit excusari per obedienciam et timorem, d. 38, c. ultimo* [cf. cod. BJ 1521 descr., nr. **6**]. [Textus; f. 5r] —*Samaritanus enim vulnerato apropians ...*⟩⟨[f. 139v]... *vermis eorum non morietur et ignis non extingwetur*||

Cf. cod. BJ 1512 descr., nr. **1**. Versus 5 in fine desiderantur. F. 3v-4r vacua, f. 4r marginum schemate instructum.

2. f. 4v-75v, 76v-78r, 118r-121v: Nicolaus Wigandi de Cracovia, Commentum marginale in IV librum Sententiarum Petri Lombardi

—*Hiis tractatis.* —*In hoc Prologo Magister continuat hunc librum ad tres precedentes, in quibus determinavit de rebus, quibus fruendum est in primo libro ...*[f. 5r] —*Iste est liber 4*^{us} *tractans de sacramentis et de futura resurreccione. Et habet 50 distincciones, in quarum prima tractat de sacramentis in communi ...*[f. 24v] *Sunt item. Di*⟨*st*⟩*. X, in qua Magister ostendit, quod verum corpus Christi sit sub sacramento ...*[f. 59v]... *Sciendum, ista est distinccio XX, in qua Magister determinat de tempore penitencie ...*[f. 75r] *Solet queri. In hac dist. XXV Magister determinat de conferentibus et suscipientibus sacramentum ordinis ...*[f. 118r] *Postremo dist. XLIII, in qua Magister determinat de generali resurreccione ...*⟩⟨[f. 121v]... *sic corpus humanum si semel igne infernali attenditur, numquam extingwitur.*

Cf. Markowski, Spis, 265-266; Id., Dzieje Teologii, 110-112 (nostrum cod. silentio praeteriit), 245. Commentum in librum II Sententiarum in cod. BJ 1537, f. 3r-94v.

F a s c i c u l i : 1^{2+2} (f. 1-4); $2\text{-}14^{5+5}$ (f. 5-134); 15^{5+0} (f. 135-139, folia 5 in fine desiderantur). Reclamantes in fasc. 3-13, partim praecisae in fasc. 3 et 9, in fasc. 6, 7, 13 rubro inscriptae. Custodes in codicis dorsi proximitate s. XX plumbo exarati.

M e m b r a n a modicae crassitudinis, optimae generaliter qualitatis, quaedam tamen folia deteriora (e. g. f. 115, 132-135), non ad amussim praecisa, rugata interdum et undosa facta (f. 85-86, 120, 131, 132); lacunae naturales (f. 30, 50, 67, 86, 95, 96, 119, 123); lacuna suppleta f. 97, sarta olim: f. 120; angulus inferior rescissus f. 20, 25, 121.

S c r i p t u r a   e t   o r n a m e n t a : Sententiarum textus littera bastarda diligentissime una manu, s. XIV ex. exaratus. Duarum columnarum schema, quarum unaquaeque 24-29 versus continet (cf. f. 107v-116r, 5r, 6r-v, 15r); columnae ca 2 cm a se invicem distant. Margines exteriores duplici linea ducti. In membrana perforationes conspiciuntur marginum schemati efficiendo. Qui, commento inscribendo destinati, admodum lati comparati sunt: inferior ca 12 cm, exterior ca 9 cm, superior ca 6,5 cm, circa dorsum angustissimus: 4,5 cm. Marginum lineae atramento rubro ductae, etiam in foliorum extremitatibus et iuxta dorsum. Idem schema in cod. BJ 1537. In f. 5v, 38r--39v, 43v-44r, 45v-75v, 76v-78r commentum marginale breve, super Sententiarum fragmenta selecta, manu, quae illi codicis scribae simillima videtur, exaratum. Commentum manu Nicolai Wigandi de Cracovia (eius script. cf. in cod. BJ 1770, p. 398: *Frater meus, Io⟨hannes⟩ Wygandi solvit sororio Iohanni Statschreber pro libris* ...; de eo cf. infra: Cod. orig. et fata) saepissime in marginibus lateralibus et superioribus, non tamen continuum: f. 4v-46v, 50r (sub anteriore textu adscr.), 118r-121v. Commento carent f. 76r, 78v-117v, 122r-139v. Rubricationes. In f. 5r littera initialis magna atramento rubro et caeruleo depicta et ornamento lineari decorata; aliae, paulo minores, simili modo ac ratione effectae, in f. 7r, 8r, 15r, 20v, 23r, 24v (cf. simillimam decorationem in cod. BJ 1537). Accedunt in toto codice parvae litterae initiales plurimae, rubrae et caeruleae alternae. In margine superiore distinctionum capitula singula designata: *d. IX* f. 23r; *XIX* f. 56v; *XXI* f. 63v, *d. XXIII* f. 68r; *XXIIII* f. 69v; *25* f. 75r; *36* f. 102r; *43* f. 118r; auctores in textu citati nec non interpunctionis signa rubra.

N o t a s   e t   g l o s s a s plerumque commentum marginale constituit (cf. Script. et ornam.) nec non glossa interlinearis in quibusdam locis. In f. 5v post commentum scribae anonymi: *Triplici autem. Hic ostendit causam institucionis sacramentorum* ... haec manu Nicolai Wigandi de Cracovia adscripta sequuntur: *Triplici autem. Hic ostendit causam institucionis sacramentorum ... Nota secundum Hugonem* ...; similiter in f. 38r: *Et sicut. In hac distinccione XV*[a] *Magister determinat de integritate penitencie ... Et nota, quod contra istum errorem* ...; et in f. 50r: *Nunc priusquam hic Magister, antequam solvat auctoritates in oppositum ... quia fit dignus venia ex desiderio sacerdotis, qui crimen confitetur socio.* Manu Nicolai Wigandi, e. g. f. 27v adnotatio: *Alia opinio falsissima*; f. 30r: *Nota: De fraccione hostie est opinio* ...; *Prima opinio*; *2*[a] *opinio, 3*[a] *opinio; de Conse. di. II: Ego Berengarius* [Turonensis, cf. Corpus iuris canonici, 1328; in columna b textus: *ex confessione Berengarii, qui confessus est coram Nicolao papa* [II] *et pluribus episcopis* ...]; f. 33r: *Versus: Ara crucis tumulique calix* ...[cf. Walter, Initia, 1389]; f. 38v: *Cur homo torquetur, ne fastus ei duretur ... ut ei meritum cumuletur* ...[cf. Ibid., 3927]; *item versus: Iob probat, inclinat Paulum, sese manifestat in ceco, purgat Mariam, punit Herodem* [cf. Ibid., 9864]. Textus partes selectae in omnibus paene foliis, ubi Nicolai Wigandi commentum marginale invenitur, glossa interlineari instructae sunt, e. g. f. 5v, 7r, 8v-12r, 21r, sqq. Accedunt eiusdem signa emendatoria peculiaria in forma circuli parvi lineola horizontali ornati dextra (f. 6r, 11v, 15r, 18r), vel sinistra parte (f. 24r, 33r-v), vel crucis parvae (f. 7r), vel etiam circulorum duorum et lineola horizontali (f. 28r, 30v, 35r). Pauli de Worczin quoque signa emendatoria occurrunt, quae anguli paululum obtusi puncto interius ornati formam in mentem adducunt, e. g. f. 5r-v, 40r, 47v, 50r, 52r, 60v-61r, 93v-94r, 96r-97v, 137v-139v (de Pauli de Worczin autographo cf. Rebeta, Komentarz, 79-83, i. a. cod. BJ 502, f. 262r--263v et marginalia; 1446, f. 1r-48r, 113v-164v; 1649, f. 101r-130r). Maniculae variae in f. 5r, 109v.

C o m p a c t u r a codici contemporanea, s. XV in. confecta adhibitis tabulis ligneis crassis partim corio obtectis, cui ruber color imbutus est, sine ullis ornamentis. Codex olim cingulis duobus et ligulis in anteriore integumento claudebatur, quorum vestigia sola exstant. Dorsum planum, ligamenta quattuor duplicia. Codicis capiti et calci lora obsuta. Volumen non adaequatum. Codicis status: compactura multum demolita. Corium valde detritum, incompletum, delabitur. Tabulae anterioris ligamenta dorsalia tria rupta, tabulae posterioris fatigata et rumpi incepta. Tabula anterior uno tantum ligamento codici astringitur. F. 2-3 erepta, f. 4 plicatum. Ceterum volumen ipse bene asservatur.

C o d i c i s o r i g o e t f a t a : Tempus codicis nostri (similiter atque cod. BJ 1537) originis, h. e. s. XIV ex., scripturae et ornamentorum modus atque ratio indicant. In nota ad originem spectanti in f. 1r, quae manu Francisci de Brega scripta esse videtur, legitur: *Quartus liber Sentenciarum, quem dedit pro Collegio M⟨aiori⟩ Nicolaus Wygandi* [cf. Kowalczyk, Franciszek z Brzegu, 127]. Scimus autem, quod Nicolaus Wigandi a. 1397 decretorum doctor in Universitate Pragensi creatus est, at theologiae iam Cracoviae studuit. Conicere ergo nos licet Nicolaum Sententiarum codicem Praga Cracoviam vexisse, et sequenter, iam Cracoviae, commentum ca a. 1406 scripsisse (cf. de eo cod. BJ 826 descr.; K. Ożóg, Mikołaj Wigandi z Krakowa, [in:] Profesorowie Prawa UJ, 291-293). Codice etiam Paulus de Worczin usus est, quod signis eiusdem peculiaribus in codice scriptis indicatur (cf. Notas). Signaturae antiquae: Fasseau: *621*; topogr.: *CC IV 17*. In cingulo chartaceo inter f. 61 et 62 inserto: nr. *359* et *20*.

B i b l i o g r a p h i c a : Wisłocki, Katalog, 375; Filozofia w Polsce, 272; Zathey, Biblioteka, 63; Kowalczyk, Franciszek z Brzegu, 123, 127; Nowak, Przyczynki, 285-286.

KW, RT

1537

Lat., XIV ex. et XV in., membr., cm 36,5×26,5, f. 100+I.

1. f. 1r-94v: Petrus Lombardus, Sententiarum liber II

Incipit Prologus in librum secundum. Que ad misterium ... ad consideracionem creaturarum transeamus. Explicit prologus. Incipiunt capitula secundi libri: Quod unum est rerum principium, non plura ...[f. 3r]... *An aliquando resistendum sit potestati. Expliciunt capitula.* [Adnotationes ad Sententias Petri Lombardi] *Nota, quod in tribus locis non tenetur Magister in secundo libro. Primus est, quod in angelis premium precessit meritum, d. 5, c. ultimo ...*⟩⟨*... Tercius est, ubi dicit, quod nihil extrinsecum transit in veritatem ... in futuro resurget, dist. 30, cap. 2°* [alia manu add.; cf. cod. BJ 1521 descr., nr. **6**]. [F. 3v] *Incipit liber secundus. Unum esse rerum principium ostendit non plura, ut quidam putaverunt.*

— *Creacionem rerum insinuans Scriptura* ...)(... *nulli potestati obediamus. Explicit liber secundus.*

Cf. cod. BJ 1512 descr., nr. **1**.

2. f. 3r-94v: Nicolaus Wigandi de Cracovia, Commentum marginale in II librum Sententiarum Petri Lombardi

— *Creacionem rerum.* — *Supra in primo libro Magister determinavit de Deo, quantum ad racionem sue naturalis perfeccionis. In isto secundo determinat de ipso, inquantum eius perfeccio et bonitas relucet in operibus creacionis et in rebus creatis. Et dividitur in XLIIII distincciones. In prima determinat de emanacione creaturarum a Deo in generali* ...[f. 20v] *Hoc eciam. Dist. X^{a}. Supra Magister determinavit de distinccione ordinum, hic determinat de misterio ordinatorum* ...[f. 36r] *Post hec. Dist. XX^{a}. Supra determinavit Magister de inmortalitate primi hominis* ..., *hic determinat de generacione filiorum* ...[f. 61v] *In superioribus. Dist. XXX^{a}. Postquam egit de peccato primorum parentum* ..., *hic agit de peccato parvulorum* ...[f. 85v]... *Post hec. Dist. 40^{a}. Supra Magister egit de peccato respectu actus interioris, hic determinat, quando actus exteriores dicantur boni vel mali* ...)(... *ultimo Deum time et mandata eius observa. Iste est finis loquendi. Petrus de Tha⟨rantasia⟩.*

Cf. Włodek, Krakowski komentarz, 137-138 (sine auctoris nomine); Markowski, Spis, 265-266; Id., Dzieje Teologii, 110-112 (nostrum cod. silentio praeteriit), 245; RS 722,1: Richardus de Mediavilla (introductio cum nostri commenti initio fere congruit); cf. etiam cod. BJ 1598. Commentum in librum IV Sententiarum in cod. BJ 1536, f. 4v--75v, 76v-78r, 118r-121v.

f. 95r-100v vacua, marginum schemate instructa.

F a s c i c u l i : 1-9^{5+5} (f. 1-90); 10^{6+5} (f. 91-100, folium ultimum desideratur). Reclamantes in fasc.: 2, 4-6, 8-9, in fasc. 7 praecisa.

M e m b r a n a potius crassa, quaedam tamen folia aliis tenuiora (cf. e. g. f. 7, 15), deterioris qualitatis, in parte inferiore praecipue (cf. e. g. f. 63-70, 73-78). Membrana defectiva: f. 3, 38, 84; suturae vestigia f. 3, 52, 58, 65, 69, 78, 82; anguli inferiores inaequi vel praecisi: f. 6, 13, 19, 56, 57, 63, 65, 73-75, 77; membranae partes inferiores rugosae: f. 45-46, 59, 66, 83, 88, 95; membranae partes superiores rugosae: f. 3, 8; obsoleta: f. 11-12, 20v-23v, 44; folii 64 partis inferioris minores dimensiones.

S c r i p t u r a e t o r n a m e n t a : Sententiarum textus littera bastarda diligentissime una manu, s. XIV ex. exaratus. Similiter atque in cod. BJ 1536 duarum columnarum schema, quarum unaquaeque 28-32 versus continet (cf. f. 78r, 11r); columnae ca 2 cm a se invicem distant. Margines exteriores duplici linea ducti. In membrana perforationes conspiciuntur marginum schemati efficiendo. Qui, commento inscribendo destinati, admodum lati comparati sunt: inferior ca 12 cm, exterior ca 6,5 cm, superior ca 7 cm, circa dorsum angustissimus: 4,5 cm. Lineae marginum atramento rubro ductae, etiam in foliorum extremitatibus et iuxta dorsum. Idem schema in cod. BJ 1536, quo Commentum marginale in librum IV Sententiarum Petri Lombardi continetur. Commentum marginale manu Nicolai Wigandi de Cracovia saepissime in marginibus lateralibus et superioribus exaratum, multa tamen loca eidem inscribendo vacua exstant. Magis copiosum in f. 3v-4v, 6r, 9v, 12v, 22r-24r, 49v, 74v-75r, 86r et aliis (Nicolai Wigandi de Cracovia scripturam cf. in cod. BJ 1770 nec non commentum marginale in cod. BJ 1536; de eo cf. Cod. orig. et fata). Rubricationes. In f. 1r et 3v, litterae initiales magnae, quarum altitudo 9-10 scripturae versibus aequa, atramento rubro et caeruleo depictae et ornamento ad instar vitrearum devolutionibusque in marginibus decoratae; his minores, quarum altitudo 3-4 scripturae versibus aequa, similiter ornatae, in f. 12r, 13v, 16r, 18r, 20v, 24v, 26r, 27v, 29r, 30v, 34r, 36r, 38, 40r, 43r, 45r, 48v, 52r, 58v, 60r, 61v, 65r, 67r, 69v, 72v, 74v, 77v, 80r, 82r, 84r, 85v, 88r, 89v, 91v, 94r. Capitulorum et distinctionum tituli, auctores in textu citati nec non interpunctionis signa, etiam in commentario, rubra. Accedunt in toto codice parvae et simplices litterae initiales plurimae, rubrae et caeruleae alternae.

N o t a s e t g l o s s a s plerumque commentum marginale constituit (cf. Script. et ornam.) nec non glossa interlinearis incontinua manu Nicolai Wigandi de Cracovia scripta. Saepe occurrunt eiusdem signa emendatoria peculiaria in forma circuli parvi, lineola horizontali ornati dextra parte locis, ubi commentarium breve seu glossam super Sententias adscripsit, e. g. f. 6r: *Nota, quod hic non accipit primum* ..., f. 31r: *Materia enim natura dicitur* ...; vel parte sinistra, e. g. f. 10v: *Sic catulus est perfectus* ..., 15r: *Hoc dicit ad differenciam spiritualium et invisibilium* ..., f. 28v: *Quia individua conservat in esse* ...; vel forma circuli lineolis duabus in utraque sui parte ornati, e. g. f. 3v: *Quia infinita est distancia* ..., f. 27v-28r, seu crucis parvae, e. g. f. 10v: *Et hic consonat dictum Philosophi V° Metaphysice* ...; vel etiam circulorum duorum et lineola horizontali, e. g. f. 6v: *scilicet Auicenne et Grecorum* ..., 7v: *non omnino sicut Deus, sed respectu inferiorum*, 16v-21r, 31r-v, 35r-36v, 46r-48v, 71r, 78r-79r, 92r-93r, 94v. Manu, quae Matthiae de Colo attribui solet, notae brevissimae factae, dum codice utebatur, e. g. in f. 41r, 42v, 44r-v, 45v-46r, 59r (eius scripturam cf. in cod. BJ 818). Alia manu in f. 7r: *Nota: Corpus supremum dicitur celum* ..., f. 11v-12r. Manu ignota f. 6v: *Angeli dicuntur astra, quod Deo assistunt* ...; 7r: *Nota, corpus supremum dicitur celum* ...; f. 11r: *Dicit Bo⟨na⟩ven⟨tura⟩, quod eadem est gracia* ...; 12r: *Est similitudo nature* ... Maniculae variae, f. 6v, 39v, 45r (rubro), 54v (haec Matthiae de Colo attributa).

C o m p a c t u r a codici contemporanea, tabulis ligneis admodum crassis confecta, corio olim claro, nunc obscuro facto, obtectis, ornamento lineari simplici decorato. Codex olim cingulis duobus et ligulis in anteriore integumento claudebatur, quorum vestigia sola exstant. Inscriptio in corii tabulae anterioris parte superiore: *Secundus liber Sentenciarum.* Dorsum planum, glutinae tamen exsiccatae causa, aliquantulum concavatum factum. Ligamenta quattuor duplicia; codicis capiti et calci lora texta obsuta. Volumen supra et infra adaequatum, membranae extremitates tamen dorso oppositae extra tabulas exstant, quod dorsi concavati causa factum est. Postfolium membr.: f. I vacuum, olim tabulae agglutinatum fortasse erat, cf. glutinae vestigia in eo et tabula relicta. Codicis status: Ipse volumen bene asservatur. F. I squalore a compactura obsitum; integumenti corium, posterioris praecipue, multum demolitum, detritum, scissum, squalidum et incompletum.

C o d i c i s o r i g o e t f a t a : Tempus codicis nostri (similiter atque cod. BJ 1536) originis, h. e. s. XIV ex., scripturae et ornamentorum modus atque ratio indicant.

Non impossibile videtur codicem nostrum a Nicolao Wigandi Praga Cracoviam vectum esse, qui postquam in Universitate Pragensi a. 1397 decretorum doctor creatus est, Cracoviae demum theologiae studuit et commentum marginale manu propria ca a. 1406 adscripsit (cf. de eo cod. BJ 826, 1536 descr.). Signaturae antiquae: Kucharski scripsit: *Liber secundus Magistri Sententiarum cum glossis.* Fasseau: *352*; topogr.: *CC IV 16.*

B i b l i o g r a p h i c a : Wisłocki, Katalog, 372; Włodek, Krakowski komentarz, 137-138 (codicis descriptio), 158; Nowak, Przyczynki, 285-286.

ZS, RT

1538

Lat., XIII ex. et ca 1446, membr., cm 33×23, f. 197+II.

1. f. 1r-195v: Petrus Lombardus, Sententiarum libri I-IV

[Prol. Absque fine] —*⟨C⟩upientes aliquid de penuria* ...⟩⟨... *et lucernam veritatis in candelabro exaltare*|| [Cap. I lib.; f. 1v] *Omnis doctrina est de rebus vel de signis* ...⟩⟨[f. 4r]... *utrum passiones sanctorum debeam⟨us⟩ velle. Hoc est registrum super primum librum Sentenciarum.* [F. 4r fortasse manu Ioannis Isner adscr.:] —*Iste liber Sentenciarum tamquam fluvius paradysi in 4 capita, id est in 4 libros parciales, quorum librorum divisiones penes principale subiectum seu materiam accipitur* ...⟩⟨... *in quarta de die resurreccionis* [Cf. RS 690: Petrus de Tarantasia, Com. in IV lib. Sententiarum, dist. 1, divisio]. [Adnotationes ad Sententias Petri Lombardi] *Hee* [!] *sunt distincciones, in quibus* [*Magister non tenetur* – inter lineas adscr.]. *Quod caritas, qua diligitur Deus* ...⟩⟨... *et ad sacros ordines accedere prohibet* [cf. cod. BJ 1521 descr., nr. **6**]. [Prol.; f. 4v] —*Cupientes aliquid de penuria* ...⟩⟨... *capitula distinguuntur premisimus.* [Textus; f. 5r] —*Veteris ac Nove legis continenciam* ...⟩⟨[f. 195v]... *via duce pervenit. Explicit liber Sentenciarum editus a magistro Petro Lombardo, episcopo Parisiensi.*

Cf. cod. BJ 1512 descr., nr. **1**. Lib. I: f. 1r-62r; II: f. 62r-111v; III: f. 111v-145v; IV: f. 145v-195v.

2. f. 1v-195r: Benedictus Hesse de Cracovia, Principia et Commentum in I-IV libros Sententiarum Petri Lombardi, additis Quaestionibus ex Commento 'Utrum Deus gloriosus' et ex Ioannis de Dambrowka quaestionibus depromptis

[Lib. I: Princ.; f. 1v] —*In nomine Sancte et Benedicte Trinitatis atque semper individue Patris et Filii et Spiritus Sancti ... Act. 17* [, 28]. —*Ad laudem et honorem Iesu Christi, in cuius nomine omne genu flectitur celestium, terrestrium et infernorum* [Phli 2, 10]... *4 facere concitavi principaliter in hoc actu: Primo ante omnia debeo invocare divinum auxilium* ...[Invocatio] *Principale primum* [in marg.] —*Quantum igitur ad primum, scilicet ad divini nominis invocacionem, confiteor, quod me compellit gracie divine magna necessitas* ...⟩⟨... *tandem perveniamus ad vitam eternam. Quam nobis prestare dignetur Filius eiusdem Virginis, qui cum Patre vivit et regnat ... Amen.* [*Principale* 2^{m} – in marg.; Recom. Sacrae Scripturae et theol.] —*Et quia sic invocato divino auxilio et eodem salvo conductu venio ad* 2^{m}, *scilicet recommendacionem Sacre Scripture, divinitus inspirante. Verumtamen est, quia ut plurimum perturbat auditores ... et igitur ad prosequendum sacre theologie recommendacionem, que communiter fit et facta est sepius per magistros meos in scolis Theologice Facultatis, quid dicere deberem ... Amplius, fili mi, ne requiras, scilicet faciendo plures recommendaciones* [Eccle 12, 12]. —*Qua igitur presumpcionis temeritate me deberem ingerere ad recommendandum Sacram Scripturam ... Ad cuius prosecucionem repeto thema meum, quod assumpseram in legendo cur⟨su⟩*: —*Mis⟨it verbum su⟩um et sanavit eos, Psalmo centesimo 6* [, 20]. *Venerabiles patres ac domini prestantissimi.* —*Quanta mala inflicta sunt homini propter inobedienciam* ...[f. 2v]... *In quibus quidem verbis sic ruditer introductis iuxta materias parciales huius huius* [!] *libri Sentenciarum, que in* 4^{or} *libris parcialibus pertractantur, 4 innuuntur: Primo innuitur immense divinitatis mira altitudo* ...⟩⟨... *qui verbum meum audit et credit, habet vitam eternam. Quam nobis prestare dignetur missus in mundum pro redempcione generis humani, qui est benedictus in secula seculorum. Amen* [cf. RS 1356. Idem textus Benedicti Hesse de Cracovia inde a vocabulis: *Amplius, fili mi* ... in cod. BJ 1518, f. 1r-2v]. [Quaestio; f. 1v] —*Utrum viator per studium sacre theologie possit ad evidenciam veritatum theologicarum de communi lege pervenire. Et arguitur ad partes questionis, et primo, quod questio sit vera* ...⟩⟨[f. 4v]... *Corolarium tercium: Questio intellecta ad hunc sensum conclusionis est vera, sed racio ante oppositum prima solvitur per primam conclusionem, sed secunda per racionem primi articuli. Quartum principale requiris in primo folio* [signum emendatoris?]. [Ead. quaestio in cod. BJ 1518, f. 4v-10v]. [Gratiarum actio; f. 1r] *Principale* 4^{m} [in marg.] —*Et quia considerans illud Apostoli, prima ad Cor. IV* [, 7]: *Quid habes, quod non accepisti, confiteor me multa beneficia accepisse, que habeo ... Deinde regracior honorabili viro, domino Petro, archidiacono Cracouiensi. Eciam regracior dominis doctoribus sacre theologie professoribus, qui me ex benignitate ipsorum ad legendum cursum meum, scilicet Sentencias, admiserunt ac eciam vocaverunt ad continuandum quartum librum loco magistri Sigismundi felicis recordacionis. Presertim tamen regracior domino meo magistro Francisco, decano Facultatis Theologie, qui me ad legendum cursum presentavit. Nunc autem regracior magistro meo Iacobo de Nova Sandecz, qui me presentavit ad legendum Sentencias ...*⟩⟨*... gracia igitur Iesu Christi Domini nostri sit semper cum omnibus nobis. Amen.*

[De causis Sententiarum; f. 5r in marg. inf.] *Nota. —De causis huius libri, prout in aliis libris consuetum est dici, et primo dicendum est de causa efficiente ... Causa formalis consistit in forma et in modo procedendi et in divisione libri, de qua etc.* ⟨*dicetur in agressu littere. Et has causas omnes tangit Magister*⟩ *...*⟩⟨*... utitur Sacra Scriptura ad manifestandum aliqua, que tradunt in ea etc.* [Id. textus in cod. BJ 1518, f. 20r-v. Fragm. initiale textus in cod. BJ 325, f. 130r (Sigismundus de Pyzdry) usque ad vocabula: *de qua dicetur in agressu littere*].

[Benedictus Hesse de Cracovia, Com. in Prol.; f. 5r in marg. sup.] —*Cupientes aliquid. —Iste liber dictus Sentenciarum prima sui divisione dividitur in tres partes: in prologum, tractatum et epylogum ...*⟩⟨*... pro salute populi aliquid preroganti per doctrinam et scripturarum declaracionem* [Id. textus in cod. BJ 1518, f. 20v]. [Com. in lib. I] —*Veteris ac Nove. —Finito Prologo incipit tractatus, qui dividitur in tres partes. In prima premittit Magister divisionem unam prohemialem ad totum tractatum sequentem ...*[f. 5r infra] *Veteris ac Nove legis. Iste liber seu tractatus dividitur in 4 libros parciales ...*⟩⟨[f. 60v]*... per accionem Iudeorum malam, non per voluntatem christianorum bonam* [!] *etc.*

[Quaestiones ex Com. 'Utrum Deus gloriosus' et ex Ioannis de Dambrowka quaestionibus depromptae; f. 5v-61r]. *Questio distinccionis prime* [in marg.] —*Utrum Deus gloriosus sit solus obiectum ordinate* [*fruicionis* – suprascr.] *in patria et hic in via. Quod non probatur: Illud, quod est per se bonum, est obiectum beate fruicionis ...*[Ioannes de Dambrowka; f. 5v] *Utrum formalis beatitudo hominis sit fruicio nostre create voluntatis. Et arguitur non ...*[ead. q. in cod. BJ 764, p. 378; 1521, f. 12r; 1532, f. 7v; 1764, f. 175r-176r (codex autographus)]. [F. 23v] *Questio circa inicium primi libri: —*⟨*U*⟩*trum preter sensum littere in contextu solius Sacrae Scripturae plures sensus sint ponendi pro excellencia ipsius singulari. Et arguitur non ...*[cf. cod. BJ 764, p. 319; 1521, f. 14v; 1532, f. 6r; 1764, f. 174r; 2203, f. 27r-30r]. [F. 31v]*... Questio distinccionis 23: —*⟨*U*⟩*trum in divinis hec nomina: persona, substancia et essencia predicentur singulariter vel pluraliter. Et arguitur non de persona ...*[cf. cod. BJ 1764, f. 211v-212r; 2203, f. 89r]. [F. 47v]*... Questio dis-*

tinccionis 37: —*⟨U⟩trum increatum esse presencialiter, essencialiter et proprie dicitur esse semper et ubique. Et arguitur, quod non* ...[cf. cod. BJ 1521, f. 33r]. [F. 53v]... *Questio dist. 41:* —*⟨U⟩trum reprobacio possit inmutari precibus sanctorum. Quot* [!] *sic, arguitur* ...[f. 60v]... *Questio distinccionis 48:* —*⟨U⟩trum teneamur in omnibus nostras voluntates divine conformare. Quot* [!] *non. Impossibile est voluntatem hominis* [ead. q. in cod. BJ 1620, f. 255r-v] ...⟩⟨[f. 61r]... *in finem vite sue et post hanc vitam, eternam consequetur beatitudinem. Quam, ut omnes adipisci valeamus, nobis concedere dignetur ipsa B⟨enedicta⟩ Trinitas,* [*Pater et Filius et Spiritus Sanctus* – inter lineas adscr.], *unus Deus in secula seculorum benedictus. Amen.*

[Lib. II. Princ.; f. 61v: Recom. Sacrae Scripturae. Absque initio] —*Circa materiam 2^{i} libri Sentenciarum nota, quod Sacra Scriptura redditur quadrifarie commendabilis. Primo ab eminencia prodi⟨gi⟩osa mirifice contentiva* ... —*Misit verbum suum et sanavit eos* ...[Ps 106, 20]. —*In quibus ⟨verbis⟩, ut dictum est in principio primi libri, quattuor materiam 4 librorum parcialium tangencia innuuntur. Dimissis aliis accedo ad secundum, in quo tangitur nostri Creatoris ponderanda bonitas et hoc tangitur, cum dicitur: suum* ...⟩⟨[f. 62r]... *hic per speciem et in enigmate et postea facie ad faciem ⟨in⟩ lumine glorie. Cuius nos dignos efficiat* ... *Amen* [Textus completus in cod. BJ 1519, f. 1r-3v (nostrum fragm. incipit in f. 2v, v. 18); 1526, f. 3v-5r]. [Quaestio] —*Questio respiciens totum secundum librum est ista, ut sequitur:* —*Utrum totum universum inicium habeat ab unico principio agente ex libera voluntate et non ex necessitate. Arguitur, quod non* ...⟩⟨[f. 63v]... *ut scilicet habeat esse post non esse et ut manifestius declararet suum auctorem. Et per hoc patet, quid sit dicendum ad istam questionem, quando qu⟨er⟩itur, utrum etc.* [Ead. q. in cod. BJ 1519, f. 5r-6v, 4r; 1526, f. 5r-7r].

[Prol. Com.; f. 64r] —*Liber iste secundus agit primo de hominis condicione, secundo de eiusdem lapsu et temptacione* ... —*Supra in primo libro Magister determinavit de Deo, quantum ad racionem sue naturalis perfeccionis* ...[Com.] —*Nota, quod Magister ex conclusione posita supra, scilicet quod omnes res distincte* ...⟩⟨[f. 111r]... *quia ad hoc instituta est, ut sibi debita obediencia impendatur* [textus noster in cod. BJ 1519 usque ad f. 350v; in 1526 usque ad f. 244v].

[Quaestiones ex Com. 'Utrum Deus gloriosus' et ex Ioannis de Dambrowka quaestionibus depromptae; f. 64v] —*Utrum sit tantum unum principium omnium citra se visibilium et invisibilium rerum effectivum. Quot* [!] *non. Duo sunt principia contraria: unum bonorum et alterum malorum* ...[ead. q. in cod. BJ 1435, f. 108r; 1620, f. 256r]. [Ioannes de Dambrowka; f. 65r]... — *Utrum Deus gloriosus sit omnium rerum citra se principium effectivum. Et arguitur, quod non* ...[ead. q. in cod. BJ 1764, f. 247r; 1532, f. 55r]. [F. 111r]... —⟨*U*⟩*trum omnis potestas sit a Deo. Quot* [!] *non arguitur primo: Potestas peccandi non est a Deo* ...[ead. q. in cod. BJ 1519, f. 351v; 1620, f. 294r] ...⟩⟨... *alie due arguunt de inordinatione perveniendi ad prelacionem vel de abusu. Et sic patet, quid sit dicendum ad questionem, quando queritur: Utrum omnis potestas.*

[Lib. III. Princ.; f. 111v: Recom. Sacrae Scripturae. Absque initio] — *Circa tercium librum Sentenciarum nota: Sicud* [!] *patuit circa inicium primi libri Sentenciarum, quod Sacra Scriptura redditur commendabilis quadrupliciter: Primo ab eminencia prodi⟨gi⟩osa mirifice contentiva* ... — *Misit verbum suum et sanavit eos* [Ps 106, 20]. — *Que sunt verba coram vestris reverenciis in principio quoad principium 3ⁱ libri Sentenciarum proposita. In quibus quidem verbis 4 innuuntur. Primum immense divinitatis mira altitudo et hec, cum dicitur: Misit* ...⟩⟨[f. 112r]... *videbimus revelata facie post hanc vitam. Quod nobis concedat Christus pro nobis natus, qui est benedictus in secula seculorum. Amen.* [Quaestio; f. 112r, 109v-110r] —⟨*U*⟩*trum adveniente plenitudine temporis congruum erat Filium Dei incarnari pro reparacione generis humani. Et videtur, quod non. Magnitudo amoris causat donum ... in hoc enim manifestatur Dei ulcionis severitas, qua tantos clamores* [f. 109v] *et luctus hominum tanto tempore sustinuit, antequam vellet descendere* ...[f. 110r]... *sed non necessitas consequencie, ut sufficienter determinatum est in primo libro. Ad argumentum principale respondetur, quod amor* ...⟩⟨... *si enim medicus statim a principio egritudinis medicinam daret infirmo modicum proficeret, quia ille contempneret sic.* [Infra textum: *Residuum huius questionis requiris supra 3ᵒ folio* (= f. 109v-110r) *circa signum* ⋇.

[Com.; f. 112v-144v] — *Cum venit ergo.* — *Liber tercius, in quo agit de sacramento incarnacionis Filii Dei* ...⟩⟨... *feras occidit viciorum. Quod nobis facere dignetur Ihesus Christus cum Patre et Spiritu Sancto benedictus in secula seculorum.* [Idem textus Benedicti Hesse de Cracovia inde a vocabulis: *Sacra Scriptura redditur commendabilis* ... in cod. BJ 1531, f. 2r-315r; Gnesna, Bibl. Capit. 166, f. 8v-326r].

[Quaestiones Ioannis de Dambrowka et quaestiones nonnullae ex Com. 'Utrum Deus gloriosus' depromptae; f. 112v in marg. inf.] *Questio 3ⁱⁱ, distinccionis prime* [in marg.; Ioannes de Dambrowka] —⟨*U*⟩*trum personam Filii magis decuit incarnari quam personam Patris et Spiritus Sancti. Et arguitur non* ...[ead. q. in cod. BJ 764, p. 442; 1521, f. 65v;

1532, f. 96r; 1764, f. 301r-302r] ...[f. 115r]... *⟨U⟩trum efficiencia incarnacionis Christi inter ceteras personas in divinis magis debeat Spiritui Sancto appropriari. Et arguitur non* ...[ead. q. in cod. BJ 1531, f. 320v] ...⟩⟨[f. 145r]... *littera occidit, Spiritus vivificat* [2 Cor 3, 6], *hic per graciam et ibi per gloriam.*

[Lib. IV. Princ.; f. 145v: Recom. theol.] —*Circa inicium quarti libri Sentenciarum in isto actu tria sunt consideranda. Primo recommendenda* [!] *est sacra theologia et hoc quoad quartum librum, 2° questio determinanda, 3° referende sunt graciarum acciones. Pro primo nota, quod Sacra Scriptura, ut predictum est, redditur commendabilis quadrupliciter. Primo ab eminencia prodi⟨gi⟩osa mirifice contentiva ... Sic igitur in verbis thematis proposita tria tanguntur, scilicet confeccio medicine et sanacio ab infirmitate, et liberacio a morte. Confeccio medicine tangitur in hoc, quod dicitur: Misit verbum suum* [Ps 106, 20], *quod quidem referendum est ad verbi incarnacionem ...⟩⟨... et maxime sciencia 4^i libri determinat de sacramentis, que sunt quoddam verbum missum et datum ad sanandum animas infirmas ... —Misit verbum suum et sanavit eos* [Ps 106, 20]... —*In quibus quidem verbis sic introductis prosequendo divisionem meam factam in principio meo primi libri iuxta materiam 4 librorum, 4 in istis verbis innuuntur: Primo innuitur immense divinitatis mira altitudo et hoc cum dicitur: misit ... 2° tangitur nostri Creatoris ponderanda bonitas in hoc, quod dicitur: suum* ...⟩⟨[f. 146r]... *ibunt in vitam eternam. Et hec tunc erit vera sanitas et perfecta, ut dicit Augustinus, Super Io⟨annem⟩, sermone 15.* [Quaestio] *Expedito primo, divino suffragante auxilio, venio ad 2^m et moveo istam questionem ... — U⟨trum⟩ Nove legis sacramenta pro salutis assecucione tempore gracie necessario fuerint instituta. Et arguitur non* ...[f. 146v]... *arguit pro prima parte conclusionis, ibi: Augustinus necessarium capit pro utili, ut tactum est in notabili et in correlario 2° conclusionis 3^e etc. Et sic patet, quid sit dicendum ad questionem.* [Ead. q. in cod. BJ 764, p. 504-506; 1764, f. 364r-367r]. [Com.] —*Samaritanus enim vulnerato etc.* —*Postquam Magister in 3° libro* [*determinavit* – in marg.] *de missione Verbi incarnati, hic in isto 4° determinat de effectibus Verbi incarnati, et dividitur iste liber totalis in duas partes. In prima determinat de sacramentis* ...⟩⟨[f. 194v]... *de quibus egit in 2°, 3° et 4°, pervenit ad pedes, id est ad ea, que in fine mundi et post agentur. Et sic est finis huius operis, pro quo Deus gloriosus sit benedictus in secula seculorum. Amen.* [Idem textus in cod. Gnesna, Bibl. Capit. 165].

[Quaestiones Ioannis de Dambrowka; f. 147r] *Istam questionem requiris supra in 3º libro circa distinccionem 3am etc.* (= f. 113v)]. *Questio li⟨bri⟩ 4i, dist. prime: — U⟨trum⟩ Nove legis sacramenta gracie, quam conferunt, sint effectiva causa. Et arguitur non* ...[f. 141r]... *Questio 4i dist. 37: — U⟨trum⟩ sacramentum sacri ordinis impediat copulacionem coniugalis federis. Et arguitur non* ...)(... *pulcritudo sine deformitate, veritas sine falsitate, caritas sine invidia, felicitas sine miseria. Quam felicitatem nobis concedere dignetur, qui virtute perfecta vivit et regnat Deus per secula benedictus. Amen.*

Cf. RS 383, 1055, 543; Półtawski, Communis lectura, 24-27 (index titulorum quaestionum: 'Utrum Deus gloriosus'); Markowski, Jakub z Nowego Sącza, 6; Id., Wykłady wstępne, 339-340; Włodek, Krakowski komentarz, 152-155; 158-159 (index titulorum quaestionum: 'Utrum Deus gloriosus'); Markowski, Pierwsi bakałarze, 290--291; Id., Dzieje Teologii, 140; Scripta manent, XI. Ed. titulorum quaestionum: Ibid., 295-329; ed. Quaestionum ex Commento dicto 'Utrum Deus gloriosus' (lib. I-II): Włodek, Krakowski komentarz, 166-355. Ad lib. I: In marginibus inf. Quaestiones ex Commento 'Utrum Deus gloriosus', cf. cod. BJ 1435 descr., nr. **5**. Praeterea Ioannis de Dambrowka quaestiones ex cod. BJ 1764 in cod. nostro inveniuntur: q. Prologi (f. 23v--24r), et quaestiones dist. 1-16, 17-36, 38-48 (f. 5v-8r, 9v, 10r, 13v-23, 25v-32v). Ad lib. II: In marginibus inf. Quaestiones ex Commento 'Utrum Deus gloriosus'. Locorum codicis nostri indicem, in quibus quaestiones hae scriptae leguntur, item et de ceteris BJ codicibus, ubi eaedem quaestiones asservantur, cf. cod. BJ 1435 descr., nr. **5**. Ioannis de Dambrowka quaestiones ex cod. 1764 posteriore tempore etiam in marginibus inf. huius codicis ad dist.: 1-3, 4, 5-17, 19-26, 28-36, 38-44 adscriptae, in sequentibus foliis inveniuntur: 64v-66v, 67v-72r, 74v-75r, 76v-77r, 75v-76r, 77v-79r, 81v-82r, 83v-84r, 85v-86r, 89v-90r, 92r, 93v-94r, 96r, 95v, 99v, 100r, 101v-102r, 104v-106r, 107v-108r, 98r. Ad lib. III: Ioannis de Dambrowka Quaestiones in dist. 1-40, in sequentibus foliis inveniuntur: f. 112v-113r, 114v-115r, 116v-117r, 118v-123r, 124v-125r, 126v-128r, 130v-130v, 132v-134r, 134r-133v, 134v, 135r, 137v-140r, 141v, 142v-143r, 144v-145r; Quaestiones ex Commento 'Utrum Deus gloriosus' hic leguntur: f. 115r, 118v, 119v, 122v (cf. cod. BJ 1531, f. 320v, 321v, 322v et BJ 1435). Ad lib. IV: Tituli quaestionum in distinctiones IV libri Sententiarum, in marginibus superioribus scripti sunt. Ibidem et relegationes leguntur in libri III distinctionem unamquamque relativam, ubi Ioannis de Dambrowka quaestiones sequentes: 1-33, 35-37 scriptae leguntur; quaestiones in dist. 1--33, 35-37 in cod. nostri in f. 113v-114r, 115v-116r, 117v-118r, 121v-122r, 123v-127r, 128r-130r, 131v-132r, 133v-134r, 135v-137v, 138v-139r, 140v, 141r inveniuntur. Codicum cum quaestionibus Ioannis de Dambrowka elenchus in cod. BJ 1521 descr., nr. **5**.

f. 196r-197v cf. infra nr. **4** et **5**.

3. f. integ. ant. aggl., Ir: Registrum materiae super libros Sententiarum ordine alphabetico digestum

Adam cum Eva si in s⟨tat⟩u innocencie perstitissent, an filios habuissent, l⟨iber⟩ 1, d⟨ist⟩. 20 ...)(... *Universum totum an habeat inicium ab uno principio agente libere et non necessitate, in principio primi.*

4. f. 196r: Concordantiae articulorum fidei

Nomina. Fundator et fundamentum articulorum fidei. Interpretacio nominum [in marg. sup.]. —*Naum, I* [, 15-16]: *Ecce super montes pedes ewangelizantis et annunciantis pacem. Consolator ... Articuli fidei secundum XII apostolos cum concordanciis XII prophetarum. Petrus. Credo in Deum ... Agnoscens ...)(... Augustinus. Nemo liberatur a dampnacione facta per Adam nisi in fide Ihesu Christi. Augens supernam civitatem ... ordinate sunt iste concordancie numero 37 ... David sedens in cathedra etc. usque ad finem, ubi dicitur omnes XXXVII et sunt complete anno Domini 1330 in mense Septembri per fratrem Henricum de Nurenberch, lectorem Ordinis Fratrum Heremitarum sancti Augustini.*

Cf. V. Dokoupil, Soupis rukopisů mikulovské dietrichsteinské knihovny, Praha 1958, 43 (Soupisy rukopisných fondů Universitní knihovny v Brně, 2) (cod. Mk 19, f. 137r-138r).

5. f. 196v-197v: Petri Lombardi Sententiae metrice redactae. Versus memorialis et Expositio

1. —Res. —Totus liber Sentenciarum de rebus et signis, quid sit uti et frui ...)(... L. Tribuit penam male factis et cetera. Perversa voluntas dampnatorum nihil meretur supplici ... quia tunc mali non videbunt bonos, sed e converso.

Cf. cod. 1521 descr., nr. **7**; Walther, Initia, 16652.

6. f. IIr: Notae

Nota, quod Sacra Scriptura IIII modis exponitur, scilicet hystorice, tropoloyce, allegorice et anagoyce. Hystorice ut cum rem gestam narramus ... Allegoria est, cum per unum aliud signatur ... Tropoloyce est, quando illud quod factum est, ad id quod faciendum est ... Anagoya vel analoya est, quando per id, quod factum est vel dictum est, super celestia significamus, ut per Ierusalem civitatem ... Nota. Ubole Grece dicitur yperbole et dicitur ab yper, quod est supra et bole ...)(... quasi alienus a fide.

Cf. Włodek, Krakowska kwestia, 75-81.

***7.** f. Iv: Diploma: 1243, s. l. Fragm. Bernardus vineam Guilelmo de Galberto vendit

Bernardus Guilelmo *de Galberto, pretio septem librarum regalium coronatorum* [!], vineam sitam inter vineam R[...] ex una, Uletinae ex secunda et dicti Guilelmi ex tertia parte vendit, cum totis iuribus et adiacentibus, quae possidet in teritorio *sub dominio Ricani militis.* Bernardus pecuniam debitam recepisse confirmat et de iure suo ad vineam praedictam decedit.

1243, Lat., membr., diplomatis sola pars superior asservatur.

F a s c i c u l i : 1^{2+2} (f. 1-4); 2-13^{4+4} (f. 5-100); 14^{2+2} (f. 101-104); 15-18^{4+4} (f. 105-136); 19^{5+5} (f. 137-146); 20^{6+6} (f. 147-158); 21-23^{4+4} (f. 159-182); 24^{4+5} (f. 183--191); 25^{3+3} (f. 192-197). Reclamantes in fasc. 2-4.

M e m b r a n a meridionalis, variae crassitudinis, modo tenuissima (cf. f. 2-3, 157, 185, 195, alia) modo solida (cf. f. 158, 182, 193, 196 sqq.), altera parte polita et creta illita, altera flavi coloris; pilorum vestigia fere nulla nisi in f. 2v, 3r et aliis paucissimis. Neque margines neque anguli ad regulam praecisi, cf. i. a. f. 2-3, 17, 28, 31, 53, 55, 61, 80 multaque alia, quaedam membranae frustulis agglutinatis ad formam rectam suppleta. Lacunae in f. 21, 27, 31, folia humiditatis causa crispata: 57-65, 197--198. Folia aliis minora: 8-12, 26-28, 197-198, defectus in f. 22, 30, 40, 48, 50, 66, 89, 108, 120-121, 133, 148, 153-154, 160, 162, 172, 177, 191-192, 197-198, anguli inferiores praecisi: f. 22, 41, 46, 48, 87, 189, 193. F. 152 in parte exteriore ruptum.

S c r i p t u r a e t o r n a m e n t a : Folia initialia (f. 1v-4r: tituli capitulorum libri primi Sententiarum), quae ipso Sententiarum textu posterius scripta sunt, fortasse s. XIV ex. et XV in., alia manu, scriptura paulo maiore, litteris initialibus exiguis rubro colore pictis. Sententiarum textus s. XIII ex. diligentissime ab uno scriba littera minuscula Gothica exaratus est. Duarum columnarum schema, ca 45 mm latarum, binis lineis atramento ductum scripturae versus 42-54 habet (cf. f. 55, 190); in f. 62r-v capitulorum index libri II quattuor columnis dispositus. Lineae addititiae commento et glossis inscribendis locum indicant: verticales simplices columnam formant 2,5 cm latam dorsi regione et ca 5,5 cm exterius, horizontales duplices plerumque, marginem efficiunt in parte superiore ca 3 cm latum, in parte inferiore ca 9 cm. In libro IV Sententiarum, inde a f. 147r, margo exterior sua vice divisus, non tamen consequenter, linea simplici atramento verticaliter ducta in duas partes. Schema linearum per intercolumnium pertractum, in sinistram et dextram partem quoque, saepe etiam extra margines porriget. In toto paene codice linea duplex rubra horizontaliter unumquodque folium in duas partes aequales dissecat. Codicis margines aequis intervallis perforati sunt linearum schemati efficiendo. In pagina currenti (quae in f. 137r-146v desideratur) librorum numeri: in sinistra aperti codicis parte rubro vocabulum: *L⟨iber⟩* punctis caeruleis utraque parte clausum; in dextra – libri numerus Romanus rubris punctis utraque parte clausus: *I* caeruleus, *II* caeruleus et ruber, *III* caeruleus, ruber, caeruleus; *IIII* caeruleus, ruber, caeruleus, ruber. Accedunt in angulis superioribus distinctionum numeri minio numeris Romanis et Arabicis inscripti in libris 1-3, nigro atramento in libro 4; quorum numerorum ciffra '2' peculiaris pro s. XIII est; forma eius enim posteriore tempore illam '5' designabat (cf. i. a. f. 29v-38r, 83r sqq.). In columnis tituli distinctionum et capitulorum sequentium rubro atramento inscripti. In quibusdam locis titulis destinatis, quae vacua manserunt, codicis rubricator circulos parvos delineavit, e. g. f. 12v, 40v, 46v-47v, 60r, 94v, 134r, 180v. Interpunctionis signa rubra. Signa emendatoria, eis simillima, quae in Gallicae originis codicibus procedunt (cf. i. a. f. 19r, 30r, 34v, 45v, 51r, 55r, 77v, 156v, 186r (cf. L. Nowak, Nieznany rękopis z biblioteki Jana Isnera, „Biul. Bibl. Jagiell.", XLIX 1999, 80). Commentum et Quaestiones in Sententias Ioannes Proger de Cracovia in marginibus exaravit (scriptura eius hac inscriptione in f. 1r probatur: ... *qui in eo contenta omnia manu propria scripsit preter textum* ...) s. XV dimidio priore (ante et post 1446), littera currenti minuscula, scripturae lineis maxime condensatis. Qui textus post a. 1446 exarati esse potuerunt, quoniam hoc anno Ioannes de Dambrowka librum IV Sententiarum Petri Lombardi legere finivit (cf. Włodek, Krakowski komentarz, 155). Attamen, ut quaestionum in librum I et II ex Commento 'Utrum Deus gloriosus' locus et structura – in marginis inferioris parte superiore – nec non atramenti color – magis obscurus – indicatur, quaestiones hae verisimillime multo anteriore tempore exaratae erant. Quaestiones ex Ioannis de Dambrowka sylloge sumptae in marginis inferioris parte inferiore transcribebantur, vel etiam in foliis, quorum margines adhuc vacui fuerunt. Porro Ioannis de Dambrowka quaestiones in Sententiarum librum IV in marginibus vacuis foliorum, in quibus libri III textus legitur, inscriptae sunt. Ad quas quaestiones lector indicationibus in marginibus libri IV exaratis remittitur, quibus quaestionum tituli et distinctionum numeri soli comprehenduntur. Non omnes tamen margines laterales conscripti sunt, e. g. f. 28v-29r, 39r, 48r, 50v-51r, 61v-63v; in foliis, ubi in marginibus inferioribus quaestiones scriptae leguntur, vacui restant margines, e. g. f. 49v-50r, 87v-89r, 96v-97v, 150v, 191r, 192r-v, 195v. Quaestionum tituli lineolis rubris infra ductis indicantur. In lib. I et II prima quaeque vocabula litteris maiusculis caeruleis ornatissimis sunt scripta, quarum altitudo tribus lineis scripturae par est. Uniuscuiusque libri litterae initiales 5 et 8 lineis scripturae aequales, duobus coloribus pictae: rubro et caeruleo, ornamento in media littera et in margine ad filigranorum instar decoratae: f. 5r: *Veteris*; f. 64r: *Creacionem* (ornamentum inter columnas in marginem superiorem et inferiorem porriget); f. 112v: *Cum*; 147r: *Samaritanus*, cf. Y. Załuska, Manuscrits enluminés de Dijon, Paris 1991, p. 185; tab. LXXVI 165 (cod. B. M. 565, f. 36v); p. 193; tab. LXXV 176 (cod. B. M. 160, f. 211r); Derolez, Palaeography, Pl. 20 (France (Paris?), 1234. Dole, Bibl. mun., ms 15, p. 41). Ceterum Sententiarum textus litteris initialibus simplicibus decoratus, rubris et caeruleis alternis, hic illic filigrano minuto decoratis: f. 5v-8r, 24v-25r, 26r, 34v-36r, 62r, 72r, 78r, 88v-90r, 102v-103r, 105r-106r, 114r-115r, 121v-122r, 131r, 160r, 167r (hominis facies delineata), 174v-175r, 182v-183r, 190v, 191v-192r. Hominis faciei imago obliqua in marg. f. 18r, 23v, in intercolumnio f. 173r. Numeros distinctionum singularum et capitulorum sequentium repraesentantia atramento exarata in mediis litteris adhuc conspiciuntur, e. g. f. 12v, 15v, 16v-24v, 26v, 28r-39r, 108v. Plumbo, in paginae parte inferiore, inscripta repraesentantia textus, qui supra in columna rubro exaratus legitur, e. g. f. 182v. Fragmentum textus commenti rubro cancellatum, f. 140v.

Notae et glossae: Fragmenta parva, quibus Sententiarum textus suppletur in marginibus, plerumque lineolis rubris circumdata, cf. i. a. f. 29r, 31r, 32v, 33r-35r, 49v, 51v, 73r, 86v, 121v et notas antiquissimas codicis textui primitivo contemporaneas, e. g. f. 6r, 48r: *Nota, quod cum dicitur ...*; 72r: *In Itinerario Clementis* [Rufino interprete], *Libro 4: Demones autem habere desiderium ingrediendi ...*; 112v-116r (scriptum antequam codex compactus est): *4 sunt quadrige, que 4 libros Sentenciarum designant ...*; 147r-193r: *Samaritanus interpretatur custos et figurat Christum ... Triplex virtus seu potencia anime*: *racionalis, sensitiva, vegetabilis ... Sed sunt differencie peccati ... Precepta aut sunt mistica aut non mistica ...*; alia manu f. 174r: *Nota, omnis hereticus fugiendus est in 5. Primo in loco oracionis, ne oret in presencia heretici ...*; alia manu f. 182r: *De adulterio in Epistola Clementis. In Epistola Clementis scriptum est, quod in omnibus peccatis adulterio gravius est* ...[cf. ed.: PL 130, 22B]. Notae plumbo exaratae, e. g. f. 173r-174r, 177r, 182r, 185r, 186r, 193r. Paucae notae manuum aliquot, quibus loca textus Lombardi elucidantur, e. g. f. 18r: *Anathema dicitur ab ana, quod est sursum et thesis posicio ...*; 79r, 94v, 109v, f. 131r alia manu: *Secundum*

Papiam gympnasium Grece, exercicium est Latine ... Rubro et nigro atramento auctores citantur, f. 7r, 26r: *Hilarius*; f. 14r: *Ieronymus*; f. 156v: *Rabanus*; f. 21v, 27v, 159r: *Ambrosius*; f. 6r, 21v, 23r, 28r, 48v, 159r: *Augustinus*; f. 49v, 64r: *Beda*; f. 49r: *Crisostomus*; 27r, 28v: *Iohannes Damascenus*. Glossae interlineares hic illic intra textum Sententiarum litterulis currentibus ultra modum minimis sunt exaratae. Notae manu Ioannis Isneri f. 32v: *Hic Magister non tenetur* ...; 51v, 52v: *Intelligencia enim vult tantum dicere* ..., 117v, 158r, 175r: *Hic nota* ..., f. IIr: *Si principium* [?] *est hic, tunc dicitur, quod solum fuit de materia carnis Christi ... Et sunt processiones Spiritus Sancti ... 4 sunt relaciones ... 5 sunt nociones ... 3 sunt proprietates principales: paternitas, filiacio, processio* ... F. IIv: *In nomine Domini* ...[7 sacramenta:] *Baptismus, Confirmacio, Ordo, Matrimonium, Sacramentum Altaris, Penitencia, Extrema unccio. Decem precepta Decalogi: Non habebis deos alienos* ... Alia manu f. 1r in marg. sup.: *Queritur, utrum homo debet petere temp⟨or⟩alia a Deo. Dicendum, quod ex divina providencia non solum disponitur* ...[cf. Thomae de Aquino *2ª 2ªᵉ*, q. 83, art. 6 (titulus q.), art. 2 (fragm. finale); alia manu in marg. inf.: *Attributum secundum Thomam de Argentina est perfeccio simpliciter communis Creatori et creature secundum quendam analogiam ... Circa Deum tria sunt consideranda: Persona ... Nocio ... Proprietas vel relacio etc.* Carmina manibus variis scripta, f. 158v: *Que cum mortali bona fiunt* ...[cf. Walther, Initia, 14975b]; f. 159r: *Vivere non potuerunt ... Illa reviviscunt ... Mortua non surgunt, sed mortificata resurgunt* [cf. Id., Initia, 8689; Id., Proverbia, 33988]; f. 161r: *Visito, poto, cibo* ...[cf. Id., Initia, 20647; Id., Proverbia, 33805]; f. 162v: *Mens mala, mors intus* ...[cf. Id., Initia, 10911]; f. 189r: *Versus de Resurreccione. Ut fur nocturnus* ...[cf. Id., Proverbia, 32406c]; f. 185v: *Wersus*: *Hec impediunt matrimonium contrahendum et dirimunt contractum: Error, condicio, votum, cognacio, crimen, cultus disparitas, vis, ordo* ...[cf. Id., Initia, 5520]; *Solvunt de futuro: Crimen, discensus, fuga, tempus et ordo, secunda, morbus et affinis, vox publica cumque reclamat. Quotlibet istorum sponsalia solvit eorum* [cf. Ibid., 3444]; f. 186r: [De criminibus matrimonium impedientibus] *Wersus: Incestus, raptus sponsate, mors mulieris* ...[Idem textus cf. G. List, Die Handschriften der Dombibliothek Fritzlar, Wiesbaden 1984, 28 (cod. 14, f. 188v)]. Ioannes Proger de Cracovia (de eius autographo cf. supra Script. et ornamenta) quaestionum titulos scripsit et simul indicavit, ubinam quaestio ista inveniretur, e. g. f. 5r: *U⟨trum⟩ preter sensum littere in contextu solius Sacre Scripture plures sensus sint ponendi. Istam questionem requiras infra, distinccione 17 istius primi libri circa tale signum* [homunculus delineatus = f. 23v: *Questio circa inicium primi l⟨ibri⟩*]; f. 56r: *questio distinccionis 44ᵉ: Utrum Deus singulas universi partes poterit facere meliores. Istam questionem requiras infra, post quartum folium circa signum* ⋊ [= f. 59v in marg. inf.]. In quaestionis initio lector certus fit, ad quamnam distinctionem librorum I-II quaestio referatur. In libro III-IV etiam libri et distinctionis numerus indicatur, quoniam quaestiones in Sententiarum librum IV in marginibus vacuis foliorum, in quibus libri III textus legitur, inscriptae sunt. Iuxta textum quaestionum in marginibus etiam earum elementa singula indicantur: *nota, primum principale ... 4ᵐ principale, articulus, conclusio, correlarium, ad raciones*, cf. i. a. f. 5v-10r, 14r-16r, 67v-68r, 98v-99v, 126v--144r. Manu Ioannis Proger in f. 18r: *Notabile de processione Spiritus Sancti* [homunculus medius delineatus]; f. 62r: *Opinio philosophorum*; f. 63r: *Principia per se nota*; f. 126r: *Hiis V modis delentur peccata venialia et eciam mortalia, que non habentur in memoria: Missa, Pater noster* ... In folio integ. parti interiori aggl.: *Opera perfeccionis, scilicet congruitas, voluntaria paupertas et obediencia*; alia manu infra, iuxta dorsum: *Sexta post festum Martini VI marcas.* Maniculae, e. g. f. 147r, 150v, 159r, 162r-165v, 167v, 170v-172r, 173r, 174r; Ioannis Isneri f. 156r, 159r.

C o m p a c t u r a palliata (ad pallii instar q. v.), s. XIV ex. vel XV in. verisimillime, fortasse in Bohemia confecta. Glossae in dorsi tanta proximitate scriptae sunt, ut eas in codice iam compacto exaratas esse impossibile videtur (cf. f. 106r, 107r, 110r-v, 118r, 121r, 131r, 132r, 134r-135r, 136v, 144v-145r, 147v-148r, 149v-150v, 153r-v, 158r, 166r, 169r 171r, 172r, 173r, 174v-175r). Non tamen excludendum est codicem iam dudum s. XIII alia quadam compactura indutum, et nova illa a possessore novo, Ioanne Isner, compactum esse. Hoc eo magis possibile est, quod duo cod. BJ 1653 et 1654, palliatas quoque compacturas habentes, etiam ex Bohemia, s. XV in., originem ducunt. Tabulae oblique aliquantulum praecisae, corio claro obtectae (anterior ornamento lineari decorata), cui corio desuper cervinum, molle illud agglutinatum est; tabulae posteriori pannus latus adsutus est, qui volumen totum amplectebatur (cuius fragmentum solum adhuc asservatur). Codex olim cingulis coriaceis duobus et ligulis in anteriore integumento claudebatur. Quinorum umbonum in utroque integumento vestigia (unus clavus in angulo recto inferiore tegumenti anterioris asservatur). Dorsum planum, codicis capiti et calci lora texta obsuta. Dorsi ligamenta quinque duplicia. Volumen non adaequatum. Antefolium membranaceum medium asservatur: f. I, cuius pars inferior rescissa desideratur, cf. nr. **3** et ***7**; postfolium membranaceum: f. II, cf. nr. **6** et Notas et glossas. Integumentorum partibus interioribus folia chartacea agglutinata: de anteriore cf. nr. **3**, posterius vacuum. Tessera funiculo tenui seu filo texto effecta f. 154 designatur. Codicis status: Volumen totum bene asservatur, nisi folia initialia et finalia, quae a vermibus passa et crispata sunt. Integumenti corium detritum et hoc cervinum exterius, quo codex protegi debebat, omnino fere abruptum. Ligamenta quaedam rupta.

C o d i c i s o r i g o e t f a t a : Codex in Gallia s. XIII ex. confectus, quod ex ratione et modo ornamentorum (cf. Script. et ornam.), notis plumbo exaratis et forma numeri Arabici 2, qui in margine superiore Sententiarum distinctiones sequentes indicat, elici potest. Etiam alia Gallicae originis indicia in codice occurrunt, sicut inscriptio in angulo dextro superiore f. IIr: *Liber plus XVI librarum* [...], et similiter contractus venditionis de a. 1243 in f. Iv: *precio septem librarum regalium coronatorum* (cf. nr. ***7**), in quibus de libra agitur in contextu pecuniae solutione. Porro in colophone in f. 196r adnotatur: ... *ordinate sunt iste concordancie numero 37 ... et sunt complete anno Domini 1330 in mense Septembri per fratrem Henricum de Nurenberch, lectorem Ordinis Fratrum Heremitarum sancti Augustini.* De quibus opinari licet codicem hocce tempore in quodam monasterio Germanico mansisse. Consequenter codex Pragam migravit. Commentum et Quaestiones in Sententias Ioannes Proger de Cracovia in marginibus posterius, certe ca a. 1446, exaravit. In margine superiore f. 1r sub inscriptione legibili: *Liber Sentenciarum bene glossatus cum lecturis et questionibus pro Collegio Maiori*, erasa sunt quaedam, quorum fragmenta ope radiorum ultreviolaceorum partim legere contigit: *Iste textus Sententiarum* [?] *est magistri Ioh⟨annis⟩* [...]; et infra: *Istum librum magister Iohannes Isner preposuit pro Lyra, Super Psalterium* (cf. L. Nowak, Nieznany, ut supra). Codex Cracoviam una cum ceteris Ioannis Isner libris vectus ante a. 1411, si verum est, quod in f. IIr Lucas de Magna Cosmin, Isneri discipulus, haec inscripsit: *Nota, quod Sacra Scriptura IIII modis exponitur* ... (cf. nr. **6**). Ignoratur tempus et locus, quo codex ab Ioanne Proger emptus sit, sed nota in f. Ir Ioannem codicis possessorem esse probat: *Iste liber est magistri Iohannis Proger de Cracovia, qui in eo contenta omnia manu propria scripsit preter textum et circa* (vel *circum*). *Orare dignemini pro ipso* (de Ioanne Proger de Cracovia cf.

cod. BJ 1490 descr.). Consequenter codex in Collegio Maiori Universitatis Cracoviensis pertinuit, quod legitur in margine superiore f. 1r (in textu partim eraso, ubi prius legebatur de codice hoc ab Ioanne Isner pro alio quodam codice commutato, cf. supra) alia manu s. XV: *Liber Sentenciarum bene glossatus cum lecturis et questionibus pro Collegio Maiori.* Signaturae antiquae: Fasseau: *199*; topogr.: *CC IV 21.*

B i b l i o g r a p h i c a : Wisłocki, Katalog, 376; Markowski, Wykłady wstępne, 339-340; Włodek, Krakowski komentarz, 132, 152-155, 158, 161-163; Markowski, Dzieje Teologii, 139-140; Kowalczyk, Franciszek z Brzegu, 102 (cod. BJ 1538, non: 1438); L. Nowak, Nieznany, ut supra, 80-84.

KW, RT

1539

Lat., ca 1300, membr., cm 31×22, f. 127+I.

1. f. 1r-127r: Petrus de Tarantasia OP, Commentum in I librum Sententiarum Petri Lombardi

[Prooem.] —*Numquid nosti ordinem celi et pones racionem eius in terra* ...[Iob 38, 33-34]. —*Verba ista sunt Domini ad beatum Iob* ...⟩⟨[f. 3v]... *faciente fidem non de adminiculanteque adiuvante.* [Com. in Prol.] —*Cupientes.* —*Libro suo Magister premittit Proemium, in quo primo ponitur excusacio actoris ...*⟩⟨... *inquantum contraria alicui disposicioni inordinate* [ed.: in audiente] *existenti.* [Com.] —*Veteris ac Nove legis.* —*Hic incipit liber, cuius divisio a parte subiecti sumi potest ...*⟩⟨[f. 127r]... *per quod genus humanum redemptum est. Prestante eo⟨dem⟩ Redemptore, qui est benedictus in secula. Amen. Explicit, expliciat, ludere scriptor eat.*

Cf. cod. BJ 1523 descr., nr. **1**.

2. f. 127v: Articuli, in quibus dissentiunt Bonaventura et Thomas de Aquino

Isti sunt articuli, in quibus dissen⟨ciunt⟩ Bonaventura et Thomas. —*Utrum theologia sit sciencia pract⟨ica⟩ vel specula⟨tiva⟩, in Prologo super litteram. Utrum malo contingit uti, d⟨ist⟩. 1 in primo libro. Utrum modus, species et ordo sint essencialia creaturis, d⟨ist⟩. 3 ...*⟩⟨... *Utrum antecedens huius condicionalis, si Deus prescivit, hoc erit sic contingens vel necessarium, d⟨ist⟩. 38.*

Cf. Glorieux, Pro et contra Thomam, 268.

3. f. Ir-v: Index terminorum in textu usitatorum secundum ordinem alphabeti digestus

Abstraccio, distincciones 2, 4 ...⟩⟨*... Imago Dei permanet 3, q. 15, in littera.*

***4.** f. integ. ant. aggl. r-v (pars recta tabulae aggl.): Richardus de Mediavilla OFM, Commentum in III librum Sententiarum Petri Lombardi. Fragm.: Prologus et initium dist. 1

[Prol.] —⟨*Vestitus erat veste aspersa sanguine ... Hec verba scripta sunt Apoc. 19* [, 13-14], *in quibus tangitur in similitudine huius tertii materia in generali*⟩ *... habitat spiritualiter et inter ho*[f. v]*mines eciam conversatus est corporaliter ...*⟩⟨*... serva mandata. Ad quam vitam nos perducere dignetur Verbum incarnatum, quod cum Patre ...*[Com.] —⟨*C*⟩*um venit igitur plenitudo ... — Superius libro primo determinavit Magister de Deo, quantum ad racionem sue naturalis perfeccionis ...*⟩⟨*... secundo de incarnare, ibi: Si forte aliquis. Primo in duas: primo inquirit, utrum conveniens fuerit incarnari solum fi*⟨*lium*⟩||

Ante 1300, Lat., membr., f. 1, textus duabus columnis dispositus.

Cf. RS 722. Ed.: Ricardi de Mediavilla Super quattuor libros Sententiarum quaestiones subtilissimae, Brixiae 1591, 1-2, 3.

F a s c i c u l i : 1-10^{6+6} (f. 1-120); 11^{4+4} (f. 121-127, f. integ. post. aggl.). Reclamantes in fasc. 1-9. Custodes bifoliorum *a-f* in fasc. 1-3; in forma lineolarum vario modo dispositarum in fasc. 4-5, 10-11.

M e m b r a n a deterioris qualitatis, utraque parte polita et dealbata. Folia quaedam tamen magis flavum praebent colorem (f. 3v-4r, 21v-22r, 27v-28r, 31v-32r, 37v-38r), inique praecisa, hic illic crispata. Lacunis naturalibus (f. 7, 113 suppleta) efficiuntur folia quaedam flexuosa, e. g. f. 4, 14, 38, 56 (defectus conspicuus), 114; incisiones in margine, f. 1, 51-55, 57-60, 87-91, 93-95; lacunae minores non sartae, e. g. f. 3, 55; diruptum in extremitate verticali f. 4; obsoleta, praecipue in marginibus inferioribus, e. g. f. 40, 116v-127v.

S c r i p t u r a e t o r n a m e n t a : Codex una manu exaratus. Duarum columnarum schema (50 versus pro columna, 20,5x6 cm) atramento lineis duplicibus ductum, margines inferiores ceteris latiores. Accedunt margines addititii glossis inscribendis: sinister, dexter, superior, quoque lineis duplicibus ducti. Hic illic etiam linearum schema, e. g. f. 26v. Rubricatio. Codicem ornandi modus Gallicam originem demonstrat. Litterae initiales in toto codice parvae (2-3 scripturae lineis aequae) rubrae et caeruleae alternae, ornamento exiguo filigrana imitanti caeruleo et rubro alterno decoratae. Bis maior littera initialis in f. 1r ornamento prolongato decorata usque ad marginem inferiorem (cf. Y. Załuska, Manuscrits enluminés de Dijon, Paris 1991, p. 188, tab. LXXVI 168 (cod. B. M. 341, f. 92v; p. 300, tab. CXXXV 326 (cod. B. M. 654, f. 30v). Similiter quoque paragraphorum signa rubra et caerulea alterna. Posteriore tempore quidam codicis lector paragraphos nigro atramento adscripsit, e. g. f. 33r-34r, 38v-45r, 62v-79v, 98v-104v. In pagina currenti foliis versis rubro: *D*⟨*ist.*⟩, rectis autem distinctionis numerus Romanus ruber cum caeruleo alternus.

N o t a e e t g l o s s a e manuum aliquot. Supplementa minora scribae manu, e. g. f. 22v, 36v, 82r, 91v, 98v. Rubricator in marginibus numeros distinctionum rubros et caeruleos scripsit, e. g. f. 6r, 8v, 14v, 17r, 19r, 20r, 22r, 29r, 32v, 33v, 37v, 40v, 42v, 50r, 54v, 56r, 57v, 59v, 69r, 71r, 74v. 80v, 92r, 106r; iuxta nonnullos repraesentantia eos adhuc cernuntur scripta. Alia manu emendationes signatae signo peculiari (lineola obliqua super puncto), e. g. f. 2r, 3r-4v, 6v-13v, 15r-16v, 53r, alia. Quod signum in Gallicae originis codicibus peculiare esse habetur (cf. L. Nowak, Nieznany rękopis z biblioteki Jana Isnera, „Biul. Bibl. Jagiell.", XLIX 1999, 80). Vocabula scriptorum materiam indicantia lineolis in quadratum ductis circumdata, e. g. f. 1r: *Causa quadruplex*; *Utilitas teoloie*; f. 1v: *Causa materialis, causa formalis*; f. 68v: *quid sit nocio*. In marginibus lateralibus et inferioribus quaestionum tituli leguntur: f. 2r: *Questio 1: Utrum* ⟨*theologia*⟩ *sit sciencia*; *questio 2: Utrum hec sciencia sit una*; f. 29v: *Utrum Spiritus Sanctus procedit*. Notae plumbo scriptae, e. g. f. 44r, 46v-47r, 54v-55r, 70r, 79r, 102v. Supplementa manu posteriore, i. a. in f. 34v, 41r, 62r, 75r, 84v, 87r, 104r, 109v-110v, 114r-115v, 117r-v, 119r, 120r, 123r-v, 124v. Textus supplementum amplum s. XV signo corrigendi comitatum Ø, f. 38r: *quam respectus temporalis* ... Manu Bernardi Crotinphul alias Mikosz de Nissa supplementum, e. g. in f. 18r: *in divinis dicitur de substancia Patris* ...; f. 89v-90v. In f. 72r: *Vide similem distinccionem supra in XIII dis*⟨*tinccione*⟩, *penultima q*⟨*uestione*⟩ *et ul*⟨*tima*⟩; f. Iv supra: *Augustinus in XV De Tri*⟨*nitate*⟩: *Quisquis potest intelligere verbum non solum, antequam sonet ... de quo dictum est: In principio erat verbum* [ed.: Thomas de Aquino, Cathena aurea in Ioannem. Lectio 1 (fragm.)]. Folium integumento posteriori agglutinatum, nunc partim abstractum est et legitur in parte eius versa: *Quam sit cavenda derisio quamque timenda. Monstrat Elyseus* ...; in recta: *Translacionem mandatorum ... Iacobo Vnszuk* [?] *Byczky* [?]... Maniculae: f. 4r--6r, 27r, 45r, 50v, 68r, 90r, 93v, 97v; f. 101v manicula alia et nota: *Triplex sciencia in Deo*. Maniculae Thomae de Strzempino, f. 4v, 5v, 7r, 20r, 46r, 94r, 97v. In f. 82r circulus delineatus diametris quattuor in octo partes divisus.

C o m p a c t u r a s. XIV in. confecta, verisimillime codici contemporanea. Tabulae ligneae admodum crassae, corio, cui amarantheus color imbutus est, obtectae. Codex olim cingulis duobus et ligulis in anteriore integumento claudebatur. In corio integumenti anterioris inscriptio olim legebatur, ad originem forte spectans, hodie tamen illegibilis. Dorsum planum, ligamenta sex duplicia. Volumen non adaequatum. Antefolium membr.: f. I, cf. nr. **3**). Folia integumentis aggl. membr. conscripta (de anteriore cf. nr. ***4**, de posteriore cf. Notas et glossas). Codicis status: Codex renovationem indiget. Membrana undulata et sordida facta. F. 1, 50-60 discissa. Vermium vestigia in margine inferiore f. 105-127 et in tabula eisdem vicina. Integumentum valde detritum. Inter f. 84 et 85 ligamenta 4 rupta offeruntur. Integumenti utriusque corium scissum et tritum, defectivum, praecipue in tabula posteriore, in dorso dissolutum et labefactum. In f. 102v--105r, 106v-107r, 110v-111r, 113v-127v rubiginis vestigia. F. 106-127 clavibus vitiata.

C o d i c i s o r i g o e t f a t a : Codex in Gallia ca a. 1300 confectus, quod non nisi ex litterarum forma et ornamenta conficiendi ratione et modo (cf. Script. et ornam., Notas et glossas) elici potest. Ex notis autem in codice obviis Ioannem de Jastrzambye (Jastrzębie) codicem a Stephano plebano Plocensi emisse comperimus (Stephanus filius Nicolai de Mniszewo in Universitatem Cracoviensem a. 1406 inscriptus, cf. Metryka, 1, 23 (06/012); cf. etiam Radzimiński, Prałaci i kanonicy, 2, 141). Adnotatio anterior in f. Ir parte superiore exarata (erasa et radiorum ultraviolaceorum ope vix legibilis): *Iste est liber Arnoldi plebani in Plocko. Et sunt disputata et conclusa per beatum Thomam de Aquino* [? *Super primum librum Sententiarum* – in rasura postea adscr.] *Petri Lambardi* [!] indicat, quod codex fuit quondam Arnoldi, plebani in urbe Plocensi et postea Stephani (hic videtur esse Arnoldus, canonicus capituli Plocensis nec non plebanus ecclesiae s. Bartholomaei Plociae, de quo in actis ex a. 1398, 1412, 1413 agitur, cf. Radzimiński, Prałaci i kanonicy, 2, 38-39). De posterioribus codicis fatis inscriptio manu propria Ioannis de Jastrzambye scripta indicat in f. Iv: *Liber magistri Iohannis* [*baccalarii theologie* – cancellatum; supra: *canonici Plocensis*], *quem emit a Stephano plebano Plocensi;* in marg. sup. f. 1r alia manu: *Petrus de Tarantasio magistri Iohannis de Yestrambe professoris pro Universitate Cracouiensi* (eisdem manibus inscriptiones in voluminibus eiusdem originis, cf. cod. BJ 1185, 1412 descr.; de eo cf. cod. BJ 1185 descr.; Markowski, Dzieje Teologii, 146, 245: baccalarius biblicus a. 1429; ante 24 IV 1436 theologiae doctor). Post mortem Ioannis de Jastrzambye (Jastrzębie) codex Universitati proprius fuit, cf. f. Iv: *Iste est liber Universitatis Studii Cracouiensis* – manu Bernardi Crotinphul alias Mikosz de Nissa. Codice utebantur, de quo notae in marginibus testificantur (cf. supra Notas et glossas), i. a. Thomas de Strzempino (de quo cf. cod. BJ 312 descr.) et Bernardus Crotinphul alias Mikosz de Nissa (de quo cf. cod. BJ 318 descr.). Signaturae antiquae: Fasseau: *560*; topogr.: *CC VII 25*.

B i b l i o g r a p h i c a : Wisłocki, Katalog, 376; Potkowski, Książka rękopiśmienna, 155.

MGo, RT

1540

Lat., 1504, chart., cm 32×21,5, f. 131+II.

1. f. 1r-130r: Petrus de Tarantasia OP, Commentum in I librum Sententiarum Petri Lombardi

[Index quaestionum] *Distinccio I. Res. U⟨trum⟩ theologia sit sciencia practica ...*⟩⟨[f. 4v]... *U⟨trum⟩ sancti volunt penas reproborum.* [F. 10r] *Prefacio* [in marg.]. —*Nunquid nosti ordinem celi et pones racionem eius in terra ...*[Iob 38, 33-34]. —*Verba ista sunt Domini ad beatum Iob ...*[Com. in Prol.; f. 12v] —*⟨C⟩upientes.* —*In libro suo Magister premittit Prohemium, in quo primo ponitur excusacio auctoris ...*[Com.; f. 13r] —*⟨V⟩eteris ac Nove legis.* —*Hic incipit liber, cuius divisio a parte subiecti sumi potest ...*⟩⟨*... per quod genus humanum redemptum est. Prestante eodem Redemptore, qui est benedictus in secula seculorum. Amen.* [Alia manu:] *In vigilia Laurencii* [9 VIII] *finis anno 1504. Petri de Tarantasio super primum Sentenciarum finis.*

Cf. cod. BJ 1523 descr., nr. **1**. In marginibus f. 1r-4r vocabula Versus memorialis, cf. cod. 1521 descr., nr. **7**; Walther, Initia, 16652. F. 5r-9v vacua, f. 9r-v marginum schemate instructum.

f. 130v-131v vacua, marginum schemate instructa.

***2.** f. Ir-v: Biblia Hebraica. Fragm.: Gen 24, 58; 25, 10 cum *Targum Onkelos* ad litteram; masorah

Cf. BwB Database (accessus 18.12.2015).

XIV, Hebr., membr., f. 1, scriptura in Aschenez regione usitata.

F a s c i c u l i : 1^{5+4} (f. 1-9, post f. 8 unum folium desideratur); 2-10^{6+6} (f. 10--117); 11^{7+7} (118-131). Custodes in fasc. 4-10: *c-i*. Fasc. 1, a compaginatore additus, extra custodum numeros.

S i g n a a q u a t i c a : 1. Var. Piccard-Online 53689 (1502) f. 1, 3-9, 106-131 (simile signum in cod. BJ 1541, f. 13-48, 69-100, 173-184, 186-198); 2. Var. Piccard 2, XVI 196 (1498-1503), var. Piccard-Online 70980 (1501) f. 10-69; 3. Var. Piccard-Online 66059 (1504) f. 70-105 (simile signum in cod. BJ 1523, f. 169-196, 198-203; 1541, f. 1-12, 101-172). F. 2 signo aquatico caret.

S c r i p t u r a e t o r n a m e n t a : Codex duabus manibus exaratus: 1. f. 1r--4v; 2. 10r-130r. Duarum columnarum et marginum angustissimorum schema atramento ductum. Rubricatio. Sola littera initialis rubra in f. 10r, ceterum loca vacua. Inde a f. 65v Sententiarum Petri Lombardi textus fragmenta litteris maioribus scripta. In pagina currenti rubro distinctionum numeri vocabulis, solum in f. 111v-118r numeris Arabicis exarata.

N o t a e e t g l o s s a e : Marginalia plerumque rubro et nigro atramento, sicut et pagina currens, a codicis possessore, Stanislao Bylica de Ilkusch, exarata. Eiusdem manu marginalia quoque in cod. BJ 1523, 1541, 1573 scripta leguntur, ubi etiam a Stanislao textus fragmenta in f. 1r-2v, 4v, 6r, 8r-9r exarata (eius scripturam cf. in cod. AUJ 63, p. 65-67; Wójcik, Autografy, 106). In notis quaedam ad formam, ut distinctionum numeri et partium singularum designationes, e. g. f. 12v, 40r, 71r, 84v, 116v, et quaedam ad materiam attinent, ut vocabula scriptorum materiam indicantia et partium tituli, e. g. f. 10r, 45v, 94r, etiam de textu emendato testificantur, e. g. f. 65r, 70r, 81v, 101r, 120v-121r, 128v. In f. 86v nota secundum marginem longiorem scripta, h. e. in textum perpendiculate. Occurit in codice et Martini Biem de Ilkusch scriptura, e. g. 122r, 124r, 128v-129r, cuius manu etiam nota ad originem in f. 1r scripta (cf. Cod. orig. et fata; eius scripturam cf. in cod. BJ 1515, 1853, p. 10, sqq., cod. AUJ 63, p. 42-43). Nota anonymi in f. 105r. In f. 85v carmen: *Caribdis, Scilla: Incidit in Scillam cupiens vitare Caribdim* [Gualterus de Castellione, Alexandreis, V, 301, ed.: M. L. Colker, Padua 1978 (Thesaurus Mundi, Bibliotheca Scriptorum Latinorum Mediae et Recentioris Aetatis, 17)].

C o m p a c t u r a in officina, in qua cum aliorum tum quoque Arnulphi de Mirzinec libri compacti esse solebant, probabiliter post a. 1504, confecta. Tabulae ligneae oblique paululum praecisae, corio fusco angusto partim obtectae, quod in utraque tabula lineis horizontalibus impressis in tres partes dividitur. Pars media, quae plagae totius 4/6 partes occupat et duae exteriores. Signaculorum impressorum duorum vestigia: 1. floris artificiosi, 2. palmae. In parte media corii utriusque tabulae signaculum nr. 1 impressum. In dorso, iuxta ligamenta et iuxta funiculos capiti et calci obsuta – signaculum nr. 2. Codex olim fibulae ope claudebatur, ex qua cinguli coriacei fragmentum nec non pars metallicae lamnulae in tabula posteriore adhuc exstat. Dorsum paulo convexum, ligamenta tria duplicia; codicis capiti et calci funiculi obsuti, olim dorsi corio obtecti. Volumen adaequatum (extra tabulas ca 0,5 cm eminet), in sectura superiore: *Petrus de Tarantasia, Super primum Sentenciarum.* Ante- et postfolium membranacea incompleta: f. I cf. nr. ***2**, f. II vacuum. Tabularum partibus interioribus membranae segmenta agglutinata, quorum latitudo corii exterius siti latitudini paene aequalis. Compactura simillima in cod. BJ 1523 et 1541, cf. A. Lewicka-Kamińska, ms. BJ Acc. 50/80. Codicis status: codex humiditate afflictus, foliorum plurimorum extremitates friatae et dilapsae. F. 51 extremitas superior (in medio) versus centrum in 1/3 partem longitudinis discissa. Integumenti posterioris corium leviter scissum et sartum.

Codicis origo et fata: Codex a. 1504 confectus (cf. f. 130r), Cracoviae verisimillime. Fuit Stanislao Bylica de Ilkusch proprius. In f. 1r Martini Biem de Ilkusch manu (cf. Notas et glossas): *Liber magistri Stanislai de Ilkusch, sacre theologie professoris, canonici ecclesie collegiate sancti Floriani in Clepar⟨z⟩* (cf. de eo cod. BJ 1523 descr.). De cod. BJ 1523, 1541, 1573 cum nostro cohaerentia cf. cod. BJ 1523 descr., Cod. orig. et fata. Signaturae antiquae: Fasseau: *849*; topogr.: *CC VII 15*; in cingulo chartaceo inter folia inserto (nunc deperdito): *363*.

Bibliographica: Wisłocki, Katalog, 376; Gołaszewska, Commentaires, 25.

MGo, LN

1541

Lat., 1504, chart., cm 32×21,5, f. 198+III.

1. f. 1r-198r: Petrus de Tarantasia OP, Commentum in IV librum Sententiarum Petri Lombardi

I. N. R. I. Iesus [in marg.; Prol.]. —*⟨H⟩aurietis aquas in gaudio de fontibus Salvatoris* ...[Is 12, 3-4]. —*In verbis istis duplex effectus sacramentorum, de quo in hoc quarto libro agitur, sufficienter exprimitur* ...⟩⟨[f. 1v]... *tam culparum quam eciam penarum. Prestante ipso Samaritano Redemptore humani generis, qui est benedictus in s⟨ecula⟩ s⟨eculorum⟩. Amen.* [Com.; f. 2r] —*⟨S⟩amaritanus etc.* —*Liber iste Sentenciarum tamquam fluvius paradisi in quatuor capita dividitur, id est in IIII*^{or} *parciales libros* ...⟩⟨[f. 194v]... *usque ad pedes, id est finalem statum mundi, via duce pervenit, Christo scilicet, qui est via in exemplo, veritas in documento, vita in premio. Ioh. 13* [14, 6]. *Ad quam vitam ipse, qui est vita, nos perducat, cui est honor et gloria in secula seculorum et nunc et in perpetuum. Amen. Finito libro sit laus et gloria Christo. 1504, in crastino Translacionis sancti Benedicti* [12 VII]. *Iesus. Pro cuius complecione sit Deus benedictus in seculorum secula.* [F. 195r] *Regestrum quarti libri Sentenciarum. Di. Distinccio prima. Quid sit sacramentum* ...⟩⟨... *U⟨trum⟩*

pena dampni sit gravior quam pena gehenne. Amen. Balthazar. Qui legit, videat hec, emendet singula, si scit. Si nescit, taceat, ac ita stare sinat.

Cf. cod. BJ 1523 descr., nr. **1**.

***2.** f. Ir, IIIr, Iv, IIIv: Biblia Hebraica. Fragm.: Gen 24, 56-65; 24, 67 – 25, 10 cum *Targum Onkelos* ad litteram

Cf. BwB Database (accessus 18.12.2015).

XIII, Hebr., membr., f. 2, scriptura in Aschenez regione usitata.

F a s c i c u l i : 1-5^{6+6} (f. 1-60), 6^{4+4} (f. 61-68), 7-8^{6+6} (69-92), 9^{4+4} (f. 93-100), 10-16^{6+6} (f. 101-184), 17^{6+8} (f. 185-198, post f. 195 bifolium: f. 196-197 additum). Custodes 1: *primus*; in initio fasc. 2-7: *secundus – 7*; in fine fasc. 8, 10-16: *8* (partim praecisus), *10-16* (partim praecisus).

S i g n a a q u a t i c a : 1. Var. Piccard-Online 66059 (1504) f. 1-12, 101-172 (signum simile cf. cod. BJ 1523, f. 169-196, 198-203; 1540, f. 70-105); 2. Var. Piccard--Online 53689 (1502) f. 13-48, 69-84, 89-100, 173-198 (signum simile cf. cod. BJ 1540, f. 1-9, 106-131); 3. Var. Piccard-Online, 71236 (1508) f. 49-68, 85-88. Charta a. 1502--1508 in usu erat.

S c r i p t u r a e t o r n a m e n t a : Baltassar de Brzesczye codicem exaravit, qui nomen suum in f. 198r posuit. Ductus eius varius, litterae initio maiores, quae gradatim minores fiunt. Singularis tamen et his et illis exquisita sed ficticia hastarum forma in marginem superiorem, interdum quoque in lateralem protractarum, e. g. f. 75r, 120v, 123v, 128v, 164r-v, 170v-173r, 178r-185v (cf. eiusdem Baltassaris scripituram in cod. BJ 1523, f. 146r-198r). Duarum columnarum schema atramento, lineolis simplicibus, ductum. Rubricatio in f. 1r, 17v-58v, ceterum perraro, e. g. in f. 61v-62v, 66r. Loca vacua litteris initialibus inscribendis, e. g. f. 45r-48v. In parte rubricata saltem aliquot litterae initiales rubrae occurrunt, praesertim: *A*, indiligenter scriptae et indolenter decoratae, e. g. f. 27r-28v, linearum scripturae duarum altitudini aequae. Textus 2/3 columnae in f. 35v, lineae aliquot, e. g. in f. 37v, cancellatae.

N o t a e e t g l o s s a e : Inde a f. 110v scribae manu in marginibus distinctionum numeri. Ceterum notae paucissimae, presertim initio, usque ad f. 58r, inter quas, plerumque posterioribus manibus, textus designationes, e. g. f. 4r, 12r, 23r, sed quoque emendationes et supplementa, e. g. f. 2r, 4v, 14r-v, 20r. Marginalium quaedam, e. g. f. 7r: *Responsio ad secundam questionem,* f. 12r: *Ad secundam questionem* manu Stanislai Bylica de Ilkusch, cuius scriptura etiam in cod. BJ 1523, 1540, 1573 occurrit (cf. eius scripturam in cod. AUJ 63, p. 65-67). In f. 101r, 167v-168r Martini Biem de Ilkusch marginalia (eius scripturam cf. in cod. BJ 1515, 1853, p. 10 sqq., cod. AUJ 63, p. 42--43).

C o m p a c t u r a ca a. 1504 confecta esse videtur in officina, in qua Arnulphi de Mirzinec et aliorum libri compingebantur. Tabulae ligneae oblique praecisae, corio fusco partim obtectae, quod in utraque tabula lineis horizontalibus impressis in tres partes dividitur. Pars media, quae plagae totius ca 6/8 partes occupat et duae exteriores. Signaculorum impressorum duorum vestigia: 1. floris artificiosi, 2. palmae. In parte media anterioris tabulae signaculum utrumque alternatim impressum, accedunt signaculi nr. 2 impressiones iuxta dorsi ligamenta. In parte media posterioris tabulae signaculum nr. 1 et iuxta dorsi ligamenta nr. 2. In partibus exterioribus solum signaculum nr. 2. Codex olim fibulae ope claudebatur, ex qua nihil nisi clavuli duo in tabula anteriore et cinguli coriacei fragmentum lamnula affixi in posteriore tabula asservantur. Dorsum paulo convexum, ligamenta tria duplicia et duo simplicia. Volumen adaequatum, in sectura superiore: *Petrus de Tarantasio, Super quartum Sentenciarum.* Ante- et postfolium membranacea incompleta: f. I, III, cf. nr. ***2**. Antefolium chartaceum: f. II, cf. Cod. orig. et fata. Tabularum partibus interioribus chartarum segmenta agglutinata, corio exterius sito aliquantulum angustiora. Compactura simillima in cod. BJ 1523 et 1540, cf. A. Lewicka-Kamińska, ms. BJ Acc. 50/80. Codicis status: dorsi corium dissolutum, tantum in parte superiore cum volumine constrictum. Volumen humiditate afflictus, folia plerumque cariosa, putrida, friata, fungorum vestigia praebent. Inde a f. 189 anguli inferiores totaliter rupti, margines inferiores f. 154-165 a vermibus laesi.

C o d i c i s o r i g o e t f a t a : Secundum notam in f. IIr codex a. 1504 scriptus: *Iesus. Petrus de Thar⟨antasia⟩ super 4to Sentenciarum comparatus per me Balthazar de Brzesczye, 1504* (cf. Colophons, 1599; quidam Baltassar Ioannis de Brzeszczye (Brześć Kujawski), clericus Wladislaviensis dioecesis, nominatur in: W. Kujawski, Wykazy święconych z najstarszej Księgi akt działalności biskupów włocławskich (Kurozwęckiego i Przerębskiego – lata 1496-1511), ABMK LXXII 1999, 52), verisimiliter Cracoviae. De codicibus BJ 1523, 1540, 1573 cum nostro cohaerentia cf. cod. BJ 1523 descr., Cod. orig. et fata. Signaturae antiquae: Fasseau: *701*; topogr.: *CC VII 16*, in cingulo chartaceo inter folia inserto (nunc deperdito): *364*.

B i b l i o g r a p h i c a : Wisłocki, Katalog, 376; Gołaszewska, Commentaires, 26.

MGo, LN

1542

Lat., ca 1449, chart., cm 31×20,5, f. 203+II.

1. f. 2r-196r: Petrus de Tarantasia OP, Commentum in II librum Sententiarum Petri Lombardi

Super secundo libro Sentenciarum Scriptum eximii doctoris Petri Burgundi de Tarantasio Ordinis Predicatorum, qui deinde electus in papam, vocatus est Innocencius quintus [in marg. rubro]. [Prooem.] —*Qui vivit in eternum, creavit omnia simul* [Eccli 18, 1]. —*In hiis verbis opus creacionis sufficienter exprimitur* ...⟩⟨[f. 2v]... *congrue introducatur adventus Redemptoris, qui est Deus benedictus in secula seculorum. Amen.* [Com.] —*Creacionem rerum.* —*Liber totalis Sentenciarum in IIII^{or} parciales libros dividitur sicut fluvius paradisi in IIII^{or} capita* ...⟩⟨[f. 193r]... *quia mandatorum eius obsevancia perducit ad vitam. Quam nobis prestare dignetur, qui est benedictus in secula. Amen.* [Index quaestionum] *Dis⟨tinccio⟩ prima. Res creat. Utrum creacio esse potuit* ...⟩⟨... *U⟨trum⟩ re-*

ligiosi in omnibus teneantur obedire prelatis suis. Sit laus Domino omnipotenti. Ave Maria.

Cf. cod. BJ 1523 descr., nr. **1**. In marginibus vocabula Versus memorialis, cf. cod. 1521 descr., nr. **7**.

2. f. 1r, 196r, Ir et f. integ. ant. aggl.: Notae manu Petri de Swanow scriptae

—*Notandum secundum Vilhelmum* [Guilelmus de Alvernia (Parisiensis)], *De universo, ponit plures modos angelicarum custod⟨iarum⟩|| quod custodiunt|| ipsis aliquando dormientibus tamquam vigiles ... Et subdit idem Wilhelmus, quod angeli sancti eis obsequia talia faciunt, quos dignos norunt et omnia iuxta beneplacitum Dei faciunt ... Dubitatur, quare eciam homines malos, quibus deputati sunt, non iuvant. Racio, quia cognoscunt voluntatem Dei, qua vult, ut relinquant eos, qui a Creatore suo recesserunt, quia propria voluntate sua se dyabolis tradiderunt.* [Adnotationes ad Sententias Petri Lombardi; f. 196r] *Nota: Magister in tribus locis non tenetur in isto 2°. Primo, quod in angelis premium precessit meritum, dist. V, cap. ultimo ...)(... in futuro resurget, dist. XXX, cap. 2°* [cf. cod. BJ 1521 descr., nr. **6**]. [Nota ad Petri Lombardi Sententias spectans; f. Ir] *Nota: Secundum Magistrum in isto 2°, di⟨st.⟩ XXVIª, cap. primo, gracia est duplex: operans et est, que hominis voluntatem preparat et adiuvat ...)(... Sequens dicitur subsequens respectu precedentis. Notandum: A magistris XII effectus de custodia angelorum solent assignari. Primus est pro delictis increpare, Iudicum II°* [, 1] *...)(... Tho⟨bie⟩ XII* [, 12]: *Quando orabas cum lacrimis, ego obtuli oraciones tuas.* [F. integ. ant. aggl.] *Idem est gracia operans et cooperans, sed diversis vocatur nominibus ...)(... vel voluntati ad bene agendum.*

f. 196v-203r vacua.

F a s c i c u l i : 1^{7+6} (f. 1-13, f. ultimum desideratur); 2^{6+6} (f. 14-25); 3^{5+5} (f. 26--35); $4\text{-}17^{6+6}$ (f. 36-203). Reclamantes in fasc. 9-12, 16, in fasc, 5-7 partim praecisae.

S i g n a a q u a t i c a : 1. Var. Piccard 2, XIII 32 (1445-1452), Piccard-Online 69361 (1447) f. 2-95, 144-167, 169, 173-174, 178; 2. Var. Piccard 16, I 14-15 (1448) f. 96, 99-104, 107-108, 111-112, 115-116, 119-123, 125-126, 128-133, 137-138, 142-143, 180-181, 183-184, 187-188, 190-191, 194-195, 200-201; 3. Var. Piccard 16, I 8 (1449) f. 97-98, 105-106, 109-110, 117-118, 124, 127, 134-136, 139-141, 182, 185-186, 189, 192-193, 196-199, 202-203; 4. Id. Piccard 2, XIII 242 (1451) f. 113-114, 168, 170, 177, 179; 5. Var. Piccard 3, II 323 (1448-1451) f. 171-172, 175-176. F. 1 cum altera bifolii parte, tum etiam signo aquatico caret. Signa similia in cod. BJ 1543, 1544, 1546. Charta a. 1445-1452 in usu erat.

S c r i p t u r a e t o r n a m e n t a : Codex una manu exaratus, duabus columnis atramento ductis disposita scriptura. Maioribus litteris lemma ex Sacra Scriptura (f.

2r), libri secundi initium: *Creacionem rerum* (f. 2v) et distinctionum sequentium initia, e. g. f. 5r: *Circa II probleuma de principio ... Ad primum sic proceditur ...*; quae elementa interdum etiam lineis rubris supra et infra ductis relevata sunt, e. g. f. 2r-21v, 110v, 111v-116r. In cod. BJ 1351 descriptione (cf. Catalogus, 8, 389) alii Petri de Swanow codices memorantur: „Codex exaratus a scriba, cuius scriptura in codicibus ex libris Petri de Swanow obvenit, cf. cod. BJ 1237, f. 38r-189v, 1347, 1542 etc. Utrum haec Petri ipsius scriptura sit, dubitatur (cf. Catalogus, 7, 206)". Incertum tamen manet, an codices commentum Petri de Tarantasia in Sententias Petri Lombardi continentes (cod. BJ 1542-1544, 1546) ab uno scriba exarati sint (cf. Wisłocki, Katalog, 376-377). Litterae nonnullae similes quidem videntur esse, abbreviationes tamen (*Respondeo* seu *Responsio*) differunt, nedum ductus ipse discrepat. Nec scriba Bronislaus, Ioannis filius, a. 1446-1449 Commenta Petri de Tarantasia in Sententias Petri Lombardi pro Petro de Swanow exaraverat, ut Zathey, Biblioteka, 103, dicit (Bronislai scripturam cf. i. a. in cod. BJ 1402 f. 1-326, qui eum a. 1449 pro Petro de Swanow exaravit). Quod dolendum est, nullum nobis Petri de Swanow manus scripturae certum specimen praesto habetur. Attamen leguntur in codicibus ex Petri bibliotheca notae et inscriptiones, quae eius propria manu scriptae esse videntur, qui sunt i. a. cod. BJ 1382 (non nisi: *Liber magistri Petri de Swanow* ... in f. 2r); 1237 (f. 37v: *Exhortacio Concilii ad Eugenium* ..., f. Ir: *Ista continentur* ...); cf. etiam i. a. notas et maniculas in cod. BJ 1347, 1351, 1402. Eadem manu in nostro codice notae productiores exaratae sunt in f. 1r, 196r, Ir, f. integ. ant. aggl. (cf. supra, nr. **2**), emendationes in cod. BJ 1446 (cf. ibi Notas et glossas) atque scriptura calligraphica in cod. BJ 263, f. 18r. Alia manu in paginarum partibus inferioribus quaestionum tituli sunt notati (cf. supra, Notas et glossas). Rubricatio in codice obvia. Litterae initiales rubrae, quarum altitudo 4-10 lineis textus aequa, exiguae tamen, in f. 34v, 63r, 73v, 78v, 82v, 97r, 102r, 106r; his maiores litterae, plus decoratae et ornamentis geometricis impletae, atque in margines prolongatae, in f. 2r, 46v, 150r, 154r, 164r. In pagina currente rubro in foliis versis: *Dis⟨tinccio⟩*, in rectis – distinctionum numeri sequentes: *I-XLIIII*, vel inverso ordine: f. 110v-112r; quidam lineolis obvoluti.

N o t a e e t g l o s s a e : Parvi momenti emendationes et supplementa manu ignota facta, e. g. f. 2v, 4v, 5v, 10r, 12r, 14r, 18r, 22v, 31r, 37v, 47r, 54v, 112v. In margine quaestionum elementa notata, ut e. g. f. 9r: *Q⟨uestio⟩, contra, Respondeo,* numeris Arabicis illa: *Item* distincta, e. g. f. 8v: *1-4*, f. 23v: *1-5*; in solo f. 60r: *a-g*; f. 9r: etiam responsa in reprehensiones numeris Arabicis ordinata: *1-4*; saepius tamen: *Contra, Responsio*, e. g. f. 20v-22r, 29r, 30r-33r, 40v-41r, 77r-78r, 154v-160v (eodem modo et manu eadem adnotationes istae in cod. BJ 1543, 1544, 1546). Emendationes et supplementa aliorum codicem adhibentium, e. g. f. 18r, 66r, 102r, 114v, 126r, 129r, 132r, 150r-v, 159r, 169r, 191v. F. 10v, 28v, 41v, 46v, 106r: *littera*; vocabula scriptorum materiam indicantia, e. g. f. 101v: *Ignorancia*; f. 106v: *Infidelitas, superbia, inobediencia, avaricia, gula;* f. 122r: *Vertibilitas*; f. 128r: *Differunt gracia, virtus*; f. 160r: *Contra diffinicionem Augustini*; *contra aliam diffinicionem Augustni*; *contra diff⟨inicionem⟩ Ambrosii*; f. 162r: *Bonum morale quid sit*; f. 188r: *Impenitencia, obstinacio, invidencia, impugnacio*. In marginibus inferioribus magna parte manu eadem quaestionum tituli commento comprehensarum, i. a. f. 8r: *Quis sit finis creaturarum*; f. 93v: *U⟨trum⟩ anima racionalis sit immortalis*; f. 106v: *Quod fuit peccatum primum primorum parentum: superbia, avaricia, gula inobediencia*; f. 122v: *Utrum li⟨berum⟩ ar⟨bitrium⟩ sit in omnibus racionalibus, an in sanctis, an in demonibus, an in viatoribus omnibus*; f. 185v: *An peccatum bene dividatur in 7 capitalia*; f. 192r: *An christiani teneantur obedire secularibus potestatibus et tyrannis* [Index quaestionum in fine, cf. supra, nr. **1**]. Maniculae: Petro de Swanow attributa: f. 48r (cf. Script. et ornam.), alia: f. 50r, tertia: f. 20r, 32v, 42v, 67v-68r, 79r-v, 83r, 87v-88v, 98r, 115r-v, 116v, 123v, 131v, 144r (cf. eandem in cod. BJ 1543, f. 126v; 1544, f. 40v, 74v, 186v).

C o m p a c t u r a Cracoviae verisimillime ca a. 1450 confecta, tabulis ligneis crassis admodum, corio albo obtectis, quod hodie obscurum factum est, constat. Utriusque integumenti corium ornamento lineari simplici impresso decoratum est. Cingulorum coriaceorum codicem obligantium et ligularum, quibus codex olim claudebatur, vestigia. Item umbonum rotundorum quinorum in utroque integumento vestigia. In corio tegumenti anterioris inscriptio de codicis origine legitur scripta (cf. Cod. orig. et fata). Dorsum paulo convexum, ligamenta quattuor duplicia, codicis capiti et calci lora texta obsuta. Volumen adaequatum, anguli rotundati. In sectura superiore: *Super secundum Petri de Tharantasia* [?]. Antefolium membr.: f. I una ex parte conscriptum (cf. supra, nr. **2**), postfolium membr.: f. II vacuum. Integumentorum partibus interioribus folia chartacea defectiva agglutinata: anterius signo aquatico (cf. Signa aquatica, nr. 2) et nota (cf. supra, nr. **2**) nec non signatura distinctum, posterius vacuum. Fasciculorum sutura schedulis oblongis membranaceis vacuis munita. Compacturas similes cf. in cod. BJ 1489, 1543, 1544, 1546 ex Petri de Swanow possessione. Codicis status: voluminis pars superior humiditate infecta paulo afflicta. Folia initialia et finalia putrida facta, charta partis superioris fragilis et cariosa. Integumenti corium circa tabulam anteriorem usque ad ligamentum secundum ruptum. Detrimenta a vermibus et rubigine in voluminis initio et fine facta obveniunt.

C o d i c i s o r i g o e t f a t a : Nec locus, nec tempus conficiendi in codice indicatur. Quae in f. IIr, manu propria verisimillime, calligraphice scripta leguntur, codicis possessorem testantur: *Petrus de Tarantasio Super secundo magistri Petri de Swanow hic liber* et in corio integumenti anterioris: *Petrus de Tarantasio Super secundo magistri Petri de Swanow*. Codicis charta a. 1445-1452 adhibebatur. Codex ipse ca a. 1449 confectus esse videtur, quo anno Petrus de Swanow sicut theologiae baccalarius in fontibus obvenit (cf. de eo cod. BJ 669 descr.; Markowski, Dzieje Teologii, 163; cf. etiam infra Cod. orig. et fata in cod. BJ 1544 descr.). Signaturae antiquae: Fasseau: *803*; topogr.: *CC VII 17*.

B i b l i o g r a p h i c a : Wisłocki, Katalog, 376; Markowski, Zygmunt z Pyzdr, 201; Szelińska, Biblioteki, 85; Zathey, Biblioteka, 103; Świeboda, Kolofon, 272.

MGo, ZS, IT, RT

1543

Lat., ca 1449, chart., cm 31×20,5, f. 320+II.

f. 1r-v vacuum.

1. f. 2r-226r: Petrus de Tarantasia OP, Commentum in III librum Sententiarum Petri Lombardi

Incipit scriptum eximii doctoris Petri Burgundi de Tarantasio Ordinis Fratrum Predicatorum super tercio Sentenciarum, qui postea in episcopum Lugdunensem, demum in archiepiscopum Hostiensem et tandem in summum pontificem assumtus [!] *Innocencius quintus nominatus est, sedit mensibus quinque et mortuus est Rome anno Domini 1276* [in marg. manu Ioannis Beber de Oswanczym]. [Prooem.] — *Ubi venit plenitudo temporis* ...[Gal 4, 4-5]. — *In hiis verbis opus reparacionis mundi, que est per Christum facta, describitur* ...[Com.; f. 3r]... *Sequitur liber Sentenciarum.* — *Cum venerit* [recte: venit] *igitur.* — *⟨Liber Sentenciarum⟩ sicut quidam fluvius paradisi egrediens* ...⟩⟨[f. 220r]... *et eam sua maiestate implevit. Qui est benedictus in secula seculorum. Amen. Explicit tercius liber Sentenciarum Petri de Tharanthasio magistro Petro de Szwanow scriptus* [alia manu]. [F. 220v] *Registrum. Natus. Distinccio 1. Utrum actus incarnacionis fuerit possibilis* ...⟩⟨... *Utrum lex impleatur per ewangelium etc. Sit laus Deo.*

Cf. cod. BJ 1523 descr., nr. **1**; Codices manuscripti Thomae de Aquino, 2, 128, nr. 1271. In marginibus vocabula Versus memorialis, cf. cod. 1521 descr., nr. **7**; Walther, Initia, 11633.

f. 226v cf. infra nr. **4**.

f. 227r-229v vacua, duarum columnarum schemate instructa.

2. f. 230r-318r: Thomas de Aquino OP, Quodlibeta I-XII

[Index problematum secundum ordinem alphabeticum digestus] *1, 4. Angelus: Utrum dependeat a loco corporali secundum suam essenciam* ...⟩⟨[f. 233r]... *Yris: Utrum sit signum diluvii non futuri finis.* [Quodlibeta; f. 233v] *Prima questio* [in marg. sup.]. — *Quesitum est de Deo, angelo et homine. De Deo quesitum est primo, quantum ad divinam naturam* ...⟩⟨[f. 315v]... *sed alio modo est sequestrandus in carcere vel alio modo. Secundo de pena eterna, scilicet utrum anima separata a corpore naturaliter paciatur ab igne corporeo, vide supra in quinto quodlibeto, articulo XIII. Et sic est finis huius. Ihesus Christus, Maria. Sequitur tabula, in qua sunt duo numeri distincti: primus ostendit, in quoto quodlibeto sit questio, secundus ostendit, quotus articulus sive quota sit questio illius quodlibeti* [Tabula desideratur, pagina media vacua]. [F. 316r] *Tituli questionum Quotli⟨betorum⟩ be⟨ati Thom⟩e de Aquino. Utrum beatus Benedictus in visione, qua vidit totum mundum, divinam essenciam viderit* ...⟩⟨[f. 318r]... *Utrum aliquis religiosus debeat expelli de religione propter peccatum, si sit paratus corrigi et sustinere penam.*

Cf. Grabmann, Werke, 309-313; Codices manuscripti Thomae de Aquino, 2, 128, nr. 1271. Ed.: Leonina, 25/1-2. Idem textus in cod. BJ 389, 760, 764, 770, 771, 1208, 1214.

3. f. 318v: Exerpta de sacramento baptismi ex libro De sacramentis Hugonis de Sancto Victore. Fragm.: Lib. II, pars 6, cap. 10 (absque initio) et 11

Nota de forma [...] *baptisandus exorcisatur. Secundum Hugonem, secundo* ⟨*libro De sacramentis*⟩, *parte sexta, c. X, forma exorcismi perficiatur per hunc modum ... Quid autem significent illa, que fiunt in solemnitate, que post baptismum celebrantur, respondetur secundum Hugonem eodem libro et parte, c. XI: Postquam baptisatus ...*⟩⟨*... Et peccaret sacerdos hec omittens causa necessitatis excepto etc.*

Cf. PL 176, 456-458.

4. f. 319r-320v, 226v: Quaestiones

— *Utrum spiritus sive anime dampnatorum hominum* ⟨*videant gloriam*⟩ *civium beatorum. Arguitur, quod non ...*⟩⟨[f. 319v]... *arguit de noticia clara et intuitiva et de hac posita est conclusio secunda.* — *Utrum spiritus hominum dampnatorum iehennalibus deputati cruciantibus sciant quevis gesta hominum viatorum. Quod non, probatur per illud, quod Augustinus ait ...*⟩⟨[f. 320v]... *Et hoc solvitur racio precedentis questionis de omnimoda exclusione luminis a dampnatis spiritibus. Corelarium: Questio universaliter proposita est falsa etc.* — *Utrum spiritus civium beatorum clare videant cruciatus et penas hominum dampnatorum. Arguitur, quod non ...*⟩⟨*... non sit simpliciter naturalis, sed magis per revelacionem, ideo argumentum non concludit etc.*

Cf. Włodek, Z badań, 161, 164.

F a s c i c u l i : 1^{7+6} (f. 1-13 unum folium in fine desideratur); $2\text{-}22^{6+6}$ (f. 14-265); 23^{6+7} (f. 266-278 unum folium post f. 270 desideratur); $24\text{-}26^{6+6}$ (f. 279-314); 27^{3+3} (f. 315-320). Custodes, lineolis circumdati, in finibus fasciculorum: 1-12 (*6-7, XI* in initio et in fine fasc., *XII* in initio), 14, 16-18; numeris Arabicis in fasc. 1-7, 9, ceterum numeris Romanis (*XVI* in initio et fine, *XVII* nulla lineola circumdatus, *XVIII* in initio, lineola circumdatus). In fasc. 21 partim abscissus: *secundus*, quod codicem duabus partibus constitisse signare potest. Reclamantes in fasc.: 1-2, 7, 13, 17, partim praecisae in fasc. 3, 6, 9, 11, 18 asservantur.

S i g n a a q u a t i c a : 1. Var. Piccard 16, I 8 (1449) f. 1, 3-6, 9-12, 16-23, 38, 40-47, 49, 51, 53-54, 57-58, 60, 62-66, 69-73, 77, 82, 86-90, 93-97, 99, 102, 105, 108, 110-114, 117-125, 130-134, 138, 141, 145, 149, 151-152, 154, 161-166, 172-174, 177--179, 183-192, 195, 197-202, 204, 209, 214, 218, 222-225, 229, 231, 234-237, 240, 242, 247-248, 253, 255, 257-262, 264, 266, 268, 270, 274, 276, 278, 284-285, 294, 296-297, 299, 303, 306-311, 314-315, 317-318, 320; 2. Var. Piccard 16, I 14-15 (1448) f. 2, 7-8, 13-15, 24-37, 39, 48, 50, 52, 55-56, 59, 61, 67-68, 74-76, 78-81, 83-85, 91-92, 98, 100-

-101, 103-104, 106-107, 109, 115-116, 126-129, 135-137, 139-140, 142-144, 146-148, 150, 153, 155-160, 167-171, 175-176, 180-182, 193-194, 196, 203, 205-208, 210-213, 215-217, 219-221, 226-228, 230, 232-233, 238-239, 241, 243-246, 249-252, 254, 256, 263, 265, 267, 269, 271-272, 275, 277, 279-283, 286-293, 295, 298, 300-302, 304-305, 312-313, 316, 319 et f. integ. post. aggl. F. 273 signo caret. Signa similia in cod. BJ 1542, 1544, 1546.

Scriptura et ornamenta: Trium manuum scriptura diligens, margo tamen dexter saepius a scribis despectus: 1. f. 1r-226r. Duarum columnarum schema atramento ductum. Litteris maioribus scribuntur Sacrae Scripturae verba (f. 2r), Sententiarum libri III initium: *Cum venit* ...(f. 2v) distinctionum singularum paragraphi, quae etiam elementa hic illic rubris lineolis supra et infra designata esse conspiciuntur. 2. f. 230r-315v scriptura diligens in dextram partem inclinata, spatiis interlinearibus minimis, unius columnae schemate disposita, quod tamen schema maius conspicitur duabus columnis in parte praecedenti. 3. f. 226v, 316r-318r duabus columnis, f. 318v-320v una columna disposita scriptura. De codicum ex possessione Petri de Swanow scriptura diffusius in cod. BJ 1542 descr. disseruimus, cf. ibi Script. et ornam. Alia manu in marginibus inferioribus quaestionum tituli. Rubricatio. Litterae initiales rubrae, parum ornatae. Paulo maiores litterae initiales atramento rubro inscriptae et in margines protractae in parte codicis prima, usque ad f. 220r, e. g. f. 2r: 9 textus lineis aequalis, f. 20r, 44v, 59v, 79v, aliae 5-7 textus lineis aequales, nec non plures litterae minores in toto codice in paragraphorum initiis dispersae (similiter in cod. BJ 1542, 1544, 1546). In parte voluminis secunda (Thomae de Aquino, Quodlibeta) rubro tituli singulorum quodlibetorum et quaestionum numeri eis comprehensarum. In pagina currenti Commenti in Sententias (f. 2r-220r) atramento nigro in foliis singulis rectis distinctionum numeri Arabici.

Notae et glossae paucae. Manibus ignotis emendationes parvi momenti, e. g. f. 8v, 17r, 18r, 22r, 32r, 38r, 49r, 67v, 94r, 100r, 187v, 207r et supplementa, e. g. f. 36v, 55r, 82r, 135r, 154v, 272v. Matthiae de Sanspow probabiliter manu inter columnas f. 55v: *Plenitudo* + eius manicula parva, alia manu, inter columnas quoque f. 93r-v. In plurimorum foliorum marginibus inferioribus, manibus codicem adhibentium, tituli quaestionum commento comprehensarum scripti leguntur, e. g. f. 3v-7r, 8r-10v, 33v-35v, 149v, 150v-152v, 190r, 191r, 192r-v, 193v-195v (quaestionum registrum completum in f. 220v-226r, cf. supra nr. **1**). In marginibus commenti in Sententias notantur etiam quaestionum partes, e. g. f. 7r, 41v, 47r, 48r: *Q⟨uestio⟩*, *Contra, Responsio*; f. 25r: *Questiones*; numeris Arabicis illa *Item* ordinata sunt, e. g. f. 8r, 17v, 108r-v, 128v, 153r, 212v; saepius tamen: *Contra, Responsio*, e. g. f. 21r-24r, 44v-45r, 51r, 54r, 55r, 60r, 65r, 76r-79r, 158v, 160v, 212r (cf. in cod. BJ 1542, 1544). Vocabula scriptorum materiam indicantia, e. g. 42v: *Beata Virgo, crux*; 69r: *ira, tristicia, timor*; f. 126v: *passio secundum Damascenum*; *gaudium, tristicia, timor, spes, passiones quattuor*; f. 129v: *Certitudo spei*; f. 130r: *Spes nominat passionem, habitum, actum, statum*; f. 132r: *Amor diffinitur*; f. 136v: *Quomodo eadem est dilectio Dei et proximi*. In codicis parte secunda atramento nigro in marginibus scripti occurrunt hic illic quaestionum singulorum quodlibetorum numeri Romani, e. g. f. 236v-237r, 310r, 312r, 313r-314r, hic illic autem atramento rubro, e. g. f. 244r, 265r, 277v, 294r. Maniculae, f. 35r, 126v, 151r (cf. maniculam simillimam in cod. BJ 1542, 1544).

Compactura Cracoviae verisimillime ca a. 1450 confecta (cf. signum aquaticum nr. 2 in f. integ. post. aggl.), adhibitis tabulis ligneis crassis admodum, corio olim albo, nunc obscuriore facto, ornamento lineari simplici decorato, obtectis. Codex olim cingulis coriaceis duobus et ligulis in anteriore integumento claudebatur; umbonum rotundorum quinorum in utroque integumento vestigia sola. Corio integumenti anterioris membranae frustulum mutilum agglutinatum, in quo codicis titulus legitur. Dorsum paulo convexum; ligamenta quattuor duplicia; codicis capiti et calci funiculi texti obsuti, dorsi corio obtecti. Volumen adaequatum, anguli rotundati. Ante- et postfolium (f. I et II) membranacea, vacua. Integumentorum partibus interioribus folia chartacea agglutinata vacua. Schedulae oblongae fasciculorum suturam munientes membranaceae vacuae. Compacturis simillimis codices ex possessione Petri de Swanow muniti sunt, cf. cod. BJ 1489, 1542, 1544, 1546. Codicis status: voluminis pars superior et extremitas verticalis humiditate afflicta. Folia initialia (usque ad f. 11) et finalia (inde a f. 313) putrida facta, charta partis superioris fragilis et cariosa. Fragm. folii 2 folio 3 adhaesum. Item f. 318-320 pars postfolio adhaerescit. Ligamenta circa tabulam utramque rupta. Detrimenta a vermibus et rubigine in voluminis initio et fine facta obveniunt. Codex renovationem indiget.

C o d i c i s o r i g o e t f a t a : Legitur in colophone in f. 220r, quod liber III Sententiarum Petri de Tarantasia pro Petro de Swanow transscriptus est, nulla tamen occurrunt in codice indicia, quibus scribendi tempus et locus indicetur. Coniectare tamen licet codicem a. 1449 exaratum esse, cum hoc anno Petrus baccalarius sententiarius nominaretur (cf. Markowski, Dzieje Teologii, 163). In membranae frusto incompleto corio integumenti anterioris parti superiori agglutinato: *Scriptum Petri Burgundi* [...] *fratris Ordinis Predicatorum* [...] cf. supra, nr. **1** (in initio f. 2r). In f. 1r inscriptio paulo posterior: *Legatus Maiori Collegio Artistarum.* Signaturae antiquae: Fasseau: *370*; topogr.: *CC VII 18.* In cingulo chartaceo inter f. 145 et 146 inserto: *366* et *30.*

B i b l i o g r a p h i c a : Wisłocki, Katalog, 376-377; Markowski, Zygmunt z Pyzdr, 201; Szelińska, Biblioteki, 85; Zathey, Biblioteka, 103; Codices manuscripti Thomae de Aquino, 2, 128, nr. 1271; Leonina, 25/1, 9*; Świeboda, Kolofon, 272.

MGo, ZS, RT

1544

Lat., ca 1450, chart., cm 30,5×21,5, f. 232+II.

1. f. 1r-229v: Petrus de Tarantasia OP, Commentum in IV librum Sententiarum Petri Lombardi

Incipit quartus liber Sentenciarum. [Prol.] —⟨*H*⟩*aurietis aquas in gaudio* ...[Is 12, 3-4]. —*In verbis istis duplex effectus sacramentorum, de quo in hoc quarto libro sufficienter exprimitur* ...[Com.; f. 1v] —*Samaritanus etc.* —*Liber iste Sentenciarum tanquam fluvius paradysi in IIII*[or] *capita dividitur, id est in IIII*[or] *parciales libros* ...⟩⟨[f. 224r]... *usque ad pedes, id est finalem statum mundi, via duce pervenit, Christo scilicet, qui est via in exemplo, veritas in documento, vita in premio, Iohannis XIII* [14, 6]. *Ad quam vitam ipse, qui est vita, nos perducat, cui est honor et gloria in secula seculorum. Amen. Finito libro sit laus et gloria Christo etc. Hic liber est scriptus, qui scripsit, sit benedictus. Nomen scriptoris Rena⟨n⟩-dus plenus amoris. Vitam eternam Christus ei tribuat. Iste liber est super quartum Sentenciarum Petri de Tharantasio, comparatus per magistrum Petrum de Szwanow, baccalarii sacre theologie* [*in Studio Cracouiensi* – rubro]. [Index quaestionum; f. 224v] *Sequitur distinccio prima. Queritur, quod sit sacramentum ...⟩⟨... Utrum pena dampni sit gravior quam pena gehenne.*

Cf. cod. BJ 1523 descr., nr. **1**.

f. 230r-232v vacua.

***2.** f. integ. ant. aggl.: Tabula aspectuum planetarum

⟨A⟩spectus Solis ad Lunam. Sol. Luna ... Aspectus aliorum planetarum ad Lunam ...

XV, Lat., chart., f. 1.

***3.** f. integ. post. aggl.: Diploma: s. a. et l. Fragm. mandatus. Stanislaus de Uście decretorum doctor, officialis Gnesnensis, Vincentii Kot de Dębno, archiepiscopi Gnesnensis et primatis, vicarius generalis *in spiritualibus* hebdomadariis ecclesiae cathedralis Cracoviensis nec non plebanis ecclesiarum parochialium Cracoviensium: s. Mariae, s. Annae, s. Stephani, Omnium Sanctorum, non Corporis Christi in Casimiria atque in Bochnia et in Wieliczka mandat, ut in spatio tribus diebus ab hac notificatione recepta, in nomine ecclesiae cathedralis Gnesnensis vicariorum, citent generosum [Nicolaum] Serafin de Wieliczka, zupparium [Cracoviensem] salinae utriusque in Bochnia et in Wieliczka, ad solvendum (sub poenis ecclesiasticis) in manus Stanislai [Latowski de Latowice], praepositi Cracoviensis, magistri Petri de Swanow et Martini *de Gurowo* [Gurowo? in palatinatu Calisiensi], vicarii Gnesnensis, redditus 50 marcarum grossorum latorum ab eodem retenti, qui annuatim ecclesiae Gnesnensi de hisce zuppis pendetur.

Stanislaus de Uście officialis Gnesnensis inde a 14 II 1438, Vincentii Kot vicarius generalis in spiritualibus inde a 1 V 1438 fuit. Magistratu utroque usque ad mortem 9 vel 10 III 1440 functus est (cf. A. Gąsiorowski, I. Skierska, Średniowieczni oficjałowie gnieźnieńscy, „Roczniki Historyczne", LXI 1995, 78). Quibus consideratis mandatus conficiendi tempus inter 1 V 1438 et 9 III 1440 locare nobis licet.

Post 30 IV 1438 – ante 10 III 1440, Lat., chart., mandatus pars inferior resecta.

Fasciculi: 1-14^{6+6} (f. 1-168); 15^{5+5} (f. 169-178), 16-19^{6+6} (f. 179-226); 20^{3+3} (f. 227-232). Reclamantes in fasc. 1-3, 5-12, 16, 18, partim praecisa in fasc. 14, magis praecisae in fasc. 4, 13.

Signa aquatica: 1. Var. Piccard 16, I 14-15 (1448) f. 1, 3, 5, 8, 10, 12, 14, 16, 21, 23, 25, 28-33, 36-37, 39-41, 44-46, 48-49, 52, 54-55, 57, 60-61, 64-69, 72 76, 78-79, 81, 98, 101, 104, 107, 110-111, 113-116, 118-119, 121, 123, 125, 128, 130, 132-133, 135-136, 141-142, 144, 147, 150-151, 154, 157-158, 160, 162-163, 165, 167--169, 171-176, 178, 180-181, 183, 186, 188-189, 191-193, 195, 198, 200-203, 205, 207, 210, 212, 214-215, 217, 220-221, 224, 226, 229-230; 2. Var. Piccard 16, I 8 (1449) f. 2, 4, 6-7, 9, 11, 13, 15, 17-20, 22, 24, 26-27, 34-35, 38, 42-43, 47, 50-51, 53, 56, 58-59, 62-63, 70-71, 73-75, 77, 80, 82-97, 99-100, 102-103, 105-106, 108-109, 112, 117, 120, 122, 124, 126-127, 129, 131, 134, 137-140, 143, 145-146, 148-149, 152-153, 155-156, 159, 161, 164, 166, 170, 177, 179, 182, 184-185, 187, 190, 194, 196-197, 199, 204, 206, 208-209, 211, 213, 216, 218-219, 222-223, 225, 227-228, 231-232, II-III. Signa similia in cod. BJ 1542, 1543, 1546.

Scriptura et ornamenta: Litterae minusculae diligentissimae currentes, duabus columnis atramento ductis dispositae, scribae, qui nomen suum in colophone f. 224r notavit: *Nomen scriptoris Rena⟨n⟩dus plenus amoris* ... (cf. Colophons, 16416). Litteris maioribus scripta sunt lemmata ex Sacra Scriptura (f. 1r), Sententiarum libri IV initium: *Samaritanus* ... (f. 1v), distinctionum singularum paragraphi, quae elementa etiam hic illic rubris lineolis supra et infra designata conspiciuntur, e. g. f. 3r, 7v-10v, 12r, 93v-96r, 148r-169r. Alia manu in marginibus inferioribus quaestionum tituli exaratae (cf. Notas et glossas). Litteras initiales repraesentantia, e. g. f. 172r, 175r. Rubricatio. Loca in textu notabiliora linea infra ducta distincta. Litterae initiales rubrae, parvae omnino, accedunt interdum maiores, e. g. f. 36v, 65r, 78v, 99v, 114r, 145v, 158r, 160v, 172r, 179r (similiter in cod. BJ 1542, 1543, 1546). Desideratur littera initialis in loco vacuo: f. 1r, 7v. Pagina currens rubro in f. 85r-224r, verso: vocabulum *Dis⟨tinccio⟩*, lineola rubra interdum circumdatum, recto: distinctionis numerus Romanus inde a *XVIII* usque ad *L*. De codicum ex possessione Petri de Swanow scriptura diffusius in cod. BJ 1542 descr. disseruimus, cf. ibi Script. et ornam.

Notae et glossae: Manibus ignotis emendationes minoris momenti et supplementa, e. g. f. 13r, 134r; inter columnas, e. g. f. 47r, 54v, 56r: *Albertus dicit* ..., 141r. In marginibus notantur etiam saepissime quaestionum partes, e. g. f. 2r, 3r-4r: *contra*; f. 5r, 7v-11v, 15r, 45r, 100v, 182r: *Respondeo*; numeris Arabicis illa *Item* ordinata sunt nec non responsiones, e. g. f. 45r-v, 103r, 130r, 166r, 173r. Notae, f. 44r: *forma consecracionis panis*; f. 45r: *Verba consecracionis sanguinis*; f. 125r: *1ª heretici in Ecclesia ordinati ... 2ª heretici extra Ecclesiam ordinati* ...; f. 129r: *Textus ewangelii: Non legistis, qui fecit hominem ab inicio* ...[Mt 19, 4-6]; f. 132r: *tacitus consensus non facit matrimonium*; f. 160v: *obligacio quedam est necessaria ... voluntaria* ...; f. 171r: *per Innocencium 3^m in Concilio Lateranensi*. In marginibus inferioribus, manibus codicem adhibentium, tituli quaestionum commento comprehensarum scripti leguntur (cf. quaestionum registrum completum in voluminis fine, cf. supra, nr. **1**). Glossulae interlineares breves, e. g. f. 13v, 15v, 44v-45r, 112v. Maniculae: f. 40v, 74v, 186v (manicula simillima in cod. BJ 1542, nr. 3 et 1543, f. 126v).

Compactura Cracoviae verisimillime ca a. 1450 confecta adhibitis tabulis ligneis crassis admodum, corio olim albo, nunc obscuriore facto, ornamento lineari simplici decorato, obtectis. Codex olim cingulis coriaceis duobus et ligulis in anteriore integumento claudebatur; umbonum rotundorum quinorum in utroque integumento vestigia sola. Schedulae, in qua codicis auctor et titulus exaratus esse videtur, olim agglutinatae in anterioris integumenti corio, vestigium. Dorsum paulo convexum; ligamenta quattuor duplicia; codicis capiti et calci lora texta obsuta, dorsi corio obtecta. Volumen adaequatum, anguli rotundati. Ante- et postfolium membranacea. In antefolio (f. I) signatura, postfolium (f. IV) vacuum, angulo inferiore oblique praeciso et latere abscisso. Integumentorum partibus interioribus folia chartacea agglutinata conscripta, de anteriore cf. supra, nr. ***2**), de inferiore cf. supra, nr. ***3**). Schedulae oblongae fasciculorum suturam munientes membranaceae, vacuae. Compacturis simillimis codices ex possessione Petri de Swanow muniti sunt hi: BJ 1542, 1543, 1546, 1489. Codicis status: voluminis pars superior praecipue humiditate afflicta. Folia initialia (usque ad f. 6) et finalia (inde a f. 225) putrida et defectiva facta, charta partis superioris fragilis et cariosa. Detrimenta a vermibus et rubigine in foliis integumentorum partibus interioribus agglutinatis atque voluminis foliis initialibus et finalibus facta obveniunt. Macula in f. 102.

C o d i c i s   o r i g o   e t   f a t a : Codex ca a. 1450 confectus, exaratus a Renando: *Rena⟨n⟩dus plenus amoris*, cf. Script. et ornam. Possessor codicis fuit Petrus de Swanow, cf. f. 224r: *Iste liber est Super quartum Sententiarum Petri de Tarantasio comparatus per magistrum Petrum de Szwanow baccalarium sacre theologie* [*in Studio Cracouiensi* – manu alia adscr.]. Scribae Renandi nomen non nisi in hoc codice apparet, difficile ideo est dicere, ubinam iste vitam egerit et scripserit (cf. Świeboda, Kolofon, 271-276). Non solum signa aquatica chartae, in qua commentum in Sententias est scriptum (cf. supra Signa aquatica), sed etiam temporis spatium, in quo Petrus de Swanow theologiae studio in Universitate vacabat, momentum probabile designant, quo codex ipse confectus est. Cum igitur Petrus baccalarius biblicus ca a. 1443 factus sit, anno autem 1449 sicut theologiae baccalarius in fontibus obvenit (cf. Markowski, Dzieje Teologii, 163), assumi potest codex noster ca 1450 a. confectus esse, qui consequenter a Petro de Swanow, iam baccalario in theologia, emptus est (de Petro de Swanow cf. cod. BJ 669 descr.; Markowski, Dzieje Teologii, 163). Signaturae antiquae: Kucharski scripsit in f. Ir: *Petrus de Tharantasio Super quartum Sententiarum*; Fasseau: *801*; topogr.: *CC VII 19*.

B i b l i o g r a p h i c a : Wisłocki, Katalog, 377; Markowski, Zygmunt z Pyzdr, 201, 202; Szelińska, Biblioteki, 85; Zathey, Biblioteka, 103; Markowski, Pierwsi bakałarze, 274; Id., Dzieje Teologii, 163; Świeboda, Kolofon, 271-276.

MGo, RT

1545

Lat., ca XV m., chart., cm 31,5××21, f. 205+IV.

1. f. 1r-204v: Petrus de Tarantasia OP, Commentum in II librum Sententiarum Petri Lombardi

Scriptum Petri de Tarantasio super secundo Sentenciarum. Principium in secundum li⟨brum⟩ Sentenciarum [in marg.]. [Prooem.] —*Qui vivit in eternum* ...[Eccli 18, 1]. —*In hiis verbis opus creacionis sufficienter exprimitur* ...[Com.; f. 1v] —*Creacionem rerum.* —*Liber totalis Senten-*

ciarum in IIII^{or} *parciales libros dividitur sicut fluvius paradysi in IIII*^{or} *capita* ...⟩⟨[f. 202r]... *quia mandatorum eius observancia perducit ad vitam. Quam nobis prestare dignetur, qui est benedictus in secula. Amen.* [Index quaestionum] *Dis. I. Res creat. Utrum creacio esse potuit* ...⟩⟨... *Utrum religiosi in omnibus teneantur obedire prelatis suis etc. Sit laus Deo.*

Cf. cod. BJ 1523 descr., nr. **1**. In marginibus vocabula Versus memorialis, cf. cod. 1521 descr., nr. **7**.

2. f. 205r: Excerpta ex Summa theologiae Alexandri de Hales

— *U⟨trum⟩ veniale possit fieri mortale. Et videtur, quod sic. Secundum Augustinum nichil adeo veniale, quid non fieri possit mortale* ...⟩⟨... *ad quod venialis erat disposicio, ut progrederitur* [ed.: progrederetur] *ex ipso. Hec Alexander de Hales.*

Cf. cod. BJ 1189/2, f. 208rb-vb. Ed.: t. 3 (secunda pars secundi libri), Ad Claras Aquas (Quaracchi) 1930, 287-288.

f. 205v vacuum.

***3.** f. IIv-r, IIIr-v: Antiphonale. Fragm.: Dom. 3 post Epiph., feria: 2 (Matutinum), 5 (Laudes), 6 (Matutinum)

XIV ex., Lat., membr., f. 2, Germania meridionalis vel orientalis (f. I ex una parte ca 1 cm praecisum). Notatio Metensis cum Germanica, notae musicae quattuor lineis rubris dispositae. Cf. e. g. Notae musicae artis, 397, tab. V/10d. Alia antiphonalium fragmenta in cod. BJ 761, 1224, 1248, 1406, 1549 in libris Ioannis de Dambrowka asservata materia et scripturae ductu originem ex eodem scriptorio demonstrant.

f. 205v vacuum.

F a s c i c u l i : 1-16^{6+6} (f. 1-192); 17^{6+7} (f. 193-205, f. ultimum addititium aggl.). Custodes in initiis fasc. inde a fasc. secundo numeris Arabicis: *2* (valde praecisus), *3-7*, *9*, *13-16* et Romanis: *VIII, X-XII*; in finibus fasc: *1*^{us}*-4*^{us}, *V-XVI* lineolis circumdati (primo fasc. excepto). Custodes bifoliorum in fasc. 2-17, quidam recisi. Reclamantes in fasc. 1-16 (1-2 paulo praecisae) lineolis quoque circumdatae.

S i g n a a q u a t i c a : 1. Var. Piccard 2, XIII 31 (1441-1445), f. 1-204; 2. Var. Piccard 3, II 310 (1443-1450), f. 205.

S c r i p t u r a e t o r n a m e n t a : Codex una manu, una columna disposita scriptura, diligentissime exaratus. Hunc scribam L. Semkowicz (Paleografia łacińska, Kraków 2002, 361, 364, tab. 127A) Nicolaum de Kxansch (Ksyansch, Książ), iniuste tamen, nominat cf. cod. BJ 723 et 1199 descr.: Script. et ornam. Eadem manu cod. BJ 766, 1187, 1199, 1247, 1549, alii conscripti sunt. Manu Ioannis de Dambrowka f. 205r exaratum (cf. nr. **2**; eius script. cf. i. a. in cod. BJ 1406, f. 159r, 306v). Litterae initiales plurimae, exiguae (= 2 textus lineis), plerumque rubrae cum caeruleis alternae. Litterae initiales rubrae (= 3 textus lineis), e. g. f. 1r-2r, 11r-12r; caeruleae, e. g. f. 2v, 5v, 8v,

13r, 14v-15r, 16r, 19v, etc. Hic illic paragraphorum signa rubra, loca notabiliora in textu linea rubra designata, e. g. f. 12r, 22r-23r, 37r, 56r-58r.

Notae et glossae: Supplementa minoris momenti scribae manu facta, e. g. f. 44v, 77v, 87r, 119r, 122v; Ioannis de Dambrowka, e. g. f. 44r, 168v. Quaestionum elementa in marginibus praesentata, e. g. f. 12r, 22r-v, 32r-33r, 36r, 40v-41r, 43r-46r, 55v-57v: *Contra, Respondeo,* et circa ea responsiones numeris Arabicis ordinatae. Numeri distinctionum nigro et rubro atramento inscripti, e. g. f. 11r: *D. 2*, f. 16r: *D. 3*, f. 58r: *D. 12*, f. 124r: *D. 25*. Etiam in textu iuxta distinctionum numeros Versus memorialis vocabula leguntur scripta (f. 1v: *Res creat*; f. 11r: *D. 2: Angelus*; f. 16r: *D. 3 Est mora*; f. 28v: *D. 4 Fit miser ...*; f. 199v: *D. XLIIII ⟨Q⟩uem debet plus revereri*). Vocabula scriptorum materiam indicantia, e. g. f. 29r: *Beatitudo*, f. 30r: *Certitudo sciencie, coniecture*; f. 38v: *Libertas essencialis, accidentalis*; f. 79v: *Essencialia, accidentalia*; f. 89v: *Supra naturam, preter naturam, contra naturam*; f. 145v: *Concupiscentia*; f. 150v: *Originale consideratur vel ad causam ... effectum in disposicione ... subiectum vel aliud ...*; f. 152v, 153r: *Libido*; f. 155v: *Concupiscencia*; f. 167v: *Subiectum, habitus, habilitas*; f. 169v: *Natura, gracia, habilitas*; f. 197v: *Blasphemia*. Auctoritates citantur, e. g. f. 20r: *Dyonisius*, f. 30r: *et Hugo de Sancto Victore, libro De sacramentis, 1 parte, c. 21*; f. 43r: *Bon⟨a⟩vent⟨ura⟩ in Scripto 2, dis. 23 ...*; f. 43v, 45r, 200v: *Augustinus, De civitate Dei ...*; f. 142r: *Damascenus ...* Notae productiores Ioannis de Dambrowka, e. g. f. 39v: *Nullus de sapiente fit stultus ...*; f. 56v: *Cognicio angelorum est duplex: Quedam a natura ...*; *Angeli enim ante non habuerunt noticiam experimentalem ...*; f. 89r: textus fragmenta in margine iterum scripta: *Miraculum ...*; f. 131v: *Sed d⟨iceres⟩: Estne illa vera: Deus peccatoribus subtrahit graciam ...*; f. 137v: *In preceptis considerantur 2: materia ... finis ...* Plurimae et multum peculiares maniculae, quarum formae similes in Ioannis de Dambrowka codicibus saepius occurrunt, e. g. f. 1r, 2r, 5v, 20r, 23r, 29r-v, 32r-33r, 34r-v, 36r-v, 38r, 40r-v, 42v, 56v, 57v, 89v, 96v, 101v, 104v, 107r, 109v-110r, 113r, 122v, 123v, 125v, 128v-129r, 130v, 136r, 140r, 146r, 150v-151r, 152r-153r, 168r--v, 174r, 176v, 177v, 180r, 181r, 183r, 189v, 192v, 200r.

Compactura Cracoviae ca a. 1450 confecta. Tabulae ligneae oblique praecisae corio olim fusco clariore, quod nunc obscurius factum est, partim obtectae, ornamento lineari simplici, in tabulas protracto, decoratae. Codex olim cingulis duobus et ligulis in anteriore integumento claudebatur. Dorsum paulo convexum, ligamenta quattuor duplicia. Volumen adaequatum, anguli rotundati. Ante- et postfolium membr. vetera (f. II et III) conscripta, cf. nr. ***3**. Schedulae membr. oblongae, quibus fasciculorum sutura munita est, vacuae (desiderantur in fasc. primo et ultimo). Compactura renovata: tabulae corio novo obtectae sunt, cui corio desuper veteris illius taeniae (ca 5,5 cm) agglutinatae sunt. Ante- et postfolium nova addita sunt: f. I et IV nec non folia integumentorum partibus interioribus aggl. Codicis status: post renovationem satisfaciens. Inundationis pristinae in voluminis marginibus vestigia multa (praecipue f. 110--195), hic illic atramentum ablutum. Dorsum paulo fricatum.

Codicis origo et fata: Codicis huius scriba plures libros Universitatis Cracoviensis professoribus, in eo numero et Ioanni de Dambrowka, descripsit. Non impossibile ergo videtur etiam hunc codicem Cracoviae ca a. 1450 confectum esse (cf. supra Script. et ornam.; cod. BJ 1221, 1224, 1247, 1325, 1486). Cum scriba, tum notae in codice manu Ioannis de Dambrowka exaratae indicare videntur eundem Ioannem etiam codicis possessorem fuisse, quamvis nulla de hoc in Ioannis nostri testamento adnotatio apparet (cf. Szelińska, Dwa testamenty). Nemo autem ignorat Ioannem, cum lectiones in Universitate haberet, adnotationibus suis codices plurimos adornavisse et nostro quoque codice sine dubio usum esse (qui a. 1434-1435 theologiae baccalarius creatus est, inde ab a. 1439 Sententias Petri Lombardi legit, licentiatus in theologia iam a. 1446 factus est, ante diem 29 Martii 1449 theologiae doctor factus (cf. de eo cod. BJ 288, 1505 descr.; Włodek, Krakowski komentarz, 155; Markowski, Dzieje Teologii, 158-159). Probabiliter manu Ioannis Beber de Osswyanczym in f. 1r: *Scriptum Petri de Tarantasio, Super secundo Sentenciarum.* Signaturae antiquae: Fasseau: *552*; topogr.: *CC VII 20.*

B i b l i o g r a p h i c a : Wisłocki, Katalog, 377; Markowski, Zygmunt z Pyzdr, 201; Szelińska, Biblioteki, 71.

KW, RT

1546

Lat., ca 1449, chart., cm 30,5×21, f. 259+III.

1. f. 1r-255r: Petrus de Tarantasia OP, Commentum in I librum Sententiarum Petri Lombardi

Scriptum eximii doctoris Petri Burgundi de Tarantasio Ordinis Predicatorum, qui primus in papam electus Innocencius quintus vocatus est anno Christi M^{o} CC^{o} LXXVI°, deinde evolutis V mensibus Rome obiit [rubro], *ut in Cronicis Romanorum pontificum continetur* [in marg.]. *Incipit primus liber Sentenciarum.* [Prooem.] —*Nunquid nosti ordinem celi et pones racionem eius in terra* ...[Iob 38, 33-34]. —*Verba ista sunt Domini ad beatum Iob* ...[Com. in Prol.; f. 4v] —*Cupientes.* —[*In* adscr.] *libro suo Magister premittit Prohemium suum, in quo primo ponitur excusacio auctoris* ...[Com.; f. 5r] —*Veteris ac Nove legis.* —*Hic incipit liber, cuius divisio a parte subiecti sumi potest* ...⟩⟨[f. 252r]... *per quod genus humanum redemptum est. Prestante eodem Redemptore, qui est benedictus in secula seculorum. Amen. Explicit primus liber Sentenciarum.* [Index quaestionum; f. 252v] *Distinccio prima. Res. U⟨trum⟩ theologia sit sciencia* ...⟩⟨... *An tenemur conformari in volito.*

Cf. cod. BJ 1523 descr., nr. **1**. Petri de Swanow Principium in Sententias in Częstochowa asservatur (Archiwum Jasnogórskie, cod. II 22, f. 78r-94r, cf. Markowski, Dzieje Teologii, 163).

2. f. 255r-v: Notae

Notandum, quid sit attributum secundum Thomam de Arg⟨entina⟩ et que differencia inter proprium et appropriatum. Attributum est perfectio simpliciter conveniens Creatori et creature ... Item nota: Proprium est, quod distingwit personam a persona ...[Versus memorialis; f. 255v]... —*Res.*

Tres. Vestigium ... Presens causa minus predestinat ...)(*... non male fit, quod homo vult.* [*Duplex est voluntas Dei, scilicet antecedens et consequens voluntas ... quem prescivit salvandum* – adscr. manu, quae Petri de Swanow fertur].

Cf. Thomas de Argentina, Lugduni 1649, lib. I, cap.: De voluntate Dei, 32 (dist. 1, q. 1, art. 1), p. 70. Quoad Versum memorialem cf. cod. 1521 descr., nr. **7**; Walther, Initia, 16652.

f. 256r-259v vacua, f. 259v columnarum schemate instructum.

F a s c i c u l i : 1-21^{6+6} (f. 1-252); 22^{4+3} (f. 253-259, post f. 257 unum folium desideratur). Custodes numeris Romanis in fine fasc. 2, 4-21: *II, IIII, V-XXI* (9 = *VIIII*).

S i g n a a q u a t i c a : 1. Var. Piccard 2, XIII 32 (1445-1452), Piccard-Online 69361 (1447) f. 1-204; 2. Var. Piccard 16, I 8 (1449) f. 205-206, 209, 212, 215-220, 222-223, 225-229, 231, 238, 240, 243, 250, 256-257; 3. Var. Piccard 16, I 14-15 (1448) f. 207-208, 210-211, 213-214, 221, 224, 230, 232-237, 239, 241-242, 244, 246-247, 249, 251-254, 258-259; 4. Id. Piccard 1, I 301 (1447) f. 245, 248. F. 255 cum signo tum etiam altera bifolii parte caret. Charta a. 1445-1452 in usu erat. Signa similia in cod. BJ 1542, 1543, 1544.

S c r i p t u r a e t o r n a m e n t a : Codex quattuor manibus exaratus: 1. Commentum in Sententias diligentissime exaratum: f. 3va-252r; 2. f. 1r-3va; 3. f. 10rb (17 versus); 4. litterulis minusculis currentibus quaestionum tituli et notae scriptae in f. 252v-255v. Duarum columnarum schema atramento ductum in f. 1r-12v, 253r-255r, stilo vel calamo tenuissimo in f. 13r-252v. Margines inferiores ceteris latiores. Textus pars prima emendationis signa praebet (cf. Notas et glossas). Hic illic litterarum maiuscularum hastae supra protractae in marginem, e. g. f. 4v-5r, 8r, 12v-14r, 23r, 117v, 120v, 142v, 199v, 205r, 207v-208r et infra quoque, e. g. f. 13r, 14r; oblitterationes minoris momenti atramento nigro f. 30r, 44v, 60v, 72r. In pagina currenti, in solis distinctionum initiis inscriptum est in folio verso: *d*⟨*istinctio*⟩, in folio recto eius numerus Romanus, e. g. f. 39v-41r *d. VIII*, f. 52v-53r *d. X^{a}*, 56v-57r *d. XI^{a}*, f. 59v-50r *d. XII^{a}* f. 118v-119 *d. XXIIII^{a}*, f. 232-233r *d. XLV^{a}*, f. 246v-247r *d. XLVIII^{a}*. Rubricatio. Littera initialis in f. 1r: *N* rubra, ceteris maior ornatiorque scripturae 8 lineis aequa, ornamento geometrico rubro impleta. In f. 232v inter textus columnas nigro atramento piscis delineatus. In f. 61v textus versus tres oblitterati.

N o t a e e t g l o s s a e : Emendationes et supplementa pauca scribae manu, e. g. f. 14r-v, 38r, 63r, 88v-89r, 91r, 95r-v, 106v, 119r, 143r, 179v, 188v, 191v, 219v, 240r; alia manu, f. 183v, 187v. In textus parte prima (f. 1r-85r) manu, quae Petro de Swanow attribui solet emendationes (de eius scriptura autographa et codicibus ex ipsius bibliotheca cf. cod. BJ 1542 descr.). Eadem manu in marginibus et inter scripturae lineas distinctionum numeri inscripti, e. g. f. 17v, 29r, 39v, 53r, 62r, 90r, 113v; f. 6v: *Responsio: Cum uti sit assumere...*; f. 55r: *Amor dicit simplicem inclinacionem ...*; f. 57v: *Respondetur*: *Per hoc non minuitur honor ...*; f. 59v: *Concilia: In primitiva Ecclesia 1 fuit ad electionem Mathie ...*; f. 82v: *Stellio a stella dicitur ... Wersus: Stellio nocte micat, sordens in luce diei.* Solum in initio eadem manu, hic illic iuxta quaestiones, in marginibus: *Contra*, e. g. f. 11v, 15r-v, 18r, 20r, 21r, 23v, 31r, 83r; *Responsio*, f. 20v; *Respondetur*, f. 5r, 9v; *Circa tercium*, f. 6r; *Circa litteram dubitatur*, f. 8r; *Tercio que-*

ritur, f. 21r. F. 27v: *Circa tercium. Deus est trinitas*; f. 55r, 56v: *amor, dilectio, caritas*. Matthiae de Sanspow manu vocabula scriptorum materiam indicantia, e. g. f. 1v: *Quadruplex finis theologie, quattuor utilitates* nec non manicula parva inter columnas; f. 2v: *Differencia inter scienciam et sapienciam*; f. 7r: *Frui quattuor modis*. Maniculae, f. 32v, 36v-37r, 46v, 51v-52r, 64v, 78v-79v, 82v-83r, 85r.

C o m p a c t u r a Cracoviae verisimillime ca a. 1449 confecta adhibitis tabulis ligneis crassis admodum, corio olim albo, nunc obscuriore facto, ornamento lineari simplici decorato, obtectis. Codex olim cingulis coriaceis duobus et ligulis in anteriore integumento claudebatur; umbonum rotundorum quinorum in utroque integumento vestigia sola. In corio integumenti anterioris codicis auctor, titulus nec non origo scripta legitur (cf. Cod. orig. et fata). Dorsum paulo convexum; ligamenta quattuor duplicia; codicis capiti et calci lora texta obsuta. Volumen adaequatum, anguli rotundati. Antefolia: f. I membr. (cf. Cod. orig. et fata) et II chart. vacua; postfolium: f. III membr. vacuum. Integumentorum partibus interioribus folia chartacea agglutinata: anterius conscriptum, cf. Notas et glossas et Cod. orig. et fata), posterius vacuum. Fasciculorum sutura schedulis oblongis membranaceis vacuis munita. Compacturas similes cf. in cod. BJ 1489, 1542, 1543, 1544, ex Petri de Swanow possessione. Codicis status: voluminis pars inferior praecipue humiditate afflicta. F. 245, 248 in parte inferiore accurtata. Foliorum extremitates inferiores putridae factae, fragiles et cariosae. Folia initialia et finalia superiora defectus minimos passa sunt. Detrimenta a vermibus in foliis integumento utrique aggl. et rubigine ibidem et insuper in antefolio et postfolio facta obveniunt.

C o d i c i s o r i g o e t f a t a : Codex ca a. 1449 confectus esse videtur, accuratus tamen annus indicari non potest, eo quod nulla temporis et loci conficiendi indicia in codice occurrunt. Codicis charta signis aquaticis a. 1448-1449 usitatis distincta (cf. Signa aquatica, nr. 2-3) etiam ad cod. BJ 1542, 1543, 1544 conficiendos adhibita est. Non impossibile ergo videtur omnes hi codices in uno scriptorio exaratos esse ca a. 1449 – Petrus de Swanow enim a. 1449 ad gradum baccalarii in theologia promotus est (cf. Markowski, Dzieje Teologii, 163). Manu s. XV in f. Ir: *Petrus de Tarantasio Super primo magistri Petri de Swanow*; eadem inscriptio in parte exteriore integumenti anterioris, in corio mero: *Petrus de Tarantasio Super primo magistri Petri de Swanow*. Signaturae antiquae: Fasseau: *932*; topogr.: *CC VII 21*.

B i b l i o g r a p h i c a : Wisłocki, Katalog, 377; Markowski, Zygmunt z Pyzdr, 201; Szelińska, Biblioteki, 85; Zathey, Biblioteka, 103; Świeboda, Kolofon, 272-273.

MGo, RT

1547

Lat., 1449, 1460, chart., cm 30,5×21,5, f. 216+II.

1. f. 1r: Excerpta brevia de ministris Ecclesiae

Augustinus Super Iohannem, omelia V[a], *longe post medium, et De consecracione, dist. 4*[a] [cap. 26]: *Baptismus talis est, ubi: Item ego dico. Ego dico et nos dicimus omnes, quia iustos oportet esse per quos baptisatur ... Quod eciam allegat Magister in 4to, distinccione V. Super quo dicit Bonaventura: Ministri semper cum timore et reverencia debent tractare sacramenta ... Beatus Thomas dicit, quod si baptisat non exhibendo se ministrum Ecclesie ... et dicit, quod est opinio valde probabilis. Sunt enim ministri Ecclesiae, nisi quibus dicitur: Iuste, quod iustum est, exequaris. De hoc eciam vide distinccione XXIIII ...)(... quod non solum habeant efficaciam ex opere operato, ut fit in sacramentis, sed eciam ex opere operante, ut dicit beatus Thomas.*

Cf. ed.: R. Willems OSB, CC 36, 43; Corpus iuris canonici, 1, 1369; S. Bonaventurae Opera omnia, 4, Ad Claras Aquas (Quaracchi) 1889, 131 (Dub. I); Thomas de Aquino, In IV lib. Sententiarum, dist. 5, q. 2, art. 2, qc. 2, ad 2.

2. f. 1r: Anselmus Cantuariensis OSB, Epistula de sacramentis Ecclesiae

Epistola beati Anshelmi de sacramentis. — Domino et amico Valeriano, gracia Dei Nuembergensi episcopo, Anshelmus, servus Ecclesie Cantuariensis, salutem, servicium, oraciones, dileccionis affectum. — Gaudeo et gracias ago Deo ...)(... misi vobis olim quandam epistolam.

Cf. Włodek, Rękopisy św. Anzelma, 67; S. Niskanen, The Letter Collections of Anselm of Canterbury, Turnhout 2011, 23, 101-102, 276-277, 315 (Instrumenta Patristica et Mediaevalia, 61). Ed.: Opera omnia, ed. F. S. Schmitt, I/2, Stuttgart 1984, 239-242. Idem textus in cod. BJ 1196, p. 202-204.

3. f. 1v: Excerpta de poenitentia

Nota, licet penitencie sint arbitrarie, tamen illud arbitrium debet esse divino instinctu regulatum, quia sacerdos operatur in usu clavium sicut instrumentum et minister. Nullum autem instrumentum habet efficacie actum ...)(... et penitencia totaliter recedat [cf. Thomas de Aquino, In IV Sententiarum, dist. 18, q. 1, art. 3, qc. 4, corpus. Ed.: Opera omnia, 10, Paris 1889, 531-532]. *Unde dicit Crisostomus: Sicut si fascem super humeros adolescentis, quem non potest baiulare, posueris, necesse habet, ut aut fascem reiciat ... Si Deus benignus, ut quid sacerdos eius austerus vis apparere sanctus ...)(... et grandia videant facientem* [cf. Gratianus, Decretum, C. XXVI, q. 7, c. 12. Ed.: Corpus iuris canonici, 1, 1044]. *Circa quod nota, quod penitencia a sacerdote iniuncta aut est maior, aut equalis, aut minor ...)(... ne aliquod impunitum peccatum remaneat* [ed.: Legenda aurea, 729 (cap. 163: De commemoratione animarum)].

4. f. 2r-7r, 11r-204v: Petrus de Tarantasia OP, Commentum in IV librum Sententiarum Petri Lombardi

Registrum 4[ti] libri Sententiarum. Distinccio prima. Sacra. Quid sit sacramentum ...⟩⟨... *Utrum pena dampni sit gravior quam pena gehennis etc. Amen.* [Prol.] —*Haurietis aquas in gaudio* ...[Is 12, 3-4]. —*In verbis istis duplex effectus sacramentorum, de quo in hoc quarto libro agitur, sufficienter exprimitur* ...[Com.; f. 11v] —*Samaritanus etc.* —*Liber iste Sentenciarum tamquam fluvius paradysi in IIII[or] capita dividitur, id est in 4[or] partiales libros* ...⟩⟨... *usque ad pedes, id est finalem statum mundi, via duce pervenit, Christo scilicet, qui est via in exemplo, veritas in documento, vita in premio, Iohannis XIIII[o]* [, 6]. *Ad quam vitam ipse, qui est vita, nos perducat, cui est honor et gloria in secula seculorum. Amen. Finito libro sit laus et gloria Christo.* [*1449 in crastino Elyzabeth* (20 XI) manu Ioannis de Slupcza adscr.].

Cf. cod. BJ 1523 descr., nr. **1**. Vocabula Versus memorialis bis scripta: singula in registro, in continuo autem in f. integ. ant. aggl., cf. cod. 1521 descr., nr. **7**.

5. f. 7r: Albertus Magnus OP, De Eucharistia. Fragm. dist. 6, tract. 2, cap. 1: De materia sacramenti

Albertus Magnus in tractatu De sacramento Eucaristie. [4] *Secundo dicere habemus, que corporalis elementi substancia istius sacramenti sit materia* ...⟩⟨... *et in Spiritu Sancto reparatur* [ed.: reputatur]. *Hec Albertus Magnus.*

Cf. Fauser, 326-336. Ed.: Opera omnia, ed. S. C. A. Borgnet, 38, Paris 1899, 366--367.

6. f. 7v-10r: Thomas de Argentina OESA, Commentum in IV librum Sententiarum Petri Lombardi. Fragm. dist. 12, art. 2 et dist. 15, art. 4

Notandum. —*Sacramentum Eucharistie habet 12 effectus. Ut melius memorie commendentur, quibusdam versiculis comprehensio sic possumus dicere de isto sacramento: Extinguit, innuit, confortat, purgat* ...[f. 9r]... *Sub umbra illius, quem desiderabam, sedi et fructus eius dulcis gutturi meo etc.* [*Cuius fructus participans nos fa⟨cit⟩. Thomas de Argentina circa distinccionem XIIII[am], articulo 4[o], quod sequitur.* —*Utrum ad veritatem penitencie requiratur necessario restitucio rei aliene iniuste detente. Nota: Restitucionem rei aliene pertinere ad satisfaccionem potest dupliciter intelligi ... debet fieri per alia bona huiusmodi illata dampna recompensancia* – manu Ioannis de Slupcza scriptum; f. 9v] *iuxta arbitrium boni vel bonorum virorum* ...⟩⟨... *intendo copiosius pertractare.*

Ed.: Venetiis 1564, 104vb-106ra, 116ra-117rb. Textus integer in cod. BJ 1748, fragm. nostra in f. 82r-84r, 100r-102r.

f. 10v vacuum, linearum schemate instructum.

f. 11r-204v cf. supra nr. **4**.

7. f. 205r-208r: Richardus de Sancto Victore, Tractatus de potestate ligandi et solvendi

Richardus, De potestate ligandi et solvendi. —*⟨Q⟩uodcumque ligaveris super terram, erit ligatum ... erit solutum et in celis* [Mt 16, 19]. —*Queritis a me, utrum hec ligandi atque solvendi potestas, que Petro apostolo in his verbis datur ...⟩⟨... beatus vir, cui non imputavit Dominus peccatum etc. Finis. Iesus Christus, Maria. Amen 1460.*

Cf. RB 7340; Goy, Werke Richards 122-132; Wielgus, Obca literatura, 103. Ed.: Richard de Saint-Victor, Opuscules théologiques, ed. J. Ribaillier, Paris 1967, 77-110 (Textes philosophiques du Moyen Âge, 15).

f. 208v-216r vacua, marginum schemate instructa.

8. f. 216v: Bonaventura OFM, Commentum in librum II Sententiarum. Fragm. dist. 23

Bonaventura in 2°, distinccione 23 in fine. —*Utrum Deus in patria videatur per medium, an sine medio. Respondeo: Videre per medium potest intelligi tripliciter ...⟩⟨... sicut et ipsam naturam affeccio a torrente voluptatis, ut patet li⟨bro⟩ primo, dist. 1. Nota: Isti sunt articuli X reprobati* [1241 anno] *ab Universitate Magistrorum Parisiensium tempore episcopi Guillelmi et Odonis cancellarii et fratris Alexandri de Halis, qui, ut evitentur, hic subscripti sunt.* —*Primus articulus est, quod divina essencia in se nec ab homine, nec ab angelo videbitur ...⟩⟨... unde stare posset nec eciam Adam in statu innocencie. Hii omnes errores a predictis personis prohibiti fuerunt et excommunicati et propterea tamquam pestiferi evitandi. Hec Bo⟨na⟩ven⟨tura⟩ in Scripto 2^{i}, dist. 23.*

Ed.: Opera omnia, 2, Ad Claras Aquas (Quaracchi) 1885, 546-547. Articulorum condemnatorum ed.: Chartularium Universitatis Parisiensis, ed. H. Denifle OP, Ae. Chatelain, 1, Parisiis 1889, nr. 128, 170-171. Textum ampliorem Articulorum in Curia Parisiensi a Stephano Tempier, ep. Parisiensi, condemnatorum cf. in cod. BJ 1245, f. 100v-103v; 1572, f. 143v-144v, 155r-v.

9. f. Ir (in rasura): Albertus Magnus OP, Commentum in Lucae Evangelium. Fragm. cap. 12

Super illud Luce XII° [, 42], *ut det illis in tempore tritici mensuram, dicit Albertus, quod in hoc innuitur temporis oportuni consideracio, quia non* *vilificanda sunt sacramenta ...*⟩⟨... *Ps.* [103, 27]: *Omnia a te expectant, ut des illis escam in tempore.*

Ed.: Opera omnia, ed. S. C. A. Borgnet, 23, Paris 1895, 263.

10. f. integ. ant. et post. aggl.: Excerpta ex auctorum variorum operibus ad theologiam spectantia

Quam cito genus humanum per peccatum cepit egrotare, tam cito remedio medicinali cepit indigere ... In lege nature fuerunt oblaciones, sacrificia et decimaciones ... In lege vero nova, que est lex gracie, amoris et libertatis, secundum Hugonem ⟨*de Sancto Victore*⟩ *statuta sunt sacramenta numero pauciora ... et preeminencia digniora* [cf. Hugo de Argentina, Compendium theologicae veritatis, [in:] Alberti Magni Opera omnia, ed. S. C. A. Borgnet, 34, Paris 1895, 206 (cap. 8)]. *Secundum Augustinum 19 libro Contra Faustum, in quibus est implecio ... Racio, quia ad perfectam curacionem infirmi ...*⟩⟨... *et contra concupiscenciam matrimonium, quod eam temperat et excusat* [a verbis: *ad perfectam* ... cf. S. Bonaventurae Breviloquium, pars 6, cap. 3 fragm.: De sacramentorum numero et distinctione. Ed.: Opera omnia, 5, Ad Claras Aquas (Quaracchi) 1891, 267]. *Opus operans est fides et devocio, opus operatum sacramenti suscepcio ... Nota. Decimacio sumitur tripliciter ...*⟩⟨... *qui vicem Dei tenent et dicuntur dare Spirirum Sanctum ministerialiter* [cf. Ioannes de Segovia, Allegationes et Avisamenta pro Immaculata Conceptione Beatissimae Virginis, Bruxellis 1564, 189-190 (Allegatio quinta)]. [F. integ. post. aggl.]: *Nota, dist. 16: Cohibeat se* [*scilicet penitens* – in marg.] *a ludis et a spectaculis. Nota: Sicut dicitur 1 Cor* [10, 7] *in glosa: Ludus est gesticulacio libidinosa ... bene possunt fieri. Hec ibi. Ibidem: Milicia negociacione et officio ...*⟩⟨... *scilicet quantum ad abusionem* [Bonaventura OFM, In IV librum Sententiarum. Fragm. dist. 16, dub. 13, 15; cf. ed.: Opera omnia, 4, Ad Claras Aquas (Quaracchi) 1889, 401, 402]. *Augustinus, Super Psalmum 10* [, 4]: *Christus traditorem suum tanta paciencia pertulit ...*⟩⟨... *qualis Iudas fuit* [ed.: Augustinus Hipponensis, Enarrationes in Psalmos, ed. E. Dekkers OSB, I. Fraipont, CC 38, 79].

***11.** f. Ir-v, IIv-r: Breviarium, Germania meridionalis vel orientalis, vel Austria. Fragm.: Commune unius martyris, plurimorum martyrum, unius confessoris pontificis et non pontificis

XIV, Lat., membr., f. 2, notae musicae (notatio gothica, Metensis Germanica) quattuor lineis dispositae. In adscriptione f. IIv notatio Metensis Germanica cursiva.

F a s c i c u l i : 1^{5+5} (f. 1-10); 2-5^{6+6} (f. 11-58); 6^{7+7} (f. 59-72); 7-18^{6+6} (f. 73-216). In f. 181r custos: *14* rubro.

S i g n a a q u a t i c a : 1. Var. Piccard-Online 64779 (1451) f. 1, 10; 2. Var. Piccard-Online 64858 (1445) f. 2-9; 3. Var. Piccard-Online 68824 (1450) f. 11-58; 4.

Var. Piccard-Online 65431 (1447) f. 59-204; 5. Id. Piccard 3, II 310-312 (1446-1450) f. 205-208, 213-216; 6. Id. Var. Piccard 3, II 309 (1446-1450) f. 209-212. Charta a. 1445--1451 in usu erat.

Scriptura et ornamenta: Codex principaliter duabus manibus exaratus: 1. Scriba anonymus, scriptura diligentissima una columna disposita (indice in f. 2r-7r duabus columnis) 20 Novembris 1449 (cf. colophonem in f. 204v), Petri de Tarantasia Commentum in IV lib. Sententiarum (f. 11r-204v) parvis inter lineas intervallis relictis descripsit. Eiusdem scribae manu in margine vel/et in textu distinctionum numeri, e. g. f. 27r, 31r, 34v, 38r etc. (eadem manu, 27 Martii 1449, Petri de Tarantasia Commentum in Sententiarum librum III in cod. BJ 2230). 2. Manu Ioannis de Slupcza, quam satis superque de pluribus eiusdem bibliothecae codicibus novimus, una columna disposita scriptura currenti, litteris minusculis: f. Ir, 1r-v, 9r (exceptis lineis 4 in summa pagina, quas scriba prior exaravit), f. 216v, f. tabulae utrique aggl.; columnis duabus sola f. 205r-208r. Pagina currens in foliis rectis in angulo dextro superiore, inde a f. 12r parvis numeris Arabicis distinctionum numeri, e. g. f. 12r-17r: *1*; f. 18r: *dis. II*[a], 19r: *2*[a]; f. 20r-23r: *3*[a] ... f. 200r-204r: *50* (eius autographum cf. in cod. BJ 1347 f. 1r-43r (scriptura diligentissima, litterae tamen maiores his in aliis Ioannis de Slupcza codicibus, i. a.: 1240, 1241, 1416, 1433, 1639, 2099. Sententiarum textus amplissime rubricatus, notae – excerpta Ioannis de Slupcza neque rubricationem neque ornamenta praebent, nullas quoque litteras initiales, quibus tamen loca vacua inscribendis relinquuntur (f. 205r--208r). Litterae initiales magnae, rubro et viridi coloribus, ornamento in marginem protracto, f. 11r (= 9 lineis), f. 11v (= 6 lineis); litterae initiales rubrae, maiores in distinctionum initiis (= 3-5 lineis) ornamentorum elementa praebent in marginibus, e. g. forma aleae punctis instructae (f. 127r et 129v), e. g. f. 15r, 45r, 70v, 105r, 117r, 127r, 129v, 137v, 186v, 190r. Commenti partes notabiliores lineola rubra infra ducta distinctae.

Notae et glossae: Supplementa scribae manu: f. 25v, 31v, 44v, 109r, 153v, 157r, 164r. Etiam Ioannis de Slupcza manu textus supplementa, e. g. f. 143r-v, 148v: *Addicio: Licet ergo ex baptismi carencia* ...; 151v-152v, 154v; f. 81r: *Thomas de Argen⟨tina⟩*: *Auctoritas discernendi, que dicitur clavis sciencie, presupponit scienciam* ...[cf. Commentaria in IV libros Sententiarum, Venetiis 1564, p. 124va (lib. IV, dist. 18, q. 1)]; f. 43r: abbreviatio in margine *Wersum* in textu indicat: *Inflammat, memorat, sustentat ... Confirmatque fidem, minuit* [recte: munit] *fomitemque remittit* [cf. Walther, Initia, 9326]; f. 154r: illud *Wersus* ad textum remittit: *Unde versus: Mutat nupta genus, sed generata gradum* [cf. Walther, Proverbia, 15806a]; f. 119v: *Wersus: Tangitur interdum constans formidine causa. Stupri, sive status, verberis atque necis* [Thomas de Argentina, Commentaria in IV libros Sententiarum, Genuae 1585, p. 149vb (lib. IV, dist. 29, q. 1)]; f. Ir: *Non minor est virtus, quam querere, parta tueri* [cf. Walther, Proverbia, 18042, cf. 16215: *Nec minor* ...]; *Conserva pocius, que sunt iam parta, labore* [cf. Ibid., 3127]; *Labitur exiguo, quod partum est tempore longo* [cf. Ibid., 13360]. Manu Martini Biem de Ilkusch notae breves ad textum attinentes, e. g. f. 28r-29v, 38r--40r, 45r-49v, 50v-54r, 171v-175r (Martini Biem de Ilkusch scripturam cf. in cod. BJ 1853, p. 10 sqq., 1514, 1515; cod. AUJ 63, p. 42-43).

Compactura Cracoviae a. 1450 confecta, quod de dato temporali in folio integ. ant. aggl. scripto liquet (cf. Cod. orig. et fata). Constat tabulis ligneis crassis admodum, paululum oblique praecisis, corio albo olim obtectis, quod nunc obscurius factum est. Ornamentum lineare simplex in utroque integumento impressum. Codex olim cingulis coriaceis duobus et ligulis in anteriore integumento claudebatur. Umbonum quinorum rotundorum in utroque integumento vestigia cernuntur. Dorsum paulo convexum, ligamenta quattuor duplicia, codicis capiti et calci funiculi obsuti et dorsi corio obtecti. Volumen adaequatum, anguli rotundati. Indiculi membranacei iuxta f. 45, 86, 121, unius vestigium ad f. 150. Ante- et postfolium membr. (f. I et II) conscripta (cf. nr. **9**, ***11**). Integumentorum partibus interioribus folia chartacea agglutinata conscripta (cf. nr. **10**). Schedulae membranaceae fasciculorum suturam munientes vacuae. Compacturae similes codicum, quorum possessor Ioannes de Slupcza fuit, cf. i. a. cod. BJ 1503. Codex optime asservatur. Vermium vestigia in f. integ. aggl., initialibus et finalibus; humiditatis infectae in foliorum extremitatibus usque ad f. 60 et fasciculi ultimi; f. 109 scissum.

Codicis origo et fata: Ipse Ioannes de Slupcza spatium temporis, quo codex confectus est, notis propria manu scriptis designavit. Opus principale, h. e. Petri de Tarantasia Commentum in IV librum Sententiarum Petri Lombardi (f. 11r--204v) finitum est 20 Novembris 1449 (cf. colophonem in f. 204v: *1449 in crastino Elysabeth*). In parte superiore folii integumento anteriori agglutinati alia manu: *Petrus de Thar⟨antasia⟩, Super 4*^{to} *comparatus per m⟨agistrum⟩ Iohannem de Slupcza* [*1450* – fortasse manu Ioannis de Slupcza]. In testamento Ioannis de Dambrowka (ca a. 1445) codex, quo comprehenditur Petri de Tarantasia Commentum in Sententiarum librum IV, Universitati Cracoviensi legatus est, insuper etiam ad usum Ioanni de Slupcza. Hicce codex, ex Ioannis de Dambrowka possessione, a. 1438 confectus, asservatur hodie in Archivo Curiae Metropolitanae Cracoviensi, nr. 114 (cf. Szelińska, Dwa testamenty, 9, 16, 32-33; Polkowski, Katalog, 87. Non impossibile videtur iste codex (ex a. 1438) exemplar fuisse, de quo noster a. 1449 descriptus est et quo sequenter Ioannes de Slupcza in Theologiae Facultate lectiones habuit. Fasciculi duo: 1 (f. 1-10) et 18 (ultimus, partim vacuus: f. 205-216) magna parte ab Ioanne de Slupcza conscripti sunt, iam cum codex compactus esset. In colophone, f. 208r, a. 1460 legitur, quo anno finem scribendi impositum est (cf. nr. **7;** de Ioanne de Slupcza cf. cod. BJ 324 descr.; licentiatus in theologia a. 1451, theologiae doctor a. 1452, cf. Markowski, Dzieje Teologii, 164-166). Signaturae antiquae: Fasseau: *319*; topogr.: *CC VII 22*.

Bibliographica: Wisłocki, Katalog, 377; Kuksewicz, Jan ze Słupczy, 93, 115; Richard de Saint-Victor, Opuscules, ut supra, 43, 63, 74-76; Goy, Werke Richards 124.

MGo, RT

1548

Lat., 1443, chart., cm 30,5×21,5 et 29-29,5x21,5, f. 201+III.

1. f. 1r-199v: Petrus de Tarantasia OP, Commentum in I librum Sententiarum Petri Lombardi

[Index quaestionum manu Ioannis de Dambrowka exaratus] *Utrum theologia sit sciencia* [adscr. eadem manu: *Sic communiter, sed proprie est sapiencia* ...] ...⟩⟨[f. 9r]... *Sancti volunt penas reproborum.* [Prooem.; f. 12r] —*Nunquid nosti ordinem celi et pones racionem eius in terra* ...[Iob

38, 33-34]. —*Verba ista sunt Domini ad beatum Iob* ...[Com. in Prol.; f. 15v] —*Cupientes.* —*In libro suo Magister premittit Prohemium, in quo primo ponitur excusacio actoris* ...[Com.; f. 16r] — *Veteris ac Nove legis.* —*Hic incipit liber, cuius divisio a parte subiecti sumi potest* ...⟩⟨... *per quod genus humanum redemptum est. Prestante eodem Redemptore, qui est benedictus in secula seculorum. Amen. Explicit liber primus Senten-ciarum Petri de Tharantasio, anno Domini millesimo CCCC XLIII*[o], *proxima feria V*[a] *post Philippi et Iacobi apostolorum* [2 V]. [Adscr. manu Ioannis de Dambrowka:] *Et est magistri Iohannis de Dambrowca, decre-torum doctoris.* [Adscr. eadem manu, sed alio calamo, posteriore tempore verisimillime:] *Et detur Universitati Cracoviensi.*

Cf. cod. BJ 1523 descr., nr. **1**. In marginibus vocabula Versus memorialis: *Res. Tres. Vestigium* ... (cf. cod. 1521 descr., nr. **7**; Walther, Initia, 16652). F. 9v-11v vacua.

f. 200r-201v vacua, schemate instructa.

*__2.__ f. IIIr, Iv: Diploma: 1422, 20 Octobris, Visliciae. Instrumen-tum publicum (incompletum): *Sbigneus* [Sbignei de Senno filius], prae-positus ecclesiae collegiatae BMV in Vslicia (cf. L. Poniewozik, Prałaci i kanonicy wiśliccy w okresie średniowiecza, Lublin 2004, 237-238), provisionis in altariam Omnium Sanctorum in ecclesia cathedrali Craco-viensi pro magistro Petro *de Szenno* [Sienno] (post mortem *magistri Io-hannis de Falcow* [Fałków] vacantem) Sedis Apostolicae auctoritate exsecutor institutus, mandat hebdomadariis ecclesiae cathedralis Craco-viensis et plebanis ecclesiarum parochialium Cracoviensium: s. Annae, s. Stephani, BMV et Omnium Sanctorum, ut publice in ecclesiis notifi-cent magistrum Petrum de Senno (*de Szenno*), altaristam altariae Om-nium Sanctorum, ab excommunica solutum esse, quam ei indixit Stani-slaus (*Czolek*) [Ciołek] cantor Cracoviensis, iudex commissarius ab Al-berto [Jastrzębiec], episcopo Cracoviensi institutus. In diplomate nomi-nantur etiam: ⟨*Stani*⟩*slaus de Scarbimiria*, *Nicolaus Sculteti* [de Conradi-silva], *Iacobus de Zaborow doctores decretorum*, *Franciscus* [de Brega] *sacre the*⟨*o*⟩*logye professor, Iohannes de Radochonice* [alibi: *de Rado-chonicza*], *Augustinus de* ⟨*M*⟩*ons*⟨*terberg*?⟩, *Paulus de Worcin, Stanislaus de Sobnow, Nicolaus Pyantek* [alibi: *de Pyantek*], *Stanislaus de Pyotrco-wia, Benedictus* [Hesse] *de Cracouia, Iacobus de Kxansz* [Książ Wielki], *Laurencius de Ratbor, Nic*⟨*olaus*⟩ *de Oscowice* [alibi: *de Osszocow*] [Osz-kowice], *Sandco plebanus in Syradia.* Testes: *Nicolaus plebanus de Stro-zisca* [Stróżyska, palatinatus Sandomiriensis, districtus Visliciensis], *Petrus de Vislicia, Stanislaus de Panczelice* [Pęczelice, districtus Visli-ciensis]. Subscriptio notarialis: *Paulus Iohannis de Ossow* [Osowo; cf.

Skupieński, Notariat, 122] *cl⟨ericus⟩ Gneznensis diocesis, publicus imperiali auctoritate notarius.* Signum notariale asservatur (cf. Ibid., 185, 187, 199) et subscriptionis pars maior; incisiones pro cingulo, quo sigillum olim subappensum erat.

Cf. Bullarium Poloniae, 4, 190, nr. 1028; Kowalczyk, Franciszek z Brzegu, 104; Rebeta, Komentarz, 72; Wolny, Krakowskie środowisko, 98; Zawadzki, Spuścizna Stanisława, 120.

Lat., membr., f. 1: diploma cm ca 30x45, in duas partes verticaliter rescissum (f. III: pars sinistra, f. I: pars dextra); in media parte fragmentum ca 2 cm latum desideratur.

F a s c i c u l i : 1^{6+5} (f. 1-11, ceteris angustiora: 29-29,5x21,5 cm, non adaequata; post f. 9 unum folium desideratur); $2\text{-}16^{6+6}$ (f. 12-191, f. 132 antequam conscriptum est, frustulo agglutinato sartum); 17^{6+4} (f. 192-201, post f. 200 duo folia desiderantur). Custodes *1-8* in fasc. 2-9 (infra custodem *5* alio atramento: *4*) et *11-16* in fasc. 12-17; custodes bifoliorum ante suturam in fasc. 12 (mendose interdum) et in duobus foliis fasc. 10. Reclamantes (correctae) in fasc. 8, 9, 12, 14. Codex duabus partibus constat: I. f. 1-11 (Index quaestionum); II. f. 12-201 (Commentum).

S i g n a a q u a t i c a : 1. (variantia duo) Piccard 2, VII 501 (1440-1443), Piekosiński 841 (1442) f. 1-2, 4-11; 2. (variantia duo) Piccard 2, XIII 36 (1443-1446) f. 12-96, 107; 3. (variantia duo) Piccard-Online 68547 (1446) et Piekosiński 891 (1433, 1443; signum e nostro et duobus aliis cod. reproductum) vel var. Piccard 2, XI 91 (1442-1446) f. 97-106, 109-110, 112, 115, 117-118, II; 4. (variantia duo) Piccard-Online 69157 (1442-1446) et Piekosiński 1047 (XV) vel Piccard 2, XIII 494 (1442-1444) f. 108, 111, 113-114, 116, 119-131; 5. (variantia duo) Piccard 2, VIII 156 (1443, 1444) f. 132-143, 156-159, 164-167; 6. (variantia duo) var. Piccard 2, XIII 629 (1446) f. 144-155, 160, 163, 168-184, 187-192, 194-201; 7. Var. Piccard-Online 69959 (1446) f. 161-162; 8. Piccard 2, XIII 240 (1443-1445) f. 185-186. F. 3 et 193 cum signis tum alteris bifoliorum partibus carent. Charta a. 1433-1446 in usu erat.

S c r i p t u r a e t o r n a m e n t a : Codex tribus manibus exaratus esse videtur: 1. f. 1r-9r (Index quaestionum) manu Ioannis de Dambrowka (eius scripturam cf. e. g. in cod. BJ 1224, f. 2v, 117r-126r, 205v-208v, 255r-298r; 1406, f. 1r-313r); 2. f. 12r-108r scriptura veloci, parum diligenti; 3. f. 108r-199v. In codicis parte, qua Commentum continetur, duarum columnarum schema atramento ductum: in fasc. 2-10 (f. 12r-119v) schematis lineae binae omnes, ceterum (f. 120r-199v) singulae; in fasc. primo (f. 1r-9r) textus una columna, nullo schemate delineato, dispositus. Emendationes et rubricatio (etiam in notis marginalibus) plerumque (vel omnino) manu Ioannis de Dambrowka; litterarum quaedam, cum in textus columnis tum quoque in marginibus, ornamento peculiari instructae, cuius forma ciffrae *8* inter duo puncta inscriptae similis, e. g. f. 6v, 14r, 58r, 108r. Litterae initiales exiguae, rubrae vel rubrae cum caeruleis alternae, scripturae lineis 2-6 aequae, quaedam lineolis inflexis in margines protractis decoratae. Pagina currens in f. 38v-48v.

N o t a e e t g l o s s a e aliquot manibus, plurimae tamen Ioannis de Dambrowka (cf. Script. et ornam.) in toto codice antequam compactus erat, exaratae, operis structurae designationibus constant, quae sunt: distinctionum numeri, *responsio*, *conclusio*, *obieccio*, *opinio* etc.; vocabulis scriptorum materiam indicantibus, schematibus et divisionibus, e. g. f. 27v: *Pulcritudo consistit in 3, scilicet in posicione, figura, colore*; f. 90v: *Usya: Essencia, Usiosis: Subsistencia, Ipostasis: Substancia, Prosopon: Persona*; f. 185v: *Necessitas: Inevitabilitatis, id est coaccionis. Inmutabilitatis: Interior, exterior*; f. 187r: *Versus. Precipit et prohibet, permittit, consulit, implet* [versus ex Commento repetitus]; manicularum formae exquisitae, e. g. f. 14v, 36v, 71v, 150v, 162r. Manu Bernardi Mikosz de Nissa (eius scripturam cf. e. g. in cod. AUJ 63, p. 26--27) in pluribus locis inde a f. 131r usque ad 171v, e. g. f. 137v: *Bo⟨na⟩ven⟨tura⟩ ad hoc articulum dicit* ...; f. 152r: *Deus prescit malum et non est causa mali* ...; f. 171r: *S⟨anctus⟩ To⟨mas⟩ hic in Scripto, respondens ad 2^m^ articulum* ... Manu Martini Biem de Ilkusch (eius scripturam cf. e. g. in cod. BJ 1964, f. 170r, olim p. 337 – reproductio phototypa in: W. Semkowicz, Paleografia łacińska, Kraków 2002, 362, fig. 126) in paginis paucis circa voluminis finem, e. g. f. 197r: *An tenemur in forma volendi.*

C o m p a c t u r a Cracoviae verisimillime confecta, codici contemporanea (cf. signum aquaticum nr. 3 in f. II). Tabulae ligneae ornamento lineari simplici decoratae, corio olim albo, nunc obscuro facto, partim obtectae, quod olim cingulo coriaceo clavis affixo confortabatur, cuiusque vestigia sola exstant. Codex olim cingulis duobus, metallo praefixis, et ligulis in anteriore integumento claudebatur, quorum nihil nisi excavationes in tabulis et clavorum reliquiae ad nos advenerunt. In tabulae anteriore parte exteriore schedulae olim agglutinatae fragmenta; accedit ibidem inscriptio creta alba adhibita facta, vix legibilis: *Petrus de ⟨Ta⟩rantasio* [...]. Dorsum paulum convexum, ligamenta quattuor duplicia, codicis capiti et calci funiculi texti obsuti, dorsi corio obtecti. Volumen adaequatum (excepto fasc. primo, cuius charta minorum dimensionum et ideo extremitas eius inferior non adaequata), anguli rotundati. Antefolium (f. I) et postfolium (f. III) membr., utrumque una parte conscripta, cf. diploma, nr. ***2**; in cuius dorso reliquiae illegibiles scriptorum quorundam erasorum conspiciuntur. Antefolium (f. II) et f. integ. ant. aggl. chart., vacua, schemate binis lineis ducto distincta (sicut fasc. 2-10, cf. Script. et ornam.). Schedulae membranaceae oblongae fasciculorum suturam munientes vacuae. Tessera chartacea iuxta f. 63/64 textum hunc praebet: ||*⟨c⟩haritas increata est Spiritus Sanctus, charitatis ⟨c⟩reate effector*. Codex omnino bene asservatur; humiditatis olim infectae in foliorum extremitatibus reliquiae, margines quidam putridi, e. g. f. II; abrupti anguli f. 103, 105-106, 118, 178, 193-194.

C o d i c i s o r i g o e t f a t a : Codicis pars principalis (Commentum; fasc. 2--17), mandatu Ioannis de Dambrowka verisimillime, a. 1443 exarata. Is textum emendavit, rubricationem Commento addidit, fasciculum adiunxit, in quo manu propria quaestionum indicem inscripsit (fasc. 1), codicem habuit (cf. adscriptionem in colophone, f. 199v: *Et est magistri Iohannis de Dambrowca, decretorum doctoris*; cf. Szelińska, Biblioteki, 71) et hoc modo praeparatum volumen adhibuit, dum id tempore labente notis et glossis plurimis suppeditabat (cf. Notas et glossas), et sequenter Universitati Cracoviensi legavit (cf. f. 199v: *Et detur Universitati Cracoviensi*; de Ioanne de Dambrowka cf. cod. BJ 1505 descr.). Signaturae antiquae: Fasseau: *1083*; topogr.: *CC VII 23*.

B i b l i o g r a p h i c a : Wisłocki, Katalog, 377-378; Gołaszewska, Commentaires, 25.

AP, IT, WZ

1549

Lat., ca XV m., chart., cm 30,5×21,5, f. 204+II.

f. 1r cf. Cod. orig. et fata.

f. 1v-2v vacua.

1. f. 3r-199v: Petrus de Tarantasia OP, Commentum in III librum Sententiarum Petri Lombardi

[Prooem.] —*Ubi venit plenitudo temporis* ...[Gal 4, 4]. —*In hiis verbis opus reparacionis mundi, que est per Christum facta, describitur* ...[Com.; f. 3v]... —*⟨C⟩um venit igitur.* —*Liber Sentenciarum sicut quidam fluvius paradisi egrediens* ...⟩⟨[f. 195v]... *ut dictum est* [in marg. manu Ioannis de Dambrowka: *invenit et eam sua maiestate*] *implevit. Qui est benedictus in secula. Amen. Sit laus Deo. Registrum. D⟨istinccio⟩ 1. Natus. Utrum actus incarnacionis fuit possibilis* ...⟩⟨... *Utrum lex impleatur per ewangelium. Sit laus Deo.*

Cf. cod. BJ 1523 descr., nr. **1**. In marginibus vocabula Versus memorialis, cf. cod. 1521 descr., nr. **7**; Walther, Initia, 11633.

2. f. 200r-201r: Petrus de Aquila (Scotellus) OFM, Commentum in librum III Sententiarum Petri Lombardi. Fragm.: dist. 2, q. 1

—*U⟨trum⟩ si homo non peccasset, Filius Dei incarnatus non fuisset. Et videtur, quod sic, quia Apostolus Ad Galatas 3°* [4, 4] *dicit, quod Deus misit Filium suum, ut eos, qui sub lege erant, redimeret. Sed si non fuisset peccatum, non fuisset redempcio, igitur* ...⟩⟨... *ad illud de medico dico, quod non fuisset medicus tollens infirmitatem, sed fuisset bene medicus preservans ab infirmitate et largiens perfectam felicitatem.*

Ed.: C. Paolini, 3, Levanti 1907, 18-21 (redactio differt).

f. 201v-204v vacua, marginum schemate instructa.

***3.** f. Ir-IIv: Antiphonale. Fragm.: Officium de s. Agnete; De conversione sancti Pauli; In Purificatione BMV

Cf. J. Pascher, Das liturgische Jahr, München 1963, 430. Antiphonae: CAO 1886, 1559, 5017, 4030, 4951, 4639, 1233, 3975, 3645, 2011, 3089; responsorium: CAO 6759; versus: CAO 6759a.

XIV ex. et XV in., Lat., membr, f. 2 formae folio, notis musicis (notatio Metensis cum Germanica) quattuor lineis rubris dispositis instructa. Cf. e. g. Notae musicae artis, 397, tab. V/10d. Alia antiphonalium fragmenta in cod. BJ 761, 1224, 1248, 1406, 1545, in libris Ioannis de Dambrowka asservata materia et scripturae ductu originem ex eodem scriptorio demonstrant; fragmentum vero in cod. BJ 1406 asservatum ab eodem scriba exaratum pro certo haberi potest.

F a s c i c u l i : 1^{1+1} (f. 1-2); $2\text{-}4^{6+6}$ (f. 3-38); 5^{5+5} (f. 39-48); $6\text{-}18^{6+6}$ (f. 49-204). Custodes in finibus fasc. 2-17: *I-XVI*, in fasc. 6, 8-18 etiam in initiis: *5, 7-XVII*. Custodes bifoliorum hic illic conspici possunt, e. g. f. 85-90, 110, 111, 162. Reclamantes in fasc.: 2, 4-6, 8-17, quaedam partim praecisae.

S i g n a a q u a t i c a : 1. Var. Piccard-Online 69426 (1447) f. 1-14, 64-65, 68--69, 97-204; 2. Var. Piccard-Online 65431 (1447) f. 15-27, 29, 31-34, 36, 38; 3. Var. Piccard-Online 69079 (1447) f. 28, 30, 35, 37, 39-48, 61, 72; 4. Var. Piccard-Online 69483 (1449) f. 49-60, 62-63, 66-67, 70-71, 73-96. Charta a. 1447-1449 in usu erat.

S c r i p t u r a e t o r n a m e n t a : Codex duabus manibus exaratus: 1. manu, quae Nicolao de Kxansch, erronee verisimillime, attribuitur (cf. cod. BJ 1199 descr.) f. 3r-199v; 2. f. 200r-201r: Ioannis de Dambrowka (eius scripturam cf. in cod. BJ 1406, f. 159r, 306v, qui est codex autographus). Scribae prioris scriptura illi, quae hybrida formata dicitur, assimilatur (cf. Derolez, Palaeography, Pl. 131), cui scribae id peculiare erat, quod litterarum singularum hastas fortiter in margines porrigebat; vocabulum inter duas lineas divisum signo ':' suppeditabat, e. g. f. 39r, 48r; marginum schema interdum despiciebat, e. g. f. 124r, 128v. Unius columnae schema in f. 3r-195v et 200r-201r, duarum in f. 195v-199v, ubi index legitur scriptus, atramento linea simplici ductum. Margines latitudinis mediae. Rubricatio. In toto codice litterae initiales parvae, simplices, rubrae, inde a f. 15r similes cum caeruleis alternae. Etiam paragraphorum signa hic illic caerulea, e. g. f. 28r, 33r-v, 44r-46r, 116r, 162v-163r, 166v-167v, 175v--176v. Raro litteras repraesentantia offenduntur, e. g. f. 21r, 22v, 30r, 35r. Textus partes quasdam Ioannes de Dambrowka lineolis decoratissimis circumdedit, e. g. f. 4v-5r.

N o t a e e t g l o s s a e : Scribae manu emendationes, e. g. f. 21r, 30r, 37r, 51r, 126v. Ioannes de Dambrowka plurimis locis textum emendavit et supplevit, e. g. f. 4r, 41v; distinctiones singulae numeris Romanis et Arabicis provisae, e. g. f. 15v, 18v, 22v, 28v, 64r, 71v, 76r, 81r, 89r, 117v, 168r, 186v; signa quaedam, quibus loca maioris momenti designantur, rubro et nigro atramento scripta, e. g. f. 3r-v, 4v, 13v-14r, 15v--16r, 48r-50v, 120v-123r; argumentorum numeri, e. g. f. 5r-6v, 59v-60r, 89v-90r, 173v--174r; notae, e. g. f. 9v, 57v: *Sciencia in Christo ...*, 104v: *Augustinus 7 De civitate in fine ...*, 154v: *Dona sunt quidam habitus ...* Martini Biem de Ilkusch (?) manu, e. g. f. 11v-13r, 18r, 39r-v. Multum peculiares Ioannis de Dambrowka maniculae, e. g. f. 4v, 48v, 65v, 93v, 177r, 194v. Versus memorialis in f. 3v: *Natus*; 7v: *Utrumque*, cf. Registrum, f. 195v.

C o m p a c t u r a codici contemporanea, Cracoviae possibiliter confecta, adhibitis tabulis ligneis corii frusto angusto, albi olim, nunc obscuri facti, cui una cum tabulis ornamentum lineare simplex impressum est, partim obtectis. Codex olim cingulis coriaceis duobus metallo definitis et ligulis in anteriore integumento claudebatur; exstat cinguli superioris tabulae posteriori affixi fragmentum. In ligno tabulae anterioris haec leguntur scripta: *Petrus de Tarantasio, Super tercio Sentenciarum.* Dorsum paulo convexum, ligamenta quattuor duplicia; codicis capiti et calci funiculi texti obsuti et corio obtecti. Volumen adaequatum, anguli rotundati. Ante- et postfolium membr.: f. I, II, cf. nr. ***3**. Schedulae oblongae membranaceae fasciculorum suturam munientes in omnibus fasciculis vacuae. Codicis status: codex humiditate afflictus, extremitas inferior putrida facta, friata et dilapsa, praecipue f. 192-204.

Codicis origo et fata: Codex Cracoviae ca s. XV m. confectus, quod scripturae modo ac ratione probatur, Ioanni de Dambrowka proprius (cf. de eo cod. BJ 288, 1505 descr.). In f. 1r: *Liber magistri Iohannis de Dambrowka sacre theologie professoris*. Signaturae antiquae: Fasseau: *846*; topogr.: *CC VII 24*.

Bibliographica: Wisłocki, Katalog, 378; Gołaszewska, Commentaires, 26; Markowski, Zygmunt z Pyzdr, 201; Szelińska, Dwa testamenty, 10.

ZS, LN

1550

Lat., XV m., chart., cm 29,5×21,5, f. 247+III.

f. 1r cf. Notas et glossas.

f. 1v-12v vacua.

1. f. 13r-45r: Nicolaus (?), Postilla super Missus est

—⟨*E*⟩*xordium nostre redempcionis, quo auctor felicitatis nostre salutisque humane verus amator* ... —*Ecce ancilla Domini, fi*⟨*at*⟩ *m*⟨*ihi*⟩ [Lc 1, 38]. —*Hec sanctissma incarnacio celebrata est supra naturam, supra consuetudinem, supra scienciam singularem angelicam, humanam atque sathanicam* ... *valuit congruenter suam partem ewangelice leccionis per modum postille adiectis doctoribus diversis. Ego Nicolaus cogito, si tedio devictus non fuero aliis prepeditus, ad instanciam cuidam persone magne devocionis* ...[f. 15r]... *Sequitur de habitudine angelorum, hominum et demonum, et Christi incarnacione ad nostram redempcionem capitulum.* —⟨*Q*⟩*uomodo autem se habuerunt angeli, homines, demones ad opus nostre salutis et redempcionis advertendum* ...[f. 15v]... *Quare tam diu protracta fuit Christi incarnacio ab origine mundi.* —⟨*A*⟩*n autem Filius Dei tam diu debuit differre suam incarnacionem et quare. Respondit T*⟨*homas*⟩ *distinctione prima in Sen*⟨*tenciarum*⟩, *quod diu debuit differi propter plures causas* ...⟩⟨[f. 16r]... *hodie Filius Dei incarnatus est. Quod nisi factum esset, unquam ex utero nasceretur, ut patet infra in sermone de Anucciacione* [!] *etc.* —⟨*I*⟩*n mense sexto* [Lc 1, 26]. —*Determinavit supra ewangelista annuncciacionem Iohannis Baptiste precursoris, hic determinat annunciacionem Christi Salvatoris. Et dividitur in quattuor partes. Primo ponitur angeli ad Virginem missio* ...[f. 26v]... —*Ave, gracia plena* [Lc 1, 28]. —*Ecce in pretorio virgineo agebantur nostre salutis primordia* ...⟩⟨... *et per hoc nostre salutis opus iniciavit, pro quo sit ipse benedictus in secula seculorum. Amen.*

f. 45v-52v vacua.

2. f. 53r-165v: Thomas Ebendorfer de Haselbach, Sermones de sanctis

Incipiunt Sermones de sanctis egregii viri magistri Thome de Haselpach doctoris theologie. Et primo de sancto Andrea. —Ambulans Ihesus iuxta mare Galilee [Mt 4, 18]. *—Beatus Ambrosius quinto libro, Super Lucam, capitulo septimo, volens ostendere, quare Christus existens hic in mundo ... —Ambulans ... —Hic posset quis querere, quare Christus vocavit apostolos ...*⟩⟨*... Quinto modo, ut plurium oracionibus quandoque impetratur, quod unius oracione non impetraretur. Rogemus ad Dominum etc. Sequitur secundus sermo de eodem, quem queras ante sermonem immediate sancti Stephani, qui incipit: Accessit ad Ihesum mater filiorum Zebedei adorans et petens aliquid etc.*

Cf. Schneyer, Wegweiser, 18; Lhotsky, Thomas Ebendorfer, 75 nr. 40; Schneyer CD, nr. 333 (S1), 334 (S8), 335 (C2), 336 (S21), 337 (S21), 338 (S21), 340 (S24), 339 (S24), 341 (S28); 342 (S28), 343 (S32), 344 (T25), 345 (T25), 346 (S44), 347 (S46), 348 (S46), 349 (S145), nr. 350-351 infra (in fine) 352 (S50), 353 (S53), 354 (S53), 355 (S53), 356 (S56), 357 (S59), 358 (S59), 359 (S59), 360 (S59), 361 (S61), 362 (S63), 363 (S63), 364 (S65), 365 (S65), 366 (S65), 367 (S65), 368 (S67), 369 (S67), 370 (S70), 371 (S70), 372 (S70), 373 (S110), 374 (S79), 375 (S79), 376 (S80), 350 (S49), 351 (S50). F. 78v-79r, 93r vacua.

3. f. 165v-166r: Notae, quibus textus biblici quidam declarantur, versus memoriales

—Item Sacra Scriptura exponitur 4[or] *modis, id est thyelestnye. Primo historiace sicut historia sonat, 2*[o] *allegorice, id est duchownye ... —Iherusalem hystoriace civitas, id est litteraliter, allegorice Ecclesia militans ... —Bethphage fuit villa sacerdotum sita in latere montis Oliveti ... —Ite in castellum etc.* [Lc 19, 30]. *Castellum Ierusalem appellat, quia de libertate in servitutem ... —Et statim invenietis azynam, hec enim azyna fuit deputata ante civitatem ... —Sit timor in dapibus, benediccio, leccio, tempus ...*[Walther, Proverbia, 29881; Id., Initia, 18347]. *—Absint delicie, detraccio, crapula, murmur ...*[Id., Proverbia, 164]. [F. 166r] *V*⟨*ersus*⟩. *—Percuciens clerum Romam petat, excipiatur ...*[Ibid., 21283a; Id., Initia, 13976]. *—Altaris motus dubitacio semen et ignis. Effusus sanguis loca consecrat ante sacrata ... 8 benedicciones. —Sis pauper, mitis, flens, esuriens, miseratus ...*[Id., Proverbia, 29754a]. *7 dona Spiritus Sancti. —Scit timor, pietas, fert consilium intel*⟨*lectus*⟩. *6 opera misericordie. —Hospito, cibo, poto, tego, visito, tumbo. IX aliena peccata. —Iussio, consilium, consensus, palpo, recursus ...*[Id., Initia, 9990]. *7 sacramenta. —Ordo, coniugium, fons, confirmacio, panis ...*[Ibid., 13452]. *Forma*

confessionis. —*Sit simplex, humilis, confessio pura, fidelis, vera* ...[Id., Proverbia, 29832; Id., Initia, 18330]. *Circumstancie peccatorum.* —*Quis, quid, ubi, cum quo, quotiens, quomodo, quando* [Id., Proverbia, 25433; Id., Initia, 16101]. *Impedimenta matrimonii.* —*Error, condicio, votum, cognacio, crimen* ...[Id., Proverbia, 7175; Id., Initia, 5520].

f. 166v-168r vacua.

4. f. 168v-220r: Vitae sanctorum et Sermones

[Sermonum registrum ordine alphabetico ordinatum; f. 168v] *Andree 217, Adalberti 180* ...⟩⟨... *Stanislai martiris 182, Venceslai 202.*

1. [De Annuntiatione BMV. Fragm.; f. 169r]. —*In mente per incarnacionem, in gremio per sustentacionem, in brachiis per oblacionem.* —*Fiet michi secundum verbum tuum* [Lc 1, 38]. —*Bernardus: Nolo, ut fiet michi aut declamatorie predicatum* ...⟩⟨[f. 169v]... *demon abscedens evanuit etc. etc.*

Ed.: Legenda aurea, 332-334.

2. [De s. Ambrosio]. —*⟨A⟩mbrosius, doctor egregius, fuit prefectus urbis Rome. Hic cum in cunabulis iaceret, examen apum veniens faciem eius cooparint* [recte: cooperuit] ...⟩⟨[f. 170r]... *quia benignum domum habemus sicque obdornivit* [!] *in Domino. Quod nobis concedat* ...

3. [De s. Georgio]. —*⟨G⟩eorgius tribunus, genere Capadotum* [recte: Cappadocum], *hic pervenit provinciam Libie in civitatem, que nunc Rama* [recte: Silena] *dicitur* ...⟩⟨... *et venit ad ipsum vox de celo, quam in omnibus esset exauditus. Quod nobis* ...

Cf. BHL 3395; Legenda aurea, 392.

4. [Vita s. Adalberti] —*⟨S⟩anctus Adalbertus, nacione Bohemus, pater eius Sclavonicus, genere nobilis, fuit eciam nepos Henrici regis Romanorum* ...⟩⟨[f. 171v]... *Passus est beatus Adalbertus, vir Domini gloriosus noningentesimo* [!] *nonagesimo septimo imperante ⟨IX⟩ Kalendas May feria VI* [23 IV], *qua Dominus dignatus est pro nobis* ...

Idem textus in cod. BJ 1415, f. 186v-188r.

5. [Iacobus de Voragine OP, De s. Marco evangelista] —*⟨M⟩arcus ewangelista, Leviticus genere et sacerdos, Petri appostoli in baptismate filius atque divino sermone discipulus* ...⟩⟨[f. 172v]... *cum multo gaudio in Domino obdormivit etc.*

Cf. BHL 5290. Ed.: Legenda aurea, 399-404, 409-410.

6. [Vita s. Stanislai, ep. Cracoviensis – Vita minor] —⟨*S*⟩*anctus autem Stanislaus, ut annales principum Polonie et gestorum tangunt historie, nacione Polonus, ex provincia Cracovyensy processit oriundus* ...⟩⟨[f. 179v]... *Sic iste sanctum Dei presulem Stanislaum crudeliter mactando regale sacerdocium profanavit etc.*

Cf. BHL 7832; Kuzmová, Preaching, 375. Ed.: W. Kętrzyński, [in:] MPH 4, 253--285. Idem textus in cod. BJ 3408, f. 268r-273r; 4246, f. 139v-145v. Textus quoque in cod. BJ 1415, f. 201r-205r; 4915, 350r-367r. Versio brevior in cod. BJ 271, f. 118v--123v.

7. [Iacobus de Voragine OP, De s. Philippo apostolo] —⟨*P*⟩*ost passionem Domini Salvatoris per annos XX^ti^ Philipus sanctus per Ch. Sichiam* [recte: Scythiam] *gentibus ewangelium predicavit* ...[f. 180r]... *illuminatorem animarum nostrarum et nunc ... De isto Philipo sic dicit Isidorus in libro De vita et obitu sanctorum: Philipus Galileus* ...⟩⟨... *qui habuit quatuor filias prophetissas, sed in Ieronimo magis est credendum etc.*

Cf. BHL 6814; Lipsius, Apokryphen, 1, 146. Ed.: Legenda aurea, 443-444 (textus noster edito illo amplior). Idem textus, sine additamento, in cod. BJ 1380, f. 244r-v (paulo aliter incipit); BJ 1415, f. 191r-v.

8. [Iacobus de Voragine OP, De s. Iacobo apostolo] —⟨*I*⟩*acobus iste appostolus vocatus est Iacobus Alphei* ...[f. 183r]... *sicud vapore ignis de terra prodeuntis penitus sunt exusti etc.*

Cf. BHL 4098; RB 214,6 (aliter explicit). Ed.: Legenda aurea, 446-458. Idem textus in cod. BJ 1415, f. 191v-193r (fragm. brevius).

9. [Iacobus de Voragine OP, De Inventione s. Crucis] —⟨*I*⟩*nvencio sancte Crucis post annos ducentos a resureccione Domini facta est, legitur enim in Ewangelio Nicodemi, quod cum Adam infirmaretur* ...⟩⟨[f. 186r]... *nisi quod eum coram dyabolo negare voluisset etc. etc.*

Ed.: Legenda aurea, 459-470.

10. [De Ascensione Domini] —⟨*D*⟩*ominus noster Ihesus Christus volens XL^a^ die post resurreccionem suam in celum ascendere apparuit discipulis suis* ...⟩⟨[f. 186v]... *baptizati sunt illo die tria milia hominum et acceperunt omnes Spiritum Sanctum. Quod nobis concedat Deus ...*

11. [De s. Ioanne Baptista] —⟨*N*⟩*ativitas sancti Iohannis Baptiste angelo Gabrieli annuncciata fuit hoc modo: David rex* ...⟩⟨[f. 187r]... *apud cuius sepulcrum multa fuerunt miracula facta meritis sancti Iohannis Baptiste. Quod nobis concedat etc.*

Haec Vita ex diversis fragmentis compilata est, i. a. Iacobi de Voragine, cf. Legenda aurea, 540-541, 873-874.

12. [De s. Petro] —*⟨P⟩etrus appostolus Domini post ascensionem Christi multa pro ipsius nomine fuit passus. Nam ab Herode captus, catenis vinctus incarceratus fuit ...*⟩⟨[f. 187v]*... et sic mise⟨r⟩abiliter expirans ad infernum descendit, a quo nos custodiat.*

13. [De s. Margarita. Fragm.] —*⟨M⟩argaretha dicitur a quadam gemma preciosa, que est candida et virtuosa. Sic* [f. 188r] *beata Margaretha fuit candida per virginitatem ...*⟩⟨*... et sic coronam martirii accepit. Quam nobis.*

Cf. BHL 5309; Legenda aurea, 616.

14. [De s. Maria Magdalena. Fragm.; f. 188v] —*⟨M⟩aria Magdalena ex clarissimis orta est presentibus* [recte: parentibus] *et cum fratre suo Lazaro et sorore sua Marta Magdalum castrum, a quo dicta est Magdalena ...*⟩⟨*... et circa altare solempniter sepulta est, regnante Domino nostro Ihesu Christo.*

Cf. Legenda aurea, 629.

15. [De s. Iacobo Maiore. Fragm.] —*⟨S⟩anctus Iacobus, frater Iohannis ewangeliste, omnem Samariam visitabat et ingrediens sinagogas secundum Scripturas Sacras ostendebat omnia a prophetis ...*⟩⟨[f. 189v]*... pro Christi nomine coronam martirii percipuerunt* [!]. *Quod nobis concedat Dominus ...*

Cf. BHL 4057 (aliter explicit); Legenda aurea, 651.

16. [De s. Laurentio. Fragm.] —*⟨L⟩aurencius, Hyspanus genere, Rome archidi⟨a⟩conus beati Sixti pape fuit. Eodem tempore Philipus, christianissimus cezar, Romanum regebat imperium ...*⟩⟨[f. 190r]*... et tercia die mortua regnum celorum est consecuta. Quod nobis concedat etc. etc.*

Cf. BHL 4764, 4770 (initia simillima, finibus tamen differunt); Legenda aurea, 754.

17. [De Assumptione BMV. Fragm.] —*Assumpcio Beate Virginis Marie, qualiter facta sit, in quodam libello beati Iohannis ewangeliste legitur. Appostolis namque per totum mundum divisis Virgo Beata ...*⟩⟨[f. 190v]*... perrexit ad regnum celorum cum leticia et gaudio angelorum. Quod nobis concedat etc.*

Cf. Legenda aurea, 779.

18. [De Exaltatione s. Crucis. Fragm.; f. 191r] —*⟨E⟩xaltacio sancte Crucis dicitur, quia tali die sancta Crux et fides nostra plurimum exaltata est. Unde legitur, quod anno Domini M^{o}CC^{o}XV° permittente Domino*

populum suum flagellari ...⟩⟨*... Et sic imperator ecclesias reparans ad propria remeavit. Quod nobis concedat Pater et Filius ...*

Cf. Legenda aurea, 930.

19. [Iacobus de Voragine OP, De s. Bartholomaeo. Fragm.; f. 191v] —⟨*B*⟩*artholomeus appostolus veniens ad Indiam, que est in fine mundi ...*⟩⟨[f. 192r]*... Quod videntes christiani Deum glorificaverunt. Quod nobis etc.*

Ed.: Legenda aurea, 830-834. Textus completus in cod. BJ 1415, f. 265v-267r (textus alius atque BHL 1005d, citatio falsa).

20. [Iacobus de Voragine OP, De s. Matthaeo evangelista. Fragm.] —⟨*M*⟩*atheus appostolus et ewangelista in Ethiopia predicans in civitate, que vocatur Nadaner ...*⟩⟨[f. 192v]*... manibus orantem misso a tergo gladio interfecit et martirem consecravit etc. etc.*

Ed.: Legenda aurea, 957-960. Idem textus in cod. BJ 1415, f. 277r-v.

21. [De s. Wenceslao] —⟨*W*⟩*enceslaus, dux et martir gloriosus, in terra Bohemie natus patre Wratislao duce christianissimo, matre vero Dracomira ge*⟨*n*⟩*tili et pagana ...*⟩⟨[f. 193r]*... recedit ab infirmis langwor et* [*cecitas* – in marg.] *et removetur surditas, prestante Domino nostro Ihesu Christo etc.*

Cf. Z. Uhliř, Literární prameny svatováclavského kultu a úcty ve vrcholném a pozdním středověku, Praha 1996, 246, nr. 137; M. Boháček, F. Čáda, Soupis roukopisů Slezské Studijní Knihovny v Opavě, Opava 1955, 44 (cod. RB-10, f. 22r-24v); V. Dokoupil, Soupis rukopisů knihovny benediktinů v Rajhradě, Praha 1966, 155 (cod. R 370, f. 12v-13r).

22. [De s. Michaele Archangelo; f. 193v] —⟨*E*⟩*st quidam mons in Napulia, qui vocatus Gargarus, sub quo morabatur quidam dives. Hic habebat multa armenta pecorum, que in prefato monte pascebantur ...*⟩⟨*... Sed devoto corde eos exoremus, ut sint custodes nostrarum animarum, cum nobis mortis advenerit. Quod nobis.*

Textum similem cf. in cod. BJ 1609, f. 315v.

23. [De s. Hieronymo] —⟨*S*⟩*anctus Ieronimus, nacione Slaws, arte philosophus, sed pro studio philosophie ab angelo gravissime punitus, ad legem Dei conversus ...*⟩⟨[f. 194r]*... eius sanctissima anima carnis honore deposito regna celorum conscendit. Quot nobis prestare dignetur pius Pater etc.*

24. [De s. Luca evangelista] —⟨*L*⟩*ucas Syrus, nacione Anthiocenus, arte medicus fuit sine crimine serviens Domino in virginali castitate ...*⟩⟨*...*

cum magna humilitate et devocione abiit in Bythinia plenus Spiritu Sancto. Quod nobis concedat Pater ...

Idem textus in cod. BJ 1609, f. 329v.

25. [Iacobus de Voragine OP, De s. Simone et Iuda apostolis; f. 194v]. —⟨*S*⟩*imon Chananeus et Iudas Thadeus fuerunt fratres Iacobi Minoris* ...⟩⟨[f. 195r]... *mire magnitudinis fabricavit, regnante Domino nostro Ihesu Christo. Amen.*

Cf. BHL 7749 (aliter incipit). Ed.: Legenda aurea, 1080-1086. Idem textus in cod. BJ 1415, f. 287r-288r.

26. [De Omnibus Sanctis; f. 195v] —⟨*O*⟩*mmnium* [!] *Sanctorum festivitas inter alias festivitates duplici de causa instituta. Primo propter cuiusdam templi construccionem nomine Pantheon* ...⟩⟨... *Beatam Virginem Mariam, que non solum dicitur sancta, sed super omnes sanctos exaltata est. Quod nobis dignetur prestare etc.*

27. [De s. Martino episcopo] —⟨*M*⟩*artinus inclitus fuit filius cui*⟨*u*⟩*sdam tribuni sed pagani. Hic sub Constantino et Iuliano imperatoribus militavit* ...⟩⟨[f. 196r]... *sed ultimam oracionem vobis excitantibus complere non potui. Rogamus Dominum Ihesum Christum etc.*

28. [Iacobus de Voragine OP, De s. Catharina] —⟨*B*⟩*eata virgo Katherina, Costi regis filia, studiis liberalibus bene erudita* ...⟩⟨[f. 197v]... *quem hic in mundo ex istis super omnia amavit Dominum nostrum Ihesum Christum. Atque nobis hoc facere dignetur etc.*

Ed.: Legenda aurea, 1203-1212 (in cod. nostro versio brevior).

f. 198r-v vacuum.

29. [De passione Domini. Fragm.; f. 199r] —⟨*P*⟩*assio Christi fuit ex dolore amara, ex illusione despecta, ex utilitate multipliciter fructuosa. Dolor enim causabatur ex quinque* ...⟩⟨[f. 200r]... *et Pilatus tunc: In terra non est veritas. Dicit ei Ihesus: Quomodo potest esse veritas.*

Ed.: Legenda aurea, 336-339 (in cod. nostro finis desideratur).

30. [Hieronymus Ioannes Silvanus de Praga, Sermo de Resurrectione Domini] —⟨*M*⟩*aria Magdalena et Maria Iacobi et Salomee* [! Mr 16, 1]. —*Assumptis trecentis viris Gedeon perrexit ad pugnandum contra Modian et Amalech* ...⟩⟨[f. 202v]... *dum hic es, absolve reos, dum descenderis, defende tuos. Quod nobis concedat Pater et Filius.*

Cf. Schneyer CD, nr. 8 (T28); J. Zathey, Catalogus codicum manuscriptorum medii aevi Bibliothecae Cornicensis, Wratislaviae 1963, 172 (cod. 53, f. 17r-19r). Idem textus in cod. BJ 1494, f. 270r-272r; 2245, f. 397r-399v; ms. Acc. 140/51, f. 75v-78r.

31. [Hieronymus Ioannes Silvanus de Praga, Sermo de dom. Resurrect.] —⟨*D*⟩*uo ex discipulis Ihesu ibant ipso die etc. Luce ultimo* [24, 13]. —*Fuit vir quidam nomine Manue, habens uxorem pulcram, sed sterilem* ...⟩⟨[f. 203r]... *per viam Christus apparuit eis tamquam peregrinus. Pro quo notandum: iste sermo patet bene in sexternis precedentibus etc.*

Cf. Schneyer CD, nr. 9 (T28/2); J. Zathey, Catalogus, ut supra, 172 (cod. 53, f. 19r--21r). Idem textus in cod. BJ 1494, f. 273r-276r; 2245, f. 399v-400r; Acc. 140/51, f. 75r-78r.

32. [Iacobus de Voragine OP, De s. Maria Aegyptiaca] —⟨*M*⟩*aria Egipciaca, que peccatrix appellabatur, XLVIII* [recte: 47] *annis in heremo vitam duxit* ...⟩⟨[f. 204r]... *et senex ad suum monasterium glorificans pervenit etc.*

Ed.: Legenda aurea, 374-377. Idem textus in cod. BJ 1609, f. 107r.

33. [De s. Sophia] —⟨*S*⟩*ancta Zophia nobilissimis parentibus nata, patre quidam* [!] *Manifredo, matre vero Saudalia nunccupata. Hic vero rex Persarum fuit habitans in civitate* ...⟩⟨[f. 206v]... *circa annum Domini septuagesimum octavum ab Anacleto Constantinopolim t*⟨*ra*⟩*nsmisse sunt etc. etc.*

Idem textus in cod. BJ 271, f. 101r-102v; 1768, f. 251v-255v.

34. [Sermo de s. Andrea] ⟨*I*⟩*n nomine Domini nostri Ihesu Christi.* —*Legitur in Historia scolastica, capitulo XXXVI°* [recte: XXXVIII; cf. PL 198, 1241], *libro Numerorum, sic: Dixit quoque Dominus ad Moysen:* —*Ascende in montem Abarim* [Num 27, 12] ...[f. 207r]... —⟨*A*⟩*mbulans Ihesus iuxta mare Galilee* ...[Mt 4, 18]. —*Super hoc ewangelium possunt* [f. 207v] *adduci verba ipsius Iob iuxta formam thematis* ...⟩⟨[f. 208v]... *per viam doloris et passionis, quia eciam cruci afixus erat, ut patet in sua vita.*

35. [Iacobus de Voragine OP, De s. Andrea apostolo] —*Andreas interpretatur decorus vel virilis ab andor, quod est vir* ...⟩⟨[f. 212r]... *Cepit igitur episcopus in devocione beati Andrea* [!] *magis crescere et eum exinde in reverencia eum* [!] *plus habere etc. etc.*

Ed.: Legenda aurea, 24-36. In nostro codice capitulum ultimum desideratur. Numeri 34 et 35 unum constituunt sermonem.

36. [Sermo de s. Barbara] —⟨*L*⟩*egitur in Scolastica historia in libro Deuteronomii, capitulo III°, sic:* —*Separavit Moyses tres civitates refugii trans Iordanem* [Dt 4, 41] ...[f. 212v]... *ad occidendum* [PL 198, 1249]. —*Spiritualiter per Moysen intelligitur Deus omnipotens, qui divisit et locavit tres civitates refugii* ...⟩⟨[f. 214r]... *numquam pauper fieri poterit, sed tamquam regina regnabit eviterne. Quod eciam dignetur nobis prestare Pater* ...

37. [Vita s. Barbarae] —*Temporibus imperatoris Maximiani erat quidam satrapes nomine Didoscorus, dives valde et paganus colens ydola. Hic habens filiam unicam nomine Barbaram* ...⟩⟨[f. 215v]... *in loco, qui dicitur Solis, ubi hodie forent eius merita, cooperante Domino nostro Ihesu Christo etc. etc.*

Cf. BHL 917g. Idem textus in cod. BJ 1609, f. 6v-8r.

38. [Sermo de s. Nicolao] —⟨*L*⟩*egitur in Scolastica hystoria, Exodii XXXVII° capitulo* [cf. PL 198, 1161-1162] *et in Byblia eciam Exodii XVII°* [18, 1-11], *quod audiens Ietro victoriam Moysi contra Amalech* ... —*Spiritualiter per Moysen intelligitur Christus, per Ietro sanctus Nicolaus, qui postquam audivit* ...⟩⟨[f. 217r]... *et anime sanctorum ipsum cum leticia acceperunt ad regnum celorum. Quod nobis prestare dignetur* ...

39. [Iacobus de Voragine OP, De s. Nicolao] —*Nicolaus dicitur a nicos, quod est victoria et laos, quod est populus, quasi victoria populi* ...⟩⟨[f. 220r]... *statim beatus Nicolaus affuit et illum illesum servavit.*

Ed.: Legenda aurea, 24-37. In nostro codice capitulum ultimum desideratur. Idem textus in cod. BJ 1635, f. 11v-12v (aliter explicit).

f. 220v-225v vacua, columnarum schemate distincta.

f. 226r-239v vacua.

5. f. 240r-246v: Aeneas Silvius Piccolomini (Pius papa II), Epistula ad Hartungum de Kappel (Vindobonae, IV 1443)

Viro insigni et singulari virtute predito domino Artongo, iuris utriusque doctori, Eneas poeta salutem dicit. —*In aula Cesaris, cum nuper ociosi essemus, sermonem ita ut fit de rebus diversis, conseruimus* ...⟩⟨... *quod rectum est, illud eciam velim deesse, ut aliorum monitis non acquiescam. Vale. Iohannes de Petris Duris notarius scripsit.*

Cf. Bertalot, Initia, II/1, 9391. Ed.: Enee Silvii Piccolominei Epistolarium seculare ..., ed. R. Wolkan, A. van Heck, Città del Vaticano 2007, 129-139 (Studi e testi, 439). Idem textus in cod. BJ 770, f. 257r-260r.

f. 247r-v: vacuum.

F a s c i c u l i : 1^{8+8} (f. 1-16); 2-6^{6+6} (f. 17-76); 7^{5+5} (f. 77-86); 8-13^{6+6} (f. 87-158); 14^{5+5} (f. 159-168); 15^{6+6} (f. 169-180); 16-17^{9+9} (f. 181-216); 18^{4+5} (f. 217-225, post f. 220 unum folium desideratur); 19^{7+7} (f. 226-239); 20^{4+4} (f. 240-247). F. 172-177 in parte inferiore accurtata. Custodes in initio fasc.: 5-11: *4-9, X*; 13-14: *XI-XII*; 16-18: *XIIII-XVI*, quidam partim praecisi. In fasc. 5 partim asservantur custodes bifoliorum: *I-II, IIII, VI*. Reclamantes in fine fasc.: 7, 9-13. Foliationem s. XV atramento inscriptam: *1-230*, mendose hic illic: f. 110 (*102*), 111-120 (*121-130*), recens illa substituit. Codex 4 partibus constat: 1. fasc. 1-4, 19 (f. 1-52, 226-239); 2. fasc. 5-14 (f. 53-168); 3. fasc. 15-18 (f. 169-225); 4. fasc. 20 (f. 240-247). Fasc. 15-18 ante compacturam factam in usu fuisse videntur, de quo folia exteriora eorum 169 et 225 obsoleta testificantur.

S i g n a a q u a t i c a : 1. Var. Piccard-Online 69432 (1444) f. 1-2, 15-16, 226, 239; 2. Var. Piccard-Online 69806 (1444) f. 3-14, 227-238; 3. Var. Piccard-Online 69701 (1444) f. 17-18, 20-25, 27-29, 32-33, 36-37, 40-44, 49-52; 4. Var. Piccard 2, XIII 239 (1444) f. 19, 26, 30-31, 34-35, 38-39, 45-48; 5. Var. Piccard 16, IV 1199 (1442) f. 53-86, 99-101, 108-110; 6. Var. Piccard-Online 116702 (1448) f. 87-91, 94-98, 111, 113-115, 118-120, 122, 136-145; 7. Var. Piccard-Online 116096 (1448) f. 92-93, 135, 146, 149, 156; 8. Bovis caput astro ornatum baculo simplici innixo; signum inter lineas positum – in repertoriis non inventum, f. 102-107, 112, 116-117, 121; 9. Var. Piccard 16, II 222 (1446) f. 123-134; 10. Var. Piccard-Online 116106 (1441) f. 147-159, 161-162, 165-166, 168; 11. Var. Piccard-Online 21367 vel 21369 (1441) f. 160, 163-164, 167; 12. Campana tribus locis appensa; signum in linea positum – in repertoriis non inventum, f. 169-171, 178-180; 13. Var. Piccard 14, I 385 (1440) f. 172-177; 14. Var. Piccard-Online 69409 (1439) f. 181-220, 222-225; 15. Var. Piccard 16, IV 1324 (1448) f. 240-247. F. 221 signo caret. Charta a. 1439-1448 in usu erat.

S c r i p t u r a e t o r n a m e n t a : Codex pluribus manibus satis diligenter exaratus, ductibus diversissimis; f. 14r-16v manu Petri *de oppido S.* (cf. f. 16v), f. 240r-246v manu Ioannis de Petris Duris (cf. P. Remo Stenico, Notai che operarono nel Trentino, Trento 1999, 275: 1436 et 1438 notarius reverendi domini episcopi Tridentini Alexandri ducis Mazoviae). Margines dexter et inferior saepe despecti. Binae omnino textus columnae, in solis f. 53r-v, 240r-246v – singulae. Columnarum schema atramento linea simplici, non tamen in omnibus chartis conscriptis ductum. In f. 169r non solum columnarum sed etiam linearum schema, quoque in margine superiore, inferiore et inter textus columnas obvenit. Hic illic foliorum extremitates aequis intervallis perforatae sunt linearum schemati efficiendo, e. g. in f. 178. Margines exigui, vacui plerumque. Codicis partes diversae diversimode decoratae. Rubricatio in f. 17r-23r, 28v-31r, 40v-45r, litterae maiusculae et lineolae rubrae quaedam in textu relevantes, in f. 53r-165v rubrae litterae initiales, sermonum tituli, lineolae sub vocabulis ductae, paragraphorum signa, adnotationes. Littera initialis in f. 53r caeruleo colore picta: *A*, cuius altitudo 10 textus lineis aequa, filigrano rubro et caeruleo colore picto decorata est. Ceterae litterae initiales simplices, rubrae seu caeruleae parum diligenter pictae, textus lineis 3-15 aequae, filigranis nigris, rubris seu caeruleis decoratae. Ceteris litteris inscribendis loca vacua relicta sunt, excepto f. 190r, ubi calamo illa *A* adumbrata nec non f. 240r: littera *V*. Qui f. 17r-45r exaravit, verba thematis duplici lineola infra ducta distinxit. Idem etiam insigni modo litteram *g* exarare solebat, extra marginem saepissime protensam. Aliae etiam litterae hastas in margines multum prolongatas habent, in marg. lateralem (e. g. f. 28v) et superiorem (e. g. f. 40v). Atramenti maculae, e. g. in f. 17r, 133v, 185r. Textus abruptus, e. g. in f. 200r. In f. 16v una columna vacua remansit, de quo scriba huiusmodi notulam scripsit: *Hic nullus est defectus, sed quia propter minoracionem scripture excrevit hec columpna, hec vestre venerabilitati per me pauperem Petrum, compatriotam vestrum de opido S., non imputetis, quia festinanter scripsi.* In f. 53r nomen *Thome* primum scriptum, erasum et supra hoc: *Nicolai de* scriptum, quod denuo erasum est, et finaliter: *Thome* exaratum.

N o t a e e t g l o s s a e paucae, in f. 169-220 fere nullae. Scribae supplementa in marginibus, e. g. f. 20v: *propter colorem, quia sicut flos.* In textu f. 174r glossa Polonica: *anchoram wulgariter kothfica.* Vocabula Polonica in f. 165v: *historice – thyelestnye*; *duchownye*; *bohoboynye*; *naboznye.* Manu, quae inscriptionem ad codicis originem spectantem in f. 13r exaravit, etiam notae et glossae in f. 106r-164r, quae Petri de Warka esse videtur (cf. Cod. orig. et fata). In marginibus inferioribus, e. g. f. 69r, 84v, 86v, 101r, seu superioribus, e. g. f. 154v, 163r sermonum quorundam tituli scripti leguntur. Vocabula scriptorum materiam indicantia, vocabulorum declarationes, auctorum citatorum nomina inde a f. 108v usque ad f. 163v. Textus supplementa, e. g. f. 158r, emendationes, e. g. f. 116r. Numerorum Romanorum series, e. g. f. 63v, 118v-119r. Notae, quibus lectoris animus advertendus est, circa quaestionem, e. g. f. 122r: *Utrum primatum vel dignitatem ecclesiasticorum appetere possit aliquis sine peccato.* Designationes textus partium quarundam in marginibus peculiares cornuum (e. g. f. 110r) seu canis (f. 109r) formam praebentes, lectorem de quaestionibus certiorem facturae. Notis apponuntur capitum humanorum delineationes, e. g. f. 146r, 147v. In f. 1r carmen De quattuor evangelistis: *Factus homo forma bona tu Mathee reforma* ...)(... *non populum dampnes aquile pictura Iohannes.* Maniculae: f. 55v, 67r-68r, 118v, 121v-127v, 132v, 142v-147r, 148v-150r, quaedam manicis ornatis decoratae, e. g. f. 122v.

C o m p a c t u r a ca s. XV m. Cracoviae verisimillime confecta, a. 1934 ab I. Wyżga renovata. Tabulis ligneis constat partim corio inornato, claro olim, nunc suffusco facto, obtectis, cuius corii alia fragmenta vetera, alia recentia sunt. Dum codex renovaretur, corium tabulis clavium quaternorum et cingulorum duorum fusci coloris ope affixum est. Tabulae anterioris pars restituta. In posteriore concavationum vestigia in locis, ubi cinguli vel claves affigebantur. In parte interiore integumenti anterioris schedula inscriptione hac ornata: ||*miria 25.* Dorsum convexum, ligamenta quattuor duplicia. Codicis capiti et calci funiculi obsuti corio obtecti. Volumen adaequatum, anguli rotundati. Ante- et postfolia: I et III chartacea recentia, f. III vacuum, f. I cf. infra. F. II (antefolium) membrana rescripta, palimpsestum q. v.: textus prior litterulis minoribus, posterior vero maioribus scriptus, festivitatum indicem continet, in quas sermones in codice leguntur scripti: *Divisio apostolorum* ...)(... *Visitacio Marie.* Litteris Palaeoslavicis nomina: *Petrus, Maria, Stanislaw bakalar* et schedula, in qua codicis signatura conspicitur. Fasciculorum sutura schedulis oblongis membranaceis firmata, quarum aliae vacuae, aliae conscriptae: in fasciculis 2, 5, 14, 18 diplomatis fragmentum, in quo *Stephanus Wyrzchoslai* citatur; in fasc. 10 libri cuiusdam liturgici fragmentum. Fasc. 19-20 absque schedulis. In f. I Alexandri Birkenmajer notula de codice renovato: *Oprawę wyrestaurował introligator Jan Wyżga w r. 1934. Nadstawiono odłamaną część przedniej deski okładkowej, dodano karty ochronne, dawną pergaminową wlepiono na falcu na początku rękopisu. A. B.* Codex post renovationem bene asservatur. Humiditatis olim infectae vestigia plurima in parte voluminis inferiore, ubi foliorum quorundam partes chartis firmatae et suppletae sunt; quaedam folia rupta exsistunt. Folia exteriora codicis partium singularum, quibus volumen constituitur, obsoleta.

Codicis origo et fata: Codex partibus aliquot constituitur s. XV m. confectis et tempore aliquantulo separatim adhibitis. Quarum quaedam in Polonia confectae sunt, cuius rei documentum s. Adalberti et Stanislai nomina in vitarum collectione obvia (f. 168v-220r). In f. 13r: *Iste est liber magistri Petri de Warkcha* (Petrus Ioannis de Warka Universitatis Cracoviensis albo a. 1427 commutatione aestivali inscriptus, cf. Metryka, 1, 136 (27e/131), baccalarius a. 1429, magister a. 1444, cf. Najstarsza księga promocji, 29/53B, 44/3M; hic idem esse videtur atque plebanus Poznaniensis a. 1453-1455, cf. T. Jurek, Wokół zagadek najdawniejszych dziejów poznańskiej fary, „Kronika Miasta Poznania", 2003, nr. 3, 60). Signaturae antiquae: Fasseau: *995*; topogr.: *BB IV 27*.

Bibliographica: Wisłocki, Katalog, 378; Kuzmová, Preaching, 375.

RT, WŚ

1551

Lat., 1405, chart., cm 30×21,5, f. 232+II.

1. f. 1r-207v: Bartholomaeus de Sancto Concordio OP, Summa de casibus conscientiae

[Prol.] —*Quoniam, ut ait beatus Gregorius, Super Ezechielem: Nullum omnipotenti Deo tale sacrificium est, quale zelus animarum* ...⟩⟨... *eciam non bene dictis pium postulo correctorem. Sequitur titulus primus per ordinem alphabeti.* [F. 1v] —*Abbas in suo monasterio conferre potest suis subditis primam tonsuram* ...⟩⟨[f. 202v]... *alter excedit ipsum in bonis, tunc est invidia, ut dictum est supra: Invidia. Consummatum fuit hoc in civitate Pysana per fratrem Bartholomeum de Sancto Concordio Ordinis Fratrum Predicatorum, doctorem decretorum, anno Domini M^o CCC^o 38 diie septima mensis Decembris, tempore ... Benedicti pape 12. Predictus autem frater Bartholomeus, compositor huius libri, obiit anno Domini M^o CCC^o 47, secunda die Iulii, cuius anima requiescit in eo, qui sine fine vivit* ...[f. 203r] *Explicit Summa Pysani finita per Iohannem presbiterum Clementis de Gostecz Cracouiensis dyocesis, in vigilia Visitacionis Beate Marie Virginis gloriose* [1 VII] *sub anno Domini M^o CCCC^o quinto etc. Sequitur.* [Registrum; f. 203v] *Abbas. Abbatissa* ...⟩⟨... *Zelus. In sempiterna secula. Amen.*

Cf. Schulte, Geschichte, 2, 429; Michaud-Quantin, Sommes, 60-62, [114, 120]; Mohan, Initia, 373* (ut Pseudo-Nicolaus de Auximo); Kaeppeli, 436; Bloomfield, 5052. Ed.: s. l. 1473 (GW 3450). Idem textus in cod. BJ 1552, 1553, 1554, 2188, 1328 (fragm.).

f. 208r-v vacuum, columnarum schemate distinctum.

2. f. 209r-230v: Expositio Missae

—*Cristus assistens pontifex futurorum bonorum* [Heb 9, 11]. —*Hec verba scripsit Apostolus in Epistola ad Hebreos de Domino nostro Ihesu Christo, summo et vero pontifice. Iste namque pontifex tante dignitatis est* ...)(... *quia usque in finem vite in castimonia debet perseverare. Ideo rogetur, ut nos Deus ducat ad patriam claritatis propter suam misericordiam. Amen. Dicat hic fidelis, qui regnare vult in celis cum Christo perhenniter etc. etc. etc.*

Cf. Distelbrink, 137 (Inc.: —*Apostolus ad Hebraeos dicit illa verba de Domino Iesu*); Glorieux, Répertoire, 2, 45, nr. 305bn (auct. Bonaventura). Ed.: S. Bonaventurae Opera omnia, 12, Parisiis 1868, 257-277 (ed. usque ad f. 225v codicis nostri).

f. 231r-232v vacua, columnarum schemate distincta.

***3.** f. Iv-IIr, Ir-IIv: Graduale. Fragm.: Proprium sanctorum de s. Agatha, Vitali et Valentino

Post XIV m., Lat., membr., f. unius fragmentum, notae musicae (notatio Gothica, Metensis Germanica) quattuor lineis dispositae. In f. Ir adnotatio: *defectus versus, non habetur: Pater in terra.*

F a s c i c u l i : 1-9^{6+6} (f. 1-108); 10-12^{7+7} (f. 109-150); 13-16^{6+6} (f. 151-198); 17^{5+5} (f. 199-208); 18-19^{6+6} (f. 209-232). Custodes numeris Arabicis: *3us-9us* in fine fasc. 3-9, vocabulis: *nonus-decimus tercius* in fine fasc. 9-13 (in fasc. 9 custos numero et vocabulo simul inscriptus, custos *decimus* ter inscriptus), numeris Romanis: *XIIII^{us}-XIX^{us}* in fine fasc. 14-19. Charta f. 85-108 aliis crassior et obscurior.

S i g n a a q u a t i c a : 1. Var. Piccard-Online 40092 (1404) f. 1-84; 2. Var. Piccard 2, XII 252 (1404-1405) f. 85-108; 3. Var. Piccard-Online 40097 (1402) et 40150 (1403) f. 109-186, 209-232; 4. Var. Piccard-Online 40141 (1403) f. 187-208. Charta a. 1402-1405 in usu erat.

S c r i p t u r a e t o r n a m e n t a : Codex tribus manibus exaratus: 1. f. 1r-179v; 2. f. 180r-207v, 225r-230v: manu Ioannis Clementis filii de Gwoździec (cf. f. 203r: *per Iohannem presbiterum Clementis de Gostecz Cracouiensis dyocesis*); 3. f. 209r-224v. Paucae emendationes et supplementa scribae manu, e. g. f. 12v, 33r, 74v. Textus pars (versus 9) linea rubra oblitterata in f. 141v. Locus vacuus in media columna in f. 70v, eo quod partis rectae atramentum nimium translucet. Maculae atramenti, e. g. f. 22r, 23v. Omnium scribarum scriptura currens, velox, diligens tamen, quamquam in marginem dextrum et inferiorem prominet. Litteris maioribus capitum tituli quidam, e. g. f. 99r-v, 202v, 209r-223v et colophon in f. 203r. Scriptura duabus columnis disposita calamo, linea simplici delineatis. Scriba nr. 3 singularum textus columnarum litteras initiales in marginem superiorem protraxit in f. 213r-214r. In f. 211v, 213r-214r in prima unaquaque linea litterae quaedam in marginem superiorem artificiose prolongatae. In rerum conspectu litterae initiales formae grandis, sed ad finem non adductae; in f. 205r vocabula ab I littera incipientia quasi unum formant tractum, qui hoc totum inspicienti spirarum formam in mentem adducit. Rubricatio exigua in toto codice excepto fasciculo ultimo, qui nullam rubricationem praebet. Litterae initiales simplices, rubrae et nigrae, hastis interdum in marginem porrectis, e. g. f. 79v, 88r, 95v, 211v. Litterae initiales animalium mythicorum formas imitantur in f. 178v, 180r-v. Litterae initiales gradibus 90 vel 270 rotatae in f. 132v, 147v, 196r, 202v. In f. 211v superiore diadema delineatum.

N o t a e e t g l o s s a e : Notae paucae: *notandum*, e. g. in f. 10r, 12r-13r, 16v, 27v, supplementa, e. g. in f. 23v, 35r, 43v, 46v, 159r. Maniculae, e. g. na f. 27v, 28v--30r, 31v, 36r-v, 51r, 55v-56r, 74r-75v, 144r-v, quaedam rubrae, e. g. f. 134v, aliae – 224r. In f. 204v nota manu Ioannis Clementis filii de Gwoździec lingua Polonica scripta: *curwa, baba sthara*. In f. 49r: *versus – Visito, poto, cibo* [cf. Walther, Initia, 20647; Id., Proverbia, 33805].

C o m p a c t u r a : Tabulae ligneae aliquantulum oblique praecisae, corio inornato rubri coloris obtectae, quod hodie obscurum factum est. Duorum cingulorum coriaceorum et ligularum, quibus codex olim in anteriore integumento claudebatur, vestigia: cingulorum fragmenta clavis ternis affixa et lacunae, in quibus ligulae olim haerebant. Integumentum utrumque umbonibus quinis rosettarum forma praefixum est, quorum duo in anteriore, tres integri et duorum fragmenta in posteriore integumento asservantur. Dorsum convexum. Volumen non adaequatum, extra tabulas aliquantulum eminet. Foliorum anguli rotundati. Codicis capiti et calci funiculi obsuti, qui insuper firmati sunt loris coriaceis textis. Dorsi ligamenta quattuor duplicia. Ante- et postfolium (f. I et II) membranacea, cf. nr. ***3**. Chartae integumentorum partibus interioribus agglutinatae undulatae glutinae vitio. Schedulae membranaceae fasciculorum suturam munientes vacuae. Codex satis bene asservatur. F. 1 pars inferior crispata, f. 48 inferius rumpi inceptum. Foliorum pars maior humiditatis maculis infecta. Fasciculorum 8-19 sectura inferior magis sordida quam ceterorum. Cera fusa in f. 56r. Integumenti corium detritum, praecipue anguli et margines.

C o d i c i s o r i g o e t f a t a : Codicis nostri pars (f. 180r-207v, 225r-230v) de a. 1405 ab aliunde ignoto Ioanne Clementis filio de Gwoździec, dioecesis Cracoviensis presbytero exarata est, quod de Polonica codicis origine testificari videtur. Signaturae antiquae: Tłuszczewski scripsit: *Summa Pisani. Ibidem supra Canones Missae*; Fasseau: *984*; topogr.: *CC VI 36*.

B i b l i o g r a p h i c a : Wisłocki, Katalog, 378.

ZK, WŚ

1552

Lat., ca 1440, chart., cm 30×21, f. 207+II.

f. 1r-206r: Bartholomaeus de Sancto Concordio OP, Summa de casibus conscientiae

[Prol.] —*Quoniam, ut ait Gregorius, Super Ezechielem: Nullum omnipotenti Deo tale sacrificium est, quale zelus animarum* ...[Textus] *De A. Abbas. —Abbas in suo monasterio conferre potest suis subditis pri-*

mam tonsuram ...⟩⟨*... alter excedit ipsum in bonis, tunc est invidia, ut patet supra: Invidia. Paragr. II. Explicit Summa De casibus consciencie, quam compilavit frater Bar*⟨*tholomeus*⟩ *Ordinis Fratrum Predicatorum et sic.*

Cf. cod. BJ 1551 descr., nr. **1**. F. 86v, 130r-v vacua.

f. 206v-207v vacua.

F a s c i c u l i : 1-6^{6+6} (f. 1-72); 7^{7+7} (f. 73-86); 8-11^{6+6} (f. 87-134); 12^{7+6} (f. 135-147, folia adeo firme consuta sunt, ut discerni fere non potest, quodnam folium rescissum est, signis aquaticis tamen respectis constat f. 139 altera bifolii parte carere); 13-17^{6+6} (f. 148-207). Custodes (seu eorundem reliquiae) numeris Arabicis vel vocabulis inscripti in fasc. 1, 3-6, 8-17 (⟨*1*⟩*us*, *3us*, *sextus, octavus-17*), ceteri a compaginatore praecisi esse videntur.

S i g n a a q u a t i c a : 1. Var. Piccard-Online 69855 (1437) f. 1-48; 2. Id. Piccard 2, XI 88 (1436-1442) f. 49, 54-55, 60, 66-67, 74-75, 84-85, 87-138, 140-207; 3. Var. Piccard-Online 69695 (1437-1439) f. 50-51, 58-59; 4. Var. Piccard-Online 65507 (1436) f. 52-53, 56-57; 5. Var. Piccard 2, XII 271 (1439) f. 61-65, 68-72; 6. Var. Piccard 2, XII 131 (1437-1441) f. 73, 86, 139; 7. Var. Piccard-Online 151237-151238 (1437) f. 76, 83; 8. Var. Piccard-Online 69844 (1437) f. 77-82. Charta a. 1436-1442 in usu erat.

S c r i p t u r a e t o r n a m e n t a : Codex ab aliquot scribis exaratus. Duarum columnarum schema atramento, hic illic parum diligenter, ductum, cf. f. 143r, 153r. Scriptura currens et velox extra margines protenditur. Codicis partes singulae a scribis singulis exaratae loca seu plagas vacuas interdum praebent, in quibus scribae hoc fere modo animadverterunt: *hic non est defectus*, cf. f. 27r, 74v, 86r, 153r, 157v, 159r). Quorum imperitia in scribendo efficitur, ut litterae modo condensatae sunt, e. g. f. 160r, 195v-196r, modo spatiis maioribus scriptae, e. g. f. 164v. Loca vacua circa quaestionum initia paragraphorum signis inscribendis verisimillime relicta sunt, cf. f. 144r. Rubricatio incontinua; litterae initiales exiguae lineis scripturae 2-4 aequae, cf. f. 1r-28r, 37r-41r, 101v-102r, ceterum cum rubricatio tum etiam litterae initiales desiderantur, quibus inscribendis loca vacua exstant. In f. 1r aliis ornatior, quamquam brute rubro et nigro atramento inscripta, in media parte alba, littera initialis, elementis floralibus in margine comitata, et ibidem alia rubra et alba quibusdam decorationibus ornata. Litteras initiales repraesentantia, e. g. f. 11r, 17r. Expuncta quaedam in f. 52r. Obveniunt etiam capitum tituli rubri, e. g. f. 15r, 25r. In pagina currenti non consequenter capitum litterae scriptae leguntur, e. g. f. 13r *de B*, f. 49v *de E,* f. 71r *de F.*

N o t a e e t g l o s s a e paucae: textus supplementa manibus scribarum, e. g. f. 23v, 71r, 148v, 187v, 204r, divisiones numeris designatae, e. g. 5r, 91v-95v, 98v-101v, vocabula scriptorum materiam indicantia, e. g. f. 83r: *de horis canonicis*, f. 112v: *Ludus alee*; maniculae, e. g. f. 12v, 17r, 36r, 46r, 76v, 89v, 133v. In integumenti posterioris partis interioris corio: *Iesus Christus*, in f. IIv: *Anno Domini Millesimo quadringentesimo quinquagesimo secundo indic*⟨*c*⟩*ione* nec non calami probationes.

C o m p a c t u r a : Secundum Annae Lewicka-Kamińska opinionem (cf. ms. BJ Acc. 33/80, p. 131) haec compactura Cracoviae verisimillime confecta est (quamquam tamen et Plocium (Płock) non est excludendum), in officina, quae a. vicesimis-quadragesimis s. XV floruit. Haec officina quinque signacula compaginatoria adhibebat, quorum trium impressiones in codice nostro inveniuntur: 1. monoceros scuto Gothico trianguli forma inscriptus, 2. leo gradiens cauda ornatus rhombo inscriptus, 3. lilium duplex artificiosum rhombo inscriptum. Tabulae ligneae, corio fusco obtectae, lineis duplicibus et simplicibus in planitiem et bordiuram divisae sunt, ipsa autem planities sua vice duplicibus lineis in rhombos et trigones. Anterioris integumenti planities signaculo nr. 2 impresso decorata est, bordiura – signaculo nr. 1 et 2; posterioris integumenti planities signaculo nr. 1 et 3, bordiura – signaculis nr. 1, 2, 3. Vestigia cingulorum coriaceorum duorum et ligularum, quibus codex olim in anteriore integumento claudebatur: cinguli unius fragmentum parvum nec non clavulus in posteriore tabula adhuc asservatur. Membranae frustulis minusculis, quibus diploma quoddam comprehendebatur, lacunae protectae sunt, in quibus clavuli olim, in parte interiore tabulae anterioris, infigebantur. In corio integumenti anterioris: *Summa Pisani mgri Bernhardi* (secundum Wisłocki, Katalog, 378), in voluminis sectura superiore: *Summa.* In corio plicato in partem interiorem integumenti posterioris: *Dominus Ihesus Christus.* Dorsum convexum, dorsi ligamenta quattuor duplicia et duo simplicia supra et infra; areae inter ligamenta dorsalia dissecantur lineis horizontalibus strigula punctim effectis. Volumen adaequatum, anguli rotundati. Ante- et postfolium membranacea incompleta: f. I (antefolium), cf. Cod. orig. et fata, f. II (postfolium), cf. Notas et glossas. Schedulae oblongae fasciculorum suturam munientes membranaceae vacuae. Codex satis bene asservatur, humiditatis vestigia in marginibus inferioribus non gravia, maculae in sectura inferiore, chartae defectus minimi: f. 1, 83-84, 178-179. Compacturae partes interiores nulla re proteguntur, quo factum est, ut folia corio vicina colore eiusdem inficerentur. Tabula superior dilapsa eiusque corium defectivum; corium tabulae posterioris magis detritum et scissum. Vestigia macularum albarum. Clavulorum tabulae posterioris rubigo f. 204-207 infecit.

C o d i c i s o r i g o e t f a t a : Codex ca a. 1440 in Polonia confectus esse videtur, sed nulla ad originem spectantia indicia in eo inveniuntur. In f. Iv manu Stanislai de Zawada: *Summa Pisani.* Signaturae antiquae: Kucharski scripsit: *Summa casuum Bar⟨tholomei⟩ Ordinis Praedicatorum*; Fasseau: *822*; topogr.: *CC VI 24.* In cingulo chartaceo inter f. 65 et 66 inserto nr.: *17.*

B i b l i o g r a p h i c a : Wisłocki, Katalog, 378.

ZK, ASo

1553

Lat., ca 1400 et post 1425, chart., cm 29,5×21,5, f. 269+III.

f. 1r-v vacuum.

1. f. 2r-256r: Bartholomaeus de Sancto Concordio OP, Summa de casibus conscientiae

[Prol.] — *Quoniam, ut ait Gregorius, Super Ezechielem: Nullum omnipotenti Deo tale sacrificium est, quale zelus animarum* ...[Textus] *Abbas.*

—Abbas in suo monasterio conferre potest suis subditis primam tonsuram ...)(... alter excedit ipsum in bonis, tunc est invidia, ut dictum est supra: Invidia. Paragrapho secundo. Et sic est finis istius libri, pro quo regens omnia cum genitrice Maria sit benedictus in secula seculorum. Amen. Consummatum fuit hoc opus in civitate Pÿsana per fratrem Bartholomeum de Sancto Concordio Ordinis Fratrum Predicatorum, doctorem decretorum, anno Domini M^o^ tricentesimo tricesimo VIII° die septimo mensis Decembris etc. Non deportabitis nisi.

Cf. cod. BJ 1551 descr., nr. **1**.

2. f. 256v: Quaestiones et notae ad ius canonicum attinentes

[Causa] *30, questio 4. —Queritur autem, an uxor cum marito in baptismate simul debeat suscipere puerum ...)(... aspirare minime presumat* [Gratianus, Decreti secunda pars, Causa 30, q. 4, c. 5-6 fragm. Ed.: Corpus iuris canonici, 1, 1104].

—Non est securus quoad Deum, cum quo papa dispensat ...)(... hec omnia habentur in glosa super capitulo: Non est, De voto et voti redempcione [Gregorius papa IX, Decretales, tit. XXXIV, c. 5, cf. Corpus iuris canonici, 2, 590].

Nota. Capitulum. — Cum non ab homine ... Dicit precise hec verba ...)(... non est vitandus .

Nota: —Extra. —De sepulturis, capitulo ultimo dicitur, quod sic incipit: Parochiano tuo ...)(... ecclesiastica compellendi, sicut Gregorius sanctus [Gregorius papa IX, Decretales, Lib. III, tit. XXVIII, c. 14. Ed.: Corpus iuris canonici, 2, 554].

3. f. 257r-v: Regulae et doctrinae circa observantiam interdicti. Absque fine.

De interdicto [in marg. sup.]. *—Interdictum est censura ecclesiastica a divinis suspendens officiis et ecclesiasticis sacramentis active et passive ...)(... extrema unccio laicis aut clericis sive religiosis non datur tempore interdicti.*

Cf. Ziegler, Catalogus, 141 (cod. Rehd. 177, f. 301r). Textus quoque in cod. BJ 1255, f. 2v-3r; 1258, f. Ir-v.

4. f. 257v-258r: Excerpta ex iure canonico

Innocencius tercius in concilio generali. Et allegatur Extra. De vita et honestate clericorum: Clerici, ita dicit: Clerici officia ...)(... hincinde connexis. Hec Innocentius, ubi supra etc. [Gregorius papa IX, Decretales,

Lib. III, tit. I, c. 15. Ed.: Corpus iuris canonici, 2, 453; f. 258r] *Nota. Extra. De sentencia excomunicacionis presenti libri dicitur secundum Gregorium X in generali concilio Lugdunensi. —Presenti generali statuimus edicto, beneficium relaxacionis* ...[Liber sextus Decretalium, Lib. V, tit. XI, c. 10. Ed.: Corpus iuris canonici, 2, 1102]. *Sed Innocencius 3 Ferrariensi episcopo: —Responso nostro postulas edoceri, an, cum Ferrarienses cives ...)(... crismate deliniri. Glossa: Sine confirmacione non est plene christianus, qui eam contempnit. De cons., dis. 5: Omnes* [Gregorius papa IX, Decretales, Lib. V, tit. XXXIX, c. 43. Ed.: Corpus iuris canonici, 2, 907].

5. f. 258v: *De religione coniugatorum*

Nota. —Matrimonium aut est carnali copula consummatum, aut non ...)(... Et secundum hoc intelligitur 33, q. 4: Non oportet et c. sequenti [cf. Corpus iuris canonici, 1, 1249].

6. f. 259r-260v: Thomas de Aquino OP, Epistula ad comitissam Flandriae (De regimine Iudaeorum)

Littera beati Thome de Aquino ad ducissam Lothoringye, de qua supra. Iudeus I c. 7. [*Illustri domine* in marg. sup.] *frater Thomas de Aquino Ordinis Fratrum Predicatorum salutem etc. —Excelencie vestre michi scriptas recepi litteras, ex quibus et piam sollicitudinem, quam habetis circa regimen subditorum ...)(... magis suadeam peritorum sentenciam magis esse tenendam. Valeat dominacio vestra etc.*

Cf. Grabmann, Werke, 336-338; Codices manuscripti Thomae de Aquino, 2, 128, nr. 1272. Ed.: Leonina, 42, 375-378. Idem textus in cod. BJ 423, 1623, 2264, 1648 (fragm.).

f. 261r-269r vacua, marginum schemate instructa.

7. f. 269v: *Copia est sentencie in facto spolii villarum Capituli ecclesie cathedralis Plocensis 1425 late*

—Christi nomine invocato pro tribunali sedentes et solum Deum pre oculis habentes ... dominos Bartholomeum Gwischardi et [...] ⟨*Iacobum*⟩ *de Camplo, coauditores nostros ... inter prephatos dominos prelatos, canonicos et Capitulum ex una et dictum Sassinum Sassini de et super spoliacione dictarum villarum ...)(... ita pronunciavi ego Cunczo, auditor de mandato et voluntate domini Iohannis de Mola, coauditoris infrascripti.*

Diploma originale die 25 Maii 1425 editum, in Arch. Dioecesano Plocense (perg. 188) asservatur, cf. Zbiór dokumentów i listów miasta Płocka, t. 1, wyd. S. M. Szacherska, Warszawa 1975, nr 105 (regestum). De Sassino Sassini cf. Radzimiński, Prałaci i kanonicy, 1, 127-128, 202, adn. 795 et 797.

F a s c i c u l i : 1^{7+7} (f. 1-14); 2^{6+6} (f. 15-26); 3^{7+6} (f. 27-39, f. 29 minorum dimensionum additum); 4-20^{6+6} (f. 40-243), 21^{7+7} (f. 244-257); 22^{6+6} (f. 258-269). Custodes in finibus fasc. 1-14 lineolis circumdati (quidam etiam ornatis, e. g. f. 75v, 171v) primus--quartus decimus nec non fasc. 22 (22); in initiis fasc. 15-20 (15-20). In fasc. 16 custos addititius in fine.

S i g n a a q u a t i c a : 1. Var. Piccard-Online 123484 (1399) f. 1-28, 30-99, 127, 129-130, 132, 148-219, I; 2. Var. Briquet 14619 (1389) f. 29; 3. Var. Piccard 10, II 302 (1402 f. 100-104, 107-114, 121-123, 128, 131, 136-147; 4. Var. Piccard 14, II 752 (1398, 1399) f. 105-106, 115-120, 124-126, 133-135; 5. Var. Piccard-Online 40104 (1404) f. 220-269. Charta a. 1389-1404 in usu erat.

S c r i p t u r a e t o r n a m e n t a : Codex aliquot manibus exaratus; in f. 256v-257v, 258r-v, 269v manu Iacobi de Petricovia (cf. eius ductum in cod. BJ 1356, f. 107v). Scriptura duabus columnis disposita, marginibus atramento linea simplici ductis, parum diligens, in margines dextros saepe protracta; rasurae obveniunt, oblitterationes, e. g. f. 42v, 69v, 167r, emendationes, e. g. 13v, 37r, 39v-40r, 72v, supplementa, e. g. f. 13v. Decoratio exigua: paragraphi rubri designati, litterae initiales 2-6 scripturae lineis aequae, pars prima (usque ad f. 171v) colore caeruleo, rubro vel viridi, quarundam litterarum initialium hastae productiores, in margines protractae, e. g. f. 100v-104v, alia; sequenter litterae initiales rubrae. Litterae initiales decoratiores (coloribus mixtis depictae) in f. 2r. Inde a f. 256v usque ad calcem ornamenta nulla.

N o t a e e t g l o s s a e paucae; accidunt textus supplementa in marginibus inferioribus, e. g. f. 15v-16r, 25r, 96v. Emendationes et supplementa scribae manu, e. g. f. 177v, 243r; manu Iacobi de Petricovia, e. g. f. 75v, 77r, 193v. In marginibus numeri – capitum partes – ad indicem conficiendum. Textus supplementum: tres quaestiones breves in f. addititio 29. In f. 101r: *Wersus. Leges civiles si nescit femina* ...[cf. Walther, Proverbia, 13640b]; f. 269v: *Ordo cucullatus posset satis esse beatus* ...[cf. Ibid., 20369], *Varium et mutabile semper femina* ...[cf. Ibid., 32906]. In f. 135r: *Vide casus multos* ... Accedunt illa: *nota*, e. g. f. 75v, 229r, 257v, *nota bene,* e. g. f. 69v. Maniculae, e. g. f. 48v, 68v-69r, 89v, 105v-106r, 147v, 208v, designationes in forma punctorum trium et virgula, e. g. f. 3r-v.

C o m p a c t u r a post a. 1400 confecta, a. 1992 renovata. Tabulae potius tenues, oblique praecisae, corio fusco clariore obtectae, quod nunc obscurum factum est. Codex cingulis coriaceis duobus metallo praefixis et ligulis in anteriore integumento clauditur. Umbones metallici quini in utraque tabula. In tabulae anterioris parte superiore schedulae olim agglutinatae vestigium (codicis titulus verisimillime). Dorsum paulo convexum, ligamenta quattuor duplicia, codicis capiti et calci lora texta obsuta. Volumen adaequatum, anguli rotundati. Antefolium chartaceum: f. I, olim f. integ. ant. parti interiori aggl., cf. Cod. orig. et fata. Antefolium vetus membranaceum: f. II diploma erasum in parte recta, de quo exstant haec: *millesimo quadringentesimo*. Postfolium chart. novum: f. III, vacuum. Integumenti utriusque parti interiori agglutinata folia chartacea nova, vacua. In posteriore illo schedula membranacea agglutinata, quae a codicis renovatore e fasciculi sutura deprompta est: – *Non eloys bursam minuet* ...[cf. Walther, Proverbia, 17545] nec non fragmentum tesserae chartaceae: ||*quod mittat II marc.*||*ad Pascha peccunias*||*Sthephano tamen intelligat* ||*saltem per* ⟨*h*⟩*yemem* ||*sine timore non disceret.* In parte versa Katherina Lubatowska nominatur. Agglutinata est quoque ibidem adnotatio de codicis renovatione: *XII. 1992 oprawa z niezdobioną jasnobrązową skórą na desce (dąb). Przeszyto blok na cztery podwójne zwięzy skórzane. Przyszyto dwa rzemienie stanowiące kapitałkę. Zwięzy i rzemienie wmontowano w deski, z których przednią wzmocniono w miejscu pęknięcia. Naciągnięto nową całą skórę, na którą naklejono resztę oprawy pierwotnej. Kapitałki wykończono rzemienną plecionką, wykonano zapinki sztyftowe w/g śladów na desce i odcisków na skórze oraz guzy mosiężne. Wyjęto zszywkę pergaminową z zapiskami, którą dołączono przy dolnej okładzinie. Wykonano futerał. Aleksander Haak, Agnieszka Ciesielska (U.M.K. Toruń) studentka.* Codex post renovationem optime asservatur.

Codicis origo et fata: Codex ca a. 1400 et post a. 1425 confectus. Universitatis Cracoviensis Collegio Artistarum ab Iacobo de Petricovia legatus. In f. Iv: *Summa Pysani data per dominum Iacobum, canonicum Plocensem pro libraria Collegij Artistarum Crac⟨ouie⟩* (de Iacobo de Petricovia cf. cod. BJ 297 et 302 descr.; Radzimiński, Prałaci i kanonicy, 2, 61-63). Signaturae antiquae: in f. Iv Kucharski (?) scripsit: *Summa Pisani*; Fasseau: *994*; topogr.: *CC VI 35*. In cingulo chartaceo inter f. 97 et 98 inserto: *376* et *2*.

Bibliographica: Wisłocki, Katalog, 379; Zathey, Biblioteka, 30; Codices manuscripti Thomae de Aquino, 2, 128, nr. 1272; Kowalczyk, Belcarzowa, Wysocka, Glosy polskie, 85-87; Leonina, 42, 304.

ZK, ASo

1554

Lat., XV, membr., cm 30×23, f. 227+I.

1. f. 1r-222v: Bartholomaeus de Sancto Concordio OP, Summa de casibus conscientiae

Incipit Summa de casibus consciencie, quam compilavit frater Bartholomeus, qui fuit doctor decretorum Ordinis Fratrum Predicatorum in civitate Pisana. [Prol.] —*Quoniam, ut ait Grego⟨rius⟩, Super Ezechielem: Nullum omnipotenti Deo tale sacrificium est, quale zelus animarum* ...[Textus] —*Abbas in suo monasterio conferre potest suis subditis primam tonsuram* ...⟩⟨[f. 220r]... *alter excedit ipsum in bonis temporalibus, tunc est invidia, ut dictum est supra: Invidia, p⟨aragraphus⟩ 2 et cetera. Et sic est finis Summe Pysane De casibus consciencie. Secuntur breviature per totum librum et nomina magistrorum, qui alleguntur in iure.* [Conspectus abbreviaturarum et nominum doctorum iuris canonici] *Ac.: Accursus. Al.: Albertus Teutonicus* ...⟩⟨[f. 220v]... *p. vel parag. significat paragrafum. Sequitur registrum huius libri etc. Abbas. Abbatissa* ...⟩⟨... *Ystrio: vide in littera H. Zelus.*

Cf. cod. BJ 1551 descr., nr. **1**.

2. f. 222v-226r: Canones poenitentiales

Hic, quomodo secundum canones pro peccatis subscriptis certe penitencie debeant iniungi, annotatur secundum ordinem. —*Que penitencia sit pro peccatis singulis iniungenda, respondetur secundum Raym⟨undum⟩ ⟨de Pennaforte OP⟩ §* [paragr.] *XLIII*° [recte: XXXIV; Lib. III], *sequitur de tercio et sequentibus* ...[f. 223r]... *Et ut sacerdos caucius in speciali circa penitencias arbitretur, notandi sunt casus ... Et sunt hii secundum Host⟨iensem⟩: Primus, id est presbyter, si fornicacionem fecerit, decem annos peniteat hoc modo ...⟩⟨... consideratis diversis circumstanciis, de quibus dictum est supra in principio questionis.*

Cf. Bloomfield, 4465; Michaud-Quantin, Sommes, 91, [119]. Ed. canonum poenitentialium cf. J. Sawicki, Concilia Poloniae. Źródła i studia krytyczne, 10: Synody diecezji wrocławskiej i ich statuty, Wrocław 1963, 379-383. Idem textus in cod. BJ 2126, f. 129r-132v; 5573, f. 1r-8r; 554, f. 70v, 188v (fragm.).

f. 226v-227v vacua, linearum schemate distincta.

***3.** f. integ. utrique aggl.: Talmud (*Baba Metzia* 102a, 107b). Fragm.

Cf. BwB Database (accessus 18.12.2015).

XIV, Hebr., membr., rotuli fragm. Textus columnis duabus dispositus, scriptura in Aschenez regione usitata.

F a s c i c u l i : 1-3^{6+6} (f. 1-36), 4^{7+6} (f. 37-49, ante f. 38 unum folium additum), 5-6^{6+6} (f. 50-73), 7-14^{5+5} (f. 74-153), 15^{6+6} (f. 154-165), 16^{7+5} (f. 166-177, ante f. 167 et 172 singula folia addita), 17-21^{5+5} (f. 178-227). Custodes rubro in finibus fasc. 1-20: *1--20*, in finibus fasc. 1-3 custodes addititii: *primus, 2us-3us*.

M e m b r a n a tum crassa, tum tenuis, flavida, non polita, undulata paululum, hic illic dealbata, e. g. f. 127v-133r, 140v-143r; foliorum nonnullorum extremitates inaequae, e. g. f. 75, 81-82, 107, 130. Lacunae naturales, e. g. f. 37-38, 76, 160. Membrana rupta filo adhibito olim sarta est, e. g. f. 11, 39, 79, 100-102. Defectus naturales, e. g. f. 10, 82, 175. Multum rugata membrana, e. g. f. 68, 84-88, 173-174. Textus muscularis vestigium ostenditur in f. 157-161. In parte inferiore f. 165 membranae frustum rescissum.

S c r i p t u r a e t o r n a m e n t a : Codex una manu exaratus. Oblitterationes, e. g. f. 11r, 25v, 83v. In f. 37v infra locus vacuus hac inscriptione rubra a scriba provisus: *Hic non est defectus.* Loca vacua vocabulis in exemplari non lectis relicta, e. g. f. 215r. In f. 140r supplementum manu posteriore factum. Scriptura currens, nitida et legibilis, in marginem dextrum aliquantulum egredit; abbreviaturae lineolis longis designantur. Atramenti maculae in f. 136r. Unius columnae schema, una cum scripturae lineis horizontalibus, atramento linea simplici ductum, etiam perforationes lineis ducendis factae offenduntur. Hae lineae plerumque in superiore, media seu inferiore pagina in margines productae sunt (f. 4v-5r, 89r-220v). Scriptura interdum abluta, e. g. f. 109v, 130r. In f. 132v versus vacui pars finalis punctis referta, nullus tamen in textu defectus habetur. Accedit in fasciculo initiali columna angusta in margine, in qua quaestionum numeri, nec non columna horizontalis in margine superiore, in qua pagina currens inscripta legitur, lemmata ex textu excerpta rubra continens: f. 1r-2r, 3v, 4v-8r, 9r-10r, 13r-14r, 15v-16r, 17v-19r, 20r, 26r, 27r, 28r, 29v-30r, 31r-32r, 37v-38v, 39v, 40v-41r,

42r-43r, 49v, 50v-52v, 84r, 85r-87r, 88r-v, 93v, 218r-v, 219v-220r. Rubricatio. Litterae initiales rubrae, simplices, scripturae lineis 1-5 aequae. Has repraesentantia, e. g. in f. 18v, 61v, 219v-220r.

N o t a e e t g l o s s a e : Scribae supplementa et emendationes paucae in marginibus, e. g. in f. 31v, 38r, 57v, 80v, interdum emendationes in rasuris, e. g. f. 98r, 197v. Codicem legentium vocabula singula in marginibus scripta, quibus textus supplebatur, e. g. f. 1r, 25r, notae breves, e. g. f. 101r, 119v, 140v: *Sic quia infidelis dominio suo comittens indignis eius ministerium* ... In foliorum 1r-220r, 223r-226r marginibus numeri Arabici rubri quaestiones in singulorum vocabulorum declarationibus ordinaturi, accedunt nonnumquam similes numeri atramento rubro iuxta foliorum extremitates scripti, e. g. in f. 9r, 32v-36v, 57v-62v. Calami probationes in folio integ. ant. aggl. Latina et Hebraica lingua scriptae. Maniculae variae, e. g. f. 17r, 87r, 98r, 114r.

C o m p a c t u r a s. XV confecta esse videtur, ubinam tamen, non liquet. Tabulae ligneae crassae admodum corio olim albo, nunc obscuro facto obtectae, ornamento lineari, valde detrito, decoratae. Umbonum quinorum, rosarum parvarum forma, in utroque integumento vestigia. Cinguli duo coriacei, metallo definiti, ligulis adhibitis, codicem olim in anteriore integumento claudebant; adhuc exstant cingulorum fragmenta. In parte exteriore integumenti anterioris schedulae coriaceae reliquiae. Dorsum convexum, ligamenta quattuor duplicia, codicis capiti et calci lora texta amarantei coloris obsuta. Etiam in dorso olim schedula agglutinata erat. Volumen adaequatum ante compacturam factam. Indiculi coriacei, seu eorum fragmenta, coloris amarantei in vocabulorum alphabeti litteris sequentibus incipientium initiis: f. 1, 11, 18, 38, 51, 74, 79, 88, 112, 118, 129, 132, 143, 162, 174, 199, 205, 220. Antefolium membranaceum (f. I), cf. Cod. orig. et fata). Folia integ. utrique aggl. membranacea, cf. nr. ***3**. Codicis status: Dorsi corium usu ac tempore fibratum factum est, eiusdem cum tabulis coniunctio rumpi incipit, ligamenta rupta, tabula anterior fissuras praebet, vermium vestigia parva in f. 217--227. Humiditatis olim infectae reliquiae, e. g. f. 173-174. Folia quaedam plicata, e. g. f. 226-227. Adipis cuiusdam vestigium in f. 64.

C o d i c i s o r i g o e t f a t a ignota. Confectus et Universitatis Cracoviensis libris incorporatus s. XV esse videtur, de quo nota manu eiusdem saeculi in f. Ir scripta, testificatur: *Universitatis*. Ibidem, eiusdem temporis litteris: *Summa Pisani*. Signaturae antiquae: Tłuszczewski scripsit: *Summa Pisani in casibus*; Fasseau: *429*; topogr.: *DD VII 13*; in cingulo chartaceo inter f. 76 et 77 inserto: *35*.

B i b l i o g r a p h i c a : Wisłocki, Katalog, 374.

ZK, WŚ

1555

Lat., XV in., chart., cm 29,5×22, f. 264+II.

1. f. 1r-264v, IIr-v: Guilelmus de Alvernia (Parisiensis), De universo pars II, 1-2

De nobilitate et excellencia sciencie de universo spirituali [in marg.]. — *Honoret te Deus, quoniam et tu ipsum non parum acceptabiliter honoras amando et inquirendo sciencias ...)(... infliguntur omnia consistoria querimoniis et litigiis iudiciisque earum perstrepunt, etc. Explicit secunda pars Summe. Est III* [?]. [Index manu Stanislai de Zawada; f. IIr] *Abusus virtutum 116 et 7 ...)(... ydolatria 65, 106, 160.*

Cf. RS 284,8; RB 2798; Glorieux, Répertoire, 1, 319, nr. 141w. Ed.: Paris 1674. Pars I, 1-2 in cod. BJ 694; pars II, 2-3 in cod. BJ 500.

***2.** f. integ. ant. et post. aggl.: Aelius Donatus, Ars minor. Fragm. XI, 5-XV, 68; XXI, 21-XXXII, 9.

Ed.: P. Schwenke, Mainz 1903.

XIV, Lat., membr., foliorum formae quarto 4 fragmenta, textus duabus columnis dispositus. Litterae initiales rubrae et virides alternae. Eiusdem codicis fragm. aliud in cod. BJ 500.

Fasciculi: 1-9^{6+6} (f. 1-108), 10^{7+7} (f. 109-122), 11^{5+5} (f. 123-132), 12-22^{6+6} (f. 133-264). Custodes in fasciculorum initiis numeris Arabicis: *1us-22us*. In fasc. 4-5 custodes reduplicati in angulo dextro superiore: *4us-5us*, in fasc. 19 custos: *19us* bis inscriptus. Custodes bifoliorum in fasc. 7 – foliorum numeri rubri in fasciculi parte posteriore: *1-6*, in fasc. 8-10 – foliorum numeri rubri vel nigri in fasciculi parte priore: *1-6*. Foliatio primitiva manu Stanislai de Zawada, mendosa in f. 24, 73, 101, 162, 194, recta plumbo s. XX exarata.

Signa aquatica: 1. Var. Piekosiński 447 (XIV^{10}); Var. Piccard 9, X 1541 (1400) f. 1-12, 73, 84; 2. Var. Piekosiński 802 et 803 (1406) f. 13-17, 20-36, 49-60, 65--68, 74-75, 77-80, 82-83; 3. Var. Piccard 2, VI 189 (1402-1404); Var. Piccard-Online 66972 (1404-1405) f. 18-19; 4. Var. Piccard-Online 40174 (1405) f. 37-48, 61-64, 69--72, 76, 81, 181-183, 185, 188, 190-193, 195, 198-199, 202, 204, 206, 208-209, 212--213, 215, 219, 221, 224, 226; 5. Var. Piccard-Online 40141 (1403) f. 85-132, 134, 137, 140, 143, 145-146, 148, 150-151, 153, 155-168, 229-264; 6. Var. Piccard-Online 40138 (1403) f. 133, 135-136, 138-139, 141-142, 144, 147, 149, 152, 154, 169-180; 7. Var. Piccard-Online 40134 (1406) f. 184, 186-187, 189, 194, 196-197, 200-201, 203, 205, 207, 210-211, 214, 216-218, 220, 222-223, 225, 227-228; 8. Var. Piccard-Online 40125 (1409) f. I-II. Charta a. 1391-1409 in usu erat.

Scriptura et ornamenta: Codex duabus manibus exaratus: 1. f. 1r--60v; 2. f. 61r-264v a Pesoldo de Nova Plzna (de quo et eius scriptura cf. cod. BJ 694 descr.). Scriba nr. 1 diligenter sine cancellationibus et correctionibus scripsit; etiam Pesoldus de Nova Plzna diligenter, cancellationibus, e. g. f. 79v, 86r, 184r, seu supplementis paucis in marginibus, e. g. f. 109v. Maculae rubrae, e. g. in f. 50r, 54r, 64r. Textus duabus columnis dispositus, quarum schema atramento linea simplici ductum. Index in f. IIr-v a Stanislao de Zawada exaratus (de quo cf. cod. BJ 445 descr., eius scripturam cf. in cod. BJ 500 et 694 – indices ad idem opus; 1358, 1429) columnis 3 inaequis compositus, nullo schemate ducto; additamenta plura columnarum schema non respiciunt. Stanislaus de Zawada non solum codicis foliationem, sed etiam paginam currentem inscripsit in f. 15r, 16r, 36r, 37r, 43r, 50r, 51r, 60r, 99r (in qua partis numerus legitur: *3ª pars*). Calami probatio in folio integumento posteriori agglutinato. Rubricatio. Litterae initiales simplices rubrae, linearum 2-5 altitudini aequae. Loca vacua initialibus inscribendis, e. g. in f. 13v-24r, 41v-48v, 125r-130v.

N o t a e   e t   g l o s s a e : Scribarum manibus vocabula scriptorum materiam indicantia in marginibus, e. g. f. 12v-15v, 22r-25r, 65v-70v. In marginibus cum aliorum, tum etiam Nicolai Coslowsky notae discerni possunt, eae praecipue, quibus textus praesentati materia compendiose relata est, e. g. f. 104v-114r, 122r-124v, 139r-v (de eo cf. descr. 306, eius scripturam cf. cod. 1566, f. 1r; 1907, f. 154r; cf. Kowalczyk, Z badań, 21-26). Vocabula scriptorum materiam indicantia plurima seu indici conficiendo, seu lectoris commoditatis gratia a Stanislao de Zawada exarata (e. g. *exempla, exemplum, nota, responsio*), quorum quaedam rubra linea infra ducta distincta. Textus emendationes et rubra linea distinctiones a codicem adhibentium manibus factae, e. g. f. 12v-13r, 14v-15v, 22r-25r; linea subducta, e. g. f. 92r, 264v. Elucidationes terminorum seu paragraphorum a Stanislao de Zawada in marginibus scriptae, e. g. f. 2v, 27v-28r, 247r, indici conficiendo vocabula talia ut: *questio* (e. g. f. 63r, 194v, 198r, 263v), *respondetur* (e. g. f. 63r, 263v), *notandum* (e. g. f. 100v, 243v, 262v), *exemplum* (e. g. f. 4r, 97v, 249v). In f. Ir Stanislaus de Zawada quaedam ex Guilelmo de Alvernia excerpsit: *Creacio non est nisi incepcio sive novitas essendi ...*; *Rex in regno est: potestative, dominative, potencialiter, regaliter ...*; f. 191r: *Anima humana creatur similiter ...* In f. 110v nota Nicolai Coslowsky lineola circumdata et insuper a Stanislao de Zawada atramento distincta: *propter quas causas Deo est adherendum*. Notae aliarum manuum, e. g. f. 137r, 254v (maniculae). Stanislai de Zawada notae peculiares: puncta tria, lineola longa verticali adornata, e. g. f. 7r, 27v, 32v, similiter puncta duo et lineolae duae verticales, e. g. f. 30r, 116v, 148r, alibi etiam utraque signa secum coniuncta, e. g. f. 58v, 102v, 139v. Maniculae parvae Nicolai Coslowsky, e. g. f. 5r, 99v, 107v-111r, alia; maniculae Stanislai de Zawada, e. g. f. 1r, 6v-7r, 118v-119r, 191r, alia; aliae maniculae, e. g. f. 61r-63r, 81r-84r, 254v, alia. Manicula [?] rubra, cuius forma avem in mentem adducit in f. 223v.

C o m p a c t u r a   s. XV in. in Bohemia confecta esse videtur, constat tabulis ligneis oblique praecisis, corio inornato olim albo, nunc subobscuro facto, obtectis. Umbonum rotundorum quinorum in utroque integumento sola vestigia. Etiam cingulorum coriaceorum et ligularum binarum, quibus codex in tabula anteriore claudebatur, reliquiae exstant. In corio integumenti anterioris inscriptio illita vix legitur: *Wilhelmus* [...] *De universo. Et hec est prima pars.* Dorsum paulo convexum, ligamenta quattuor duplicia, codicis capiti et calci lora texta obsuta. Schedulae olim agglutinatae in dorso vestigium exstat. Volumen adaequatum, anguli rotundati. Ante- et postfolium chartacea: f. I-II fasciculo primo et ultimo respective agglutinata, cf. nr. **1** et Notas. Integumentorum partibus interioribus folia membranacea agglutinata conscripta, cf. nr. ***2**. Schedulae membranaceae fasciculorum suturam munientes vacuae. Codicis status: rubiginis vestigia in foliis compacturae vicinis; f. 40 et 49 rumpi incepta; f. 145 margo verticalis laceratus; foliorum extremitates et f. 145r paulo obsoleta facta. Dorsum adeo exsiccatum est, ut volumen extra compacturae tabulas eminet.

C o d i c i s   o r i g o   e t   f a t a : Nostri et cod. BJ 500 atque 694 eadem est origo et tempus conficiendi: omnes procul dubio Pragae s. XV in. confecti sunt (cf. Catalogus, 3, 133 et 5, 77). Etiam aliis plurimis rebus respectis codices isti tres secum coniuncti esse videntur, quibus consideratis conicere ideo licet et nostrum, sicut illos duos, Martino de Zacz proprios fuisse (de Martino de Zacz cf. cod. BJ 500 descr.). Ex notis marginalibus comperimus autem Nicolaum Coslowsky posteriorem codicis possessorem (cf. Notas et glossas) fuisse, qui codicem Cracoviam vexit. Stanislaus de Zawada vero, qui Collegii Maioris praepositi munere fungebatur tempore, quo codex Universitatis libris incorporatus est, codicem legit et adnotavit (cf. Script. et ornam.). In f. integ. post. aggl. nota: *Hic sunt XXII sexterni et per sex grossos quemlibet sexternum computando tres marcas valet minus fertone*; cf. adnotationem similem e. g. in cod. BJ 500, 1557. Signaturae antiquae: Tłuszczewski: *Secunda pars Pisani De universo*; Fasseau: *475*; topogr.: *DD VII 12*.

Bibliographica: Wisłocki, Katalog, 379.

ZK, WŚ

1556

Lat., ca 1480, chart., cm 30,5×21, f. 333.

1. f. 1r-298r: Hugutio de Pisa, Liber derivationum

[Prol.] —*Cum nostri prothoplasti suggestiva prevaricacione humanum genus a sue dignitatis* ⟨*culmine quam longe*⟩ *deciderit* ...⟩⟨... *et a verbo augmenti nostre asercionis auspicium sorciamur. Capitulu*⟨*m*⟩ *primum.* —*Augeo, –es, –xi, –ctum, id est amplificare vel augmentum dare* ...⟩⟨[f. 292r]... *Zoroastrum, minimum sidus. Et in hoc terminantur Derivaciones Ugvicioni Pisani.* [Indicis fragm.; f. 292v] *Avus, –va, –vum, avia – a III b* ...⟩⟨... *bulio, bulismus, bulinus, bulina* [!], *bunda – C b XIIII*||

Cf. Little, Initia, 56; A. Marigo, I codici manoscritti delle 'Derivationes' di Uguccione Pisano. Saggio d'inventario bibliografico con appendice sui codici del 'Catholicon' di Giovanni da Genova, Roma 1936; RB 3864; Glorieux, Faculté, 186-187, nr. 194f; G. L. Bursill-Hall, A Census of Medieval Latin Grammatical Manuscripts, Stuttgart-Bad Cannstatt 1981, 308 (Grammatica speculativa, 4); RIM 10100-10101, 4135--4138. Ed.: E. Cecchini [et al.], Firenze 2004 (Edizione nazionale dei testi mediolatini, 11. Serie I, 6); codicis nostri textus ab illo edito multum differt, etiam capitum divisio ab editione abhorret. Lacunae in f. 96r, 159v, cf. Script. et ornam. De ceteris BJ codicibus, ubi idem textus asservatur, cf. cod. BJ 452 descr., nr. **1**.

f. 298v-299r vacua, columnarum schemate instructa.

2. f. 299v: Introductio in Artem metrificandi. Fragm.

Introductio in Artem metrificandi pro novellis non inutilis, breviter in unum collecta. —*Scandicio est regulativa metri pronunciacio sub certo numero pedum et debita quantitate sillabarum ... Indivisibile est littera, que diffinitur sic: Est minima pars vocis composite ... Vox est quoddam commune ad nomen, substanciam, diffinicionem et oracionem ... Formaliter est qualitas per se et proprie* ...⟩⟨... *est repercussio aeris inspirati facta ab anima ad vocalem artariam* [!] *cum imagine signifficandi* [quoad hanc definitionem cf. Hamesse, 180, nr. 77].

f. 300r-333v vacua, columnarum schemate instructa.

Fasciculi: 1-13^{6+6} (f. 1-156); 14^{5+5} (f. 157-166); 15-24^{6+6} (f. 167-286); 25^{6+5} (f. 287-297, post f. 297 unum folium cum textu desideratur, cf. Script. et ornam.); 26--28^{6+6} (f. 298-333, f. 333 defectivum); ultimi fasciculi 5+5 (?) folia omnia recisa. Custodes in fasc. 1-4, 6-12, 15-22 numeris Arabicis seu vocabulis (seu etiam utroque modo) inscripti, quidam praecisi.

Signa aquatica: 1. Var. Piccard 2, XIII 518 (1476-1478) f. 1-24; 2. Var. Piccard 2, XV 222 (1474-1478) f. 25-48, 73-144, 179-255, 258-262; 3. Var. Piccard 2, XI 348 (1473-1481) f. 49-72; 4. Var. Piccard 2, XII 724 (1471-1474) f. 145-178; 5. Var. Piccard 2, XV 342 (1476-1478) f. 256-257, 263-297; 6. Var. Piccard 2, XII 357 (1485) f. 298-332. F. 333 signo expers. Charta a. 1471-1485 in usu erat.

Scriptura et ornamenta: Scriptura currens trium, ut videtur, manuum: 1. f. 1r-297v (tamen in f. 59v-60r, 67r-68r, 240v-242r, 259v-261v ductu multum differenti) s. XV dimidio altero scripsit; eius manus peculiare est primas in unaquaque columna litteras in margines et intercolumnium dilatare et protrahere; 2. f. 298r item s. XV dimidio altero scripsit; 3. f. 299v, est scriptura posterior, certe s. XVI dimidii prioris. Duarum columnarum schema usque ad f. 292r, quattuor inde a f. 292v, atramento ductum (sine lineis horizontalibus). Hic illic lacuna in textu obvenire videtur, tamen eadem vocabula ante et post interruptionem a scriba repetita sunt (e. g. f. 9v, 14v, 60r). Lacunae etiam in f. 96r (textus fragmentum parvum desideratur), 112v (adnotatio: *Defectus esse non videtur*), 146v (columna dextra vacua sed textus completus), 159v (textus fragmentum parvum desideratur). Fragm. indicis in f. 298r (folium initiale fasciculi 26) inscriptum est alia manu loco recisi folii ultimi fasciculi 25 (post f. 297). Decoratio in toto codice constans (usque ad f. 292r). In initio Prologi et in initiis capitum (h. e. lemmatum litteris alphabeti sequentibus incipientium: *B*, *C* ... *K* ... *Z*) litterae initiales multicolores 22, dimensionum variarum (= 8-22 textus lineis) et variae decorationum qualitatis, quaedam lineolis in quadratum ductis circumdatae (f. 1r, 19v: littera *B* horizontaliter depicta columnae latitudinem occupat, 29r, 62v, 75v, 85v, 113r, 123r, 133r, 143v, 162v, 183v, 192v, 198v, 227r, 230r, 236v, 269r, 280r, 291r, 291v) – descriptae in: Ameisenowa, Rękopisy, 115-116. Accedunt litterae initiales minores, coloribus singulis depictae, exiguae vel solum adumbratae, rubrae, virides, caeruleae. Rubricatio. Tituli, capitum numeri litteris maioribus exarati, colore fusco seu fusco clariore illitae, vel linea rubra infra ducta designatae. Unamquamque columnam littera incipiens in marginem insolito modo protracta et colore fusco vel fusco clariore illita.

Notae et glossae paucae. Textus divisiones, in singulis capitibus, litteris in marginibus designatae (saepissime usque ad litteram *D*, *E*), ad quas lector ab indice remittitur. Scribae manu emendationes et supplementa (nonnumquam verticaliter scripta, e. g. f. 26v), vocabula scriptorum materiam indicantia, *nota*, *notandum*. Glossae Polonicae, e. g. f. 18v: *ascia – przeszyek*, f. 54v: *pyexa*, f. 78r: *slunecznyk*, f. 145r: *kalyna*, f. 148v: *lubsczek*, f. 190r: *rzezucha*, f. 240r: *plecz*, f. 275r: *kyvyor*.

Compactura codici contemporanea. A. Lewicka-Kamińska dubitavit, an facta esset in Polonia Maiore vel Pomerania (cf. ms. BJ Acc. 134/80). Tabulae ligneae crassae corio fusco obtectae signaculis impressis decorato. Signaculorum exemplaria novem: 1. flos artificiosus; 2. flos tria folia habens, cauli innisus, rhombo deformi inscriptus; 3. arcus, in cuius media parte cordis parvi forma; 4. arcus irregularis maior, in cuius media parte cordis parvi forma; 5. arcus in dextram partem curvatus; 6. arcus in sinistram partem curvatus; 7. semicirculus puncto ornatus; 8. circuli tres trigoni formam efficientes, puncto comitati; 9. flos quinque folia habens. Integumentum utrumque lineis impressis in planitiem et bordiuram divisum. In planitie ornamentum signaculorum impressorum nr. 3-6 ope effectum, signaculis nr. 1-2 adimpletum. In taeniis, quas bordiurae efficiunt, signacula nr. 7-8, in bordiurae integumenti anterioris angulis – signaculum nr. 9, in bordiurae integumenti posterioris angulis – signaculum nr. 1. Inter dorsi ligamenta signacula nr. 1 et 9, in locis, ubi ligamentorum in bordiura fines, signaculum nr. 8 et puncti impressiones. Fibularum, quibus codex olim claudebatur, vestigia: cingulus superior asservatur; item ferramentorum, in forma rhomborum, in tabularum angulis et parte centrali. Dorsum paulo convexum, ligamenta quattuor duplicia, codicis capiti et calci funiculi texti obsuti et corio obtecti. Volumen adaequatum. Schedulae fasciculorum suturam munientes membranaceae; fasciculi adeo stricte consuti, ut schedulae suturam munientes solum in initialibus et finalibus partibus discerni possunt vacuae, ceterum non liquet. Fasc. 4-5, 7, 9, 14, 15, 17, 19, 22, 25 confortati sunt chartae frustis eos obligantibus. Codicis status satisfaciens; margines superiores hic illic humiditate infecti, anguli f. 206, 259 abrupti, integumenti corium paulo detritum, anguli ferramentis ereptis vitiati, dorsi extremitatum corium abruptum, ligamenta rumpi incipiunt.

C o d i c i s   o r i g o   e t   f a t a : Codex ca a. 1480 confectus (cf. Signa aquatica, Script. et ornam.), nulla tamen ad originem indicia in eo leguntur. A. Lewicka-Kamińska duce (cf. Compact.) coniecturam cautissimam assumere licet codicem in Polonia septentrionali exstitisse. Signaturae antiquae: Fasseau: *355*; topogr.: *CC VI 34.*

B i b l i o g r a p h i c a : Wisłocki, Katalog, 379; Bursill-Hall, A Census, ut supra, 98, nr. 132.21; Ameisenowa, Rękopisy, 115-116.

LN, WZ

1557

Lat., ca 1400, chart., cm 29,5×21, p. 476+f. IV.

p. 1-454: Petrus de Tarantasia OP, Postillae super Epistulas Pauli apostoli: Gal-Heb. Recensio secunda

Incipit prologus ad Galath⟨as⟩ [in marg. sup.]. —*⟨Q⟩uis dedit gallo intelligenciam* ...[Iob 38, 36]. —*Olim Galli in Greciam venientes Grecis se miscuerant, unde illa regio primo dicta est Gallo Grecia* ...[p. 2]... —*Huic epistole premittit glozator* [!] *prologum, in quo notificat Galathas primo a regione* ...)(... *sui sollicitudine ibi: Hos revocat. Littera per se patet. Galathe sunt Greci etc.* [Textus] —*⟨P⟩aulus apostolus non ab hominibus.* —*Hanc epistolam scribit Paulus Galathis ab Epheso. Hii per Paulum ad fidem Christi fuerant conversi* ...)(... *Ps.* [83, 12]: *Graciam et gloriam dabit Dominus. Amen. Hospodyne tobye chwala na wyeky. Amen ut supra.*

Cf. W. Affeldt, Verzeichnis der Römerbriefkommentare der lateinischen Kirche bis zu Nicolaus von Lyra, „Traditio", XIII 1957, 369-406, codicum elenchus in p. 398-399, nostrum cod. silentio praeteriit; Kaeppeli, 3339; RB 6885-6895. Postillae singulae hoc ordine leguntur: Gal p. 1-55; Eph p. 55-108; Phli p. 108-149; Col p. 149-187; 1 Th p. 187-220; 2 Th p. 221-240; 1 Tm p. 240-282; 2 Tm p. 282-310; Tt p. 310-328; Phle p. 328-333; Heb p. 333-454. Ed.: Coloniae 1478 (GW M26416). De ceteris codicibus, ubi idem opus (variae tamen partes) asservatur, cf. cod. BJ 1335 descr.

p. 455-476 vacuae.

Fasciculi: 1-19^{6+6} (p. 1-456); 20^{5+5} (p. 457-476). Reclamans in p. 432, ceterae vel a compaginatore rescissae, vel una cum marginibus cariosis dilapsae sunt. Paginatio ab Iosepho Muczkowski inscripta.

Signum aquaticum: Var. Piccard-Online 40065 (1400) p. 1-476, f. III.

Scriptura et ornamenta: Codex una manu diligentissime exaratus. Duarum columnarum schema linea simplici atramento ductum, in quibusdam paginis etiam altera linea prope dorsum, e. g. p. 3 sqq., et prope exteriorem foliorum extremitatem, e. g. p. 93 sqq., addita etiam horizontalis linea in paginae parte suprema, e. g. p. 1 sqq. Foliorum extremitates perforatae sunt lineis his ducendis. Margines modicae latitudinis, inferior latior, vacui plerumque; columnae 52-55 lineas comprehendunt. Pagina currens non ubique inscripta: epistulae titulum et capitis numerum continet, e. g. p. 55, 240-325. Primae capitum lineae et verba thematis litteris paulo maioribus scriptae. Loca vacua vocabulis in originali non lectis, e. g. p. 36. Vocabulorum inter lineas divisiones lineolis duplicibus et prolongatis scriptae. Quaedam in textu linea subducta distinguuntur. Nulla codicis decoratio, litteris initialibus inscribendis loca vacua restant. Atramenti macula in p. 55 (moderna in p. 83).

Notae et glossae: Supplementa a scriba facta: p. 20, 22, 31; aliis manibus, e. g. p. 55: *super cor tuum ut signaculum* (Can 8, 6); p. 57: *seminatur seminatur* [!] *corpus animale, resurget spirituale* ... (1 Cor 15, 44); p. 322, 429; paucae textus emendationes (p. 43, 61, 77, 435), vocabulum scriptorum materiam designans lineola circumscriptum, p. 80: *humilitas triplex*. Saepius tamen: *nota, questio* (p. 363, 413), *glossa* (p. 431), textus supplementa hic illic signum # (p. 72), vel crux comitantur. Puncta secundum marginem linearum formis ordinata, cf. e. g. p. 321, 323, 325, 326, 331, 337, 365 et alibi pluries. Inter notas Nicolai Coslowsky marginalia obveniunt, e. g. in marginibus inferioribus p. 171, 320: *vivamus iuste, pie, sobrie*, p. 321: *mundus periculosus ... bene vivere est difficile*, p. 322: *sectari bona ... est*, p. 323: *mansuetudo omnibus est ostendenda* (Nicolai Coslowsky scripturam cf. i. a. in cod. BJ 738, 1907, 2083, 2346, de eo cf. cod. BJ 306 descr., cf. etiam M. Kowalczyk, Z badań, 19-28). Accidunt etiam Matthiae de Labischin marginalia, e. g. p. 57, 66: *Nota* iuxta textum, et in margine superiore: *Nota: homines quidam iacent in petris, quidam sedent* (1 Rg 13, 6), 77 (quod textum supplere debet hunc: *per spiritum eius, cuius est roborare*;), 169, 205, 219, 255, 327, 379, 425, 429, 442 (Matthiae scripturam cf. in cod. BJ 1367, f. 1r-148r et 1456, f. 301v; de eo cf. cod. BJ 292, 317). In toto fere volumine in margine superiore glossator quidam declarationes amplas vocabulorum inscripsit, quae plures a compaginatore rescissae esse videntur, e. g. p. 64: *Christus dicitur caput Ecclesie*; p. 69: *periculosum est esse in hoc mundo sine Deo*; p. 71: *Nota, Apostolus concludit multa per nos consideranda*; p. 73: *prelatus est dispensator*; p. 80: *Hic subdit distinccionem officiorum ibi: Et ipse dedit* (Eph 4, 11); p. 434: *dignus non erat mundus et ideo cito sublati sunt* ... (Heb 11, 38). Accedunt sparse in marginibus capitum numeri alia manu, e. g. p. 259. Maniculae, e. g. Matthiae de Labischin: p. 59, 223, 284, Nicolai Coslowsky: p. 320-323, alii cuiusdam: p. 253, 431.

C o m p a c t u r a : Codex initio sine compactura adhibitus esse videtur, quod notis dorso proxime inscriptis testificatur, e. g. p. 85, 199, 203, 205, 219, 327; attamen spatium illud temporis non erat longum, quia charta scribae et compaginatori deserviens eodem signo aquatico est distincta (cf. Signum aquaticum), ergo compactura ca a. 1400 certissime confecta erat. Anno 1934 codex renovatus erat in officina Ioannis Wyżga, de quo Alexander Birkenmajer in f. Ir notavit. Constat tabulis ligneis inusitato modo iuxta dorsum oblique praecisis, corio novo obtectis, cui corio veteris illius fragmenta, inornati, olim clari, nunc obscuri facti, desuper agglutinata sunt. Umbonum quinorum in utroque integumento et cingulorum coriaceorum metallo definitorum, nec non ligularum in anteriore integumento vestigia. In anterioris integumenti corio vocabulum Bohemica lingua scriptum: *podruh* (= incola, inquilinus) et alia quae legi non possunt, in parte inferiore clipei forma vaga quasi sceptro instructa. Dorsum paulo convexum, dorsi ligamenta quattuor duplicia. Volumen non adaequatum, foliorum tamen extremitates cum glossis plurimis, praesertim superioribus, praecisae. Anguli superiores rotundati, et inferiores cum charta putrida a codicis renovatore rescissi. Folia integumentorum partibus interioribus, ante- et postfolium (f. I, V) chartacea, recentia. Folio anteriori veteris illius fragmenta asservata agglutinata sunt, cuius charta virgas rare dispositas habet (quod est chartae antiquiori proprium), in qua codicis contentorum tituli quidam scripti leguntur: *ad Galatas, ad Ephesios, ad Philipenses*. Etiam folio posteriori veteris illius fragmenta asservata agglutinata sunt, quae tamen charta anteriore recentior videtur. Ante- et postfolium vetera membranacea incompleta (f. II, IV) et chartaceum (f. III). Codex a humiditate multum passus est, ideo eius renovator partes foliorum initialium et finalium inferiores putridas amovit et eadem ad formam originalem chartae novae ope refecit. Folia cetera, quantum debebatur, quoque charta nova completa sunt, etiam circa dorsum. Cariosa tamen et fragilis charta vetus denuo dilabitur, cf. p. 199 sqq.

C o d i c i s o r i g o e t f a t a : Codex in Bohemia ca 1400 confectus esse videtur, cf. colophonem in p. 454 nec non vocabulum in compactura inscriptum: *podruh*. Confectus est pro Nicolao Coslowsky, seu ab eo emptus, qui in compacturae posteriori folio agglutinato inscripsit: *XIX sexterni scripti minus aliquod* [!] *lineis* [?] *et XX non scriptus. Et computando per septem grossos cum papiro venirent tres marce minus 4^or^ grossis*; cf. adnotationem similem e. g. in cod. BJ 500, 1555. Nicolai marginalia etiam in codice nostro occurrunt (eius scripturam cf. i. a. in cod. BJ 1907, 2083, 2346, cf. M. Kowalczyk, Z badań, 21-26; de eo in cod. BJ 306 descr.). Codex cum Nicolai libris Universitatis Cracoviensis bibliothecae adiunctus esse videtur. Matthias de Labischin eum solum adhibebatur. Signaturae antiquae: Kucharski: *Podruch Super Epistolas Pauli*; Fasseau: *988*; topogr.: *AA VIII 16.*

B i b l i o g r a p h i c a : Wisłocki, Katalog, 379; Colophons, 18082 (hoc: *tobye* in colophone auctor incorrecte cum nomine: Tobias coniunxit); Wielgus, Obca literatura, 135; Kowalczyk, Belcarzowa, Wysocka, Glosy polskie, 80 (colophonem: *Hospodyne tobye chwala na wyeky* lingua Polonica scriptum asserunt).

MK, AK

1558

Lat., ca 1400, membr., cm 31×22, f. 193+VI.

1. f. 1r-180r: Pontificale ad usum Nicolai Puchnik archiep. Pragensis

[Registrum] *Incipit ordo, qualiter pontifex preparare se debeat, quando missam celebraturus est A I* ...)([f. 2r]... *benediccio Crucis metalizate S VI.* [F. 3r] *Ordo, qualiter pontifex preparare se debeat, quando missam celebraturus est* ...[f. 10r]... *Incipiunt prefaciones et primo in festis supremis* ...[Ordo de Canone; f. 14v] *Te igitur, clementissime Pater* ...[f. 17v]... *Incipiunt Benedicciones episcopales per circulum anni tam de tempore quam de sanctis. Dominica prima in Adventu Domini* ...[f. 26v]... *Incipiunt Benedicciones de sanctis per circulum anni: In festo sancti Andree benediccio* ...[Benedictiones de sanctis Bohemicis; f. 28v]... *In festo sancti Adalberti benediccio. Sanctus Adalbertus episcopus pro nobis aput Deum pius semper existat* ...[f. 29r]... *In festo sancti Viti et sociorum eius benediccio. Benedicat vos Dominus beatorum martirum suorum Viti, Modesti et Crescencie suffragiis* ...[f. 30r]... *In festo sancti Procopii benediccio. Omnipotens Deus det vobis copiam sue benediccionis, qui beatum Procopium ascivit sibi* ...[f. 31r]... *In passione sancte Ludmile benediccio. Extende, Domine brachium fortitudinis tue* ...[f. 31v]... *In festo sancti Wenceslai martiris benediccio. Beati martiris sui Wenceslai intercessione vos Dominus benedicat* ...[f. 32v]... *Incipiunt Benedicciones communes de sanctis* ...[f. 35v] *Incipiunt Benedicciones ad ornamenta corporalia ecclesie* ...[f. 39r]... *Benediccio nove crucis seu tabule, in qua crucifixus depictus est* ...[f. 40r]... *Benediccio imaginis Beate Marie Virginis* ...[f. 40v]... *De benediccione sacrorum vasorum et aliorum ornamentorum in genere* ...[f. 41r]... *De ordinibus celebrandis* ...[f. 42r] *Nos Nicolaus, Dei gracia Magarensis episcopus, prohibemus* ...[f. 44r]... *Sequitur letania* ...[in litania ad omnes sanctos in f. 44v-45r memorantur patroni Bohemiae: Vitus, Wenceslaus, Adalbertus, Procopius, Ludmilla, Sigismundus, simul tamen Benedictus et Scholastica] ...[f. 59v]... *Qualiter in Romana Ecclesia episcopus ordinatur* ...[f. 68r] *Ordo ad ponendum lapidem primarium in fundamento ecclesie* ...[f. 69v]... *Ordo ad benedicendam ecclesiam* ...[f. 87r]... *Ordo, qui debet observari in consecracione novi cimiterii* ...[f. 89v] *Reconciliacio violate ecclesie* ...[f. 92r]... *Item de reconciliacione cimiterii* ...[f. 92v]... *Ordo, qualiter debet fieri consecracio tabule itinerarie vel altaris portatilis* ...[f.

93v]... *De confirmacione et benediccione regularis abbatis* ...[f. 97r]... *De eleccione abbatis⟨s⟩e* ...[f. 99r] *Ordo ad velaciones dominarum* ...[f. 104r]... *In vigilia Epiphanie benediccio salis et aque* ...[f. 109r]... *In Purificacione Sancte Marie Virginis benediccio candelarum* ...[f. 112r]... *Feria IIII^a in capite ieiunii* ...[f. 113r]... *Benediccio cineris ad eos, qui scrutinia sunt habituri et baptisari desiderant* ... *In die Palmarum* ...[f. 122r]... *Ordo ad includendum virum vel feminam* ...[f. 123r]... *Feria V, id est die Cene Domini* ...[f. 138v]... *Sequitur ordo ad complendum* ...[f. 139v]... *Ordo in Parasceve* ...[f. 141v]... *Ordo in Sabbato Sancto Pa⟨s⟩che* ...[f. 148r, f. 148rb-148va rescissa]... ⟨*Ordo in Sancta Nocte Pasche*⟩ ...[f. 149r]... *Benediccio Agni et aliarum carnium* ...[f. 150r]... *Benediccio herbarum* ... *Benediccio pomorum* ... *Ordo de letania minore* ...[f. 150v]... *Ordo in Letania maiori* ...[f. 151v]... *Benediccio campane nove* ...[f. 153v]... *Sequitur benediccio ad vexillum consecrandum* ...[f. 154r] *Ordo ad regem benedicendum* ...[f. 159v]... *Benediccio regine in ingressu ecclesie* ...[f. 161r]... *In coniunccione sponsi et sponse* ...[f. 161v]... *Consecracio vidue* ...[f. 163r]... *Benediccio segetum in Assumpcione Beate Marie* ... *Benediccio ad segetes in die sancti Stephani, ad avenam, triticum* ...[f. 163v]... *Benediccio generalis* ... *Benediccio salis ad dandum pecoribus* ...[f. 164r]... *Item benediccio vasorum quorumcumque* ... *Benediccio super vasa in antiquo loco reperta* ... *Benediccio ad omnia, que volueris* ...[f. 164v]... *Benediccio navis* ... *Benediccio amoris sancti Iohannis ewangeliste* ...[f. 166r]... *Benediccio capsellarum et fustium* ...[f. 167v]... *Pro redeuntibus de via preces* ... *Item ad militem faciendum consecracio ensis* ...[f. 168r]... *Super militantes oracio* ... *Incipit ordo ad excom⟨m⟩unicandum incorrigibiles* ...[f. 173r]... *Ordo, qualiter episcopus reconciliet excom⟨m⟩unicatos* ...[f. 175r]... *Hec est forma faciende visitacionis in monasteriis Ordinis Sancti Benedicti* ...[f. 179r]... *Benediccio nove domus* ... *Benediccio crucis metalizate* ...⟩⟨... *qui tecum sydereo sedet in throno indissolubili connexione Spiritus Sancti per omnia s⟨ecula⟩.*

Cf. P. Brodský, Iluminované rukopisy českého původu v polských sbírkách. The Illuminated Manuscripts of Czech Origin in the Polish Collections, Praha 2004 (Studie o rukopisech. Monographia, 9), 86; T. Miazga, Pontyfikały polskie w aspekcie muzykologicznym, Graz 1981, 25-27 (codicis signatura erronee 1588 nominatur). In Pontificali notae musicae Metenses in forma Bohemica quinque lineis rubris dispositae. F. 2v vacuum, linearum schemate instructum, f. 148 in longitudinem dimidiatum.

2. f. 180v-181v: Formulare Missae: In die Visitationis BMV et in oct. Visitationis

... *Prosa. Ave verbi Dei parens* ...[RH 2165].

f. 182r-183v vacua, linearum schemate instructa.

3. f. 184r-193v: Formularia Missarum: In die Nativitatis Christi, In Purificatione BMV, In die Paschae, Officium in die Sancti Spiritus, De s. Ioanne Baptista, In festo sanctae Annae, In Assumptione BMV, In Dedicatione ecclesiae

Incipiunt misse speciales in die Nativitatis Christi ...[f. 184v]... *Sequitur prosa. Letabundus exultet* ...[RH 10012; f. 187r]... *Sequitur. Victime paschali laudes* ...[RH 21505; f. 188r]... *Sequitur prosa. Veni Sancte Spiritus* ...[RH 21242; f. 189r]... *Prosa. Sancti Baptiste Christi preconis* ...[RH 18521; f. 190r]... *Sequitur prosa. Sancte Anne devote decantet chorus* ...[RH 18411; f. 191r]... *Prosa. Congaudent angelorum chori* ...[RH 3783; f. 192v]... *Sequitur sequencia. Psallat Ecclesia mater* ...[RH 15712]〉〈... *Celi celorumque virtutes ac beata Seraphynorum socia exultacione* 〈*concelebrat*〉||

In formularium fine (f. 193v) alia manu inscripta praefatio, cuius notae musicae quadratae cursivae, quattuor lineis nigris dispositae.

F a s c i c u l i : 1^{1+1} (f. 1-2); $2\text{-}10^{5+5}$ (f. 3-92); 11^{6+5} (f. 93-103, post f. 97 unum folium additum); $12\text{-}20^{5+5}$ (f. 104-193). In marginibus superioribus f. 3r-183r litterae fasciculos sequentes designantes (*a-s*), rubro lineolis in quadratum ductis circumdatae; custodes bifoliorum *I-X*, f. 98 additum in fasc. 11 designari omittitur.

M e m b r a n a crassitudinis variae, mediae qualitatis, utraque parte, inaeque tamen, polita. Lacunae multae, e. g. f. 13, 23 (rubro circumdata), 26, 27, 68 (rubro circumdata), 85, 124 (rubro circumdata), 181, 190 (rubro circumdata), lacunarum quaedam consutae vel suturae vestigia praebent, e. g. f. 26, 34, 35, 59, 60 (filum asservatur), 116, 174. Foliorum extremitates inaequales defectuum naturalium causa, e. g. f. 37, 38, 65, 85, 117, 136. Folia undulata, e. g. f. 2, 3, 5, 12, 65-68, 70, 89, 92, 119-123, 145, 166. Anguli inferiores in toto volumine nec non f. 1r et 193v obsoleta.

S i g n u m a q u a t i c u m : Var. The Ancient Paper-Mills of the Former Austro-Hungarian Empire and their Watermarks, by Georg Eineder, Hilversum 1960, nr. 577 (1568) (Monumenta Chartae Papyraceae Historiam Illustrantia, 8) f. VI et f. integ. ant. aggl.

S c r i p t u r a e t o r n a m e n t a : Scriptura calligraphica aliquot manuum, quarum ductus litterae textuali formatae similis (cf. Derolez, Palaeography, Pl. 35), non impossibile ex scriptorio quodam benedictino, cum in litania Benedictus et Scholastica locum habent (cf. f. 45r), et in f. 175r ... *forma faciende visitacionis in monasteriis Ordinis Sancti Benedicti*. In f. 104r et 193v scripturae forma conspicitur, quae bastardae Bohemicae assimilatur (cf. Derolez, Palaeography, Pl. 95). Duarum columnarum schema, non solum margines verticales sed etiam lineas textui inscribendo demonstrat, quae, per paginae totius latitudinem ductae, insuper versus duos in superiore, tres in inferiore folii parte designant. Unius columnae schema in solo codicis initio pro indice ductum: f. 1r-2r. Schema utrumque atramento delineatum. Versus pro pagina 25-36. Pagina currens in foliis rectis f. 3r-183r, excepto f. 98r. Rubricatio omnino colore rubro, in solis f. 179r-181v cinnabaris colore. Litterae initiales rubrae, simplices, dimensionum variarum, decorationum rubrarum elementis, e. g. f. 1r, 103v, et nigrarum, e. g. f. 180v ad instar filigranorum auctae. Litterarum initialium quaedam desiderantur, e. g. f. 124r; in f. 13v littera *P* horizontaliter depicta. In parte, in qua notae musicae obveniunt, litterae initiales rubro et nigro simul coloribus exaratae, e. g. f. 52v, 58v. Praefationis initium constans: *Vere dignum et iustum est ... eterne Deus, per Christum dominum nostrum,* littera rubra: *W* cruce in medio instructa designat, e. g. f. 51r, 82r, 98r. Vocabulorum divisiones inter versus lineolis duplicibus designantur, e. g. f. 30r, 65r. Litteras initiales repraesentantia, e. g. f. 66r, 189v. In Canonis initio, f. 14v, miniatura mm 85×72 depicta crucifixionem praesentat: Beata Virgo Maria et s. Ioannes iuxta crucem stant, inter quos Iesus Christus in cruce flavi coloris pendens depictus. Hoc totum in area rectiangula, fusci coloris, lineis aureis devolutis decorata, quae lineola caeruleo--rosea, quasi prominente, circumscripta est. In margine sinistro ornamentum vitis imaginem exprimens, quod ex miniaturae angulis effluit et ex paulo inferius depicta littera initiali *T* viridi in area fusca, devolutionibus aureis decorata. Bohemicum pingendi miniaturas modum et rationem proprium sunt colores clari nec non crux humilis et Christi corpus adeo humiliter pendens, ut eius atque Mariae et Ioannis capita unam fere efficiunt lineam (cf. Ameisenowa, Rękopisy, 94; cf. etiam de hacce commentatione: Z. Drobna, [in:] „Umění. Časopis Ústavu pro teorii a dějiny umění Československé akademie věd", IX 1961, 427-428). Notae musicae Metenses in forma Bohemica quinque lineis rubris dispositae et notae quadratae cursivae quattuor lineis nigris dispositae, in f. 193v. In f. 138r textus versus duo erasi.

Notae et glossae: Emendationes et supplementa pauca a scribis facta, e. g. f. 54v, 62r, 96r, 98r et a codicis lectoribus, e. g. f. 8v, 75v-76r, 93r, 100r, 105r, 137v. Indicationes marginales ad orationes communes remittunt, seu orationis textus in ipso indicationis loco affertur. Glossae productiores in f. 42v, 47v-48r, quibus verba ab episcopo ad acolitas in hostiarios consecratos et exorcistas directa, posteriore tempore scripta, comprehenduntur. In f. 33r nota de quinque fratribus Polonis: *Cristini, Benedicti, M⟨a⟩thei, Iohannis atque Ysaie.* Maniculae, e. g. f. 46v, 87v, 88r.

Compactura originalis non asservatur, cuius nihil nisi vestigia restant: lacunae et rubigo ab umbonibus infecta in f. 1-3 et 190-193. Compactura, quae ad nos advenit, s. XVI dimidio posteriore confecta est in Moravia, cf. Signum aquaticum. Tabulae ligneae oblique praecisae, corio suillo olim albo, nunc obscuriore facto, obtectae. Integumentum utrumque in planitiem et bordiuras quaternas lineis impressis divisum est. Cum taeniae duae in planitie, tum quoque bordiurae radiculis impressis decorantur. In planitie et in bordiura planitiei immediate vicina ornamenta vegetabilia; in bordiura secunda figurae quaedam et earum subscriptiones: *IONAS, EX ADA, TRINITA⟨S⟩, INRI, SPES MEA*; in tertia bordiura virtutum personificationes subscriptae: *FIDES, SPES, CARIDA⟨S⟩* [!], *PRUDEN⟨TIA⟩*; in bordiura quarta ornamenta vegetabilia et medaliones capitibus humanis ornati. Pontificale nostrum pro Ioanne Ponętowski hac compactura munitum esse verisimillimum videtur, quoniam eiusdem radiculi, quod in bordiura tertia impressum est, impressiones etiam in cod. BJ 284 et 1307 compacturis decorandis (ubi superexlibris Ioannis Ponętowski impressum cernitur) adhibitae sunt (cf. cod. AUJ 16330, quo registrum librorum aliarumque rerum ab Ioanne Ponętowski Bibliothecae Universitatis Cracoviensis a. 1592 donatarum continetur et quo Pontificale membranaceum nominatur; A. Lewicka-Kamińska, ms. BJ Acc. 223/80). Codex olim fibulis duabus claudebatur. Ligamenta sex duplicia; codicis capiti et calci fila bicoloria, corio obtecta, obsuta. Foliorum sectura luteo colore illita. In compactura titulus manu Ioannis Ponętowski (?) inscriptus: *Pontificale*. Ante- et postfolia vacua: membr. bina (f. II-V), et chart. singula (f. I, VI). Codicis status: codex bene asservatus solummodo humiditatis vestigia in ante- et postfoliis, dorsum rumpi inceptum, corium in calce crispatum.

Codicis origo et fata: Codex ca a. 1400, possibiliter in quodam scriptorio Ordinis Sancti Benedicti (cf. Script. et ornam.) pro archiepiscopo Pragensi confectus, cf. f. 94r: ... *sancte sedi* [in marg. *Apostolice*] *Pragensi* ... Qui archiepiscopus Nicolaus Puchnik fuisse videtur, quoniam nomen istud: *Nicolaus* in textu saepius occurrit, e. g. f. 43v. Nulli etiam alii Nicolai in s. XIV ex. et XV in. sedem Pragensem conscenderunt. Nicolaus Puchnik archiepiscopus Pragensis 26 VII 1402 electus neque consecratus erat, quoniam 19 IX 1402 de vita decessit. Codex post eiusdem electionem festinanter confectus, non tamen archiepiscopo novo in manus datus esse videtur (de Nicolao Puchnik cf. B. Budský, Mikuláš Puchník. Biografie autora díla Processus iudiciarius secundum stilum Pragensem, „Mediaevalia Historica Bohemica", XIII 2010, 85--106). Codex consequenter inter Ioannis Ponętowski libros inventus est, cf. Compact., et cum aliis libris Bibliothecae Universitatis Cracoviensis legatus (de Ioanne Ponętowski cf. cod. BJ 1307/1 descr.). Signaturae antiquae: Fasseau: *1168*; topogr.: *CC VIII 55.*

Bibliographica: Wisłocki, Katalog, 379; Ameisenowa, Rękopisy, 94; Z. Drobna, ut supra, 427-428; P. Brodský, ut supra, 86.

ASo, LN

1559

Lat., ca 1415, chart. et membr., cm 30,5×21, f. 336+III.

f. 1r-336v: Alexander Bonini de Alexandria OFM (?) seu Guilelmus de Melitona OFM (?), Postilla in Ecclesiasticum

[Prol. I] —*Multorum nobis.* —*Operi principali duo proemia sive prologi preordinantur: unum ipsius translatoris sive auctoris, id est Ihesu filii Syrach, aliud expositoris, id est Rabani ... Hiis notatis primo illum prologum exponamus.* [Prol. II] —*Multorum etc.* —*In hoc prologo primo captatur auditorum benivolencia, secundo attencio suscitatur ibi: Nam in VIII° et XXX° anno ...*⟩⟨[f. 2r]*... est in verbis: Ut ipse sibi con⟨seque⟩nte* [?] *sit.* [Textus] *Capitulum primum.* —*Omnis sapiencia a Domino Deo est etc.* [Eccli 1, 1]. —*In doctrina ista, in qua agitur de virtutibus, proceditur sic: primo agitur de origine virtutum, scilicet usque ad tercium capitulum ...*⟩⟨*... Ammodo iam dicit Spiritus, ut requiescant a laboribus suis, opera enim illorum sequuntur illos* [Ap 14, 13]. *Quod nobis prestare dignetur. Amen. Expliciunt Postille super Ecclesiasticum.*

Cf. RB 1108,1; 2939-2940; 9509; Glorieux, Répertoire, 2, 34, nr. 304d; 2, 200, nr. 340e; Mohan, Initia, 242*; Wielgus, Obca literatura, 124; 151. Fasciculi quinti decimi foliorum ordo a compaginatore turbatus est, qui hic esse debeat: f. 1r-225v, 228r-230v, 226r-227v, 231r-234v, 238r-239v, 235r-237v, 240r-336v.

F a s c i c u l i : 1-21^{8+8} (f. 1-336). Custodes numeris Arabicis: *5us, 9* in initio fasciculorum 5 et 9; numeris Romanis: *XVI-XVII, XX^{us}* in fine fasciculorum 16-17, 20; custos praecisus in fine fasciculi 19. Reclamantes in fasc. 9-20, plerumque praecisae. In fasc. 15 numeri *2-4, 8* in foliorum 228-230, 232 angulis rectis superioribus inscripti textus consecutionem iustam restituunt. Folia exteriora et interiora omnium fasciculorum membranacea.

M e m b r a n a crassa, flavida, utraque parte satis diligenter perfecta atque polita. Membranae dimensiones volumine chartaceo paulo minores. Lacunae naturales plures, e. g. f. 48, 296-297, suturae vestigia, e. g. f. 32, 281. In f. 265 ruptura olim sarta.

S i g n a a q u a t i c a : 1. Var. Piccard-Online 65556 (1414) f. 2-7, 10-15, 18--23, 26-31, 34-39, 42-47, 50-55, 58-63, 66-68, 77-79; 2. Var. Piccard-Online 67093 (1414) – signa duo varia f. 69-71, 74-76, 82-87, 90-95, 132-134, 139-141, 194-197, 204-207, 226-231, 234-239, 242-247, 250-255, 258-263, 266-271, 274-279, 282-287, 290-295, 298-303, 306-311, 314-319, 322-326, 331-335; 3. Var. Piccard-Online 40520 (1414) f. 98-103, 106-111, 114-119, 122-127, 130-131, 142-143; 4. Aetiopis caput fascia circumdatum, cuius fasciae extremitates duae; supra caput circulum – signa duo varia in repertoriis non inventa, f. 135, 138, 146-151, 154-159, 162-167, 170-175, 178--183, 186-191, 198-199, 202-203, 210-215, 218-223; 5. Id. Piccard 7, VI 48 (1413--1414) f. 327, 330; 6. Var. Piccard-Online 51628 (1414) f. integ. ant. aggl. Charta a. 1413-1414 in usu erat.

S c r i p t u r a e t o r n a m e n t a : Codex duabus manibus anonymis exaratus, scriptura diligenti, litterarum dimensionibus variis, modo condensata, modo spatiis dilatatis: 1. f. 1r-224v; 2. f. 225r-336v. Duarum columnarum schema linea simplici atramento ductum, cui ducendo foliorum extremitates aequis intervallis perforatae sunt. Oblitterationes, e. g. in f. 11v, 283r, 328r. Atramenti rubri maculae, e. g. in f. 52v, etiam nigri atramenti, e. g. in f. 15v. Nigri atramenti illiti vestigia, e. g. in f. 28v. Rasurae, e. g. in f. 1r. Textus pluribus locis linea infra ducta designatus. Pagina currens capitulorum sequentium numeros praebet. Rubricatio in toto codice obvia, exceptis f. 6r-12r, 13r--16r, 107r-112v: litterae initiales, capitulorum numeri, lineae infra ductae, litterae maiusculae, notae marginales quaedam. Littera initialis in f. 1r textus versibus 4 aequa, colore rubro et caeruleo picta, spirarum delineatarum formam habentibus ornamentis in margine aucta. Accedunt litterae initiales simplices et modestae caeruleo vel rubro colore scriptae.

N o t a e e t g l o s s a e codicem adhibentium plurimae marginales et interlineares, in quibus vocabula scriptorum materiam indicantia, textus supplementa et emendationes leguntur scriptae. Inter quas Matthiae de Sanspow manus scriptura occurrit (e. g. in f. 10v, 15r, 18r, 28r), verisimiliter etiam Stanislai de Zawada (e. g. in f. 104r--105v, 239r). Adnotationes ad textum plurimae rubrae, hic illic lineolis in quadratum ductis obvolutae in f. 19r-104r. Numeri sequentes lectorem ad textum referentes rubri in f. 77v, nigri, e. g. in f. 193r sqq., 214v-215r, 223r. Adnotationes lineolis obvolutae, e. g. in f. 2v: *obiecciones cum solucionibus circa textum.* Nota in f. 3r: *Ex hac littera fons, scilicet hec primo habetur, quod licet Filius Dei Patri sit equalis in omnibus ... sed primo angelis, deinde hominibus.* Textus complementum in f. 239r manu Stanislai de

Zawada scriptum, in quo ad Nicolaum de Lyra revocatur. Matthiae de Sanspow vocabula scriptorum materiam indicantia in summo folio supra paginam currentem, etiam in margine superiore vel inferiore inter textus columnas. Signa peculiaria: punctum, seu puncta duo, seu plura quoque. Notae lineolis obvolutae et maniculis ornatae, etiam sine obvolutione, sed tales rarissimae, in f. 193r-197r, 207v-278r, quibus i. a. textus depravati ordo rectificatur, e. g. in f. 225v-226r, 230v, 234v, 237v-238r, 239v-240r. Manicularum formae variae, inter eas Matthiae de Sanspow peculiares, e. g. in f. 2v, 11r, 13r-v, 33v, etc.

Compactura codici contemporanea, ca a. 1415 confecta, cf. signum aquaticum nr. 6, in f. integ. aggl. Tabulae ligneae crassae corio olim albo, usu ac tempore obscuriore et sordido facto, ornamento lineari simplici decoratae radiculo denticulato effecto. In superiore integumento puncti impressiones inordinate sparsae. Codex olim cingulorum coriaceorum duorum, binis clavis tabulae posteriori affixis, et ligularum ope in anteriore integumento claudebatur. Umbonum quinorum rotundorum in utroque integumento vestigia. Dorsum paululum convexum, ligamenta quattuor duplicia, codicis capiti et calci lora tenuia nitide texta obsuta. Volumen adaequatum, foliorum anguli rotundati. Ante- et postfolium membranacea (f. I, III), utrumque in una tantum parte marginum schemate distinctum. Equi caput vel aliquid simile in f. IIIr plumbo adumbratum; postfolium chartaceum vacuum: f. II. Integumentorum partibus interioribus folia chartacea agglutinata. In anteriore: *Vestis sacerdotalis talare in Hungaricarum ... censere momentu* [?]. Codicis status satisfaciens. Cerae vestigia in f. 324-325. F. 96 undulatum factum postquam cera liquida effusa est supra id. Sordis vestigia in f. 298r. Voluminis folia initialia et finalia a rubigine et vermibus laesa. Defectus minimi in f. 11 et 103.

Codicis origo et fata: Codex Cracoviae ca a. 1415 confectus. Nullae possessoris notae in codice deprehenduntur, qui tamen verisimillime s. XV Universitatis Cracoviensis librariae fuit, quod ex notis marginalibus professorum Cracoviensium comperimus (e. g. Matthiae de Sanspow), qui codicem adhibebant. In f. integ. ant. aggl. codicis pretium: *quinque marcarum.* Signaturae antiquae: Kucharski scripsit: *Postilla in Eclesiasticum.* Fasseau: *757*; topogr.: *AA IX 18.*

Bibliographica: Wisłocki, Katalog, 379; Wielgus, Obca literatura.

MK, WŚ

1560

Lat., ca 1420, chart., cm 31×22, f. 197+III.

f. 1r vacuum.

1. f. 1v-11v, 15r-135r: Quaestiones super III librum Sententiarum Petri Lombardi. Absque initio

[Adnotationes ad Sententias Petri Lombardi] *Nota, quod in hiis duobus locis non tenetur Magister in tercio libro. Primus est, ubi dicit, quod anima separata a corpore est persona, d. 5, c. ultimo* ...⟩⟨...[alia manu, ea probabiliter, quae in f. 16r addititio scripsit:] *Secundus locus, quod*

Christus in triduo mortis fuit homo [cf. cod. BJ 1521 descr., nr. **6**]. [Index quaestionum. Absque initio; f. 2r] *Tytuli questionum tercii Sententiarum.* [Q. 1] *Articulus secundus. An quelibet persona divina potuit incarnari sine alia ... Questio secunda. Utrum humana natura fuit magis assumptibilis a Deo quam alia creatura. Primus articulus.* ⟨*An*⟩ *natura irracionalis sit a Deo assumptibilis* ...⟩⟨[f. 11v]... *Questio quadragesima. Utrum ultima duo veteris legis precepta sint inter se et ab aliis distincta ... Tercius de quesito.* [Quaestiones. Absque initio; f. 15r] *Contra primam conclusionem et eius primum correlarium: Non est possibile naturam humanam uniri Deo* ...[f. 19v]... *ad perfecte medicine suscepcionem.* [Q. 2; in marg.: *2°*] *Consequenter queritur: — Utrum natura humana fuerit magis assumptibilis a Deo quam alia creatura. Arguitur, quod non* ...⟩⟨... *Ad 2m patet ex articulo secundo, quid sit dicendum. Ad 3m patet ex articulo tercio etc., et cetera. Expliciunt questiones tercii libri Sentenciarum. Deo gracias per infinita secula seculorum. Amen. Per me Ebanum de Ebern.*

Cf. RS 1062. Quaestiones nostrae cum illis super I lib. Sententiarum in cod. BJ 1585, f. 23r-106v (RS 500), super II lib. in cod. BJ 1438, f. 78r-89r, 97r-245v (RS 1059, 1061) et super IV lib. in cod. BJ 1721, f. 14r-20v (RS 469: Princ. IV), 21r-221v (RS 469,1) asservatis unum opus constituisse videntur. Cui conclusioni capiendae his adducti sumus argumentis (cf. infra Script. et ornam., Cod. orig. et fata et notam bibliogr. ad cod. BJ 1438 descr., nr. **2**): 1) omnium quattuor commentorum simillima compositio; 2) eadem manu inscriptae notae de Magistro Sententiarum in quattuor his codicibus et verisimiliter quaestionum index in cod. BJ 1721; 3) idem possessor (Ioannes Sneschewicz de Wratislavia) Quaestionum in cod. BJ 1585, 1721 et certissime ceterorum duorum quoque codicum; 4) eadem manu (Ioannis Sneschewicz?) inscripti quaestionum indices in cod. BJ 1438, 1585 et in nostro cod.; 5) ratio eadem commenti structuram designandi, rubro, eadem verisimiliter manu in omnibus quattuor Quaestionum libris. F. 12r-14v vacua (f. 12r-v, 14r-v schemate instructa).

f. 135v vacuum.

2. f. 136r-197v: Lectura super III librum Sententiarum Petri Lombardi

— Postquam in precedentibus libris determinavit Magister de rebus divinis et creatis secundum exitum a principio, hic incipit determinare de rebus secundum reditum in idem principium tamquam in finem ...⟩⟨... *plus peccabant, qui peccati mangnitudinem* [!] *in lege noverint. Ex hiis patent soluciones argumentorum etc.*

Cf. RS 1063. Lectura nostra cum illa super I lib. Sententiarum in cod. BJ 1585, f. 107r-181v (RS 895) et super II lib. in cod. BJ 1438, f. 5r-75v (RS 1058) asservata unum opus constituisse videtur, cum libri singuli in supra nominatis codicibus simul cum Quaestionibus obveniant, cf. Cod. orig. et fata nec non notam ad nr. **1**.

***3.** f. IIr-v: Commentum super Aristotelis libros De insomniis (?) et De divinatione per somnum. Fragm.

[Super librum De insomniis (?). Fragm. absque initio] ||*sicuti speculum novum. Isto modo fascinacionis viso dicunt isti, quod recte sic fit in facto* [?] *in speculo* ...〉〈... *facit visus organi coniunctus. Et sic apparet veritas huius questionis.* [Super librum De divinatione per somnum. Fragm. absque fine] —*De divinacione vero, que in sompniis.* [Com.] —*Notandum, quod dicit Albertus, quod difficile sit determinare de divinacione sompniorum* ... —*Consequenter queratur, utrum sensus faciliter decipiantur per passiones sicut Philosophus videtur dicere. Et arguitur primo, quod non* ...〉〈[f. IIv]... —*Circa capitulum de divinacione queratur, utrum per sompnia sit possibilis divinacio. Et arguitur primo, quod non. Si divinacio futurorum per sompnia de* [?]||

XIV (?), Lat., membr., f. 1.

***4.** taeniae folio integ. post. aggl. adiunctae: Liturgica fragm., inter quae orationes: Pater noster, Credo, Ave Maria, Salve Regina

[E. g.] ||[...] —*Pater noster, qui es*|| ||*dimittimus debitoribus nostris* ...|| ||*omnipotentem, Creatorem celi* ...|| ||*qui conceptus est de Spiritu*|| —*Ave Maria, gracia plena*|| ||*salve. Ad te clamamus exules, filii Eve. Ad te sus*〈*piramus*〉|| ||*Maria, flos virginum ve*〈*lut*? *rosa*?〉||

XIV (?), Lat., membr., taeniae parvae 11, olim schedulae fasciculorum suturam firmantes (cf. Compact.).

***5.** taeniae folio integ. post. aggl. adiunctae: Liturgica fragm., inter quae Ps 6, 10; 31, 2-3. 6-9

[E. g. Ps 6, 10:] ||... *Exaudivit Dominus deprecacionem* ...|| [31, 3:] ||... *Quoniam tacui, inveteraverunt ossa mea*|| [31, 8-9:] ||*oculos meos. Noli*〈*te fieri si*〉*cut equus et mu*〈*lus*〉 ...|| ||*veniat. Benedicamus Domino. Deo gracias. Incipiunt VII psalmi*||

XIV (?), Lat., membr., taeniae parvae 7, olim schedulae fasciculorum suturam firmantes (cf. Compact.).

F a s c i c u l i : 1^{7+6} (f. 1-13, post f. 12 unum folium desideratur); 2^{8+8} (f. 14-29, additum bifolium minorum dimensionum: f. 16, 27); 3-10^{6+6} (f. 30-125); 11^{5+5} (f. 126--135); 12-15^{6+6} (f. 136-183); 16^{7+7} (f. 184-197). In codicis descriptione a. 1963 composita octo foliorum in codicis fine ereptorum mentio facta est, quorum nunc neque ulla vestigia praesto sunt, neque in scheda renovationis de a. 1992 folia illa perstricta sunt (cf. Compact.). Custodes *1-10* in fasc. 2-11 (vel in fine, vel in fasc. initio). Reclamantes in fasc. 2, 4, 6, 7. Codex tribus partibus constat: I. f. 1-13 (Index quaestionum); II. f. 14-

-135 (Quaestiones); III. f. 136-197 (Lectura); cf. notam de codicis pretio in Cod. orig. et fatis.

S i g n a a q u a t i c a : 1. Piccard-Online 65725 (1424), 65727-65728 (1424) vel Piccard, 2, XII 424 (1423-1424) f. 1, 13, 148-197; 2. Var. Piccard-Online 68736 (1421), 68737 (1423) vel Piccard, 2, XI 412 (1420-1425) f. 3-12; 3. Piccard 2, XI 106-109 (1416-1424) f. 14-15, 17-26, 28-135; 4. Piccard-Online 66588 (1423), 66591-66592 (1424), 66594-66595 (1425) vel Piccard 2, XII 626-627 (1422-1425) f. 16, 27, 136-147, I. F. 2 signo caret. Charta a. 1416-1425 in usu erat.

S c r i p t u r a e t o r n a m e n t a : Codex aliquot manibus exaratus (cf. cod. BJ 1438 descr., Script. et ornam.): 1. f. 15r-135r (nr. **1**, Quaestiones), f. 141r-197v (nr. **2**, fragm. Lecturae): Ebanus de Ebern (f. 135r: *per me Ebanum de Ebern*, cf. Colophons, 3572; eadem verisimiliter manu Lectura super II lib. Sententiarum in cod. BJ 1438, f. 5r-75v exarata est, quaedam folia addititia in Quaestionibus super II lib. Sententiarum in cod. BJ 1438 et verisimiliter Quaestionum super IV lib. Sententiarum in cod. BJ 1721 pars maior, cf. e. g. f. 182v-221v); 2. f. 136r-141r (nr. **2**, Lecturae fragm.); 3. f. 1v (nr. **1**, Nota de locis, in quibus Petrus Lombardus a doctoribus differt; eadem manu notae similes ad librum I, II, IV Sententiarum attinentes in cod. BJ 1438, f. 89r, 1585, f. 11v, 1721, f. 20v et possibiliter quaestionum index in cod. BJ 1721, f. 223r-243r); 4. f. 2r-11v: fortasse Ioannes Sneschewicz, cf. Cod. orig. et fata (nr. **1**, Index quaestionum; eadem manu exarati Indices quaestionum in cod. BJ 1438, f. 78r-89r, 1585, f. 2r-11r); alia manu folium addititium 16r, cf. Notas et glossas. Textus duabus columnis dispositus (exceptis f. 2r-12v, ubi una columna), quarum schema atramento ductum. In parte codicis secunda quaestionum tituli maiore littera fractura, raro, manu scribae et alia manu, emendationes; rubricatio: paragraphorum signa, quaedam linea infra ducta distincta. In parte tertia quaestionum tituli maiore littera fractura, hic illic emendationes manu scribae et alia manu; rubro solae litterae initiales, hic illic etiam distinctionum vocabula initialia lineolis circumdata; pagina currens (distinctionum numeri).

N o t a e e t g l o s s a e : In parte codicis secunda (Quaestiones) in marginibus paucae notae ad textum attinentes, additamenta, vocabula scriptorum materiam indicantia, adnotationes duabus manibus plerumque scriptae; accedunt rubro textus structurae designationes (designationum ratio et modus idem, eadem verisimillime manu, in ceteris tribus Quaestionum partibus conspicitur, cf. nr. **2**). Glossae marginales productiores manu Ioannis Beber de Osswyanczym in f. 22r, 33v-34r, 52v-53r, 84r, 97v-102r, 108v, 110r, 112r, 113v-114r, 118v-119r, aliis manibus in f. 15r, 17v, 45v, 60v, 79v; e. g. f. 15r: *Confirmatur. Infinita distancia non potest pertransiri, ergo que infinite distant, non possunt uniri* ...; f. 33v: *Correlarium. Quamvis Christus vere sit homo compositus ex carne et racionali anima, non tamen proprie et usitate loquendo est ypostasis ex divinitate et humanitate composita* ...; f. 52v: *Conceditur communiter et concorditer secundum doctores omnes, quod sicut Christus nunquam peccavit secundum humanam naturam assumtam* [!]...; f. 60v: *Nota secundum Albertum Magnum, quod duplex est experimentalis cognicio. Una est scienciam faciens* ...; f. 97v: *Ex conclusione 2ª sequitur: Ex caritate diliguntur res inanimate et alia irracionalia, inquantum conferunt necessitati amicorum* ...; f. 114r: *Correlarium 2. Licet timor separacionis a Deo evacuetur in gloria, fuit tamen timor reverencie in Christo et erit in patria* ... In addito f. 16r nota totam occupans paginam, ad quaestionem 5 (id est ad f. 31r) attinet: *Nota. Tam per verbum uniendi quam per verbum assumendi importatur unio divine nature ad humanam, sed differenter ... Hoc notabile deservit questioni quinte quoad 2ᵐ articulum* (cf.

adnotationem in f. 31r: ... *ut patet in 2° articulo questionis prime huius tercii*; in marg. f. 31r: *Et quere in cedula*). In parte codicis tertia (Lectura) in solo textus initio scribae manu structurae designationes in marginibus (f. 136r-142v), hic illic distinctionum numeri rubro; maniculae.

C o m p a c t u r a ca a. 1420-1425 confecta (cf. signum aquaticum nr. 4 folii olim integ. ant. aggl., nunc f. I), a. 1992 renovata. A. Lewicka-Kamińska opinione compactura Gedani confecta esse potuit, quoniam unum ex signaculis simile esse videtur signaculo, quod ad codicis Mar. Q 12, ex bibliotheca ecclesiae BMV Gedanensi, compacturae decorationem adhibitum est, cf. ms. BJ Acc. 105/80, ubi etiam signaculorum compacturae nostrae impressiones plumbo adhibito reproductae obveniunt; O. Günther, Die Handschriften der Kirchenbibliothek von St. Marien in Danzig, Danzig 1921, 29, Tab. II, nr. 41 (Katalog der Danziger Stadtbibliothek, 5). Tabulae ligneae corio fusci coloris obtectae, quod lineis impressis in planitiem et bordiuram divisum, et ornamento lineari simplici decoratum est. Planities duorum signaculorum impressionibus impletur, quibus repraesentantur: 1. canis circulo inscriptus, 2. lilium rhombo inscriptum; bordiura autem signaculo nr. 3 impleta: aquila circulo inscripta. Cinguli coriacei tabulae posteriori lamnulis metallicis adhibitis affixi sunt; hi metallo definiti in anteriore integumento ligularum duarum ope codicem claudunt. Dorsum convexum, ligamenta quattuor duplicia, codicis capiti et calci lora obsuta et dorsi corio obtecta. Volumen adaequatum, anguli rotundati. In sectura inferiore inscriptio vix legitur: *Super tercium Sententiarum* [?]. Antefolium (f. II) membr. conscriptum, cf. nr. ***3**; in marg. inf. f. IIr (custos?): *Per* [?] *sexternum* [?] *questionum* [?], vel: *X* [?] *sexternus* [?] *questionum* [?]. Folium chart. olim integ. ant. aggl., nunc deglutinatum (f. I), cf. Cod. orig. et fata. Schedulae oblongae membranaceae, fasciculorum suturam olim firmantes, nunc abstractae, et folio integumento posteriori agglutinato adiunctae duorum textuum fragmenta continent, cf. nr. ***4**, ***5**. Dum codex renovabatur, integumentis folia chartacea nova et postfolium (f. III) agglutinata sunt. Posteriori illi agglutinata est chartula, in qua de renovatione quaedam leguntur scripta: *Rkps. 1560. XII 1992. Oprawa w ciemnobrązową, tłoczoną ślepo skórę na desce. Blok przeszyto na cztery podwójne zwięzy skórzane. Przyszyto dwa rzemienie, stanowiące kapitałki. Zwięzy i rzemienie wmontowano w deski. Naciągnięto nowy grzbiet, w starej skórze wstawiono łatki. Naklejono odczyszczoną starą skórę na deski. Wykonano zapinki sztyftowe w/g odcisków w skórze i śladów w deskach. Pergaminowe zszywki, po ułożeniu dołączono do dolnej okładziny. Wykonano futerał. Aleksander Haak. Justyna Jacaszek – UMK Toruń, studentka.* Post renovationem codex bene asservatur.

C o d i c i s o r i g o e t f a t a : Codex ca a. 1420 confectus (cf. Signa aquatica), certissime in Universitatis Lipsiensis studiosorum professorumque societate. Possessor eius verisimillime Ioannes Sneschewicz erat, qui codicem seu Lipsia Cracoviam a. 1415 vexit (Ioannes eodem anno Universitatis Cracoviensis Artium Facultati assumptus est, cf. Najstarsza księga promocji, 15/11; de Ioanne Sneschewicz de Wratislavia cf. cod. BJ 1438 descr., Cod. orig. et fata), seu paulo post Cracoviae morans emit, seu alio quodam modo possessor factus est. Codicis cum origo tum quoque fatorum decursus strictissimam cum aliis tribus BJ codicibus connexionem demonstrant: cod. BJ 1438, 1585, 1721. Quae his testantur argumentis (cf. cod. BJ 1438 descr., Cod. orig. et fata; Włodek, Maciej ze Sąspowa, 60-62): 1. in cod. BJ 1585 et 1721 Ioannis Sneschewicz nomen (possibiliter manu propria) exaratum legitur (cf. BJ 1585, f. 23r: *M. Iohannes Sneschewicz*; 1721, f. 21r: *Iohannes Sneschewicz*); 2. codex noster comprehendere videtur ceteras partes operum, quae duobus illis, de quibus supra et cod. BJ 1438 comprehenduntur (cf. supra nr. **1** et **2**); 3. partes quaedam quattuor horum codicum manibus eisdem exaratae sunt, nec non marginalia simillima continent (cf. Script. et ornam.); 4. in cod. BJ 1438, 1585 et nostro etiam adnotationes ad eorum pretium se referentes non alienae, et manu eadem inscriptae leguntur (cf. Compact.); 5. Principium Quaestionum super IV librum Sententiarum sine dubio ante a. 1416 in Universitate Lipsiensi compositum est, cum auctor eiusdem de hac Universitate mentionem faceret, nec non gratias eiusdem Universitatis theologiae doctori, Ioanni de Monsterberg, ageret [*in sacra theologia magistro Iohanni de Monsterberg*] (cf. cod. BJ 1721, f. 19v), qui a. 1416 de vita decessit (cf. PSB 10, 492). In antefolio (f. IIv in marg. inf.) nota de codicis pretio (eadem manu notae simillimae in cod. BJ 1438, f. Iv et in cod. 1585 folio integumento anteriori agglutinato, nunc deglutinato): *Hic continentur 15 sexterni: 9 de q⟨uestionibus?⟩ et 10 folia; et 5 de gloza et 2 folia. Et quilibet sexternus pro* [?] *4 grossis cum medio. Summa 1 marca et 24 grossi.* [Alia manu:] *Hec solvit* [?]. Signaturae antiquae: Tłuszczewski scripsit (f. Iv): *Sermones super 3tium Sententiarum*; Fasseau (f. IIr): *884*; topogr.: *BB II 15*.

B i b l i o g r a p h i c a : Wisłocki, Katalog, 379.

KW, WZ

1561

Lat., ante XV m., chart., cm 30,5×21,5, f. 456+II.

1. f. 1r-80v: Thomas de Aquino OP, Lectura super Epistulam Pauli apostoli ad Hebraeos

Incipit Postilla super Epistolam Pauli apostoli ad Hebreos [in marg.]. [Prol.] —*Non est similis tui in diis, Domine* ...[Ps 85, 5]. —*In verbis premissis istis exprimitur Christi excellencia quantum ad duo. Et primo per comparacionem ad alios deos* ...[f. 1v]... *istum ornatum transtulit de Hebreo in Grecum.* [Cap. 1, lectio 1] —*Scripsit autem hanc epistolam contra errores quorundam, qui ex Iudaismo ad fidem Christi conversi volebant* ...⟩⟨... *peccatorum remissio et omnia alia Dei dona, que per graciam Dei habentur firmiter cum omnibus vobis. Amen. Confirmacio est omnium. Explicit Epistola ad Hebreos. Deo gracias. Amen.*

Cf. RB 8064; Grabmann, Werke, 266-272 (cod. nostrum omisit); Codices manuscripti Thomae de Aquino, 2, 128, nr. 1273; Wielgus, Obca literatura, 132. Ed.: S. Thomae Aquinatis Super Epistolas s. Pauli lectura, 2, ed. R. Cai, Taurini-Romae 1953, 335-506.

f. 81r-84v vacua, f. 81r et 84r-v columnarum et linearum schemate distincta.

2. f. 85r-359v: Commentum in Epistulam ad Romanos Pauli apostoli

[Com. in Prol. Petri Lombardi] —*Principia rerum.* —*Hic est prologus in epistolas beati Pauli apostoli, quem Magister fecit, non de verbis suis sed sanctorum, et habet partes VIII*[o] ... *Et primo circa primam prologi particulam secundum, quod premissum est. Queritur, utrum necessarium sit post edicionem ewangeliorum edicionem fore epistolarum* ...⟩⟨[f. 86r]... *et inbecillitatem seu sensualitatem. Sequitur littera.* [Textus] —*Paulus servus Ihesu Christi* ...[Rm 1, 1]. —*Antequam accedamus ad littere divisionem, est sciendum, quod sicut supra et circa prologum habitum est, hanc epistolam Apostolus scribit Romanis* ...[f. 264r] —*Fratres, voluntas quidem cordis* ...[Rm 10, 1]. —*Superius ostendit Apostolus affectum suum ad Iudeos in hoc, quod dolebat de eorum perdicione* ...⟩⟨... *in discretum silentium eos, quos erudire poterat, in errore derelinquit. Sic igitur sit finis istius Epistole ad Romanos, pro cuius complemento sit laudandus Deus, qui est benedictus* ...

Cf. RB 671, 9510 (solus noster cod. citatur); Wielgus, Bibelkommentare, 287.

f. 360r-v vacuum, f. 360r marginum schemate distinctum.

3. f. 361r-456v: Lectura super Epistulam I ad Corinthios Pauli apostoli

Incipit Lectura super primam Epistolam ad Corinthios [in marg.]. —*Paulus apostolus* ...[1 Cor 1, 1]. —*Hec est 2*[a] [!] *epistola, quam Apostolus Chorinthiis Grece scripserat. Est autem Corinthus metropolis Achaie ... Responsio Tho⟨me⟩ 2.2*[e] *q. CLXI ar. II* [recte: III] *In homine* ...[f. 419v]... —*Nolo autem vos ignorare, fratres* [1 Cor 10, 1]. —*Postquam superius in capitulo VIII*[o] *monuit abstinere ab esu ydolaticorum propter scandalum infirmorum* ...⟩⟨... *hoc non secundum amorem seculi, sed in Domino nostro Iesu Christo. Amen. Confirmacio est dicte benedictionis in Christo, cui est honor* ...

Cf. RB 9511 (solus cod. noster citatur); Wielgus, Bibelkommentare, 287.

Fasciculi: 1-15^{6+6} (f. 1-180), 16^{7+7} (f. 181-194), 17^{6+6} (f. 195-206), 18-19^{5+5} (f. 207-226), 20-29^{6+6} (f. 227-346), 30^{7+7} (f. 347-360), 31-38^{6+6} (f. 361-456). Custos: *primus* in initio fasc. 1, custodes numeris scripti: *2*[us], *3-4* in initiis fasc. 2-4, praecisi sunt custodes in initiis fasc. 5-6 et fine fasc. 11. Custodes bifoliorum vario modo exponuntur: in fasc. primo lineolarum verticalium parvarum forma dorsi regione positarum, custos quoque in f. 7r: *IIII sortes*; in fasc. 9, 14-16, 19-22, 24-25 numerorum Arabicorum (rubrorum vel nigrorum) in exteriore codicis margine scriptorum forma; in fasc. 23 lineolarum horizontalium parvarum forma et numerorum Arabicorum in exteriore codicis margine scriptorum. Reclamantes in fasc. 9-10, 12-15, 18-25, 27, 31-37, quaedam rescissae; vox reclamans in fasc. 18 insolito modo, immediate sub textu scripta. Codex tribus partibus constat: 1. f. 1-84, 2. f. 85-360, 3. f. 361-456, cuius documentum est custodum series nova inde a f. 85r incipiens et custos nr. *4* in fasc. 11 (f. 132v).

S i g n a a q u a t i c a : 1. Var. Piccard-Online 65922 (1428), var. Piekosiński 932 (1427-1428) f. 1-75, 82-84; 2. Var. Piccard-Online 69481 (1426), var. Piccard 2, XIII 291 (1435) f. 76-81, 347-352, 355-360; 3. Var. Piccard 2, XIII 69 (1428) f. 85-194, 217-274, 361-456; 4. Var. Piccard 2, XII 195 (1423-1426), var. Piekosiński 962 (1426) f. 195-216, 299, 310; 5. Signum ad discernendum difficillimum f. 275-286; 6. Signum ad discernendum difficillimum f. 287-298; 7. Var. Piccard-Online 69522 (1431) f. 300--309, 311-346, 353-354. Charta a. 1423-1435 in usu erat.

S c r i p t u r a e t o r n a m e n t a : Codex aliquot manibus exaratus. Textus in f. 85r-194v, 217r-298v a Vincentio de Casimiria verisimillime (cuius scripturam cf. in cod. BJ 1303, f. 1r-12v). Manum in f. 299r-359v obviam, contra Mariae Kowalczyk opinionem (cf. M. Kowalczyk, Warsztat, 57), Benedicto Hesse attribuere non posumus. Cuius manus non nisi adnotationem brevem in corio partis interioris integumenti anterioris in hoc codice invenimus (Benedicti Hesse de Cracovia scripturam cf. in cod. BJ 1365, f. 20r-v). Fragmentum parvum in f. 160v manu Laurentii de Ratiboria scriptum esse videtur (cuius scripturam cf. in cod. BJ 770, f. 224r-232v et passim; 1272, f. 78r-88r et passim; cf. etiam Notas et glossas; Kowalczyk, Krakowskie mowy, 27). Loca vacua vocabulis singulis inscribendis relicta sunt, e. g. f. 52r, 74v, interdum etiam lineae aliquot, e. g. f. 158r-v, 169v, 172r; etiam inter textum scriba supplementa addidit, e. g. f. 64v vel in margine, e. g. f. 2r, 152r, 314r; codicem legentes suppletiones suas in locis vacuis intulerunt, e. g. in f. 255v; oblitterationes, e. g. f. 114r, 152r, 206r; erasa quaedam, ubi textus correctus postea est superscriptus, e. g. f. 436r, 448r; maculae, e. g. f. 254v, 341v-342r, atramento loca illita in f. 162r, 167r, 254v. Textus codicis duabus columnis dispositus in f. 1r-84v et 361r-456v schemate atramento linea simplici ducto, marginibus angustis; una tamen columna in f. 85r-360r, atramento quoque linea simplici ducto, una cum lineis scripturae horizontalibus. Huius partis margines lati, aequis intervallis perforati sunt linearum schemati efficiendo. Accedit quoque margo addititius columnam suppletivam in paginarum partibus exterioribus proximitate ponens. Pagina currens capitum numeros rubros exponit in f. 1v-67r, 69v-70r, 74v, 76v-78r, 322v-323r, 337v-338r, 351v-352r, 361r-456v. In textu nr. **3** litteras initiales repraesentantia occurrunt. Codex rubricatus. Litterae initiales ornatae non nisi in singulorum operum initiis: f. 1r littera coloribus rubro et caeruleo depicta, textus lineis 4 aequa, ornamento in margine addito; f. 85r colore rubro, textus lineis 6 aequa, ornamento ad margaritarum instar per totam columnae longitudinem adornata. Ceterum litterae initiales rubrae et caeruleae alternae, inde a f. 364v rubrae solae, 2-3 scripturae versibus aequae.

N o t a e e t g l o s s a e : F. 282v-313v, 314v-359v nullas notas et glossas praebent. Codicem adhibentium manibus supplementa quaedam in marginibus, e. g. f. 57r, 58r, 95v-102r; item emendationes, e. g. f. 208r-212v, 235r, 236r. Glossae, i. a. manu Laurentii de Ratiboria (cf. Script. et ornam.), quibus continentur Sacrae Scripturae allegationes, elucidationes, auctoritates (e. g. Thomae de Aquino, Augustini Hipponensis, Ioannis Damasceni, Leonis Magni), e. g. f. 93r (supplementum), 94r: *Unde secundum b. Tho⟨mam⟩ ...*, 99r-100v: *Nota secundum Gor⟨ram⟩ ...*, 104v: *M⟨agister⟩ Nico⟨laus⟩ de Lyra dicit ...*, 106v, 107v: *Unde dicit Leo papa ...*, 110v, 117v, 120v, 149r, 176v, 184v-185r, 203v-204v, 220v (cf. M. Kowalczyk, Warsztat, 57). In marginibus leguntur elucidationes ad textum variis manibus scriptae, e. g. f. 88v-89r, 90r-91r, 96r-v, inter quas hae ad Iudaeos spectantes, e. g. f. 131r, 143v, 162r, 163v, 169r, 247r. Glossae magis extensae, e. g. f. 171v: *Glossa movet dubium, utrum antiquis iustis, qui in inferno detinebantur, peccata essent dimissa per fidem et penitenciam ...*; f. 173r: *Glossa:*

Queritur, quare lex Moisi dicatur lex factorum et non lex ewangelii ...; f. 173v: *Et Ambrosius: Ibi est vita* ...; *vel hoc intelligitur secundum glo⟨ssam⟩ de operibus precedentibus fidem, non de sapientibus, sine quibus fides inanis est, ut ait Iacobus* ...; f. 174r: *Glossa dicit: ex fide et per fidem non ad aliquam differenciam dictum est hoc* ...; f. 232r: *Nota dicit: corpora moralia non mortua, que modo sunt, cum et superius dixit corpus mortuum* ...; f. 250r: *Sciendum, quod alterum elegit presciencia et alterum sprevit et in illo, quem elegit, propositum Dei manet* ...; f. 253v: *Cui miserebor: hoc est dare illi, cui dandum est et non dare illi, cui non est dandum* ... Invocatio pia in f. 361r: *Ductrix sit penne virgo Maria mee.* Vocabula scriptorum materiam indicantia manibus codicem legentium, e. g. f. 2r, 6v, 19v. Voces indicantes: *G⟨l⟩o⟨ssa⟩*, e. g. in f. 164v--168v, 176v-178r; *Q⟨uestio⟩*, e. g. in f. 238v, 361r; *So⟨lucio⟩*, e. g. in f. 361r, 374v, 431r, 443r-v; *Nota*, e. g. f. 89v, 361v-364r, 365r-368r; *Responsio*, e. g. f. 100v, 399v, 443r. Auctoritates: e. g. Nicolai de Gorran in f. 99r, 225r, Nicolai de Lyra in f. 104v, Petri Lombardi in f. 142r, Ambrosii in f. 173v, Augustini in f. 227v. Paragraphorum signa et tituli rubri in f. 59r. Divisionum enumerationes ciffris Arabicis in marginibus exaratae, hic illic rubrae, in aliquibus foliis inter f. 362v-456r. Manicularum formae variae, e. g. f. 106r, 118v, 152v-153r, 188r, 193v, 219v, 223v, 249v. Nota marginalis oblitterata in f. 153v. Signa peculiaria, quae sagittae parvae multiplicatae apparentiam habent, in f. 366v. Calami probationes in f. Ir.

C o m p a c t u r a Cracoviae verisimillime ca s. XV m. confecta. Notis in dorsi proximitate nimia scriptis (e. g. f. 151r, 257r) nec non chartis aliquibus obsoletis putatur codex temporis spatio aliquanto partibus separatis non compactis functus esse (cf. Fasc.). Tabulae ligneae crassae, corio caprino, olim albo, nunc paululum obsoleto et obscuro facto, obtectae, cui ornamentum lineare simplex impressum est. In tabula anteriore una puncti impressio cernitur. Cingulorum coriaceorum, qui clavulorum seu hamulorum binorum ope affigebantur, et ligularum, quibus codex olim in anteriore integumento claudebatur, vestigia. Dorsum convexum, ligamenta 4 duplicia; codicis capiti et calci funiculi texti obsuti, corio obtecti. Volumen adaequatum, anguli rotundati. Ante- et postfolia membranacea: f. I, II. Schedulae oblongae fasciculorum suturam munientes membranaceae, vacuae. In corio integumenti anterioris exterius: *Super Apostolum: Ad Hebreos postilla. Ad Romanos et Chorinthios* [*scriptum* – detritum]. Ibidem interius Benedicti Hesse manu: *Lectura super ad Hebreos et Corintheos* (cf. Script. et ornam.). Codicis status: Humiditatis infectae vestigia in partibus inferioribus foliorum plurimorum, quaedam chartae verticalis plicaturae documenta praebent: f. I, 1, 454-456, II; f. 81 et 455 rupta interius. Dorsi ligamenta quaedam scissa. F. 1r, 84v, 85r, 361r obsoleta facta.

C o d i c i s o r i g o e t f a t a : Codex, tribus partibus compositus (vide f. 84v obsoletum), s. XV dimidio priore confectus esse videtur. Pars, quae hodie in medio invenitur, iam post partem primam et tertiam compactam, volumini verisimillime inserta est, cum titulus in tabula anteriore exaratus illam nominare omitteret (cf. Comp.). Benedictus Hesse codicem habuit (cf. Script. et ornam.). Inter alios plurimos etiam Laurentius de Ratiboria eum adhibebat (cf. Script. et ornam., Notas et glossas). Signaturae antiquae: in f. Ir Tłuszczewski scripsit: *Postilla super Epistulas divi Pauli*; Fasseau: *961*; topogr.: *AA X 6.*

B i b l i o g r a p h i c a : Wisłocki, Katalog, 380; Wielgus, Obca literatura, 132; Codices manuscripti Thomae de Aquino, 2, 128, nr. 1273.

ASo, WŚ

1562

Lat., 1403 et ca, chart., cm 29,5×20,5, f. 295.

f. 1r-4r vacua, f. 3-4 columnarum schemate distincta.

f. 4v cf. Notas et glossas.

1. f. 5r-6r: Lectiones in dom. 3-5 post Pascham, in Ascensione Domini, dom. infra oct. Ascensionis, Pentecostes, Sanctae Trinitatis cum glossis Polonicis

Dominica Iubilate. —Karissimi. Obsecro vos tamquam advenas et peregrinos ...[1 Pt 2, 11] ...)(... *In die Trinitatis. Fratres. —O altitudo diviciarum sapiencie et sciencie Dei* ...[Rm 11, 33]... *et in ipso sunt omnia, ipsi honor et gloria in secula seculorum. Amen. Rom. 11* [, 36]. *In dominica 1 post Trinitatis*||

F. 5r: Dom. Iubilate, 1 Pt 2, 11-19; Dom. Cantate, Iac 1, 17-21; Dom. Rogationum, Iac 1, 22-27; f. 5v: Ascensio Domini, Act 1, 1-11; Dom. infra oct. Ascensionis Domini, 1 Pt 4, 7-11; f. 5v-6r: Dom. Pent., Act 2, 1-11; f. 6r: In festo s. Trinit., Rm 11, 33-36. Evangeliorum pericopae etiam in cod. BJ 188, 1297, 1299.

f. 6v-9v vacua, f. 6v-7v columnarum schemate distincta.

2. f. 10r-221r: Matthias de Legnica, Postilla super epistulas dominicales et quadragesimales

[Prol.] —*Videte, quoniam non michi soli laboravi sed omnibus. —Hanc proposicionem scribit sapiens Ihesus filius Sydrach* [! Eccli 24, 47]. —*Quamquam, dilectissimi, duplex sit labor: bonus et malus, et uterque multiplex, prout narrat Sacre Scripture hystoria* ...)([f. 11v]... *ut per tenorem et modum infra scriptum sequitur evidenter. In nomine benedicte et individue Trinitatis ... ac gloriosissime Virginis Marie eiusdem genitricis. Amen.*

Idem textus in cod. BJ 1564, f. 1r-2r; 1622, f. 2r-3v; 1632, f. 3r-5r.

1. *Dominica prima in Adventu* [in marg.]. *Dominica prima. —Scientes, quia hora est* ...[Rm 13, 11]. —*Hic commendat karitatem, eo quod per ipsam est oportunitas bene operandi* ...)([f. 15v]... *ad se trahit ad finem permansurum. Quod* ...

Idem textus in cod. BJ 1564, f. 2r-5v; 1622, f. 3v-7v; 1632, f. 5r-10r.

2. *Dominica 2ª in Adventu. —Quecumque enim scripta sunt* ...[Rm 15, 4]. —*Hic ostendit, quod auctoritas pertinet ad instruccionem eorum et*

tangitur quadruplex auctoritas ...)([f. 18v]... *eiusque dono atque auxilio sublevati virtutem teneamus, bonitatis adipisci mereamur. Quod nobis concedat Christus Ihesus. Amen.*

Idem textus in cod. BJ 1564, f. 5v-8r; 1622, f. 7v-11r; 1632, f. 10r-14r.

3. *Dominica tercia in Adventu.* —*Sic nos existimat homo* ...[1 Cor 4, 1]. —*Quando aliquis dominus venturus in proximo expectatur, consueverunt ministri* ...)([f. 21v]... *et exclusi felices regnabunt cum Deo in eternum. Quod nobis concedat Ihesus Christus. Amen.*

Idem textus in cod. BJ 1564, f. 8v-10v; 1622, f. 11r-13v; 1632, f. 14r-18r.

4. *Dominica quarta.* —*Gaudete in Domino semper etc.* [Phli 4, 4]. —*In hac dominica, que vicinior est Nativitati Domini, agitur de adventu Christi* ...)([f. 24v]... *in fide Ihesu Christi, que in nobis suam pacem concedat in secula seculorum. Amen.*

Cf. Schneyer, 3, 511, nr. 12 (T4: Ioannes Halgrinus de Abbatisvilla), aliter expl. Idem textus in cod. BJ 1564, f. 10v-12v; 1622, f. 13v-16v; 1632, f. 18r-21v.

5. *In Nativitate Domini.* —*Apparuit enim gracia Dei etc.* [Tt 2, 11]. —*Hodie, karissimi, illuxit nobis manifeste largitas divine bonitatis, eo quod hodie puer natus est nobis* ...)([f. 27v]... *qui venturus est iudicare vivos et mortuos in seculum per ignem. Amen.*

Cf. Schneyer, 3, 527, nr. 256 (T6: Ioannes Halgrinus de Abbatisvilla), aliter expl. Idem textus in cod. BJ 1564, f. 12v-14v; 1622, f. 16v-19r; 1632, f. 21v-24v.

6. *Dominica infra octavas Nativitatis.* —*Quanto tempore parvulus heres est etc.* [Gal 4, 1]. —*In illis dominicis, quo precesserunt nativitatem Domini, agebatur de adventu. Sed quia Deus venit et sui eum non receperunt* ...)([f. 31r]... *et hereditatem Dei eciam acquisierunt. Ad quam* ...

Cf. Schneyer, 3, 511, nr. 21 (T7: Ioannes Halgrinus de Abbatisvilla), aliter expl. Idem textus in cod. BJ 1564, f. 14v-17v; 1622, f. 19r-22r; 1632, f. 24v-28v.

7. *Dominica infra octavas* ⟨*Epiphaniae*⟩. —*Obsecro vos itaque, fratres etc.* [Rm 12, 1]... —*In hac prima dominica post Ephfeniam* [!] *Apostolus agit de statu illorum, qui per baptismum renovati sunt* ...)([f. 35v]... *quam vide in Gorram causa brevitatis. Sumus ergo sic membra hic, ut ad eternitatem perveniamus. Amen.*

Cf. Schneyer, 3, 512, nr. 25 (T11: Ioannes Halgrinus de Abbatisvilla), aliter expl. Idem textus in cod. BJ 1564, f. 17v-20r; 1622, f. 22r-25v; 1632, f. 28v-33r.

8. *Dominica post octavas Epiphanie.* —*Habentes donaciones* [Rm 12, 6] *etc.* —*Quia fidelis anima non tantum offertur Deo ut hostia per baptismi*

sacramentum ...⟩⟨[f. 38v]... *et humilitatem veneremur, ut exaltari mereamur in eterna gloria. Amen.*

Cf. Schneyer, 3, 512, nr. 29 (T12: Ioannes Halgrinus de Abbatisvilla), aliter expl. Idem textus in cod. BJ 1564, f. 20r-22r; 1622, f.25v-28v; 1632, f. 33r-36v.

9. *Dominica* 2^{a} *post Ephiphanie* [!]. —*Nolite esse prudentes* ...[Rm 12, 16]. —*In hac epistola Appostolus* [f. 39r] *arguit illos, qui estimant se esse sapientes* ...⟩⟨[f. 42r]... *sed nobilissimum est vincere in bono malum. Amen.*

Cf. Schneyer, 3, 512, nr. 34 (T13: Ioannes Halgrinus de Abbatisvilla), aliter expl. Idem textus in cod. BJ 1564, f. 22v-24r; 1622, f. 28v-31v; 1632, f. 36v-40r.

10. *Dom.* 3^{a} *post Ephiphanie.* —*Nemini quidquam debeatis* ...[Rm 13, 8]. —*In hac epistola Appostolus ait de karitate et karitatem multipliciter commendat ostendens ipsam esse plenitudinem legis* ...⟩⟨[f. 44r]... *et ideo magis fuit expressa concupiscencia illorum in preceptis quam aliorum etc.*

Idem textus in cod. BJ 1564, f. 24r-25v; 1622, f. 31v-34r; 1632, f. 40r-43r.

11. *Dominica* 4^{a} *post octavas Ephiphanie.* —*Induite vos sicut electi Dei etc.* [Col 3, 12]. —*In precedentis dominice epistola dictum est, quod qui proximum diligit, legem inplevit* ...⟩⟨[f. 46v]... *et in fide ipsius salvabimur. Quod nobis concedat etc.*

Idem textus in cod. BJ 1564, f. 25v-27r; 1622, f. 34r-37r; 1632, f. 43r-46r.

12. *Dominica in Septuagesima. In LXX* [in marg.]. —*Nescitis, quot hii, qui in stadio currunt* [1 Cor 9, 24]. —*In hac dominica incipit Ecclesia ad memoriam reducere tempus deviacionis nostre* ...⟩⟨[f. 50r]... *quia exemplo illorum educti simus de Egypto, id est de* ⟨*h*⟩*orrore huius mundi et peccatorum. Amen.*

Idem textus in cod. BJ 1564, f. 27r-29v; 1622, f. 37r-40v; 1632, f. 46r-51r.

13. *Dominica in Sexagesima.* [In marg.: *In dom. Exurge*]. —*Libenter suffertis insipientes, cum sitis ipsi sapientes* [2 Cor 11, 19]. —*In hac epistola Apostolus ostendit, quanta passus ipse sit et quanta passi sunt ipsi Corinti ab pseudoprophetis* ...⟩⟨[f. 58v]... *ut cum illo coronemur in regno celesti. Ad quod* ...

Idem textus in cod. BJ 1564, f. 29v-34v; 1622, f. 40v-49r; 1632, f. 51r-61v.

14. *Dominica* ⟨*in*⟩ *Quinquagesima.* —*Lingwis loquar hominum et angelorum* ...[1 Cor 13, 1]. —*In hac epistola agitur de karitate, que comme*⟨*n*⟩*datur tamquam perfeccio omnium operum* ...⟩⟨[f. 62v]... *Ideo secte-*

mur hanc karitatem, ut ad eternam perveniamus finicionem et beatitudinem. Amen.

Idem textus in cod. BJ 1564, f. 34v-38r; 1622, f. 49r-54v; 1632, f. 61v-67r.

15. *Dominica in Quadragesima.* —*Hortamur vos, ne in vacuum graciam Dei recipiatis* ...[2 Cor 6, 1]. —*In hac epistola advenerunt nobis dies penitencie, quos observare debemus* ...⟩⟨[f. 66v]... *erimus utique consortes suorum eternorum premiorum, que nobis concedat, qui sine fine vivit et regnat. Amen.*

Idem textus in cod. BJ 1564, f. 38r-42r; 1622, f. 54v-59v; 1632, f. 67r-72v.

16. *Dominica 2[a] in XL[a].* —*Fratres. Rogamus et obsecramus in Domino Ihesu etc.* [1 Th 4, 1]. —*Hec dominica convenienter precedenti correspondet, nam in precedenti dominica Appostolus hortatur nos* ...⟩⟨[f. 69r]... *et habundanciam gracie acquiramus, ut gloriam eternam consequamur, quam nobis prestare dignetur Ihesus Christus. Amen.*

Cf. Schneyer, 3, 513, nr. 55 (T20: Ioannes Halgrinus de Abbatisvilla), aliter expl. Idem textus in cod. BJ 1564, f. 42r-44r; 1622, f. 59v-62v; 1632, f. 72v-76r.

17. *Dominica 3[a] in XL[a]. Fratres.* —*Estote imitatores Dei* ...[Eph 5, 1]. —*In precedentibus diebus monuit nos pia mater Ecclesia de operacione boni et declinacione mali* ...⟩⟨[f. 72v]... *quam beatitudinem non percipient nisi illi, qui ambulant sicut filii lucis.*

Idem textus in cod. BJ 1564, 44r-47r; 1622, f. 62v-66v; 1632, f. 76r-80v.

18. *Dominica Letare* [in marg.]. *Fratres.* —*Scriptum est, quoniam Abraham duos filios habuit etc.* [Gal 4, 22]. —*In precedenti feria sexta et sabbato ostendit nobis sancta mater Ecclesia maximum dampnum* ...⟩⟨[f. 76v]... *ut libertatem veram, que est vita eterna, consequamur. Quam* ...

Idem textus in cod. BJ 1564, f. 47r-50v; 1622, f. 66v-71r; 1632, f. 80v-86v.

19. *In dominica Iudica.* —*Cristus assistens pontifex* ...[Heb 9, 11]. —*Ista epistola convenienter legitur in hac dominica, in qua agitur de sangwinis Christi aspersione et mortis eius per passionem* ...⟩⟨[f. 80r]... *per quem hanc hereditatem consequemur ipso prestante. Qui* ...

Idem textus in cod. BJ 1564, f. 50v-53v; 1622, f. 71r-75r; 1632, f. 86v-91r.

20. *Dominica in Ramis* [in marg.]. *Fratres.* —*Hoc sentite in vobis* ...[Phli 2, 5]. —*De turbis et pueris simplicibus Hebreorum et populi Ysrael, qui hodie processerunt obviam Christo* ...⟩⟨[f. 82v]... *id est in equalitate potestatis et deitatis natura. Ad quam* ...

Idem textus in cod. BJ 1564, f. 53v-56r; 1622, f. 75r-78r; 1632, f. 91r-94v.

21. *In Cena Domini* [in marg.]. *Fratres.* —*Convenientibus vobis in unum* ...[1 Cor 11, 20]. —*Hec solempnissima dies et quinta feria nunccupatur* [!] *Cena Domini et tam ex parte Christi quam ex parte Ecclesie* ...)([f. 89r]... *nobile sacramentum digne percipit et gloriam eternam habebit. Quam* ...

Idem textus in cod. BJ 1564, f. 56r-62r; 1622, f. 86r-88r; 1632, f. 104r-106r.

22. *Epistola in vigilia Pasche* [in marg.]. —*Si consur⟨r⟩existis cum Christo* ...[Col 3, 1]. —*In hoc solo* [apud Bertrandum: *sollemni*] *Sabbato, in quo Christus secundum corpus quievit in tumulo et secundum animam in inferno* ...)([f. 90v]... *hic in spe, quam nobis postea concedat in re et* [f. 91r] *veritate Christus Ihesus Marie Filius. Qui* ...

Cf. Schneyer, 1, 524, nr. 266 (T27: Bertrandus de Turre), aliter expl. Idem textus in cod. BJ 1564, f. 62r-64r; 1622, f. 86r-88r; 1632, f. 104r-106r.

23. *In die Pa⟨sche⟩* [in marg.]. —*Expurgate vetus fermentum* ...[1 Cor 5, 7]. —*Hodie Dominice Resurreccionis celebratur solempnitas, in qua solempnissima die verum Pascha celebratur* ...)([f. 95r]... *ut a te numquam separari valeamus. Hoc nobis concedat Pater et Filius et Spiritus Sanctus. Qui* ...

Cf. Schneyer, 3, 514, nr. 75 (T28: Ioannes Halgrinus de Abbatisvilla), aliter expl. Idem textus in cod. BJ 1564, f. 64r-68r; 1622, f. 88r-93v; 1632, f. 106v-112r.

f. 95r vide infra nr. **3**.

f. 95v vacuum.

24. [F. 96r] *Dominica in octava Pasce.* —*Omne, quod natum est ex Deo* ...[1 Io 5, 4]. —*Sicut dicit sanctus Thomas, in omnibus naturis ordinatis invenitur, quod ad perfeccionem nature inferioris duo concurrunt* ...)([f. 99v]... *ideo vestigia eius imitemur, ut vitam eternam habeamus. Quam* ...

Cf. Schneyer, 6, 549, nr. 45 (T29: Sermones OP), aliter expl. Idem textus in cod. BJ 1564, f. 68r-71r; 1622, f. 93v-97v; 1632, f. 112v-117r.

25. *Dominica 2 post festum Pasche.* —*Christus passus est pro nobis etc.* [1 Pt 2, 21]. —*Seneca in Epistola XL[a] quinta dicit: Longum iter est breve per precepta* ...)([f. 104v]... *in futuro habeamus sempiternum premium. Quod nobis concedat idem Dominus Ihesus Christus. Qui* ...

Cf. Schneyer, 6, 550, nr. 47 (T30: Sermones OP), aliter expl.; Schneyer, 3, 74 nr. 241 (T30: Iacobus de Lausanna), aliter expl. Idem textus in cod. BJ 1564, f. 71r-74r; 1622, f. 97v-103r; 1632, f. 117r-122v.

26. *Dominica 3[a] post Pascha. Dominica Iubilate* [in marg.]. —*Obsecro vos tamquam advenas* ...[1 Pt 2, 1]. —*Quia ergo a paradisi gaudiis per*

cibum cecidimus ...⟩⟨[f. 109r]... *ut Deo gratus efficiatur hic in gracia et in futuro in eterna vita. Quam* ...

Cf. Schneyer, 6, 550, nr. 49 (T31: Sermones OP), aliter expl. Idem textus in cod. BJ 1564, f. 74r-77v; 1622, f. 103r-108v; 1632, f. 122v-128r.

27. *Dominica 4ª post Pasca. —Omne datum optimum* ...[Iac 1, 17]. —*Sicut esse naturale cuiuscumque rei est a forma* ...⟩⟨f. 112v]... *ut ad verbum eternum perveniamus, quod est Christus Ihesus. Ipso eodem prestante. Qui* ...

Cf. Schneyer, 6, 550, nr. 51 (T31: Sermones OP), aliter expl. Idem textus in cod. BJ 1564, f. 77v-80v; 1622, f. 108v-112v; 1632, f. 128r-132v.

28. *Dominica quinta post solempnitatem Pasce. Fratres. —Estote factores verbi* ...[Iac 1, 22]. —*Secundum sentenciam Salvatoris, Luce XII* [, 47], *servus sciens voluntatem Domini* ...⟩⟨[f. 115v]... *ut graciam acquiramus in presenti et in futuro beatitudinem eternam. Quam* ...

Cf. Schneyer, 6, 550, nr. 53 (T32: Sermones OP), aliter expl. Idem textus in cod. BJ 1564, f. 80v-83v; 1622, 112v-116v; 1632, f. 132v-136r.

29. *Epistola in die Ascensionis Domini. —Primum quidem sermonem* ...[Act 1, 1; f. 116r]. —*In solempnitate Ascensionis Domini sancta mater Ecclesia loco epistole in missa recitare consuevit* ...⟩⟨[f. 119v]... *hodie super omnes celos ascendens. Qui* ...

Cf. Schneyer, 1, 527, nr 300 (T36: Bertrandus de Turre), aliter expl. Idem textus in cod. BJ 1564, f. 83v-84v, 102r-104r; 1622, f. 116v-121r; 1632, f. 136r-140v.

30. *Dominica Expectacionis* [in marg. sup.]. —*Estote itaque prudentes* ...[1 Pt 4, 7]. —*Secundum sanctum Thomam ad prudenciam pertinet recte consiliari, id est iudicare* ...⟩⟨[f. 123r]... *ut tandem secum in eterna vita regnare valeamus. Quod* ...

Cf. Schneyer, 6, 550, nr. 55 (T37: Sermones OP), aliter expl. Idem textus in cod. BJ 1564, f. 104r-106r; 1622, f. 121r-124v; 1632, f. 140v-144v.

31. *In die Penthecostes* [in marg. sup.]. *Epistola die Pentecostes. —Dum complerentur dies Penthecostes* ...[Act 2, 1]. —*Ipsa divina sapiencia ex ore Altissimi prodiens dicit: Ubi enim sunt duo vel tres* ...[Mt 18, 20] ...⟩⟨[f. 127v]... *que omnia appropriantur Spiritui Sancto et patet ex isto ewangelio.*

Cf. Schneyer, 6, 550, nr. 57 (T39: Sermones OP), aliter expl. Idem textus in cod. BJ 1564, f. 106r-109v; 1622, f. 124v-130r; 1632, f. 144v-150r.

32. *Epistola in die Trinitatis. —O altitudo diviciarum* ...[Rm 11, 33]. —*In presenti epistola, que legitur in die sancte et individue Trinitatis,*

[*Apostolus* in marg.] *ostendit* ...⟩⟨[f. 132r]... *ad bonum ita efficaciter inclinatum, ut in contrarium difficulter possit, Domino nostro Ihesu Christo prestante et adiuvante. Qui* ...

Idem textus in cod. BJ 1564, f. 109v-110r, 84v-88r; 1622, f. 130r-136r; 1632, f. 150r-155v.

33. *Dominica prima post Trinitatem. Karissimi. —Deus caritas est* ...[1 Io 4, 8]. —*Quamvis secundum Cassi⟨o⟩dorum Deus sit virtus ⟨in⟩explicabilis, pietas incomprehensibilis* ...⟩⟨[f. 138v]... *ut inde fructum eterne vite percipiat. Quam* ...

Cf. Schneyer, 6, 551, nr. 67 (T41: Sermones OP). Idem textus in cod. BJ 1564, f. 88r-93v (f. 90r-v vacuum); 1622, f. 136r-144r; 1632, f. 155v-162v.

34. *Dominica secunda post Trinitatem. —Nolite mirari fratres* ...[1 Io 3, 13]. —*Sicut enim causa dileccionis et amicicie est similitudo et conformitas* ...⟩⟨[f. 141v]... *et mercedem ab eo recipere mereamur, vitam eternam. Quam* ...

Cf. Schneyer, 6, 551, nr. 69 (T42: Sermones OP), aliter expl. Idem textus in cod. BJ 1564, f. 93v-96r; 1622, f. 144r-147v; 1632, f. 162v-166v.

35. *Dominica tercia post Trinitatem. —Humiliamini igitur* ...[1 Pt 5, 6]. —*Videmus enim, fratres karissimi, in hac machina mundiali, quod quantum est circumferencia minor* ...⟩⟨[f. 145r]... *ut ei semper obediamus in secula consecutiva seculorum, id est in eternum et sine fine amen, id est ita fiat et est confirmacio predictorum.*

Cf. Schneyer, 6, 551, nr. 71 (T43: Sermones OP), aliter expl. Idem textus in cod. BJ 1564, f. 96r-98v; 1622, f. 147v-151v; 1632, f. 166v-170v.

36. *Dominica quarta post Trinitatem. —Existimo enim, fratres* ...[Rm 8, 18]. —*Quamvis passiones huiusce per* [!] *temporis secundum substanciam eorum non sint condigne ad futuram gloriam* ...⟩⟨[f. 148v]... *sperant se pervenire ad gloriam eternam. Quam* ...

Cf. Schneyer, 6, 551, nr. 73 (T44: Sermones OP), aliter expl. Idem textus in cod. BJ 1564, f. 98v-101r; 1622, f. 151v-156r; 1632, f. 170v-174v.

37. *Dominica quinta post Trinitatem. —Omnes unanimes in oracione estote* ...[1 Pt 3, 8]. —*Sanctos viros docet, ut sint unanimes, nam secundum Origenem super libro Numerorum* ...⟩⟨[f. 151v]... *Quia precipitur Levitici XXIIII* [20, 7], *ubi dicitur: Sanctificamini ... et ego sanctus sum Dominus Deus vester. Ad quam* ...

Cf. Schneyer, 6, 552, nr. 75 (T45: Sermones OP). Idem textus in cod. BJ 1564, f. 101r-102r, 110r-111v; 1622, f. 156r-160r; 1632, f. 174v-178r.

38. *Dominica sexta post Trinitatem.* —*Quicumque baptisati sumus* ...[Rm 6, 3]. —*Glosa super capitulo quinto Epistole ad Hebreos distingwit triplicem baptismum: aque, penitencie et sangwinis* ...⟩⟨[f. 155r]... *in confessione augmenti remuneracio ad premium. Ad quod ...*

Cf. Schneyer, 6, 552, nr. 77 (T46: Sermones OP), aliter expl. Idem textus in cod. BJ 1564, f. 111v-115v (f. 114v vacuum); 1622, f. 160r-164v; 1632, f. 178r-182r.

39. *Dominica VII post Trinitatem.* —*Humanum dico propter infirmitatem* ...[Rm 6, 19; f. 155v]. —*Caro enim nostra in principio creacionis fuit fortis, sana, congruens et obediens anime* ...⟩⟨[f. 158v]... *Beatus Augustinus in Alchiridion* [!] *dicit: Sola gracia discernit electos a perditis ... Rogemus ergo Dominum Ihesum Christum, ut sua gracia nobis vitam eternam concedat. Amen.*

Cf. Schneyer, 6, 552, nr. 79 (T47: Sermones OP), aliter expl. Idem textus in cod. BJ 1564, f. 115v-118v; 1622, f. 164v-168v; 1632, f. 182r-185r.

40. *Dominica 8* [in marg.]. —*Fratres, debitores sumus* ...[Rm 8, 12]. —*Gregorius IX Moralium dicit: Caro servanda est discrecione magna* ...⟩⟨[f. 162r]... *hec enim est beata vita et non alt⟨er⟩a. Quam ...*

Cf. Schneyer, 6, 552, nr. 81 (T48: Sermones OP), aliter expl. Idem textus in cod. BJ 1564, f. 118v-122r; 1622, f. 168v-173v; 1632, f. 185r-189r.

41. *Dominica 9* [in marg.]. —*Non simus concupiscentes* ...[1 Cor 10, 6]. —*Causa omnis peccati vel est concupiscencia carnis vel oculorum vel superbia vite* [1 Io 2, 16]. *Modo secundum beatum Thomam 2^a 2^e, questione LXXVII^a, articulo V, duplex est concupiscencia* ...⟩⟨[f. 166v]... *parat eternitatis coronam. Quam ...*

Cf. Schneyer, 6, 552, nr. 83 (T49: Sermones OP), aliter expl. Idem textus in cod. BJ 1564, f. 122r-126r; 1622, f. 173v-179v; 1632, f. 189r-194r.

42. *Dominica 10* [in marg.]. —*De spirit⟨u⟩alibus autem nolo vos, fratres, ignorare* ...[1 Cor 12, 1, f. 167r]. —*Quam ultimam beatitudinem ignorare et simulacro luto tamquam ultime beatitudini servire* ...⟩⟨[f. 171r]... *quorum donorum nos faciat participes Christus Ihesus. Amen.*

Idem textus in cod. BJ 1564, f. 126r-129v; 1622, f. 179v-184v; 1632, f. 194r-198v.

43. *Dominica 11* [in marg.]. —*Notum autem vobis facio* ...[1 Cor 15, 1]. —*Inter omnes actus, quos homo potest producere et elicere* ...⟩⟨[f. 174r]... *per graciam Deo appropinquat, ut Filium Dei in se revelare valeat. Quod ...*

Cf. Schneyer, 6, 552, nr. 87 (T51: Sermones OP). Idem textus in cod. BJ 1564, f. 129v-132v; 1622, f. 184v-188v; 1632, f. 198v-202r.

44. *Dominica 12* [in marg.] —*Fiduciam autem talem habemus* ...[2 Cor 3, 4]. —*Pugnare volens debet talia arma induere, cum quibus potest inimicum suum superare* ...⟩⟨[f. 177r]... *quam in morte, sicut dicit glosa, perveniamus. Quod* ...

Cf. Schneyer, 6, 553, nr. 89 (T52: Sermones OP), aliter expl. Idem textus in cod. BJ 1564, f. 132v-135v; 1622, f. 188v-192v; 1632, f. 202r-205r.

45. *Dominica 13* [in marg.]. —*Abrahe dicte sunt promissiones* ...[Gal 3, 16]. —*Secundum Hay⟨monem⟩ questio hic queritur, que promissiones facte sunt Abrahe* ...⟩⟨[f. 181r]... *ut te in celis perenniter mereamur videre. Quod* ...

Cf. Schneyer, 6, 553, nr. 91 (T53: Sermones OP). Idem textus in cod. BJ 1564, f. 135v-138v; 1622, f. 192v-197r; 1632, f. 205r-209r.

46. *Dominica 14[a]* [in marg.]. —*Spiritu ambulate et desideria* ...[Gal 5, 16]. —*Familiare et notum est, quod ubi actus unius potencie intenditur* ...⟩⟨[f. 186r]... *ut te mereamur in celesti patria gaudentes videre. Quod* ...

Cf. Schneyer, 6, 553, nr. 93 (T54: Sermones OP). Idem textus in cod. BJ 1564, f. 138v-143r; 1622, f. 197r-203r; 1632, f. 209r-214r.

47. *Dominica 15* [in marg.]. —*Si spiritu vivimus, spiritu* ...[Gal 5, 25]. —*Mortificare facta carnis et crucifigere et secundum spiritum vivere et ambulare est opus nobile* ...⟩⟨[f. 190v]... *O bone Ihesu, concede nobis in hoc seculo, ut hanc fidem teneamus et in futuro seculo tecum in eternum permaneamus.*

Cf. Schneyer, 6, 553, nr. 95 (T55? Sermones OP). Idem textus in cod. BJ 1564, f. 143v-147v; 1622, f. 203r-208v; 1632, f. 214r-218v.

48. *Dominica 16* [in marg.]. —*Propter quod ne deficiatis* ...[Eph 3, 13; f. 191r]. —*Tribulacio illa, que hominem angariat et vicia carnis deprimit* ...⟩⟨[f. 193v]... *ergo gloriam Deo, ut vitam* [f. 194r] *eternam consequamur. Quam* ...

Idem textus in cod. BJ 1564, f. 147v-150v; 1622, f. 208v-212v; 1632, f. 218v-221v.

49. *Dominica 17* [in marg.]. —*Obsecro itaque vos, fratres, ego vinctus* ...[Eph 4, 1]. —*Homines digni Deo ambulant et ad vocacionem suam attendunt* ...⟩⟨[f. 197r]... *qui ibi sine fastidio eternaliter saciatur et hanc felicitatem det nobis Christus Ihesus. Qui* ...

Cf. Schneyer, 6, 553, nr. 99 (T57: Sermones OP). Idem textus in cod. BJ 1564, f. 150v-153v; 1622, f. 212v-216r; 1632, f. 221v-224v.

50. *Dominica 18* [in marg.]. —*Gracias ago Deo meo* ...[1 Cor 1, 4]. —*Graciarum acciones referre Deo non solum pro se sed eciam pro aliis*

...⟩⟨[f. 199r]... *Iudith VIII* [13, 7]: *Confirma me ... opera manuum mearum. Hanc confirmacionem nobis concedat Ihesus in secula benedictus. Amen.*

Cf. Schneyer, 6, 553, nr. 101 (T58: Sermones OP). Idem textus in cod. BJ 1564, f. 153v-155r; 1622, f. 216r-218v; 1632, f. 224v-226v.

51. *Dominica 19* [in marg.]. —*Renovamini spiritu mentis* ...[Eph 4, 23]. —*Postquam primus parens noster a iusticia originali cecidit* ...⟩⟨[f. 202r]... *ut mundo corde tibi serviamus et ut tecum in eterna patria habitare valeamus. Quod* ...

Cf. Schneyer, 6, 554, nr. 103 (T59: Sermones OP). Idem textus in cod. BJ 1564, f. 155r-158r; 1622, f. 219r-223r; 1632, f. 226v-230r.

52. *Dominica XX* [in marg.]. —*Videte itaque, fratres, quomodo caute ambuletis* ...[Eph 5, 15]. —*Nota: Quidam incaute et insipienter ambulant, quia simplices et bonum propositum habentes scandalisant* ...⟩⟨[f. 205v]... *ita humiliter tibi deservire, ut tecum mereamur in patria vivere et gaudere. Amen.*

Cf. Schneyer, 6, 554, nr. 105 (T60: Sermones OP). Idem textus in cod. BJ 1564, f. 158r-161r; 1622, f. 223r-227r; 1632, f. 230r-233v.

53. *Dominica 21* [in marg.]. —*Confortamini in Domino et in potencia* ...[Eph 6, 10]. —*Quanto quis magis cognoscit potenciam et virtutem alicuius* ...⟩⟨[f. 210v]... *gladio nos protegat et defendat Ihesus Christus. Qui* ...

Cf. Schneyer, 6, 554, nr. 107 (T61: Sermones OP), aliter expl. Idem textus in cod. BJ 1564, f. 161r-165v; 1622, f. 227r-233r; 1632, f. 233v-238r.

54. *Dominica 22*[a] [in marg.]. —*Confidimus in Domino Ihesu* ...[Phli 1, 6]. —*Ille vere dicitur confidere in Domino Ihesu, qui Ihesum Chritum Filium Dei unigenitum ex toto corde diligit* ...⟩⟨[f. 213r]... *future beatitudinis. Hec Ciprianus. Hunc ergo fructum iusticie nobis concedat Christus Ihesus. Qui* ...

Cf. Schneyer, 6, 554, nr. 109 (T62: Sermones OP). Idem textus in cod. BJ 1564, f. 165v-168r; 1622, f. 233r-236v; 1632, f. 238r-240v.

55. *Dominica 23* [in marg.]. —*Imitatores mei estote* ...[Phli 3, 17]. —*Virtuosi et caritativi hominis est exhortari ad virtutes* ...⟩⟨[f. 216v]... *et Dominum Deum in nobis habitare facimus. Hoc ipse nobis concedat. Qui* ...

Cf. Schneyer, 6, 554, nr. 111 (T63: Sermones OP), aliter expl. Idem textus in cod. BJ 1564, f. 168r-171r; 1622, f. 236v-240r; 1632, f. 240v-243v.

56. *De sancto Clemente* [in marg.]. *Divisio istius epistole. —Itaque fratres mei karissimi* [Phli 4, 1]. *—O Paule, Paule, ex habundancia cordis os loquitur* [Lc 6, 45]. *—Vas plenum est fraterna caritate et ideo ubique eructuas et effundis ea, que sunt caritatis* ...)([f. 217v]... *ne ad penam perveniat, sed ut vitam eternam a⟨c⟩quirat. Quam* ...

Idem textus in cod. BJ 1564, f. 171r-172r; 1622, f. 240r-241v; 1632, f. 243v-244v.

57. *Dominica 24* [in marg.]. *Fratres. —Non cessamus pro vobis orantes* ...[Col 1, 9]. *—De quanto enim aliquis actus est nobilior et excellencior* ...)([f. 221r]... *hanc felicitatem et collocacionem propter suam magnam misericordiam nobis prestare dignetur Ihesus Christus, Dominus noster, Marie Virginis Filius, qui est in secula seculorum benedictus, cui laus et potestas et claritas et graciarum accio, qui affuit principio misericorditer, medie* [!] *et fine* [!] *liberaliter in secula seculorum. Amen. Explicit Postilla epistolarum dominicalium per circulum anni, collecta Prage per reverendum magistrum Mathiam de Legnicz, sacre theologie professorem, anno Domini 1400, ad honorem benedicte et individue Trinitatis et gloriosissime Virginis Marie tociusque celestis curie. Amen. Rescripta quoque est in hoc libro in Potrkouia* [!] *Iacobo Paschonis presbitero de ibidem, anno Domini 1403 in Quadragesima per Petrum Mathie de Gazomÿa.*

Cf. Schneyer, 6, 554, nr. 113 (T64: Sermones OP), aliter expl.; Colophons, 15714. Idem textus in cod. BJ 1564, f. 172r-175v; 1622, f. 241v-245v; 1632, f. 244v-248r.

3. f. 95r: Nota de Sacramento Altaris

Sequens materia non est de hac Postilla. —Nota, quod omnes sensus humani decipiuntur aliquo modo in Sacramento Altaris ... —Nota secundum Doctorem Subtilem, Super 4 Sententiarum: In Sacramento Altaris sensus non decipitur ...)(... quia non habet speciem, que est ipsius corporei visus obiectum.

4. f. 221r-v: Notae

Thema super epistolam dom. 22ᵉ vel epistolam beate Marie Mag⟨dalene⟩ [in marg. sup.]. *—Salus nostra consistit in declinacione a malo, in adhesione boni ... —Primum patet per beatum Ysidorum, 2 De summo bono, c. 7 dicentem: Non proficit facere bonum ... —Extrahis* [?] *secundum Magistrum Sententiarum in 4, distinccione 45* [46]: *In omni actu divino concurrunt misericordia et veritas seu iusticia* ...[f. 221v] *—Quamvis enim gracia gratum faciens obtineatur Spiritu Sancto efficiente ... —Nobis belligerantibus in epistola dominice proxime preterite* *suasit mater Ecclesia, ut virtutis armaturam ... Dom. 23. —Inter cetera, que nos in bona vita christiana debent roborare ... —In multis locis Scripture karitas igni comparatur, que si conservari debeat ...*)(*... demeritum tangitur ibi: quorum finis interitus, meritum vero ibi: Nostra etc.* [Phli 3, 19, 20].

5. f. 222r-287v: Excerpta ex Sermonibus super epistulas quadragesimales Bertrandi de Turre

1. *Exposicio sollempnis Epistolarum quadragesimalium* [in marg. sup.]. —*Hec dicit Dominus Deus: —Convertimini* [Ioel 2, 12]. —*Presens leccio sic potest dividi. Primo enim ipse Deus per istum prophetam suadet efficacem penitenciam ...*)([f. 223r]*... scilicet viciorum compressio, mencium elevacio, virtutum et premiorum largicio, conlargicio.*

Cf. Schneyer, 1, 512, nr. 91 (T18/4), aliter inc.; cod. BJ 1262, f. 69r.

2. *Sequemur. Feria quinta ante Invocavit. —In diebus illis egrotavit Ezechias usque ad mortem* [Is 38, 1]. —*Hesterna die in capite ieiunii monuit Deus* ⟨*per*⟩ *prophetam Iohelem filios Ecclesie ...*)([f. 223v]*... non solum sanat reges et liberos, sed eciam pauperes et servos.*

Cf. Schneyer, 1, 513, nr. 94 (T18/5), aliter expl.; cod. BJ 1244, f. 1r.

3. —*Hec dicit Dominus: —Clama, ne cesses* [Is 58, 1]. —*Et sciendum, quod propheta ex persona Dei in ista leccione tria facit ...*)([f. 225v]*... ne iusticiam vestram faciatis coram hominibus.*

Cf. cod. BJ 1262, f. 71r.

4. *Sequitur sabbato ante Invocavit. —Hec dicit Dominus Deus: —*⟨*Si abstuleris de medio*⟩ [Is 58, 9]. —*In hoc sabbato XL*[me]*, quod requies dicitur, monet nos a peccatis quiescere ...*)([f. 226v]*... de quibus omnibus habetur per figuram in ewangelica leccione.*

Cf. cod. BJ 1262, f. 73r.

5. *Dominica Invocavit* [in marg.]. *Epistola. —Hortamur vos, fratres, ne in vacuum ...*[2 Cor 6, 1]. —*Sancta mater Ecclesia, legens presentem Pauli epistolam, hortatur nos ad tria ...*)([f. 227v]*... de quibus dicitur in fine ewangelii, quod angeli accesserunt et ministrabant Christo.*

Cf. cod. BJ 1262, f. 74r.

6. *Feria 2*[a] [in marg.]. —*Hec dicit Dominus: —Ecce ego ipse requiram ...*[Ez 34, 11]. —*Doctores catholici dicunt istam propheciam fore complendam ...*)([f. 228r]*... patet concordia inter istam epistolam et ewan-*

*gelium hodiernum, quod scribitur Matth. 21°* [, 40] *et incipit: Cum venerit etc.*

Cf. cod. BJ 1262, f. 75r.

7. *Feria tercia Invocavit. —In diebus illis locutus est Ysaias dicens: —Querite Dominum* [Is 55, 6]. *—Proposuit nobis hesterna die in epistola preexposita sancta mater Ecclesia divinam misericordiam* ...⟩⟨[f. 228v]... *patet autem concordia inter istam epistolam et ewangelium, quod ista die legitur et scribitur Matth. 21°* [, 10] [in marg. inf.:] *et incipit: Cum intrasset Ihesus Ierosolimis.*

Cf. Schneyer, 1, 514, nr. 107 (T19/3), aliter expl.

8. *Feria 4^a^ in 4^or^ temporibus* [in marg. sup.]. *In diebus illis. —Dixit Dominus ad Moysen: Ascende ad me* [Ex 24, 12]. *—In leccione inmediate exposita monuit sancta mater Ecclesia christianos populos viam malam deserere* ...⟩⟨[f. 230r]... *et que exprimuntur a Deo, ab isto loco usque ad 32^m^ capitulum.*

Cf. Schneyer, 1, 514, nr. 110 (T19/4), aliter expl.

9. *Item feria quarta in 4^or^* ⟨*temporibus*⟩. *In diebus illis. — Venit Helyas in Bersabee Iuda* [3 Rg 19, 3]. *—In presenti leccione 4^or^ tanguntur: primo, ad quem locum Helyas venit* ...⟩⟨[f. 231v]... *et sicud frater et soror erit coheres Christi in celesti regno etc.*

Cf. Schneyer, 1, 514, nr. 111 (T19/4), aliter inc.; cod. BJ 1262, f. 77v.

10. *Feria 5* [in marg.]. *In diebus illis. —Factus est sermo Domini ad me d*⟨*icens*⟩: *Fili hominis, quid est* ...[Ez 18, 1-2]. *—In leccione preexposita, scilicet in 3^a^ feria, monuit Ecclesia peccatorem quemlibet, ut viam suam malam deserat* ...⟩⟨[f. 233r]... *dicente Christo: O mulier, magna est fides tua* [Mt 15, 28].

Cf. Schneyer, 1, 514, nr. 113 (T19/5), aliter expl.

11. *Feria 6^a^. —Hec dicit Dominus: —Anima, que peccaverit* ...[Ez 18, 4]. *—In leccione inmediate preexposita ipse Dominus Deus volens removere omne inpedimentum penitencie* ...⟩⟨[f. 233v]... *quod est voluntatis Dei, non mors sed curacio peccatorum.*

12. *Sabbato 4^or^ temporum.* [F. 234r] *—In diebus illis oravit Moyses* ... ⟨*—Respice de sanctuario*⟩ [Dt 26, 15]. *—In hac epistola Moyses primo premittit oracione*⟨*m*⟩ *dicens: Respice etc., 2° adiungit monicionem ibi: Audi Israel* ...⟩⟨... *tamen eius mandata custodirent etc.*

Cf. cod. BJ 1262, f. 82r.

13. *Eodem die.* —*In diebus illis dixit Moyses filiis Israel* ... ⟨—*Si enim custodieritis mandata*⟩ [Dt 11, 22]. —*In 2ª leccione promittit eis perhennem possessionem et breviter dico* ...⟩⟨[f. 234v]... *propter quas nostri adversarii tenebuntur.*

Cf. cod. BJ 1262, f. 82v.

14. *Sequitur leccio 3. In diebus illis.* —*Oracionem faciebant sacerdotes* [2 Mch 1, 23]. —*In hac epistola 4ᵒʳ tanguntur, scilicet qui debent orare sollempniter, quia sacerdotes Domini* ...⟩⟨[f. 235r]... *concludit: Nec vos deserat in tempore malo, sed semper assistat vobis Dominus Deus vester.*

15. *Leccio 4* [in marg.]. —*Miserere nostri, Deus omnium* [Eccli 36, 1]. —*De auctoritate huius libri, de quo sumpta est hec leccio, certum non est, quis fuerit* ...⟩⟨[f. 235v]... *matrem virginem mortuum immortalem et cetera multa.*

Cf. Schneyer, 1, 515, nr. 121 (T19), tantum inc. similiter.

16. *Leccio 5. In diebus illis.* —*Angelus Domini* ⟨*descendit*⟩ [Dan 3, 49]. —*Ad evidenciam huius prophecie iuxta sensum misticum, ex quo hystoriatus* [!] *planus est* ...⟩⟨[f. 236r]... *faciunt sancti viri pro refrigerio eis exhibito per adventum Christi specialem.*

17. *Eodem die* [in marg.]. —*Fratres, rogamus vos, corripite* ...[1 Th 5, 14]. —*In hac epistola Apostolus duo facit: primo movet nos ad virtuosum exercicium, 2ᵒ ostendit duplicem vitam, in qua debemus exercitari* ...[f. 236v]... *quod assumpsit Ihesus Petrum, Iacobum et Iohannem* ...[f. 237v]. *Secunda premittit preclaram posessionem* ...⟩⟨... *scilicet Moysem et Petrum in cura, Heliam et Iohannem in doctrina, Ihesum et Iacobum in vita etc.*

18. [F. 236v] *In dominica Reminiscere* [in marg.]. —*Fratres, rogamus vos et obsecramus* ...[1 Th 4, 1]. —*Apostolus scribens Tessalonicensibus et in ipsis cunctis christifidelibus loquens in persona predicatoris* ...[f. 238r]... *id est sancte vivamus, addit autem Ecclesia: in Christo Iesu Domino nostro.* [manu Iacobi se Petricovia] *Vide finem in kartha* ✠[b] [f. 237r]. *In dominica Reminiscere finis epistole: Addit ... Domino nostro, ut innuat, quod ista vocacio fuit per Ihesum Christum* ...⟩⟨... *obtinebit a Christo perfectam mentis et corporis sanitatem etc.*

19. [F. 238r] *Feria 2* [in marg.]. —*In diebus illis oravit Daniel* ... ⟨*Domine, Deus noster*⟩ [Dan 9, 15]. —*Ad divisionem presentis leccionis procedamus in hunc modum. Oracio tunc efficacior est et exaudicione dignior* ...⟩⟨[f. 239r]... *et que placita sunt illi, qui misit me, facio semper.*

20. *Feria 3 Reminiscere. In diebus illis.* —*Factus est sermo Domini* ...[3 Rg 17, 8]. —*Potest ista leccio introdici* [!], *ut enim patens est, non solum sacri ieiunii optima comes est oracio* ...⟩⟨[f. 240r]... *ut ipso confortati ad mensam glorie finaliter veniamus.*

Cf. Schneyer, 1, 515, nr. 133 (T20/3), aliter inc.

21. *Feria 4.* —*In diebus illis orabat* ⟨*Mardocheus*⟩ ...[Est 13, 8]. —*Quoniam corporale ieiunium minus valde est et minus efficax* ...⟩⟨[f. 240v]... *et dare animam suam in redempcionem pro multis.*

Cf. Schneyer, 1, 516, nr. 135 (T20/4), aliter expl.

22. *Feria 5* [in marg.]. —*Hec dicit Dominus Deus: Maledictus homo, qui confidit* ...[Ier 17, 5]. —*Sicut visum est, monuit nos Ecclesia feria secunda et quarta huius secunde ebdomade instanter orare* ...⟩⟨[f. 241v]... *ergo dicit propheta in Psalmo: Tu reddis unicuique iuxta opera sua.*

Cf. Schneyer, 1, 516, nr. 138 (T20/5), aliter expl.

23. *Feria sexta post Reminiscere.* —*In diebus illis dixit Ioseph fratribus suis* [*Gen 37* in marg.]. —*Hesterna die dixit Ecclesia verba Domini dicta per Ieremiam* ... —*Audite sompnium meum* ...[Gen 37, 6] *Ubi nota, quod iste Ioseph in sompniis, que vidit* ...⟩⟨[f. 243r]... *qui melius reddiderunt Deo fructum iusticie quam Iudei.*

24. *Sequitur. Sabbato post Reminiscere* [in marg.]. —*In diebus illis dixit Rebeca Iacob* ...[Gen 27, 6]. —*Ostensum fuit heri in Yoseph, quod verum est verbum* ...⟩⟨[f. 245r]... *recipiat ad convivium militantis Ecclesie per graciam et ad convivium triumphantis per gloriam. Quam nobis concedat Ihesus Christus. Amen.*

Cf. Schneyer, 1, 516, nr. 146 (T20/Sabb.).

25. *Dominica Oculi, Eph 5°* [in marg. sup.]. *Fratres.* —*Estote imitatores Dei* ...[Eph 5, 1]. —*In diebus precedentibus* [*in epistolis* in marg.] *monuit nos pia mater Ecclesia de operacione boni* ...⟩⟨[f. 246r]... *Quam quidem beatitudinem non percipient nisi illi, qui ambulant sicud filii lucis.*

Cf. Schneyer, 1, 516, nr. 149 (T21), aliter expl.

26. *Feria secunda in Oculi. In diebus illis.* —*Naaman princeps, princeps milicie* ⟨*regis Syrie*⟩ [4 Rg 5, 1]. —*Hesterna die monuit nos mater Ecclesia per Apostolum, ut in operacione bonorum et declinacione malorum imitemur exemplar omnium bonorum, scilicet Christum* ...⟩⟨[f. 247r]... *cum tamen vos repellatis me et amplius repelletis.*

Cf. Schneyer, 1, 517, nr. 154 (T21/2), aliter expl.

27. *Feria tercia Oculi* [in marg.]. *In diebus illis. —Mulier quedam ⟨de uxoribus⟩* [4 Rg 4, 1]. *—Peccatum mortale non est solum anime immundicia ...*⟩⟨[f. 248r]... *in medio existens sicut ewangelium dicit.*

Cf. Schneyer, 1, 517, nr. 156 (T21/3), aliter expl.

28. *Feria quarta Oculi. Hec dicit Dominus Deus: —Honora patrem tuum* [Ex 20, 12]. *—Monuit nos pia mater Ecclesia secunda feria et* 3^a *nunc precedentibus lavari lavachro penitencie contra peccati inmundiciam* ...⟩⟨[f. 249r]... *in ipso digne cogitaciones vestras et affecciones offerre valeamus.*

Cf. Schneyer, 1, 517, nr. 159 (T21/4), aliter inc.

29. *Sequitur feria 5 post Oculi. In diebus illis. —Factum est verbum Domini* [Ier 7, 1]. *—Hesterna die proposuit nobis Ecclesia precepta legis moralis* ...⟩⟨[f. 250r]... *scienciam habere ad Deum, frequentemus ergo scolam Christi.* [In marg. inf. add.:] *Patet concordia inter istam epistolam* ...⟩⟨... *non solum sub una, sed in omnibus etc. etc.*

Cf. Schneyer, 1, 517, nr. 161 (T21/5), aliter expl.

30. *Feria 6 post Oculi* [in marg.]. *In diebus illis. —Convenerunt filii Israel* [Num 20, 1]. *—Die preterita ostendit nobis Ecclesia, quod observatores divine legis magnum assecuntur comodum* ...⟩⟨[f. 251r]... *sed fiet in eo fons aque salientis, id est in vitam eternam salire facientis.*

Cf. Schneyer, 1, 517, nr. 164 T 21/6.

31. *Sabbato post Oculi. In diebus illis. —Erat vir in Babilone* ...[Dan 13, 1]. *—In precedenti leccione figuraliter loquens Ecclesia ostendit nobis in Moyse et Aaron* ...⟩⟨[f. 253r]... *dicente Christo mulieri adultere: Non ego te condampnabo, vade et amplius noli peccare* [Io 8, 11].

Cf. Schneyer, 1, 518, nr. 168 (T21/Sabb.), aliter expl.

32. *Dominica Letare. Fratres. —Scriptum est, quoniam Abraham duos filios habuit* [Gal 4, 22]. *—In precedenti feria* VI^a *et sabbato ostendit nobis sancta mater Ecclesia maximum dampnum* ...⟩⟨[f. 254v]... *sicud refert finis ewangelii: Propheta magnus surrexit in nobis etc.* [Lc 7, 16].

Cf. cod. BJ 1301, f. 43v.

33. *Feria 2 post Letare. In diebus illis. —Venerunt due mulieres* ...[3 Rg 3, 16]. *—Apostolus Paulus in persona sancte matris Ecclesie hesterna die excitavit nos efficaciter* ...⟩⟨[f. 255v]... *et ipse in Ecclesiaste totum populum congregat.*

Cf. Schneyer, 1, 518, nr. 176 (T22/2), aliter expl.

34. *In diebus illis.* —*Locutus est Dominus ad Moysen dicens: Vade* ...[Ex 32, 7]. —*Precedenti 2^a feria ostensum est nobis in figura duarum mulierum meretricum* ...)([f. 256r]... *ut dicit finis ewangelii et ut credentes salutem consequamur.*

Cf. Schneyer, 1, 518, nr. 178 (T22/3).

35. *Feria 4 post Letare. Hec dicit Dominus Deus:* —*Sanctificabo nomen meum* ...[Ez 36, 23]. —*Presens leccio sic potest dividi, ut dicamus, quod Iudeis convertendis ad fidem Christi* ...)([f. 256v]... *ut solum per quandam authomasiam* [!] *dicatur populus Domini et ipse Deus eius.*

36. *Eodem die. Hec dicit Dominus:* —*Lavamini et mundi estote* [Is 1, 16]. —*Sicut apparuit in prima prophecia huius diei, Dominus descripsit efficaciam salutaris baptismatis, in ista vero 2^a monet Ecclesia baptisandos* ...)([f. 257r]... *ut ipsum in futuro perpetue cernere valeamus.*

37. *In diebus illis.* —*Venit mulier Sunamitis* ...[4 Rg 4, 25]. —*Die immediate precedenti ostendit nobis sancta mater Ecclesia, quod ipsa exempla per graciam Novi Testamenti habent efficaciam* ...)([f. 258v]... *quam fuerat Elyzeus et quia Deus visitavit plebem suam.*

Cf. Schneyer, 1, 519, nr. 185 (T22/5), aliter expl.

38. *Feria 6^a post Letare. In diebus illis.* —*Egrotavit filius mulieris* [3 Rg 17, 17]. —*In ista leccione describitur in Scriptura, scilicet filii casum dolorosum* ...)([f. 259r]... *usque ad Pascha Ecclesia memoratur Christi passionem, unde et dominica sequens dicitur de passione.*

39. *Sabbato post Letare.* —*Hec dicit Dominus Deus: In tempore placito* ...[Is 49, 8]. —*Illa, que continet presens leccio, promissa fuerunt a Deo Patre* ...)([f. 260r]... *quia ei testimonium prohibebat Deus Pater.*

Cf. cod. BJ 1301, f. 48v.

40. *Dominica Iudica.* —*Cristus asistens pontifex* [Heb 9, 11]. —*Convenienter ista epistola, in qua agitur de sangwinis Christi aspersione* ...)([f. 260v]... *iterum se eis oblaturus et eorum iniquis traditurus.*

Cf. cod. BJ 1301, f. 49r.

41. *In diebus illis.* —*Factum est verbum Domini secundo* ...[Ion 3, 1]. —*Recolens pia mater Ecclesia Dominice passionis misterium, non solum proponit fidelibus verba preconis* ...)([f. 261v]... *et certe credentes in Christum pro maiori parte de gentibus fuerunt. Et sic patet.*

Cf. Schneyer, 1, 520, nr. 203 (T23/2), aliter expl.

42. *Feria 3 post Iudica. In diebus illis. —Congregati sunt Babylonii* [Dan 14, 27]. *—Sicud missio sancti Yone in mare prefigurat secundum Ieronimum Christi mortem et passionem ...*⟩⟨[f. 262v]*... Domine, Deus noster et* [*non* suprascr.] *derelinquis querentes te.*

Cf. Schneyer, 1, 520, nr. 206 (T23/3).

43. *Feria* 4^{a} *post Iudica. In diebus illis. —Locutus est Dominus ad Moysen dicens: Loquere. ...*[Lev 19, 1-2]. *—Leccio presens, que continet quedam precepta negativa ordinando hominem ...*⟩⟨[f. 264r]*... ipsum persequi, postmodum procuraverunt. Et sic patet.*

Cf. cod. BJ 1301, f. 51r.

44. *Feria quinta post Iudica. —In diebus illis oravit Daniel* [recte: Azarias; Dan 3, 25]. *—Convenienter hoc passionis tempore legitur presens leccio, que per figuram continet oracionem ...*⟩⟨[f. 265v]*... in isto ewangelio: Remittuntur ei peccata multa, quoniam dilexit multum* [Lc 7, 47].

Cf. Schneyer, 1, 521, nr. 212 (T23/5), aliter inc., similiter expl.; cod. BJ 1301, f. 52v.

45. *Sequitur feria 6 post Iudica. In diebus illis dixit Ieremias propheta: —Domine, omnes, qui te derelinquu*⟨*n*⟩*t* [Ier 17, 13]. *—Sanctus Ieremias inter omnes prophetas Veteris Testamenti exppressius* [!] *gerit figuram Salvatoris ...*⟩⟨[f. 266r]*... et ewangelium hodiernum, quod incipit: Collegerunt pontifices et scribitur Io.* XI° [, 47]. *Sequitur.* [In marg inf. adscr.:] *In leccione denique agitur ...*⟩⟨*... postmodum amiserunt etc.*

Cf. Schneyer, 1, 521, nr. 214 (T23/6), aliter expl.

46. *Sabato post Iudica* [in marg.]. *In diebus illis. —Dixerunt impii Iudei:* ⟨*Venite et cogitemus*⟩ [Ier 18, 18]. *—Postquam Ecclesia recitavit heri consilium, quod adversus Iesum Iudei impii collegerunt ...*⟩⟨[f. 267r]*... et incipit: Cogitaverunt Iudei. In presenti namque leccione predicta fuit prophetice passio Iesu Christi sub typo Ieremie* [In marg inf. adscr.:] *In presenti namque leccione ... sub typo Ieremie. Et quantum ad Iudeorum iniquam cogitacionem ...*⟩⟨*... ut bene diceret vox celestis et clarificavi et iterum clarificabo etc.*

Cf. cod. BJ 1301, f. 54r.

47. *In dominica Palmarum* [in marg.]. *In diebus illis. —Venerunt filii Israel in Helym* [Ex 15, 27]. *—Refert hystoria, Exo.* 12° [, 6], *quod agnus ymmolandus* 14^{a} *luna primi mensis ad vesperam debebat queri prima die ...*⟩⟨[f. 268v]*... legitur ante processionem et scribitur Matth.* 21° [, 1] *et incipit: Cum appropinquaret Ihesus Ierosolomis* [!] *etc.*

Cf. Schneyer, 1, 521, nr. 219 T 24, aliter expl.

48. —*Venerunt filii Israel in Helym etc.* [Ex 15, 27]. —*De pueris Hebreorum et turbis simplicibus illius populi, qui hodie processerunt* ...⟩⟨[f. 269v]... *Matth. 25º* [, 34] *scriptum: Venite benedicti Patris mei, possidete paratum vobis regnum a constitucione mundi.*

Cf. Schneyer, 1, 521, nr. 220 (T24).

49. *Ipso die Palmarum* [in marg.]. *Fratres.* —*Hoc sentite in vobis* [Phli 2, 5]. —*Facta processione missa sequitur, que tota est de Domini passione, in qua legitur hec epistola* ...⟩⟨[f. 270r]... *legitur et scribitur: Matth. 26º* [, 2] *et incipit: Scitis, quia post biduum etc.*

Cf. Schneyer, 1, 521, nr. 221 (T24), aliter expl.

50. —*Humiliavit semetipsum factus obediens usque ad mortem* ...[Phli 2, 8]. —*Sicud per hominem, scilicet Adam, mors intravit in mundum, sic per unum hominem Ihesum Christum vita rediit ad mundum* ...⟩⟨[f. 271r]... *redolenciam et oliva misericordiam.*

Cf. Schneyer, 1, 521, nr. 223 (T24), aliter expl.

51. *Feria 2 post* [*Palmarum*, in marg.]. *In diebus illis dixit Ysaias:* —*Dominus aperuit mihi aurem* [Is 50, 5]. —*In precedenti epistola dixit idem, quanta fuit obediencia Ihesu Christi* ...⟩⟨[f. 272r]... *quilibet valebat decem usuales et ita habuit trecentos.*

Cf. Schneyer, 1, 521, nr. 224 (T24/2), aliter expl.

52. *De eodem* [in marg.]. *Feria 2 post Ramos.* —*Corpus meum dedi* ...[Is 50, 6]. —*In quo quidem verbo tria iugiter considerare debemus, scilicet passionis magnitudinem* ...⟩⟨[f. 273r]... *quasi iterum crucifigit corpus Christi, sicut dicit Apostolus Hebre. 6º* [, 6].

Cf. cod. BJ 1301, f. 59r.

53. *Feria 3ª* [in marg.]. —*In diebus illis dixit Ieremias:* ⟨—*Domine demonstrasti mihi*⟩ [Ier 11, 18]. —*Adhuc sancta mater Ecclesia sponsi sui passionem acerbissimam recolens reducit ad memoriam* ...⟩⟨[f. 274r]... *circa Christum in sua passione fuisse completa. Et sic patet.*

Cf. Schneyer, 1, 522, nr. 227 (T24/3), aliter expl.

54. *Feria 4ª post Palmarum. Hec dicit Dominus Deus:* —*Dicite filie Syon* [Is 62, 11]. —*In ista quarta feria Maioris Ebdomade, in qua Salvatoris nostri caro innocentissima fuit* ...⟩⟨[f. 276r]... *reddidit nobis Dominus Deus noster non quia debita, sed quia promissa etc.*

Cf. Schneyer, 1, 522, nr. 230 (T24/4).

55. *Eodem die. In diebus illis dixit Ysaias: —Domine, quis crediderit auditui* ...[Is. 53, 1]. —*Post leccionem preexpositam legitur ista die eiusdem prophete alia leccio* ...)([f. 278r]... *in ewangelio recitatur tamquam facta futura. Et sic patet etc.*

Cf. Schneyer, 1, 522, nr. 233 (T24/4), aliter expl.

56. *Bona feria quinta. Fratres. —Convenientibus vobis in unum* [1 Cor 11, 20]. —*Hec sollempnissima dies, que nuncupatur Cena Domini, tam ex parte Christi quam ex parte Ecclesie* ...)([f. 282r]... *fomitemque remittit, scilicet concupiscencie carnalis.*

Cf. Schneyer, 1, 522, nr. 235 (T25), aliter expl.

57. *In vigilia Pasche* [in marg.]. —*Si consurrexistis cum Christo* ...[Col 3, 1]. —*In qua quidem epistola Apostolus breviter tria tangit, scilicet sanctitatis fundamentum* ...)([f. 283r]... *ab ubertate domus tue, cum apparuerit gloria tua.*

Cf. Schneyer, 1, 524, nr. 266 (T27), aliter inc.

58. *In die Resureccionis. —Expurgate vetus fermentum etc.* [1 Cor 5, 7]. —*In hac die sollempnissima Resurreccionis Dominice verum Pascha celebratur* ...)([f. 284r]... *id est que designant sinceritatem consciencie et veritatem iusticie et cetera.*

Cf. Schneyer, 1, 524, nr. 268 (T28), aliter expl.

59. *In Ascensione Domini. —Primum quidem sermonem feci* [Act 1, 1]. —*In sollempnitate Ascensionis Salvatoris elegit sancta mater Ecclesia loco epistole in missa dicere primam partem libri Apostolicorum Actuum, quem Lucas ewangelista condidit* ...)([f. 286r]... *utrobique enim in fine fit mencio de isto ascensu supermirabili.*

Cf. Schneyer, 1, 527, nr. 300 (T36), aliter expl.

60. *In die Penthecostes. —Cum complerentur dies Penthecostes* [Act 2, 1]. —*In hac leccione innuuntur 4^or^, que circa istud festum mirificum contigerunt. Primum est ex parte signi apparentis* ...)(... *sicut clare patent hec omnia ex isto ewangelio, quod scribitur Iohannis 14. Deo gracias. Auctor horum Pertrandus* [!]. *Excerpta Bertrandi super epistolas. Explicit opusculum istud per manus Iohannis Francken*...[erasum].

Cf. cod. BJ 1301, f. 75v.

Quoad collectionem cf. ed.: Bertrandus de Turre, Sermones quadragesimales epistolares, Argentinae 1501, f. Aa 1r sqq.

6. f. 287v: Excerpta ex Meditationum cap. 2-3 Pseudo-Bernardi vel Pseudo-Hugonis de Sancto Victore vel Guilelmi Tornacensis

De cognicione sui. —Bernardus in tractatu Multa multi sciunt, cap. II° dicit: De parentibus illis venio ...)(... post paucos sunt vermes voraturi.

Cf. Bloomfield, 3126 + Suppl.; CPPMA 2B, 3072k. Ed.: PL 184, 487-490. Cf. etiam textum in cod. BJ 554, f. 123v-128v; 1576, f. 23v-33v.

7. f. 288r-v: Excerpta varia

De viduis secundum Gilbertum ⟨*de Tornaco*⟩. *—Non vere vidue sunt, que sunt nimis deliciose. Vidua enim in deliciis vivens mortua est ...)(... Mulier enim, que nupta est, cogitat, que sunt mundi et quomodo placeat viro, que autem innupta est et vidua cogitat, que sunt Dei, I Cor. 7* [, 34; cf. i. a. cod. BJ 691, f. 252r, 253r].

De virginibus secundum eundem. —Item Ieronimus ad Achiletam [recte: Letam]: *Si quando ad suburbana pergis, domi filiam non relinquas* ...[f. 288v]... *Secundum Augustinum in De cohabitacione mulierum et clericorum ... Secundum Ieronimum Ad Nepocianum hospiciolum tuum aut numquam aut raro mulierum pedes ...)(... de possessione sua mulier eiecit. Hec Ieronimus* [cf. i. a. cod. BJ 691, f. 254r in media p., ubi nostri codicis fragm., f. 288rb: *Castitas in perpetuum coronata ...)(... per que veniunt ad triumphum*].

8. f. 288v-289r: Exempla ex Vitis patrum et al.

—Heracliades. —Ego cum gravi carnis temptacione urgerer ...)(... et sic adveniens cum fiducia redii. Hoc exemplum valet ad temptacionem. Et quod nullus debet confidere in senectute pro sanctitate, sed tantum in Deo. Ex Vitis patrum. —Quidam affligebatur pre memoria mulieris ...)(... donec evaneret concupiscencia sua. Hec de Alphabetho narracionum. [F. 289r] *Istud est primum exemplum de Alphabeto narracionum. Anselmus. —Quidam abbas semel conferebat cum Antonio: Quid faciemus de pueris in claustro nutritis? Non cessamus, inquit, die ac nocte eos verberare ...)(... obliquo valeant intueri* [cf. Bloomfield, 448, 4803; Kaeppeli, 335; RB 1444,1; CCCM 160]. *Ex Vitis patrum. —Quidam frater turpiter impugnatus confessus est seni ...)(... Hoc exemplum valet ad confessores indiscretos et ad compassionem habendam de peccatoribus* [cf. List, Handschriften Mainz, 2, 42-43 (Hs. I 155, f. 25r)]. *—Senex Thebeus,*

cum ipse esset filius sacerdotis ydolorum ...⟩⟨... dignum negocium perpetrasse [cf. PL 73, 885]. *In collocione* [!]. —*Pafnucius tanta discrecione multis annis vixit ...⟩⟨... absque omni dispendio poteris tollerare.* —*Fuit quidam abbas, qui epistolabatur cottidie ...⟩⟨... non est soror.*

9. f. 289v-293r: Iacobus de Voragine OP, Sermo in Dedicatione ecclesiae

In dedicacione templi de Passionali [in marg. sup.]. —*⟨D⟩edicacio ecclesie inter alias festivitates sollempniter ab Ecclesia celebratur ...⟩⟨... erit dignus plane, in quo Christus habitat per graciam, ut tandem in eo habitare dignetur per gloriam. Quod ...*

Ed.: Legenda aurea, 1283-1298.

10. f. 293r-294v: Hugo de Prato Florido OP, Sermo in dom. 25 post Pentecosten

Secundum fratrem Hugonem de Prato Ordinis Fratrum Predicatorum, magistrum in theologia [in marg. inf. manu Iacobi de Petricovia]. *Sequitur epistola dominice 25.* —*Ecce dies veniunt, dicit Dominus, et suscitabo* ...[Ier 23, 5]. —*Quia in sequenti dominica adventum Filii Dei in mundum recolere debemus ...⟩⟨... in requie opulenta et vita beata. Ad quam vitam ipse Christus nos perducat, in cuius virtute et ad cuius honorem hoc opus incepi mundavi. Qui vivit et regnat. Amen. Et sic est finis huius.*

Cf. Schneyer, 2, 752, nr. 126 (T65). Ed.: [Argentinae ca 1473] (GW 13567), sermo ultimus.

f. 295r vacuum.

f. 295v cf. Notas et glossas.

F a s c i c u l i: 1^{4+5} (f. 1-9, fasc. verisimillime, cum codex compigeretur, additus, compositus ex duobus bifoliis: f. 3-6 et 4-5; cetera huius fasciculi folia alteris bifoliorum partibus carent, sed schedularum oblongarum (Falz) ope dorso agglutinata sunt; insuper quaedam folia erepta esse videntur, cf. Signa aquatica); $2\text{-}6^{6+6}$ (f. 10-69); 7^{7+7} (f. 70-83); $8\text{-}10^{6+6}$ (f. 84-119); 11^{7+7} (f. 120-133); $12\text{-}17^{6+6}$ (f. 134-205); 18^{8+8} (f. 206-221); 19^{6+7} (f. 222-234, post f. 228 folium minorum dimensionum additum), 20^{7+6} (f. 235-247, post f. 236 folium minorum dimensionum additum), $21\text{-}24^{6+6}$ (f. 248-295). Custodes in fasc. 2-18 (*primus-17*^{us}), 20-21 (*II*^{us}*-III*^{us}). Accedunt custodes erronei in fasc. 9-11, 13-16 cancellati (*6*^{us}*-8*^{us}, *10*^{us}*-13*^{us}). Reclamantes seu earum vestigia in fasc. 2, 5-6, 9-11, 13-17. Codex duabus partibus constat: f. 10-221 et f. 222-295, quae ante compacturam factam separatim adhibebantur, quod etiam foliis exterioribus obsoletis probatur.

S i g n a a q u a t i c a: 1. Var. Piekosiński 239 (1396), var. Piccard-Online 85918 (1397) f. 3-6, 10-69, 96-119; 2. Var. Piekosiński 116 (1399), var. Piccard 2, VIII

45 (1399-1405) f. 8, 70-74, 76-77, 79-95; 3. Id. Piekosiński 825 (XV[1]) f. 9, 75, 78 (signum e nostro codice reproductum); 4. Var. Piekosiński 623 (XIV[10]), var. Piccard-Online 41122 (1402) f. 120-145; 5. Var. Piekosiński 226 (1390), var. Piccard 10, III 1040 (1395) f. 146-157; 6. Var. Piccard 9, X 1424 (1394) f. 158-221; 7. Id. Piekosiński 577 (1395), var. Piccard-Online 40999 (1394) f. 222-234, 284-295; 8. Var. Piekosiński 162 (1396/8), var. Piccard 2, XII 231 (1394-1399) f. 235-236, 238-283. F. 1-2, 7, 229, 237 signis carent. Charta a. 1390-1405 in usu erat.

S c r i p t u r a e t o r n a m e n t a : Codex aliquot manibus exaratus, inter quas hae distingui possunt: 1. Petri Matthiae de Gazomia (vel Gazumia, in districtu Petricoviensi) – f. 10r-221r, cf. colophonem in f. 221r; Colophons, 15714; 2. Ioannis Francken – f. 271v-287v, cf. colophonem in f. 287v; 3. Iacobi de Petricovia – f. 4v-6r, 229r-v, 237r-v, 287v-289r, 295v, cf. eius manus scripturam in cod. BJ 1356, p. 170-214 nec non notas in codicibus ex eiusdem bibliotheca. Scriptura duabus columnis disposita, atramento delineatis. Codex diligentissime exaratus; lineolae, quibus vocabula inter lineas divisae sunt, longae, simplices vel duplices. Lacunae in textu suppletae, e. g. f. 228v, 229r. Inde a f. 222-287 citationes ex Sacra Scriptura litteris maioribus exaratae. Rubricatio exigua; f. 1-10, 288-295 sine rubricatione. Textus saepissime nigro vel rubro atramento lineis infra ductis distincti. Litterae initiales simplices (2-3 textus lineis aequae) in capitum singulorum initiis. Hic illic litterae initiales virides (2-5 textus lineis aequae) ornamento rubro ad vitrearum instar repletae et filigrano in margine decoratae, e. g. f. 10r, 11v, 24v. In f. 44r littera initialis rubra filigrano viridi decorata. In f. 243r et 264r inter textus columnas drolerie q. v., calamo scriptae (littera I).

N o t a e e t g l o s s a e : Paucissimae emendationes et supplementa scribae manu, e. g. f. 27v, 30r, 60r, 68v, 75v, 82v, plures tamen glossulae Iacobi de Petricovia manu, i. a. textus emendationes et supplementa, e. g. f. 4v-5r, 100r-102v, 105v, 107r; auctores citati, e. g. f. 12r, 209v: *secundum Haymonem*, f. 12v: *secundum Gorram*, f. 110v: *Augustinus*, f. 214v: *secundum Augustinum*, f. 221r: *Ysidorus, Gregorius, Bernardus*; excerpta ex auctoribus, e. g. f. 100r: *Nota: Ymago Trinitatis benedicte relucet in homine secundum animam, ut dicit Augustinus 14 De civitate. Et Magister in primo Sententiarum dist. 3 et in dist. 16: quia in mente humana sunt memoria* ..., f. 105r: *Augustinus in Regula: Prelatus plus a subditis amari appetat quam timeri*, 197r: *Bernardus: Accipiendis indignus est* ..., f. 111r: *Augustinus: Verbum predicacionis securius auditur quam predicatur* ..., f. 113r: *Secundum Crisostomum Super Mattheum et ponitur in Canone* ..., f. 119r: *Nota secundum Magistrum in Rationali divinorum officiorum, parte 4, ti⟨tulo⟩: De processionibus: In primitiva Ecclesia* ..., f. 119v: *Seneca in De 4 vir⟨tutibus⟩ car⟨dinalibus⟩: Si prudens es, animus tuus tribus dispensetur temporibus* ..., f. 127v: *Secundum Augustinum in De Trinitate: De summa et excellentissima Trinitatis natura* ..., f. 128v: *Augustinus in primo libro De Trinitate: Non pigebit me* ... *Bernardus, De sancta Trinitate scrutari temeritas est, credere pietas nosse vita eterna,* f. 191v: *Gregorius: Qualisquisque aput se lateat* ... In folio integ. ant. aggl.: *Sepe que aput hominum iudicium bona apparent* ... *Hec Ysidorus 2 De summo bono, c. 26*, f. 295v: *Augustinus in Meditacionibus: —Vide, o anima, ne, quod absit, meretrix dicaris ...)(... vicissitudinem dileccionis repende. Hec ille* [cf. PL 40, 852 (De diligendo Deo fragm. cap. IV, V) – auctor incertus]. Manu Iacobi de Petricovia in folio integ. post. aggl.: *Innocentius in De vilitate humane condicionis capitulo 68: O vanitas vanitatum ...)(... Item exemplum ponit de philosopho osculante palium* [cf. ed.: PL 217, 733, cap. XXXIX]. Manu posteriore adscr.: *Vestimenta*, infra Iacobi de Petricovia manu citationes ex Sacra Scriptura: Eccli 32 [, 1-2,

10-13, 24, 26]; Mich 7 [, 6]; Mt 10 [, 35]; Eccli 34 [, 23-28], 40 [, 1, 11, (*Melius est enim mori quam indigere*) 29]; 34 [, 4, 7, 9-10]; 19 [, 26-27, 23]; 4 [, 29, 9-12]; Sap 6 [, 7, 9], 11 [, 17, 21, 24]; Prv 18 [, 1]. Accedunt et carmina: f. 46v: *Wersus. —Quinque pedes passum faciunt* ...[Walther, Initia, 16033a]; f. 108v: *Wersus —Munera crede mihi* ...[Id., Proverbia, 15656]; —*Placatur donis* ...[Ibid. 21534]; f. 109v, f. 128r: *Wersus. —Quidquid habes meriti* ...[Id., Initia, 15985; Id., Proverbia, 25286]; f. 205r: —*Non vox sed votum* ...[Id., Initia, 12222; Id., Proverbia, 18723]; f. 214v: —*Non vivas, ut edas, sed edas, ut vivere possis* [Ibid., 18714]; f. 278r: —*Rex sedet in cena* ...[Id., Initia, 16778; Id. Proverbia, 26863]; f. 203r: *Status ad argentum mundi devenit ab auro ... et in tali feteat omnis homo* ...[ed.: Henricus Septimellensis, Elegia, Bergamo 1949, 74, v. 185-190 (Orbis Christianus, 1)]; f. 206v: *Wersus secundum Grecismo* [!]: *Est sathan adversans, Belial quod apostata signat... inde dyabolus est, quia duplex est bolus eius* [ed.: Eberhardus Bethuniensis, Graecismus, ed. A. J. Wrobel, Wratislaviae 1887, 58, v. 73-76 (Corpus grammaticorum medii aevi, 1), repr. Hildesheim 1987]; f. 209r: *Wersus —Defendit, velat, calefacit calceus, ornat.* Accedunt in marginibus vocabula textus materiam indicantia, e. g. f. 105r: *Peregrini habent in se quinque*; f. 119r: *De processionibus, de parrochianis;* f. 120v: *Oracionis fructus.* Maniculae plurimae, e. g. in f. 14v, 39r, 47v, 49r (cf. maniculas in cod. BJ 297); *exemplum*, e. g. f. 101v, 145r, 146v, 158r; numeri Arabici in marginibus textus materiam ordinant, e. g. f. 82v-83r, 94v-95r; dies festi et Dominici designantur, in quos sermo datus cadit, e. g. f. 11v, 24v, 50r, 72v; designationes in forma punctorum trium cum lineola undosa, e. g. f. 14v, 39r, 47v, 49r. In f. 214r versus memorialis: *Luc. 23. Pater, ira, paciencia* ...⟩⟨... *invidia, karitas.* Glossulae Polonicae manu Iacobi de Petricovia: f. 5r-6r, 46v-47r, 99v, 100r, 200v, 201v, 202v, 205v-206r [ed.: Kowalczyk, Belcarzowa, Wysocka, Glosy polskie, 98-102]. Editis addenda sunt vocabula haec: f. 109v: *coagitatam, id est strzasyona*; *superefluentem, id est opluyta*; *confertam, id est pelna*; f. 252v: *cynus – kalyna.* Manu Ioannis de Osswyanczym textus emendationes, supplementa et notae, f. 126v-127r (eius scripturam cf. in cod. BJ 1918, f. 39v).

C o m p a c t u r a Poloniae s. XV in. confecta adhibitis tabulis ligneis admodum crassis, oblique paulo praecisis, obtectis corio cervino olim albo, quod hodie subfuscum et detritum factum est. Codex olim duobus cingulis coriaceis, metallo praefixis, qui binis in unaquaque tabula clavulis, adhuc asservatis, affixi sunt et ligulis in anteriore integumento claudebatur. Umbonum metallicorum vestigia in utroque integumento: quaternorum rotundorum in angulis et singulorum rosettae forma in media tabula. In anterioris integumenti parte superiore schedulae chartaceae agglutinatae fragmentum asservatur inscriptione ornatae hac: ⟨*Qu*⟩*adragesimalium* (cui similes chartulae in aliis quoque Iacobi de Petricovia codicibus occurrunt). Dorsum convexum, codicis capiti et calci lori texti obsuti; dorsi ligamenta quattuor duplicia. Volumen adaequatum, anguli rotundati. Integumentorum partibus interioribus folia chartacea conscripta agglutinata, in anteriore: *Epistolarum dominicalium et quadragesimalium postilla solempnis*; ceterum cf. Notas et glossas nec non Cod. orig. et fata. In f. integ. post. aggl. manu s. XVI (?): *Swanthoslaus* [...] *baccalarius* [?]. *Item, Andreas Sygmuthouicz* [?] *II* [?] *cursus* [?]. Schedulae oblongae membranaceae, quibus fasciculorum sutura munitur, vacuae (quaedam agglutinatae) in fasc. 1-18, 20-23; conscriptae in fasc. 19, 24 (24 textu Hebraico). Fasc. 20-24 muniti sunt praeterea in partibus exterioribus schedulis oblongis, conscriptis, plerumque agglutinatis. Codicis status: compactura detrita, tabula superior abrupta. Fasc. initialis a volumine labitur. Voluminis pars dorsalis humiditate afflicta. Pars inferior folii 242 taenia angusta membranae (?) confortata, membranae frustulo folium 271 ruptum circa dorsum conglutinatum, f. 141 et 205 in partibus inferioribus scissa. Codicis extremitates obsoletae et maculis infectae. Duarum schedularum fragmenta, s. XV vocabula singula prae se ferentia, chart., olim tesserae, iuxta f. 4 inventa, folio 4v aggl. sunt. Compacturas similes cf. cod. BJ 1297, 1316, 1388 ex bibliotheca Iacobi de Petricovia.

Codicis origo et fata: Codex, at saltem eius pars prior, h. e. Matthiae de Legnica Sermones, a. 1403 Petricoviae, pro Iacobo de Petricovia, confecta est, quod adnotatione in colophone in f. 221r probatur (de Iacobo de Petricovia cf. cod. BJ 297 descr.; Kowalczyk, Belcarzowa, Wysocka, Glosy polskie, 82-89; Radzimiński, Prałaci i kanonicy, 2, 61-63). Ioannis de Osswyanczym manibus codex versabatur, quod ex eiusdem manus notis conici potest (cf. Notas et glossas). Signaturae antiquae: Tłuszczewski scripsit: *Postilla epistolarum dominicalium et quadragesimalium*; Fasseau: *1092*; topogr.: *BB II 24.*

Bibliographica: Wisłocki, Katalog, 380; Fijałek, Studia, 101; Hornowska, Zbiory, 113; Zathey, Biblioteka, 94; Kowalczyk, Belcarzowa, Wysocka, Glosy polskie, 87-89, 98-102; Opis źródeł słownika staropolskiego, red. W. Twardzik, Kraków 2005, 62.

RT, ASo

1563

Lat., ante XV m., chart., cm 29×20,5, f. 189+I.

1. f. 1r-3v: Sermo in Cathedra s. Petri (22 II). Fragm.

Ubi sic dicitur: —Helias tinnit [recte: timuit] *et surgens etc. usque ad montem dicto* [recte: Dei] ⟨*H*⟩*oreb* [3 Reg 19, 3-8]. —*In quibus hoc sacro tempore pro conversione peccatorum ad Deum ostenditur seriose et per ordinem ... summus pontifex b. Petrus apostolus, qui hodierna die super Cathedram in Anthtichia* [recte: Antiochia] *sublimatus* ...[f. 1v]... *Unde Augustinus in sermo*⟨*ne*⟩ *huius festi: Institucio sollempnitatis hodierne a senioribus nostris cathedre nomen accepit. Et ideo, quod primus apostolorum Petrus hodie appellatus cathedram suscepisse reseratur ... altitudo consurgit* [cf. PL 39, 2100]...⟩⟨... *ut ostenditur pro quiete secura, sed nichil est. Unde Eze 31* [, 6]: *Cum extendisset umbram suam ... Sequitur: et sub umbraculo.*

2. f. 4r-5r: Franciscus de Cracovia OFM, Ruthenus. Fragm.

—⟨*O*⟩*ctava platea istius civitatis habet suscepere* [!] *omnes Christi adventum olim expectantes, et hii sunt patriarche et prophete atque veteris legis persecutores* [!]...⟩⟨... *ut cum patribus sanctis octavam plateam civitatis nove Ierusalem possideamus etc.*

Cf. M. Kowalczykówna, „Ruthenus De septem donis Spiritus Sancti" w rękopisie Biblioteki Jagiellońskiej 1464, „Biul. Bibl. Jagiell.", XLII 1992, 13-31; M. Boháček, F. Čáda, Soupis rukopisů Slezské Studijní Knihovny v Opavě, Opava 1955, 86. Ed. fragm.: M. Kowalczykówna, ut supra, 30 (solum fragmentum f. 4v-5r). Textus completus in cod. BJ 1464, p. 1-66, 91-124, 66-91. Cod. nostri fragm = cod. BJ 1464, p. 84-87.

f. 5v-10v vacua, duarum columnarum schemate instructa.

3. f. 11r-115v: Albertus de Padua OESA, Postilla super evangelia dominicalia (Sermones de tempore) et in praecipuis festivitatibus. Fragm.: Adv. – Dom. 2 post Pascham

Assit in principio sancta Maria [in marg.]. —*Incipiunt Postille evangeliorum dominicalium et maiorum festivitatum per circulum anni, edite a reverendo magistro divine pagine, fratre Alberto de Padua, Ordinis Fratrum Heremitarum sancti Augustini. Prologus.* —*Domine Deus, ecce nescio loqui* ...[Ier 1, 6]. —*Et tamen laudare ⟨te⟩ cupit homo* ...⟩⟨... *meritis et precibus atque sanctorum confessorum Augustini et Gregorii omniumque sanctorum, qui vivis et regnas in secula seculorum.* —*Erunt signa* ...[Lc 21, 25]. —*Ad natalicia principum celebranda consuevit antiquitas* ...[f. 60r]. —*Nupcie facte sunt etc.* [Io 2, 1]. —*Matrimonium, cum sit ordinatum ad conservacionem humani generis* ...⟩⟨[f. 62r]... *in operacione miraculi, Iohannis primo: Vidimus gloriam eius, gloriam, quasi unigeniti a Patre etc.* ...[f. 115r] —*⟨E⟩go sum pastor bonus etc.* [Io 10, 1]. —*Si diligenter attenderunt* ...⟩⟨... *ut orantes ad unitatem Ecclesie reducat, quod notatur ibi: Et alias oves* [Io 10, 16]. *In prima igitur.*

Cf. Schneyer, Wegweiser, 231; Zumkeller, Manuskripte, 50-51, nr. 83; Schneyer, 1, 124-127. Ed.: Ulmae 1480 (GW 785). Repertorio Schneyeriano respecto hic est sermonum in nostro codice ordo: 1-21, 23-25, 27-44. Sermones hi finibus a Schneyerianis differunt: nr. 15, 17, 21, 28, 37-39. Idem textus in cod. BJ 188, f. 6v-283v (sermones 1-4, 16, 20, 23-25, 27-36, 43, 45-47, 49-50, 37,-38, 53-54, 52, 55-59, 61, 60, 64, 62-63, 6-7, 39-42, 48, 66, 65, 67-68, 44, 69-73, 76-79, 5, 9-15, 17-19, 21, 26 nec non ceteri aliquot insuper); 1183, f. 12r-108v, 115r-261v (sermones 1-7, 9-21, 23-25, 27-60, 62--63, 65, 67-73, 76-80, 26, 61, 64, 66, 74-75 nec non ceteri aliquot insuper).

f. 116r-119v vacua, columnarum schemate instructa.

4. f. 120r-151v: Ioannes de Sancto Laurentio (Ioannes Coloniensis) OFM (?), Postilla Evangeliorum. Fragm. finale: De Passione Domini

||*dileccionis, secundum enim, quod dileccio maior, secundum in hoc plage conpassionis maiores. Unde multo plus passio Christi excessit passionis aliquorum compassiones ... dum te ingratum esse experior. Hec omnia inscripta sunt 3^m^* [!] *Sentenciarum 15 et 16. De hiis habens eciam aliqua supra in ewangelio 6^e^ ferie inmediate ante Palmas. Et progrediens*

pusillum ... dicens ore: Pater mi, si possibile, id est si vis ...〉〈[f. 143r]... *et notabilia circa Christi passionem incidencia queras, si videtur expedire, 3º Sententiarum, d*〈*ist.*〉 *14 et 15 et deinceps usque ad d*〈*ist.*〉 *20. Et maxime in scripto Boneventure super eodem libro, ibi enim multa utilia et graciosa de ista materia poteris invenire.*

Sequitur Historia passionis Dominice eodem ordine, quo facta est ex ewangelistis omnibus et singulis, et doctorum postillis, et glosacionibus conpilata. —Postquam cena facta fuit et multa alia perpetrata, que ex Evangelio Io〈*annis*〉 *et aliorum evangelistarum possunt haberi ...*〉〈[f. 151r]... *resurrexit de sepulchro reunitum ipsi anime, ut perfecte fieret inchoacio nove vite.*

Sequitur Devota quidam [!] *meditacio de Christi passione. —Nam a vespera* [*cene* – in marg.] *usque ad vesperam diei sequentis, quod nulla fuit hora, nisi anima devota posset habere materiam cogitandi et devocionem hauriendi ...*〉〈*... depositi curacionem, curati devotam et humilem tumulacionem etc.*

Cf. Mohan, Initia, 180*: *Ignorantiae propriae subvenire cupiens ...*; BAMAT 5, 2658; A. Löffler, Die 'Postilla Evangeliorum' des Johannes de Sancto Laurentio, [in:] Constructing the Medieval Sermon, ed. R. Andersson, Turnhout 2007, 309-323 (Sermo. Studies on Patristic, Medieval, and Reformation Sermons and Preaching, 6). Ed.: Ioannes de Sancto Laurentio, Postillae Evangeliorum totius anni et aliquorum festorum, Bruxellis 1480 (GW M14707) – inaccessibilis.

5. f. 151v-154v: De passione Christi. Def.

Assit in principio meo sancta Maria. —Ad sciendum, quid Christus fecerit in hac ultima ebdomada et ubi moratus fuerit, nota: Sicut ex superioribus patet, cum Christus in die Palmarum multum fuerit a Iudeis honoratus ...[f. 152r]... *quia non possunt clare ex ewangelio haberi, ideo videtur Magistro in Historiis, et qui dicit predicta sic omnia esse gesta. —Postmodum eodem die conpletis sermonibus, secundum in Historiis Magistrum, dicit suis discipulis secundum illud Marci 26* [recte: Mt 26, 2]: *—Scitis, quia post biduum Pascha fiet, quod secundum litteram sequenti, scilicet feria sexta, erat celebrandum, de quo Marci IV et Luce 22 ...*〉〈*... Et tunc consecravit et Ecclesie formam dedit consecrandi ... sed in speci*〈*e*〉*bus, sub quibus est corpus Salvatoris*||

In textu Ioannes Chrysostomus, Hieronymus Stridonensis, Remigius, alii citantur.

f. 155r cf. infra nr. **10**. 2.

6. f. 155v: Dicta moralia. Fragm.

—Beatus Gregorius dicit: Quidam sunt, qui de omni re iudicant homines, ut si quis studet et vacat humilitati, dicunt ipocrita est. Si quis recre-

acionem habet, gulosus est ...)(... Et quidquid boni faciant, hoc totum mali vertunt in venenum.

Cf. Moralia haec ab aliis viris doctis Ioanni Chrysostomo (cf. Sancti Bernardini Senensis ... Quadragesimales de Evangelio Aeterno, ed. I. A. Huguetan, M. A. Ravaud, 2, Lugduni 1650, 183), ab aliis Gregorio Magno attribuuntur (cf. Abraham a Sancta Clara, Grammatica religiosa, Coloniae Agrippinae 1719, 48-49). Ut textum anonymum allegat: J. Vennebusch, Die theologischen Handschriften des Stadtarchiv Köln, 3. Die Oktav-Handschriften der Gymnasialbibliothek, Köln 1983, 32-33 (Mitteilungen aus dem Stadtarchiv von Köln. Sonderreihe. Die Handschriften des Archivs, 3) (cod. GB oct. 56, f. 6r) et alii.

7. f. 155v: Calamitates mundi

Item. —In hoc seculo nichil aliud est nisi turpis amor et insecuritas, quia tam spirituales quam seculares contaminati sunt cupiditate et superbia vite. Unde scriptum est de lege: —Recessit lex a sacerdotibus, iusticia a principibus [cf. Bloomfield, 5109; Walther, Initia, 16445a]...)(... *et a potentatibus huius seculi quasi peregrinis ignoratur.*

Cf. Schneider, Handschriften Nürnberg, 1, 21 (cod. Cent. IV, 20, antefolium: Bernardus nominatur).

8. f. 156r: De temptatione. Fragm.

||... *Tolle filium tuum, quem diligis, Isaac, offers mihi et cetera* [Gen 22, 2]. *Istarum autem temptacionum illa, que est a superiori, est saluberrima, quia Deus non temptat, nisi ut de bono ad melius procedatur ...)(... et semper fit vehemencior, ut postquam processerit, sit dificilissimum* [!] *retinere.*

9. f. 156r: Mensium nomina Hebraica et Latina

Apud Hebreus [!] *Nisan dicitur Aprilis, Jar dicitur Maius ...)(... Sabath – Februarius, Adar – Marcius.*

10. f. 156v-186v: Sermones

1. [In Immaculata Conceptione BMV]. —*Ipsa est, quam preparavit Dominus* ...[Gen 24, 44]. —*Ista verba secundum litteram dicuntur de Rebecca, uxore Isaac, secundum spiritualem vero intelligenciam dicuntur de Virgine Maria* ...)([f. 160r]... *id est comedere faciet per fruicionem divinitatis et humanitatis. Ad quod nos perducat. Amen.*

Cf. Schneyer CD, nr. 172 S5: Conradus (Ioannes) Gritsch OFM.

2. [De Annuntiatione BMV; f. 160v]. —*Benedicta tu in mulieribus* [Lc 1, 42]. —*Missus ad Virginem Gabriel angelus, immo archangelus secrecioris secreti, secretissimus paranimphus* ...[f. 162v]... *propter restauracio-*

nem cetus angelici tu, [f. 155r] *magnificencia populi nostri, propter reparacionem generis humani* ...)(... *Tu propter personalem excellenciam imperatricis, ad cuius imperium nos perducat eius Filius. Amen.*

3. [F. 163r] *De Nativitate Domini. —Puer natus est nobis* [Is 9, 6]. *—Mira et stupenda Domini Salvatoris clemencia, qui cum esset summus, propter nos factus est ymus ... dicit ergo: Puer etc. —Nota, quod Christi nativitas describitur nobis, ut supermirabilis* ...)([f. 165r]... *Invenies eum in medio animalium positum super fenum, confundatur gracia humana.*

Cf. Schneyer, 5, 377, nr. 13: Servasanctus de Faenza (aliter explicit).

4. *De Nativitate Domini. —Filius datus est nobis* [Is 9, 6]. *—Non fuit contentus rex noster inclitus, qui nostre dicioni universa supposuit ... —Filius datus ... —In quo notandum est primo doni impensi immensitas* ...)([f. 167r]... *et saluti pristine restituti non timeamus amplius versucias inimici. Quod nobis etc.*

5. *De Nativitate Domini. —Verbum caro factum est* ...[Io 1, 14]. *—In verbis premissis quattuor diligenter consideranda sunt. Primum est Filii Dei sub nomine verbi maiestatis sublimitas* ...)([f. 169r]... *Et sic Verbum creatum incarnatum totum letificat hominem. Cui laus etc.*

6. *De Nativitate Domini. —Quid debemus facere puero* ...[Idc 13, 8]. *—In textu legitur remissive, sed potest satis congrue accipi interrogative, et fuit verbum ad litteram de Sampsone* ...)([f. 170v]... *Hec sunt, que de nascituro puero sentire debemus et facere, ut valeamus, tamen puero regnare in gloria. Amen.*

7. [De Nativitate BMV]. *De nativitate Domini. —Nowa lux oriri visa est* [Est 8, 16]. *—Sensus et experiencia docet primo, quod homini conturbato nil iocundius rumor complacentis* ...[f. 171r]... *—Nowa lux ... —Ad cuius evidenciam sciendum, quod in hac gloriosa nativitate fuit triplex mirabilis novitas nuncciata* ...)([f. 179v]... *recurramus ad illam Virginem, que omnia innovat. Explicit sermo de nativitate Marie factus per magistrum Rogerum ordinis s. Benedicti* [Rogerus Compotista OSB (?)].

8. [De BMV]. *—Benedicta tu in mulieribus, Luce primo* [, 42]. *—Visa excellencia personali videnda est elegancia naturalis, quam probat titulus supergressionis ... —Benedicta ... —Quia infra mulieres singulari humilitate* ...)([f. 182v]... *Nos autem fideliter credamus et confiteamur, quia Ihesus est Filius Dei et idem Filius Virginis. Amen.*

9. [De Annuntiatione vel Purificatione BMV]. *—Benedicta tu in mulieribus. Luce primo* [, 42]. *—Salutacionem Virginis pertractare formidans*

finem allocucionis angelice ...[f. 183r]... —*In qua singulariter fuit radix supergressionis* ...⟩⟨[f. 184r]... *ut tandem mereamur audire: Venite, benedicti Patris mei etc.* [Mt 25, 34]. *Quod nobis etc.*

Cf. Schneyer, 7, 63, nr. 34; Ibid. 7, 70, nr. 23; Ibid. 7, 469, nr. 13.

10. *In Vigilia Nativitatis Domini* [Def.]. —*Anunccio* [recte: Evangelizo] *vobis gaudium magnum* ...[Lc 2, 10]. —*Hec verba scripta sunt in Luca et convenienter possunt exponi de Cristi nativitate, in quibus ipsius nativi⟨ta⟩s describitur ab angelo* ... —*Ewangelizo vobis* ...[Lc 2, 10]. —*Est vero gaudium magnum nativitas Christi* ...⟩⟨... *Hoc eciam gaudium se extendit ad universam creaturam decorandam. Unde*||

f. 187r-189v vacua.

***11.** f. Ir-v: Registrum Compendii theologicae veritatis Hugonis Ripelini de Argentina OP

||*1. Quod* [*est* expunctum] *Deus est* ...⟩⟨... *De effectu gracie.*

Cf. Steer, Hugo Ripelin, 172. Ed.: Alberti Magni Opera omnia, ed. S. C. A. Borgnet, 34, Paris 1895, 643-644.

XIV ex. et XV in., Lat., membr., bifolium formae folio partim rescissum.

F a s c i c u l i : 1^{6+4} (f. 1-10, post f. 8 et 10 singula folia desiderantur); 2^{7+7} (f. 11--24); $3\text{-}9^{6+6}$ (f. 25-108); 10^{6+5} (f. 109-119, post f. 119 unum folium desideratur); 11^{5+6} (f. 120-130, f. 130 additum, schedulae chartaceae ope agglutinatum); $12\text{-}13^{6+6}$ (f. 131-154); 14^{1+7} (f. 155-162, post f. 155 sex folia desiderantur); $15\text{-}16^{6+6}$ (f. 163-186); 17^{1+2} (f. 187-189, post f. 187 unum folium desideratur). Codex quattuor partibus constat: 1. fasc. 1 (f. 1-10); 2. fasc. 2-10 (f. 11-119); 3. fasc. 11-13 (f. 120-154); 4. fasc. 14-17 (f. 155--189). Custodes in finibus fasciculorum 3-8: *2us-4us, 6*; custodes in fasc. 6 et 8 praecisi. In fasc. 11-13 custodes bifoliorum hic illic asservantur, plerumque praecisi: 6^{m}-7^{m}. Fasc. 2-10 adhibebantur, antequam codex compactus erat, eaque ratione sordidi facti sunt, cf. f. 11r, 119v; f. 120-154 vero volumen compactum exstitisse quondam videntur, de quo testificantur rubiginis clavorum in f. 120 vestigia.

S i g n a a q u a t i c a : 1. Var. Piccard-Online 64749 (1429-1431), var. Piekosiński 930 (1428) f. 2-10; 2. Var. Piccard-Online 40087 (1411) f. 11-13, 16, 19, 22-26, 30-31, 35-37, 39, 41-44, 46, 48, 50-51, 58-59; 3. Var. Piccard-Online 40130 (1402--1403), f. 14-15, 17-18, 20-21, 27-28, 33-34, 38, 40, 45, 47, 49, 52-57, 60; 4. Var. Piccard-Online 40907, (1410) f. 29, 32; 5. Var. Piccard-Online 40904, (1412) et 40897 (1410) f. 61-108; 6. Var. Piccard-Online 40872 (1412) f. 109; 7. Var. Piccard-Online 41529-41531 (1415) f. 110-119; 8. Var. Piccard-Online 40238 et 40174 (1405) f. 120--154; 9. Id. Piccard-Online 85704 (1431) f. 155, 160, 162; 10. Var. Piccard 14 II, 355--356 (1423-1424) f. 163-186; 11. Var. Piccard-Online 69412 (1436), 69991 (1437), var. Piekosiński 1010 (1444) f. 187, 189. F. 1, 156-159, 161, 188 absque signis aquaticis. Charta partis primae (f. 1-10) annis 1428-1431, partis secundae (f. 11-119) annis 1402--1415, partis tertiae (f. 120-154) anno 1405, partis quartae (f. 155-186) annis 1423--1431, foliorum vacuorum (f. 187-189) annis 1436-1437 vel 1444 in usu erat.

S c r i p t u r a e t o r n a m e n t a : Codex multis manibus, ductu diversissimo, diligenter exaratus. In f. 155r-v et 156v-186v scriptura cursiva, spatiis inter litteris peculiaribus eminens. Hic illic margines dexter et inferior a scribis despiciuntur. Totius codicis schema duabus columnis distinctum, sed in f. 1r-3v una textus columna in hocce schemate exarata. Schema atramento ductum linea simplici in f. 1r-154v et 163r-186v; plumbo, linea duplici supra et infra, in f. 155r-162v. Margines exigui, sine litteris plerumque, multis tamen signis plumbo factis pleni, e. g. in f. 127v, 139r. Crucis signum plumbo in marg. delineatum, e. g. in f. 129v-130r. Partes singulae codicis diversas praebent decorationes. Rubricatio opulentissma in f. 11r-36v, 61r, 69r, 73r-v, 92r, 95r: litterae initiales, lineolis textus partes circumscriptae, distinctiones, litterae maiusculae, sermonum tituli, in f. 120r-154v litterae initiales, litterae maiusculae, in f. 155r-186v litterae initiales, sermonum tituli, distinctiones, litterae maiusculae. Inde a f. 120r in ipso textu rubrae accidunt litterae. In f. 11r littera initialis ornatissima *D*, rubro et nigro colore effecta, scripturae 3 lineis aequa, facie humana et floratura in marginem effluenti decorata. Litterae initiales simplices, brutae, scripturae 2-7 lineis aequae, rubrae, vel rubro et nigro coloribus pictae (f. 92r, 95r), quarum quaedam hastas prolongatas in margines habent. In ceteris codicis partibus loca vacua inscribendis litteris initialibus exstant, quaedam cum adumbrationibus eas repraesentantibus, e. g. in f. 4r. Scriba foliorum 11r-115v auctoritatum quasdam lineola rubra circumscripsit. In f. 155r et 162v quasi laquei rubri delineati textus ordinem rectum indicant. Textus cancellati, e. g. in f. 169r. Macula atramenti rubri in f. 183v. In f. 80v caput humanum delineatum iuxta litteram *I*.

N o t a e e t g l o s s a e in parte codicis prima nullae, ceterum paucae. Scriba in margine quaedam supplevit, e. g. in f. 23r, 39r-40r. Textus repetitus, e. g. in f. 47r; numeri ordinem servaturi in f. 39v, 45r-v, 52v, 121r. Adnotationes scriptorum materiam indicantes, f. 39v: *Nota. Sanctus Ioannes a Christo singulariter diligebatur propter tria*; *Signa eius dilectionis*; f. 40r: *Tres cause, propter quas sanctus Ioannes vitam finivit sine passione*; f. 45v: *Septem perfectiones et conditiones vidue*; f. 48r: *Quare Deus permitit malos inter bonos vivere*; f. 51r: *divisio evangeliorum*; f. 51v: *Quare nativitas Cristi describitur per regem alienigenam*; f. 52r: *Differencia stelle huius ab aliis*; f. 114v: *Triplex hominis pax: ad se ipsum, proximum, Deum.* Maniculae rubro delineatae in f. 180v--181r. Codicem adhibentium manibus signa plumbo facta in f. 120-121.

C o m p a c t u r a s. XV confecta, adhibitis tabulis ligneis corio olim albo, nunc obscuriore et sordido facto, partim detrito, ornamento lineari simplici, stilo effecto, decorato. Quae tabulae antequam nostro adiunctae sunt, alio cuidam (forsan demolito?) codici serviebant, quod et foliorum reliquiis probatur, quae quondam integumentorum partibus interioribus agglutinata erant, nunc autem praesentis compacturae corio operiuntur. Codex olim cingulis coriaceis duobus, tabulae posteriori clavis trinis (quorum tres asservantur) affixis, et ligulis in anteriore integumento claudebatur. In tabula posteriore schedulae olim agglutinatae vestigium. In foliorum sectura superiore: *Postilla ewangeliorum dominicalium et maiorum festivitatum.* Schedulae chartaceae vestigium in dorsi parte superiore. Dorsum convexum, codicis capiti et calci cinguli texti obsuti, corio non operti; dorsi ligamenta quattuor duplicia. Volumen adaequatum, anguli rotundati. Antefolium membranaceum (f. I) manu s. XIV conscriptum, Hugonis de Argentina Compendii theologicae veritatis capitulorum titulos comprehendit (cf. nr. ***11**) et notam de codicis origine (cf. Cod. orig. et fata), nec non codicis titulum: *Postille ewangeliorum dominicalium et maiorum festivitatum per circulum anni.* Folia integumentorum partibus interioribus agglutinata chartacea, columnarum schemate distincta, non integra asservantur. Schedulae membranaceae fasciculorum suturam firmantes sine scriptura. Codex bene asservatur. In f. 32r iuxta dorsum atramenti macula. Humiditatis infectae vestigia in partibus voluminis superiore et inferiore, e. g. f. 16-48. F. 74v vestigium liquidi cuiusdam praebet. Etiam f. 32r, 102r-v, 109r et alia a humiditate quadam passa sunt. Fasciculi primi folia plicata eorumque extremitates crispatae. Desideratur fragmentum f. 188. In foliis finalibus clavorum rubiginis vestigia; tabula posterior membranae ope confirmata est.

C o d i c i s o r i g o e t f a t a : Codicis partes quattuor compacturam communem post a. 1436-1444 sortitae sunt (cf. Fasc., Signa aquatica). Nihil tamen de singularum partium origine novimus. Codicem iam compactum Ioannes Wels habuit, cf. inscriptionem in f. Ir: *Liber magistri Iohannis Wels. Postille ewangeliorum dominicalium et maiorum festivitatum per circulum anni* (de Ioanne Wels de Posnania cf. cod. BJ 257 descr.). Signaturae antiquae: Kucharski: *Postilla evangeliorum dominicalium et maiorum festivitatum*; Fasseau: *852*; topogr.: *BB II 38.*

B i b l i o g r a p h i c a : Wisłocki, Katalog, 380.

RT, WŚ

1564

Lat., 1404 et ca, chart., cm 30×21, f. 282+III.

1. f. 1r-175v: Matthias de Legnica, Postilla super epistulas dominicales et quadragesimales

[Prol.] — *Videte, quoniam non michi soli laboravi* ... — *Hanc proposicionem scribit sapiens Ihesus filius Syrach* [Eccli 24, 47]. — *Quamquam, dilectissimi, duplex sit labor: bonus et malus, et uterque multiplex, prout narrat Sacra Scriptura* ...[f. 2r]... *Sequitur prima epistula etc.* — *Scientes, quia hora est* ...[Rm 13, 11]. — *Hic com⟨m⟩e⟨n⟩dat caritatem, eo quod per ipsam est oportunitas bene operandi* ...[f. 172r]... *Sequitur epistula vel dominice ultime post festum Trinitatis etc. ⟨F⟩ratres.* — *Non cessamus pro vobis* ...[Col 1, 9]. — *De quanto enim aliquis actus est nobilior et excellencior* ...⟩⟨[f. 175v]... *hanc felicitatem et collocacionem propter suam misericordiam nobis prestare dignetur Ihesus Christus, Dominus noster, Marie Filius, qui est benedictus in secula seculorum, cui laus et potestas et claritas, et graciarum accio, quia affuit principio misericorditer, medio et fini liberaliter in secula seculorum. Amen. Explicit Postilla col⟨l⟩ecta super epistolas dominicales per circulum anni per magistrum Mathiam de Legnicz, sacre theoloye professorem, ad honorem benedicte et individue Trinitatis et ad honorem sanctissime et gloriosissime Virgi-*

nis Marie eciam [?] *tociusque ierarchie celestis. Sub anno Domini M° CCCC° IIII°.*

Cf. supra cod. BJ 1562 descr., nr. **2**. Sermonum fragmenta quoque in f. 177r-187v, cf. infra nr. **3**. F. 90v, 114v (f. medium) vacua.

2. f. 175v-176v: Caesarius Arelatensis, Sermones ex integro a Caesario compositi vel ex aliis fontibus hausti. Sermo 54

—*Bene nostis, fratres karissimi, me vobis frequencius supplicasse* ...)(... *que superius comprehensa sunt, reddatis, prestante Domino nostro Ihesu Christo, cui honor et imperium per infinita secula seculorum. Amen. Explicit sermo sancti Augustini.*

Cf. CPL 1008; CPPMA 1A, 1063 (Pseudo-Augustinus Hipponensis, De auguriis); CPPMA 1B, 4365 (Sermones Caesarii Arelatensis pseudepigraphi). Ed.: G. Morin, CC 103, 235-240 (PL 39, 2269-2271: Pseudo-Augustinus Hipponensis, App. 278). Idem textus in cod. BJ 1347, f. 44v-45v; 2333, f. 2v-5r.

3. f. 177r-178v: Matthias de Legnica, Postilla super epistulas dominicales et quadragesimales. Fragmenta sermonum 39, 40 in dom. 7 et 8 post Trinitatem

||*datur vita eterna, nec per hoc excludit merita, sed hoc atribuit gracie tamquam cause principali* ...)(... *Augustinus in Enchiredion* [!] *dicit: Sola gracia distribuit electos a perditis, quos in unam concreaverat massam perdicionis. Rogemus ergo Dominum Ihesum Christum, ut sua gracia nobis vitam eternam concedat etc.* —⟨*Debitores sumus*⟩ *spiritui non carni, nec secundum carnem, vivamus. Si enim secundum carnem vixerimus* ...[Rm 8, 12-13]. —*Gregorius IX Moralium dicit: Caro servanda est discrecione magna* ...)(... *ecce hereditas Domini, ubi regnante Domino et vivente possident hereditatem servi. Exodi XV°* [, 17]: *Plantabis eos*||

Cf. supra nr. **1**. Idem textus in f. 118v-120r.

4. f. 179r-269v: Biblia Latina cum Prologis. Novum Testamentum. Fragm.: Mt-Io

Incipit Matheus ewangelista, qui primus in ordine dicitur et ponit capitola sua, que infra patebunt et sic de aliis [in marg. sup.]. —⟨*M*⟩*atheus, cum primo predicasset ewangelium in Iudea* ...)(... *qui scribendi sunt libros. Amen dicant omnia etc. Explicit Iohannes ewangelista. Benedicamus Domino. Alleluia.*

f. 179r: Prol. Mt (RB 589; PL 114, 63-65); f. 179r-v: Prol. Mt (RB 590-591; PL 103, 273-274); f. 179v-180r: Prol. Mt (Cf. RB 602); f. 180r-207r: Mt; f. 207r-v: Prol. Mr

(RB 607; PL 103, 279-280); f. 207v-220v: Mr; f. 221r: Prol. Lc (RB 620; PL 103, 285--286); f. 221r-246r: Lc; f. 247r: Prol. Io (RB 624; PL 92, 633-636); f. 247r-269v: Io.

f. 246v cf. Notas et glossas.

5. f. 270r-282v: Biblia Latina cum Prologis. Vetus Testamentum. Fragm.: Sap, Eccli

⟨I⟩ncipit liber prephacio⟨nis⟩ in librum Sapiencie. —Hunc librum Ieronimus asserit non a Salomone, ut putatur, sed a Philone doctissimo ...⟩⟨... proposuerunt vitam agere etc. Explicit liber Sapiencie per manus in Cracouia etc. Sequuntur capitula. Sapiencia a Domino Deo est, inicium sapiencie timor Domini; de concupiscencia et servanda mandata accedentes ad servitutem Dei in iusticia et timore stare debere etc.

f. 270r: Prol. Sap; f. 270r-282v: Sap; f. 282v: Prol. Eccli.

***6.** f. Iv-r: Iacobus de Voragine, Sermones de tempore. Fragm. 2

||*fuit frigida, quia ab omni ⟨concu⟩piscencia penitus aliena. Sexto describitur quantum ad velum, quod in ea suspenditur ...⟩⟨*[f. Ir]*... ecce quam securi. Et in requie opulenta* [Is 32, 18]. *Ecce quam opulenti etc. Sequitur sermo 2us de eo⟨dem⟩. —⟨A⟩scendente Ihesu in naviculam etc.* [Mt 8, 23]. *—Secundum beatum Isidorum in originali Super Matheum et cetera etc.: Quocienscumque turba Dominum comprimebat, ipse tria refugia habebat ...⟩⟨... ergo percussus. Num. XXIIII°* [, 17]: *Exurget virga ex Israel et percuciet*||

Cf. Schneyer, 3, 223, nr. 27-28 (T14). Idem textus i. a. in cod. BJ 1387, f. 32r-33r. Ed. Paviae 1499, f. 25r-v (GW M11646).

Ca 1400, Lat., chart., antefolium, inverso sensu codici insutum; f. 1 defectivum, textus duabus columnis dispositus.

***7.** f. IIr: Bernardus Claraevallensis OCist., Sermo 2 in dom. Palmarum: De passione, et processione, et quattuor ordinibus processionis. Fragm.

Bernardus. ⟨—Necesse est ut loquamur hodie ...⟩ Optime processioni Palmarum passio Christi coniuncta est, ut discamus ...⟩⟨... propter solvendam causam amaritudo in eo, qui peccatum non fecit, necessaria. Hec Bernardus.

Cf. Schneyer, 1, 445, nr. 62 (T24). Ed.: J. Leclercq, H. Rochais, 5, Romae 1968, 46--48 (PL 183, 256-258).

XIV/XV, Lat., membr., f. 1 in longitudine praecisum secundum columnae dextrae limitem, textus duabus columnis dispositus.

f. IIv-IIIr calami probationes.

***8.** f. IIIv: Kalendarium liturgicum ritus Palaeoslavici (Benedictinorum?). Fragm. Ianuarii et Februarii

Janvary gyma dny trydzesczy ygeden nocz gyma godzyn szestnaczcze a dzen osm. 1a janvary obrzazanye Yeszu ...⟩⟨... 18 g Swøtego Sylwa⟨na⟩||

XIV ex. (1390 seu 1396), Palaeopol., membr., olim integ. post. aggl., nunc deglutinatum, tabula posteriore aliquanto minus, detritum et paulo defectivum, originaliter folium maiorum dimensionum, dextra parte praecisum (opinio est Marii Leńczuk, Lexiconis linguae Palaeopolonicae cooperatoris).

F a s c i c u l i : 1-5^{6+6} (f. 1-60); 6^{9+9} (f. 61-78); 7-13^{6+6} (f. 79-162); 14^{7+9} (f. 163--178, post f. 164 duo folia desiderantur); 15-16^{6+6} (f. 179-202); 17^{9+9} (f. 203-220); 18^{6+6} (f. 221-232); 19^{7+7} (f. 233-246); 20^{6+6} (f. 247-258); 21^{6+5} (f. 259-269, post f. 269 unum folium desideratur); 22^{6+7} (f. 270-282, ante f. 270 unum folium desideratur. Folium 114 dimidatum unam textus columnam comprehendit; in voluminis fine folia aliquot rescissa desiderantur. Custodes in principio (in solo fasc. 5 custos in fine occurrit) fasc. 2--21: fasc. 2-14 (*2us– XIIII^{us}*), fasc. 15-21 (*primus-septimus*). In f. 91r custodis numerus falsus: *10us* iuxta rectum: *8us*. Codex ante compacturam factam ex duabus partibus constitisse videtur. Etiam textus dispositione hoc probatur, nempe pro duabus columnis usque ad f. 178 et pro una inde a f. 179.

S i g n a a q u a t i c a : 1. Id. Piekosiński 628 (1390) f. 1-174, 177-281, I; 2. Id. Piekosiński 622 (XIV^{10}) f. 176. F. 175, 282 signis carent.

S c r i p t u r a e t o r n a m e n t a : Codex aliquot manibus exaratus. Columnarum schema negligenter atramento linea simplici ductum; textus duabus columnis in f. 1r-178v, 246v et una f. 179r-246r, 247r-282v dispositus. In foliis, ubi duarum columnarum schema, margines interiores potius angusti exstant. Scriptura negligens, velox, extra margines protensa. Scribae emendationes paucae, e. g. f. 14r, 28r, 82r, 150v-151r, 232v, cancellationes, e. g. f. 184r, fragmentum totum cancellatum in f. 174v, cf. Notas et glossas. In f. 233r locum vacuum pro vocabulo non lecto. Rubricatio paucissima, frequentior tamen in parte priore quam in posteriore. Capitum tituli rubri. Inde a f. 193v rubricatio desideratur. Litterae initiales simplices rubrae, scripturae lineis tribus aequae, in initio voluminis, f. 1r et in initio sermonum singulorum, e. g. f. 1v, 2r, 5v, 10v, 12v, 14v, 29v, 42r. Multa loca vacua litteris initialibus inscribendis relicta, e. g. f. 71r, 74r, 77v, 106r, 109v, 111v, 115v, alia. Etiam eas repraesentantia occurrunt.

N o t a e e t g l o s s a e paucissimae: scribae manu textus emendationes et supplementa, e. g. f. 25r, 91r, 92r; codicis possessoris Thomae de Strzempino, e. g. f. 43r-v, 76r; glossa interlinearis et marginalis codicis lectoris, e. g. f. 181vr-v, 272r-v; maniculae, e. g. f. 2v-4r, 10v-11v, 161r-164r. In f. 174v nota de textus ordine mutato: *Ista media secunda columpna non debet hic sed in sequenti statu.* Plures sunt notae et declarationes iuxta Sacrae Scripturae textum, e. g. f. 221v-226r, 254r-259r. In f. 246v fragmentum excerpti ex Ioanne Chrysostomo, inversa regione scriptum (cf. PG 50, 507).

C o m p a c t u r a Cracoviae potius quam in Silesia s. XV in. confecta (cf. ms. BJ Acc. 33/80, p. 123, signum aquaticum nr. 1). Constat tabulis ligneis corio fusco obtectis, cui signacula compaginatoria impressa sunt repraesentantia haec: 1. agnum paschalem circulo inscriptum, 2. gryphum circulo inscriptum, 3. leonem rhombi forma scuto inscriptum, 4. sidus sex brachia habens, circulo parvo inscriptum. Tabula anterior in planitiem et bordiuras tres divisa. In bordiura exteriore signaculorum nr. 1, 2, 3 impressiones, in bordiura media signaculi nr. 4, in bordiura interiore signaculi nr. 3. Planities in rhombos et trigones divisa, quibus signaculum nr. 2 impressum est. Tabula posterior in planitiem et bordiuras duas divisa. In bordiura exteriore signaculorum nr. 1 et 2 impressiones, in bordiura interiore signaculi nr. 2, in planitie, similiter in rhombos et trigones divisa, signaculum nr. 3 impressum. Cingulorum duorum, codicem olim obligantium et ligularum duarum in anteriore integumento, vestigia. Etiam umbonum quinorum, rosarum forma, in utroque integumento sola vestigia. Dorsum convexum, inornatum, quattuor locis ligamentis duplicibus consutum. Codicis capiti et calci lora texta obsuta. Volumen non adaequatum, anguli rotundati. F. I chart., olim integumenti anterioris parti interiori aggl., hodie antefolium constituit, cf. nr. ***6**. F. II olim postfolium, cf. nr. ***7**, f. III membr. olim integumenti posterioris parti interiori aggl., hodie postfolium constituit, cf. nr. ***8**. Iuxta f. 13 folii membr. fragmentum, quo primi fasciculi sutura erat munita, in quo epistulae seu sermonis initium legitur scriptum: *Reverendo in Christo Patri...* Schedulae oblongae fasciculorum suturam munientes membr. vacuae. Etiam cod. BJ 1208, 1460, 1570, 1697 compacturae in eadem officina confectae sunt, cf. Lewicka-Kamińska, Z dziejów, 57. Codicis status: Ipse volumen bene asservatur, folia tamen usu ac tempore obsoleta facta sunt. Humiditatis infectae vestigia in parte superiore et inferiore, praecipue in voluminis initio et fine. Folia initialia et finalia lacunas et maculas a compacturae clavis factas praebent. F. I-III undulata et sordida facta. F. I-II chartis tenuissimis agglutinatis reparatae. F. 88 rumpi inceptum. Corium integumenti detritum, lacunosum, cariosum, afflictum, maxime circa dorsum. Tabula posterior fracta.

C o d i c i s o r i g o e t f a t a : Codex a. 1404 Cracoviae (cf. colophones in f. 175v, 282v) et circa id tempus confectus. Fuit Thomae de Strzempino, quod inscriptio in margine superiore f. 1r roborat: [*Liber Thome de Strzampino* – manu propria] *episcopi Cracoviensis, qui obyt anno Domini MCCCCLX^{o} legatus* [*pro Collegio Artistarum* – manu propria], *in quo continentur Postille epistolarum per circulum anni* (cf. adnotationem similem in cod. BJ 1199). Infra: *Epistole dominicales incipientes a Nativitate Christi.* Signaturae antiquae: Fasseau: *772;* topogr.: *BB II 26.*

B i b l i o g r a p h i c a : Wisłocki, Katalog, 380; Zathey, Biblioteka, 100; Fijałek, Studia, 101; Hornowska, Zbiory, 112.

RT, ASo

1565

Lat., XIV ex., membr. et chart., cm 29×20,5, f. 118.

1. f. 1r-106r: Ioannes Halgrinus de Abbatisvilla, Sermones de tempore: Dom. 1 post Epiph. – Dom. 25 post Pent. Absque initio

⟨—*Cum factus esset Iesus* [Lc 2, 42]. —*Merito Lucas inter quattuor animalia vitulo comparatur* ...⟩ ||*Nesciebatis, quod in hiis, que Patris mei sunt, opportet me esse etc.* [Lc 2, 49]. *Inventus in templo dicit: In hiis, que Patris mei sunt, opportet me esse* [Lc 2, 49], *ostendens templum non minus ad se quam ad Patrem pertinere* ... —*Ascendentibus illis Ierosolimam* ...[Lc 2, 42]. —*Attendendum est nobis ex hac ewangelii leccione, quod ad observacionem festivitatum Dominus exemplo nos docet* ...⟩⟨... *sed semper emergit in tribulacionibus Deum laudans. Amen.*

Cf. Schneyer, 3, 512-522, nr. 27 fragm. finale (f. 1r), 28 (f. 1r-2v), 31 (f. 2v-3r), 32 (f. 3r-4r), 35 (f. 4r-5r), 36 (f. 5r-6v), 39 (f. 6v), 40 (f. 6v-8r), 43 (f. 8r-9r), 44 (f. 9r-10v), 47 (f. 10v-12r), 50 (f. 12r-14r), 53 (f. 14r-v), 54 (f. 14v-16v), 57 (f. 16v-18r aliter explicit), 61 (f. 18r-19r), 62 (f. 19r-21r), 65 (f. 21r-v), 66 (f. 21v-23v), 69 (f. 23v-24r), 70 (f. 24v-26r), 73 (f. 26r-28r), 74 (f. 28v-33r), 77 (f. 33r-v), 78 (f. 33v-36r), 81 (f. 36r--v), 82 (f. 36v-38r), 85 (f. 38r), 86 (f. 38r-40v), 89 (f. 40v-41v), 90 (f. 41v-43r), 93 (f. 43r-44r), 94 (f. 44r-46r), 97 (f. 46r-v), 98 (f. 46v-49r), 101 (f. 49r-v), 102 (f. 49v-51v), 105 (f. 51v-52r), 106 (f. 52r-54r), 110 (f. 54r-56v), 114 (f. 56v-58r), 116 (f. 58r-60r), 119 (f. 60r-61r), 120 (f. 61r-62r), 123 (f. 62r-63r), 124 (f. 63r-64r), 127 (f. 64r-65r), 128 (f. 65r-v), 131 (f. 66r-v), 132 (f. 66v-67v), 136 (f. 67v-68v), 137 (f. 68v-69v), 139 (f. 69v-70v), 140 (f. 71r-72v), 143 (f. 72v-74r), 145 (f. 74r-76r), 148 (f. 76r-77r), 149 (f. 77r-79), 151 (f. 79r-81r), 154 (f. 81v), 155 (f. 82r-84r), 158 (f. 84r-85v), 161 (f. 86r), 162 (f. 86r-87v), 165 (f. 87v-88v), 166 (f. 88v-89r), 169 (f. 89r-91r), 170 (f. 91r-92r), 173 (f. 92r-93r), 174 (f. 93r-94v), 177 (f. 94v-95r), 178 (f. 95v-96v), 181 (f. 96v-98r), 184 (f. 98r-v), 185 (f. 98v-100r), 187 (f. 100r-v), 188 (f. 100v-102r), 191 (f. 102r-v), 192 (f. 102v-104r), 196 (f. 104r-106r).

2. f. 106v-110v: Homiliarium dictum Flos evangeliorum per circulum anni. Fragm.: Dom. 1 Adv.-Epiph.

—⟨*I*⟩*n illo tempore, cum appropinquasset Ihesus Ierosolimam* ...[Mt 21, 1]. —*Dominus ac Redemptor noster, fratres karissimi, qui semper est equalis Deo Patri in omni gloria et maiestate, dignatus est* ...⟩⟨... *et obedienciam redeamus ipso adiuvare, qui nobis prestare dignetur etc.*

Cf. Schneyer, 9, 150-151, nr. 1 (f. 106v), 2 (f. 106v-107r), 3 (f. 107r-v; Pseudo-Maximus Taurinensis, Homilia I, cf. CPPMA 1B, 5967; ed.: PL 57, 915-918), 4 (f. 107v), 5 (f. 107v-108r), 6 (f. 108r), 7 (f. 108r-v), 9 (f. 108v), 10 (f. 108v-109r), 11 (f. 109r-v), 12 (f. 109v-110r; Pseudo-Maximus Taurinensis, Homilia III, cf. CPPMA 1B, 5969; ed.: PL 57, 919-920), 13 (f. 110r), 15 (f. 110r-v); Barré, Homéliaires, 27-29, 257--258 (I 1), 279-280 (I 2), 259 (I 3), 301 (I 4), 261 (I 5), 299 (I 6), 283 (I 7), 295 (I 9), 272 (I 10), 325-326 (I 11), 245 (I 12), 314-315 (I 13), 264 (I 15).

f. 111r-118v vacua, columnarum schemate instructa.

F a s c i c u l i : 1^{3+6} (f. 1-9, ante f. 1 tria folia erepta); $2\text{-}8^{6+6}$ (f. 10-93); 9^{7+7} (f. 94--107); 10^{5+1} (f. 108-113, post f. 113 quattuor folia desiderantur); 11^{3+2} (f. 114-118, ante f. 114 duo folia desiderantur, post f. 117 tria folia desiderantur). Ante fasc. primum, qui olim secundus in ordine erat, quaternio ereptus, cuius reliquiae minutae cernuntur (4+4), de quo etiam custodes *6-9* in fasc. 5-8 testificantur. In fasc. 3-4 custodum reliquiae. Reclamans una in fasc. 1. Fasc. 1-9 membr., 10-11 mixti (membr. f. 108, 118; chart. f. 109-117).

Membrana qualitatis modicae, diligenter dealbata, inaequaliter tamen polita, quare partes quaedam tenuiores, in quibus scribendum utraque folii parte impossibile factum est, e. g. f. 53v. Non satis pulchre elaborata sunt f. 36, 39-40. Lacunae factae elaborandi processus causa, e. g. f. 11, 25, 30-31, 43, 65, 99 etc.; suturae vestigia, e. g. f. 11, 97-99, 103, 106, sutura duplex in f. 105, extremitates inaequae elaborandi et parsimoniae causa effectae, e. g. f. 8, 28, 38, 55 etc.

Signum aquaticum: Var. Piccard-Online 85620 (1385) f. 112-114, 116--117. F. 109-111, 115 signis carent.

Scriptura et ornamenta: Codex aliquot manibus exaratus, una columna in f. 1r-106r, duabus (inter se spatio 0,5-0,7 cm distantibus) in f. 106v-110v disposita scriptura, schemate atramento, linea simplici, ducto. Membranae margines ad lineas ducendas aequis intervallis perforati. Foliorum, in quibus una scripturae columna obvenit, margines ampli, inferiores praecipue. Scriptura diligens, marginem dextrum tamen plerumque transcendit. Vocabulorum inter lineas divisiones singula vel duplici lineola designatae. Scribae manu emendationes paucae, e. g. f. 14r, expunctiones, e. g. f. 15r; locum vacuum interdum exstat, e. g. f. 41v, 49r. Litterae initiales exiguae (= linearum 2-3 altitudinis), rubrae et caeruleae alternae et rubrae, usque ad f. 37v. Porro, usque ad f. 104r litterae initiales simplicissimae. Inde a f. 104v ornamenta nulla, litteris autem loca vacua relicta. Hic illic eas repraesentantia occurrunt (e. g. f. 2v, 3r, 108r). Comparent etiam sparsae litterarum decorationes, e. g. f. 48v, 76r, 81v, 85v. Signa peculiaria in paragraphorum finibus, e. g. f. 54r, 65v, 69v, 81r-v.

Notae et glossae: Emendationes et supplementa paucissima (f. 78r, 81v--82r, 92r).

Compactura: Anna Lewicka-Kamińska duxit codicem s. XIV ex. compactura a sacco nominata munitum esse (cf. ms. BJ Acc. 32/80, p. 100). Constat tabulis ligneis crassis, oblique praecisis, corio fusco obtectis, quae desuper corio cervino, albo, molli obvolutae sunt. Quod corium cervinum adsutum est taeniis duabus tabularum extremitatibus indutis. Etiam partim agglutinatum est corio, quo tabulae obtectae sunt (cf. extremitatem inferiorem tabulae anterioris). Corii, quo volumen obvolutum est, ad voluminis mensuram praecisi, non nisi fragmenta asservantur. Clavi duo in compacturae parte superiore asservati capuli vice functi esse videntur. Cingulorum duorum et ligularum, quibus codex olim in anteriore integumento claudebatur, vestigia. Umbonum metallicorum rotundorum quinorum in utroque integumento vestigia quoque. In corio integumenti anterioris inscriptio partim erasa: *Sermones super evangelia dominicalia* [?]. Dorsum convexum. Ligamenta quattuor duplicia, codicis capiti et calci funicui texti obsuti et corio obtecti. In dorso, super ligamentum superiorem, schedula chartacea, hac inscriptione s. XVIII (?) ornata: *Postilla s⟨uper⟩ evangelia dominicalia.* Integumentorum partibus interioribus folia chartacea agglutinata. Schedulae membranaceae fasciculorum suturam munientes in fasc. ultimo et penultimo, vacuae. Codicis status: Ipse volumen bene asservatur, rubiginis indicia minuta et lacunae parvae in foliis tabulis vicinis compacturae clavis effecta, f. 1 medium scissum. Compactura demolita, corium obscurum factum, ruptum, undulatum, hic illic sartum. Simili modo compacturas factas, a sacco vocatas, cf. in cod. BJ 291 et 631.

Codicis origo et fata: Codex s. XIV ex. confectus. Fuerunt fortasse adnotationes ad eius originem et possessores, sed cum primo fasciculo erepto evanuerunt, cf. Fasc. Signaturae antiquae: Kucharski scripsit: *Postilla super ewangelia dominicalia*; Fasseau: *964*; topogr.: *AA X 4*.

Bibliographica: Wisłocki, Katalog, 380.

RT, ASo

1566

Lat., ante XV m., chart., cm 30,5×21,5, f. 219+II.

1. f. 1r: Sermo in sabbato ante dom. Palmarum

Sermo sabbato ante Palmas et tunc erat Anucciacionis [!] *Marie.* —*Venite, cogitemus* [Ier 18, 18]. —*Advertendum circa hoc, quod hec prophecia ad litteram est de Ieremia, mistice* ...)(... *ad quam eos creaverat, abiudicabit eos et applicabit dampnacioni eterne.*

Cf. Kowalczyk, Z badań, 24. Quattuor fuerunt anni, in quibus Annuntiatio BMV sabbato ante dominicam Palmarum cecidit: 1363, 1374, 1385, 1396. Uno ex his ergo annis sermo hic pronuntiatus esse potuit.

f. 1v vacuum.

2. f. 2r-214v: Commentum in Ieremiam prophetam cum Prologo Hieronymi Stridonensis et cum libri Ieremiae textu completo

[Prol.] —*Vidi et audivi vocem unius aquille* ...[Ap 8, 13]. —*In quo verbo quatuor cause huius libri inuuntur. Et primo tangitur causa formalis* ...)([f. 3r]... *ad bona presencia indueret, per hec asequerentur futura. Ad que.* [Hieronymus, Prol.; f. 3v] —*Ieremias propheta, cui prologus scribitur, sermone quidem apud Ebreos Yzaya et Ozee* ...)(... *quam cottidie novi aliquid super scriptitantem in*[*vidorum insidias* – alia manu in marg. adscr.] *provocare* [RB 487; 2544,1; ed.: PL 28, 903-904]. [Com. in Prol. Hieronymi Stridonensis] —*Huic libro Ieronimus promittit* [recte: premittit] *prologum* [*dirigendo* – alia manu in marg.] *sermonem ad Paulam* ...)([f. 6r]... *dicit enim Seneca: Malis displicere laudari est.* [Textus] —*Verba Ieremie fili Elchie* [recte: Helcie] ...[f. 7r]... [Ier 1, 1-19]. —*Liber iste dividitur in tres partes. In prima premittit breve prohemium, in quo breviter nomen genus* ...[f. 64r] —*Audite verbum* ...[Ier 10, 1-25]. [F. 64v] —*Postquam propheta comminatus est Iudeis quoad illa, que ex pro-*

pria malicia faciebant ...[f. 114r]... —*Et audivit Fassur* ...[Ier 20, 1-18; f. 114v] —*Superius Ieremias reprehendit propter maliciam, hic consequenter ex hoc patitur iniuriam* ...[f. 148v]... —*Hec* [!] *verbum, quot factum est* ...[Ier 30, 1-22; f. 149r] —*Quidam hoc capitulum intelligunt de liberacione Israhel a captivitate Babilonica facta* ...[f. 179r]... —*Sermo, qui factus est* ...[Ier 40, 1-16; f. 179v] —*In isto capitulo agitur de Iudeorum consumata destruccione quantum ad omnes paucissimis exceptis* ...[f. 200v]... —*Verbum, quod locutus est* ...[Ier 50, 1-46; f. 201v] —*Capitulum hoc secundum glossam ad precedencia continuatur sic expleta prophecia contra plures gentiles* ...⟩⟨... *alia patent et plana sunt usque ad finem capituli. Sequitur ultimus. Explicit.*

Cf. RB 9512; Wielgus, Średniowieczna, 52 (solus noster cod. citatur). Nicolaus de Lyra (saepius) et Nicolaus de Gorran in commento citantur. F. 168v vacuum, columnarum et linearum schemate distinctum.

3. f. 214v-218v: Commentum in Lamentationes Ieremiae prophetae. Fragm. 1, 1-3

[Prol.] —*Ieremias propheta erat vas eleccionis, ut portaret nomen Dei quoram* [recte: coram] *gentibus et filiis Israhel* [cf. Act 9, 15]. *Erat enim magne sanctitatis* ...⟩⟨[f. 215v]... *hoc autem, quod sequitur, ab aliquibus ponitur prologo.* —*Et factum est, postquam in captivitatem ductus Israhel* ... —*Et sic exponitur: Factum est, hoc est completum, postquam in captivitatem* ...⟩⟨... *et aliena delicta. Sequitur Aleph.* [Textus; f. 216r] —*Aleph. Quomodo sedet* ...[Lam 1, 1] —*In ista parte propheta deplorat urbis excidium et in duabus consistit: in depopulacione et servitute* ...⟩⟨... *et interficiebant, ymmo tradebant eos eorum inimicis, ut habetur*||

Cf. RB 9513; Wielgus, Średniowieczna, 52.

***4.** f. Ir-IIv: Liber precatorius in Annum Novum (Mahzor in Rosh ha-Shanah). Fragm.

Cf. BwB Database (accessus 18.12.2015).

XIV, Hebr., membr., rotuli fragm. Textus duabus columnis dispositus. Scriptura quadrata in Aschenez regione usitata.

***5.** Schedulae oblongae fasciculorum suturam munientes iuxta f. 5/6, 17/18, 49/50, 65/66, 81/82, 97/98, 113/114, 145/146, 161/162, 178/179, 194/195, 210/211: Alexander de Villa Dei, Doctrinale. Fragm.: v. 1091, 1116, 1158, 1494-1495, 1551, 1577-1578, 1751 et al.

Ed.: D. Reichling, Berlin 1893.

XV, Lat., membr., textus duabus columnis dispositus, glossae interlineares.

F a s c i c u l i : 1^{5+4} (f. 1-9, post f. 9 unum folium desideratur); $2\text{-}10^{8+8}$ (f. 10--153); 11^{8+9} (f. 154-170, f. 168 additum); $12\text{-}14^{8+8}$ (f. 171-218); 15^{0+1} (f. 219, post f. 218 tres fasciculi rescissi: unus quinternio et duo sexterniones, de hoc ultimo solum folium finale exstat). Reclamantes in finibus omnium fasciculorum, quarum quaedam lineolis rubris vel nigris in quadratum ductis obvolutae, e. g. f. 25v, 41v, 170v, quaedam praecisae, e. g. f. 153v, 218v.

S i g n a a q u a t i c a : 1. Piccard-Online 20533 (1414) f. 1; 2. Bovis caput oculis et cruce plena in baculo simplici innixa instructum – signa duo in repertoriis non inventa f. 2-25, 74, 76-87, 89; 3. Var. Piccard 7, I 126 (1412) f. 26-73, 75, 88, 91, 95--96, 99-100, 104, 106-112, 115-137, 141-142, 149-150; 4. Var. Piccard 7, VI 49 (1413) f. 90, 92-94, 97-98, 101-103, 105, 113-114; 5. Piccard-Online 41066, 41072 (1413--1414) f. 138-140, 143-148, 151-153; 6. Piccard-Online 50818 (1414) f. 154, 156, 160--163, 167, 170-186; 7. Piccard-Online 50816 (1414) f. 155, 157, 159, 164, 166, 168--169, 193-196; 8. Var. Piccard 2, XII 142 (1411-1414), Piccard-Online 65037 (1412) f. 158, 165; 9. Var. Piccard-Online 40519 (1415) f. 187-192, 197-206, 215-218; 10. Var. Piccard 2, VI 167 (1414-1419), Piccard-Online 67089, 67093 (1414) f. 207-214; 11. Var. Piccard-Online 51628 (1414-1422) f. integ. ant. aggl.; 12. Var. Piccard-Online 117674 (1422) f. integ. post. aggl. F. 219 signo caret. Charta codicis a. 1411-1419 in usu erat, foliorum integumentis agglutinatorum a. 1414-1422.

S c r i p t u r a e t o r n a m e n t a : Codex aliquot manibus exaratus, quarum Nicolai Coslowsky scriptura in f. 1r deprehendi potest (eius scripturam cf. in cod. BJ 1907, f. 154r, de eo cf. cod. BJ 306 descr.), in f. 8v-129r scribae, qui Stanislai de Scarbimiria sermones in cod. BJ 190, 191, 193 exaravit (cf. Kowalczyk, Z badań, 24). Capita quaedam Libri Ieremiae, cf. supra nr. **2,** litteris maioribus quam commentum scripta sunt. In f. 216v vocabulum finale infra textum, in media columnae latitudine scriptum. Hastae litterarum in summa paginae linea hic illic in margines superiores protensae, e. g. f. 166r-v, 197r. Oblitterationes scribae manu factae, e. g. f. 204r. F. 168 (additi) non nisi pars manu scribae conscripta (cf. scripturam in f. 212v), textus supplementum continet (Ier 34, 1-7), qui in f. 167v legitur. Macula magna atramenti in f. 150r, maculae quoque in f. 53v, 201v. Textus omnino duabus columnis dispositus, in solis f. 2r-9r – una columna. Columnarum schema linea simplici calamo ductum. In f. 2r-9r columna addititia iuxta folii extremitatem adscripta; in f. 152v-153r lineae horizontales omittuntur. Capitum numeri in summitate f. 197r, 200v, seu in columna: f. 53v, adscripti. Textus saepissime ultra marginem inferiorem protenditur, e. g. f. 3r, 32r, 179v-183r. Rubricatio in toto volumine. Litterae initiales simplices, rubrae, textus lineis 2-5 aequae, interdum ornamentis ad instar filigranorum in marginibus decoratae, e. g. in f. 2r, 53v, 77r, 102v, 140v. Etiam litteras initiales repraesentantia occurrunt, e. g. f. 28r.

N o t a e e t g l o s s a e : Supplementa in marginibus scribarum manibus, e. g. f. 10v, 213v. Hic illic notae marginales codicem adhibentium, lineolis rubris in quadratum ductis textum commentatum declarant, e. g. f. 2v, 8r-12v, 36r-37r, vel etiam eius materiam adimplent, e. g. f. 8v-11r, 14r-15v, 52r, interdum quoque cum textu disputant, e. g. f. 17r: *habet alios fontes et facit eos, scilicet sanctos viros, quorum aliqui effluentes sunt doctrina et vita* ...; f. 161r: *Alii dicunt, quod Baruch, cuius servus prius erat* ... In f. 107r nota: *tria excusant a sabbati violacione: necessitas, quia differri non potest sine periculo* ... Signa peculiaria paragraphorum forma a codicem legentibus delineata, e. g. f. 108r, 114r, 116v-117v, 175v-178r. Emendationes a quibusdam factae,

e. g. in f. 3r-4v, 203r-207r, 212r-v. Maniculae, e. g. f. 91r, 92r, 97v, 100v (instructa vocabulis: *contra omnes status*). Calami probationes [?] in f. 87r.

C o m p a c t u r a s. XV dimidio priore, Cracoviae verisimillime, confecta adhibitis tabulis ligneis crassis, corio olim albo, nunc obscuriore facto obtectis et ornamento lineari simplici radiculo denticulato effecto ornatae. Accedunt puncti impressiones inordinatae in utroque integumento. Cingulorum coriaceorum duorum (clavulis binis tabulae affixorum) et ligularum, quibus codex olim in anteriore integumento claudebatur, vestigia. Etiam umbonum rotundorum quinorum in utroque integumento reliquiae. In anteriore integumento corii frustulum titulo hoc ornatum: *Postilla super Ieremiam*; accedit ibidem inscriptio in corio mero: *super Ieremiam*. Dorsum paulo convexum, ligamenta quattuor duplicia, codicis capiti et calci lora tenuia artificiose texta obsuta. In dorso schedula agglutinata, in qua Tłuszczewski inscripsit: *Postilla super Jeremiam prophetam*. Voluminis extremitas superior et inferior adaequata, anguli rotundati. Ante- et postfolium (f. I, II) membr. incompleta, cf. supra, nr. ***4**). Integumentorum partibus interioribus folia chart. aggl. (cf. Signa aquatica nr. 11-12. Schedulae membr. oblongae fasciculorum suturam munientes conscriptae, cf. supra, nr. ***5**. Codicis status satisfaciens. Aerugine factae lacunae in f. 1 et 219, eiusdem vestigia in f. 2-5, 216-218. Detrimenta a vermibus effecta in foliis integumentis agglutinatis et f. 219. Voluminis extremitas longior chartas crispatas et humiditatis causa flavas factas praebet. Folii 186r scissura frustuli novi ope consarcinata. Ligamentorum quaedam rupta, etiam corium in dorsi parte inferiore dissolutum.

C o d i c i s o r i g o e t f a t a : Codex Cracoviae s. XV dimidio priore confectus. M. Kowalczyk (Z badań, 24) eum Nicolai Coslowsky libris adnumeravit. In f. integ. ant. parti interiori aggl. codicis pretium scriptum esse videtur: *sexagena*. Signaturae antiquae: Tłuszczewski: *Postilla super Jeremiam* [Kucharski (?): *prophetam*]; Fasseau: *999*; topogr.: *AA IX 21*; in cingulo chart. inter folia inserto: *18*.

B i b l i o g r a p h i c a : Wisłocki, Katalog, 380; Kowalczyk, Z badań, 24; Wielgus, Średniowieczna, 52.

ASo, WŚ

1568

Lat., 1511 vel ca, chart., cm 32×21,5, f. 447+III.

f. 1r-446v: Promptuarium Bibliae. Lib. I absque fragm. finali

Promptuarium Veteris ac Novi Testamenti sub certis distinctionibus cum notulis misticis, nominum Hebraicorum interpretacionibus ac punctis hystoricis, nec non concordanciis ad predicta canonum floribusque moralibus philosophorum, oratorum et poetarum laboriose comportatum in unum. [F. 1v] *Utilitas maxima huius operis. —Ex quo Sacra Scriptura principaliter tantummodo dicitur Vetus et Novum Testamentum* ...)(... *gaude, quia habes introductorium ad viam veritatis et summulare, gau-*

detque pariter cum hiis virgo, mater nostra, Carthusia cum tota latitudine filiorum suorum. Amen. Commendacionem Sacre Scripture ampliorem in fine tocius libri vide, si vis. [F. 2r] *Venerabili in Christo patri ac domino N., priori Carthusie N., domino et patri semper observatissimo.* —*Quoniam, venerabilis pater, ut inquit ille rectissime philosophus ac pater noster divus Hieronimus in Epistola ad Heliodorum de morte Nepociani* ...⟩⟨[f. 2v]... *saltem pro tardioribus intellectum ingredior sacre obediencie fretus precepto a dignioribus et rebus divinioribus exordium sumens. Incipit liber primus Promptuarii Biblie Veteris ac Novi Testamenti cum notulis mysticis. Capitulum primum de Deo.* —*In principio fecit Deus celum et terram, Gen. 1 a* [, 1]. *Ego sum Deus omnipotens, vide supra* [Gen] *17 a* [, 1] ...⟩⟨[f. 297v]... *quedam nomina Ebrayca possint habere locum interpretandi. Et hic est finis prime partis primi libri.* [F. 298r] *Secunda pars primi libri, que est de hystoryarum punctis et sacrarum et peregrinarum* ...[f. 299r] *De oblacionibus, oracionibus etc. cap.* —*⟨T⟩ollens Noe de cunctis animalibus et volucribus mundis obtulit holocausta Domino, Ge⟨n⟩. 8 c* [, 20] ...⟩⟨[f. 419v]... *ex hiis pro faciliori misterio habendo ipsorum. Nunc capitulum sequitur de Christo, ubi in principio linea genealogie Christi ... locum suum non teneat videre.* [F. 420r] *Hic incipit tercia pars primi libri, que est de mysteriis Christi et patrum nove legis ... et fere omnes nociores insunt posite.* [F. 420v] —*Linea genealogie Christi ewangelica, quam Lucas transverse prosequitur ... Deus, Adam* ...⟩⟨... *Et tantum de Malachia propheta et per consequens de omnibus aliis, qui Christum precesserunt ... Attendat diligens lector, quoniam hec, que hic de Christo Domino ... et ipse iunior id, quod a maioribus recepi, libens communicavi.*

Cf. RB 9514. Promptuarii lib. I continuatio et lib. II in cod. BJ 1569. F. 298v, 421v vacua.

f. 447r-v vacuum.

F a s c i c u l i : 1^{4+6} (f. 1-10, fasc. magna ex parte compositus ex foliis tempore, quo sueretur, glutinae ope affixis, quo efficitur, ut difficile diiudicatu est, quaenam folia alteris bifoliorum partibus careant); $2\text{-}22^{6+6}$ (f. 11-262); 23^{7+7} (f. 263-276); 24^{6+6} (f. 277--288); 25^{6+7} (f. 289-301, post f. 291 unum folium desideratur, cuius altera pars bifolii additi est f. 298, in quo titulus legitur scriptus: *Secunda pars primi libri* ...); $26\text{-}31^{6+6}$ f. 302-373); 32^{4+4} (f. 374-381; $33\text{-}34^{5+5}$ (f. 382-401); 35^{6+6} (f. 402-413); 36^{4+4} (f. 414--421); 37^{6+6} (f. 422-433); 38^{7+7} (f. 434-447, fasc. magna ex parte compositus ex foliis singulis, schedulis oblongis (Falz), agglutinata, cf. infra Signa aquatica). Custodes numeris Arabicis vel Romanis in initiis fasc. 1-38; custodes vocabulis, numeris Arabicis vel Romanis in finibus fasc. 1-22; nulli custodes in fasc. 23-24; custodes numeris Arabicis in fasc. 25-37: *23-35*. False inscripti custodum numeri cancellati sunt. Foliationem scriba a nostro f. 2 incepit et f. 298 signare omisit, folia quae *Promptuarii* partium titulos prae se ferunt saltando.

Signa aquatica: 1. Var. Piccard 5, VII 296-297 (1519, 1518) f. 2, 5, 7, 11, 13-14, 19-20, 22, 25-26, 28-29, 31-32, 36, 45, 48-50, 55-57, 63-66, 73, 75-78, 80, 83, 85, 88-89, 92, 94-95, 97, 100-101, 104, 106, 108, 112-113, 117, 123-126, 143-146, 148-149, 151-154, 159-162, 167-169, 171, 174, 176-180, 189-190, 203, 205, 212, 214--215, 218-219, 222-223, 226-240, 243, 246, 249-253, 255, 258, 260-262, 265-274, 277--297, 299-303, 307-308, 312-315, 317-318, 321-322, 324-338, 341, 343-344, 346, 349, 352, 354-357, 359, 362, 365, 367-368, 370, 373-374, 376, 379, 381, 384, 386-387, 389, 392-393, 395, 398, 400-401, 403-404, 407-408, 411-412, 416-418, 423, 432, 437, 439, 442; 2. Libra numero 1 similis, stella differenti ornata, signum in repertoriis non inventum, f. 3, 12, 15-18, 21, 23-24, 27, 30, 33-35, 37-44, 46-47, 51-54, 58-62, 67-72, 74, 79, 81-82, 84, 86-87, 90-91, 93, 96, 98-99, 102-103, 105, 107, 109-111, 114-116, 118-122, 127-142, 147, 150, 155-158, 163-166, 170, 172-173, 175, 181-188, 191-202, 204, 206--211, 213, 216-217, 220-221, 224-225, 241-242, 244-245, 247-248, 254, 256-257, 259, 263-264, 275-276, 298, 304-306, 309-311, 316, 319-320, 323, 339-340, 342, 345, 347--348, 350-351, 353, 358, 360-361, 363-364, 366, 369, 371-372, 375, 377-378, 380, 382--383, 385, 388, 390-391, 394, 396-397, 399, 402, 405-406, 409-410, 413-415, 420-422, 424-431, 433, 435, 438, 440-441, 443-444, 446. Folia signis expertia: 1, 4, 6, 8-10, 434, 436, 445, 447 et I.

Scriptura et ornamenta: Codex una manu exaratus esse videtur, scripturae ductus tamen varians additiones quasdam manuum alienarum indicare possit, e. g. f. 264r, 299r, 430r. Scriptura minuscula humanistica una columna disposita in f. 1r--2v, duabus in f. 2v-446v (exceptis foliis, in quibus tituli leguntur). Marginum schema stilo vel plumbo ductum, interdum visu difficile. Duae columnae 0,5 cm a se invicem distant. Margo exterior linea duplici ductus. Scriptura currens parum diligens, margines saepe despiciens. Quaedam textus partes circulorum variae magnitudinis schematibus inscriptae, e. g. f. 155r, 312r-313r, 338r-348r, 362r-381v, 426r-428r ibique columnarum margines parum discernibiles (e. g. f. 380r-381v); in f. 420v-421r *linea genealogie Christi* parvis circulis inscripta. In f. 9v textus fragmentum cancellatum. In pagina currenti operis partes et tituli sequentes, e. g. f. 3r-6r *Promptuarii particio prima. De Deo*; f. 6v-22r *Promptuarii particio prima. De opere prime diei sub predicamento substancie.* Rubricatio opulentissima usque ad f. 262v, exiguior in f. 289r-313v, desideratur in f. 263r-288v, 314r-446v.

Notae et glossae paucae. Emendationes, e. g. f. 2r; textus supplementa, e. g. f. 6r 15v, 29v, 33r, 156r, 351r. Textus addititius in marginibus, e. g. f. 302r, 305r--306r, 307r, 314r, 354r. Notae productiores in f. 308v: *Helyas, id est Deus Dominus* ... f. 420v: *Nota igitur, quod etates mundi sunt: prima ab Adam usque ad Noe, habens annos secundum Hebreos 1656* ...; f. 421r: *Interpretacio omnium horum sanctorum patrum, quia immediate superius in cathalogo est posita, hic dimittitur*; f. 303r: *Omnium horum nominum interpretacio posita est in post, ubi agitur de genealogiis*; f. 304r: *Omnia nomina hec quere in post in genealogiis*; f. 330r: *Nomina hec superius iam dicta sunt et inferius capitulo De genealogiis dicentur*; f. 335r: *Hic littera per se sua nomina ex factis declarat*; f. 337r: *Nomina, que hic ponuntur, iam supra sunt dicta* ...; f. 348r: *Hanc continuacionem extraneorum vide in capitulo precedenti* ...; f. 348v: *Nomina hec in capitulo sequenti invenies.* Emendationes de textu ordine recto, e. g. f. 154v: *Verso folio uno continuacionem huius habes*; f. 155v: *Hec particula ad superiora attinet*; f. 263v: *Columna sequens non est ad rem.*

C o m p a c t u r a a. 1537 (annus in corio integumenti anterioris impressus, cf. infra) Cracoviae confecta esse videtur. Tabulis ligneis crassis constat oblique praecisis non usitato modo: tabularum nempe partes volumini proximae at non exteriores sunt acuatae, et corio fusco radiculi ope ornato est partim obtecta. In anterioris integumenti corii bordiura repraesentantur imagines: *PECCATVM* (Temptatio); *IVSTIFICACIO* (Resurrectio); *SATISFACTIO* (Crucifixio); serpens aeneus – non subscriptus. Anterioris integumenti planities radiculi impressionibus impleta seriebus duabus ordinatis alegoricas figuras repraesentantibus: *FORTITVDO*, *IVSTICIA*, *LVCRECIA*. In taenia super planitiem anni numerus: *MDXXXVII*; in taenia super bordiuram: *PROMTVARIVM* [!] *VETERIS AC NOVI TESTAM.*; in taenia infra bordiuram: *LIBER PRIMVS*. Bordiura integumenti posterioris radiculi impressionibus impleta alegoricas figuras repraesentantibus, sicut planities in anteriore integumento, et planities posterior illis: *IVSTIFICACIO*, *SATISFACTIO*, *PECCATVM*, serpens aeneus (compacturae huius codicis decorationem plumbo ab A. Lewicka-Kamińska repetitam cf. ms. BJ Acc. 152/80). Codex olim duobus cingulis coriaceis et fibulis metallicis in anteriore integumento claudebatur. Dorsum paulo convexum; ligamenta quattuor duplicia. Inter dorsi ligamenta formarum vegetabilium impressiones conspiciuntur. Volumen non adaequatum. Ante- et postfolium (f. I et III) chartacea recentia singulas cum foliis integumentis agglutinatis efficiunt chartas. Antefolium chart. vetus: f. II. Schedulae oblongae fasciculorum suturam firmantes chartaceae, recentes. Codex renovatus a. 1933. In f. integ. ant. aggl.: *Restauracja Jana Wyżgi 1933. Karty zbutwiałe zostały podlepione. Nowe wyklejki i wszywki. Brzegi grzbietu podklejone nową skórą. K⟨azimierz⟩ D⟨obrowolski⟩*. Codicis status: Volumen multa detrimenta usu et aqua infusa olim cepit, cuius testimonia sunt chartae putefactae et atramentum, quin etiam rubricatio hic illic diluta, cf. e. g. f. 218-222, nec non chartae, exteriores praecipue, maxime detritae. Foliorum plurimorum extremitates chartarum agglutinatarum fasciis sunt confortatae. Corio dorsi recenti veteris illius reliquiae sunt desuper agglutinatae. Post renovationem codicis status satisfaciens. In eadem pergula compactura cod. BJ 1569 confecta est. Cf. etiam compact. cod. BJ 1521.

C o d i c i s o r i g o e t f a t a : Codex circa a. 1511 confectus (cf. cod. BJ 1569, f. 270r, 304v). Notae ad originem eiusdem in codice desiderantur, legitur tamen in f. 2r: *Venerabili in Christo patri ac domino N., priori Carthusie N., domino et patri semper observatissimo* ..., de quibus elici potest codex in monasterio quodam carthusiensium confectus esse, cf. etiam originem et tempus conficiendi vol. 2 eiusdem Promptuarii in cod. BJ 1569. In f. 1r in parte sinistra inferiore: *Primus liber*. Signaturae antiquae: Kucharski scripsit: *Promptuarium Novi et Veteris Testamenti*; Fasseau: *828*; topogr.: *AA IX 5*.

B i b l i o g r a p h i c a : Wisłocki, Katalog, 381.

RT, ASo

1569

Lat., 1511-1512, chart., cm 32×21,5, f. 391+V.

f. 1r-v vacuum.

f. 2r-391v: Promptuarium Bibliae. Lib. I fragm. finale, lib. II, Concordantia Bibliae, Dictionarium, De locis communibus Aristotelis, De commendatione et excellentia Sacrae Scripturae

De Beata Virgine [alia manu suprascr.: *et virginibus*] *capitulum.* —*Et dixit Deus: Fiat lux. Et facta est lux, Genesis I b* [, 3]. *Fiat firmamentum in medio aquarum, ibidem b* [, 6] ...)([f. 73v]... *Pro hoc capitulo hec sufficiant. Poterit autem studiosus multo ampliora ex his colligere ... De hoc capitulo multa habentur supra sub X predicamentis in figuris.* [F. 74r] *Secundus liber Promptuarii Veteris ac Novi Testamenti tractans de signis vel verius de moribus sub tribus partibus. In quarum prima agitur de exordiis morum, in 2[a] de viciis in speciali, in 3[a] de virtutibus in speciali. Vide lector in omnia.* [F. 75r, in marg. sup.: *Hic incipit secundus liber huius Promptuarii Biblie. Et primo prima pars, que est de virtutum ac viciorum origine et fundamentis generalibus etc.*]. *De precepto capitulum primum.* —*Crescite et multiplicamini et replete terram, Ge. 1 d* [, 28] *et 8 c* [, 17] *et 9 a* [, 1]...)([f. 88v]... *Hoc generaliter circa hoc capitulum sufficit, nam in speciali amplius ponetur in capitulis propriis, puta dileccionis, honoris, sabbati, furti, castitatis et aliorum preceptorum etc.* [F. 89r, Secunda pars] *De gracia, donis Spiritus Sancti et virtutibus theologicis.* —*In cubito consummabis summitatem arche. Ge. 5* [6, 16] *c* ...)([f. 139r]... *Plura de hoc in figuris invenies. Et hic finitur hec 2[a] particio huius Pro⟨m⟩ptuarii Biblie, que est de virtutum ac viciorum origine et fundamento. Et hic proposueram subinferre omnium horum quasdam figuras et enigmata de Sacra Scriptura. Verum, quia ille Spiritus multiplex, qui est autor omnium horum ... Hic incipit tercia particio huius Promptuarii Biblie, que est de periculosis tantum, sicut 4[ta] fiet de graciosis. De periculosis capitulum.* —*Dominus contra adversarios pugnabit, ut eruat vos de periculis, Deut⟨e⟩ro. 20 a* [, 4] ...)([f. 202v]... *Hic pariter huic tercie particionis in virtute obediencie ... in figuris, tropologis tactis, in prima particione multo plura dicta sunt, nunc ad rem transeamus. Sequitur tandem particio quarta et ultima, que est de graciosis et virtutibus in speciali ...* —*Revertere et humiliamini sub manibus eius, Genes. 16 b* [, 9] ...)([f. 270r]... *En ista est dies, quam expectabamus, Thren. 2 f. Deo gracias. Hic finem pariter huic labori qualicumque omnipotentis Dei nos gracia et querente et concomitante adiuvante pariter et perducente ad laudem ipsius Matrisque sue Virginis Gloriose una cum beatissima Anna, matre ipsius. In cuius sacratissima die optata, quidem semper et veneranda, tandem finem labori imposuimus, lectorem pariter pium exorantes, ut quia hoc finale capitulum est epilogus tocius superioris processus, ergo excessivum appellatum est, id cum magna cautela legat pariter et intelligat. XXV Iulii in ipso fervore diei. Anno 1511 in domo Charthusiensi.* [F. 271r: Concordantia Bibliae: Gen – Apoc] —*Quoniam in titulo huius tocius operis prenotatum fuit, ut ad decorem Sacre Scripture concordancie pariter iuris canonici locis opportunis connotarentur ... Genesis. In principio creavit Deus celum ... Fecit Deus firmamentum in medio aquarum 23 9 5* ...)(\[f. 304v]... *Hic proposueram alias duas concordancias ad instar huius prefate subinferre, sed aliunde prohibitus diligens lector et illas alibi cumulatas inveniet ... Sed quia non sunt ita communia prout hec predicta, ideo hic ommissa sunt. Que in aliis diligens lector inveniet habundante, tantum hic. Anno Christi 1511, XXI Octobris, Carthusie* [?]. *Anno sequenti, cum iam prefatis finem gracia Dei feceram, quidam venerabilis pater Ordinis Carthusiensis imposuit mihi, ut et sequentes inciperem. Et antequam ad illa sit accessus, quedam generalia hic sunt premittenda, ut ad hec et ad plura conducencia legentibus.* [F. 305r: Dictionarium] —*Premittenda sunt quedam hic generalia, ne cui displiceant sequencia, sed et hec ipsa ad multa alia sunt conducencia: quomodo vel quando, vel an, vel a quo sunt legendi libri philosophorum etc.* —*Hugo in Didascolis* [recte: Didascalicon], *libro 4: Ceterum liber non est a culpa, qui alienum usurpat officium* ...[f. 308r] *2*[e] *Concordancie cum terciis* [in marg. sup.]. —*Cupiebam per omnia supportari ab hiis dupplicibus finalibusque concordanciis supra in principio harum promissis. Sed tandem venerabilis in Christo pater et dominus Augustinus, prior Carthusie Plessachensis* [?]... *et ut a dignioribus sit exordium, a canonibus est incipiendum.* —*Aaron fuit charitativus, De pe⟨nitencia⟩, dist. II, § Opponitur* ...)([f. 390r]... *Zelus vel correpcio. Seneca ad Lucillium, Epistola 25 ... Horacius, li⟨bro⟩ Epistolarum: Nam tua res agitur, paries cum proximus ardet et neglecta solent incendia sumere vires.* [De locis communibus Aristotelis]. *Nunc tandem paucula de communibus Aristotelis.* —*Porphirius in Isagogis: Species est forma uniuscuiusque rei* ...)(... *quia corpus, quod corrumpitur, aggravat animam. Et hic sit finis. Deo gracias.* [F. 390v: De commendatione et excellentia Sacrae Scripturae]. *Tandem hic in fine aliqua de commendacione et excellencia Sacre Scripture, et ut alcius aliquod repetatur, de hoc aliqua sunt premittenda communia. De variis erroribus mundane theologie.* —*Isydorus, li⟨bro⟩ Ethimologiarum: philosophi Greci amatores sapiencie dicuntur* ...[f. 391v]... *De numero et nominibus sacrorum librorum* ...)(... *pro brevitate adiuncti sunt, pro uno accipiuntur. Tercius ordo est*||

Cf. RB 9514-9516. Promptuarii lib. I fragm. prius in cod. BJ 1568. F. 74v, 270v vacua.

F a s c i c u l i : 1^{7+8} (f. 1-15, folia quaedam huius fasc. agglutinata; f. 15 signis aquaticis indicatur additum esse); 2^{6+6} (f. 16-27); 3^{5+5} (f. 28-37); 4-6^{6+6} (f. 38-73); 7^{8+7} (f. 74-88, f. 74 additum); 8-21^{6+6} (f. 89-256); 22^{7+7} (f. 257-270); 23-24^{6+6} (f. 271-294); 25^{6+7} (f. 295-307, post f. 295 unum folium desideratur); 26-32^{6+6} (f. 308-391). Custodum numeri Arabici in initio fasciculorum 1-32 (*39-70*) illos in cod. BJ 1568 inceptos continuant. Accedunt in initiis fasc. 1-22 (in primi tamen fine) numeris Arabicis vel Romanis custodes: *1-XXII* (excepto fasc. 7, ubi nr. in f. 75, quia f. 74 additum titulum prae se fert); in finibus fasc. 1-25 custodes erronee inscripti cancellati sunt: *37-38, 40-62*, qui false in cod. BJ 1568 inscriptos custodum numeros continuaverunt. Numeri foliorum f. 1 omittunt et inde a nostro f. 2 incipiunt (usque ad f. 73), cod. 1568 numeros continuando: *445-516*; quos sequuntur in nostris f. 75-271 numeri: *1-197*. Accedunt numeri *1*-2 in nostris f. 272-273, qui tertiam seriem incipere videntur, quae tamen non continuabatur.

S i g n a a q u a t i c a : 1. Var. Piccard 5, VII 296-297 (1519, 1518) f. 2, 13, 16-28, 37, 39-48, 50-51, 54, 57, 60-76, 79-84, 87-88, 91-93, 96-98, 101, 103, 105, 108, 110, 112-116, 121-141, 144-148, 150-159, 161, 172, 174-176, 181-183, 185, 187-194, 196, 198, 201-204, 207, 212, 214-215, 217, 222-225, 228-231, 233, 235-242, 244, 247, 249-252, 254, 257, 259, 263-264, 268, 270-274, 276-277, 279-283, 286, 288-289, 291, 294-298, 303-305, 307-309, 318-320, 322-329, 331-332, 334-336, 339-341, 343, 345, 347-348, 351-352, 354, 356-357, 359, 364, 366-371, 373-374, 376-380, 382-384, 387-389, 391; 2. Libra similis numero 1, stella differenti ornata, signum in repertoriis non inventum, f. 1, 3-12, 14, 29-36, 38, 49, 52-53, 55-56, 58-59, 77-78, 85-86, 89-90, 94-95, 99-100, 102, 104, 106-107, 109, 111, 117-120, 142-143, 149, 160, 162-171, 173, 177-180, 184, 186, 195, 197, 199-200, 205-206, 208-211, 213, 216, 218-221, 226-227, 232, 234, 243, 245-246, 248, 253, 255-256, 258, 260-262, 265-267, 269, 275, 278, 284-285, 287, 290, 292-293, 299-302, 306, 310-317, 321, 330, 333, 337-338, 342, 344, 346, 349-350, 353, 355, 358, 360-363, 365, 372, 375, 381, 385-386, 390; 3. Var. Siniarska 725 (1536) f. III. Charta codicis a. 1518-1519 in usu erat, foliorum ad compacturam conficiendam – a. 1536. F. 15 signo expers. Signa nr. 1 et 2 etiam in cod. BJ 1568.

S c r i p t u r a e t o r n a m e n t a : Codex una manu, eadem atque cod. BJ 1568, exaratus. Scriptura minuscula humanistica, duabus columnis disposita in f. 2r-304v, una in f. 305r-391v. Schema plerumque plumbo, interdum stilo ductum, folia, ubi una scripturae columna, schemate saepissime carent. Duae columnae 0,5 cm a se invicem distant. Scriptura currens parum diligens, margines saepe despicit. Quaedam textus partes circulorum variae magnitudinis schematibus inscriptae, e. g. f. 308r-310r, 315r-v, 317v-319r, 323v-324v, 329r-330r, al. In pagina currenti tituli et capitula sequentia, e. g. *Capitulum de Beata Virgine et virginibus*, f. 3r-15r; *Promptuarium Biblie. Capitulum de apostolis et discipulis*, f. 16r; *Promptuarium De apostolis* f. 16v-20v; *De confessoribus*, f. 38v-61r. Rubricatio opulentissima usque ad f. 270r, exiguior in f. 271r-294v, desideratur inde a f. 295r usque ad calcem.

N o t a e e t g l o s s a e paucae in textus parte initiali, e. g. f. 2r-27v, 38r-83r, paulo plures in f. 271r-303v. Quae sunt emendationes, textus supplementa, e. g. f. 2v, f. 80v, 273v-276r, 278v-284v; vocabula scriptorum materiam indicantia, e. g. f. 4r: *Assumpcio, Concepcio, Anunciacio,* f. 4v: *Descripcio Virginis Marie*, f. 73r: *Condiciones optimi prelati*. In f. 173r: *Nota*. Accedit additio in margine, e. g. f. 2v: *Lignum pomiferum faciens fructum, Genesis I b*. Animadversiones et notae informativae, e. g. f. 115r: *Hec ad anterius capitulum spectant.*

C o m p a c t u r a a. 1537 in eadem atque cod. BJ 1568 pergula compaginatoria, forsitan Cracoviae, confecta. Tabulae ligneae crassae oblique praecisae, corio fusco radiculi ope ornato sunt partim obtectae. In anterioris integumenti bordiura repraesentantur imagines: *PECCATUM* (Temptatio); *IUSTIFICACIO* (Resurrectio); *SATISFACTIO* (Crucifixio); serpens aeneus – non subscriptus. Anterioris integumenti planities radiculi impressionibus impleta, seriebus duabus ordinatis, alegoricas figuras repraesentantibus: *FORTITVDO*, *IVSTICIA*, *LVCRECIA*. In taenia super planitiem anni numerus: *MDXXXVII*; in taenia super bordiuram: *PROMTVARIVM BIBLIE*; in taenia infra bordiuram: *LIBER SECVNDVS*. Bordiura integumenti posterioris radiculi impressionibus impleta alegoricas figuras repraesentantibus et planities posterior illis: *IVSTIFICACIO*, *SATISFACTIO*, *PECCATVM*, serpens aeneus (compacturae huius codicis decorationem plumbo ab A. Lewicka-Kamińska repetitam cf. ms. BJ Acc. 152/80). In voluminis sectura inferiore, creta adhibita, inscriptum legitur: *Prom⟨ptuarium⟩*. Dorsum convexum, ligamenta quattuor duplicia. Inter dorsi ligamenta signaculi impressiones, in quibus formae vegetabiles conspiciuntur. Codicis capiti et calci funiculi texti obsuti. Volumen adaequatum. Ante- et postfolia chartacea recentia vacua: f. I-II, IV-V, quorum initiale et finale (f. I et V) singulas cum foliis integumentis agglutinatis (angustioribus) efficiunt chartas. Postfolium chart. vetus: f. III. Cum codex renovaretur, tabularum fragmenta nova addita sunt (anterioris tegumenti tabula nova iam denuo dissolvitur), simul et corii demoliti fragmenta suppleta, cf. ad hoc attinentem notam in schedula folio Ir agglutinata manu Casimiri Dobrowolski: *1569 dodać drewn. okładki, podklejenie i wyprost. kart*. Codicis status satisfaciens. Humiditatis olim infectae vestigia et detrimenta in chartis initialibus et finalibus praecipue conspicua, schedularum novarum ope consarta sunt. Integumenti corium in locis, quibus dorsum cum tabulis iungitur, rumpi incipit. In eadem pergula compactura cod. BJ 1568 est confecta. Cf. etiam compact. cod. BJ 1521.

C o d i c i s o r i g o e t f a t a : Codex a. 1511-1512 in monasterio cartusiensium confectus, cf. notas in f. 270r, 304v, 308r (*venerabilis in Christo pater et dominus Augustinus, prior Carthusie Plessachensis* [?]). Signaturae antiquae: Kucharski scripsit: *Promptuarium Sacrorum Bibliorum*; Fasseau: *449*; topogr.: *AA IX 4*.

B i b l i o g r a p h i c a : Wisłocki, Katalog, 381.

RT, ASo

1570

Lat., XIV ex. et XV in., chart., cm 29×20,5, f. 257+III.

1. f. 1r-31v: Iulianus Pomerius, De vita contemplativa

[Praef.] —⟨*Diu multumque revisus sum voluntati tue*⟩, *o mi domine, studiosissime pontificum, Iuliane, non velut pernicaciter* [recte: pertinaciter] *durus, sed proprie impossibilitatis admonitus* ...⟩⟨[f. 1v]... *vestris oracionibus adiuvante tractemus. Explicit prephacio.* [Tituli capitulorum lib. I] *Quod ea sit proprietas vite contemplative, nobis Deus mundo corde vide-*

bitur, primum. De qualitate vite future, II ...)(... *Quales esse debeant sacerdotes, qui volunt fieri vite contemplative participes.* [Textus] *Incipit liber primus Prosperi ad Iulianum pontificem De vita contemplativa. Quod ea sit vite contemplative proprietas, ubi Deus mundo corde videbitur. Primum capitulum.* —*Contemplativa vita est, in qua Creatorem suum creatura intellectualis ab omni peccato purgata* ...[f. 31r]... *sed sine ullis malis beatos fortiter in eternum contineat. Explicit liber Prosperi bonus et utilis De vita contemplativa et activa. Sequitur.* [Lib. III, cap. 33, 2] *Ibi in omnibus perfectis erit perfecta iusticia, non ut inter virtutes discernat* ...)(... *quando non res pro verbis, sed pro rebus enuncciandis verba sunt instituta. Amen. Sequitur.*

Cf. CPL 998; CPPMA 2B, 3583, 3705. Ed.: PL 59, 415-520.

2. f. 31v-74v: Augustinus de Ancona OESA, Super Missus est

[Prol.] —*Quatuor mihi timorem ac tremorem faciunt loqui de Virgine gloriosa. Primum est propria fragilitas. Nam si narrare divinam iusticiam et assumere per os Dei* ...)([f. 32r]... *et precibus eius Matris, cui semper sit honor et gloria.* [Textus] —*Missus est angelus* ...[Lc 1, 26]. —*In qualibet autem salutacione quinque per ordinem consideranda sunt: primum est persone salutantis condicio* ...)([f. 73v]... *ita suis piis ac devotis precibus in hora mortis acquirat Salvatorem. Explicit tractatus super Ave Maria fratris Augustini de Anchonia Ordinis Fratrum Heremitarum sancti Augustini. Isti sunt tituli dubitacionum super illo verbo: Missus est Gabriel angelus a Deo.* [In marg.: *Primo, utrum conveniens fuerit angelum ad Virginem mitti*] ...)(... *91: Utrum Elizabeth naturaliter vel Spiritu Sancto revelante cognoverit Virginem Matrem Dei esse factam? Et sic est finis.*

Cf. RB 1547; Glorieux, Répertoire, 2, 322, nr. 409i; Zumkeller, Manuskripte, 74-76, nr. 136; Wielgus, Obca literatura, 156 (codicis folia false affert); Rechowicz, Św. Jan Kanty, 95. Ed.: Lugduni [ca 1485] (GW 3049). Idem textus in cod. BJ 2861, f. 1r-46v.

3. f. 74v-75r: Pseudo-Bernardus Claraevallensis, Varia et brevia documenta pie seu religiose vivendi. Absque fine

Incipit religionis regimen Bernardi. —*Si plene vis assequi, quod intendis, duo sunt tibi necessaria facienda* ...)(... *et tu tam faciliter perdis et sic cogita super istas duas caritates.*

Cf. Little, Initia, 236; Mohan, Initia, 412* (Bonaventura?); Andersson-Schmitt, Handschriften Uppsala, 3, 15 (cod. C 203, f. 215r-216r), 67 (cod. C 218, f. 237v-238r); Hilg, Handschriften Eichstätt, 1, 32 (cod. st 106, f. 36r-37v). Ed.: PL 184, 1173-1174. Idem textus in f. 161v-162r, cf. infra nr. **10**.

4. f. 75r-v: Petrus Damianus OSB, Epistula 66. Fragm.

Incipit Epistola Petri Damiani de die mortis excitantis ad timorem Dei. —Pensatum [recte: Pensandum] *est, cum iam peccatrix anima a vinculis carnis incipit absolvi ...⟩⟨... perfeccionis adipiscende propositu⟨m⟩ indeclinabiliter custodire. Hec ille. Explicit Epistola Petri Damiani.*

Cf. Bloomfield, 3881. Ed.: K. Reindel, MGH, Briefe d. dt. Kaiserzeit, 4/2, 259-260. Idem textus in fol. 162r-v, cf. infra nr. **11**.

5. f. 75v-79r: Stella clericorum

Sequitur.—⟨Q⟩uasi stella matutina in medio nebule [Eccli 50, 6], *id est peccata eorum minister Dei anichilat. —Proprietates huius stelle matutine possunt referri ad quemlibet doctorem fidei, id est sacerdotem ...⟩⟨... aquirunt eternam da⟨m⟩pnacionem. Ab ista da⟨m⟩pnacione nos custodiat omnipotens Deus. Amen. Explicit Stella clericorum per Paulum presbiterum.*

Cf. Little, Initia, 190; Bloomfield, 4435, 4293; A. Garcia y Garcia, Manuscritos de la 'Stella clericorum', „Scripta theologica", XVI 1984, 395-404. Ed.: E. H. Reiter, Toronto 1997 (Toronto Medieval Latin Texts, 23). De ceteris BJ codicibus, ubi idem textus asservatur, cf. cod. BJ 1298 descr., nr. **3** (Catalogus, 8, 146) et 1422 descr., nr. **10** (Catalogus, 9, 484).

f. 79v-82v vacua.

6. f. 83r-148v: Ioannes Milicius de Chremsir, Sermones de tempore et de sanctis

—Ecce rex tuus ...[Mt 21, 5]. *—Pro Spiritu Sancto* [!] *gracia impetranda, ut sermo meus vobis divinitus infundatur ... —Ecce rex tuus ... —De triplici adventu Christi ait Ecclesia sancta, videlicet in mundum et iudicium et in mentem ...⟩⟨... cum novo cantico ad eternas nupcias valeamus feliciter pervenire. Ad quas nos perducat Pater.*

Cf. Schneyer, Wegweiser, 198; Schneyer, 3, 589-599, nr. 135 (f. 83r-85v), 137 (f. 85v-88v), 138 (f. 88v-91v), 140 (f. 91v-95r), 141 (f. 95r-98v), 143 (f. 98v-102r), 150 (f. 102r-106r), 157 (f. 106r-110r), 168 (f. 110v-113v), 169 (f. 114r-117r), 172 (f. 117r-119r), 185 (f. 119r-122r), 187 (f. 122r-126v), 193 (f. 126v-130r), 196 (f. 130r-134v), 198 (f. 134v-138v), 212 (f. 138v-141v), 220 (f. 141v-145r), 234 (f. 145r-148v); Tříška, Příspěvky, [3], 14; Id., Životopisný slovník, 277-278; Spunar, Repertorium, 1, 172, nr. 441. De ceteris BJ codicibus, ubi collectio haec asservatur, cf. cod. 1175 descr., nr. **1** (Catalogus, 6, 400), ubi etiam collectionem similem invenies in f. 1r-361r.

f. 149r-v vacuum.

7. f. 150r-157v: Bonaventura OFM, Itinerarium mentis in Deum. Absque Prologo

—*Beatus vir, cuius est auxilium abs te* ...[Ps 83, 6-7]. —*Cum beatitudo nichil aliud sit* ...⟩⟨... *et pars mea Deus in eternum* [Ps 72, 26]. *Benedictus Deus in eternum et dicet omnis populus: Amen. Explicit liber Boneventure de VII gradibus ascensionis in Deum et cetera., etc.*

Cf. Glorieux, Répertoire, 2, 40, nr. 305m; Distelbrink, 19; Bloomfield, 2653; RS 119; Mohan, Initia, 203*. Ed.: Opera omnia, 5, Ad Claras Aquas (Quaracchi) 1891, 295-313. Textus incompletus (prologus, cap. 1-3 sine fine) in cod. BJ 1248, f. 107r--109r.

8. f. 157v-160r: Helinandus de Frigido Monte OCist., Flores a Vincentio Bellovacensi OP collecti. Fragm.: cap. 2-10 (sine fine)

⟨—*In Chronicis, libro VIII, errores philosophorum de ingressu animarum* ...⟩ —*Olym apud Delphos scriptum fuisse legitur in vetustissimo tripide* [recte: tripode] *Appollinis famosissimum valde oraculum consulenti, quomodo ad beatitudinem gnotos eloycos, id est cognosce te ipsum* ...⟩⟨... *verba, que scripseret* [!], *suggerentem legeque librum Bernardi ad Eugenium papam.*

Cf. A.-J. Surdel, Hélinand de Froidmont et l'hagiographie, [in:] Annales de l'Est, Ser. 6, vol. 51, 1 (2001), 210. Ed.: PL 212, 721-736 (textus noster in p. 723-731). Scriptum istud partem Vincentii Bellovacensis operis constitit: „Speculum historiale", lib. XXIX, cap. 108-148.

9. f. 160r-161v: Pseudo-Nilus de Ancyra, De octo principalibus vitiis. Fragm.: cap. 1-7

—*Principium fructus florum* [recte: flores] *et principium bonorum actuum continencia. Qui continet ventrem, inminuet passiones* ...⟩⟨... *et post dolorem permanens dolorem non modicum suffert.*

Cf. CPG 2451, 6077; CPPMA 2B, 3625; Bloomfield, 4251 + Suppl. Ed.: Palladii episcopi Helenopolitani de vita s. Johannis Chrysostomi dialogus. Accedunt ... Nilus De octo vitiis, Luteciae Parisiorum 1680, 356-370, 374-377 (in nostro cod. capitulorum ordo differens); PG 79, 1146-1158 (textus congruens, quamquam redactione differt).

10. f. 161v-162r: Pseudo-Bernardus Claraevallensis, Varia et brevia documenta pie seu religiose vivendi. Absque fine

—*Si plene vis assequi, quod intendis, duo sunt tibi necessaria facienda* ...⟩⟨... *et tu tam faciliter perdis et sic cogita super istas duas caritates.*

Cf. eundem textum supra, nr. **3**.

11. f. 162r-v: Petrus Damianus OSB, Epistula 66. Fragm.

—*Pensatum* [recte: Pensandum] *est, cum iam peccatrix anima a vinculis carnis incipit absolvi* ...⟩⟨... *perfeccionis adipiscende propositum indecli-*

nabiliter custodire. Hec ille. Explicit Epistola Petri Damiani. Sequitur ulterius.

Cf. eundem textum supra, nr. **4**.

12. f. 162v-185r: Henricus Totting de Oyta, Tractatus de contractibus

—*Diligite iusticiam, qui iudicatis terram* [Sap 1, 1]. —*Attendite hec omnes gentes, auribus percipite omnes, qui habitatis orbem* ...)(... *sed si ignorante domino datum sit et ratum habuerit pignus, valebit etc. Deo gracias et sic est finis huius.*

Cf. Schulte, Geschichte, 2, 434; Lang, Heinrich Totting von Oyta, 99-103; Markowski, Poglądy, 94; Rebeta, Komentarz, 61. Ed. in: Ioannes Gerson, Opera omnia, 4, Coloniae 1484 (GW 10713). Idem textus in cod. BJ 521, f. 201r-225r; 1418, f. 252r--284v.

f. 185v vacuum, marginum schemate distinctum.

13. f. 186r-218v: Henricus Bitterfeld de Brega OP, De vita contemplativa et activa. Def.: de vita activa fragm. initiale tantum

[Epist. dedicatoria] —⟨*I*⟩*llustrissime ac serenissime in Christo domine, domine Hedvigi,* [in marg: *divini*] *respectus intuitu regine Polonie etc. Frater Henricus de Bytteruelt Ordinis Predicatorum, sacre theoloye professor minimus* ... —*Cum vestre serenitatis diligencia divinis officiis fervencius inmoretur ac devocionis apicem apprehendere sattagat* ...)([f. 186v]... *pro accione vestre regie magnificencie sub hoc processu describam.* [De vita contemplativa] —*Vidit Iacob scalam* ...[Gen 28, 12-13]. —*Inter cetera Sacre Scripture misteria nichil eque prom⟨p⟩tum occurrit ad exemplum in exponendo materiam contemplacionis* ...)([f. 217r]... *suavitate spiritus atracti, ut dicant* [f. 217v] *cum Apostolo: Vivo ego, non ego, sed vivit in me Christus.* [De vita activa] —*Expedito de contemplacione nu⟨n⟩c agendum est de accione seu activa vita, que neccesaria est ad salutem* ...)(... *Tercia vita est, que rei publice curam suspicens* [!] *cunctorum saluti sue providencie solercia et iusticie libera* [!] *et*||

Cf. Kaeppeli, 1712; B. Sommerfeldt, Heinrich von Bitterfeld, O. Praed., Professor in Prag, „Zeitschrift für katholische Theologie", XXIX 1905, 166; M. Papuzińska-Mill, Henryk Bitterfeld z Brzegu, „Przegląd Tomistyczny", IV 1988, 185-186 (codicis foliorum numeri false afferuntur); BAMAT 14, 1578; Jagosz, Beatyfikacja, imago nr. 2. Ed.: Bitterfeld, Tractatus, 3-179 (in nostro codice textus usque ad p. 141); ed. prologus: Cod. epist., 1, 145-147; Z. Mazur, Henryka z Brzegu list dedykacyjny do królowej bł. Jadwigi, [in:] Dzieło Jadwigi i Jagiełły. W sześćsetlecie chrztu Litwy i jej związków z Polską, wybór i oprac. W. Biliński, Warszawa 1989, 268-269. Textus completus in cod. BJ 2424, f. 1r-85v.

f. 219r-221v vacua, columnarum schemate instructa.

14. f. 222r-246r: Michael de Massa OESA (?), Historia passionis Iesu Christi

Incipit exposicio Passionis Domini magistri Michaelis de Massa Ordinis Fratrum Herem⟨i⟩tharum sancti Augustini. —Extendit manum et arripuit gladium ...[Gen 22, 10]. —*Hic incipit hystoria. Modo possumus descendere ad materiam passionis Christi, incipiendo a dio* [recte: die] *Dominico* [!] *Olivarum ... usque ad sepulturam Christi dividere in 6 partes ... Dico primo, quod historia passionis Christi incipiendo a die dominica Palmarum usque ad diem Iovis fuit virtuose informacionis ...*⟩⟨*... et dederunt ei vinum bibere cum felle mixtum* [Mt 27, 34]. *In Marco dicitur, quod dabant ei vinum mirratum* [Mr 15, 23] *et dicit Augustinus etc.*

Cf. RB 5636,3; Zumkeller, Manuskripte, 332-333, nr. 697, 695; Wielgus, Obca literatura, 161.

15. f. 246r-252v: Augustinus de Ancona OESA, De passione Domini

Incipit tractatus De passione Domini editus a reverendo magistro sacre theologie Augustino de Anchona Ordinis Fratrum Heremitarum sancti Augustini etc. Passio Domini nostri Ihesu Christi secundum Mattheum, Marcum, Lucam et Iohannem. —Circa hoc, quod dicit passio, plura sunt notanda. Primo, quod Christus in passione sua habuit multipliciter officium. Primo habuit officium mediatoris ...⟩⟨*... hominem totum spiritualiter ad celestia elevando. Ioh. 4°* [Phli 3, 20]: *Nostra conversacio in celis est. Unde sequitur: Salvatorem nostrum expectamus Dominum Ihesum Christum.*

Cf. RB 1547,2; Zumkeller, Manuskripte, 76, nr. 137; Wielgus, Obca literatura, 56 (hunc solum codicem allegant).

16. f. 253r-257v: Hugo de Sancto Victore, Commentaria in Hierarchiam caelestem s. Dionysii Areopagitae. Fragm.

—*Iudei signa querunt et Greci sapienciam* [1 Cor 1, 22]. —*Fuit enim quedam sapiencia, que sapiencia videbatur ab hiis, qui veram sapienciam non noverant ...*⟩⟨*... Sapiencia enim Dei quamvis se varie dissimiliterque mentibus spiritualiter illuminandis*||

Cf. B. Hauréau, Les oeuvres de Hugues de Saint-Victor, Paris 1886, 54-60; Goy, Werke Hugos, 181-196 (codicem nostrum non allegat). Ed.: CCCM 178, 399-426. Textus quoque in cod. BJ 1383, f. 171v-228v (Lib. I, cap. 5 – Lib. X, cap. 15); 2070, f. 186r-316v (sine fine).

***17.** f. IIr: Modus petendi pro vivis et mortuis, pro quibus fratres orare debent

— *Quamvis sermo non sit, tamen iuxta laudabilem consuetudinem ordinis sancti, fratres dilectissimi, orare debemus pro universali statu sancte matris Ecclesie ... Item orare debemus, fratres dilectissimi, pro ... Gregorio papa XII°* [approbatus, respectus in Regno Poloniae annis 1406-1409, abdicavit a. 1415]... *Item orare debemus pro fundatoribus domus nostre et aliarum domorum tocius ordinis nostri ...*⟩⟨... *cum collecta: Deus, qui caritatis dona. Pro fidelibus defunctis, de profundis: Pater noster et Ave Maria cum collecta: Fidelium Deus.*

Ca 1406-1409, Lat., chart., f. 1. Orationis pro defunctis et vivis modus seu forma sermoni in Ordinis Cisterciensium monasterio in Clara Tumba adiuncta esse videtur.

***18.** Schedulae oblongae fasciculorum suturam munientes iuxta f. 30/31, 42/43, 203/204: Diploma: ante 7 II 1320 Cracoviae. Fragm. Ioannes Muscata, ep. Cracoviensis, praebendam confert Ioanni clerico, filio Gerlaci de Culpe, in Cracoviensi ecclesia (canonia).

[f. 203/204] ||*Nos Iohannes Dei gracia Cracoviensis episcopus presentibus litteris profitemur et universis earundem seriem inspecturis velimus esse notum ... que inter venerandum et reverendum in Christo patrem dominum Iacobum miseracione*|| [f. 42/43] *per venerabilem patrem dominum episcopum iam predictum ... collacio prebend*⟨*e*⟩|| *Iohanni clerico, filio Gerlaci de Culpe in Cracoviensi ecclesia per nos facta* ...[f. 30/31] ||*missis et quilibet premissorum semel vel pluries ...*

Ioannes, Gerlaci filius, canonicus Cracoviensis, archidiaconus Sandomiriensis a. 1322-1350, die 11 VII 1353 mortuus (cf. MPH 6, 652; M. D. Kowalski, Prałaci i kanonicy krakowskiej kapituły katedralnej od pontyfikatu biskupa Nankera do śmierci biskupa Zawiszy z Kurozwęk (1320-1382), Kraków 1995, 172-173). Ioannes Muscata inde ab a. 1294 ep. Cracoviensis fuit usque ad mortem die 7 II 1320.

Ante 7 II 1320, Lat., membr.

***19.** Schedulae oblongae fasciculorum suturam munientes iuxta f. 100/101, 179/180, 239/240: Diploma: 1342-1347, Cracoviae. Fragm. Ioannes Grot, ep. Cracoviensis querellam ad Clementem papam VI infert adversus regem Polonorum, obstaculorum contra provisionem papalem factorum causa in praebenda cuidam NN tradenda.

[f. 100/101] —⟨*S*⟩*anctissimo in Christo patri ... domino Clementi, sacrosancte Romane ac universalis Ecclesie summo pontifici, Iohannes D*⟨*ei gratia*⟩ *et Apostolice Sedis providencia episcopus Cracoviensis, debite subieccionis reverenciam* ...[f. 179/180] *ex provisione vestre sanctitatis non sine perturbacione et gravi scandalo dicti regis et aliorum militum* ...

In textu regnum et rex Poloniae memorantur, ideo facta et gesta necessario post a. 1320 devoluta esse videntur. Querella certissime Clementi papae VI (1342-1352) directa erat, quibus annis solus Ioannes Grot, ep. Cracoviensis fuit (1326-1347). Excludendus est Clemens VII antipapa, cui oboedientiae Polonia non erat subdita.

1342-1347, Lat., membr.

***20.** Schedulae oblongae fasciculorum suturam munientes iuxta f. 112/113, 124/125, 136/137, 148/149, 251/252: Diploma: 15 III 1405, in Clara Tumba alias in Mogila. Fragm. Petrus magister hospitum, Michael magister curiae Cracoviensis et conventus monasterii cisterciensium Clarae Tumbae rogatus a Dorothea, cive Cracoviensi, relicta Ioannis Suzsenswod (? vel Guzsenswod?), villam Kantorowice a censu 30 marcis incendii facti causa liberant.

[f. 251/252] ||*custos Petrus magister hospitum, Michael magister curie nostre in Cracouia totusque conventus monasterii sancte Marie Virginis in Claratumba, alias in Mogila, preclare et honeste domine Dorothee, civi in Cracouia, relicte quondam honesti et probi viri Iohannis dicti Suzsenswod* [? vel Guzsenswod?]|| [f. 136/137] ||*tis incendio prodeuntes, quibuslibet eo magis essent dande ... qui ipsas piis desideriis devotisque peticionibus fervencius amplectuntur* ...[f. 148/149]... *Nos recepisse a prefata domina Dorothea pro dicti nostri monasterii*|| [f. 112/113] ||*villa Cantorowicze et aliis bonis monasterii suposita. Ipsa autem domina Dorothea* [...] ||*extunc nos villa Cantorowicze predicta et alia nostri monasterii bona ab huiusmodi triginta marcarum census solucione esse debemus liberi omnimode et soluti* ...[f. 124/125] ||[...] *Datum in predicto monasterio, anno Domini millesimo quadringentesimo quinto in*|| *ad laudem Salvatoris in Ecclesia Reminiscere decantatur* [15 III].

Lat., membr.

F a s c i c u l i : 1-6^{6+6} (f. 1-72), 7^{6+4} (f. 73-82, post f. 81 duo folia desiderantur), 7-12^{6+6} (f. 83-142), 13^{6+1} (f. 143-149, post f. 148 quinque folia desiderantur), 14-22^{6+6} (f. 150-257, f. 257 ceteris latius et ideo extremitas eius plicata). Fasc. 22 cinguli ope (Falz) integumento posteriori affixum. Codex tribus partibus constat: 1. fasc. 1-13 (f. 1--149); 2. fasc. 14-19 (f. 150-221); 3. fasc. 20-22 (f. 222-257). Custodes in finibus fasc. 1-13: *1-13*; 14-19: *1us-6us*; 20-22: *VI^{us}-VIII^{us}*, in initio fasc. 14: *14*. In initio fasc. 11 in angulo dextro inferiore ciffra: *3*. Reclamans in fine fasc. 22. Falsa paginatio a G. S. Bandtkie exarata recenti foliatione plumbo inscripta mutata est.

S i g n a a q u a t i c a : 1. Bovis caput ore delineato vel non, sidere in baculo simplici ornatum (in repertoriis non inventum) f. 1-2, 11-13, 24; 2. Var. Piccard 2, VIII 46 (1403-1407); Var. Piccard-Online 78406 (1403) f. 3, 10, 83-106, 179-180; 3. Id.

Piekosiński 116 (1399; false a Piekosiński nr. 115 traditur, quod signum tamen in codice nostro non invenitur), var. Piccard 2, VIII 45 (1399-1405), var. Piccard 2, VIII 35 (1403-1405) f. 4, 6-7, 9, 15, 22, 26, 28, 33, 35, 38, 47, 50-51, 53, 56, 58-59, 63, 65--68, 70, 107, 109, 112-113, 116, 118-119, 121-123, 126-128, 130; 4. Var. Piccard 2, VIII 44 (1398-1404) f. 5, 8, 14, 23, 27, 29-32, 34, 37, 41, 44, 48-49, 52, 54-55, 57, 60, 64, 69, 108, 110-111, 114-115, 117; 5. Var. Piccard 2, VIII 143 (1403-1406), var. Piccard-Online 78881 (1403) f. 16, 21, 25, 36, 42-43; 6. Var. Piccard-Online 78772 (1404) f. 17-20, 39-40, 45-46, 61-62, 71-72; 7. Var. Piccard 2, VIII 68 (1400-1406), var. Piccard-Online 78372 (1402) f. 73-74, 78-79, 82, 120, 124-125, 129, 132-135, 138--141, 143, 145-146, 149; 8. Id. Piekosiński 117 (XIV^{10} signum e nostro codice reproductum, sed ore ornatum), var. Piccard 2, VIII 43 (1398-1404), Piccard-Online 78362 (1402) f. 76-77, 80-81, 131, 136-137, 142, 147-148, 178, 181; 9. Id. Piekosiński 628 (1390, signum e nostro codice reproductum), var. Piccard-Online 40811 (1402) f. 150--173, 176-177, 182-183, 211-212, 219-220; 10. Var. Piccard-Online 40043 (1397) f. 174, 185-198, 200, 207, 209; 11. Var. Piccard-Online 40099-40100 (1402) f. 175, 184; 12. Var. Piccard-Online 40070 (1394) f. 199, 201-206, 208, 210, 213-218, 221; 13. Piekosiński 757 (XIV^{8}; signum e nostro codice reproductum) f. 222-257 (variantia duo). F. 75, 144 signis carent; f. 74, 145-148 signis praedita, sed alteris partibus bifoliorum sine signis carent. Charta a. 1371-1407 in usu erat.

S c r i p t u r a e t o r n a m e n t a : Codex pluribus manibus exaratus, ex quibus una scripsit textum in f. 1r-75v, 83r-148v, cuius peculiares sunt lineolae admodum longae, quibus abbreviationes nec non vocabulorum divisiones designantur (cf. eadem manu exaratum cod. BJ 1238, f. 1r-134v). Omnium scribarum scriptura currens, diligens, extra marginem dextrum et inferiorem porrecta. Emendationes in marginibus, e. g. in f. 53r; a scriba factae, e. g. in f. 54r; mendorum, quae extemplo in textu emendata sunt, cancellationes, e. g. in f. 235r, 253r. Maculae atramenti rubri in f. 92v, 209v; atramenti nigri maculae, e. g. in f. 60r. Quaedam atramento illita, e. g. in f. 71v--72r, 83v, 237r. Rasurae, e. g. in f. 126r, hic illic textus superscriptus in anterius mendose inscripto et eraso, e. g. in f. 63v, 203v, 253r. Duarum columnarum schema singulis lineis atramento ductum; etiam perforationes lineis ducendis factae asservantur. Scriptura solito magis condensata in foliorum 150r-185r partibus inferioribus. Litterae initiales exiguae, rubrae, versibus scripturae 2-5 aequae, quarum partes inferiores inferius protractae, utpote in littera *Q* (e. g. f. 1v), *I* (e. g. f. 2r), *P* (e. g. f. 3v). Conspiciuntur etiam signa litteras illas repraesentantia. Loca vacua litteris initialibus inscribendis cum eam litteram repraesentanti in f. 75v, 77r-78v. Tituli in marginibus iterati, e. g. in f. 85v, 88v, 95r, 102r, 106r. Alia manu librorum designationes in f. 9r, 18r. Fragmenta textus (capitulorum partium tituli?) lineolis in quadratum ductis designata in f. 247v-249v, 251v. Loca vacua pro vocabulis in originali non lectis inscribendis, e. g. in f. 116r-v. Rubricatio exigua in f. 1r-75v, 83r-218r, 222r-253r. Rubro designantur litterae initiales, litterae maiusculae, interpunctionis signa quaedam, porro nomina et verba thematis lineola rubra infra ducta nec non quaedam vocabulorum scriptorum materiam indicantium in marginibus exarata. In prima codicis parte rubri sunt etiam tituli capitulorum (f. 1r--31r) et sermonum (f. 88v-145r), et in f. 229v-246r citationes ex Biblia linea infra ducta distinctae.

N o t a e e t g l o s s a e : Supplementa pauca scribae manu, e. g. in f. 45v. Alia manu textus supplementa, e. g. in f. 14v, 15r, 117r-118v, 244r, 246r. In foliorum 222r--250v marginibus atramento rubro nomina Patrum citatorum. Vocabula scriptorum materiam indicantia plura leguntur in f. 253r-257v. In f. 3v: *Hic vide, quomodo vacandum sit meditacionibus divinarum litterarum*; f. 4v: *Hic vide, quid sit vita contemplativa*; f. 7r: *Hic de pascendis gregibus per pastores solerter vide*; f. 12v: *Hic vide de illis, qui passiones habent* ...; f. 13v: *Hic vide spirituales divicias, scilicet virtutes*; f. 16r: *Quid est mori peccato, hic vide*; f. 39r: *De hoc vide Gregorium, Moralia, Li. 27, c. XI in fine*; f. 118r: *Compendium enim est male agentibus, si citius moriantur, quam si diutius in peccatis versentur*; f. 149v: *premissis omnibus, qui*. Citationes ex Biblia sumptae, e. g. in f. 53r. Nota praecisa in f. 239v. Capitulorum numeri in f. 32v-73r ad indicem in f. 73v-74v scriptum lectorem remittunt. Notae codicem adhibentium in forma punctorum trium et signi recti V vel lineolae directae, e. g. in f. 2v, 4r, 14v; puncta 3, e. g. in f. 6r-v; puncta 4, e. g. in f. 4v, 7v, 26v. Maniculae in f. 4v, 13v, 16v, 77v, 78r, 164v, 167r-v (rubro et nigro atramento), 168r, 174r (rubro), 176r (rubro), 177v. Calami probatio in f. 169r.

C o m p a c t u r a verisimillime s. XV in., post a. 1405 confecta (cf. nr. ***20**). Secundum feminam doctam A. Lewicka-Kamińska in Silesia confecta est vel Cracoviae (cf. Lewicka-Kamińska, Z dziejów, 57). Attamen textus, qui in schedulis ad voluminis suturam adhibitis legitur scriptus, Claram Tumbam apud Cracoviam sine dubio indicat (cf. nr. ***18**-***20**). Compactura tabulis ligneis corio caprino olim albo, nunc obscuriore facto obtectis, partim detrito constat. Integumenti anterioris corium lineis ductis in planitiem et bordiuras duas divisum est. Bordiura exterior signaculo compaginatorio impresso ornata est agnum paschalem repraesentante. Bordiura interior signaculi minoris impressionibus impleta, in quo gryphus circulo inscripta conspicitur. Planities lineis diagonalibus in rhombos et trigones divisa, in quibus signaculi impressiones leonem rhombo inscriptum repraesentantes obveniunt. Integumentum posterius in planitiem et unam bordiuram divisum est, in qua agni paschalis impressiones inveniuntur. Planities lineis pluribus in ordines divisa, in quibus haec impressa sunt signacula: monoceros scuto inscriptus (ordo 1, 7, 10, 11), sidus sex brachia habens, circulo parvo inscriptum (ordo 2, 4, 6, 9), agnus paschalis circulo circumdatus (ordo 3, 5, 8). Compacturarum huius officinae decorationes plumbo ab A. Lewicka-Kamińska repetitas cf. ms. BJ Acc. 128/80. Eiusdem introligatoris compacturae sunt cod. BJ: 296, 1208, 1460, 1564, 1697. Cingulorum duorum, codicem olim obligantium, qui clavorum quaternorum ope in posteriore integumento affixi erant et ligularum duarum in anteriore integumento, vestigia. Etiam umbonum quinorum rosettarum forma in utroque integumento sola vestigia. Dorsum paululum convexum, ligamenta quattuor duplicia, codicis capiti et calci lora texta obsuta. Volumen adaequatum, anguli rotundati. Indiculi chartacei operum numeris ordinalibus a G. S. Bandtkie instructi, in f. 31, 76, 83, 150, 158, 163, 186 (quidam partim abrupti). In antefolio chartaceo (f. II) modus petendi (cf. nr. ***17**) et codice contenta leguntur: *In hoc volumine continentur hec sequencia. Primo Prosper De vita activa et contemplativa libri tres. Item Augustinus de Anchona Ordinis Fratrum Heremitarum sancti Augustini super Missus est, tractatus bonus. Item sermones ad clerum in magnis sollempnitatibus. Item tractatus Boneventure de VII gradibus ascendendi in Deum. Item tractatus de cognicione utriusque hominis. Item tractatus brevis de viciis. Item epistola Petri Damiani de terrore anime de corpore exeuntis. Item tractatus bonus* [?] *de contractibus magistri Heynrici de Oyta. Item tractatus m⟨agistri⟩ Heynrici Byttiruelt de contemplacione ad Hedwigem reginam Cracouiensem. Item expo⟨sicio⟩ passionis Domini nostri Ihesu Christi. Item alia exposicio eius passionis, sed non completa.* Titulis singulis litterae Latinae et Graecae adscriptae sunt, interdum etiam G. S. Bandtkie (?) manu codicis paginae. Schedulae oblongae fasciculorum suturam munientes membranaceae vacuae in fasc. 1, 14, 17, ceterum conscriptae (cf. nr. ***18**-***20**). Schedula in fasc. 2 inter f. 19/20 diplomatis fragmentum s. XIV ex. vel XV in. editi continet, cuius textus definiri non potest. In schedulis fasc. 5-8, 15, 22 (f. 54/55, 66/67, 78/79, 88/89, 167/168, 245-246, 257) fragmenta tractatus cuiusdam non recogniti. Inter f. 165 et 166 funiculi ruber et caeruleus secum texti, h. e. tessera dorsi parti superiori insuta. Codicis status: tabula anterior olim fracta, s. XV corii taeniis munita. Corium in anteriore integumento laesum et sartum. In dorso vestigium schedulae olim agglutinatae, in qua codicis numerus legebatur. F. 142-143 iuxta dorsum scindi incepta, quod accidere videtur, cum chartae vicinae excisae sint. Fasciculus ultimus e volumine lapsus denuo insutus est ita, ut e volumine paulo eminet. Folii 227 angulus inferior olim ruptus, refectus. Antefolium (f. II) a codicis renovatore chartulae tenuis ope munitum. F. 257 ceteris latius et ideo plicatum, charta recentiore agglutinata confortatum. Codex a. 2015 in Bibliothecae Jagellonicae conservatorum pergula renovatus: tabula anterior et dorsum refecta, fasciculus ultimus denuo adsutus, ante- et postfolium chartacea recentia: f. I, III, addita; scissurae singulae sartae.

Codicis origo et fata: Secundum M. Gębarowicz opinionem codex in circulo atque societate Augustinianorum Eremitarum confectus est (cf. M. Gębarowicz, Psałterz floriański i jego geneza, Wrocław 1965, 92-93, 110). Codex tribus partibus constat s. XIV ex. seu XV in. confectis, aliquo temporis spatio separatim adhibitis, cf. Fasc., quod chartae diversa origine nec non obsoletis f. 149-150 et 221-222 probatur. In prima et secunda parte eadem deprehenduntur signa aquatica duo (cf. Signa aquatica, nr. 2 et 8), non impossibile ergo videntur eaedem partes duae tempore et loco simili ortae esse. Codex post a. 1405 in Cisterciensium monasterio in Clara Tumba compactus est, de quo testificantur diplomatis reliquiae ab introligatore adhibitae (cf. nr. ***20**) simul atque compacturae ipsius forma (cf. Compact.). Tunc temporis pars codicis anterius, i. e. s. XIV, confecta codici adiuncta esse videtur. Ante a. 1505 codicem Blasius de Casimiria habuit (cf. de eo cod. BJ 594 descr.), qui eum deinde Universitati Cracoviensi legavit, cf. notam in f. 1r rubro exaratam: *Magister Blasius de Kazymirs, sacre theologie baccalarius, hunc librum legat et dat doctoribus ac magistris Maioris Collegy, rogans eos pro Deo, ut qui legerint studuerintque in eo, unum pro anima ipsius orent Ave Maria.* Signaturae antiquae: Kucharski scripsit: *Sanctorum Patrum Opuscula: s. Prosperi De vita activa et contemplativa, Augustini de Ancona et aliorum*; topogr.: *AA II 29.*

Bibliographica: Wisłocki, Katalog, 381; Bitterfeld, Tractatus, XXX-XXXV; S. Bonaventurae Opera omnia, 5, Ad Claras Aquas (Quaracchi) 1891, XXIX.

RT, WŚ

1571

Lat., XIV (1378, 1382, 1392), chart., cm 28,5×20,5, f. 227+II.

1. f. 1r-8r: Aurelius Prudentius Clemens, Psychomachia cum glossae interlinearis fragmento

[Praef.] —*Senex fidelis, prima credendi via* ...)([f. 1v]... *herede digno patris implebit suum.* [Textus] —*Criste, graves hominum semper miserate labores* ...)(... *eternum solio dives sapiencia regnet. Explicit Prudencius Sycoma* [recte: Psychomachia]. [Glossa interl.; f. 1r] —*Scilicet existens, principale, inicium, sic dicens, scilicet Ysac, scilicet existens antiquus* ...)([f. 1v]... *pugnancia, converso, rebelibus turpitudines.*

Cf. CPL 1441; Bloomfield, Suppl., 727a; Schaller, Könsgen, Initia, 14889. Ed.: M. P. Cunningham, CC 126, 149-181. Idem textus in cod. BJ 1955, p. 1-86 (glossa differens).

2. f. 8r-11v: Ioannes abbas, Liber de septem vitiis et virtutibus

—*Ardua virtutum faciles cape lector ad usus* ...)(... *si sine luxuria more pudicus eris. Amen.*

Cf. Walther, Initia, 1456; Bloomfield, 479 + Suppl. Ed.: H.-W. Klein, Johannis abbatis 'Liber de VII viciis et VII virtutibus', „Mittellateinisches Jahrbuch", IX 1973, 173-247 (ed.: 205-230; inter cod. ms. in 181-188 nostrum omisit).

3. f. 12r-14v: Liber decem praeceptorum

—*Hec sunt precepta decem, que Dominus dedit. Hec in corde tuo scribe, fac, quod docearis in illis. Primum preceptum: Dominus tuus est Deus unus* ...)(... *atque prebentur ei requiem veri iubilei. Explicit Liber decem preceptorum.*

Cf. Bloomfield, 2316 + Suppl.

4. f. 14v-28v: Matthaeus Vindocinensis, Tobias

[Praef. ad Bartholomaeum archiep. Turonensem] —*Ex agro veteri virtutum semina, morum plantula* ...)(... *qualicumque metro Vindocinensis arat.* [Dedicatio] —*Ecclesie Turonensis apex, ovium speculator* ...)([f. 15r]... *Metrificat, reprobat livor, amicus amet.* [Textus] —*Thobie natale solum Galilea, voluntas sacra* ...)(... *Thobie merita religione sequi. Explicit Thobias per manus Wenczeslai. Nota et cetera.*

Cf. Glorieux, Faculté, 257, nr. 310q; RB 5541; Walther, Initia, 5975, 5213, 19307. Ed.: F. Munari, 2, Roma 1982, 159-255 (Storia e letteratura. Raccolta di Studi e testi, 152). Idem textus in cod. BJ 1955, p. 185-286.

5. f. 28v-32v: Alanus ab Insulis (de Lille) OCist., Doctrinale minus alias Liber Parabolarum, absque fine, cum glossa interlineari

—*A Phebo Phebe lumen capit, a sapiente insipiens* ...)(... *ne superet sic te, qui superare putas. Expliciunt Parabole Alani bone per manus Iohan-*

nis de Sochaczew in Studio Pragensi existentis. [Glossa interl.; f. 28v] —*A Sole; id est Luna; id est lucem ...)(... convincat, estimas.*

Cf. Bloomfield, 16 + Suppl.; Glorieux, Faculté, 70, nr. 12i; Walther, Initia, 4689 (prol., qui in nostro cod. desideratur), 71, 14088. Ed.: O. Limone, Galatina 1993 (Collana dell'Università degli Studi di Lecce. Dipartimento di Scienze Storiche e Sociali. Serie seconda. Saggi e ricerche, 7). Idem textus (sine glossis) in cod. BJ 2233, f. 2r-17v; 2573, f. 143r-166v.

f. 32v cf. nr. **20**.

6. f. 33r-34r: Sermo de antichristo seu De signis dierum iudicii

—*Hic retulit sanctus Matheus ewangelium, quod discipuli interrogaverunt Dominum et dixerunt: Domine, dic nobis, quando erit dies iudicii. Qui respondit* ...[cf. Mt 24, 3] ...)(... *sic iniusti eternaliter tormenta possidebunt etc. Expliciunt dicta curialia de signis dierum iudicii prescripta digitis Iohannis, studentis Universitatis Pragensis, post festum Domini nostri Ihesu Christi feria secunda, in die beati Tomasii martyris* [26 III], *sub anno Domini* $M^{o}C^{o}C^{o}C^{o}LXXX^{o}$ *secundo.*

Eundem sermonem absque verbo thematis cf. Achten, 55 (Berlin, Staatsbibliothek Preussischer Kulturbesitz, Theol. Lat. Qu. 151, f. 64v-66r); Kompatscher, Handschriften Innsbruck, 3, 283-294 (Universitätsbibliothek Innsbruck, cod. 285, f. 92r-93v); Neuhauser, Handschriften Innsbruck, 6, 256 (Universitätsbibliothek Innsbruck, cod. 569, f. 274r-275r).

7. f. 34r: Medulla facetiarum cum glossulis interlinearibus

—*Colloquium, risus, basia, tactus, quoque visus ...)(... sin que diasmos erit, nec fiemus.* [Glossulae interl.] *allocucio, id est osculaciones ...)(... id est securus.*

Cf. Walther, Initia, 3034, Id., Proverbia, 2956, 2956a. Ed.: Medulla facetiarum, Stuttgart 1863, 16; L. Hervieux, Les fabulistes latins, 4, Paris 1884, 350.

8. f. 34r: Antonius Azaro de Parma OP, Sermo in Parasceve. Fragm. initiale

Nota super cena magna. —*Egressus Ihesus cum discipulis trans torrentem Cedron* [Io 18, 1]. —*Considerabam diem hodiernam, nescio cogitare, quod melius sit facere ...)(... recurramus ad eam cum toto corde.*

Sequitur. Legitur beatus Ambrosius ... primo sic consummatum, id est quidquid dicunt scripture de nativitate, de vita et de morte mea ... Exemplum. Et sic qui in cruce penitencie ascendit, non debet Deum de|| donec dicat in morte: Consummatum est. Et post hoc voce magna clamabat:

Deus Pater, in manus tuas ...⟩⟨*... oportet nos intrare in regnum celorum cum istis onere* [?] *regnum celorum cum isto on*||

Cf. Schneyer, 1, 294 (T26, initium), Ed.: Coloniae 1482 (GW 2248; Inc. BJ 522), f. n5r-v sermo LVI. Fragm.: *Ambrosius: Auctor pietatis ... crucem christianis penitentibus* ed. in: Legenda aurea, 336. Antonii Azaro sermonum collectionem cf. in cod. BJ 1245, f. 1r-78r.

9. f. 34v-37r: Petrus de Riga, Floridus aspectus. Incompletum

[D 2-D 13] —⟨*N*⟩*ectareum rorem terris ingestat* [recte: instillat] *Olympus* ...[f. 35r]... *corpus, aquam, penam, morte, se, celica, totum.* [D 21-D 30] —⟨*C*⟩*um sopor immissus in Adam sopisset ocellos...*⟩⟨*... a nodo solvens brachia iuncta suo. Amen. Explicit sertum Beate Virginis Marie anno Domini M°CCC°LXX°VIII° proxima feria VI post Katherine* [26 XI].

Cf. RB 6822; RH 39083; Walther, Initia, 11711, 18395, 18410, 18595, 106, 18382, 11621, 18437, 16901, 175, 6433, 4034, 17318, 6135, 9893, 11631, 8805, 5532, 5364, 19008, 19406, 4512; C. Wollin, Der 'Floridus Aspectus' D des Petrus Riga: Erstausgabe nach der Handschrift Douai 825 (Teil I), „Mittellateinisches Jahrbuch", XLIII 2008, 355-391; Ibid. (Teil II), „Mittellateinisches Jahrbuch", XLIV 2009, 407-447; A. Boutemy, Recherches sur le 'Floridus aspectus' de Pierre de Rigge. Prolégomènes à une édition de cette anthologie, „Le Moyen Âge", LIV 1948, 89-112; Id., Recherches sur le 'Floridus aspectus'. II. Analyse du Manuscrit 1136 de la Bibliothèque de l'Arsenal, „Latomus", VIII 1949, 159-168; Id., Recherches sur le 'Floridus aspectus'. III. Pièces inédites ou peu connues du ms. 1136 de l'Arsenal, „Latomus", VIII 1949, 283-301; Glorieux, Pour revaloriser Migne. Tables rectificatives, Lille 1952, 64, 66 („Mélanges de science religieuse", IX 1952, Cahier supplémentaire). Ed.: C. Wollin, Der 'Floridus Aspectus', ut supra (Teil II), 411-431 (textus noster usque ad v. 124). F. 36v columna dextra media vacua sine textus detrimento.

10. f. 37r-41v: Hildebertus de Lavardin (ep. Cenomanensis, archiep. Turonensis), De mysterio missae (incompletum) cum glossa interlineari

—*Scribere disposui, quid mistica sacra priorum ...*⟩⟨[f. 41r]... *sedibus ethereis angelicis manibusque. Grates multiplices celumque solum regenti cordis amore pio dat chorus inde Deo. Hic liber est parvus, magnum tibi quid fore presbyter in cruce cum stet sibi muneralitas* [?] *munerans* [?]. *Hic* [suprascr. *liber*] *testamentum veterisque novi patescit leccio quid recitet vel cur nunc presbyter assit.* [F. 41v] *Presulis Hyffoniis opus explicit alta canentis. Explicit textus Summe sacrificiorum finitus in vi*⟨*gilia*⟩ *And*⟨*ree*⟩ [29 XI 1378?]. [Glossa interl.; f. 37r] —*In scriptis manifestare episcopus Iohannes significavit* [?] *misteria antiquorum ...*⟩⟨[f. 41r]... *veteris legis, liber, sapiencia, legem.*

Cf. Walther, Initia, 17385 (17396?); RH 33417; P. Leyser, Historia poetarum et poematum medii aevi, Halae 1721, 386. Ed.: PL 171, 1177-1180C, 1181C-1192B; fragm. finale ed.: F. W. Otto, Commentarii critici in codices Bibliothecae Academicae Gissensis Graecos et Latinos, Giessen 1842, 332. Cf. infra nr. **16**.

11. f. 41v-45v: Ioannes de Garlandia, Carmen de mysteriis Ecclesiae

[Dedicatio] —*Anglia, quo fulget, quo gaudet presule claro Londonia* ...)(... *qui sacer instituis sacros ad sacra ministros.* [Textus] —*Est domus Ecclesia Domini. Summus faber illam* ...)(... *hereat ut palmes illi quicumque fidelis.* [Epilogus] —*Hoc opus exiguum ludendo tempore feci* ... *lucida thuribulum redolens campana serena* [recte: sonora], *Corpus scribentis benedicit Deus atque legentis. Explicit textus Summe misteriorum anno Domini.*

Cf. Glorieux, Faculté, 212, nr. 235h; RH 22980; Little, Initia, 16; Walther, Initia, 1019, 5649. Ed.: E. Könsgen, P. Dinter, 2004. Cf. infra nr. **15**.

12. f. 45v-51r: Warnerius Basiliensis, Paraclitus

—*Vir celebris quondam, qua me sub rupe recondam* ...)(... *sanum te video. Gloria summo Deo. Explicit Paraclitus Deo adiuvante per manus illius.*

Auctor in acrosticho legitur; versus 11 cum 12 mutatis locis scripti. Cf. Bloomfield, 6461; VL 10, 729-732; Walther, Initia, 20391, 20762; K. Langosch, Das „Registrum Multorum Auctorum" des Hugo von Trimberg. Untersuchungen und kommentierte Textausgabe, Berlin 1942, 180, v. 473kl (Germanische Studien, 235) ed. duo versus initiales; A. Brückner, Średniowieczna poezja łacińska w Polsce, cz. 2, „Rozprawy Wydz. Filol. AU", XXII 1895, 17-18; P. Lehmann, Eine Sammlung mittellateinischer Gedichte aus dem Ende des 12. Jahrhunderts, [in:] P. Lehmann, Erforschung des Mittelalters, 4, Stuttgart 1961, 287. Ed.: P.-W. Hoogterp, in: „Archives d'Histoire Doctrinale et Littéraire du Moyen Âge", VIII 1933, 284-319. Idem textus in cod. BJ 2195, f. 115v-141v.

13. f. 51r-v: Guilelmus de Montibus (?), Poenitentiarius seu Summa poenitentiae cum glossa interlineari

—*Peniteas cito peccator, cum sit miserator iudex* ...)(... *et pene gravitas et consuetudo ruine.* [Glossa interl.; f. 51r] —*Penitenciam pergas mox, scilicet tu homo* ...)(... *ut sibi pro merito racio, modus, gloria detur.*

Cf. VL 4, 619-622; Distelbrink, 223; Bloomfield, 3193, 3812 + Suppl.; Schulte, Geschichte, 2, 528; Mohan, Initia, 284*; RH 15119; Walther, Initia, 13564; Id., Proverbia, 20561; Michaud-Quantin, Sommes, 19, [119]; J. W. Goering, William de Montibus (c. 1140-1213). The Schools and the Literature of Pastoral Care, Toronto 1992, 107-138 (Studies and Texts, 108). Ed.: J. W. Goering, ut supra, 116-138. Idem textus in cod. BJ 399, f. 69v; cf. cod. BJ 554, f. 149r-153v cum glossa interl. simillima.

14. f. 51v: Carmen de decem mandatis cum glossa interlineari

—*Dico* [recte: Disces] *Deum collere, nomen suum retinere ...*⟩⟨*... Non nuptas cupias, nec queres res alienas.*

Cf. VL 4, 620; Bloomfield, 1690 + Suppl.; RB 7404,1; Walther, Initia, 4527; Id., Proverbia, 5844. Ed.: S. H. Thomson, The Writings of Robert Grosseteste Bishop of Lincoln 1235-1253, Cambridge 1940, 141. Idem textus in cod. BJ 554, f. 153v, 154r; 2005, f. 182r.

15. f. 52r-68v: Commentum in Carmen de mysteriis Ecclesiae Ioannis de Garlandia

—*Sciencia divina nobilior est aliis. Istam proposicionem scribit Commentator 6° Methaphisice. Dicit ibi: Omnes sciencie, licet sint nobiles ...*⟩⟨[f. 53r]*... Causa efficiens huius libri fuit quidam nomine Iohannes de Galandria* [!]*... et patebit in processu, sed ista pro nunc sufficiant.* —*Anglia, quo fulget, quo.* —*Iste liber, qui intitulatur Summa misteriorum, dividitur in duas partes: in prohemium et execucionem ... captando benivolenciam cuiusdam episcopi, qui dicebatur Fulco* [Fulco Basset, ep. Londiniensis, obiit 1259], *cui hunc librum tamen dando ...*⟩⟨*... quoad verba ewangelica pronunccianda. Et in hoc terminatur sentencia istius libri, scilicet Summe misteriorum, de quo sit laus et gloria Deo, qui est benedictus in secula seculorum. Amen. Explicit opusculum Summe misteriorum per manus Iohannis de Szochaczew existentis Studio in Pragensi.*

Cf. E. Wunderle, Katalog der mittelalterlichen lateinischen Papierhandschriften. Aus den Sammlungen der Herzog von Sachsen-Coburg und Gotha'schen Stiftung für Kunst und Wissenschaft, Wiesbaden 2002, 339-340 (Die Handschriften der Forschungsbibliothek Gotha 1), (cod. Chart. B 517, f. 1r-23r); H. Hauke, A. Freckmann, Katalog der lateinischen Handschriften der Bayerischen Staatsbibliothek München. Die Handschriften aus Ausburger Bibliotheken, 2: Dominikanerkloster Clm 3680-3686 und Domstift Clm 3701-3830, Wiesbaden 2011, 427 (Catalogus codicum manuscriptorum Bibliothecae Monacensis, 3, series nova, 3/2), (Clm 3812, f. 252-280). Cf. supra nr. **11**.

16. f. 68v-84r: Commentum in De mysterio missae Hildeberti de Lavardin (ep. Cenomanensis, archiep. Turonensis)

[Prol.] —*Nolite fieri sicut equ⟨u⟩s et mulus, in quibus non est intellectus, Propheta in Psalmo* [31, 9]. *Quia multi sunt homines vitam pecudum elig⟨e⟩ntes, ut dicit Aristoteles in primo Ethicorum. De causa efficiente non est multum curandum, quis componerit* [!] *hanc summulam, tamen quidam dicunt, quod fuit cardinalis quidam Iohannes ⟨de Garlandia⟩ nomine, qui eam composuit ...*⟩⟨[f. 69v]*... anime impetremus. Quod nobis concedat, qui est benedictus in secula seculorum, Amen.* [Com.] —*Scribere disposui.* —*Iste liber, qui intitulatur Summa sacrificiorum et cuius* *subiectum est missa et eorum, que aguntur in missa, et dividitur in duas partes ...)(...unus est exameter et alter pentameter et ergo patet, quod isti versus non sunt decem libri, sed debent esse etc. Explicit Super Summa sacrificiorum per manus. Anno Domini M°CCC° septuagesimo octavo est scriptus iste liber in Baworow. Sciencia est quidam habitus per demonstracionem aquisitus.*

Cf. supra nr. **10**.

17. f. 84v-94r: Palaestra de victoria Christi

[Prooem.] —*Quoniam anima racionalis effigiata ad imaginem et similitudinem sui Creatoris tam delicate condicionis exstitit ...)(... iuxta Iob* [5, 2] *sentenciam dicentis: Per vultum accidit* [recte: Parvulum occidit] *invidia.* [Prol.] —*Sceptritenentis arat solers mea Clio palestram ...)(*[f. 85r]*... in quibus est Christo depicta pallestra triumphi.* [Textus] —*Ens sine principio, Deus orbem numine divo ...)(... gloria, laus ideo sit sine fine Deo.*

Cf. Walther, Initia, 17323, 5449, 5450; VL 7, 275-277; 11, 1159; A. Brückner, Średniowieczna poezja łacińska w Polsce, cz. 1, „Rozprawy Wydz. Filol. AU", XVI 1892, 312-313, Ibid., cz. 2, XXII 1895, 21-24. Idem textus (cum commento) in cod. BJ 2195, f. 143r-181r.

18. f. 94r-102r: Prosper Aquitanus, Epigrammatum ex sententiis s. Augustini liber unus

[Prol.] —*Ex Augustini sacris Epigrammata dictis ...)(... sidereum celi cupiunt qui scandere regnum.* —*Dum sacris mente⟨m⟩ placet exercere loquelis ...)(... venerit hoc promat carmine leta fides.* [Textus] —*Innocencia vera est, que nec sibi, nec alteri nocet ... crescere non cupiens perdat adepta tepens.*

Cf. CPL 526; Schaller, Könsgen, Initia, 4055, 5836; Walther, Initia, 5978, 7475. Ed.: PL 51, 497-532. Idem textus in cod. BJ 1955, p. 87-171. Recensio differens in cod. BJ 1236, f. 159r-171r.

19. f. 102r: Pseudo-Prosper Aquitanus vel Pseudo-Paulinus Nolanus, Poema coniugis ad uxorem. Fragm. initiale (v. 1-38)

—*Ave iam, precor, mearum comes irremota rerum ...)(... quodque suis durant florea rura locis. Explicit Prosper.*

Cf. CPL 531; CPPMA 2A, 1374, 2B 3525; Schaller, Könsgen, Initia, 458. Ed.: PL 51, 611-612 (totum ad 616); CSEL 30, 344-345 (totum ad 348). Idem textus in cod. BJ 1955, p. 171-175 (totum ad p. 181).

20. f. 102v-112v: Coelius Sedulius, Carmen paschale, lib. I-V cum commento marginali in lib. I-III (f. 102r, 32v, 102r-107v)

Incipit Sedulius. [Praef.] —*Pascales quicumque dapes, conviva, requiris* ...⟩⟨... *rubrumque appositum testa ministrat olus.* [Textus] —*Cum sua gentiles studeant figmenta poete* ...⟩⟨... *sufficeret densos per tanta volumina libros.* [Com. in Praef.; f. 102v] ‖*autem utitur uno metro elegiaco, id est humili et miserabili, quia primus versus est exameter* ...[In lib. I] —*Cum sua gen⟨tiles⟩.* —*Auctor more poetarum tria facit* ...[In lib. I, 40; f. 102r] —*Actica Cytropeii* [recte: Attica Cecropii]. —*Nota: Cytrops dederat primo ritum sacrificandi Youi* ...[In lib. II, 73; f. 105r]. —*Circa illud capitulum: Talia Bethenis.* —*Vide sicut enim scriptum per prophetiam: Et tu Betlehem terra* ...[In lib. II, 201; f. 32v] —*Tunc asumpsit eum.* —*Ponit 3[am] temptacionem Christi, 2[am] in ordine ewangelii* ...[In lib. II, 255] —*Hoc iugibus.* —*Hic ponuntur talia, quibus mediantibus debemus precedentibus ... fidei speramus pane diurno*‖ [In lib. III, 1; f. 106r] *Hic* —*Prima ⟨sue⟩.* —*Hic est 3[us] liber principalis, in quo agitur de miraculis, que egit in presencia appostolorum* ...⟩⟨...[In lib. III, 158] *ex quibus totus mundus arrigatur, sic discipuli sancti ad ipsos fluvii ostenduntur*[?]‖

Cf. CPL 1447; Schaller, Könsgen, Initia, 11692, 3143, 4840, 12506, 7531, 6143; RB 1864. Ed. textus: CSEL 10, 14-146; ed. textus Lat. et Pol.: H. Wójtowicz, Lublin 1999, 86-221. In f. 106rb: *Explicit liber tercius* [recte: secundus], in f. 108r: *Explicit quartus liber* emendatum in: *3[us]*, add.: *Sedulii.* Cf. etiam infra nr. **27**.

21. f. 112v: Invocationes

—*⟨A⟩lpha Deus Pater, Alpha Dei Filius, Deus alpha Spiritus, alme Deus, non 3[es] dii, sed Deus unus* ...⟩⟨... *alterius crimen paradisi claudere limen.*

Versus ultimi duo congruunt cum: Defensio pro filiis presbyterorum, ed.: E. Duemmler, H. Boehmer, MGH LL 3, 580, v. 16-17.

22. f. 112v-113v: Coelius Sedulius, Hymnus 1

—*⟨C⟩antemus, socii, Domino cantemus honores* ...⟩⟨... *gloria magna Patri, semper tibi gloria, Nate, Pneumate cum Sancto gloria magna Patri. Explicit Sedulius tractans de ewangeliis.*

Cf. CPL 1449; Schaller, Könsgen, Initia, 1904; RH 2596, 35996. Ed.: CSEL 10, 155-162; AH 50, 53-56, nr. 52.

23. f. 113v-126v: Arator, Historia apostolica. Absque fine, cum glossae interlinearis fragmento

Incipit liber Aratoris tractans de actibus appostolorum. [Praef. anon.] —*Versibus egregiis decursum clarus Arator* ...⟩⟨... *mysticus ingenium sic indicat ordo profundum.* [Epist. ad Florianum] —*Qui meriti florem maturis sensibus ortum* ...⟩⟨... *cede dies operi, quod pia causa iuvat.* [Epist. ad Vigilium] —*Menibus undosis bellorum incendia cernens* ...⟩⟨... *si quid ab ore placet, laus monitoris erit.* [Textus] —*Ut sceleris Iudea sui polluta cruore* ...⟩⟨... *liber et hic populus, quem vinxerat ante* ⟨*Pharao*⟩|| [Glossa interl.; f. 113v] —*Metris bonis, finitum, scientificus, sic dictus* ...⟩⟨[f. 114r]... *in mundum, in celum.*

Cf. CPL 1504-1505; Schaller, Könsgen, Initia, 17136, 13299, 9735, 16901, 15591; Walther, Initia, 20227 (Praef.); RB 1423. Ed.: A. P. Orbán, CC 130, 130A; A. P. McKinlay, CSEL 72, XXIX (Praef.), 1-5 (Epist.), 10-148 (Textus). Idem textus in cod. BJ 2251, f. 25r-50v. Versus 8 in fine desiderantur.

f. 127r-v vacuum.

24. f. 128r-177r: Iacobus Palladini de Theramo (Ancharano), Belial

[Dedicatio] —*Universis cristifidelibus adque* [!] *ortodoxe sancte matris Ecclesie fidei cultoribus ... Iacobus de Theramo, archidiaconus Auersanus et canonicus* ...⟩⟨... *cuius sanguine redempti sumus per infinita secula seculorum. Amen.* [Prol.] —*Postquam per sciencie lignum duplicem mortis habuimus dampnacionem* ...⟩⟨[f. 129r]... *et notatur in capitulo primo De iudiciis, Libro sexto.* [Cap. 1] —*Quibus dictis et ab omnibus placito animo receptis* ...⟩⟨... *dicatis Deo: Multiplicasti magnificenciam tuam et conversus consolatus es me ad vitam perhennam. Amen. Explicit Summa. Amen. Explicit Sumpma de redempcione animarum sanctorum patrum edita secundum processum iudicii, in quo inducuntur due persone litigantes procuratorio nomine: Bellial, procurator inferni et Moyses, procurator Ihesu, reportata per manus Derslai, studentis Pragensis, studentis sub anno Domini Nativitatis M°CCC° nonagesimo 2°, et hec lectura est collecta per magistrum Cacabum, magistrum in artibus ... quoniam elevata est magnificencia tua super celos ...*

Cf. Bloomfield, 6151, 3997 + Suppl., 4751; VL 4, 442-447; Tříška, Příspěvky, [3], 38. Ed.: Augustae Vindelicorum 1472 (GW M11041). Wisłocki, Katalog, 382, iniuste illum *Cacabum*, in *Iacobum* rectificare voluit, cf. Tříška, Příspěvky, [2], 14-15; W. W. Tomek, Geschichte der Prager Universität, Prag 1849, 91. Idem textus absque fine in cod. BJ 1651, f. 107r-161r. F. 140r-v vacuum.

25. f. 177v: Epistula in causa rerum familiarium H., Ioannis Carpentarii uxoris, eiusque filii Nicolai. Fragm.

—*Salutem et paratum animum in omnibus complacendi.* —*Noveritis, amicorum karissimi et fautores, coram nobis constitutam famosam domi-*

nam H. cum filio suo Nicolao ...⟩⟨*... causa nostri et precipue altipotentis facere non denegatis, quod cupimus erga vos ingruenti tempore, si phas, requireret promereri.*

26. f. 177v: Pericope Evangelii s. Matthaei 22, 15-21

27. f. 178r-223v: Commentum in Carmen paschale Coelii Sedulii. Absque fine

[Tabula contentorum] —*In primo libro Sedulii continentur hystorie quedam Veteris Testamenti de miraculis ... Prima historia de translacione Enoch in paradisum ...*⟩⟨[f. 178v]*... ultima de Ascensione Christi ... deinde exposicio textus ponitur per construccionem etc.* [Com.] —*Bonorum honorabilium.* —*Licet quamlibet noticiam scientificam opinamur, ut scribitur in principio prohemii De anima etc., honorabilissimam tamen divinam scienciam et sapienciam dicere non veremur ...*⟩⟨[f. 179r]*... iusti vocantur ad salutem Domini futuram.* [Com. in Prol. I] *Sequitur textus etc. ...* —*Paschales quicumque.* —*Ac* [recte: aut] *si magnarum.* —*Iste liber, cuius subiectum est ut supra, dividitur in partem prohemialem et executivam, que incipit ibi: Primus ab usque chaos ...*⟩⟨[f. 180r]*... ministrant, id est dat oppositum olus, id est facilem doctrinam. Sequitur: Cum sua gentiles.* [Com. in Prol. II] —*Cum sua gentiles.* —*Iste est 2us prologus Sedulii, in quo specialiter ostendit, de quo velit pertractare, et dividitur, quia primo proponit in generali ...*⟩⟨[f. 182v]*... splendide stele nec bibule arene, id est incluse in mari, equa*⟨*n*⟩*tur id est assimilantur. Sequitur: Primus ab usque chaos.* [In lib. I]. —*Primus ab usque.* —*Hic est pars exsecutiva, auctor in qua exsequetur suum propositum, que dividitur in quinque libros parciales. In primo auctor ait de misterio incarnacionis Christi ...*⟩⟨[f. 193r]*... mox omnes exultabimus portantes omnes nostros manipulos, id est nostra premia, ve*⟨*n*⟩*iente Christo, id est quando Christus veniet. Sequitur: Expulerat primogenitum. Explicit primus.* [In lib. II] —*Expulerat primo*⟨*genitum*⟩. —*Hic est exposicio 2^i^ libri Sedulii, in quo auctor prosequitur suum propositum tractans de misterio incarnacionis Christi ...*⟩⟨[f. 202r]*... frui vita, scilicet beata per pascua, id est per doctrinam Christi. Sequitur: Prima sue Dominus. Explicit secundus liber.* [In lib. III] —*Prima sue dominus.* —*Iste est 2us* [recte: 3us] *liber Sedulii de Nowo Testamento et est tercius in ordine librorum parcialium, qui continuatur ad precedentem. In precedenti Sedulius egit de instancia Salvatoris ...*⟩⟨[f. 212r]*... revolwam id est recitabo, speciale id est singulare bonum, quod sit generale. Sequitur: Iam placidas Iordanis. Explicit tercius liber Sedulii per manus Derslai canonici Gneznensis.* [In lib. IV] —⟨*I*⟩*am placidas Iordanis transvectus* [recte: transgressus]. —*Iste est liber quartus Sedulii in ordine librorum parcialium, 3us vero inter libros Novi Testamenti, in quo Sedulius pertractat de miraculis Christi factis ante passionem suam ...*⟩⟨[f. 220r]... *regit id est disponit, ethereum id est celeste regnum, qui sit benedictus in secula seculorum. Sequitur: Has inter virtutes. Explicit quartus liber Sedulii in parte.* [In lib. V] —*Has inter virtutes.* —*Postquam Sedulius in precedentibus tribus libris Novi Testamenti tractavit de misterio incarnacionis Christi et de huius gestis diversis ...*⟩⟨... —*Protinus in patuli.* —*In ista parte ostendit autor cum duobus latronibus crucifixionem Christi et habetur Matthei XX capitulo ... aperta sunt omnia vulnera eius propter gravitatem, ob quod dolorem nimium est passus*||

Textus commentati fragmenta sola leguntur scripta. Commentum simile in cod. BJ 1607, f. 1r-198r, praecipue in parte initiali, inde a libro II differens, commentum in totum carmen. Cf. etiam supra nr. **20**. Cf. Patera, Podlaha, Soupis, 2, 124 (cod. H. X (1064), f. 2r-237r – idem initium).

f. 224r-227v vacua.

F a s c i c u l i : 1-5^{6+6} (f. 1-60); 6^{7+7} (f. 61-74); 7-9^{6+6} (f. 75-110); 10^{8+8} (f. 111--126); 11^{7+7} (f. 127-140); 12-14^{6+6} (f. 141-176); 15^{5+6} (f. 177-187, folium initiale desideratur sine lacuna in textu); 16-18^{6+6} (f. 188-223); 19^{0+4} (f. 224-227, fasc. dimidium prius, cum textu verisimillime, desideratur). Codex duabus partibus constat: 1. Fasc. 1--10 (f. 1-126). Custodes litteris inscripti *b*, *d-k* in fasciculorum 2, 4-10 initio; *c* in fasciculi tertii fine. Fasc. 10 charta ceteris brevior. 2. Fasc. 11-19 (f. 127-227): f. 127, 140, 226, 227 addita cum codex compingeretur, absque custodibus et reclamantibus. F. 139 angulus superior longior et deformis. Foliatio hic illic s. XVII vel XVIII exarata, partim erronea, nostra illa plumbo inscripta substituta est.

S i g n a a q u a t i c a : 1. Piekosiński 279 (XIV^9) f. 1-24; 2. Var. Piccard-Online 119929 (1377), var. Piccard 7, II 181 (1380) f. 25-74; 3. Piccard-Online 100865 (1379), var. Piccard 3, II 851-859 (1372-1389) f. 75-98; 4. Piekosiński 196 (XIV^9), Piccard-Online 82151 (1384) f. 99-114, 123-126; 5. Var. Piccard 2, I 197 (1380-1389), var. Piccard-Online 64466 (1378) f. 115-122; 6. Id. Piccard 2, XIII 33 (1445-1450), var. Piccard-Online 69363 (1447) f. 127, 140, 224-226; 7. Piekosiński 21 (1392), var. Piccard-Online 64319 (1392), Piccard 2, I 144 (1392) f. 128-139, 141-223. F. 224, 225, 227 signis expertia. Signa nr. 1, 4, 7 a Piekosiński e nostro codice reproducta. Charta a. 1372-1392, compacturae a. 1447 in usu erat.

S c r i p t u r a e t o r n a m e n t a : Codex a tribus subscriptis studentibus Pragensibus et aliquot (6?) insuper scribis exaratus: 1. f. 13r-28v: *per manus Wenczeslai*; 2. Textus in f. 28v-32v; 33r-34r; 34v-84r subscripsit Ioannes de Sochaczew, Pragae, a. 1382 et in Bavorow a. 1378, cf. f. 32v: *Per manus Iohannis de Sochaczew in Studio Pragensi existentis*; f. 34r: *digitis Iohannis, studentis Universitatis Pragensis, post festum Domini nostri Ihesu Christi feria secunda* [29 XII], *in die beati Tomasii martyris* [ep. Cantuariensis], *sub anno Domini M^{o}C^{o}C^{o}C^{o}LXXX° secundo*; f. 68v: *Explicit opusculum Summe misteriorum. Per manus Iohannis de Szochaczew existentis Studio in Pragensi*; f. 84r: *Anno Domini M^{o}CCC^o septuagesimo octavo est scriptus iste* *liber in Baworow. Sciencia est quidam habitus per demonstracionem aquisitus.* Quae quidem colophonum scriptura ductum differentem ostendere videtur in comparatione cum ipso textu. 3. f. 128r-223v: Derslaus, Pragae, a. 1392 (studens Pragensis, canonicus Gnesnensis, idem possibiliter atque Derslaus Wischota (Wyskota) Nicolai de Lunow filius, cf. Słownik hist.-geogr. woj. pozn., 67), cf. f. 177r: *reportata per manus Derslai, studentis Pragensis, studentis sub anno Domini Nativitatis M°CCC° nonagesimo 2° et hec lectura est collecta per magistrum Cacabum 1392*; f. 212r: *Explicit tercius liber Sedulii per manus Derslai canonici Gneznensis*; Zathey, Biblioteka, 28, scribam canonicum Derslaum eundem esse cum cod. BJ 797 possessore (Dirscho, Pol. Dzierżek) duxit. Scriptura in f. 34r istam in mentem adducit, quae in cod. BJ 1734 legitur. In toto codice duarum columnarum et marginum modicorum schema atramento ductum. Scribae omnes, Derslao excepto, scripturam librariam diligentissimam s. XIV ex. habent, et columnarum limites generaliter, quamquam non usquequaque, observant; saepe versus longioris finem supra vel infra vel etiam in loco vacuo iuxta adscribunt (e. g. f. 13r, 18v, 39v). Supplementa, e. g. f. 44r in margine inferiore. Derslai scriptura currens, parum diligens, nulla loca vacua in margine inferiore, interdum etiam in superiore, relinquit. Rubricatio. In parte prima, usque ad f. 126v versuum carminum litterae initiales linea rubra verticali coniunctae, interdum etiam dextra versuum parte hoc idem (e. g. f. 24r, 43r), eodem modo colophones designati, e. g. f. 8r, 14v. Rubricatio quoque in prosa. Atramento nigro paragraphi designantur, etiam puncta duo cum lineola inter ea verticaliter ducta, e. g. f. 18r, rubra quoque, e. g. f. 6r, 18v; tituli in textu et colophones scriptura, quae fractura dicitur, exarata. Litterae initiales exiguae, cinnabaris colore pictae, variae magnitudinis (1-4 scripturae linearum aequae), solum in initio operum magis ornatae (f. 33r caeruleo et rubro colore, 37r, 41v, 45v, 51r, 52r). In parte codicis posteriore, h. e. inde a f. 128r: duae litterae initiales filigranis opulenter ornatae in f. 128r rubro et nigro atramento, maior lineis tituli scripturae 5 aequa et minor lineis scripturae 6 aequa, porro in f. 220r nigra littera filigranis ornata, lineis tituli scripturae 2 aequa; ceterum paucae litterae initiales rubrae, simplices, lineis scripturae 4 aequae, post quas usque ad finem loca vacua eis inscribendis lineolis rubris in quadratum ductis saepta. Litteras repraesentantia in f. 46r-47v; rubra in f. 163v; loca vacua figuris deformibus rubris repleta in f. 131v-132r. Designationes lineolis undosis rubris in f. 198r-200r, 205r-206v factae, paragraphorum signa peculiariter, etiam in margines, prolongata. Parva littera initialis capitis humani pilleo instructi delineatione decorata in f. 4r.

Notae et glossae: Glossa continua marginalis in textu nr. **20**. Glossa interlinearis in textibus nr. **1** (fragm.), **5**, **7**, **10**, **14**, **23** (fragm.). Quae restant glossulae, sunt paucae emendationes et cancellationes a scriba factae, e. g. f. 2r, 4r, 6v, 25r, 27r, 129v, 152r; vocabula scriptorum materiam indicantia, e. g. f. 152r: *de morte antichristi capitulum istum*; f. 152v: *⟨inve?⟩stigacio pascalis*; f. 29r: —*Quedam sapiens: De sapiente viro facit ira sepe stultum. Kato: Quod dare non poteris, promittere non mediteris* [cf. Disticha Catonis, lib. I, 25]... f. 32v: *Gregorius*: *Debilis est ho⟨st⟩is, quia non vincit nisi volentem.* Frequenter: *nota*, e. g. f. 10r-11v etc.; f. 94r-v vocabula scriptorum materiam indicantia; ibidem manu s. XVI (?): *nec nostrum hoc opus est*; signa diversa in forma 2 et 3 punctorum cum virgula, e. g. f. 18r sqq., crucis cum circulis et cordibus parvis in brachiis quaternis, e. g. f. 149r. Maniculae: f. 15r, 115v, 157v, manicula maior: f. 153r, 158r.

C o m p a c t u r a, quae ad nos pervenit, ca a. 1450 confecta est, cf. signum aquaticum 6 et Fasc., cf. etiam f. 1, 126, 128, 223 detrita et obsoleta nec non glossulas certissime ante compacturam factam scriptas, e. g. f. 152v. Etiam fasciculi singuli, quorum partes exteriores obsoletae sunt, possibiliter separatim adhibebantur, cf. f. 60v. Codex tabulis ligneis compactus est oblique praecisis et corio rubro, cui ornamentum lineare simplex impressum est, obtectis. Umbonum metallicorum quinorum rotundorum in utroque integumento, item cingulorum coriaceorum clavi metallica definitorum duorum et ligularum, quibus in anteriore integumento codex olim claudebatur, vestigia. Dorsum planum, ligamenta 5 duplicia. Codicis capiti et calci fila obsuta et corio obtecta. Volumen adaequatum, anguli rotundati. Ante- et postfolium membranacea incompleta, vacua: f. I et II. Schedulae fasciculorum suturam munientes membrana tenuissima adhibita effectae, angustissimae, in quibusdam fasciculis nullae sane, vacuae; ad f. 111 membranae conscriptae frustulo fasciculus firmatus est (?). In parte interiore integumenti anterioris, in tabula mera, codice contentorum index manu s. XIV: *Prudencius in Suomachie, Decalogus X preceptorum, Tobias, Alanus Problematum, Sertum Marie, Summa misteriorum, Paraclitus, Penitencionarium, Summa sacrificiorum, Palastra* [!], *Prosper, Sedulius, Arator, Summa de redempcione* [?] *animarum*; ibidem codicis signatura a L. Wisłocki scripta. Codicis status: tegumenti corium detritum et ruptum, praesertim in angulis et extremitatibus. Chartae quaedam, e. g. f. 177, 223, partim praecisae, f. 222 in margine verticulari scissum. Maculae, atramenti fusi vestigia, e. g. f. 136-139, 167-168. Folia plurima defectiva, etiam ab umbonum ferrugine (f. 1, 224-227); f. 111-113, postquam membrana rigida adhibita agglutinata sunt, rupta sunt in eodem loco et labuntur e codice; f. 115-127 extremitates verticales humiditate infecta passa sunt.

C o d i c i s o r i g o e t f a t a : Codex s. XIV quartario quarto exaratus, constat duabus partibus, quae antea separatim adhibebantur (cf. f. 1r et 128r obsoleta), in unum volumen ca a. 1430 compactis: pars prior (f. 1-126) Pragae et in Baworow conscripta est a. 1378-1382, pars posterior (f. 128-223) Pragae a. 1392. Mirum videtur, quare annus 1382 (f. 34r) in codice ante a. 1378 (f. 37r, 84r) occurrit, quod tantum scribae errore explicare potest, codicis nempe structura foliorum transpositionem excludit. Signaturae antiquae: Kucharski: *Prudentius, Sedulius, Prosper et alia*; Fasseau: *781*; topogr.: *DD VII 5.*

B i b l i o g r a p h i c a : Wisłocki, Katalog, 381-382; A. Brückner, Średniowieczna poezja łacińska w Polsce, cz. 3, „Rozprawy Wydz. Filol. AU", XXIII 1894, 298; A. P. McKinlay, Arator. The Codices, Cambridge, Mass. 1942, 59-60; S. Włodek, Alain de Lille en Pologne médiévale, [in:] Mélanges offerts à René Crozet à l'occasion de son soixante-dixième anniversaire ..., ed. P. Gallais, Y.-J. Riou, 2, Poitiers 1966, 963 (Supplément aux Cahiers de Civilisation Médiévale); Tříška, Příspěvky, [3], 38; B. Miodońska, Związki polsko-czeskie w dziedzinie iluminatorstwa na przełomie w. XIV i XV, „Pamiętnik Literacki", LI, 3-4, 1960, 167; Mathei Vindocinensis Opera. Ed. F. Munari, 1, Roma 1977, 57-58 (Storia e letteratura. Raccolta di Studi e testi, 144); C. P. E. Springer, The Manuscripts of Sedulius. A Provisional Handlist, Philadelphia 1995, 58--59 (Transactions of the American Philosophical Society, vol. 85, part 5).

MK, AK

1572

Lat., XIV in., XV, membr., cm 38,5×27, f. 156+II.

1. f. 1r-135r: Abbreviatio Summae theologiae Thomae de Aquino OP. Pars I-III, q. 1-59

[Prima] —*Queritur, utrum preter philosophicas disciplinas sit necessarium aliam doctrinam haberi. Quod non, quia de omni ente determinatur in philosophia et de Deo* ...)([f. 32v]... *generacio est de substancia generantis, in quantum semen habet virtutem ex forma generantis.*

[Prima Secundae] —*Queritur, utrum homini conveniat agere propter finem. Quod non, quia illud, quod est ultimus finis, non est propter finem* ...)([f. 61r]... *licet interdum in hiis non habeant homines rectam intencionem.*

[Secunda Secundae] —*Queritur, utrum obiectum fidei sit veritas prima. Quod non, quia non solum proponuntur nobis ad credendum ea, que pertinent ad deitatem* ...)([f. 116v]... *in corde eius exortum, sit a spiritu Dei, cuius est hominem ducere in terram rectam.*

[Tertia] —*Queritur, utrum fuerit conveniens Deum incarnari. Quod non, quia cum Deus ab eterno sit c* [!] *ipsa essencia bonitatis* ...)(... *sed hoc factum est per Christum, in quantum est verbum Dei a principio mundi. Ad articulum, quod racio illa procedit de iudicio quantum ad premium essenciale.*

Cf. RS 861; Grabmann, Werke, 294-301 (codicem nostrum erronee ut BJ 1573 citant).

2. f. 135r-143r: Summa de casibus

—*Enormes, anatheme* [!], *cremans, mutatio voti. Enormes usus sollemnis tibi dentur, episcope, sex hec, id est omnes clerici irregulares, qui dispensatione indigent, debent ad episcopum mitti* ...)(... *ex infirmitate paciatur, tunc nec exigens debitum nec reddens peccat nisi forte venialiter. Explicit Summa de casibus.*

Cf. Walther, Initia, 5446; Catálogo de los códices latinos de la Real Biblioteca del Escorial, comp. P. G. Antolín, 1, Madrid 1910, 513 (cod. lat. d. IV 15, f. 1r-38v).

3. f. 143v-144v, 155r-v: Collectio errorum in Anglia et Parisius condemnatorum

Incipit Colleccio errorum Parisius reprobatorum cum quibusdam revocatis. —*Colleccio errorum in Anglia et Parisius condempnatorum sic per capitula distingwitur: primo de erroribus in gramatica, 2°* *in loyca, tercio in naturali philosophia,* 4° *de articulis Parisius condempnatis a domino Wilhelmo, episcopo Parisiensi, quinto de erroribus, quos postea condempnavit dominus Stephanus episcopus Parisiensis ... XXI de felicitate sive beatitudine. —Isti sunt errores condempnati in Anglia a fratre Colerto* [recte: Roberto Kilwardby], *archiepiscopo Cantuariensi, de consensu omnium magistrorum tam cogencium* [!] *quam non cogencium* [!] *aput Oxoniam die Iovis* 2° *ante festum sancti Guthberti, in XL, anno Domini* M^{o} *CC LXXVI* [recte: 18 III 1277]. *Errores in gramatica. —Ego curris, tu currit et curro eque sunt perfecte et congrue sunt. Currens est ego ...)(... deponatur ex communi consilio, si baccalarius non promoveatur ad magisterium, sed ab Universitate expellatur.*

Quartum capitulum [in marg.]. *—Errores contra fidem catholicam, quartum capitulum, detestabiles reperti in quibusdam scriptis, quos quicumque degmatizaverint* [!] *a venerabili patre Guillelmo Parisiensi episcopo convocato consilio omnium magistrorum theologie ...* 1us*: —Quod divina essencia in se nec ab homine, nec ab angelo videtur vel videbitur ...)(... Pax et gloria omnibus asserentibus hanc veritatem. Data fuit super hoc sentencia Parisius anno Domini* M^{o} CC^{o} *40, octava Ephifanie* [13 I 1241].

Quintum capitulum. —Errores sequentes condempnati sunt Parisius et excommunicati, docuerunt scienter vel asseruerint [!], *a domino Stephano, Parisiensi episcopo, anno Domini millesimo CC LXX post festum beati Nicolai hiemale* [recte: 10 XII 1270]. *Primus articulus.* 1us*: —Quod intelectus omnium hominum est unus et idem numero ...)(...* 13us*: Quod Deus non potest dare immortalitatem vel incorupcionem rei coruptibili et mortali.*

—Articuli sequentes condempnati sunt a domino Stephano, Parisiensi episcopo, cum consilio magistrorum theologie anno Domini millesimo CC^{o} LXXVI° [!] *in curia Parisiensi die dominica, qua cantatur Letare* [recte: 7 III 1277] ...[f. 144r]... [Cap. de Deo] 1us*: —Quod Deus non est trinus et unus, quoniam Trinitas non stat cum summa simplicitate ... Capitulum septimum de angelis.* 1us*: —Quod omnia separata sunt sempiterna et coeterna primo principio* ...[f. 144v]... [Cap. de anima et intellectu] *—Quod intellectus non est actus corporis nisi sicud natura navis* ...[Cap. de voluntate sive libero arbitrio] 1us*: —Quod de sui natura est, est determinatum ad esse ... et inteligendo de motu secundum substanciam non de motu secundum deformitatem.* [In marg. rubro: *vide ultra*; f. 155r] *Capitulum 10 de toto homine. Primus: —Quod homo pro tanto dicitur intelligere, pro quanto celum dicitur ex se intelligere vel vivere vel*

movere ... Capitulum de mundo et eternitate. 1us: — Quod nichil est eternum a parte finis, quod non fuit eternum a parte principii ... Capitulum 12 de celo et stellis. Primum: — Quod corpora celestia moventur a principio intrinseco, quod est anima ... Capitulum tredecimum de natura generalibium et corruptibilium. 1us: — Quod forme non recipiunt diversionem nisi secundum divisionem materie ... Capitulum 14 de necessitate eventus. Primum: — Quod nihil fit a casu, sed omnia ex necessitate veniunt ...[f. 155v]*... Capitulum quindecimum de accidente errores. Primum. 1us: — Quod cum Deus non comparetur ad encia in racione cause materialis vel formalis, non facit accidens esse sine subiecto ...*[Cap. de scientia sive philosophia] *— Quod omnes sciencie sunt practice preter phisicas disciplinas ...*[Cap. de Sacra Scriptura] *Secundus: — Quod sermentes* [recte: sermones] *theologi fundati sunt in fabulis ...*[supra, in margine, inter articulos praecedentes: *Capitulum 18 de raptu*] *— Quod raptus et visiones non habent fieri nisi per naturam. Capitulum 19 de fide et sacramentis: — Quod non est curandum de fide, si dicatur aliquid esse hereticum ... Capitulum decimum* [!] *de viciis.* [Infra, inter alios articulos:] *Quartus: — Quod peccata contra naturam utpote abusus in coitu, licet sint contra naturam speciei ... Capitulum vicesimum primum de resurreccione: — Quod non contingit corpus corruptum idem numero resurgere ... Capitulum vicesimum 2um de beatitudine. Primum: — Quod felicitas non potest immitti a Deo immediate ...*)(*... 6us: Quod omne bonum, quod homini possibile est, consistit in virtutibus intellectualibus.*

Cf. Glorieux, Faculté, 336, nr. 411aw; Kaeppeli, 3529; D. Piché, C. Lafleur, La condamnation parisienne de 1277, Paris 1999, 21-22, 289-314; J. M. M. H. Thijssen, What Really Happened on 7 March 1277? Bishop Tempier's Condemnation and Its Institutional Context, [in:] Texts and Contexts in Ancient and Medieval Science. Studies on the Occasion of John E. Murdoch's Seventieth Birthday, ed. J. E. Murdoch, E. D. Sylla, M. R. McVaugh, 1997, 109-110. Ed.: H. Anzulewicz, Eine weitere Überlieferung der 'Collectio errorum in Anglia et Parisius condemnatorum' im *Ms. lat. fol. 456* der Staatsbibliothek Preussischer Kulturbesitz zu Berlin, „Franziskanische Studien", LXXIV 1992, 379-399; ed. fragm.: D. Piché, C. Lafleur, La condamnation, ut supra, 292-314. Textus quoque in cod. BJ 1245, f. 100v-103v.

4. f. 145r-153v: Registrum quaestionum Summae theologiae Thomae de Aquino OP: I, q. 1 – III, q. 90 (absque Supplemento)

Hic incipiunt Rubrice Summe de theologia fratris Thome de Aquino Fratrum Predicatorum. ⟨*Q*⟩*uestio prima de ipsa sciencia theologica. — Utrum preter alias sciencias theologica doctrina sit necessaria ...*)(*... de divisione eius in partes subiectivas. Explic*⟨*i*⟩*unt capitula tercie partis fratris Thome de Aquino.*

f. 154r vacuum.

5. f. 154v: Adnotationes ad Sententias Petri Lombardi

Hee [!] *sunt questiones, in quibus Magister Sentenciarum non tenetur. In primo libro tres questiones. Prima questio: Quod caritas, qua Deum diligimus et proximum, est Spiritus Sanctus, d. 17, c. 1º et d. 27 li. 2, c. 9, glossa* [?] *dicitur: Fides ...*)(*... sicut aliud grande peccatum, id est mortale.*

Cf. cod. BJ 1521 descr., nr. **6**.

6. f. 155v-156r: Nota de erroribus s. Thomae de Aquino OP

Summa articulorum. Articuli condempnati in dictis Thome. Primo de Deo in prima parte Summe. 1us: —Quod essencia divina videbitur ab intelectu creato sine aliqua similitudine ... Articuli de Deo. Primus: —Quod Deus non cognoscit futura contingencia ...)([f. 156r]... *Quod non licet transire de religione arcciori ad laciorem propter promocionem ad clericaturam vel clericatum. Finis supra in primo folio.* [rubro:] *Vide finem supra in primo folio.*

f. 156v vacuum.

F a s c i c u l i : 1-2^{6+6} (f. 1-24), 3^{3+3} (f. 25-30), 4-6^{6+6} (f. 31-66), 7-15^{4+4} (f. 67-138), 16^{3+3} (f. 139-144), 17^{6+6} (f. 145-156, folii 154 tertia pars asservatur). Custodes bifoliorum numeris Romanis, litteris alphabeti, vel simul utroque signo, atramento scripti in omnibus fasciculis excepto fasciculo tertio. In fasciculo tertio custodes bifoliorum lineolis horizontalibus plumbo designati; in fasciculis 5-15 custodes bifoliorum litteris plumbo exarati. Reclamantes lineolis circumsaeptae in finibus fasciculorum 1-5, 7-15, quarum quaedam rescissae. Foliatio s. XX plumbo exarata, inde a f. 154 cancellata et emendata.

M e m b r a n a crassa, in flavum vergens colorem, pilorum vestigiis inquinata. Foliorum longitudo inaequa, adhuc defectus, lacunae, rugae conspiciuntur. Dealbationis vestigium, e. g. in f. 21. Lacunae naturales, e. g. f. 6, 14, 150. Frustulis agglutinatis membrana sarta ante codicem conscriptum, e. g. f. 4, 7. Item membranae fragmentis agglutinatis foliorum extremitates inferiores nec non anguli adaequati, e. g. f. 4-5, 7-24. Membranae sartae vestigia, e. g. in f. I, 20. Defectus naturales, e. g. f. 23, 41, 90. Membranae partes inferiores rescissae, e. g. f. 129, 152.

S c r i p t u r a e t o r n a m e n t a : Codex pluribus manibus, attamen textus in f. 1r-143r, 145r-153v una sola manu, exaratus. Emendationes et supplementa, e. g. f. 1v, 3r, 4r; textus cancellatus in f. 12r-v adnotatione: *vacat* instructus; loca vacua hic illic relicta, e. g. f. 57v (alia manu in marg.: *deficit unum membrum*), 69r, 109v, 113v, alia; atramenti rubri macula, e. g. f. 74v, 78v; versus medius in margine inferiore adscriptus, e. g. f. 14r, 17v; textus omissus in margine scribae manu suppletus, e. g. f. 1v, 6v, 42r. Scribae, qui nr. **1-2, 4** exaravit, scripturae modus et ductus eum s. XIV in. scripsisse concludere licet. Cuius peculiare erat, loci parsimoniae causa, textus pro linea data longiores in aliam quandam, superius sitam, transponere eosque punctis lineolam undosam effigiantibus cum praecedentibus illis coniungere, e. g. f. 2v, 3r, alia. Columnarum duarum in f. 1r-143r, trium in f. 145r-153v schema una cum scripturae lineis plumbo generaliter, hic illic atramento, linea simplici ductum; columnarum duarum in f. 143v,

155r, columnarum trium in f. 144r-v linea simplici atramento, sine tamen lineis horizontalibus ductis; scriptura in f. 155v-156r in duabus inaequis columnis nullo tamen schemate ducto. Quarundam quaestionum tituli eosquae repraesentantia (e. g. f. 61r, 70r) in margine scribae manu exarati, lineolis circumscripta, quarum formae diversissimae, interdum delineationibus decorata in forma capitum animalium (f. 18r), humanorum (f. 17r, 39v), manuum (f. 27v). Capitum humanorum delineationes, e. g. f. 17v. In f. 154v et 156r signum rubrum locum textus continui indicat (e. g. f. 156r in rubro: *vide finem supra in parwo folio*). Pagina currens manu Matthiae de Colo in f. 1r-34r, 61r--79r, 145r-153r et alia quoque manu in foliorum angulis scripta. Rubricatio rubro et caeruleo colore. In f. 1r, 32v, 61r, 116v litterae initiales, quarum altitudo 2, 4 seu 5 textus lineis aequa, partes operis sequentes incipiunt, coloribus rubro et caeruleo pictae et filigranorum elementis francogallicae originis ornatae (cf. Y. Załuska, Manuscrits enluminés de Dijon, Paris 1991, nr. 223). Accedunt litterae initiales, diversarum formarum, exiguae, duabus lineis scripturae aequae, rubrae et caeruleae alternae, in f. 1r filigranorum elementis quoque ornatae. In f. 72v in margine inferiore littera rubra *Q* inverso sensu picta. In f. 156r superiore rubra littera *O* vel *D*. In f. 144r-v, 154v-156r rubricatio duobus coloribus: rubro et cinnabaris. Litteras initiales repraesentantia, e. g. in f. 62v-135r.

N o t a e e t g l o s s a e : Emendationes et supplementa a scriba facta, e. g. f. 4r, 7r-8r, 9r-v, 12r, etiam quaestionum numeri et tituli lineolis variarum formarum circumdati, e. g. f. 7v-9r, 10r-21v etc. Notae marginales a codice utentibus plurimis scriptae, inter quas Matthiae de Colo ad nr. **1** vocabula scriptorum materiam indicantia, excerpta, supplementa, declarationes. Quarum notarum quaedam praecisae, e. g. f. 51r, 94v, 116r. Vocabula scriptorum materiam indicantia (e. g. f. 22v: *De synderesi*) et adnotationes Matthiae de Colo ad textus materiam spectantes, e. g. in f. 7r-9r, 46r-48r, 49r--53r, aliis. In marginibus quaestionum quarundam numeri secundum Thomae de Aquino Summam theologicam a lectoribus exarati, in eo numero etiam a Matthia de Colo (f. 126r). In f. 29v-30r articulus 2 ad quaestionem 108, a scriba omissus, manu anonyma adscriptus: *Queritur, utrum in una yerarchia sit unus ordo. Et videtur, quod sic* ... In f. 155v rubricator titulos et numeros erroneos articulis quibusdam adiunxit. Maniculae a Matthia de Colo inscriptae, e. g. in f. 8r-9r, 33r-34r, 112v-114r; aliorum maniculae: f. 82r, 89r. Textus maioris momenti designatus, e. g. f. 7r-v, 10r-11r, 24v-25v.

C o m p a c t u r a : Voluminis folia membranacea initialia et finalia obsoleta indicare videntur codicem usque ad s. XV in. sine integumento functum esse. Haec compactura hocce tempore confecta est in officina introligatoris Cracoviensis, qui s. XV annis tricesimis-quinquagesimis floruit. Tabulae veteres non complete asservatae, corio partim obtectae, ligno recenti suppletae sunt, quod lignum cunei forma elementis veteri illi adiunctum est (cf. notam Alexandri Birkenmajer in tabula: *Deski uzupełnione w r. 1934*), quae subinde partim corio obtectae sunt. Corium signaculis impressis rhombi forma designatum est his: 1. leonis currentis, 2. avis in ramo sedentis, 3. folii tripartiti, 4. puncti anuli forma. Ornamentum lineare, stilo in utroque integumento ductum, id in ternas partes dividit: in superiore et inferiore signaculi 1, 2, 3 et in angulis hic illic 4. In parte centrali, quae lineis duplicibus ductis in rhombos et trigones divisa est, in locis, ubi lineae se invicem decussantur, signaculum 4, ceterum autem signacula 1-3. Corium in tabularum extremitatibus loris firmatum esse videtur, quod clavorum vestigiis probatur (de officina hac cf. A. Lewicka-Kamińska ms. Acc. 33/80, p. 132, ubi etiam compacturarum decorationum exempla plumbo repetita asservantur). Dorsum paulo convexum, codicis capiti et calci funiculi texti obsuti, olim corio obtecti, nunc corio detrito denudati. Dorsum quinque locis consutum. Volumen adaequatum. Indiculi corio rubro effecti in f. 32, 46, 61, 77, 99, 116, 135, 144, quidam glutinae ope refecti. Antefolia membranacea: f. I-II ex bifolio formata. In f. IIv manu s. XIV codice contenta leguntur scripta: *In isto volumine continentur isti libri:* [*primo Postilla super Epistolam ad Corinthios* [?] *secundum fratrem Egidium Heremitarum* – vocabula erasa, radiorum ultraviolaceorum ope vix leguntur]. *Item tota Summa fratris Thome breviata cum omnibus articulis. Item quedam Summula iuris de casibus.* [*Item aliquot* [?] *Quotlibet Gothfredi* – vocabula erasa, radiorum ultraviolaceorum ope vix leguntur] (cf. etiam Cod. orig. et fata). Codicis status: integumentorum corium detritum. Folia plerumque obsoleta, maculosa, humiditate undulata facta. Margines quidam conscissi et crispati, e. g. f. 4, 5, 7, 11 (membranae fragmenta, quibus folia elongabantur, dilabuntur).

C o d i c i s   o r i g o   e t   f a t a : Cum codicis materia tum quoque eiusdem decorationis modus atque ratio adducit nos, ut eundem in Gallia confectum esse credamus. Petrus de Chomiąża volumen s. XIV habuit, cf. notam extinctam in f. IIv: *Iste liber est fratris Petri de Chomeza* [?] [...] *Ordinis Fratrum Predicatorum* (Petrus de Chomiąża provincialis O. P. ante a. 1358 usque ad a. 1370 et rursus annis 1380-1385; theologiae studuisse extra Poloniae fines videtur; post a. 1393 de vita decessit, cf. J. Wiesiołowski, Piotr z Chomiąży, [in:] Wielkopolski Słownik Biograficzny, Warszawa--Poznań 1983, 569-570). S. XV codex Matthiae de Colo fuit (de eo cf. cod. BJ 358 descr.), qui codicem Facultati Artium Liberalium legavit, cf. notam in f. IIv: *pro libraria Collegii Artistarum in Cracouia. M⟨agister⟩ M⟨athias de⟩ Colo.* Nullum tamen indicium in codice occurrit, quod Laurentio de Ratiboria possessori codicem hunc attribui possit (cf. Filozofia w Polsce, 417; Wünsch, Konziliarismus, 85). Textus in f. 143v-144v et 154v-156r posteriore tempore, s. XV verisimillime, a scribis duobus adscripti sunt. Signaturae antique: Kucharski scripsit: *Postilla super Epistulam ad Corynthios secundum Aegidium Eremitam. Item Summa tota divi Thomae abbreviata cum omnibus articulis. Item summula quedam De casibus iuris. Item Quotlibetum Godifredi*; Fasseau: *496*; topogr.: *CC IV 14.*

B i b l i o g r a p h i c a : Wisłocki, Katalog, 382; Bednarski, Materiały, 10.

ZS, WŚ

1573

Lat., 1505, chart., cm 31×21,5, f. 150+V.

1. f. 1r-150r: Petrus de Tarantasia OP, Commentum in II librum Sententiarum Petri Lombardi

I. N. R. I. [in marg.]. [Prooem.] —*⟨Q⟩ui vivit in eternum* ...[Eccli 18, 1]. —*In hiis verbis opus creacionis sufficienter exprimitur* ...[Com.; f. 1v] —*⟨C⟩reacionem rerum. —Liber totalis Sentenciarum in quatuor parciales libros dividitur sicut fluvius paradisi in quatuor capita* ...⟩⟨[f. 147v]... *quia mandatorum eius observancia perducit ad vitam. Quam nobis prestare dignetur, qui est benedictus in secula seculorum. Amen.* [Index quaestionum; f. 148r] *Dis⟨tinccio⟩ prima. Res creat. Utrum creacio esse potuit ...)(... U⟨trum religio⟩si in omnibus teneantur obedire ⟨prelatis suis⟩. 1505. Fi⟨nit⟩ in crastino* [canc.: *s. Hedwig*] *Vincencii martiris* [7 VI].

Cf. cod. BJ 1523 descr., nr. **1**. In marginibus vocabula Versus memorialis, cf. cod. 1521 descr., nr. **7**.

f. 150v cf. Notas et glossas.

***2.** f. IIr-v, IVr-v: Commentum super Talmud: Mordechai ben Hillel, *Sefer Mordechai*, 'Avodah Zarah, par. 838, 839-840

Cf. BwB Database (accessus 18.12.2015).

XIV, Hebr., membr., fragm. duo, semicursiva in Aschenez regione usitata.

F a s c i c u l i : 1-18^{4+4} (f. 1-144), 19^{3+3} (f. 145-150). Custodes in fasc. 1-10, 12-17: *1-10, 12-17*, reclamantes in fasc. 2-17, in fasc. 12 partim praecisa, in fasc. 15-17 defectivae.

S i g n a a q u a t i c a : 1. Var. Piccard-Online 71011 (1503) f. 1-24; 2. Var. Piccard-Online 66162 (1514) f. 25-72, 145-150; 3. Var. Piccard-Online 71034 (1512) f. 73-144, III. Charta a. 1503-1514 in usu erat.

S c r i p t u r a e t o r n a m e n t a : Codex aliquot manibus diligentissime, littera currente exaratus. In f. 1r-2v, 4v, 6r, 8r-9r occurrit scriptura Stanislai Bylica de Ilkusch (cf. eius scripturam in cod. AUJ 63, p. 65-67). Litterae in primis in pagina lineis volutis diversis ornatae, e. g. f. 4r, 5r. Duarum columnarum schema lineis simplicibus ductum. Margines angusti. Distinctionum earumque partium tituli maioribus litteris exarati. Litteris initialibus inscribendis loca vacua exstant. Rubricatio atramento roseo in paucis foliis: 1v-2r, 8v-10r, 11v-13v, Martini Biem de Ilkusch manu verisimiliter (eius scripturam cf. in cod. BJ 1515, 1853, p. 10 sqq., cod. AUJ 63, p. 42-43).

N o t a e e t g l o s s a e paucae, plerumque a Stanislao Bylica exaratae, cuius marginalia etiam in cod. BJ 1523, 1540, 1541 inveniuntur. Eius manu textus partes designantur, e. g. f. 2r-v, 3v, 4r, 6r, 7r, 11v, 15r, 16r; vocabula scriptorum materiam indicantia: *agens triplex* in f. 3v, *agens duplex* in f. 7r, *potencia duplex* in f. 16r; supplementa, e. g. f. 5v, 7r, 13r, 14v, 15r, 19r; quaestionum tituli in margine inferiore, e. g. f. 13v, 14r-15v. In marginibus Martini Biem de Ilkusch manu quaedam occurrunt scripta, e. g. auctores citati in f. 1r: Aristoteles, Plato, Epicurus; f. 9v: *dis⟨tinccio⟩ II*; f. 11v: *queritur*; f. 23r: *visio Dei quadruplex*, f. 32v-35r, 118r-120v. In f. 150v Adnotationes ad Sententias Petri Lombardi: *Nota, quod Magister in tribus locis non tenetur in isto 2°. Primo, quod in angelis premium precessit meritum di. V, c. Multa* [recte: ultimo] *...)(... in futuro resurget, di. XXX, capitulo 2°* [cf. cod. BJ 1521 descr., nr. **6**]. Maniculae, e. g. f. 24r.

C o m p a c t u r a Cracoviae post a. 1505 confecta in officina Petri Postawa de Proszowice, qui a. 1492-1506 floruit quique Martini Biem de Ilkusch et aliorum libros compingebat (cf. A. Lewicka-Kamińska in ms. BJ Acc. 63/80; de officina cf. Lewicka-Kamińska, Piotr Postawa). Tabulae ligneae oblique praecisae corio fusco partim obtectae, cui signacula compaginatoria impressa sunt haec: 1. lilium rhombo inscriptum; 2. item rhombo inscriptus draco; 3. flos quinque folia habens. In utriusque integumenti corio signacula nr. 1 et 2 alterna impressa, inter duas lineas duplices, in quattuor ordines verticulares digesta. Clavium duarum metallicarum, quibus codex olim claudebatur, nihil nisi concavationes in utroque integumento asservantur. Dorsum convexum, ligamenta tria duplicia, quibus parallele funiculi impressio cernitur. Inter dorsi ligamenta signaculum nr. 3 impressum. Super primum ligamentum codicis signaturae impressio inaurata. Volumen adaequatum, verisimiliter cum codex renovaretur. Ante- et postfolium membranacea vetera incompleta (f. II, IV, cf. nr. ***2**) et antefolium chartaceum (f. III, cf. signum aquaticum nr. 3, Cod. orig. et fata). Codex a. 1931 renovatus est in officina Ioannis Wyżga, de quo adnotatio in f. integ. ant. parti interiori aggl.: *Restauracja Jana Wyżgi 1931. Grzbiet oprawy dawnej naklejony na nową skórę. Wylepione i podklejone zbutwiałe karty. Nowe wyklejki i wszywki.* Codex denuo consutus, schedulas oblongas novas addendo. Etiam bifoliorum partes mediae debilitatae confortatae sunt; corio novo veteris fragmenta, admodum detrita asservata, desuper agglutinata sunt. Ante- et postfolium nova chartacea (f. I, V) singulas cum foliis integumentorum partibus interioribus agglutinatis unitates efficiunt. Codicis status: codex a humiditate multum laesus, margines inferiores praecipue putridi, frustulis sarti. Inde a f. 121 etiam pars media foliorum cum textu schedulis conglutinata. Inde a f. 135 usque ad codicis calcem defectus textus in partibus columnarum exteriorum, in f. 148-150 quoque interiorum, schedulis agglutinatis sarta. In f. 24r tessera chartacea agglutinata, in qua Martini Biem de Ilkusch scriptura legitur.

C o d i c i s   o r i g o   e t   f a t a : Codex a. 1505 confectus, Cracoviae verisimillime, ad Petri Lombardi Sententias legendas a Stanislao Bylica de Ilkusch, antequam doctoris gradum a. 1509 adipisceretur, adhibitus esse videtur, cf. Markowski, Pierwsi bakałarze, 303; Id., Dzieje Teologii, 207. Partes quaedam textus manu eius scriptae, cf. Script. et ornam., nec non notae marginales, cf. Notas et glossas. Postea codice quoque Martinus Biem de Ilkusch utebatur, cuius manus scriptura etiam in codice obvenit, cf. Notas et glossas. De cod. BJ 1523, 1540, 1541 cum nostro cohaerentia cf. cod. BJ 1523 descr., Cod. orig. et fata. Signaturae antiquae: Fasseau: *368* (bis, in f. IIIr et 1r); topogr.: *CC IV 32*.

B i b l i o g r a p h i c a : Wisłocki, Katalog, 382.

MGo, IT, LN

1574

Lat., ante 1430 et post 1439, chart., cm 30,5×21,5, f. 228+II.

1. f. 1r-191v: Nicolaus de Dinkelsbühl, Quaestiones magistrales super III librum Sententiarum Petri Lombardi: III A, dist. 1-39; add. III A, dist. 23-24, 26-27, 39

— *Utrum ex testimoniis legis et prophetarum ostendi possit Christum verum Messiam esse incarnatum. Quod sic, per propheciam patriarche Iacob* ...[Gen 49, 10]: *Non auferetur* ...[f. 179v]... *pro pace et utilitate communitatis.* [Quaestiones additae] *Circa distinccionem 23 dubitatur:* — *Utrum fides sit virtus theologica a ceteris virtutibus distincta. Et ar-*

guitur primo, quod non ...)(... et ille modus tamquam racionabilior a pluribus sustinetur etc.

Cf. RS 565; Madre, Nicolaus, 94-97; tituli quaestionum: 89-90. Eiusdem operis pars IV in cod. BJ 1418, f. 1r-243.

2. f. 192r-v: Eugenius IV papa, Bulla De Conceptione BMV

Circa distinctionem terciam tercii Sentenciarum De concepcione gloriose Virginis Marie nota determinacionem Sacri Generalis Concilii Basiliensis. —Sacrosancta generalis Sinodus Basiliensis in Spiritu Sancto legittime congregata ... —Elucidantibus divine gracie misteria mercedem gloriosam repromisit ...)(... de iniunctis sibi penitenciis. Hec sancta Sinodus elargitur. Datum Basilee in sessione nostra publica in maiori ecclesia Basiliensi solemniter celebrata XV Kalendas Octobris [17 IX] *anno a Nativitate Domini millesimo quadringentesimo tricesimo nono.*

Cf. Concilium Basiliense, 6, 589; Helmrath, Basler Konzil, 383-394. Ed.: Mansi, 29, 182-183. Idem textus in cod. BJ 423, f. 277r; 1414, p. 603-604; 1640, f. 29r-v; 1762, f. 244r-v; ms. Acc. 250/53, f. 195r-v.

3. f. 193r-228r: Dubia et quaestiones super III librum Sententiarum Petri Lombardi: dist. 7-10, 12-15, 21-22, 26, 36, 24, 27

—Circa distinccionem septimam tercii Sentenciarum dubitatur: —Utrum hec sit concedenda: Deus factus est homo. Respondetur secundum Scotum, quod simpliciter posset concedi ...)(... scilicet sequitur, quod est generalis perfectio virtutum.

Cf. RS 1064.

***4.** f. Ir-v: Shimshon ben Tsadok (s. XIII), *Sefer Tashbetz*

Cf. BwB Database (accessus 18.12.2015).

XIV, Hebr., membr., bifolii fragm. Scriptura s. XIII/XIV in Aschenez regione usitata.

***5.** f. IIr-v: Commentum in Talmud: *Sefer Hefetz* (f. IIr, columna inf.: TB *Baba Metzia* 35a – 37a; columna sup.: TB *Baba Qama* 113a – 116b; f. IIv, columna inf.: TB *Baba Qama* 116b – 117b; columna sup.: TB *Baba Metzia* 32a – 35a

Cf. BwB Database (accessus 18.12.2015).

XIV, Hebr., membr., bifolii fragm. Scriptura s. XIII/XIV in Aschenez regione usitata. Eiusdem textus aliud fragm. in cod. BJ 1582.

***6.** f. integ. ant. aggl.: Commentum Hebraicum in librum Am 7, 1 – 8, 2 (columna inf.) et Mich 4, 3 – 5, 2 (columna sup.)

Cf. BwB Database (accessus 18.12.2015).

XV, Hebr., membr., bifolii fragm. Scriptura calligraphica quadrata et semicursiva in Aschenez regione usitata.

*7. f. integ. post. aggl.: Commentum biblicum esotericum in pericoparum nomina

Cf. BwB Database (accessus 18.12.2015).

Ca 1400, Hebr., membr., folii plicati fragm. Scriptura cursiva in Aschenez regione usitata.

F a s c i c u l i : 1-19^{6+6} (f. 1-228). Custodes in fine fasc. 1-13, 15-16: *1us-9us, 10, 11us-13us, 15-16us*; in initio fasc. 8-9, 11, 13, 17-18: *8us 3^{ii}, 9us 3^{ii}, 11us, 13us*; in fasc. 17--18 custodum fragmenta asservantur. Reclamantes in fasc. 1-13, 15-16, 18, quaedam partim praecisae.

S i g n a a q u a t i c a : 1. Var. Piccard 2, XII 423-424 (1423-1424) f. 1-2, 11--12, 14, 23, 25-48; 2. Var. Piccard-Online 65772 (1427) f. 3-10, 15-22; 3. Var. Piccard--Online 69481 (1426) f. 13, 24; 4. Var. Piccard-Online 67604 (1426) f. 49-183, 190--192; 5. Var. Piccard 9, VII 492 (1428) f. 184-189 (charta eodem signo distincta in cod. BJ 1517, f. 77-88); 6. Var. Piccard 2, XII 629 (1425-1427) f. 193-228 (charta eodem signo distincta in cod. BJ 1517, f. 41-76, 137-232). Charta a. 1423-1428 in usu erat.

S c r i p t u r a e t o r n a m e n t a : Codex aliquot manibus exaratus: textus in f. 222r-223r ab Ioanne Sachs de Norimberga scriptus esse videtur (eius scripturam cf. in cod. BJ 1517, e. g. f. 14r-22r), in f. 223v-228r fortasse ab Ioanne Beber de Osswyanczym (cuius scripturam cf. in cod. BJ 263, f. 24v de a. 1457 et BJ 1918, f. 39v). Unius columnae schema atramento ductum. Rubricatio abundans, exceptis f. 222v-223r. Litterae initiales simplices rubrae, quarum quaedam imperite decoratae, e. g. f. 158v, 188r, 192r; in f. 226r littera caerulea. Litterae initiales rubrae, filigranis fusco colore delineatis additis, e. g. in f. 1r (textus lineis 4 aequa, filigranis opulentissimis in marginem effluentibus), 44v, 54r, 122r, 184v. In f. 193r littera initialis *C* rubra ornamento caeruleo decorata. Textus in litteram inscriptus in f. 153v. Distinctionum numeri rubri in pagina currenti f. 95r-99r, 206r-215r eadem manu atque in cod. BJ 1517 inscripti. Pars textus non parva in f. 86r rubra linea oblitterata; cancellationes minoris momenti, e. g. in f. 92v, 111v, 195r. Pluribus locis textus linea rubra crassa adhibita cancellatus obvenit, e. g. f. 111r-120v, similiter atque in cod. BJ 1517. In f. 197r lacuna.

N o t a e e t g l o s s a e : Emendationes et supplementa pauca scribarum manibus addita, e. g. f. 43v. Quorum omnium: emendationum, supplementorum, vocabulorum scriptorum materiam indicantium in marginibus, conclusionum numerorum etc. plurima a codicis possessore, Ioanne Sachs de Norimberga, illata esse videntur. Marginalia in hoc codice eadem manu, ratione et modo ut in cod. BJ 1517 exarata. Codici utrique maxime peculiaria sunt signa diversissima rubra ad supplementa introducenda, e. g. f. 4v, 29r, 57r, 73v, 90v, 104r: *Vide inferius circa signum Ø*; *Verte folium, vide signum tale* ⩩. Eiusdem Ioannis manu etiam distinctionum tituli in marginibus et auctorum in textu citatorum nomina introducta sunt, e. g. f. 5v: *Oppinio sancti Thome*; f. 6r: *Oppinio opposita oppinioni sancti Thome*; f. 13v: *Nota Petrum de Candia*; f. 48r: *Hainricus de Hassia*; f. 75r: *Tercia oppinio Hugolini, conclusio prima*; f. 102r: *Posicio Thome de Argentina*; *Notandum secundum Bonaven⟨turam⟩*; f. 154r: *Prima pars est Thome de Argentina, distinccione 31 3^{ii}, q. unica, articulo 3° etc.*, quorum quaedam lineis rubris circumdata, e. g. f. 46v-48r. Adnotatio productior in f. 103r: *Nota tamen, quod aliqui tenent oppositum conclusionis secunde dicentes ...)(... tamen de isto videas Scotum et beatum Thomam in Scripto 3ii*. In f. 77r, 98r-v, 99v, 102v, 112r, 123v-124v, 135r, 139v, 145v, 149v-150v, 162v-163r, 215r etc. notae maiores manu Ioannis Beber de Osswyanczym. In f. Ir: *Malos male perdet* (Mt 21, 41). Maniculae, e. g. f. 28r, 96v.

C o m p a c t u r a codici contemporanea, fortasse in Austria confecta. Tabulae ligneae crassae, corio cervino claro olim, nunc obscuriore facto, obtectae. Fibularum duarum codicem olim in anteriore integumento claudentium vestigia, in posteriore autem cingulorum et clavorum, quibus tabulae affigebantur. Umbonum quinorum in utroque integumento reliquiae: aculei 6 (2 in anteriore, 4 in posteriore integumento), quibus umbones superpositi erant. Utriusque tabulae extremitatibus clavi terni pacti omnes fere asservantur, sine extremis duobus in tabulae posterioris latere longiore. In corio integumenti anterioris inscriptionis rubri coloris reliquiae: *Com*[...] (similis inscriptio, rubra aliquando probabiliter, sed obscura hodie facta, in cod. BJ 1517 integumento anteriore). Dorsum planum, codicis capiti et calci funiculi texti obsuti et corio obtecti, dorsi ligamenta quattuor duplicia. Schedulae membranaceae fasciculorum suturam munientes vacuae in solis f. 114/115 et 222/223, ceterum textu Hebraico plerumque, tantum in f. 6/7, 126/127, 162/163, 186/187 Latino textu conscriptae. Volumen adaequatum, quamquam compacturae demolitae causa fasciculi nonnulli e volumine labuntur. Anguli rotundati. Ante- et postfolium (f. I, II), folia integumentorum partibus interioribus agglutinata – membranacea, textum Hebraicum prae se ferunt, cf. nr. ***4-*7**. Iuxta f. 60r tessera chartacea vacua. Codicis status: Anno 2015 in Bibliothecae Jagellonicae conservatorum pergula tabulae utrique corium novum, ubi deficiebat, suppletum est, quoniam veteris illius fragmenta asservata, praecipue in dorso et tabula anteriore, vehementer demolita, detrita, defectivaque erant. Tabula anterior dissoluta et dorsi ligamenta rupta in statum pristinum refecta sunt.

C o d i c i s o r i g o e t f a t a : Codex verisimillime in Universitate Vindobonensi ante a. 1430 scriptus, annis enim 1430/1431 Ioannes Sachs de Norimberga Sententias ibidem legit, quarum lectionum vestigia in codice praesto sunt. Manu, quae codicis possessoris esse videtur, in f. Iv: *Iste questiones tercii Sentenciarum sunt magistri Iohannis Sachs de Nurenbrerga* [! eius scripturam cf. in cod. BJ 1517, e. g. f. 14r-22r, de eo cf. cod. BJ 1517 descr.]. Codex Cracoviae s. XV dimidio posteriore ab Ioanne Beber de Osswyanczym probabiliter adhibebatur, qui adnotationes et textus fragmentum in f. 223v-228r exaravit (de Ioanne Beber de Osswyanczym cf. cod. BJ 296, 302 descr.). Signaturae antiquae: Fasseau: *639*; topogr.: *CC IV 36.*

B i b l i o g r a p h i c a : Wisłocki, Katalog, 382; Madre, Nicolaus, 94, 357; L. Nowak, O dwóch rękopisach Jana Sachsa z Norymbergi w Krakowie, „Przegląd Tomistyczny", XXI 2015, 365-378.

ZK, LN

1575

Lat., ante XV m., chart., cm 30×21,5, f. 275+II.

1. f. 1r-16v: Quaestio de iustificatione a peccatis

— *Utrum in statu merendi omnimoda a peccatis iustificacio possit aliquando fieri. Quod questio sit vera, arguitur* ...[f. 3r]... *Circa declaracionem posicionis respondentis primo summabo quodlibet notabile* ...)(... *quia numquam potest homo per sua naturalia et vires et exercicia ad veniam devenire. Hoc patet ex superioribus etc.*

Idem textus in cod. BJ 1587, f. 178v-187v; 2014, f. 103r-119v; 2513, f. 246v-261r (finis desideratur = 1575, f. 15r).

2. f. 16v-41r: Quaestio de lege divina

— *Utrum supra implecionem divine legis implecio consiliorum pro assecucione beatitudinis addat aliquid perfeccionis. Arguitur, quod non* ...[f. 20r]... ⟨*Doctor*⟩. — *Circa hanc proposicionem ego primo ponam eam in Summa* ...[f. 21r]... *Posicio doctoris.* — *Modo circa materiam primi notabilis et prime conclusionis notandum, quod voluntas Dei et lex eterna idem sunt in re* ...)(... *et licet tractant temporalia, hoc solum est in intuitu illorum, quos diligunt etc.*

Idem textus in cod. BJ 1587, f. 188r-199v; 2014, f. 37r-60v; 2234, f. 311r-342v (fine differt).

3. f. 41r-69v: Iacobus de Paradiso OCist. (OCarth.), Quaestio de angelis

Questio subtilis de angelis sequitur. — *Uutrum* [!] *tota natura angelica bona a Deo creata, partim per aversionem a summo bono irremediabiliter facta sit obstinata et partim per conversionem ad Deum in bono sit confirmata. Et arguitur, quod questio sit falsa* ...[f. 45r]... — *Pro lucidiori declaracione istius posicionis circa materiam questionis prime* ...)(... *et ideo opportuit in eis successionem esse, ad minimum nature et non temporis etc.*

Cf. Meier, 76 (nr. 93); Porębski, 94, nr. 116; P. Lehmann, Mittelalterliche Bibliothekskataloge Deutschlands und der Schweiz. 2: Bistum Mainz Erfurt, München 1928, 331 (quaestio comprehensa in: Lectura super I et II Sententiarum fr. Iacobi Carthusiensis). Idem textus in cod. BJ 1587, f. 199v-213r; 2014, f. 60v-88v; 2234, f. 271r-307v.

4. f. 69v-92v: Quaestio de divina voluntate

— *Utrum voluntas divina in omnibus effectum suum sorciatur. Quod questio sit vera, arguitur* ...[f. 72r]... *Dominus respondens in primo notabili distingwit voluntatem Dei* ...)(... *quia quis faciendo contra voluntatem Dei peccat et obsequendo ei meretur etc. Explicit.*

Idem textus in cod. BJ 1587, f. 213r-227r; 2014, f. 170r-193r.

5. f. 93r-106v: Quaestio de redemptione generis humani

—*Paratus sum et non sum turbatus, ut custodiam mandata tua. Hic dimitto divisionem et continuaciones solitas, ut eo brevius introducere possem materiam questionis ad presens disputande. Circa quod advertendum, quod David propheta loquitur hic in persona Christi ... questio disputanda refertur ad quedam spiritualia merita, videlicet ad redempcionem generis humani et liberacionem a pena eterna, et questio est hec in forma, ergo etc.* [F. 93v] — *Utrum humana natura per peccatum viciata, per passionem Christi voluntarie assumptam a pena eterna sit liberata. Arguitur, quod questio sit falsa ...*⟩⟨*... quia ergo opera humana, ut Damascenus dicit, divine fiebant, exinde receperunt infinitatem merendi.*

Idem textus in cod. BJ 1587, f. 227v-234r; 2014, f. 193v-208r.

6. f. 107r-118r: Quaestio de iudicio novissimo

— *Utrum in adventu Domini ad iudicium, totum, quod est in homine de veritate humane nature, sit resu*⟨*r*⟩*recturum in eodem. Quod questio sit falsa, arguitur ...*[f. 112v]*... Pro ampliori declaracione istius Magnus Albertus in scripto 4*^{ti} *habet modum duplicem loquendi de veritate humane nature ...*⟩⟨*... percipiet essenciam eius sicut eciam in locucione percipitur vita etc.*

Idem textus in cod. BJ 1587, f. 234r-241r; 2014, f. 317r-328v.

7. f. 118r-137r: Quaestio de hominis ad beatitudinem capacitate

— *Uutrum* [!] *homo ex creacione fulcitus Domino et subieccione sit capax beatitudinis future. Quod questio sit falsa, arguitur sic ...*[f. 122v]*... Posicio doctoris: —Modo circa istius posicionis declaracionem pro materia prime conclusionis ...*⟩⟨*... ideo concludit, quod intellectus modo efficaciori movet voluntatem quam voluntas intellectum et per consequens magis intellectus in eius actu consistere beatitudinem quam in actu voluntatis.*

Idem textus in cod. BJ 1587, f. 241v-263v; 2014, f. 329r-350v.

8. f. 137v-150r: Franciscus de Brega, Quaestio de communione sub utraque specie

— *Utrum sacramentum Eukaristie sit dandum laÿcali populo sub utraque specie. Et arguitur, quod non, quia ex antiqua conswetudine universalis Ecclesie ...*[f. 138r]*... — Pro maiori declaracione huius materie, ut herrores Hussitarum apcius intellegantur ...*⟩⟨*... sed esset ulterius per verba* *procedendum, si signa non possent fieri cum sacramento. Et sic est finis huius solempnis questionis.*

Cf. Kowalczyk, Franciszek z Brzegu, 120-121, 133, 137; P. Spunar, Z rukopisných bohemik v Uppsale, „Listy filologické", XCIV 1971, 231; Tříška, Příspěvky, [2], 7; Id., Studie, 217; Rechowicz, Św. Jan Kanty, 163-167, 209; Kowalczyk, Krakowskie mowy, 33; Markowski, Poglądy, 75-76; Fijałek, Studia, 146-147; P. Soukup, Repertorium operum antihussiticorum, online-database: <www.antihus.eu> (accessus 18.12.2015). Idem textus in cod. BJ 1369, f. 29r-34v, 9r-10r; 1587, f. 172r-178v; 2014, f. 88v-102v; 2187, f. 305v-315v, 13r-15r; 2236, f. 1r-22v.

9. f. 150r-158v: Curandum summopere

— *Universis christifidelibus, regibus, ducibus, principibus, marchionibus, comitibus, baronibus, nobilibus, cliericibus* [!] *necnon aliis katholicis quibuscumque Deum timentibus et diligentibus etc.* — *Sacrosancte fidei katholice defensores ac honoris Ihesu Christi, Domini nostri, zelatores ardentissimi.* — *Curandum summopere et tota vigillancia considerandum est, quomodo et qui non sapiunt, sapiant* ...[f. 150v]... *ex parte perdicionis filiorum Prokopii, Smarz, Corande, Sauiss, Smolick, capitaneorum Bohemorum* ...[f. 154v]... *Nunc sequuntur errores istorum fatuorum hereticorum, pro quibus se iactant et in eorum Epistula bestiali se velle mori etc. Primus error, quod deberent prohiberi et inhiberi omnia mortalia peccata publica in presbyteris....*)(... *Hec scripta sunt, ut credatis et ut credentes vitam eternam habeatis. Anno Domini millesimo CCCC^{o} tricessimo ex parte aliquorum in sacra pagina doctorum catholicorum.*

Cf. P. Soukup, Repertorium operum antihussiticorum, online-database: <www.antihus.eu> (accessus 18.12.2015), ibi codices manuscripti et bibliographia.

10. f. 158v-165r: Quaestio de Corpore Christi

— *Utrum verum Corpus Christi, quod post consecracionem est sub speciebus panis sacramentaliter, possit esse in diversis locis localiter. Arguitur, quod non* ...)(... *item nullus angelus potest esse in diversis locis diffinitive, igitur nullum corpus circumscriptive localiter, verum est virtute propria etc.*

Idem textus in cod. BJ 1587, f. 85v-89r; 2151, f. 243r-250r; 2513, f. 123r-129v.

11. f. 165r-v: Quaestio de communione sub utraque specie

Quare non datur sacramentum populo laycali sub utraque specie. — *Queritur, quare non datur sacramentum populo sub utraque specie, sed solum sub specie panis. Dicitur, quod ex prohibicione Ecclesie ad*

vitandum duplex periculum ...)(... licet Greci in hoc bene faciunt, Latini tamen melius, eo quod caucius obviant sive provident periculis, que possunt contingere ex tradicione sub utraque specie etc.

Idem textus in cod. BJ 1587, f. 89r-v; 2151, f. 250r-v; 2513, f. 129v-130r.

12. f. 166r-175r: Franciscus de Brega, Quaestio de indulgentiis. Absque fine

—*Utrum in indulgenciis concessis remittatur pena solvenda pro peccatis. Dicitur, quod sic, quia indulgencia est remissio pene debite* ...[f. 168r]... *Pro ulteriori declaracione materie conclusionis ...)(... et secundus solum unius diei et non nisi ex maiori malicia et bonitate*||

Cf. Kowalczyk, Franciszek z Brzegu, 118, 133, 136, 138; Tříška, Příspěvky, [1], 24, nr. 47; Ibid., [3], 39, nr. 42; Fijałek, Studia, 136, 146-147; Rechowicz, Św. Jan Kanty, 209. Idem textus in cod. BJ 1369, f. 2r-5v, 1r-v; 1587, f. 166v-172r; 2187, f. 15r-24r; 2231, f. 333r-343v (1369, 2187, 2231 textum paulo longiorem praebent).

13. f. 175v-181v: Franciscus de Brega, Quaestio de indulgentiis

Alia questio de indulgenciis [in marg. sup.]. —*Utrum indulgencie remittentes penam satisfactoriam valeant aliquid habentibus mortalem culpam.* —*Noto primo, quod indulgencia est remissio pene debite alieno merito suffragante dispensato* ...[f. 179v]... —*Pro ulteriori declaracione istius materie videndum est de 4^{or}* ...[f. 181r]... *morantibus in diocesi Poznaniensi, nisi episcopo Poznaniensi consenciente, ut dum dominus Poznaniensis daret indulgencias ad ecclesiam sancti Floriani consenciente domino Cracoviensi ex parte Poznaniensi ...)(... dicendum, quod papa dando indulgencias originaliter recipit ab Ecclesia triumphante, quia effective habet ab Ecclesia triumphante et coadiuvative in Ecclesia militante. Et sic est finis huius questionis.*

Cf. Kowalczyk, Franciszek z Brzegu, 138; Idem textus in cod. BJ 1587, f. 78v-82r; 2151, f. 229r-236r; 2513, f. 116v-123r. Cod. autographus: BUWr I Q 381, f. 283r-288v.

14. f. 181v-189v: Franciscus de Brega, Quaestio de synderesi

—*Utrum ad hoc, quod homini dictat sive inducat sua consciencia, id est sua racio, que consciencia venit ex sinderisi, id est naturali inclinacione ad bonum* ...[f. 182r]... —*Utrum ad omne illud, quod consciencia dictat faciendum vel dimittendum, obligetur homo ad exequendum sive perficiendum etc.* —*Utrum ad dictamen concluse consciencie ex sinderesi inextinguibili teneatur quilibet viator sub culpa mortali. Arguitur, quod non* ...[f. 183v]... —*Pro meliori declaracione huius materie de con-*

sciencia ...[f. 186r]... —*Quia posicio magistri quatuor continet partes* ...⟩⟨... *tunc est transgressor illius, ad quod tenetur etc.*

Cf. Kowalczyk, Franciszek z Brzegu, 138. Idem textus in cod. BJ 1587, f. 74v-78v; 2151, f. 220r-228v; 2513, f. 304r-v (initium simile, sequentia differunt). Cod. autographus: BUWr I Q 381, f. 272r-273v, 270r-271r.

15. f. 189v-195r: Franciscus de Brega, Quaestio de differentia inter peccata venialia et mortalia

—*Utrum ex dictis Sacre Scripture possit colligi certa noticia et differencia inter peccata venialia et mortalia. Arguitur, quod non* ...[f. 191r]... *Quia magister propter cautelam solum in genere et quasi nihil in specie locutus est* ...⟩⟨... *iuxta illud Psalmi: Longe a peccatoribus salus, et Ysaie: Peccata nostra diviserunt intra nos ad* [suprascr.: *et*] *Deum nostrum et sic posset dici de aliis prioribus etc.*

Cf. Kowalczyk, Franciszek z Brzegu, 122, 140. Idem textus in cod. BJ 1587, f. 89v--92v; 2151, f. 251r-257r. Cod. autographus: BUWr I Q 381, f. 355r-361v, 370r. Puncta in cod. BJ 1500, f. 24r.

16. f. 195r-197r: Franciscus de Brega, Quaestio de peccatis venialibus

—*Utrum peccata venialia, quibus ex facilitate incursionis et dimissionis debetur pena temporalis, remaneant post hanc vitam in aliquibus iustis etc. Et arguitur, quod non* ...⟩⟨... *quamvis in statu huius vie facilius est labi quam resurgere, non tamen in quolibet statu et ideo argumentum non concludit etc.*

Cf. Kowalczyk, Franciszek z Brzegu, 141. Idem textus in cod. BJ 1587, f. 96v-97v; 2151, f. 275v-277v. Cod. autographus: BUWr I Q 381, f. 390r-391r, 383r-389r, 370r.

f. 197v vacuum.

17. f. 198r-204v: Franciscus de Brega, Quaestio de caritate. Fragm.

— *Utrum aliquis homo per caritatem et eius augmentum, quod sit in caritate, possit habere aliquod experimentum. Et arguitur, quod sic* ...⟩⟨... *verum est certitudinaliter propter similitudinem dileccionis naturalis vel acquisite. Et sic est finis questionis huius d⟨eterminate⟩ per m⟨agistrum⟩ F⟨ranciscum⟩ de B⟨rega⟩.*

Cf. Kowalczyk, Franciszek z Brzegu, 140. Idem textus in cod. BJ 1587, f. 92v-96v; 2151, f. 268r-275r; 1240, f. 170r-171r (fragm. = 1575, f. 198r-201v). Cod. autographus: BUWr I Q 381, f. 362r-368v, 481v (347r-353v).

18. f. 204v-222v: Quaestio de Filii Dei incarnatione

— *Utrum pro lapsu humani generis reparacio a prime statu condicionis sit Filii Dei in utero incarnacio semper sanctificate Virginis. Quod questio sit vera, arguitur* ...[f. 208v]... — *Notandum pro intellectu meliori quorundam, quod aliqui dicunt, quod originalis iusticia* ...[f. 209v]... — *Utrum autem originale peccatum proprius sit inesse anime* ...[f. 211r]... *Sequuntur articula contra conclusiones superius positas* ...[f. 217v]... — *Utrum sit concepta in originali peccato et quando fuit sanctificata, ante concepcionem vel post* ...)(... *ut finita contemplacione mundana ad eternam perveniamus, scilicet ad te, Ihesum Christum, Dominum nostrum, qui regnas cum Patre ... Amen.*

Idem textus in cod. BJ 1587, f. 98r-109v.

19. f. 222v-228r: Quaestio de Domini adventus signis

— *Utrum adventus Domini ad iudicium signis precedentibus sit reprobis in dampnum et electis in premium cum suis assessoribus. Nota, quod adventus Domini nichil aliud est in proposito quam solius Filii* ...[f. 225v]... *Iam sequuntur argumenta contra predicta cum solucionibus* ...)(... *et sic materia propulsa vocatur stella cadens modo talis evaporacio vaporis calidi.*

Idem textus in cod. BJ 1587, f. 120r-123r.

20. f. 228r-232v: Quaestio de clericorum horis canonicis observandis

— *Utrum omnes clerici tam in sacris ordinibus constituti quam beneficiati ad horas canonicas semper obligentur. Et arguitur, quod ordinati obligantur* ...)(... *omnis talis obligatur ad horas vel ad alia loco horarum, que potest legere, pro illis tamen dispensative. Quantum ad septimum arguant domini, quibus placet.*

Idem textus in cod. BJ 1587, f. 125r-128v; 2091, 193r-197v (enuntiatio ultima desideratur).

21. f. 233r-240v Franciscus de Brega, Quaestio de oratione

— *Utrum oracio regulate facta sit pro peccatis satisffactoria et satis meritoria. Arguitur, quod non* ...[f. 234r]... [Positio doctoris]. *Pro meliori declaracione videnda sunt aliqua: primo videndum est, quid oracioni debet adesse* [f. 234v] *et abesse* ...)(... *sed meritum gratie gratificacionis procedit ex gracia gratis data, sicud ex dono Dei, sicud est oracio.*

Cf. Kowalczyk, Franciszek z Brzegu, 138. Idem textus in cod. BJ 1587, f. 141r-146r; 2014, f. 208v-215v. Cod. autographus: BUWr I Q 381, f. 297r-299v, 302r-304v.

22. f. 241r-244v Quaestio de virorum religiosorum studiis

— *Utrum viris religiosis liceat studiis insistere et promocionibus scienciarum intendere. Nota: Vir religiosus est homo maturus et morigeratus* ...)(... *patet ex deductis conclusionibus et corrolariis earum.*

23. f. 245r-248v: Quaestio de satisfactione poenitentiali

— *Utrum satisfaccio penitencialis sit meritoria et ad salutem peccatoris necessaria. Quod sic, patet* ...)(... *quantum autem ad ultimum, quomodo restitucio se habet ad satisfaccionem, est advertendum.*

24. f. 249r-258v: Quaestiones de adoratione

— *Utrum Deus solus sit adorandus et sibi soli sit serviendum. Arguitur, quod non* ... *Circa istam questionem tres erunt articuli* ...[f. 257v]... *Utrum imago Christi sit adoranda cultu latrie. Respondetur, quod imago dupliciter potest considerari* ...[f. 258r]... — *Utrum crux Christi sit adoranda adoracione latrie. Respondetur, quod honor sive reverencia non debetur nisi racionali creature* ...[f. 258v]... — *Utrum mater Christi sit adoranda adoracione latrie. Respondetur, quod non, pro eo quod est pura creatura* ... — *Utrum reliquie sanctorum sunt aliquo modo venerande. Respondetur, quod sic* ...)(... *ipse Christus huiusmodi reliquias convenienter honorat in presencia eorum miracula faciendo etc.*

Cf. Kern, Handschriften Graz, 2, 246 (ms. UB Graz 1145, f. 84r: *Utrum solus Deus sit orandus* ...); Michael, Handschriften Soest, Initienregister, 332-334, 336 (Wissenschaftliche Stadtbibliothek Soest, ms. 30, f. 15: *Utrum imago sit adoranda adoratione latriae* ...; *Utrum crux Christi sit adoranda adoratione latriae* ...; *Utrum mater Christi* ...; *Utrum reliquiae sint adorandae* ...); Patera, Podlaha, Soupis, 2, 27 (cod. F. XIX (865), f. 227r: *Utrum imago Dei adoratione latrie sit adoranda* ...); cod. BJ 2014, f. 366v-380v: *Queritur, utrum sanctorum imagines et eorum reliquie a christifidelibus sint adorande* ...

25. f. 258v-265r: Quaestio de Dei omnipraesentia

— *Utrum Deus existens ubique, sit in omnibus rebus creatis eque et uniformiter. Quod questio sit falsa, arguitur sic* ...)(... *nec aliquid inopinate sed ex concursu causarum particularium, unde procedit effectus non intentus.*

26. f. 265v-266v: Quaestio de angelorum custodia. Def.

— *Utrum cuilibet homini per divinam sapienciam deputatus sit certus angelus ad continuam custodiam. Quod questio sit falsa, arguitur* ...)(...

Conclusio prima: Non cuilibet homini deputatus est angelus ... et confirmatur: Custodia respicit indigenciam vel defectibilitatem||

Simile initium quaestionis: *Utrum cuilibet homini sit angelus deputatus* ...⟩⟨... *3º quia in utriusque est perpetuitas*, cf. Hilg, Handschriften Augsburg, 383 (cod. II.1.4º 57, f. 89v-91v); Hagenmaier, Handschriften Freiburg, 44 (ms. 271, f. 207r-209v).

f. 267r-275r vacua.

***27.** f. Ir: Diplomatis in Pyzdry, 1346, 5 Septembris (recte: 1345, 6 Septembris), editi descriptum s. a. Fragm.

Descriptum (fragm. finale) documenti de indutiis factis a Conrado de Falkenhayn, capitaneo Wratislaviense, in nomine regis Bohemiae Ioannis Luxemburgensis ex una parte, cum rege Poloniae Casimiro Magno et principe Swidnicensi Bolko II ex altera parte. Ed. (ex originali): M. Dogiel, Codex diplomaticus Regni Poloniae et Magni Ducatus Lithuaniae, 1, Wilno 1758, 5-6. Datum temporale nec non castri nomen: *Halicz* loco Melicz (hodie Milicz) ab editore false indicantur.

XV (ante 1430), Lat., membr., descriptum in antefolio exaratum.

F a s c i c u l i : 1-22^{6+6} (f. 1-264); 23^{5+6} (f. 265-275). Custodes tribus modis scripti: in initiis fasciculorum 1-12 vocabulis rubris: *primus-duodecimus*; item in initiis fasciculorum 3-6 numeris nigris Arabicis, in initiis fasciculorum 9-10, 12, 15-17, 22 numeris nigris Romanis, ceterum custodes huius sequentiae praecisi esse videntur; in finibus fasciculorum 3-5, 7, 9, 16, 20, 22 numeris nigris Arabicis vel Romanis. Reclamantes aliae integrae leguntur, aliarum sola fragmenta. Fasciculi 9 chartae (f. 97-108) ceteris paulo breviores in parte inferiore.

S i g n a a q u a t i c a : 1. Var. Piccard 2, XII 279 (1432-1434) f. 1-17, 20-24, 49-50, 53-56, 59-60, 62, 71; 2. Var. Piccard 2, XII 629 (1427) f. 18-19; 3. Var. Piccard 2, XII 387-388 (1432-1435) f. 25-36; 4. Var. Piccard 2, XII 579-580 (1431-1434) f. 37--48, 51-52, 57-58, 61, 63-70, 72; 5. Var. Piccard 2, XII 452 (1428-1430) f. 73-96; 6. Draco, signum in repertoriis non inventum, var. Piccard 10, II 846-856 de annis tricesimis s. XV f. 97-100, 105-108, var. Piccard 10, II 844 (1430) f. 101-104; 7. Var. Piccard 2, VI 275 (1430, 1431) f. 109-132, 157, 168; 8. Var. Piccard 2, XI 157 (1432, 1433) f. 133-156, 159-166, 169-180, 229-240, 253-275; 9. Var. Piccard 2, XII 386 (1429) f. 158, 167, 181-204; 10. Var. Piccard 2, VI 358 (1429-1431) f. 205-228, 244--249; 11. Var. Piccard 9, VII 492 (1429) f. 241-243, 250-252. Charta a. 1427-1434 in usu erat.

S c r i p t u r a e t o r n a m e n t a : Quaestiones omnes f. 1r-266v una manu scriptura currente diligentissima s. XV dimidio priore exaratae. Duae textus columnae atramento linea simplici designatae; lineae hic illic illitae, e. g. f. 174v. Rasurae, e. g. f. 24r. Quaestionum quarundam tituli (*Utrum* ...) scriptura ei simillima, quam fracturam dicimus, litteris aliis maioribus scripti (f. 1r, 258v, 265v), quidam etiam lineis rubris infra ductis distincti. In f. 41r titulus addititius ruber. Emendationis vestigia, e. g. f. 2r--98v, 250r-252v. In pagina currenti, f. 1r-41r, quaestionum numeri Arabici (*1-3*) a scriba negligenter exarati. Rubricatio. Littera initialis *U* in f. 1r rubro et nigro colore depicta, scripturae maiori titulorum lineis 4 aequa; porro litterae initiales quaestionum rubrae, diligentissime scriptae, interdum decoratae (f. 118r, 198r) scripturae lineis 2-4 aequae. In f. 227v totum a capite scriptum cancellatum.

N o t a e e t g l o s s a e : Manuum aliquot ad textus materiam adnotationes, in eo numero et scribae: f. 39r, 53v, 64r, 84v, 100v, 243r. Vocabula scriptorum materiam indicantia variis manibus scripta. In f. Iv quaestionum index legitur (cf. Comp.), eademque manu in f. 207r glossa post a. 1439 scripta, quo anno dogma de Immaculata Conceptione a Concilio Basiliensi promulgata est. Iuxta enim quaestionis vocabula: *de isto non determinat in scriptura canonica* addidit in margine glossator: *Iam Ecclesia determinat, quod non sit concepta in originali peccato*. Glossa Polonica in f. 256v: *peplum – plachta*. Notae manu, quae scripturam Stanislai de Zawada in mentem revocat: f. 9r--12v, 15v (additio ad Ps 58); Bernardi de Nissa: f. 258r (*Cruci Christi ex se exhibetur honor, veneracio, honor adoracionis cruci exhibetur racione crucifixi*); Matthiae de Schydlow: f. 170r (*origo iubilei*), f. 171v (*Quid intelligitur per karenam, septenam, quadragenam*), f. 172r (*carena – nomen Gallicum*), f. 182v (*Signatum est super nos etc.*); Matthiae de Cobilino emendationes: f. 141v-142r, 143r-v; eiusdem glossa in f. 204v (*Sed prolapsus humani generis fuit causa incarnacionis Filii Dei et incarnacio Christi est effectus. Igitur incarnacio non est facta pro reparacione generis humani; maior et minor patet per Glozam super illud, ut supra. Eciam, si homo non pecasset, Filius Dei incarnatus fuisset pro perfeccione generis humani, ut Eberardus* [?] *determinant et pre* [! f. 205r] *presertim Allexander de Halis in tercia parte Summe, igitur questio falsa*); f. 205v (*divine instancie quam ex ordine*); Matthiae de Sanspow: f. 1v (*ad opus meritorium tria requiruntur*), f. 6r (*a peccato non potest homo resurgere*), f. 7v (*peccatum in anima causat tria*), f. 21r (*voluntas respicit duo*), f. 32v-33v, 37r (*mandata prime tabule ...*), f. 123r (*differencia inter prescienciam, providenciam et disposicionem*), f. 135r (*ymago hominis tripliciter consideratur*), f. 219v (*quare non potuit satisfacere pro peccato originali*), maniculae eiusdem: f. 2v, 4v, 5r, 8v, 9r, 53v, 219v, 233r, 246v. Notae manibus aliorum: f. 94v (*ad efficienciam ex parte suscipientis*), f. 215v (*miraculum*, repetitum in marg. sup. f. 216r), f. 9r (*defectus*), 249r (*defectus hic*), 249v (*Latria dicitur cultus Trinitatis quasi trium personarum adoracio in una essencia*). In marginibus textus divisiones a Matthia de Schydlow (?) numeris Arabicis nigris inscriptae necnon rubris, e. g. f. 138v-144r. Designationes punctis trinis vel quaternis compositae, e. g. f. 137v, 152v, 177r, 180r. Maniculae peculiares aliis manibus delineatae, e. g. f. 2r, 6r.

C o m p a c t u r a ca s. XV m. confecta adhibitis tabulis ligneis corio claro olim, nunc obscuriore facto obtectis, atramenti maculis in parte anteriore turpato et scindi incepto, ornamento lineari simplici decorato. Volumen tabulis latius, quod de compactura ex alio codice sumpta suspicionem adducit. Cinguli coriacei duo, qui angustiores in fine fiebant et metallo definiti erant, codicem olim obligabant et ligulis adhibitis in anteriore integumento eum claudebant. Umbonum quinorum rotundorum in utroque integumento vestigia. In corio integumenti anterioris: *Quaestiones in sacra theologia profundae*. Volumen adaequatum, anguli rotundati. Dorsum convexum, ligamenta quattuor duplicia. Codicis capiti et calci fila obsuta et corio obtecta. Ante- et postfolium membranacea: f. I et II. F. Ir cf. nr. ***27**; in f. Iv scriptura reflexa ex f. 1r, in parte eiusdem folii inferiore quaestionum 24 registrum: *Prima questio: Utrum in statu merendi ...)(... certus angelus ad continuam custodiam*; f. Iv schemate unius textus columnae atramento distinctum; f. IIr-v vacuum. In ante- et postfolio vestigia virgarum chartarum vicinarum impressarum; in posteriore folio, in parte inferiore, chartae talis frustulum membranae adhaesit, ut si agglutinata sibi invicem erant, et ibidem, in parte superiore, chartae seu panni frustulum similiter. Ante- et postfolium (f. Ir et IIv) quasi zonas clariores ad dorsum parallelas habent; antefolii pars recta elota seu erasa videtur esse. Schedulae oblongae fasciculorum suturam munientes angustissimae, vacuae, chartaceae, in solis fasc. 3 (f. 30-31) et 22 (f. 258-259) membranaceae. Codicis status: maculae in angulo inferiore inde a f. 150 usque ad calcem. F. 14-16 usque ad medietatem rumpi incepta, f. 164 medium ruptum. Squalidum f. 21r. In ultimo folio (f. II) instrumento rotundo (puncto?) impressiones plures firme factae, quae per multa demum folia cernuntur. Etiam a contactu cum umbonibus folia vicina rubigine infecta sunt. Ceterum volumen et compactura bene asservantur.

C o d i c i s   o r i g o   e t   f a t a : Nullae ad originem adnotationes in codice inveniuntur, quaestiones tamen plures a Francisco de Brega conceptae (cf. nr. **8**, **12**, **13**, **14**, **15**, **16**, **17**, **21**) nec non ab Iacobo de Paradiso (cf. nr. **3**) adducunt nos, ut credamus codicem ante s. XV m. in Polonia, Cracoviae verisimillime, confectum esse. Quaestiones hae frequenter in aliis BJ codicibus obveniunt, qui ex Polonia originem ducebant. Quarum omnium 26 – viginti eodem dispositae ordine in cod. BJ 1587, decem in cod. BJ 2014 occurrunt. Codex postea quoque in Polonia versabatur, quod glossis lingua nostra scriptis probatur. Signaturae antiquae: Tłuszczewski: *Quaestiones. Quaestiones in theologia profundae, quarum index supra*; Fasseau: *1002* correctum in: *1001*; topogr.: *CC V 19.*

B i b l i o g r a p h i c a : Wisłocki, Katalog, 382; Kowalczyk, Franciszek z Brzegu, 132.

ZS, AK

INDEX INITIORUM

Numeris crassis codices designantur

A Luna Iudaei incipiunt festum, quia sunt in umbra, sed nos a Sole **1522** f. 113v

A Phoebo Phoebe lumen capit, a sapiente insipiens **1571** f. 28v

A Sole; id est Luna; id est lucem **1571** f. 28v

Aaron fuit caritativus, De poenitentia, dist. II, § Opponitur **1569** f. 308r

Abbas in suo monasterio conferre potest suis subditis primam tonsuram **1551** f. 1v; **1552** f. 1r; **1553** f. 2r; **1554** f. 1r

Abeuntes pharisaei consilium inierunt [Mt 22, 15]
- Evangelium hoc tractat de hominum malitiis et designatorum astutiis **1507** f. 289r
- Modicum ante in eodem capitulo confundebat eos Christus de malitia eorum **1508** f. 177r
- Tota intentio Domini nostri, quae est veritas, erat homines ducere **1507** f. 310r

Abiit Iesus in partes Caesareae [Mt 16, 13]
- Hodie est memoria beati Petri et Pauli, tamen specialiter mater sancta Ecclesia facit mentionem sancti Petri **1508** f. 72r

Abiit Iesus trans mare Galilaeae [Io 6, 1]
- Curienses mundani hanc consuetudinem habent, quando praesciunt futurum bellum **1508** f. 237r
- Post haec abiit, id est ivit trans mare Tiberiadis et illud mare vocatur Tibris **1508** f. 237v
- Si aliquando invenis, quod Iesus sedit, ut inter doctores et in eorum medio **1524** f. 190v
- Totum officium hodiernae diei, prout dicit Innocentius, est gaudiosum et consolativum **1507** f. 76v

Abrahae dictae sunt promissiones [Gal 3, 16]
- Secundum Haymonem quaestio hic quaeritur, quae promissiones factae sunt Abrahae **1562** f. 177r

Abraham. Quod Christus in eo non fuit decimatus ... dist. 3, cap. 3 **1530** f. 10r

Absint deliciae, detractio, crapula, murmur **1550** f. 165v

Accepit Iesus panes et cum gratias egisset [Io 6, 11]
- Hoc evangelium est finale omnium evangeliorum dominicalium per anni circulum **1507** f. 294v

Accesserunt ad Iesum pharisaei et interrogabat eum unus ex eis [Mt 22, 34-35]
- Omnes scripturas et omnem Sacram Scripturam Veteris et Novi Testamenti continet evangelium istud **1508** f. 243v

Accesserunt discipuli [Mt 18, 1]
- In illo tempore, XXXIII° anno, quando receperat Petrum, Iacobum et Ioannem **1508** f. 145v

Accessit ad Iesum mater filiorum [Mt 20, 20]
- Statim post hos sermones accessit ad eum mater filiorum Zebedaei **1508** f. 101v

Ad intelligendam arborem affinitatis primo videndum, quid sit affinitas. Et est secundum peritos quaedam propinquitas personarum ex carnali copula proveniens **1534** f. 293r

Ad laudem et gloriam omnipotentis Dei Patris et Filii et Spiritus Sancti **1506** f. 2r

Ad laudem et honorem Iesu Christi, in cuius nomine omne genu flectitur caelestium ...[Phli 2, 10]... 4 facere concitavi principaliter in hoc actu **1538** f. 1v

Ad laudem et honorem nominis Dei Genitricisque eius gloriosae semper Virginis Mariae, totius quoque caelestis curiae **1532** f. 51r

Ad laudem et honorem nominis Dei Genitricisque eius gloriosae ... librum tertium aggredior **1532** f. 91r

Ad sciendum, quid Christus fecerit in hac ultima hebdomada et ubi moratus fuerit, nota: Sicut ex superioribus patet, cum Christus in die Palmarum multum fuerit a Iudaeis honoratus **1563** f. 151v

Adducunt ei surdum et mutum [Mr 7, 32]
Dominus noster Iesus quam cito adductus erat ante illum **1507** f. 243v

Aegrotavit filius mulieris [3 Rg 17, 17]
In ista lectione describitur in Scriptura, scilicet filii casum dolorosum **1562** f. 258v

Aestimo enim, quod non sunt condigne passiones [Rm 8, 18]
Si primus homo, Adam, non peccasset, citius homo posset venire ad caelum **1508** f. 79v

Aleph. Quomodo sedet ...[Lam 1, 1]. In ista parte propheta deplorat urbis excidium et in duabus consistit: in depopulatione et servitute **1566** f. 216r

Alme praesul, quasi ut alter Symeon annosus **1504** f. 7r

Alpha Deus Pater, Alpha Dei Filius, Deus alpha Spiritus, alme Deus, non 3^es^ dii, sed Deus unus **1571** f. 112v

Alpha et Omega, principium et finis, unum in essentia, trinum in personis **1510** f. 2r; **1511** f. 5v

Altaris motus dubitatio semen et ignis. Effusus sanguis loca consecrat ante sacrata **1550** f. 166r

Altissimus effudit sapientiam ...[Eccli 1, 8]. In quo ad commendationem sacrae theologiae iuxta numerum et materiam quattuor librorum magistri Petri Lombardi **1532** f. 51r

Altissimus effudit sapientiam suam ...[Eccli 1, 8]. In quo ad commendationem sacrae theologiae iuxta numerum et materiam quattuor librorum magistri Petri Lombardi, ut tunc praedixi, quattuor breviter innuuntur **1532** f. 91r

Ambrosius, doctor egregius, fuit praefectus urbis Romae. Hic cum in cunabulis iaceret, examen apum veniens faciem eius cooperuit **1550** f. 169v

Ambulans Iesus iuxta mare Galilaeae [Mt 4, 18]
Beatus Ambrosius quinto libro, Super Lucam, capitulo septimo, volens ostendere, quare Christus exsistens hic in mundo **1550** f. 53r
Dominus noster, ut habetur Matthaei IV°, antequam coepit praedicare, ivit in desertum, ubi mansit incognitus **1506** f. 2r
Glossa ordinaria dicit, quod hoc fuit factum, quando sanctus Ioannes Baptista fuit in carcere **1508** f. 191r
Hic posset quis quaerere, quare Christus vocavit apostolos **1550** f. 53r

An Deus possit malum praecipere. Et videtur, quod sic **1533** f. 264v

An Deus possit nescire, quod scit. Et videtur, quod non **1533** f. 222v

An Deus potest scire, quod nescit, vel plura quam scit. Et videtur, quod non **1533** f. 223r

An Deus scit infinita. Et videtur, quod non **1533** f. 224r

An Deus singulas partes universi poterit facere meliores. Et videtur, quod non **1533** f. 244v

An Deus uno modo cognoscat omnia. Et videtur, quod non **1533** f. 205r

An Deus velit mala fieri. Et videtur, quod sic **1533** f. 253v

An Deus vult omnes homines salvos fieri. Et videtur, quod sic **1533** f. 253r

An ea, quae dicuntur de Deo ex tempore, an dicantur secundum substantiam, an secundum relationem. Et videtur, quod non secundum substantiam **1533** f. 169r

An ea, quae praedicantur de Deo ex tempore, praedicantur de eo per se vel per accidens. Et videtur, quod per accidens **1533** f. 168v

An electio sit in Deo ab aeterno. Et videtur, quod non **1533** f. 230r

An essentia Dei sit infinita. Et videtur, quod non **1533** f. 239v

An essentia sit idem cum persona. Et videtur, quod non, quia omnis persona divina nihil est generans **1533** f. 192r

An Filius sicut Pater sit omnipotens. Et videtur, quod non **1533** f. 120v

An ideae sunt in Deo, per quas cognoscat. Et videtur, quod non **1533** f. 205v

An illa definitio praedestinationis sit bona, scilicet quod praedestinatio est praeparatio gratiae in praesenti et gloriae in futuro. Et videtur, quod non **1533** f. 226r

An in Deo est poena. Et videtur, quod non **1533** f. 235v

An in praescientia meritorum sit causa motiva in Deo ad praedestinandum. Et videtur, quod sic **1533** f. 231v

An in unitate essentiae divinae ponere pluralitatem personarum sit possibile. Et videtur, quod non **1533** f. 12v

An iuste permittit Deus mala fieri. Et videtur, quod non **1533** f. 254v

An mala fieri sit bonum simpliciter. Et videtur, quod sic **1533** f. 257r

An mala fieri sit verum. Et videtur, quod non **1533** f. 255v

An malum est ordinabile. Et videtur, quod non **1533** f. 259r

An numerus praedestinatorum possit augeri. Et videtur, quod sic **1533** f. 228v

An omnes tenemur ad conformitatem divinae voluntatis. Et videtur, quod non **1533** f. 266r

An plures ideae sunt in Deo. Et videtur, quod non **1533** f. 206r

An potentia Dei sit ad infinita. Et videtur, quod non **1533** f. 240r

An potentia Dei sit ad infinita. Et videtur, quod sic **1533** f. 240v

An praedestinatio possit habere in homine praedestinato causam meritoriam vel in altero. Et videtur, quod sic **1533** f. 231r

An tenemur conformari in volito. Et videtur, quod sic **1533** f. 267r

An tenemur semper conformare in forma volendi. Et videtur, quod sic **1533** f. 266v

An totum hoc universum potest facere melius. Et videtur, quod non **1533** f. 245r

An trinitas in divinis personis sit rei vel rationis tantum. Et videtur, quod rationis tantum **1533** f. 13v

An Virgo Maria, mater Christi dignissima, sit adoratione latriae adoranda. Respondetur, quod non **1512** f. 227v

An voluntas Dei sit causa necessaria. Et videtur, quod non **1533** f. 249r

An voluntas humana possit conformari divinae. Et videtur, quod non **1533** f. 265v

Andreas interpretatur decorus vel virilis ab andor, quod est vir **1550** f. 208v

Angelis suis Deus mandavit [Ps 90, 11]
Vide, ut sane intelligas, angeli non sunt tales, sicut depinguntur **1508** f. 147v

Angelus Domini apparuit [Mt 2, 13]
Hodie specialiter sancta mater Ecclesia de innocentibus, quorum memoriam agimus **1508** f. 211r

Angelus Domini descendit [Dan 3, 49]
Ad evidentiam huius prophetiae iuxta sensum mysticum, ex quo historiacus planus est **1562** f. 235v

Anglia, quo fulget, quo gaudet praesule claro Londonia **1571** f. 41v

Anglia, quo fulget, quo. Iste liber, qui intitulatur Summa mysteriorum, dividitur in duas partes: in prooemium et exsecutionem **1571** f. 53r

Anima, quae peccaverit [Ez 18, 4]
In lectione immediate praeexposita ipse Dominus Deus volens removere omne impedimentum poenitentiae **1562** f. 233r

Annuntio vobis gaudium magnum cf. *Evangelizo* [Lc 2, 10]

Antequam accedamus ad litterae divisionem, est sciendum, quod sicut supra et circa prologum habitum est, hanc epistulam Apostolus scribit Romanis **1561** f. 86r

Antequam veniatur ad explanationem Prologi, primo aliqua praemittenda sunt de causis huius libri. Et primo de causa efficiente **1525** f. 12v

Antequam veniatur ad explanationem Prologi, primo aliqua praemittenda sunt de causis huius libri, prout in aliis libris dici consuetum est, quia uniuscuiusque rei perfecta cognitio habetur ex cognitione suarum causarum **1518** f. 11r

Aperiens autem Petrus os suum [Act 10, 34]
Nota, quod non semper debemus loqui, nec etiam tacere **1508** f. 38r

Apparuit enim gratia Dei [Tt 2, 11]
Hodie, carissimi, illuxit nobis manifeste largitas divinae bonitatis, eo quod hodie puer natus est nobis **1562** f. 24v
In hac epistula huius sacratissimae noctis, in qua toti mundo venit consolatio, quia natus est in ea Salvator mundi **1506** f. 186v

Apparuit gratia Dei cf. *Apparuit enim gratia Dei* [Tt 2, 11]

Ara crucis tumulique calix **1536** f. 33r

Ardua virtutum faciles cape lector ad usus **1571** f. 8r

Arreptus Iacob duobus filiis [Gen 34, 25]
Ubi scribitur, quod cum soror eorum, Dina, erat violata, isti duo fratres arreptis duobus gladiis **1508** f. 111v

Articuli sequentes condemnati sunt a domino Stephano, Parisiensi episcopo, cum consilio magistrorum theologiae **1572** f. 143v

Ascende ad me [Ex 24, 12]
In lectione immediate exposita monuit sancta mater Ecclesia christianos populos viam malam deserere **1562** f. 228v

Ascendens Iesus in naviculam [Mt 9, 1]
Chrysostomus: Quia Deus aliquando voluit se demonstrare in humanitate **1508** f. 152v
Dominus noster Iesus Christus relinquens hominem in manu consilii sui nullum relinquit **1507** f. 272v
Evangelium hoc occulte refert de Christi humiliatione **1507** f. 270v
Ubi tria: Primo caro Christi est vera navicula **1507** f. 274v

Ascendente Iesu in naviculam [Mt 8, 23]
Evangelium loquitur de navicula, quae arte disponitur **1507** f, 41r
Quaedam opera Christi habent et historiam praesentium et figuram futurorum et instructionem morum **1507** f. 42r
Secundum beatum Isidorum in originali Super Matthaeum et cetera etc.: Quotienscumque turba Dominum comprimebat **1564** f. Iv

Ascendentibus illis Hierosolymam [Lc 2, 42]
Attendendum est nobis ex hac evangelii lectione, quod ad observationem festivitatum Dominus exemplo nos docet **1565** f. 1r

Ascendit Iesus in naviculam cf. *Ascendens Iesus in naviculam* [Mt 9, 1]

Assumpsit Iesus duodecim discipulos [Lc 18, 31]
In bellis corporalibus nihil insecurius pugnantibus, nisi cum exercitus dispergitur **1508** f. 230r
In hoc evangelio fit mentio de illuminatione caeci et Christi passione **1508** f. 230v

Assumptio Beatae Virginis Mariae, qualiter facta sit, in quodam libello beati Ioannis evangelistae legitur **1550** f. 190r

Attendite a falsis prophetis [Mt 7, 15]
Dicit Simon libro X, capitulo XLI°: Ad falsitatem vitandam satagit omnis veritatis amator **1507** f. 224r
Dominus noster Iesus Christus ad hoc nos fecit rationales **1507** f. 221v
Hodie ad octo dies informavit nos Iesus, ut simus misericordes **1508** f. 93v

Attendite a fermento pharisaeorum [Lc 12, 1]
Sed quid est fermentum, quid pharisaei et quid est, quod vocat hypocrisim **1508** f. 175v

Attica Cecropii. Nota: Cecropius dederat primo ritum sacrificandi Iovi **1571** f. 102r

Auctor more poetarum tria facit **1571** f. 102v

Audi, dulcissima Virgo Maria, audi nova, audi filia **1508** f. 139v

Audite, insulae [Is 49, 1]
Ista epistula scribitur Isaiae et quasi ipse solus sanctus Ioannes loqueretur **1508** f. 61v

Audite somnium meum [Gen 37, 6]
Ubi nota, quod iste Ioseph in somniis, quae vidit **1562** f. 241v

Audite verbum ...[Ier 10, 1]. Postquam propheta comminatus est Iudaeis quoad illa, quae ex propria malitia faciebant **1566** f. 64r

Augeo, –es, –xi, –ctum, id est amplificare vel augmentum dare **1556** f. 1r

Aut si magnarum. Iste liber, cuius subiectum est ut supra, dividitur in partem prooemialem et exsecutivam, quae incipit ibi: Primus ab usque chaos **1571** f. 179r

Ave, gratia plena [Lc 1, 28]
Ecce in praetorio virgineo agebantur nostrae salutis primordia **1550** f. 26v

Ave iam, precor, mearum comes irremota rerum **1571** f. 102r

Ave Maria, gratia plena [Lc 1, 28] **1560** taeniae folio integ. post. aggl. adiunctae

Bartholomaeus apostolus veniens ad Indiam, quae est in fine mundi **1550** f. 191v

Beata virgo Catharina, Costi regis filia, studiis liberalibus bene erudita **1550** f. 196r

Beati oculi, qui vident, quae vos videtis [Lc 10, 23]
Evangelium declarat, quod etsi apostoli beati erant **1507** f. 245v
Evangelium hoc est altum, quia tractat de altis rebus **1507** f. 249v
Evangelium narrat de bono hominis, quod amisit, de malo, in quod incidit **1507** f. 246v
Evangelium refert de visione Dei, secundo de dilectione Dei **1507** f. 248r
Mos est hominum, quia desiderant videre, quae mirabilia sunt **1508** f. 115v

Beatus Augustinus naturae supernae dignitatem et rationalis creaturae aeternam felicitatem considerans **1519** f. 1r; **1526** f. 2r

Beatus Augustinus naturae supernam dignitatem **1525** f. 26v

Beatus Gregorius dicit: Quidam sunt, qui de omni re iudicant homines, ut si quis studet et vacat humilitati, dicunt hypocrita est. Si quis recreationem habet, gulosus est **1563** f. 155v

Beatus Thomas: Postquam Magister in duobus libris praecedentibus determinavit de rebus divinis **1524** f. 14r

Beatus vir, cuius est auxilium abs te ...[Ps 83, 6]. Cum beatitudo nihil aliud sit **1570** f. 150r

Bene nostis, fratres carissimi, me vobis frequentius supplicasse **1564** f. 175v

Benedicta tu in mulieribus [Lc 1, 42]
Missus ad Virginem Gabriel angelus, immo archangelus secretioris secreti, secretissimus paranymphus **1563** f. 160v
Quia infra mulieres singulari humilitate **1563** f. 179v
Salutationem Virginis pertractare formidans finem allocutionis angelicae **1563** f. 182v
Visa excellentia personali videnda est elegantia naturalis, quam probat titulus supergressionis **1563** f. 179v

Benedictus Deus in donis suis et sanctus in omnibus operibus suis **1517** f. 232r

Bernardus in tractatu Multa multi sciunt, cap. II° dicit: De parentibus illis venio **1562** f. 287v

Bohemi ab Ecclesia recedentes catholica ipsam Valdensium sectam atque insaniam amplexi sunt **1530** f. 381v

Bonorum honorabilium. Licet quamlibet notitiam scientificam opinamur, ut scribitur in principio prooemii De anima etc., honorabilissimam tamen divinam scientiam et sapientiam dicere non veremur **1571** f. 178v

Bonum mihi, quia humiliasti me [Ps 118, 71]
Ecce David, vir beatus, laudat Deum, quia humiliavit eum ita, quod erat fortis rex **1508** f. 51v

Candor est enim lucis aeternae ...[Sap 7, 26)]. Ecce materia primi ... Nam in primo libro intentio Magistri principaliter circa quattuor versatur. Primo circa personarum in essentia unitatem **1532** f. 2r

Cantemus, socii, Domino cantemus honores **1571** f. 112v

Capitulum hoc secundum glossam ad praecedentia continuatur sic expleta prophetia contra plures gentiles **1566** f. 201v

Carissimi. Obsecro vos tamquam advenas et peregrinos ...[1 Pt 2, 11] **1562** f. 5r

Caro mea vere est cibus [Io 6, 56]
Festum nobilissimi sacramenti Corporis et Sanguinis Creatoris et Redemptoris Domini nostri Iesu Christi, qui nobis corpus suum dedit **1507** f. 186v
In quibus verbis tria noto: primo huius sacramenti magnam nobilitatem **1507** f. 187r
Testatur Scriptura fidelem esse Dominum nostrum **1507** f. 185r
Ubi tria considero in hoc sanctissimo sacramento: primo veritatem **1507** f. 185r

Cernis, ut ignavum consumunt otia corpus **1510** f. 245r

Charybdis, Scilla: Incidit in Scillam cupiens vitare Charybdim **1540** f. 85v

Christe, graves hominum semper miserate labores **1571** f. 1v

Christi nomine invocato pro tribunali sedentes et solum Deum prae oculis habentes **1553** f. 269v

Christus assistens pontifex [Heb 9, 11]
Convenienter ista epistula, in qua agitur de sanguinis Christi aspersione **1562** f. 260r
Ista epistula convenienter legitur in hac dominica, in qua agitur de sanguinis Christi aspersione **1562** f. 76v

Christus assistens pontifex futurorum bonorum [Heb 9, 11]. Haec verba scripsit Apostolus in epistula ad Hebreos de Domino nostro Iesu Christo, summo et vero pontifice. Iste namque pontifex tantae dignitatis est **1551** f. 209r

Christus Iesus venit in hunc mundum peccatores salvos facere ...[1 Tm 1, 15]. Ille Apostolus in verbis propositis describit sacramentum divinae incarnationis **1512** f. 191r

Christus. Licet de Christo sufficiant testimonia prophetarum et scripturarum sanctarum, tamen ab his, qui foris sunt, testimonium habere convenit **1505** f. 284v

Christus passus est pro nobis [1 Pt 2, 21]
Nota, quod mater sancta Ecclesia recordatur et reducit ad memoriam passionem Christi **1508** f. 12v
Seneca in Epistula XL[a] quinta dicit: Longum iter est breve per praecepta **1562** f. 99v

Christus volens Iudaeos instruere circa ipsius cognitionem **1502** f. 1r; **1503** p. 13; **1505** f. 10r

Circa capitulum de divinatione quaeratur, utrum per somnia sit possibilis divinatio. Et arguitur primo, quod non **1560** f. IIv

Circa distinctionem septimam tertii Sententiarum dubitatur: Utrum haec sit concedenda: Deus factus est homo. Respondetur secundum Scotum, quod simpliciter posset concedi **1574** f. 193r

Circa divini auxilii invocationem confiteor, quod omnia a Deo creata sunt, gubernantur, distinguuntur **1525** f. 1r

Circa expositionem litteralem huius primi capituli Genesis, quae valde difficilis est et varie a doctoribus traditur **1504** f. 11r

Circa hanc propositionem ego primo ponam eam in Summa **1575** f. 20r

Circa hoc, quod dicit passio, plura sunt notanda. Primo, quod Christus in passione sua habuit multipliciter officium. Primo habuit officium mediatoris **1570** f. 246r

Circa illud capitulum: Talia Bethleis. Vide sicut enim scriptum per prophetiam: Et tu Bethlehem terra **1571** f. 105r

Circa initium quarti libri Sententiarum in isto actu tria sunt consideranda. Primo recommendanda est sacra theologia et hoc quoad quartum librum **1538** f. 145v

Circa materiam 2[i] libri Sententiarum nota, quod Sacra Scriptura redditur quadrifarie commendabilis. Primo ab eminentia prodigiosa **1538** f. 61v

Circa praesentem actum tria occurrunt, quae expediunt quemlibet ipsum facientem **1525** f. 26r

Circa tertium librum Sententiarum nota: Sicut patuit circa initium primi libri Sententiarum, quod Sacra Scriptura redditur commendabilis quadrupliciter: Primo ab eminentia prodigiosa **1538** f. 111v

Circa tertium Sententiarum quaeritur primo: Utrum Deum incarnari fuit congruum et possibile per unionem humanae naturae. Videtur, quod non **1531** f. 319r

Clama, ne cesses [Is 58, 1]
Et sciendum, quod propheta ex persona Dei in ista lectione tria facit **1562** f. 223v

Cognosco meas et cognoscunt me [Io 10, 14]
Deus et homo, Christus Dominus noster, ut dicit Simon de Cassia, non habens quos ab aeterno reficeret **1507** f. 122v

Collectio errorum in Anglia et Parisius condemnatorum sic per capitula distinguitur: primo de erroribus in grammatica **1572** f. 143v

Collegium Studii Cracoviensis hos habet proventus: Canonicus senior theologus 200 florenos **1521** f. integ. post. aggl.

Colloquium, risus, basia, tactus, quoque visus **1571** f. 34r

Communiter homines reputant illos pro bonis hominibus, qui implent, quod promittunt **1508** f. 95r

Communiter mos est inter homines, quod patres erudiunt filios suos coram artificio honesto **1508** f. 79r

Compendium enim est male agentibus, si citius moriantur, quam si diutius in peccatis versentur **1570** f. 118r

Completis adiutorio Christi Domini, solis iustitiae, principiis et lecturis trium librorum Sententiarum, principiaturus pro praesenti in 4um librum Sententiarum **1517** f. 20v

Condiciones praedicatorum. Gestus compone, non protrahe, nec celer esto **1521** f. integ. ant. aggl.

Confidimus in Domino Iesu [Phli 1, 6]
Ille vere dicitur confidere in Domino Iesu, qui Iesum Christum Filium Dei unigenitum ex toto corde diligit **1562** f. 210v

Confortamini in Domino et in potentia [Eph 6, 10]
Audimus hodie in evangelio, quod regulus habuit filium, qui febrem patiebatur **1508** f. 162r
Quanto quis magis cognoscit potentiam et virtutem alicuius **1562** f. 205v
Scribitur Apoc. XII° [, 17]: Iratus est draco mulieri ... Draco est diabolus, qui semper bellat contra mulierem, id est animam nostram **1508** f. 160r

Congregati sunt Babyloni [Dan 14, 27]
Sicut missio sancti Ionae in mare praefigurat secundum Hieronymum Christi mortem et passionem **1562** f. 261v

Congregati sunt in vallem [2 Par 20, 26]
Ibi dicitur, quod Iudas congregatus fuit in vallem benedictionis **1508** f. 175r

Conscripturus igitur illa, quae cardinalatui non immerito possunt attribui **1502** f. 112v; **1503** p. 302

Consequenter quaeratur, utrum sensus faciliter decipiantur per passiones sicut Philosophus videtur dicere. Et arguitur primo, quod non **1560** f. IIr

Conserva potius, quae sunt iam parta, labore **1547** f. Ir

Conservet te Deus, o frater, et permanere te faciat **1504** f. 425v; **1505** f. 244v

Consideravit agrum [Prv 31, 16]
Scribitur in quodam sermone Christi, quod instituit Ecclesia legi de virginibus **1508** f. 186r

Conspiciens propheta opera Domini dicit: Laudate Dominum, et subdidit: quoniam satiavit animam vacuam etc. [Ps 106, 9]. Conspiciens enim misericordiam Domini **1508** f. 46r

Consummati sunt dies octo [Lc 2, 21]
Hac die sanctissima iuxta hoc evangelium respectus est ad tria: primo ad octavam **1506** f. 37r

Contemplativa vita est, in qua Creatorem suum creatura intellectualis ab omni peccato purgata **1570** f. 1v

Continuando materiam de antichristo tria quaeruntur: primo, quae vita ipsius, secundo, quae virtus, 3°, quis finis **1507** f. 302r

Contra. Deus diligit se, non tamen utitur, quia non diligit se propter aliud **1522** f. 8r

Contra. Ia Io. II [, 15]: Nolite diligere mundum etc. Respondetur, quod mundus quandoque sumitur pro universitate creaturarum **1522** f. 7r

Convenerunt filii Israel [Num 20, 1]
Die praeterita ostendit nobis Ecclesia, quod observatores divinae legis magnum assequuntur commodum **1562** f. 250r

Dominus ac Redemptor noster, fratres carissimi, qui semper est aequalis Deo Patri in omni gloria et maiestate, dignatus est **1565** f. 106v
Evangelista Matthaeus reddit rationem, quare misit, ut scilicet implet prophetiam Zachariae **1508** f. 187v
Evangelium hoc iuxta sensum spiritualem loquitur de reparatione generis humani **1507** f. 3v
Hodierna dominica vocatur magna et sancta propter magnalia, quae facta sunt in ea **1507** f. 83v
Scriptum est Exodi, quod Moyses ex praecepto Dei ante tabernaculum, in quo orabat **1508** f. 241r

Cum ascendisset Iesus in naviculam [Mt 14, 32]
Hodie ad octo dies Christus commendavit fidem leprosi, hodie vero increpat discipulos **1508** f. 223v
Sancta mater Ecclesia in ordine suo debito modo procedit, quia hodierna dies ostendit nobis Christi potentiam **1508** f. 224r

Cum audisset Ioannes in vinculis opera Christi [Mt 11, 2]
Dominica haec cum isto evangelio commemorat secundum Christi adventum **1507** f. 20r
Hoc evangelium est de adventu secundo, scilicet in animam per gratiam **1507** f. 16v
Inter alia difficilia nostrae fidei unum est Filii Dei in carne **1507** f. 19r
Prima septimana adventus Domini memorabamur adventum Christi in carne **1508** f. 194v

Cum audiverunt apostoli [Act 8, 14]
Modo, si tu vis, ut daretur tibi Spiritus Sanctus, debes esse Samaritanus **1508** f. 36r

Cum beatitudo nihil aliud sit **1570** f. 150r

Cum complerentur dies Pentecostes [Act. 2, 1]
In hac lectione innuuntur 4^{or}, quae circa istud festum mirificum contigerunt. Primum est ex parte signi apparentis **1562** f. 286r
Nota, quod postquam illa, quae in Pascha fuerunt completa, fuerunt apostoli **1508** f. 29v

Cum descendisset Iesus de monte [Mt 8, 1]
Evangelium loquitur de descensu Iesu de monte, de leproso, de centurione **1507** f. 38v
Infinita bonitas, Deus sui semper diffusiva non habens in altitudine caeli **1507** f. 39v
Vide primo, quod dicit: in illo tempore. Sicut scribit Chronica, quod in tricesimo anno ascendens montem fecit sermonem **1508** f. 223r

Cum ego propter parvitatem meam et insufficientiam non sim (sum) talis **1504** f. 425v; **1505** f. 244r

Cum esset desponsata [Mt 1, 18]
In vigilia huius sanctae Nativitatis Domini nostri legitur hoc evangelium, in quo mentio habetur de Maria desponsata **1506** f. 185v
Qui exspectat bonum et utilem hospitem venire in domum suam **1508** f. 201r
Scimus bene, quod cras debemus memorari diem Nativitatis Salvatoris **1508** f. 201v

Cum sua gentiles. Iste est 2us prologus Sedulii, in quo specialiter ostendit, de quo velit pertractare, et dividitur, quia primo proponit in generali **1571** f. 180r

Cum sublevasset Iesus oculos [Io 6, 15]
Hoc evangelium est ultimum evangeliorum anni ante Adventum **1507** f. 296v

Cum turba multa esset cum Iesu [Mr 8, 1]
Refert sacrum evangelium, quod turba magna erat cum Iesu **1507** f. 219r

Cum turbae irruerent in Iesum [Lc 5, 1]
Evangelium hoc dulcedine est plenum, loquitur enim de Christi praedicatione **1507** f. 207v
Evangelium hoc refert de auditione verbi Dei, Christus enim verbum Dei praedicabat **1507** f. 212v
Inquit Bernardus sermone II° de adventu: Mira quaerentis Dei dignatio **1507** f. 209r

Cum venerit Paraclitus [Io 15, 26]
Dominus noster Iesus Christus, quia Deus et homo in humanitate sua notus fuit **1507** f. 156v
Guilelmus (Wilhelmus) in Rationali divinorum dicit: Haec dominica vocatur Dominica Exspectationis **1507** f. 151v
Notandum, quod prius Christus narravit apostolis suum recessum et separationem **1508** f. 28v
Quia necessarium fuit et est ad salutem **1507** f. 153v

Cum venit igitur plenitudo temporis **1524** f. 190r; **1527** f. 9r; **1531** f. 13v

Cum venit ... Hic incipit tertius liber Sententiarum, in quo Magister postquam egit de Deo secundum se seu secundum rationem suae naturalis perfectionis **1532** f. 94r

Cum venit ... Iste est tertius liber Sententiarum magistri Petri Lombardi archiepiscopi Parisiensis. Et continuatur ad praecedentes sic: Postquam Magister determinavit de rebus divinis et creatis **1517** f. 173r

Cum venit ... Liber Sententiarum sicut quidam fluvius paradisi egrediens **1523** f. 2v; **1543** f. 3r; **1549** f. 3v

Cum venit ... Liber tertius, in quo agit de sacramento incarnationis Filii Dei **1538** f. 112v

Cum venit ... Superius libro primo determinavit Magister de Deo, quantum ad rationem suae naturalis perfectionis **1539** f. integ. ant. aggl. v

Cum vestrae serenitatis diligentia divinis officiis ferventius immoretur ac devotionis apicem apprehendere satagat **1570** f. 186r

Cum videritis abominationem desolationis [Mt 24, 15]
Ex hoc evangelio liquet, quid mali ex peccatis hominum consurget **1507** f. 300v
Matthaeus in suo evangelio primo posuit delectabilia, Marcus et Lucas in fine vero valde terribilia **1507** f. 303r
Post finem evangeliorum dominicalium anni rursus congruit scrutari **1507** f. 298v

Cum videritis desolationis abominationem cf. *Cum videritis abominationem desolationis* [Mt 24, 15]

Cupiebam per omnia supportari ab his dupplicibus finalibusque concordantiis supra in principio harum promissis. Sed tandem venerabilis in Christo pater et dominus Augustinus **1569** f. 308r

Gregorius IX Moralium dicit: Caro servanda est discretione magna **1564** f. 177r

Rupertus hoc probans dicit: Spiritus hominis est locatus **1508** f. 95r

Decernimus, ut laici ecclesiastica tractare negotia non praesumant **1527** f. 4v

Dedicatio ecclesiae inter alias festivitates sollemniter ab Ecclesia celebratur **1562** f. 289v

Defendit, velat, calefacit calceus, ornat **1562** f. 209r

Deposuit potentes de sede [Lc 1, 52]

Est sermo Beatae Virginis et scribitur Lucae primo. Beda super primo verbo dicit: Deposuit potentes de sede **1508** f. 75v

Desidero, (o) Domine mi, certificari per te (ex) testimoniis legis et prophetarum **1504** f. 426r; **1505** f. 244v

Desuper irradia scribenti **1510** f. 245r

Deus caritas est [1 Io 4, 8]

Quamvis secundum Cassiodorum Deus sit virtus inexplicabilis, pietas incomprehensibilis **1562** f. 132r

Deus misereatur nostri [Ps 66, 2]

In quibus verbis vir sanctus David, antequam loqueretur de Sancta Trinitate, petivit **1508** f. 43r

Deus, qui dives est in misericordia ... Verbum propositum scribitur Ephe. II [, 4], in quo quidem verbo insinuatur nobis nostrae redemptionis mysterium ac per hoc explicatur nobis subiectum tertii libri Sententiarum **1513** f. 224r

Dicit beatus Hieronymus, ad Eustochium virginem liber, de modo vivendi Deo et non mundo, spiritui et non carni, capitulo XV°: Non tibi, obsecro, blandiaris **1503** p. 575

Dicite filiae Sion: Ecce rex tuus venit tibi [Mt 21, 5]

Domini adventus est hic omni memoria dignissimus **1507** f. 4v

Dicite filiae Sion [Is 62, 11]

In ista quarta feria Maioris Hebdomadae, in qua Salvatoris nostri caro innocentissima fuit **1562** f. 274r

Dicitur, quod in omni negotio iudicii haec personae quaeruntur **1527** f. 4r

Dicto de pertinentibus ad donum timoris dicendum est de pertinentibus ad donum pietatis **1509** f. 18v

Dictum est hodie, quod dies hodierna est dies angelorum et hoc merite debet esse **1508** f. 147r

Die hodierna Ecclesia celebrat natalium duorum apostolorum et vocat natalium eorum passionem **1508** f. 158r

Dies hodierna est dies sanctae Catharinae, cuius in honorem heri in vesperis cantavimus **1508** f. 184r

Dies hodierna vocatur Omnium Sanctorum, sed quis est sanctus. Dico primo: ille, qui est sine macula **1508** f. 163v

Diliges Dominum Deum tuum [Mt 22, 37]

Hoc evangelium tractat de duobus praeceptis caritatis **1507** f. 269v

Diligite iustitiam, qui iudicatis terram [Sap 1, 1]. Attendite haec omnes gentes, auribus percipite omnes, qui habitatis orbem **1570** f. 162v

Disces Deum colere, nomen suum retinere **1571** f. 51v

Dominus quidem Iesus postquam locutus est [Mc 16, 19]
Dicit Bernardus in sermone hodierno: Sollemnitas ista gloriosa est **1507** f. 147r
Hodierna festivitas est nimis sollemnis, est enim festum Christi **1507** f. 145v
Pro laude et honore huius inclite festivitatis Ascensionis Domini nostri in verbis istis tria noto **1507** f. 150r
Ut dicit Bernardus in sermone hodierno: Hodiernum Ascensionis diem non minus devote convenit celebrari **1507** f. 148v

Ductus est Iesus in desertum [Mt 4, 1]
Dicit Salvator Matthaei XI° [, 12]: A diebus Ioannis Baptistae usque nunc regnum caelorum vim patitur **1507** f. 60r
Dominica hodierna communiter dicitur carnisbrevium virorum, sed praecedens dominica fuit carnisbrevium mulierum **1508** f. 232r
Istud evangelium est victoria Christi, quam obtinuit super diabolum et nobis reliquit exemplum **1508** f. 232r
Secundum quod dicit beatus Hilarius, super isto evangelio, in sanctificatis maxime crassantur diaboli temptamenta **1507** f. 58r

Dum complerentur dies Pentecostes [Act 2, 1]
Ipsa divina sapientia ex ore Altissimi prodiens dicit: Ubi enim sunt duo vel tres **1562** f. 123r

Dum iret Iesus in Ierusalem [Lc 17, 11]
Hoc factum est prope Pascha ultimo anno ante Christi passionem **1508** f. 121r

Dum oculis conspicio mentis abyssalem sacratissimae ac Divinae Scripturae voraginem **1525** f. 44r

Dum sacris mentem placet exercere loquelis **1571** f. 94r

Duo ex discipulis [Lc 24, 13]
Fuit vir quidam nomine Manue, habens uxorem pulchram, sed sterilem **1550** f. 202v
In evangelio sanctus Lucas tria narrat: primo, quomodo Christus post suam gloriosam Resurrectionem apparuit discipulis **1507** f. 102v
Nota, quod duo discipuli iter facientes in castellum nomine Emmaus **1508** f. 6r
Sanctus Augustinus dicit: Quamvis Dominus Iesus Christus multa fecit miracula **1507** f. 99r

Duo homines ascenderunt in templum [Lc 18, 10]
Dominus noster Iesus Christus in aliis evangeliis mulcet iustos **1507** f. 237v
Ex hoc evangelio omnes sanam doctrinam habemus, scilicet propriae infirmitatis **1507** f. 236r
Haec dies habet duo evangelia: unum de dominica nunc expositum, aliud de festo hodiernae diei, scilicet Mariae ad Nives **1506** f. 190r
Homo sicut ex culpa primi parentis superbiae contraxit fomitem **1507** f. 239r
In hanc diem concurrunt duo evangelia **1507** f. 241r

Eadem mensura, qua mensi fueritis [Lc 6, 38]
Deus omnipotens ex summa bonitate formavit hominem de limo terrae **1507** f. 205v

Ecce ancilla Domini, fiat mihi [Lc 1, 38]
Haec sanctissma incarnatio celebrata est supra naturam, supra consuetudinem, supra scientiam singularem angelicam **1550** f. 13r

Ecce primo exivit de civitate, secundo transivit per torrentem Cedron **1508** f. 88r

Egressus Iesus de finibus Tyri cf. *Egressus Iesus secessit in partes Tyri* [Mt 15, 21]

Egressus Iesus secessit in partes Tyri [Mt 15, 21]
Ad quemlibet familiarem pertinet, qui vult servire domino suo, debet secum concordare **1508** f. 233v
Quanta sit hostis antiqui calliditas nedum Sacrae Scripturae testimonio **1507** f. 63r
Secundum Bedam in Homilia, mulier ista, licet fuerit ex dispersione gentium **1507** f. 65v
Si aliquem diabolus decipit, ita quod maculaverit conscientiam suam, quid facere debeat **1508** f. 233v

Egressus Iesus trans torrentem Cedron cf. *Egressus Iesus cum discipulis trans torrentem Cedron* [Io 18, 1]

Elias timuit et surgens [3 Reg 19, 3]
In quibus hoc sacro tempore pro conversione peccatorum ad Deum ostenditur seriose et per ordinem **1563** f. 1r

Elisabeth impletum est tempus [Lc 1, 57]
Primo dicit: In diebus illis, scilicet quando dominabatur Herodes et Christus iam conceptus erat **1508** f. 62r

Elucidantibus divinae gratiae mysteria mercedem gloriosam repromisit **1574** f. 192r

Enormes, anathema, cremans, mutatio voti. Enormes usus sollemnis tibi dentur, episcope, sex haec **1572** f. 135r

Erant appropinquantes ad Iesum [Lc 15, 1]
Caelestis medicus, ut dicit Hugo, nulli spem veniae denegat **1507** f. 196v
Dicit Simon de Cassia: Noluit Deus ita peccata praevalere **1507** f. 202r
Evangelium praecedentis dominicae erat de cena magna **1507** f. 203v
Evangelium praeteritae dominicae erat valde comminatorium **1507** f. 195r
Parisiensis doctor in principio instruit nos, ut si perdidimus Deum peccatis nostris **1508** f. 67v
Salvatio peccatorum semper habuit obviantes **1507** f. 198v
Scribitur primi Machabaeorum IV°, quomodo Machabaeus cum fratribus suis decreverunt **1507** f. 200r

Erant Ioseph et Maria mater Iesu mirantes cf. *Erant pater eius et Maria mater mirantes* [Lc 2, 33]

Erant pater eius et Maria mater mirantes [Lc 2, 33]
Circa hoc evangelium noto primo admirationem, secundo prophetationem, 3° laudationem **1507** f. 24r
Dominus noster Iesus Christus, cuius nativitatem temporalem modo gaudiose peregimus **1507** f. 25r
Hoc actualiter factum est in purificatione, quia antiquitus mos erat **1508** f. 215v
Omnes nos ex natura desideramus heredes fieri regni caelestis, quia hoc est nobis naturale **1508** f. 215v

Erat homo dives [Lc 16, 19]
Nota, quod sanctus Ioannes dicit, quod omne malum mundi aut est visus, ita quod homo videt aliquam rem **1508** f. 50r

Erat homo ex pharisaeis Nicodemus nomine [Io 3, 1]
Celebravimus festa Filii Dei et Spiritus Sancti in relatione ad ea, quae impenderunt **1507** f. 180v
Evangelium hoc loquitur de tribus personis benedictae Trinitatis hodiernae festivitatis **1507** f. 179r
Nota, quod nullus homo neque sanctus aliquis potest intelligere de Sancta Trinitate **1508** f. 43r

Erat Iesus eiciens daemonium [Lc 11, 14]
Audivimus inter cetera die dominico praecedenti, quomodo tunc acriores temptationes a daemonibus patimur **1507** f. 67v
Hodiernam epistulam scribit beatus Paulus ad Ephesios V° [, 1]: Fratres. Estote imitatores Dei **1508** f. 235r
In quo legitur, quomodo Christus corporaliter iuvit homini a diabolo et sic nos vult iuvare **1508** f. 235v

Erat Ioseph et mater eius cf. *Erant pater eius et Maria mater mirantes* [Lc 2, 33]

Erat quidam regulus [Io 4, 46]
Bene ait propheta: Domine, refugium factus es nobis **1507** f. 280r
Consuetudo est inter homines, quod post medicinas corporales eunt ad spirituales **1508** f. 160v
Evangelium narrat de regulo, unde dicit Lyra super hoc evangelium **1507** f. 281v
Ubi tria notantur: Primo peccatum honorem, potestatem, vitam et gloriam minuit **1507** f. 283r

Erat vir in Babylone [Dan 13, 1]
In praecedenti lectione figuraliter loquens Ecclesia ostendit nobis in Moyse et Aaron **1562** f. 251r

Erit tunc tribulatio magna [Mt 24, 21]
Dictum est in praecedenti de signo remoto consumationis mundi **1507** f. 299v

Error, condicio, votum, cognatio, crimen **1538** f. 185v; **1550** f. 166r

Errores contra fidem catholicam, quartum capitulum, detestabiles reperti in quibusdam scriptis **1572** f. 143v

Errores sequentes condemnati sunt Parisius et excommunicati, docuerunt scienter vel asseruerunt, a domino Stephano, Parisiensi episcopo **1572** f. 143v

Erunt signa in sole [Lc 21, 25]
Ad natalicia principum celebranda consuevit antiquitas **1563** f. 11r
Evangelium huius diei de die iudicii est plenumque horrore **1507** f. 14r
Evangelium istud loquitur de die iudicii, quae omnibus sanctis est desiderabilis **1507** f. 9r
Evangelium tractat de die iudicii, de die finali, de die horrenda super omnes dies **1507** f. 11v
Hoc evangelium est terroribus plenum, est enim de die iudicii **1507** f. 10v
Magister Boethius, De principibus, dicit et scribit: Quando aliquis princeps tendit contra inimicum **1508** f. 193r
Scribitur Ecclesiastici XLIII° [, 14]: Accelerat coruscationes emittere iudicii **1507** f. 12v
Tempus istud dicitur adventus Christi et istud tempus durat usque ad Nativitatem Christi **1508** f. 192v

Est domus Ecclesia Domini. Summus faber illam **1571** f. 41v

Est quidam mons in Apulia, qui vocatus Garganus, sub quo morabatur quidam dives **1550** f. 193v

Est satan adversans, Belial quod apostata signat **1562** f. 206v

Estote factores non auditores cf. *Estote factores verbi* [Iac 1, 22]

Estote factores verbi [Iac 1, 22]
- Et ergo prius dixit, ut audiremus, hic iam opere adimpleamus **1508** f. 26r
- Et subdit ponens exemplum. Qui audit et non facit, similis est viro **1508** f. 21r
- Secundum sententiam Salvatoris, Lucae XII [, 47], servus sciens voluntatem Domini **1562** f. 112v

Estote imitatores Dei [Eph 5, 1]
- In diebus praecedentibus in epistulis monuit nos pia mater Ecclesia de operatione boni **1562** f. 245r
- In praecedentibus diebus monuit nos pia mater Ecclesia de operatione boni et declinatione mali **1562** f. 69r
- Tempore isto sancta mater Ecclesia volens nos adducere ad bonitatem **1508** f. 235r

Estote itaque prudentes [1 Pt 4, 7]
- Non est prudentia huius mundi, scilicet inquirendo divitias et temporalia **1508** f. 26v
- Secundum sanctum Thomam ad prudentiam pertinet recte consiliari, id est iudicare **1562** f. 119v

Estote misericordes, sicut et Pater [Lc 6, 36]
- Et quomodo debet misericordiam facere nisi de suis bene acquisitis **1508** f. 79r
- Verba huius sancti evangelii cogunt nos imitari divinam exemplaritatem **1507** f. 305v

Estote prudentes cf. *Estote itaque prudentes* [1 Pt 4, 7]

Et audivit Fassur ...[Ier 20, 1]. Superius Ieremias reprehendit propter malitiam, hic consequenter ex hoc patitur iniuriam **1566** f. 114r

Et dixit Deus: Fiat lux. Et facta est lux, Genesis I b [, 3]. Fiat firmamentum in medio aquarum, ibidem b [, 6] **1569** f. 2r

Et factum est, postquam in captivitatem ductus Israel ... Et sic exponitur: Factum est, hoc est completum **1566** f. 215v

Et quia considerans illud Apostoli, prima ad Cor. IV [, 7]: Quid habes, quod non accepisti, confiteor me multa beneficia accepisse, quae habeo **1538** f. 1r

Et quia sic invocato divino auxilio et eodem salvo conductu venio ad secundum, scilicet (ad) recommendationem Sacrae Scripturae divinitus inspiratae **1525** f. 44r; **1538** f. 1v

Et quoniam vitium ingratitudinis merito incurrit, qui pro beneficiis acceptis benefactori debitas gratiarum actiones non rependit **1534** f. 369v

Et sic exponitur: Factum est, hoc est completum, postquam in captivitatem **1566** f. 215v

Et sic tuo adiutorio opus incipiendum perficiat laudabiliter Sanctissimae Trinitatis auxilio sic invocato **1517** f. 14r

Evangelizo vobis gaudium [Lc 2, 10]
- Est vero gaudium magnum nativitas Christi **1563** f. 184r
- Haec verba scripta sunt in Luca et convenienter possunt exponi de Christi nativitate, in quibus ipsius nativitas describitur ab angelo **1563** f. 184r

Ex agro veteri virtutum semina, morum plantula **1571** f. 14v

Ex Augustini sacris Epigrammata dictis **1571** f. 94r

Ex ipso et per ipsum et in ipso sunt omnia [Rm 11, 36]
Haec est dies gloriosissima Sanctae Trinitatis, Dei et Creatoris caeli et terrae **1507** f. 177v

Ex litteris etc. Quod monachus proposuit **1527** f. 4r

Ex quo imago Christi potest latria adorari, an homo, qui est imago Dei, possit etiam latria adorari. Respondetur, quod homo nullo modo debet latria adorari **1512** f. 228r

Ex quo nunc est dies Domini ad iudicium, prius ergo videndum est, in qua facie veniet Christus **1508** f. 194r

Ex quo Sacra Scriptura principaliter tantummodo dicitur Vetus et Novum Testamentum **1568** f. 1v

Exaltatio sanctae Crucis dicitur, quia tali die sancta Crux et fides nostra plurimum exaltata est **1550** f. 191r

Excellentiae vestrae mihi scriptas recepi litteras, ex quibus et piam sollicitudinem, quam habetis circa regimen subditorum **1553** f. 259r

Excommunicatus in iudicio potest conveniri **1527** f. 4v

Exiens de finibus Tyri [Mr 7, 31]
Evangelium hoc docet nos, ut compassionem super nosmet ex peccatis habentes **1507** f. 242r

Exiit edictum [Lc 2, 1]
Consuetudo est regum, principum et ceterorum nobilium, quibus dum primogeniti nascuntur **1508** f. 202v
Videns rex Augustus, quod nullus esset **1508** f. 203r

Exiit primo mane conducere operarios [Mt 20, 1]
In hac dominica incipit Septuagesima et terminatur sabbato in albis **1507** f. 48r

Exiit, qui seminat, seminare semen suum [Lc 8, 5]
Evangelium hoc tangit tria: Primo de seminatore, secundo de semine, tertio de tellure **1507** f. 53v
Hoc evangelium tangit fidem nostram, statum quemlibet, omne meritum et praemium **1507** f. 50v
In diversis partibus talis modus est, quod sicut nunc servi et ancillae aliquae finiunt sua servitia **1508** f. 228v
Per illud semen, quod cecidit penes viam et conculcatum est, intelliguntur omnes hi, qui audientes verbum Dei **1508** f. 228v
Sacrum hoc evangelium refert de seminatore, de agro, in quem cadit semen **1507** f. 52v

Existimo enim, fratres [Rm 8, 18]
Quamvis passiones huiusce temporis secundum substantiam eorum non sint condignae ad futuram gloriam **1562** f. 145r

Exordium nostrae redemptionis, quo auctor felicitatis nostrae salutisque humanae verus amator **1550** f. 13r

Expedito de contemplatione nunc agendum est de actione seu activa vita, quae neccesaria est ad salutem **1570** f. 217v

Expulerat primogenitum. Hic est expositio 2[i] libri Sedulii, in quo auctor prosequitur suum propositum tractans de mysterio incarnationis Christi **1571** f. 193r

Expurgate vetus fermentum [1 Cor 5, 7]
Hodie Dominicae Resurrectionis celebratur sollemnitas, in qua sollemnissima die verum Pascha celebratur **1562** f. 91r
In hac die sollemnissima Resurrectionis Dominicae verum Pascha celebratur **1562** f. 283r
Nota, quod in quolibet homine duplex est gratia **1508** f. 4v

Exsurgens autem Maria abiit [Lc 1, 39]
Hoc factum fuit, quando archangelus Gabriel nuntiavit conceptionem Christi **1508** f. 76r

Extendit manum et arripuit gladium [Gen 22, 10]. Hic incipit historia. Modo possumus descendere ad materiam passionis Christi **1570** f. 222r

Extra. De sepulturis, capitulo ultimo dicitur, quod sic incipit: Parochiano tuo **1553** f. 256v

Extrahis secundum Magistrum Sententiarum in 4, distinctione 45 [46]: In omni actu divino concurrunt misericordia et veritas seu iustitia **1562** f. 211r

Faciamus hominem etc. [Gen 1, 26]. Utrum imago stet ibi pro essentia vel pro persona. Si pro essentia, ergo idem est dicere imaginem nostram et essentiam nostram **1522** f. 10r

Facta est autem contentio [Lc 22, 24]
Evangelium loquitur de contentione discipulorum Iesu, quae facta fuit feria quinta magna **1506** f. 138v
In illo tempore, scilicet magna feria quinta, cum Christus dixerat **1508** f. 111v

Facta est contentio cf. *Facta est autem contentio* [Lc 22, 24]

Factum est autem, dum iret in Iericho [Lc 18, 35]
In hac dominica incipit Quinquagesima et terminatur in Pascha **1507** f. 56v

Factum est proelium magnum [Ap 12, 7]
Spiritualiter sive mystice per caelum hic notatur anima cuiuslibet fidelis, in qua Deus habitat **1508** f. 145r

Factum est verbum Domini [Ier 7, 1]
Hesterna die proposuit nobis Ecclesia praecepta legis moralis **1562** f. 249r

Factum est verbum Domini secundo [Ion 3, 1]
Recolens pia mater Ecclesia Dominicae passionis mysterium, non solum proponit fidelibus verba praeconis **1562** f. 260v

Factus est sermo Domini [3 Rg 17, 8]
Potest ista lectio introduci, ut enim patens est, non solum sacri ieiunii optima comes est oratio **1562** f. 239r

Factus est sermo Domini ad me dicens: Fili hominis, quid est [Ez 18, 1-2]. In lectione praeexposita, scilicet in 3ª feria, monuit Ecclesia peccatorem quemlibet, ut viam suam malam deserat **1562** f. 231v

Factus homo forma bona tu Matthaee reforma **1550** f. 1r

Fecit nuptias filio suo [Mt 22, 2]
Evangelium hoc est profundum, excitativum et horridum **1507** f. 277v

Fiduciam autem talem habemus [2 Cor 3, 4]
Pugnare volens debet talia arma induere, cum quibus potest inimicum suum superare **1562** f. 174r
Vult Apostolus, ut nullus confidet in opera sua, quasi possit mereri per ea regnum Dei **1508** f. 113v

Fiduciam habemus cf. *Fiduciam autem talem habemus* [2 Cor 3, 4]

Fiet mihi secundum verbum tuum [Lc 1, 38]
Bernardus: Nolo, ut fiet mihi aut declamatorie praedicatum **1550** f. 169r

Fili hominis, quid est [Ez 18, 1-2]
In lectione praeexposita, scilicet in 3[a] feria, monuit Ecclesia peccatorem quemlibet, ut viam suam malam deserat **1562** f. 231v

Fili, quid fecisti nobis sic [Lc 2, 48]
Dicit Simon de Cassia: Non invenimus Salvatorem ante annos duodenarios aliquid fecisse **1507** f. 27v

Filius datus est nobis [Is 9, 6]
In quo notandum est primo doni impensi immensitas **1563** f. 165r
Non fuit contentus rex noster inclitus, qui nostrae dicioni universa supposuit **1563** f. 165r

Finito Prologo incipit tractatus, qui dividitur in tres partes. In prima praemittit Magister distinctionem unam prooemialem ad totum tractatum **1525** f. 70v

Finito Prologo incipit tractatus, qui dividitur in tres partes. In prima praemittit Magister divisionem unam prooemialem ad totum tractatum sequentem **1518** f. 25v; **1538** f. 20v

Firmiter credens ea, quae per te mihi tradita sunt **1502** f. 69v; **1503** p. 187; **1504** f. 367r; **1505** f. 153r

Fluvius egrediebatur de loco voluptatis ...[Gen 2, 10]. Quia secundum quod doctorum tam theologicorum quam philosophicorum documenta personant, in principio cuiuslibet scientiae causae sunt requirendae **1513** f. 225r

Fons parvus crevit in fluvium ...[Est 10, 6]. Secundum beatum Ambrosium in glossa quadam super principium epistularum Pauli: Rerum principia sunt primitus inquirenda, ut earum notitia **1513** f. 223r

Fratres, debitores sumus [Rm 8, 12]
Gregorius IX Moralium dicit: Caro servanda est discretione magna **1562** f. 158v

Fratres, rogamus vos, corripite [1 Th 5, 14]
In hac epistula Apostolus duo facit: primo movet nos ad virtuosum exercitium, 2° ostendit duplicem vitam **1562** f. 236r

Fratres, rogamus vos et obsecramus [1 Th 4, 1]
Apostolus scribens Thessalonicensibus et in ipsis cunctis christifidelibus loquens in persona praedicatoris **1562** f. 236v
Haec dominica convenienter praecedenti correspondet, nam in praecedenti dominica Apostolus hortatur nos **1562** f. 66v

Fratres, voluntas quidem cordis ...[Rm 10, 1]. Superius ostendit Apostolus affectum suum ad Iudaeos in hoc, quod dolebat de eorum perditione **1561** f. 264r

Fuit enim quaedam sapientia, quae sapientia videbatur ab his, qui veram sapientiam non noverant **1570** f. 253r

Fuit in diebus Herodis [Lc 1, 5]
Communiter homines saeculares stant post laudem humanam, quam cum difficultate acquirunt **1508** f. 65r
Volens loqui de nativitate sancti Ioannis Baptistae nominat reges, qui tunc temporis dominabantur **1508** f. 65v

Fuit quidam abbas, qui epistulabatur cottidie **1562** f. 289r

Gaudeo et gratias ago Deo **1547** f. 1r

Gaudete cum laetitia [Is 66, 10]
Unigenitus Dei Filius Deo Patri coaequalis, postquam sua incommutabili essentia manente nostram sibi naturam univit **1507** f. 74v

Gaudete in Domino semper [Phli 4, 4]
In hac dominica, quae vicinior est Nativitati Domini, agitur de adventu Christi **1562** f. 21v
In hac epistula ultimae hebdomadae Adventus hortatur nos Apostolus ad gaudendum **1507** 21r

Georgius tribunus, genere Cappadocum, hic pervenit provinciam Libiae in civitatem **1550** f. 170r

Gratias ago Deo meo [1 Cor 1, 4]
Gratiarum actiones referre Deo non solum pro se sed etiam pro aliis **1562** f. 197r
Quia divites facti estis in eo, id est in Deo **1508** f. 243r
Ubi dictum est supra in evangelio, quod Iudaei vocaverunt Iesum filium David et sic invenitur in Scriptura **1508** f. 244v

Gratias ago pro omnibus vobis cf. *Gratias ago Deo meo* [1 Cor 1, 4]

Gratias semper ago cf. *Gratias ago Deo meo* [1 Cor 1, 4]

Grave nimis est et absurdum **1527** f. 3v

Habentes donationes [Rm 12, 6]
Quia fidelis anima non tantum offertur Deo ut hostia per baptismi sacramentum **1562** f. 35v

Haec dicit Dominus: Anima, quae peccaverit [Ez 18, 4]. In lectione immediate praeexposita ipse Dominus Deus volens removere omne impedimentum poenitentiae **1562** f. 233r

Haec dicit Dominus: Clama, ne cesses [Is 58, 1]. Et sciendum, quod propheta ex persona Dei in ista lectione tria facit **1562** f. 223v

Haec dicit Dominus Deus: Convertimini [Ioel 2, 12]. Praesens lectio sic potest dividi. Primo enim ipse Deus per istum prophetam suadet **1562** f. 222r

Haec dicit Dominus Deus: In tempore placito [Is 49, 8]
Illa, quae continet praesens lectio, promissa fuerunt a Deo Patre **1562** f. 259r

Haec dicit Dominus Deus: Maledictus homo, qui confidit [Ier 17, 5]
Sicut visum est, monuit nos Ecclesia feria secunda et quarta huius secundae hebdomadae instanter orare **1562** f. 240v

Haec dicit Dominus Deus: Si abstuleris de medio [Is 58, 9]. In hoc sabbato XL^{mae}, quod requies dicitur, monet nos a peccatis quiescere **1562** f. 225v

Haec dicit Dominus: Ecce ego ipse requiram [Ez 34, 11]. Doctores catholici dicunt istam prophetiam fore complendam **1562** f. 227v

Haec omnia liber vitae, Ecclesiastici XXIV° [, 32]. Secundum quod dicit beatus Gregorius, homilia 37 evangeliorum: Temporalis vita **1503** p. 1

Haec sunt praecepta decem, quae Dominus dedit. Haec in corde tuo scribe, fac, quod docearis in illis. Primum praeceptum: Dominus tuus est Deus unus **1571** f. 12r

Haec verba captationis benevolentiae sunt apud ipsos auditores seu addiscentes doctrinam Magistri per locum a propria persona **1532** f. 4r

Haec verba scripsit Apostolus in Epistula ad Hebraeos de Domino nostro Iesu Christo, summo et vero pontifice. Iste namque pontifex tantae dignitatis est **1551** f. 209r

Hanc epistulam scribit Paulus Galatis ab Epheso. Hi per Paulum ad fidem Christi fuerant conversi **1557** p. 2

Has inter virtutes. Postquam Sedulius in praecedentibus tribus libris Novi Testamenti tractavit de mysterio incarnationis Christi et de huius gestis diversis **1571** f. 220r

Haurietis aquas in gaudio ...[Is 12, 3]. In verbis istis duplex effectus sacramentorum, de quo in hoc quarto libro (agitur), sufficienter exprimitur **1541** f. 1r; **1544** f. 1r; **1547** f. 2r

Heracliades. Ego cum gravi carnis temptatione urgerer **1562** f. 288v

Hermon in nomine tuo **1525** f. 61r

Hermon in nomine tuo, scriptum in Ps. 88 [, 13] dictumque in tam sollemnis congregationis medio pro nostri licentiandi negotio exclamativo **1525** f. 54r

Hi tres reges ortum habent ex prophetia Balaam, Numeri XXIV [, 17], qui dixit: Orietur stella ex Iacob. Quod sic accidit post egressum filiorum **1509** f. 174r

Hic diffamatus est [Lc 16, 1]
Si Apostoli dicentis: Quid habes, quod non accepisti, prima Corinthiorum IV [, 7] **1507** f. 228v

Hic est expositio 2[i] libri Sedulii, in quo auctor prosequitur suum propositum tractans de mysterio incarnationis Christi **1571** f. 193r

Hic est pars exsecutiva, auctor in qua exsequetur suum propositum, quae dividitur in quinque libros partiales. In primo auctor ait de mysterio incarnationis Christi **1571** f. 182v

Hic est prologus in epistulas beati Pauli apostoli, quem Magister fecit, non de verbis suis sed sanctorum, et habet partes VIII[o] **1561** f. 85r

Hic est 3[us] liber principalis, in quo agitur de miraculis, quae egit in praesentia apostolorum **1571** f. 106r

Hic est tractatus tertius, in quo Philosophus docet de postpraedicamentis et est postpraedicamentum aliquid, cuius notitia a Philosopho in libro Praedicamentorum post traditionem ipsorum est tradita **1507** f. IVr

Hic Iesus, qui assumptus est [Act 1, 11]
In hac carne ascendit in caelum, sed non in tali, in qua passus est **1508** f. 194r

Hic incipit historia. Modo possumus descendere ad materiam passionis Christi, incipiendo a die Dominico Olivarum **1570** f. 222r

Hic incipit liber, cuius divisio a parte subiecti sumi potest **1539** f. 3v; **1540** f. 13r; **1548** f. 16r

Hic incipit quartus liber Sententiarum magistri Petri Lombardi, Parisiensis episcopi, qui ad praecedentes libros tres continuatur sic: Postquam in praecedentibus libris determinatum est de rebus **1517** f. 233r

Hic incipit secundus liber Sententiarum, in quo postquam Magister egit de rebus fruibilibus, id est divinis personis **1532** f. 55r

Hic incipit tractatus et habet 4[or] libros partiales, in quorum primo Magister tractat, praemissis aliquibus communibus, de trinitate personarum et unitate essentiae **1533** f. 3r

Hic incipit tractatus, qui dividitur in 4or libros partiales, quorum primus divitur in partes 2. In prima parte Magister venatur materiam omnium librorum **1517** f. 55r

Hic Magister ex conclusione iam posita et ex dictis verbis Moysi elidit duos errores Platonis. Primus, per quem dixit tria esse principia rerum coaeterna **1519** f. 7r; **1526** f. 7v

Hic ponit numerum et ordinem considerandorum de sacramentis, et dicit 4or esse consideranda de sacramentis **1534** f. 2v

Hic ponuntur talia, quibus mediantibus debemus praecedentibus **1571** f. 32v

Hic retulit sanctus Matthaeus evangelium, quod discipuli interrogaverunt Dominum et dixerunt: Domine, dic nobis, quando erit dies iudicii. Qui respondit **1571** f. 33r

His V modis delentur peccata venialia et etiam mortalia, quae non habentur in memoria: Missa, Pater noster **1538** f. 126r

His tractatis. In hoc Prologo Magister continuat hunc librum ad tres praecedentes, in quibus determinavit de rebus **1536** f. 4v

His tractatis, quae ad doctrinam rerum pertinent **1529** f. 2r

Hoc iugibus. Hic ponuntur talia, quibus mediantibus debemus praecedentibus **1571** f. 32v

Hoc opus exiguum ludendo tempore feci **1571** f. 45v

Hoc sentite in vobis [Phli 2, 5]
  De turbis et pueris simplicibus Hebraeorum et populi Israel, qui hodie processerunt obviam Christo **1562** f. 80r
  Facta processione missa sequitur, quae tota est de Domini passione, in qua legitur haec epistula **1562** f. 269v

Hoc verbum, quod factum est [Ier 30, 1]. Quidam hoc capitulum intelligunt de liberatione Israel a captivitate Babylonica facta **1566** f. 148v

Hodie enim ad octo dies auditum est, quomodo Deus minabatur illis **1508** f. 69v

Hodie peragimus diem sancti Marci, qui fuit cancellarius Filii Dei **1506** f. 191r

Hodierna dies habet nomen speciale, quale numquam ante nec post habuerit, nec post habitura est aliqua dies. Dicitur enim Cena Domini **1506** f. 183r

Homo quidam erat dives [Lc 16, 1]
  Bonum est hominibus, quamdiu manent in bonis fortunae, acquirere eis amicos **1508** f. 96r
  Domini terrae habent consuetudinem habere homines censuales **1508** f. 95v
  Dominus Iesus in hoc evangelio quemlibet monet, ut statum suum recogitet **1507** f. 227v
  Evangelium istud tangit, excitat et avisat quemlibet christianum **1507** f. 226r
  Hac sacra die concurrunt duo evangelia: unum dominicale de villico, aliud de sancto Laurentio Hispano **1507** f. 308r

Homo quidam erat dives [Lc 16, 19]
  Ex prophetia Isaiae, capitulo XX°, habetur, quomodo ornatus vestium **1507** f. 188r

Simon libro VI, capitulo XI, tractans illud verbum divitis: Anima mea, habes cuncta bona **1507** f. 190r

Homo quidam fecit cenam magnam [Lc 14, 16]
Dominus noster in hoc evangelio, quia se ipsum dedit nobis in praemium aeternum **1507** f. 194r
Evangelium tractat de cena, quae caelestem notat gloriam **1507** f. 192r
Nota: Praeterita septimana dictum fuit de crudelitate et parcitate divitis saecularis **1508** f. 58r

Homo quidam fecit nuptias [Mt 22, 2]
Gregorius: Regnum caelorum duplicem ecclesiam significat **1508** f. 156r

Honora patrem tuum [Ex 20, 12]
Monuit nos pia mater Ecclesia secunda feria et 3[a] nunc praecedentibus lavari lavacro poenitentiae contra peccati immunditiam **1562** f. 248r

Honoret te Deus, quoniam et tu ipsum non parum acceptabiliter honoras amando et inquirendo scientias **1555** f. 1r

Hora est iam [Rm 13, 11]
Sed prius evangelium vidi, quod scribitur **1508** f. 187v
Tria homines faciunt, quando aliquem dilectum amicum in domum suam exspectant **1508** f. 188v

Hortamur vos, (fratres) ne in vacuum gratiam Dei recipiatis [2 Cor 6, 1]
In hac epistula advenerunt nobis dies poenitentiae, quos observare debemus **1562** f. 62v
Sancta mater Ecclesia, legens praesentem Pauli epistulam, hortatur nos ad tria **1562** f. 226v

Horum igitur Deo odibilem. Ista est secunda pars principalis Prologi, in qua reddit auditorem docilem assignando causas huius libri **1521** f. 8r

Hospito, cibo, poto, tego, visito, tumbo **1550** f. 166r

Hucusque enim pendet littera, ut perficiatur sententia **1501** f. 2r

Hugo in Didascalicon, libro 4: Ceterum liber non est a culpa, qui alienum usurpat officium **1569** f. 305r

Huic epistulae praemittit glossator prologum, in quo notificat Galatas primo a regione **1557** p. 2

Huic libro Hieronymus praemittit Prologum dirigendo sermonem ad Paulam **1566** f. 3r

Huic totali libro Magister praemittit Prologum, in quo tangit causas suscepti operis. Et principaliter tria facit. Primo reddit auditores benevolos, 2[o] dociles, ibi: Horum igitur Deo odibilem, 3[o] attentos, ibi: Non igitur debet hic labor **1517** f. 53r

Humanum dico propter infirmitatem [Rm 6, 19]
Caro enim nostra in principio creationis fuit fortis, sana, congruens et oboediens animae **1562** f. 155r

Humiliamini igitur [1 Pt 5, 6]
Nihil est carius Deo nisi bonus homo, qui ordine caritatis procedit **1508** f. 67r
Videmus enim, fratres carissimi, in hac machina mundiali, quod quantum est circumferentia minor **1562** f. 141v

Hunc librum Hieronymus asserit non a Salomone, ut putatur, sed a Philone doctissimo **1564** f. 270r

Iacobus iste apostolus vocatus est Iacobus Alphaei **1550** f. 180r

Iam festa sollemnia praeterierunt, ut Resurrectio Christi, Ascensio, Spiritus Sancti missio **1508** f. 49v

Iam placidas Iordanis transgressus. Iste est liber quartus Sedulii in ordine librorum partialium, 3[us] vero inter libros Novi Testamenti, in quo Sedulius pertractat de miraculis Christi factis ante passionem suam **1571** f. 212r

Iam tempore isto legitur liber Iob, in quo legitur hodie in matutino: Numquid rugiet onager ...[Iob 6, 5] **1508** f. 115r

Ibat Iesus in civitatem Naim cf. *Ibat Iesus in civitatem, quae vocatur Naim* [Lc 7, 11]

Ibat Iesus in civitatem, quae vocatur Naim [Lc 7, 11]
  Hoc sacrum evangelium narrat de morte adolescentis unici matris suae, est autem triplex **1507** f. 261r
  In praecedenti dominica audimus, quod duobus dominis nemo potest simul servire **1508** f. 134v
  Inquit Gregorius XXVI Moralium, capitulo X: Ad aeterna gaudia redire non possumus **1507** f. 259v
  Quae secundum Bedam est civitas Galilaeae duobus miliaribus distans a monte Tabor **1508** f. 246r
  Qualem diligentiam spirituales homines debent habere ad saeculares **1508** f. 134r
  Ubi tria: primo Christus, etsi semel pro salute venerat in mundum **1507** f. 263v

Ieremias propheta, cui prologus scribitur, sermone quidem apud Hebraeos Isaia et Osee **1566** f. 3r

Ieremias propheta erat vas electionis, ut portaret nomen Dei coram gentibus et filiis Israel **1566** f. 214v

Igitur vir Dei Symeon patre Graeco, Antonio dicto, matre Calabrica in Sicilia, civitate Syracusana progenitus **1509** f. 157r

Illa reviviscunt **1512** f. 119v

Ille Apostolus in verbis propositis describit sacramentum divinae incarnationis **1512** f. 191r

Illustrissimae ac serenissimae in Christo dominae, dominae Hedvigi, divini respectus intuitu reginae Poloniae etc. **1570** f. 186r

Imitatores mei estote [Phli 3, 17]
  Docet nos Apostolus, ut eum imitemur, in quo primo in bono exemplo quoad proximum **1508** f. 176v
  In praecedenti dominica monuit nos Apostolus, ut caritate abundemus ... In hodierna epistula exponit ordinem, secundum quem possumus in caritate abundare **1508** f. 179r
  Scitis, quia hiems iam appropinquat et frigus augetur **1508** f. 178r
  Virtuosi et caritativi hominis est exhortari ad virtutes **1562** f. 213r

In actu praesenti faciendo Principium in quartum librum (Sententiarum) tria duce Deo per ordinem intendo facere **1521** f. 90r; **1522** f. 408r

In actu praesenti faciendo Principium in tertium librum Sententiarum, tria per ordinem duce Deo intendo facere **1521** f. 62v; **1522** f. 368r

In actu praesenti faciendo, videlicet Principium in secundum librum Sententiarum, tria per ordinem **1521** f. 39r; **1522** f. 341r

In aula caesaris, cum nuper otiosi essemus, sermonem ita ut fit de rebus diversis, conseruimus **1550** f. 240r

In Chronicis, libro VIII, errores philosophorum de ingressu animarum **1570** f. 157v

In cubito consummabis summitatem arcae. Ge 5 [6, 16] c **1569** f. 89r

In diebus illis aegrotavit Ezechias usque ad mortem [Is 38, 1]
Hesterna die in capite ieiunii monuit Deus per prophetam Ioelem filios Ecclesiae **1562** f. 223r

In diebus illis dixit Ieremias: Domine demonstrasti mihi [Ier 11, 18]. Adhuc sancta mater Ecclesia sponsi sui passionem acerbissimam recolens reducit ad memoriam **1562** f. 273r

In diebus illis dixit Ioseph fratribus suis [Gen 37, 6]
Hesterna die dixit Ecclesia verba Domini dicta per Ieremiam **1562** f. 241v

In diebus illis dixit Moyses filiis Israel ... Si enim custodieritis mandata [Dt 11, 22]. In 2[a] lectione promittit eis perennem possessionem et breviter dico **1562** f. 234r

In diebus illis dixit Rebecca Iacob [Gen 27, 6]
Ostensum fuit heri in Ioseph, quod verum est verbum **1562** f. 243r

In diebus illis locutus est Isaias dicens: Quaerite Dominum [Is 55, 6]. Proposuit nobis hesterna die in epistula praeexposita sancta mater Ecclesia divinam misericordiam **1562** f. 228r

In diebus illis orabat Mardochaeus [Est 13, 8]
Quoniam corporale ieiunium minus valde est et minus efficax **1562** f. 240r

In diebus illis oravit Azarias [Dan 3, 25]
Convenienter hoc passionis tempore legitur praesens lectio, quae per figuram continet orationem **1562** f. 264r

In diebus illis oravit Daniel ... Domine, Deus noster [Dan 9, 15]. Ad divisionem praesentis lectionis procedamus in hunc modum. Oratio tunc efficacior est **1562** f. 238r

In diebus illis oravit Moyses ... Respice de sanctuario [Dt 26, 15]. In hac epistula Moyses primo praemittit orationem dicens: Respice etc., 2[o] adiungit monitionem ibi: Audi Israel **1562** f. 234r

In doctrina ista, in qua agitur de virtutibus, proceditur sic: primo agitur de origine virtutum, scilicet usque ad tertium capitulum **1559** f. 2r

In exordio librorum Sententiarum animadvertendum **1522** f. 301v

In exordio librorum Sententiarum animadvertendum duxi illud eulogium Apostoli **1521** f. 10r

In hac parte primo dicemus de temptationibus carnis **1509** f. 44v

In his verbis opus creationis sufficienter exprimitur **1542** f. 2r; **1545** f. 1r; **1573** f. 1r

In his verbis opus reparationis mundi, quae est per Christum facta, describitur **1523** f. 2r; **1543** f. 2r; **1549** f. 3r

In hoc notatur prima causa movens ad compilationem huius operis **1518** f. 21r

In hoc Prologo Magister continuat hunc librum ad tres praecedentes, in quibus determinavit de rebus, quibus fruendum est in primo libro **1536** f. 4v

In hoc prologo primo captatur auditorum benevolentia, secundo attentio suscitatur ibi: Nam in VIII° et XXX° anno **1559** f. 1r

In hoc saeculo nihil aliud est nisi turpis amor et insecuritas, quia tam spirituales quam saeculares contaminati sunt cupiditate et superbia vitae. Unde scriptum est de lege: Recessit lex a sacerdotibus **1563** f. 155v

In hoc secundo libro Sententiarum principalis intentio auctoris circa tria versatur, scilicet circa rerum creationem **1513** f. 67r

In hoc 3° agit de mysterio incarnationis et passionis Filii Dei **1524** f. 14r

In illo tempore, scilicet quando sanaverat filiam illius Chananaeae **1508** f. 114r

In ista parte ostendit auctor cum duobus latronibus crucifixionem Christi et habetur Matthaei XX capitulo **1571** f. 220r

In ista parte propheta deplorat urbis excidium et in duabus consistit: in depopulatione et servitute **1566** f. 216r

In isto actu duo sunt facienda: primo brevis recommendatio Sacrae Scripturae et hoc quoad tertium librum, secundo una quaestio determinabitur. Quantum ad primum pro recommendatione tertii libri Sententiarum **1531** f. 1r

In isto capitulo agitur de Iudaeorum consummata destructione quantum ad omnes paucissimis exceptis **1566** f. 179v

In lectulo meo quaesivi [Can 3, 1]
Verba sunt et cuiuslibet animae fidelis. Gregorius et alii dicunt: Lectus est voluntas et omnis delectatio mundana **1508** f. 89v

In libro suo Magister praemittit Prooemium (suum), in quo primo ponitur excusatio auctoris **1540** f. 12v; **1546** f. 4v; **1548** f. 15v

In medio sedis et in circuitu quattuor animalia ...[Ap 4, 6]. Sicut ait egregius doctor Augustinus, I De doctrina christiana: Nemo ambigit **1513** f. 2r

In mense sexto [Lc 1, 26]
Determinavit supra evangelista annuntiationem Ioannis Baptistae praecursoris, hic determinat annuntiationem Christi Salvatoris **1550** f. 16r

In mente per incarnationem, in gremio per sustentationem, in brachiis per oblationem **1550** f. 169r

In multis locis Scripturae caritas igni comparatur, quae si conservari debeat **1562** f. 221v

In nomine Domini nostri Iesu Christi, in quo omne genu flectitur, caelestium, terrestrium et infernorum [Phli 2, 10]. In isto actu duo sunt facienda: primo brevis recommendatio Sacrae Scripturae **1531** f. 1r

In nomine Sanctae et Benedictae Trinitatis atque semper individuae Patris et Filii et Spiritus Sancti ...[Act. 17, 28]. Ad laudem et honorem Iesu Christi, in cuius nomine omne genu flectitur **1518** f. 1r; **1538** f. 1v

In parte ista incipit tractatus libri, qui dividitur in quattuor libros partiales **1513** f. 3v

In praecedenti dominica monuit nos Apostolus, ut honeste ambulemus, id est in statu nostro decenter vivamus **1508** f. 245r

In praecedenti septimana monuit nos Apostolus, ut simus circumspecti

Ioannes est nomen eius [Lc 1, 63]. Venerabiles patres, magistri ... Quemadmodum omnia creata, quae ex Deo prodierunt originaliter et in Deum redeunt finaliter **1521** f. 62v; **1522** f. 368r

Iob probat, inclinat Paulum, sese manifestat **1505** f. 220v; **1536** f. 38v

Ipsa enim conteret [Gen 3, 15]
Videmus communiter, quod pauperes illis semper exhibent honores **1508** f. 103r

Ipsa est, quam praeparavit Dominus [Gen 24, 44]
Ista verba secundum litteram dicuntur de Rebecca, uxore Isaac, secundum spiritualem vero intelligentiam dicuntur de Virgine Maria **1563** f. 156v

Iratus dominus eius dedit eum tortoribus [Mt 18, 34]
De consuetudine Christi scribit Augustinus: Dominus Deus dat malum pro malo **1508** f. 170r
In praecedenti dominica suadet nobis Apostolus, ut acquiremus indumenta **1508** f. 169v

Irrefragabili constitutione sancimus, ut ecclesiarum praelati ad corrigendum subditorum excessus, maxime clericorum **1527** f. 3r

Isidorus, libro Etymologiarum: philosophi Graeci amatores sapientiae dicuntur **1569** f. 390v

Ista est secunda pars principalis Prologi, in qua reddit auditorem docilem assignando causas huius libri **1521** f. 8r

Iste est liber quartus Sedulii in ordine librorum partialium, 3[us] vero inter libros Novi Testamenti, in quo Sedulius pertractat de miraculis Christi factis ante passionem suam **1571** f. 212r

Iste est liber 4tus tractans de sacramentis et de futura resurrectione et de gloria resurgentium. Et habet 50 distinctiones, in quarum prima tractat de sacramentis in communi **1534** f. 2r

Iste est liber 4[us] tractans de sacramentis et de futura resurrectione. Et habet 50 distinctiones, in quarum prima tractat de sacramentis in communi **1536** f. 5r

Iste est 2[us] prologus Sedulii, in quo specialiter ostendit, de quo velit pertractare, et dividitur, quia primo proponit in generali **1571** f. 180r

Iste est 3[us] liber Sedulii de Novo Testamento et est tertius in ordine librorum partialium, qui continuatur ad praecedentem. In praecedenti Sedulius egit de instantia Salvatoris **1571** f. 202r

Iste est tertius liber Sententiarum magistri Petri Lombardi archiepiscopi Parisiensis. Et continuatur ad praecedentes sic: Postquam Magister determinavit de rebus divinis et creatis **1517** f. 173r

Iste liber, cuius subiectum est ut supra, dividitur in partem prooemialem et exsecutivam, quae incipit ibi: Primus ab usque chaos **1571** f. 179r

Iste liber dictus Sententiarum ex eo, quod sententias antiquorum patrum et doctorum de catholicis veritatibus hincinde collectas summatim comprehendat **1532** f. 3v

Iste liber dictus Sententiarum prima sui divisione dividitur in tres partes: in prologum, tractatum et epilogum **1518** f. 20v; **1533** f. 1r; **1538** f. 5r

Iste liber quartus est de sacramentis et futura resurrectione. Et prima distinctio tractat de sacramentis in communi **1528** f. 2r

Iste liber 4us est de sacramentis et futura resurrectione. Et primo de sacramentis in communi **1520** f. 12r; **1529** f. 2r

Iste liber, qui intitulatur Summa mysteriorum, dividitur in duas partes: in prooemium et exsecutionem **1571** f. 53r

Iste liber, qui intitulatur Summa sacrificiorum et cuius subiectum est missa et eorum, quae aguntur in missa, et dividitur in duas partes **1571** f. 69v

Iste liber Sententiarum tamquam fluvius paradisi in 4 capita, id est in IV libros partiales, quorum librorum divisiones penes principale subiectum seu materiam accipitur **1538** f. 4r

Isti sunt errores condemnati in Anglia a fratre Roberto Kilwardby, archiepiscopo Cantuariensi, de consensu omnium magistrorum tam cogentium quam non cogentium apud Oxoniam **1572** f. 143v

Ita quod Prologus iste continuat materiam sequentem ad praecedentem ac si dicit: Postquam determinatum est de illis rebus, quibus est fruendum, videlicet de Deo, Trinitate **1534** f. 2r

Itaque fratres mei carissimi [Phli 4, 1]
O Paule, Paule, ex abundantia cordis os loquitur [Lc 6, 45]. Vas plenum est fraterna caritate **1562** f. 216v

Item alia materia pro novo anno secundum praedictos status: Coniugatis anulum, viduis speculum, virginibus crinale. Per anulum significatur concordia et mutua dilectio ... Unde Salvator dixit Matth. XIX [, 5]: Propter hoc dimittet homo patrem et matrem **1509** f. 165v

Item Hieronymus ad Laetam: Si quando ad suburbana pergis, domi filiam non relinquas **1562** f. 288r

Item Sacra Scriptura exponitur 4or modis, id est thyelestnye. Primo historiace sicut historia sonat, 2° allegorice, id est duchownye **1550** f. 165v

Iussio, consilium, consensus, palpo, recursus **1550** f. 166r

Iuxta Augustinum, doctorem eximium, libro III° De Trinitate, nihil fit, quod non de interiori atque intelligibili aula summi imperatoris **1524** f. 2r

Iuxta sententiam beati Augustini, De fide ad Petrum, homo primus secundum purae naturae **1531** f. 1r

Iuxta venerabilem doctorem Augustinum super Psalmum centesimum tertium, quia Deus, qui inhabitat lucem **1520** f. 1r

Labitur exiguo, quod partum est tempore longo **1547** f. Ir

Larga Dei pietas veniam non dimidiabit **1522** f. 243r

Laudate Dominum, et subdidit: *quoniam satiavit animam vacuam* [Ps 106, 9]
Conspiciens enim misericordiam Domini et nostros defectus facit nos laudare Deum etc. **1508** f. 46r

Laurentius, Hispanus genere, Romae archidiaconus beati Sixti papae fuit **1550** f. 189v

Lavamini et mundi estote [Is 1, 16]
Sicut apparuit in prima prophetia huius diei, Dominus descripsit efficaciam salutaris baptismatis **1562** f. 256v

Leges civiles si nescit femina **1553** f. 101r

Legitur in Historia scholastica, capitulo XXXVIII°, libro Numerorum, sic: Dixit quoque Dominus ad Moysen: Ascende in montem ...[Num 27, 12] **1550** f. 206v

Legitur in Scholastica historia, Exodi XXXVII° capitulo et in Biblia etiam Exodi XVII° [18, 1-11], quod audiens Iethro victoriam Moysi **1550** f. 215v

Legitur in Scholastica historia in libro Deuteronomii, capitulo III°, sic: Separavit Moyses tres civitates...[Dt 4, 41] **1550** f. 212r

Lex Domini immaculata [Ps 18, 8]
Haec verba scribit David in Psalmo, in quibus commendat et ostendit, quam pretiosum est verbum Dei **1508** f. 83r

Libenter suffertis insipientes [2 Cor 11, 19]
In hac epistula Apostolus ostendit, quanta passus ipse sit et quanta passi sunt ipsi Corinthii ab pseudoprophetis **1562** f. 50r

Liber generationis [Mt 1, 1]
Festum hodiernum laudabile, quia festum Nativitatis Mariae matris Domini **1506** f. 147v
Hic nominat XL duos patres, qui fuerunt de genealogia sive de stirpe Christi **1508** f. 118r
Hodie sancta Ecclesia occupatur in laudibus Mariae Virginis, nativitatem eius memorando, quae vere digna est celebratione **1506** f. 148v

Liber generationis Iesu Christi ...[Mt 1, 1]... Beatus Augustinus naturae supernam dignitatem **1525** f. 26v

Liber generationis Iesu Christi [Mt 1, 1], quae fuerunt verba vestris reverentiis loco thematis proposita. In quibus quidem verbis iuxta materiam quattuor librorum partialium huius libri Sententiarum, quem prae manibus habemus **1525** f. 32r

Liber iste dividitur in tres partes. In prima praemittit breve prooemium, in quo breviter nomen genus **1566** f. 7r

Liber iste licet trifariam dividatur in generali, ut praedictum est, cum quolibet membro **1503** p. 3

Liber iste secundus agit primo de hominis condicione, secundo de eiusdem lapsu et temptatione **1519** f. 7r; **1526** f. 7v; **1538** f. 64r

Liber iste Sententiarum tamquam fluvius paradisi in quattuor capita dividitur, id est in IV^or^ partiales libros **1541** f. 2r; **1544** f. 1v; **1547** f. 11v

Liber secundus, in quo determinat Magister de rerum creatione et earum ornatu **1517** f. 125r

Liber Sententiarum sicut quidam fluvius paradisi egrediens **1523** f. 2v; **1543** f. 3r; **1549** f. 3v

Liber tertius, in quo agit de sacramento incarnationis Filii Dei **1538** f. 112v; **1531** f. 13r

Liber totalis Sententiarum in IV^or^ partiales libros dividitur sicut fluvius paradisi in IV^or^ capita **1542** f. 2v; **1545** f. 1v; **1573** f. 1r

Libro suo Magister praemittit Prooemium, in quo primo ponitur excusatio auctoris **1539** f. 3v

Licet de Christo sufficiant testimonia prophetarum et scripturarum sanctarum, tamen ab his, qui foris sunt **1505** f. 284v

Licet quamlibet notitiam scientificam opinamur, ut scribitur in principio prooemii De anima etc., honorabilissimam tamen divinam scientiam et sapientiam dicere non veremur **1571** f. 178v

Licet verba thematis nostri, a Christo Domino prolata, ad litteram sint dicta de materiali Sole **1517** f. 20v

Licet verba thematis nostri a Christo Domino, Redemptore nostro ex utero virginali tempore plenitudinis gratiae orto **1517** f. 14v

Linea genealogiae Christi evangelica, quam Lucas transverse prosequitur ... Deus, Adam **1568** f. 420v

Linguis loquar hominum et angelorum [1 Cor 13, 1]
In hac epistula agitur de caritate, quae commendatur tamquam perfectio omnium operum **1562** f. 58v

Litteras tuas me recepisse cognosce, in quarum exordio me alterum Symeonem vocas **1504** f. 7v

Locutus est Dominus ad Moysen dicens: Loquere [Lev 19, 1-2]
Lectio praesens, quae continet quaedam praecepta negativa ordinando hominem **1562** f. 262v

Locutus est Dominus ad Moysen dicens: Vade [Ex 32, 7]
Praecedenti 2[a] feria ostensum est nobis in figura duarum mulierum meretricum **1562** f. 255v

Loquente eo ad illos princeps Iudaeorum, ut dicit Marcus: Iairus nomine, et ut dicit Lucas: procidit ante pedes Iesu et orabat eum **1508** f. 180r

Loquente Iesu ad turbas, ecce princeps unus accessit [Mt 9, 18]
Evangelium refert de petitione principis synagogae pro filia sua **1507** f. 291v
Evangelium refert de tribus: de adoratione, de sanatione et de suscitatione **1507** f. 290r

Lucas Syrus, natione Antiochenus, arte medicus fuit sine crimine serviens Domino in virginali castitate **1550** f. 194r

Marcus evangelista, Leviticus genere et sacerdos, Petri apostoli in baptismate filius atque divino sermone discipulus **1550** f. 171v

Margarita dicitur a quadam gemma pretiosa, quae est candida et virtuosa. Sic beata Margarita fuit candida per virginitatem **1550** f. 187v

Maria Aegyptiaca, quae peccatrix appellabatur, XLVII annis in eremo vitam duxit **1550** f. 203r

Maria autem stabat ad monumentum [Io 20, 11]
Nota, quod Christi resurrectio erat mirabilis **1508** f. 10r
Nota: triplex resurrectio: una phantastica, ut legitur de Samuele **1508** f. 9v

Maria Magdalena cf. *Maria Magdalene* [Mr 16, 1]

Maria Magdalena ex clarissimis orta est parentibus et cum fratre suo Lazaro et sorore sua Marta Magdalum castrum, a quo dicta est Magdalena **1550** f. 188v

Maria Magdalene et Maria Iacobi [Mr 16, 1]
Assumptis trecentis viris Gedeon perrexit ad pugnandum contra Madian et Amalec **1550** f. 200r
Dominicam Resurrectionis angelus primitus annuntiavit, in quo satis innuitur **1507** f. 97r
Multae figurae dominicae Resurrectionis in Scripturis inveniuntur,

inter quas una familiaris habetur in libro Iudicum de Samsone **1507** f. 94v
Nota: Evangelium scribit Marcus et Matthaeus **1508** f. 2r
Nota, quod aliquis vincit inimicum suum et imponit eum in carcerem **1508** f. 2r
Resurrectio Domini caelos laetificat, inferos perturbat, sanctos vivificat, in mundo tribulatos pacificat **1507** f. 91r

Martinus inclitus fuit filius cuiusdam tribuni sed pagani. Hic sub Constantino et Iuliano imperatoribus militavit **1550** f. 195v

Martinus sacerdos Dei [Responsorium in vesperis s. Martini]
Augustinus in quodam sermone suo dicit: Ubi estis agricultores **1508** f. 171r

Mater sancta Ecclesia legit hodie hanc epistulam ostendens, quis sit repletus, quia apostoli **1508** f. 33v

Materia vero istorum trium regum beatorum ex prophetia Balaam sacerdotis Madian, prophetae gentilis originem traxit **1509** f. 63r

Matrimonium aut est carnali copula consummatum, aut non **1553** f. 258v

Matthaeus apostolus et evangelista in Aethiopia praedicans in civitate, quae vocatur Nadaner **1550** f. 192r

Matthaeus, cum primo praedicasset evangelium in Iudaea **1564** f. 179r

Memores estote [1 Mch 4, 9]
Quando Iudas Machabaeus debuit pugnare cum Golia, tunc dixit ista verba **1508** f. 166r
Remigius super principium hodierni evangelii dicit, quod Christus quotienscumque habuit impedimentum a turbis **1508** f. 165r

Mens mala, mors intus **1522** f. 244r; **1538** f. 162v

Merito ergo primo a me invocandum est divinum auxilium ad complendum hoc opus **1525** f. 43r

Metris bonis, finitum, scientificus, sic dictus **1571** f. 113v

Misereor super turbam [Mr 8, 2]
Bernardus sermone quodam de Nativitate Domini, tractans illud Apostoli **1507** f. 220r
In praecedenti septimana consulit nobis Apostolus, ut moriamur peccato, si volumus vivere Deo **1508** f. 91v

Miserere nostri, Deus omnium [Eccli 36, 1]
De auctoritate huius libri, de quo sumpta est haec lectio, certum non est, quis fuerit **1562** f. 235r

Miserunt Iudaei ab Hierosolymis sacerdotes [Io 1, 19]
Cum homines mundani debent habere aliqua convivia vel festa **1508** f. 198r
Hoc evangelium loquitur de sollemni legatione, quam fecerunt Iudaei de Ierusalem ad Ioannem Baptistam **1507** f. 22r
In hoc evangelio inter cetera perpendamus, quodsi digne volumus exspectare adventum Domini **1508** f. 198v

Misit Iesus XII apostolos [Mt 10, 5]
Sicut dicit Hieronymus exponens, ex quo manifestatio Spiritus data fuit **1508** f. 158v

Misit verbum suum et sanavit [Ps 106, 20]... Beatus Augustinus naturae supernae dignitatem et rationalis creaturae aeternam felicitatem considerans **1519** f. 1r; **1526** f. 2r

Misit verbum suum et sanavit eos [Ps 106, 20]... In quibus quidem verbis sic introductis prosequendo divisionem meam factam in principio meo primi libri iuxta materiam IV librorum, 4 in istis verbis innuuntur **1538** f. 145v

Misit verbum suum et sanavit eos ...[Ps 106, 20]. In quibus verbis, sic ut audistis, introductis IV^{or}, materiam IV^{or} librorum partialium tangentia innuuntur. Primo innuitur immensae deitatis mira altitudo et hoc quoad primum librum, et hoc cum dicitur: Misit **1519** f. 3r

Misit verbum suum et sanavit eos ...[Ps 106, 20]. In quibus verbis, ut dictum est in principio primi libri, quattuor materiam IV librorum partialium tangentia innuuntur **1538** f. 61v

Misit verbum suum et sanavit eos ...[Ps 106, 20]... Iuxta sententiam beati Augustini, De fide ad Petrum, homo primus secundum purae naturae **1531** f. 1r

Misit verbum suum et sanavit eos [Ps 106, 20]. Quae sunt verba coram vestris reverentiis in principio quoad principium 3^{i} libri Sententiarum proposita. In quibus quidem verbis 4 innuuntur. Primum immensae divinitatis mira altitudo et haec cum dicitur: Misit **1538** f. 111v

Misit verbum suum et sanavit eos [Ps 106, 20]... Quanta mala inflicta sunt homini propter inoboedientiam **1518** f. 1r; **1538** f. 1r

Missus est angelus ...[Lc 1, 26]. In qualibet autem salutatione quinque per ordinem consideranda sunt **1570** f. 32r

Mittens duos ex discipulis suis ait illi: Tu es [Mt 11, 2-3]
Evangelium istud narrat de Ioanne Baptista, qualiter duos discipulos suos cum interrogatione ad Christum misit **1507** f. 17v

Modicum et iam non videbitis me [Io 16, 16]
Dicit Cyprianus in Epistula ad Demetriadem: Generi humano non datur separari ab invicem **1507** f. 126r
Dominus noster Iesus Christus migraturus ex hoc mundo corpore, non deitate **1507** f. 127v
Nota, quod ante stat, quomodo Christus dixit apostolis negationem Petri **1508** f. 15r

Modo circa istius positionis declarationem pro materia primae conclusionis **1575** f. 122v

Modo circa materiam primi notabilis et primae conclusionis notandum, quod voluntas Dei et lex aeterna idem sunt in re **1575** f. 21r

Moenibus undosis bellorum incendia cernens **1571** f. 113v

Mors iusti subita, quando praecessit bona vita **1530** f. Ir

Mos est inter nos, cum homines habent sanctuaria **1508** f. 119v

Mulier quaedam de uxoribus [4 Rg 4, 1]
Peccatum mortale non est solum animae immunditia **1562** f. 247r

Mulierem fortem [Prv 31, 10]
Fortem dicit quasi gravem. Fortitudo bonae mulieris consistit, ut habeat actus graves **1508** f. 125v

Multis hominibus nunc videtur non solum impossibile, sed quasi nullatenus possent Deo placere **1508** f. 174r

Multitudo maxima venit ad Iesum [Io 6, 5]

Hoc evangelium inter evangelia dominicalium per circulum anni est ultimum **1507** f. 293v

Multorum etc. In hoc prologo primo captatur auditorum benevolentia, secundo attentio suscitatur ibi: Nam in VIII° et XXX° anno **1559** f. 1r

Multorum nobis. Operi principali duo prooemia sive prologi praeordinantur: unum ipsius translatoris sive auctoris, id est Iesu filii Sirach, aliud expositoris, id est Rabani **1559** f. 1r

Mundus gaudebit, vos autem contristabimini [Io 16, 20]
In dominica praecedenti erat evangelium de pastore, ut quisque saltem sit bonus pastor **1507** f. 132r

Munera crede mihi **1562** f. 108v

Muscipulae murum. Ponit differentiam inter muscipulam et decipulam **1527** f. integ. ant. aggl.

Mutat nupta genus, sed generata gradum **1547** f. 154r

Naaman princeps, princeps militiae regis Syriae [4 Rg 5, 1]
Hesterna die monuit nos mater Ecclesia per Apostolum, ut in operatione bonorum et declinatione malorum imitemur exemplar **1562** f. 246r

Nahum I [, 15]: Ecce super montes pedes evangelizantis et annuntiantis pacem **1538** f. 196r

Nam a vespera cenae usque ad vesperam diei sequentis, quod nulla fuit hora, nisi anima devota posset habere materiam cogitandi et devotionem hauriendi **1563** f. 151r

Nam sicut ait beatus Thomas, Contra gentiles in Prologo secundi libri, cuiuslibet rei perfecta cognitio haberi non potest **1519** f. 1r; **1526** f. 2r

Nativitas sancti Ioannis Baptistae angelo Gabrieli annuntiata fuit hoc modo **1550** f. 186v

Naturalium ac huius mundi sapientum cupientes sequi vestigia philosophorum **1525** f. 14v

Necesse est ut loquamur hodie **1564** f. IIr

Nectareum rorem terris instillat Olympus **1571** f. 34v

Nemini quidquam debeatis [Rm 13, 8]
In hac epistula Apostolus ait de caritate et caritatem multipliciter commendat ostendens ipsam esse plenitudinem legis **1562** f. 42r

Nemo potest duobus dominis servire [Mt 6, 24]
Evangelium hoc refert de triplici servitio: primo de servitio Deo exhibendo **1507** f. 258r
Evangelium tractat de servitio, ad quod obligamur Deo **1507** f. 256v
In illo tempore modicum ante hoc in eodem capitulo Christus docuit fideles, ne per opera sua quaerant laudem humanam **1508** f. 127v

Nescitis, quod hi, qui in stadio currunt [1 Cor 9, 24]
In hac dominica incipit Ecclesia ad memoriam reducere tempus deviationis nostrae **1562** f. 46v

Nicolaus dicitur a nicos, quod est victoria et laos, quod est populus, quasi victoria populi **1550** f. 217r

Nihil est, quod Ecclesiae Dei magis noceat, quam quod indigni assumuntur **1527** f. 3v

Nisi abundaverit iustitia vestra [Mt 5, 20]
Evangelium tractat de iustitia, ut christiani sint iusti **1507** f. 216r
Hoc evangelium est singulare et inter cetera magis pungitivum **1507** f. 214v
Hoc evangelium terret, distribuit, docet **1507** f. 217r
In praecedenti septimana Christus informavit nos, ut magis diligeremus caelestia quam terrestria **1508** f. 84v

Nisi granum frumenti [Io 12, 24]
In crastino Ramis Palmarum venit Iesus de Bethania in Ierusalem et praedicavit **1508** f. 99r

Nisi superabundaverit iustitia vestra [Mt 5, 20]
Sciens sanctus Petrus, quod sine unanimitate fraterna non potest habere regnum Dei **1508** f. 84v

Nobis belligerantibus in epistula dominicae proximae praeteritae suasit mater Ecclesia, ut virtutis armaturam **1562** f. 221v

Nolite arbitrari [Mt 10, 34]
Hieronymus dicit, quod factum hoc fuit in tricesimo primo anno **1508** f. 51v

Nolite esse prudentes [Rm 12, 16]
In hac epistula Apostolus arguit illos, qui aestimant se esse sapientes **1562** f. 38v

Nolite fieri sicut equus et mulus ...[Ps. 31, 9]. Quia multi sunt homines vitam pecudum eligentes, ut dicit Aristoteles in primo Ethicorum **1571** f. 68v

Nolite mirari [1 Io 3, 13]
Scimus, quia translati sumus de morte ad vitam **1508** f. 57r
Sicut enim causa dilectionis et amicitiae est similitudo et conformitas **1562** f. 138v

Nolite sapientes esse [Rm 12, 16]
Consulit sanctus Paulus, ut non simus sapientes nobismet. Ille enim est sapiens, qui corporaliter agit **1508** f. 222v

Nolo autem vos ignorare, fratres [1 Cor 10, 1]. Postquam superius in capitulo VIII° monuit abstinere ab esu idolaticorum propter scandalum infirmorum **1561** f. 419v

Non cessamus [Col 1, 9]
De quanto enim aliquis actus est nobilior et excellentior 1562 f. 217v; **1564** f. 172r
Dictum est supra in evangelio, qualiter Deus puellam in camera et non coram turba suscitavit **1508** f. 182r
Hic Apostolus ostendit nobis suam diligentiam, ut et nos ostendamus erga eum **1508** f. 180r
In hoc docet nos, ut unus oret pro alio, quia si pro ista puella, de qua in hodierno evangelio **1508** f. 183r

Non est securus quoad Deum, cum quo papa dispensat **1553** f. 256v

Non est similis tui in diis, Domine ...[Ps 85, 5]. In verbis praemissis istis exprimitur Christi excellentia quantum ad duo. Et primo per comparationem ad alios deos **1561** f. 1r

Non minor est virtus, quam quaerere, parta tueri **1547** f. Ir

Non moechaberis [Ex 20, 14]. Spiritualiter hoc praeceptum intelligendo, prout iam dictum est, idem est hoc praeceptum **1524** f. 1r

Non simus concupiscentes [1 Cor 10, 6]
Causa omnis peccati vel est concupiscentia carnis vel oculorum vel superbia vitae [cf. 1 Io 2, 16]. Modo secundum beatum Thomam **1562** f. 162r
In multis locis Sacrae Scripturae legitur, quod perfectae iustitiae sunt duae partes **1508** f. 97v
Quasi diceret: Sicut antecessores vestri erant etc. De primo ergo legitur, scilicet malo desiderio, quia Iudaei desiderabant cibaria **1508** f. 97v

Non turbetur cor vestrum [Io 14, 1]
Et istud evangelium vel hoc actum post ultimam cenam Domini **1508** f. 14v

Non verae viduae sunt, quae sunt nimis deliciosae. Vidua enim in deliciis vivens mortua est **1562** f. 288r

Non vivas, ut edas, sed edas, ut vivere possis **1562** f. 214v

Non vox sed votum **1562** f. 205r

Nota: Cecropius dederat primo ritum sacrificandi Iovi **1571** f. 102r

Nota: De Deo quantum ad productiones intrinsecas. Secundum Dionysium, libro De divinis nominibus in principio **1503** p. 4

Nota: Homo incipiens Deo servire et desinit, minime sibi prodest **1508** f. 14r

Nota: Hospites terrestres et villani, qui habent pecudes **1508** f. 13r

Nota: In prima epistula sanctus Iacobus dedit nobis consilium, quando dixit: Sitis veloces ad audiendum etc. [Iac 1, 19] **1508** f. 26r

Nota: Qui vult domum altam aedificare vel aliquod aedificium **1508** f. 17r

Nota, quod Christi nativitas describitur nobis, ut supermirabilis **1563** f. 163r

Nota, quod Christus pendens in cruce commendavit Matrem suam sancto Ioanni **1508** f. 53v

Nota, quod de omnibus operibus Christi multum scripserunt prophetae sancti **1508** f. 24r

Nota, quod homines triplici desiderio debent uti: primo, ut vitarent peccata **1508** f. 15r

Nota, quod in octava Paschae sancta mater Ecclesia recordatur, quomodo Christus apparuit apostolis **1508** f. 11r

Nota, quod Magister ex conclusione posita supra, scilicet quod omnes res distinctae **1538** f. 64r

Nota, quod mos est saecularium hominum triplex, quando recedunt **1508** f. 18v

Nota, quod nemo hominum est talis, qui vellet se benevole dare ad captivitatem **1508** f. 16r

Nota, quod omnes actus Christi sunt nobis in exemplum et informationem **1508** f. 122v

Nota, quod omnes sensus humani decipiuntur aliquo modo in Sacramento Altaris **1562** f. 95r

Nota, quod Sacra Scriptura IV modis exponitur, scilicet historice, tropologice, allegorice et anagogice **1538** f. IIr

Nota, quod sanctus Augustinus dicit in sermone hodierno, quod sanctos, quos eduxit Christus de limbo in Pascha **1508** f. 22v

Nota, quod sanctus Iacobus praeterita hebdomada consulit nobis, ut essemus prompti ad audiendos sermones **1508** f. 21r

Nota, quod sanctus Stephanus protomartyr, id est primus martyr, unde mater Ecclesia ordinavit **1508** f. 207v

Nota secundum Augustinum in Epistula ad Volusianum: Scrutandae sunt divinae Scripturae **1503** f. Iv

Nota secundum Doctorem Subtilem, Super IV Sententiarum: In Sacramento Altaris sensus non decipitur **1562** f. 95r

Notandum pro intellectu meliori quorundam, quod aliqui dicunt, quod originalis iustitia **1575** f. 208v

Notandum, quod dicit Albertus, quod difficile sit determinare de divinatione somniorum **1560** f. IIr

Notandum, quod Prologus iste innuit ordinem debitum. Sicut enim 2us liber respondet primo **1529** f. 2r

Notandum secundum Guilelmum, De universo, ponit plures modos angelicarum custodiarum **1542** f. 1r

Noto primo, quod indulgentia est remissio poenae debitae alieno merito suffragante dispensato **1575** f. 175v

Notum autem vobis facio evangelium [1 Cor 15, 1]
- Inter omnes actus, quos homo potest producere et elicere **1562** f. 171r
- Si tenetis, ecce bona informatio, quod per aliud non salvatur homo nisi per praedicationem **1508** f. 109v

Nova lux oriri visa est [Est 8, 16]
- Ad cuius evidentiam sciendum, quod in hac gloriosa nativitate fuit triplex mirabilis novitas nuntiata **1563** f. 171r
- Sensus et experientia docet primo, quod homini conturbato nil iucundius rumor complacentis **1563** f. 170v

Noveritis, amicorum carissimi et fautores, coram nobis constitutam famosam dominam H. cum filio suo Nicolao **1571** f. 177v

Numquid caecus potest caecum ducere [Lc 6, 39]
- Quasi diceret: Nullo modo, quia ambo, dux et ductor cadunt in foveam **1508** f. 77r
- Quoniam enim caecus habet caecum ducere, non est securus **1508** f. 77r

Numquid nosti ordinem caeli et pones rationem eius in terra ...[Iob 38, 33-34]. Verba ista sunt Domini ad beatum Iob **1539** f. 1r; **1540** f. 1r; **1546** f. 1r; **1548** f. 12r

Nunc formetur arbor affinitatis. In medio arboris quattuor sunt cellulae et in ipsa superiori ponitur primus gradus, in secunda secundus **1530** f. 377r

Nunc iudicium est mundi [Io 22, 31]
- Hodie dies Exaltationis sanctae Crucis, in qua Crux sancta, dum de regno personarum cum magno triumpho in Ierusalem est reportata **1506** f. 155v

Nuptiae factae sunt in Cana Galilaeae [Io 2, 1]
- Amatores mundi et Dei multum discordant, nam amatores mundi occupantur solum circa terrena **1508** f. 221v
- Dictum est dominica praecedenti, quomodo Dominus noster Iesus Christus duodennis exsistens cum matre sua **1507** f. 35v
- Ex quo recipio duo verba, quae dixit Virgo benedicta, scilicet: Facite, quodcumque praecipiet vobis **1508** f. 221v

Omne datum optimum [Iac 1, 17]
Nota, quod beatus Iacobus in ista epistula de tribus facit mentionem. Primo de donis **1508** f. 17v
Sicut esse naturale cuiuscumque rei est a forma **1562** f. 109r

Omne, quod natum est ex Deo [1 Io 5, 4]
Sicut dicit sanctus Thomas, in omnibus naturis ordinatis invenitur, quod ad perfectionem naturae inferioris duo concurrunt **1562** f. 96r

Omne, quodcumque facitis [Col 3, 17]. Per quod quidem eulogium ad tria principaliter facienda informamur **1521** f. 10r; **1522** f. 301v

Omnes unanimes in oratione estote [1 Pt 3, 8]
Sanctos viros docet, ut sint unanimes, nam secundum Origenem super libro Numerorum **1562** f. 148v

Omnia sunt homini tenui pendentia filo **1509** f. 18v

Omnis sapientia a Domino Deo est etc. [Eccli 1, 1]. In doctrina ista, in qua agitur de virtutibus, proceditur sic: primo agitur de origine virtutum, scilicet usque ad tertium capitulum **1559** f. 2r

Omnium Sanctorum festivitas inter alias festivitates duplici de causa instituta **1550** f. 195v

Operi principali duo prooemia sive prologi praeordinantur: unum ipsius translatoris sive auctoris, id est Iesu filii Sirach, aliud expositoris, id est Rabani **1559** f. 1r

Oportuit Christum pati et ita intrare in gloriam suam. Lucae ultimo capitulo [24, 26]. Sciendum, quod voluntas patientis excludit necessitatem coactionis **1509** f. 94r

Oratio vocalis prodest ad congruam satisfactionem **1522** f. 292v

Orationem faciebant sacerdotes [2 Mch 1, 23]
In hac epistula 4[or] tanguntur, scilicet qui debent orare sollemniter, quia sacerdotes Domini **1562** f. 234v

Ordo, coniugium, fons, confirmatio, panis **1550** f. 166r

Ordo cucullatus posset satis esse beatus **1553** f. 269v

Osculetur me osculo oris sui [Can 1, 1]
In hoc verbo invenio magnum desiderium antiquorum patrum **1508** f. 190v

Panis mutatur **1522** f. 234r

Panis triticeus, intentio presbyteratus **1530** f. 379v

Paphnutius tanta discretione multis annis vixit **1562** f. 289r

Paraclitus autem Spiritus [Io 14, 26]
Ex isto elicitur: Si doceri debemus, debemus doceri a Spiritu Sancto **1508** f. 40v

Paratus sum et non sum turbatus, ut custodiam mandata tua. Hic dimitto divisionem et continuationes solitas, ut eo brevius introducere possem materiam quaestionis **1575** f. 93r

Parentum magnalia in quattuor ordinibus ...[Sap 18, 24]. Secundum sententiam beati Ambrosii in Expositione epistularum beati Pauli et iuxta Philosophum in primo Physicorum et primo ac secundo Posteriorum **1513** f. 2r

Pasce oves meas [Io 21, 17]
Et est verbum Christi sancto Petro dictum, ubi Christus ostendit et facit ei pascere oves **1508** f. 71v

Paschales quicumque. Aut si magnarum. Iste liber, cuius subiectum est ut supra, dividitur in partem prooemialem et exsecutivam, quae incipit ibi: Primus ab usque chaos **1571** f. 179r

Paschales quicumque dapes, conviva, requiris **1571** f. 102v

Passio Christi fuit ex dolore amara, ex illusione despecta, ex utilitate multipliciter fructuosa **1550** f. 199r

Pater, ira, patientia **1562** f. 214r

Pater noster, qui es in caelis [Mt 6, 9] **1560** taeniae folio integ. post. aggl. adiunctae

Paulus apostolus non ab hominibus [Gal 1, 1]. Hanc epistulam scribit Paulus Galatis ab Epheso. Hi per Paulum ad fidem Christi fuerant conversi **1557** p. 2

Paulus servus Iesu Christi ...[Rm 1, 1]. Antequam accedamus ad litterae divisionem, est sciendum, quod sicut supra et circa prologum habitum est, hanc epistulam Apostolus scribit Romanis **1561** f. 86r

Paulus, servus ... ubi omnibus, qui sunt Romae [Rm 1, 1-7]. Hucusque enim pendet littera, ut perficiatur sententia **1501** f. 2r

Paulus (vocatus) apostolus ...[1 Cor 1, 1]. Haec est 2[a] epistula, quam Apostolus Corinthiis Graece scripserat. Est autem Corinthus metropolis Achaiae **1561** f. 361r

Pensandum est, cum iam peccatrix anima a vinculis carnis incipit absolvi **1570** f. 75r

Penuria dicit defectum substantiae exterioris, tenuitas vero defectum substantiae interioris **1514** f. 1r

Penuria est defectus substantiae exterioris et transumitur ad significandum defectum scientiae acquisitae **1525** f. 69r

Per quod quidem eulogium ad tria principaliter facienda informamur **1521** f. 10r

Percutiens clerum Romam petat, excipiatur **1550** f. 166r

Petrus apostolus Domini post ascensionem Christi multa pro ipsius nomine fuit passus. Nam ab Herode captus, catenis vinctus incarceratus fuit **1550** f. 187r

Placatur donis **1562** f. 108v

Plantaverat autem Dominus Deus [Gen 2, 8]
- Christus Dominus fecit cum sua Matre, sicut consuetudinem habent facere reges **1508** f. 119r
- Nota: Quadruplex est paradisus. Superior et est regnum caelorum **1508** f. 119v

Plato in hoc male posuit, quod materiam sive formam aliud a Deo primum principium esse dixit **1515** f. 1r

Poeniteas cito peccator, cum sit miserator iudex **1571** f. 51r

Poenitentiam pergas mox, scilicet tu homo **1571** f. 51r

Ponit differentiam inter muscipulam et decipulam **1527** f. integ. ant. aggl.

Ponit 3[am] temptationem Christi, 2[am] in ordine evangelii **1571** f. 32v

Porphyrius in Isagogis: Species est forma uniuscuiusque rei **1569** f. 390r

Post passionem Domini Salvatoris per annos XX[ti] Philippus sanctus per Ch. Scythiam gentibus evangelium praedicavit **1550** f. 179v

Postea manifestavit se iterum Iesus discipulis [Io 21, 1]
Nota: Quando homo transit per mare et non habet adversitatem **1508** f. 8v
Nota: Tripliciter Christus ostendit se hominibus **1508** f. 8v

Postmodum eodem die completis sermonibus, secundum in Historiis Magistrum, dicit suis discipulis secundum illud Mt 26 [, 2]: Scitis, quia post biduum Pascha fiet, quod secundum litteram sequenti, scilicet feria sexta, erat celebrandum **1563** f. 152r

Postquam cena facta fuit et multa alia perpetrata, quae ex Evangelio Ioannis et aliorum evangelistarum possunt haberi **1563** f. 143r

Postquam consummati (*impleti*) *sunt dies* [Lc 2, 21]
Sanctus Paulus in epistula hodierna loquitur de gratia et de misericordia Dei, quam nobis Deus ostendit **1508** f. 213r
Vulgariter Genant vart seyn namen Iesus **1509** f. 162r

Postquam impleti sunt dies [Lc 2, 22]
Hodie tota christianitas memoratur, quomodo Christus portatus fuit ad ecclesiam **1508** f. 226r
Sicut de omnibus operibus Christi propheta praedixit, scilicet de circumcisione et de passione **1508** f. 225v

Postquam in praecedentibus libris determinavit Magister de rebus divinis et creatis secundum exitum a principio, hic incipit determinare de rebus secundum reditum **1560** f. 136r

Postquam Magister in 3° libro determinavit de missione Verbi incarnati, hic in isto 4° determinat de effectibus Verbi incarnati, et dividitur iste liber totalis in duas partes. In prima determinat de sacramentis **1534** f. 2r

Postquam Magister in 3° libro determinavit de missione Verbi incarnati, hic in isto 4° determinat de effectibus Verbi incarnati, et dividitur iste liber totalis in duas partes. In prima determinat de sacramentis **1538** f. 146v

Postquam Magister praemisit sui libri Prologum, hic aggreditur tractatum. Et dividitur in duas partes **1532** f. 6v

Postquam per scientiae lignum duplicem mortis habuimus damnationem **1571** f. 128r

Postquam propheta comminatus est Iudaeis quoad illa, quae ex propria malitia faciebant **1566** f. 64v

Postquam Sedulius in praecedentibus tribus libris Novi Testamenti tractavit de mysterio incarnationis Christi et de huius gestis diversis **1571** f. 220r

Postquam superius in capitulo VIII° monuit abstinere ab esu idolaticorum propter scandalum infirmorum **1561** f. 419v

Praecipit et prohibet, permittit, consulit, implet **1548** f. 187r

Praemittenda sunt quaedam hic generalia, ne cui displiceant sequentia, sed et haec ipsa ad multa alia sunt conducentia: quomodo vel quando, vel an, vel a quo sunt legendi libri philosophorum etc. **1569** f. 305r

Praesens tractatus dividitur per distinctiones, distinctiones vero per capitula modo infrascripto: Distinctio prima de Scrutinio scripturarum **1502** f. 1v; **1503** p. 15; **1504** f. 285v; **1505** f. 11v

Praesenti generali statuimus edicto, beneficium relaxationis **1553** f. 257v

Prima suae Dominus. Iste est 3us liber Sedulii de Novo Testamento et est tertius in ordine librorum partialium, qui continuatur ad praecedentem. In praecedenti Sedulius egit de instantia Salvatoris **1571** f. 202r

Prima suae. Hic est 3us liber principalis, in quo agitur de miraculis, quae egit in praesentia apostolorum **1571** f. 106r

Primo principali breviter praemisso ad secundum principale, scilicet ad opus intentum, cum fiducia accedamus. Circa quod primo utcumque potero, sacram theologiam recommendabo **1521** f. 10r

Primo principibus aquilam **1509** f. 167r

Primum patet per beatum Isidorum, II De summo bono, cap. 7 dicentem: Non proficit facere bonum **1562** f. 211r

Primum quidem sermonem feci [Act 1, 1]
- In sollemnitate Ascensionis Domini sancta mater Ecclesia loco epistulae in missa recitare consuevit **1562** f. 115v
- In sollemnitate Ascensionis Salvatoris elegit sancta mater Ecclesia loco epistulae in missa dicere primam partem libri Apostolicorum Actuum, quem Lucas evangelista condidit **1562** f. 284r

Primus ab usque. Hic est pars exsecutiva, auctor in qua exsequetur suum propositum, quae dividitur in quinque libros partiales **1571** f. 182v

Primus articulus est, quod divina essentia in se nec ab homine, nec ab angelo videbitur **1547** f. 216v

Primus ergo titulus est de timore et speciebus eius, quae sunt timor mundanus, humanus, servilis, naturalis, initialis, filialis sive castus reverentiae **1509** f. 3r

Principia rerum. Hic est prologus in epistulas beati Pauli apostoli, quem Magister fecit, non de verbis suis sed sanctorum, et habet partes VIII° **1561** f. 85r

Principia rerum requirenda sunt prius, ut eorum notitia plenior possit haberi **1501** f. 1r

Principium fructus flores et principium bonorum actuum continentia. Qui continet ventrem, imminuet passiones **1570** f. 160r

Pro aliquali igitur eius recommendatione assumo verbum in principio cursus mei assumptum et Mt 22° [, 16] scriptum: Viam Dei in veritate docemus **1525** f. 15r

Pro lucidiori declaratione istius positionis circa materiam quaestionis primae **1575** f. 45r

Pro maiori declaratione huius materiae, ut errores Hussitarum aptius intelligantur **1575** f. 138r

Pro maiori intelligentia huius Prooemii movetur haec quaestio: Utrum praeter sensum litterae in contextu solius Sacrae Scripturae plures sint sensus ponendi **1532** f. 6r

Pro meliori declaratione huius materiae de conscientia **1575** f. 183v

Pro multis bonis Domini nostri Iesu Christi, quae ipse nobis pie exhibet et exhibuit **1508** f. 56v

Pro ulteriori declaratione istius materiae videndum est de 4^or^ **1575** f. 179v

Probet autem se ipsum homo [1 Cor 11, 28]
Beatus Paulus volens nos admonere, ut sacramentum Corporis Domini digne suscipiamus **1507** f. 85v

Proprietates huius stellae matutinae possunt referri ad quemlibet doctorem fidei, id est sacerdotem **1570** f. 75v

Propter quod ne deficiatis [Eph 3, 13]
Tribulatio illa, quae hominem angariat et vitia carnis deprimit **1562** f. 190v

Prosequitur intentum. Et primo determinat de sacramentis secundum se **1528** f. 2r

Protinus in patuli. In ista parte ostendit auctor cum duobus latronibus crucifixionem Christi et habetur Matthaei XX capitulo **1571** f. 220r

Puer natus est nobis [Is 9, 6]
Mira et stupenda Domini Salvatoris clementia, qui cum esset summus, propter nos factus est imus **1563** f. 163r
Papa Leo dicit: Salvator noster natus est nobis hodie, ideo gaudeamus **1508** f. 205v

Qua igitur praesumptionis temeritate me deberem ingerere ad recommendandum Sacram Scripturam **1538** f. 1v

Qua praemissa in sacrae scientiae, videlicet theologiae, recommendationem thema alias repetitum resumo, videlicet illud **1525** f. 1r

Quadam die, dum nimiis quorundam saecularium tumultibus depressus, quibus in suis negotiis plerumque cogimur solvere **1509** f. 101r

Quadruplices sunt clerici, videlicet praelati et hi otiosi in Ecclesia contra naturam suae legis **1521** f. integ. ant. aggl.

Quae cum mortali bona fiunt **1538** f. 158v

Quae est differentia inter reprobationem et obdurationem. Respondetur, quod in reprobatione sunt tria: primum praevisio iniquitatis ab aeterno **1533** f. 229r

Quae est ista, quae ascendit ut aurora [Can 6, 9]
Et bene vocant eam aurora, ut sanctus Innocentius exponit **1508** f. 105r

Quae poenitentia sit pro peccatis singulis iniungenda, respondetur secundum Raymundum de Pennaforte **1554** f. 222v

Quae sunt verba coram vestris reverentiis in principio quoad principium 3[i] libri Sententiarum proposita. In quibus quidem verbis 4 innuuntur. Primum immensae divinitatis mira altitudo et haec, cum dicitur: Misit **1538** f. 111v

Quaecumque scripta sunt [Rm 15, 4]
Hic ostendit, quod auctoritas pertinet ad instructionem eorum et tangitur quadruplex auctoritas **1562** f. 15v
Scriptura Sacra proponit nobis iam dulcia, iam amara, iam pungit, iam lenit **1507** f. 7v

Quaedam sapiens: De sapiente viro facit ira saepe stultum. Cato: Quod dare non poteris, promittere non mediteris **1571** f. 29r

Quaerite Dominum [Is 55, 6]
Proposuit nobis hesterna die in epistula praeexposita sancta mater Ecclesia divinam misericordiam **1562** f. 228r

Quaeritis a me, utrum haec ligandi atque solvendi potestas, quae Petro apostolo in his verbis datur **1547** f. 205r

Quaeritur autem, an uxor cum marito in baptismate simul debeat suscipere puerum **1553** f. 256v

Quaeritur, quare non datur sacramentum populo sub utraque specie, sed solum sub specie panis. Dicitur, quod ex prohibitione Ecclesiae ad vitandum duplex periculum **1575** f. 165r

Quaeritur, quid sit frui, scilicet an actus voluntatis, an aliarum potentiarum et an Deo solo sit fruendum. Arguitur primo, quod sit solum actus voluntatis **1517** f. 56v

Quaeritur, utrum cf. *Utrum*

Quaesitum est de Deo, angelo et homine. De Deo quaesitum est primo, quantum ad divinam naturam **1543** f. 230r

Quaestio respiciens totum secundum librum est ista (ut sequitur): Utrum totum universum initium habeat ab unico principio agente ex libera voluntate et non ex necessitate. Arguitur, quod non **1519** f. 5r; **1526** f. 5r; **1538** f. 62r

Quamquam, dilectissimi, duplex sit labor: bonus et malus, et uterque multiplex, prout narrat Sacrae Scripturae historia **1562** f. 10r

Quamquam omnia opera Domini magna sint **1525** f. 1v

Quamquam secundum Aristotelem in prooemio libri De anima, omnis scientia sit de numero bonorum honorabilium **1521** f. 39r

Quamvis enim gratia gratum faciens obtineatur Spiritu Sancto efficiente **1562** f. 221v

Quamvis sermo non sit, tamen iuxta laudabilem consuetudinem ordinis sancti, fratres dilectissimi, orare debemus pro universali statu sanctae matris Ecclesiae **1570** f. IIr

Quanta mala inflicta sunt homini propter inoboedientiam et transgressionem divini praecepti **1518** f. 1r

Quanto tempore parvulus heres est [Gal 4, 1]
In illis dominicis, quo praecesserunt nativitatem Domini, agebatur de adventu. Sed quia Deus venit et sui eum non receperunt **1562** f. 27v

Quantum ad primum pro fundamento recommendationis sacrae theologiae resumo thema ... Ioannes est nomen eius [Lc 1, 63] **1521** f. 62v

Quantum ad primum pro fundamento recommendationis sacrae theologiae resumo thema ... Ioannes est nomen eius [Lc 1, 63] **1521** f. 90r

Quantum ad primum pro themate recommendationis sacrae praesentis theologiae resumo verbum, alias per me in principio cursus mei et primi libri Sententiarum sumptum **1521** f. 39r

Quantum igitur ad primum, scilicet ad divini nominis invocationem, confiteor, quod me compellit gratiae divinae magna necessitas **1538** f. 1v

Quare non datur sacramentum populo sub utraque specie, sed solum sub specie panis. Dicitur, quod ex prohibitione Ecclesiae ad vitandum duplex periculum **1575** f. 165r

Quarta pars huius operis continet ad ea, quae pertinent ad donum fortitudinis, quod adiuvat animam ad virtutes **1509** f. 44v

Quasi stella matutina in medio nebulae [Eccli 50, 6], id est peccata eorum minister Dei annihilat. Proprietates huius stellae matutinae possunt referri ad quemlibet doctorem fidei **1570** f. 75v

Quattuor mihi timorem ac tremorem faciunt loqui de Virgine gloriosa. Primum est propria fragilitas. Nam si narrare divinam iustitiam et assumere per os Dei **1570** f. 31v

Quemadmodum omnia creata, quae ex Deo prodierunt originaliter et in Deum redeunt finaliter **1521** f. 62v

Quemadmodum omnia creata, quae ex Deo prodierunt originaliter et in Deum redeunt finaliter, ipsi Deo comparata nihil sunt **1521** f. 90v

Qui homo debet agere pro magna re coram regibus et principibus, necesse est ut oret curienses eorum **1508** f. 209r

Qui manducat meam carnem [Io 6, 55]
Ditavit enim animam nostram per suam passionem hic, quia habemus regnum caelorum **1508** f. 46r

Qui memor esse cupit librorum bibliothecae **1510** f. 245r

Qui meriti florem maturis sensibus ortum **1571** f. 113v

Qui non intrat per ostium [Io 10, 1]
Dominus noster Iesus in multis similitudinibus loquebatur de se ipso **1507** f. 170v

Qui parce seminat [2 Cor 9, 6]
Si volumus loqui de seminatione, planum est, quia qui modicum seminat **1508** f. 98v

Qui vivit in aeternum, creavit omnia simul [Eccli 18, 1]. In his verbis opus creationis sufficienter exprimitur **1542** f. 2r; **1545** f. 1r; **1573** f. 1r

Quia homines devoti per carnales concupiscentias saepius in divinis **1509** f. IVr

Quia positio magistri quattuor continet partes **1575** f. 186r

Quia quaesitum est, quid faciendum sit de potestate **1527** f. 4r

Quia secundum Albertum primum principium Deus vivus, gloriosus dicitur, ideo per se primum principium **1525** f. 54r

Quia secundum beatum Augustinum, in De fide ad Petrum, Deus summe bonus est **1521** f. 10r; **1522** f. 302r

Quia secundum quod doctorum tam theologicorum quam philosophicorum documenta personant, in principio cuiuslibet scientiae **1513** f. 225r

Quibus dictis et ab omnibus placito animo receptis **1571** f. 129r

Quicumque baptizati sumus [Rm 6, 3]
Glossa super capitulo quinto Epistulae ad Hebraeos distinguit triplicem baptismum: aquae, poenitentiae et sanguinis **1562** f. 151v

Quid debemus facere puero [Idc 13, 8]
In textu legitur remissive, sed potest satis congrue accipi interrogative, et fuit verbum ad litteram de Samsone **1563** f. 169r

Quid hoc audio [Lc 16, 2]
Hoc evangelium terribile omnibus dat consilium **1507** f. 230r
Ubi primo insinuatur accusatio contra peccatorem **1507** f. 230v

Quid sit consanguinitas. Dicendum, quod ut communiter ponitur, con-

Quod intellectus non est actus corporis nisi sicut natura navis **1572** f. 144v

Quod intellectus omnium hominum est unus et idem numero **1572** f. 143v

Quod nihil est aeternum a parte finis, quod non fuit aeternum a parte principii **1572** f. 155r

Quod nihil fit a casu, sed omnia ex necessitate veniunt **1572** f. 155r

Quod non contingit corpus corruptum idem numero resurgere **1572** f. 155v

Quod non est curandum de fide, si dicatur aliquid esse haereticum **1572** f. 155v

Quod omnes scientiae sunt practicae praeter physicas disciplinas **1572** f. 155v

Quod omnia separata sunt sempiterna et coaeterna primo principio **1572** f. 144r

Quod peccata contra naturam utpote abusus in coitu, licet sint contra naturam speciei **1572** f. 155v

Quod raptus et visiones non habent fieri nisi per naturam **1572** f. 155v

Quod scimus, loquimur et quod vidimus, testamur [Io 3, 11]
Dies haec benedictae et gloriosae Trinitatis, Patris et Filii et Spiritus Sancti, quae nos creavit **1507** f. 181v

Quod sermones theologi fundati sunt in fabulis **1572** f. 155v

Quodcumque ligaveris super terram, erit ligatum ... erit solutum et in caelis [Mt 16, 19]. Quaeritis a me, utrum haec ligandi atque solvendi potestas, quae Petro apostolo in his verbis datur **1547** f. 205r

Quomodo autem se habuerunt angeli, homines, daemones ad opus nostrae salutis et redemptionis advertendum **1550** f. 15r

Quoniam anima rationalis effigiata ad imaginem et similitudinem sui Creatoris tam delicatae condicionis exstitit **1571** f. 84v

Quoniam in hoc libro tertio Sententiarum, qui sic incipit: Cum igitur venit **1513** f. 122v

Quoniam in titulo huius totius operis praenotatum fuit, ut ad decorem Sacrae Scripturae concordantiae pariter iuris canonici locis opportunis connotarentur **1569** f. 271r

Quoniam intentio postillatoris praecipue versatur circa sensum litteralem **1504** f. 1v

Quoniam plus exempla quam verba movent secundum Gregorium **1509** f. 2v

Quoniam, ut ait (beatus) Gregorius, Super Ezechielem: Nullum omnipotenti Deo tale sacrificium est, quale zelus animarum **1551** f. 1r; **1552** f. 1r; **1553** f. 2r; **1554** f. 1r

Quoniam, ut ait Hieronymus, nulli dubium est **1508** f. 139r

Quoniam, venerabilis pater, ut inquit ille rectissime philosophus ac pater noster divus Hieronymus in Epistula ad Heliodorum de morte Nepotiani **1568** f. 2r

Recepto privilegio aut copia eius praebendae sancti Adalberti placeat huc venire **1516** f. IIr

Recessit lex a sacerdotibus **1563** f. 155v

Recumbentibus undecim apostolis apparuit [Mr 16, 14]

Nota, cur Christus erat XL[a] dies cum apostolis in mundo **1508** f. 23r

Refulsit sol in clipeos aureos [1 Mch 6, 39]
In his verbis tria sunt nobis consideranda: Primo, quid sit sol **1506** f. 182r

Remansit puer Iesus in Ierusalem [Lc 2, 43]
Celebravimus Christi Nativitatem et festum Circumcisionis et sanctam Epiphaniam **1507** f. 30r
Hoc evangelium plenum est doctrinis et exemplis, tam ex parte Christi, quam ex parte matris eius **1507** f. 28v

Renovamini spiritu mentis [Eph 4, 23]
Navis, de qua legitur in evangelio hodierno, significat fidem catholicam et christianam **1508** f. 154r
Postquam primus parens noster a iustitia originali cecidit **1562** f. 199r
Scribitur III° Baruch [, 10]: Quid est, quod Israel est in terra inimicorum inveteratus **1508** f. 152v

Res et signa duo sunt doctrinae duo membra **1513** f. 3v

Res hic capitur, ut distinguitur contra signum. Ex hoc habetur, quod sacramenta, quae sunt medicinae animarum, a Christo fluxerunt et ab ipso efficaciam habent **1528** f. 2r

Res. Totus liber Sententiarum de rebus, signis et quid sit uti vel frui **1521** f. 121r; **1522** f. 1v; **1538** f. 196v

Res. Tres. Vestigium. Genuit. Natura. Volendo **1522** f. 1r

Res. Tres. Vestigium ... Praesens causa minus praedestinat **1546** f. 255v

Resistite diabolo et contrarii estote [cf. Iac 4, 7]
Et si iam soli non possumus resistere ei, debemus quaerere adiutorem **1508** f. 16r

Respice de sanctuario [Dt 26, 15]
In hac epistula Moyses primo praemittit orationem dicens: Respice etc., 2° adiungit monitionem ibi: Audi Israel **1562** f. 234r

Respice in me [Ps 24, 16]
Quasi diceret: Ego sum reus, quia non curavi venire **1508** f. 69v

Respiciens Iesus vidit divites [Lc 21, 1]
In illo tempore hoc fuit iam post Ramis Palmarum **1508** f. 125v

Responso nostro postulas edoceri, an, cum Ferrarienses cives **1553** f. 257v

Reverendissimo (Reverendo) in Christo patri, fratri Hugoni, magistro Ordinis Fratrum Praedicatorum **1504** f. 425v; **1505** f. 244r

Revertere et humiliamini sub manibus eius, Genes. 16 b [, 9] **1569** f. 202v

Rex sedet in cena **1562** f. 278r

Rex virtutum progressurus ad proelium adversus principes tenebrarum veste nostrae mortalitatis se induit **1502** f. 112r; **1503** p. 301

Rogabat Iesum quidam pharisaeus [Lc 7, 36]
Quod factum est XXX[mo] anno nativitatis Christi et iste fuit primus accessus Mariae Magdalenae **1508** f. 89v

Rogo, ut caritas vestra [Phli 1, 9]
Apostolus sicut divisos homines in mentibus suis, unde aliquos hortatus fuit **1508** f. 167v

Rumpebatur rete eorum [Lc 5, 6]
Evangelium hoc loquitur de avida auditione verbi Dei **1507** f. 210v

Sacrae Scripturae tractaturus mysteria a Deo excelso, scientiarum datore **1525** f. 15r

Sacramentum Dominicae Incarnationis taliter manifestare debuit **1509** f. 162r

Sacramentum Eucharistiae habet 12 effectus. Ut melius memoriae commendentur, quibusdam versiculis comprehensio sic possumus dicere de isto sacramento: Exstinguit, innuit, confortat, purgat **1547** f. 7v

Sacro generali Concilio Basiliensi die Lunae XV Februarii, anno Domini M° CCCC° XXXIV° **1502** f. 217r; **1503** p. 542

Sacrosancta generalis Synodus Basiliensis in Spiritu Sancto legitime congregata ... Elucidantibus divinae gratiae mysteria mercedem gloriosam repromisit **1574** f. 192r

Sacrosanctae fidei catholicae defensores ac honoris Iesu Christi, Domini nostri, zelatores ardentissimi **1575** f. 150r

Sacrum signatum, sacra signans sive sacratum. Secretum, Sacramentum dic esse vocatum **1534** f. 2v

Salus nostra consistit in declinatione a malo, in adhaesione boni **1562** f. 211r

Salutem et paratum animum in omnibus complacendi. Noveritis, amicorum carissimi et fautores, coram nobis constitutam famosam dominam H. cum filio suo Nicolao **1571** f. 177v

Salvator noster discipulos ad praedicandum mittens tria eis iniunxit: primo quidem, ut docerent fidem **1511** f. 1r

Samaritanus enim vulnerato appropians **1512** f. 96r; **1520** f. 12r; **1527** f. 84v; **1528** f. 2r; **1529** f. 2r; **1534** f. 2r; **1535** f. 2r; **1536** f. 5r

Samaritanus enim vulnerato appropians. Hic incipit quartus liber Sententiarum magistri Petri Lombardi, Parisiensis episcopi, qui ad praecedentes libros tres continuatur sic: Postquam in praecedentibus libris determinatum est **1517** f. 233r

Samaritanus ... Hic ponit numerum et ordinem considerandorum de sacramentis, et dicit 4^or^ esse consideranda de sacramentis **1534** f. 2v

Samaritanus ... In primo libro determinavit Magister de Deo quantum ad rationem suae naturalis perfectionis **1513** f. 163r

Samaritanus ... instituta sunt, ut per illud, quod foris in specie visibili cernitur ad invisibilem virtutem **1535** f. 2r

Samaritanus. Iste liber est 4us de sacramentis et futura resurrectione **1529** f. 2r

Samaritanus. Iste liber Sententiarum tamquam fluvius paradisi in quattuor capita dividitur, id est in 4^or^ libros partiales **1528** f. 1v

Samaritanus etc. Liber iste Sententiarum tamquam fluvius paradisi in quattuor capita dividitur, id est in IV^or^ partiales libros **1541** f. 2r; **1544** f. 1v; **1547** f. 11v

Samaritanus. Postquam Magister in 3° libro determinavit de missione Verbi incarnati, hic in isto 4° determinat de effectibus Verbi incarnati, et dividitur iste liber totalis in duas partes. In prima determinat de sacramentis **1534** f. 2r

Samaritanus ... Postquam Magister in 3° libro determinavit de missione Verbi incarnati, hic in isto 4° determinat de effectibus Verbi incarnati, et dividitur iste liber totalis in duas partes. In prima determinat de sacramentis **1538** f. 146v

Samaritanus. Prologus continuat sequentia ad praecedentia, quasi diceret: Postquam dictum est de rebus, quibus est fruendum **1528** f. 1v

Sancta mater Ecclesia hodie celebrat, scilicet commemorat, triplex festum: primo octavam Nativitatis Christi **1508** f. 213r

Sancta Sophia nobilissimis parentibus nata, patre quodam Manfredo, matre vero Saudalia nuncupata **1550** f. 204r

Sanctificabo nomen meum [Ez 36, 23]
Praesens lectio sic potest dividi, ut dicamus, quod Iudaeis convertendis ad fidem Christi **1562** f. 256r

Sanctissimo in Christo patri ... domino Clementi, sacrosanctae Romanae ac universalis Ecclesiae summo pontifici, Ioannes Dei gratia et Apostolicae Sedis providentia episcopus Cracoviensis, debitae subiectionis reverentiam **1570** f. 100/101

Sanctus Adalbertus, natione Bohemus, pater eius Slavonicus, genere nobilis, fuit etiam nepos Henrici regis Romanorum **1550** f. 170r

Sanctus autem Stanislaus, ut annales principum Poloniae et gestorum tangunt historiae, natione Polonus **1550** f. 172v

Sanctus Hieronymus, natione Slavus, arte philosophus, sed pro studio philosophiae ab angelo gravissime punitus **1550** f. 193v

Sanctus Iacobus, frater Ioannis evangelistae, omnem Samariam visitabat **1550** f. 188v

Scanditio est regulativa metri pronuntiatio sub certo numero pedum et debita quantitate syllabarum **1556** f. 299v

Sceptritenentis arat sollers mea Clio palaestram **1571** f. 84v

Sciendum est, quod latria, hyperdulia et dulia sunt tres adorationes distinctae: latria debetur Creatori ratione summae maiestatis **1512** f. 227r

Sciendum, quod voluntas patientis excludit necessitatem coactionis **1509** f. 94r

Scientes, quia hora est [Rm 13, 11]
Hic commendat caritatem, eo quod per ipsam est opportunitas bene operandi **1562** f. 11v; **1564** f. 2r
In hoc sacro adventus Christi tempore Ecclesia revolvit sanctorum patrum ardentia desideria **1507** f. 2r

Scientia divina nobilior est aliis. Istam propositionem scribit Commentator 6° Metaphysicae. Dicit ibi: Omnes scientiae, licet sint nobiles **1571** f. 52r

Scilicet exsistens, principale, initium, sic dicens, scilicet Isaac, scilicet exsistens antiquus **1571** f. 1r

Scit timor, pietas, fert consilium intellectus **1550** f. 166r

Scitis, quia post biduum Pascha fiet [Mt 26, 2], quod secundum litteram sequenti, scilicet feria sexta, erat celebrandum, de quo Marci IV et Lucae 22 **1563** f. 152r

Scribere disposui. Iste liber, qui intitulatur Summa sacrificiorum et cuius subiectum est missa et eorum, quae aguntur in missa, et dividitur in duas partes **1571** f. 69v

Scribere disposui, quid mystica sacra priorum **1571** f. 37r

Scripsit autem hanc epistulam contra errores quorundam, qui ex Iudaismo ad fidem Christi conversi volebant **1561** f. 1v

Scriptum est enim, quod per invidiam mors intravit in mundum **1508** f. 103v

Scriptum est: Quoniam Abraham duos filios habuit [Gal 4, 22]
In praecedenti feria sexta et sabbato ostendit nobis sancta mater Ecclesia maximum damnum **1562** f. 72v
In praecedenti feria VI[a] et sabbato ostendit nobis sancta mater Ecclesia maximum damnum **1562** f. 253r

Scrutamini scripturas, in quibus putatis vitam aeternam habere ...[Io 5, 39]. Christus volens Iudaeos instruere circa ipsius cognitionem **1502** f. 1r; **1503** p. 13; **1504** f. 285r; **1505** f. 10r

Secundum beatum Dionysium in 4° capitulo De divinis nominibus: Sicut lucidissimus planeta Sol radios suos emittit **1517** f. 17r

Secundum Hieronymum in De interpretationibus nominis Hermon interpretatur anathema tristitiae **1525** f. 54v

Secundum quod dicit beatus Gregorius, homilia 37 evangeliorum: Temporalis vita **1503** p. 1

Sed Bernardus in quodam sermone dicit: Inter cetera magis solet incitare ad devotionem mentes **1508** f. 190r

Sed contra. Bestiae fruuntur, quia propter se delectantur in delectabili, sed non utuntur **1522** f. 7r

Sed quia considerans illud Apostoli: Quid habes, quod non accepisti ...[1 Cor 4. 7]. Et si non in aliis, maxime tamen in me verificari et locum habere **1525** f. 42r

Seminavit bonum semen in agro suo [Mt 13, 24]
Evangelium istud in se multa claudit, tangit enim de dignitate animae **1507** f. 45r
Mirabilis Deus mirabiliter regit mundum, ita quod quamquam sint in eo diversa **1507** f. 46v

Senex fidelis, prima credendi via **1571** f. 1r

Senex Thebaeus, cum ipse esset filius sacerdotis idolorum **1562** f. 289r

Sententia secundum doctorem sanctum in III Sententiarum, dist. 23, est determinata acceptio alterius partis contradictionis et est eadem descriptio cum illa Avicennae 6° Naturalium **1521** f. 6r

Sequere me [Io 21, 19]
Adhuc non remote sumus a Christi Nativitate, ideo de hac aliquid dicam, ne eam obliviscamur cito **1508** f. 209r

Sequere me [Mt 9, 9]
Consuetudo enim est inter homines, quod quando aliquis homo magnae potestatis **1508** f. 130v

Sermo, qui factus est ...[Ier 40, 1]. In isto capitulo agitur de Iudaeorum consummata destructione **1566** f. 179r

Serve nequam, omne debitum tibi dimisi [Mt 18, 32]

Evangelium hoc tractat illud dictum, scilicet: Beati misericordes **1507** f. 287v

Sex in lacte dies **1522** f. 274r

Si abstuleris de medio [Is 58, 9]
In hoc sabbato XL^{mae}, quod requies dicitur, monet nos a peccatis quiescere **1562** f. 225v

Si clericus laicum de rebus suis vel Ecclesiae impetierit **1527** f. 4v

Si consurrexistis cum Christo [Col 3, 1]
In hoc solo Sabbato, in quo Christus secundum corpus quievit in tumulo et secundum animam in inferno **1562** f. 89r
In qua quidem epistula Apostolus breviter tria tangit, scilicet sanctitatis fundamentum **1562** f. 282r

Si diliges Dominum Deum tuum ex toto corde tuo [Mt 22, 37]
Dicit Augustinus libro primo, De doctrina christiana: Intelligamus legis **1507** f. 268r

Si enim custodieritis mandata [Dt 11, 22]
In 2^{a} lectione promittit eis perennem possessionem et breviter dico **1562** f. 234r

Si exaltatus fuero [Io 12, 32]
Haec facta sunt circa suscitationem Lazari **1508** f. 123r

Si moriemur cum Christo cf. *Si mortui sumus cum Christo* [Rm 6, 8]

Si mortui sumus cum Christo [Rm 6, 8]
Dictum est hodie in evangelio, quia nobis plus promissum est sicut plus praeceptum **1508** f. 86r
Qualiter debemus mori cum Christo. Mori debemus duobus modis **1508** f. 86v

Si plene vis assequi, quod intendis, duo sunt tibi necessaria facienda **1570** f. 74v, 161v

Si quid petieritis Patrem meum [Io 16, 23]
Dicit Simon libro XII, capitulo XVII: Omnia, quaecumque sunt, sunt in esse producta **1507** f. 140v
Evangelium loquitur de petitione, ad petendum autem tria nos movere debent **1507** f. 137v
Haec est dominica, quam Spiritus Sanctus ad orandum specialiter instituit, propter quod vocatur Dominica Rogationum, in qua Ascensio Christi celebratur **1507** f. 142v
Haec est dominica Rogationum, in qua specialiter rogandus est Deus **1507** f. 139r
Ut dicit Guilelmus in Rationali divinorum, haec dominica dicitur Rogationum propinqua Ascensioni Christi et dominica Litaniarum **1507** f. 144r

Si quis diligit me [Io 14, 23]
Haec dies festum est tertiae personae in divinis, quae dicitur Spiritus Sanctus **1507** f. 163v
Hodie et per totam istam octavam sancta mater Ecclesia celebrat sollemnitatem visibilis missionis **1507** f. 160r
In hoc, quod dicit: Si quis, notat raritatem diligentium Deum **1507** f. 164r
Nota, quod hoc factum est in magna feria quinta **1508** f. 34r

Si quis vult venire post me [Mt 16, 24, Mr 8, 34, Lc 9, 23]
Quamvis in bona vita sit homo, debet Deum conservare **1508** f. 136v

Simile est regnum caelorum sagenae missae [Mt 13, 47]
Cogitanti mihi de vitae sanctitate Elisabeth ingenuae cogitantis praecordia obstupescunt **1506** f. 192r

Simile est regnum caelorum thesauro [Mt 13, 44]
Ioannes Chrysostomus in isto capitulo ponit parabolas, primo de seminatore **1508** f. 83r
Thesaurus iste est optimus Deus, quia sicut multi desiderant thesaurum **1508** f. 186r

Simon Chananaeus et Iudas Thaddaeus fuerunt fratres Iacobi Minoris **1550** f. 194v

Simon de Cassia in tractatu De iustitia christiana, capitulo XII, dicit: Initiavit Deus matrimonium **1524** f. 191v

Sint lumbi vestri [Lc 12, 35]
Modicum in eodem capitulo docuit Christus apostolos, ne multum terrena curarent **1508** f. 171v

Sis pauper, mitis, flens, esuriens, miseratus **1550** f. 166r

Sit haec propositio prima et responsalis ad quaesitum: Sol fulgentissimus, divina scilicet essentia, de communi lege non est visibilis a nobis in hac mortali vita **1517** f. 28v

Sit simplex, humilis, confessio pura, fidelis, vera **1550** f. 166r

Sit timor in dapibus, benedictio, lectio, tempus **1550** f. 165v

Sol egressus est super terram ...[Gen 19, 23]... Dum oculis conspicio mentis abyssalem sacratissimae ac Divinae Scripturae voraginem **1525** f. 44r

Solem suum facit ...[Mt 5, 45]... Licet verba thematis nostri, a Christo Domino prolata, ad litteram sint dicta de materiali Sole **1517** f. 20v

Solem suum facit ...[Mt 5, 45]... Licet verba thematis nostri a Christo Domino, Redemptore nostro ex utero virginali tempore plenitudinis gratiae orto **1517** f. 14v

Solem suum facit ...[Mt 5, 45]... Secundum beatum Dionysium in 4° capitulo De divinis nominibus: Sicut lucidissimus planeta Sol radios suos emittit **1517** f. 17r

Solem suum facit ...[Mt 5, 45]... Studiose perscrutantibus passus divinalium scripturarum occurret, quod postquam invidia diaboli **1517** f. 19r

Solent inopinata miracula maiorem stuporem generare ... dicit evangelium hodiernum: Ibat in civitatem, quae vocatur Naim [Lc 7, 11], quae secundum Bedam est civitas Galilaeae duobus miliaribus distans a monte Tabor **1508** f. 246r

Solis iustitiae Christi Domini Dei nostri auxilio adiutus **1517** f. 17r

Sollicite consideranti praesentis libri, scilicet secundi Sententiarum **1513** f. 223v

Solummodo hoc inveni ...[Eccle 7, 30]. Sollicite consideranti praesentis libri, scilicet secundi Sententiarum **1513** f. 223v

Spiritu ambulate [Gal 5, 16]
Epistula et evangelium loquuntur de ambulatione, qualiter debemus ambulare **1508** f. 120v
Familiare et notum est, quod ubi actus unius potentiae intenditur **1562** f. 181r

Spiritualiter hoc praeceptum intelligendo, prout iam dictum est, idem est hoc praeceptum primo principio primae tabulae **1524** f. 1r

Spiritualiter per Moysen intelligitur Christus, per Iethro sanctus Nicolaus, qui postquam audivit **1550** f. 215v

Spiritualiter per Moysen intelligitur Deus omnipotens, qui divisit et locavit tres civitates refugii **1550** f. 212v

Spiritus Domini replevit orbem terrarum [Sap 1, 7]
Spiritus Sanctus omnes res mundi replevit bonitatibus **1507** f. 158r

Status ad argentum mundi devenit ab auro **1562** f. 203r

Stellio nocte micat, sordens in luce diei **1546** f. 82v

Stephanus plenus gratia [Act 6, 8]
Non omnes, qui quaerebant Dominum, eum invenerunt **1508** f. 207r

Stetit Iesus in medio discipulorum [Io 20, 19]
Dicit beatus Augustinus, super Psalmo LXVIII°, sermone secundo: Duo quaedam nobis in humano genere **1507** f. 105r
Dominus Iesus Christus, Creator et Redemptor noster, suae Resurrectionis gloriam per incrementa temporum ostendit **1507** f. 108v

Stetit Iesus in medio eorum [Lc 24, 36]
Nota, quod mos est inter homines, quando aliquis est ignotus hominibus **1508** f. 7r
Simon de Cassia dicit, quia numquam mutatur, sed stat semper ab initio mundi **1508** f. 7v

Studiose perscrutantibus passus divinalium scripturarum occurret, quod postquam invidia diaboli **1517** f. 19r

Sub Pontio Pilato, praeside Hierosolymorum anno nono decimo imperii Tiberii caesaris, imperatoris Romanorum et Herodis, imperatoris Galilaeae **1509** f. 89r

Sume tibi librum grandem ...[Is 8, 1]... In quibus verbis iuxta materiam quattuor librorum 4^{or} innuuntur, quae sacrae scientiae praeeminentiam ostendunt **1520** f. 3r

Sume tibi librum grandem [Is 8, 1]... In quibus verbis IV^{or} Sacram Scripturam recommendantia innuuntur: Primum est scientiae altitudo **1524** f. 4r

Sume tibi librum grandem ...[Is 8, 1]... Iuxta Augustinum, doctorem eximium, libro III° De Trinitate, nihil fit, quod non de interiori atque intelligibili aula **1524** f. 2r

Sume tibi librum grandem ...[Is 8, 1]... Iuxta venerabilem doctorem Augustinum super Psalmum centesimum tertium, quia Deus, qui inhabitat lucem **1520** f. 1r

Sume tibi librum grandem ...[Is 8, 1]... Quamquam omnia opera Domini magna sint **1525** f. 1v

Sumitur occulte Christus **1522** f. 234r

Superioribus diebus cum audivissemus vos, oratores carissimi filii regis Bohemiae illustris, quamvis aliqua ex tempore diximus **1522** f. 4r

Superius Ieremias reprehendit propter malitiam, hic consequenter ex hoc patitur iniuriam **1566** f. 114v

Superius libro primo determinavit Magister de Deo, quantum ad rationem suae naturalis perfectionis **1539** f. integ. ant. aggl. v

Superius ostendit Apostolus affectum suum ad Iudaeos in hoc, quod dolebat de eorum perditione **1561** f. 264r

Supra in primo libro Magister determinavit de Deo quantum ad rationem suae naturalis perfectionis, in isto secundo determinat de ipso, inquantum eius perfectio et bonitas relucet **1519** f. 7r; **1526** f. 7v; **1538** f. 64r

Supra in primo libro Magister determinavit de Deo quantum ad rationem suae naturalis perfectionis, in isto secundo determinat de ipso, inquantum eius perfectio et bonitas relucet in operibus creationis et in rebus creatis **1537** f. 3r

Tangitur interdum constans formidine causa. Stupri, sive status, verberis atque necis **1547** f. 119v

Temporibus imperatoris Maximiani erat quidam satrapes nomine Didoscorus, dives valde et paganus colens idola **1550** f. 214r

Tertia pars huius operis pertinet ad donum scientiae. Et notandum sicut donum timoris peccatorem a malo retrahit **1509** f. 39r

Tobiae natale solum Galilaea, voluntas sacra **1571** f. 15r

Tollens Noe de cunctis animalibus et volucribus mundis obtulit holocausta Domino, Gen. 8 c [, 20] **1568** f. 299r

Tota Sacra Scriptura dividitur in duas partes, scilicet in Vetus et Novum Testamentum. Prima pars, scilicet Vetus Testamentum, dividitur in quattuor **1510** f. 244r

Totali libro praemittit Magister prologum, in quo tangit causas **1513** f. 3r

Totus liber Sententiarum (est) de rebus, signis et quid sit uti vel frui **1521** f. 121r; **1522** f. 1v; **1538** f. 196v

Tres missae celebrantur in Domini Nativitate. De consecratione, dist. 1, Nocte sancta, glossa ibidem: una ante diem, quae significat tempus **1530** f. 379r

Tres partes habet evangelium. Primo Christus significat, qua morte erat moriturus **1508** f. 123r

Tristia dum tuleris **1509** f. IIIr

Tunc abeuntes pharisaei cf. *Abeuntes pharisaei* [Mt 22, 15]

Tunc assumpsit eum. Ponit 3^am^ temptationem Christi, 2^am^ in ordine evangelii **1571** f. 32v

Ubi venit plenitudo temporis ...[Gal 4, 4]. In his verbis opus reparationis mundi, quae est per Christum facta, describitur **1523** f. 2r; **1543** f. 2r; **1549** f. 3r

Unanimes estote [1 Pt 3, 8]
Mater enim nostra sancta Ecclesia et sanctus Petrus consulunt et desiderant **1508** f. 80v

Unde Apostolus Colos. III° [, 19] dicit: Viri diligite uxores vestras **1509** f. 165v

Unguentarius faciet pigmenta suavitatis ... Verbum istud scribitur Eccli 38 [, 7], in quo diligentius considerato explicatur et commendatur materia quarti libri Sententiarum **1513** f. 224v

Universis christifidelibus atque orthodoxae sanctae matris Ecclesiae fidei cultoribus **1571** f. 128r

Universis christifidelibus, regibus, ducibus, principibus, marchionibus, comitibus, baronibus, nobilibus, clericis necnon aliis catholicis quibuscumque Deum timentibus et diligentibus etc. **1575** f. 150r

Ut actus praesens vesperarum tamquam insigne studiosus stet in omni parte sua firmus sicut tetragonus sine vituperio **1525** f. 59r

Ut autem nostrum thema in librum hunc introduceretur, sicut in priores fuerat introductum **1520** f. 1v

Ut autem nostrum thema in librum hunc primum et consequenter in alios tres debite introducatur, quattuor notanda sunt **1525** f. 3v

Ut autem thema nostrum in librum hunc introduceretur, sicut fuerat in praecedentes introductum **1524** f. 3r

Ut fur nocturnus **1538** f. 189r

Ut sceleris Iudaea sui polluta cruore **1571** f. 113v

Utrum ab increato esse fuerit possibile per creationem mundum ab aeterno processisse. Et arguitur, quod sic **1521** f. 41r; **1522** f. 343r; **1532** f. 54r

Utrum ad dictamen conclusae conscientiae ex sinderesi inexstinguibili teneatur quilibet viator sub culpa mortali. Arguitur, quod non **1575** f. 182r

Utrum ad hoc, quod homini dictat sive inducat sua conscientia, id est sua ratio, quae conscientia venit ex sinderesi, id est naturali inclinatione ad bonum **1575** f. 181v

Utrum ad omne illud, quod conscientia dictat faciendum vel dimittendum, obligetur homo ad exsequendum sive perficiendum etc. **1575** f. 182r

Utrum ad reparationem generis humani necessarium fuerit per operationem Spiritus Sancti Dei Filium incarnari. Arguitur, quod non **1532** f. 91r

Utrum ad veritatem poenitentiae requiratur necessario restitutio rei alienae iniuste detentae. Nota: Restitutionem rei alienae pertinere ad satisfactionem potest dupliciter intelligi **1547** f. 9r

Utrum adveniente plenitudine temporis congruum erat Filium Dei incarnari pro reparatione generis humani. Et videtur, quod non. Magnitudo amoris causat donum **1531** f. 5v; **1538** f. 112r

Utrum adventus Domini ad iudicium signis praecedentibus sit reprobis in damnum et electis in praemium cum suis assessoribus. Nota, quod adventus Domini nihil aliud est in proposito quam solius Filii **1575** f. 222v

Utrum aliqua dicantur de Deo ex tempore. Et videtur, quod non **1533** f. 168r

Utrum aliquis homo per caritatem et eius augmentum, quod sit in caritate, possit habere aliquod experimentum. Et arguitur, quod sic **1575** f. 198r

Utrum aliquis parvulus exsistens in utero matris baptizari possit. Dicendum, quod non **1535** f. 13r

Utrum aliquis possit poenitere in extremis vitae suae et utrum poenitens in fine vitae possit ab aliquo sacerdote absolvi et utrum poenitentibus in fine reservetur aliqua poena post mortem. Ad primum dicendum, quod Deus nulli se ad gratiam praeparanti **1535** f. 52v

Utrum autem originale peccatum proprius sit inesse animae **1575** f. 209v

Utrum baptismi, ut est Novae legis sacramentum, forma, materia, actus et institutio debite assignentur. Et primo Magister ponit definitionem baptismi in littera **1520** f. 19v

Utrum viris religiosis liceat studiis insistere et promotionibus scientiarum intendere. Nota: Vir religiosus est homo maturus et morigeratus **1575** f. 241r

Utrum virtutes cardinales inter se et moralibus distinctae in patria evacuentur. Notat beatus Thomas, quod licet virtus et natura inclinent **1524** f. 154v

Utrum voluntas divina in omnibus effectum suum sortiatur. Quod quaestio sit vera, arguitur **1575** f. 69v

Vado ad eum, qui me misit [Io 16, 5]
Evangelium hoc loquitur de transitu Christi de hoc saeculo **1507** f. 134r
In hoc evangelio Dominus Iesus ostendit se fuisse missum a Patre et officium legationis explevisse **1507** f. 135r
Nota: Quando Christus narravit discipulis discessum suum **1508** f. 18v

Varium et mutabile semper femina **1553** f. 269v

Wenceslaus, dux et martyr gloriosus, in terra Bohemiae natus patre Wratislao duce christianissimo, matre vero Dracomira gentili et pagana **1550** f. 192v

Venerabilis domine ille **1507** f. VIIIr

Venerunt ad Pilatum Annas et Caiphas, Summet et Datan, Gamaliel et Iudas **1509** f. 89r

Venerunt duae mulieres [3 Rg 3, 16]
Apostolus Paulus in persona sanctae matris Ecclesiae hesterna die excitavit nos efficaciter **1562** f. 254v

Venerunt filii Israel in Elim [Ex 15, 27]
Refert historia, Exo. 12° [, 6], quod agnus immolandus 14ª luna primi mensis ad vesperam debebat quaeri prima die **1562** f. 267r

Venit Elias in Bersabee [3 Rg 19, 3]
In praesenti lectione 4^or^ tanguntur: primo, ad quem locum Elias venit **1562** f. 230r

Venit Filius hominis quaerere [Lc 19, 10]
Dicit Bernardus in sermone huius diei: Mirabilis Deus **1507** f. 297v

Venit Iesus ianuis clausis [Io 20, 26]
Dominus noster Iesus Christus non debuit post Resurrectionem suam iugiter cum discipulis suis conversari **1507** f. 113v

Venit mulier Sunamitis [4 Rg 4, 25]
Die immediate praecedenti ostendit nobis sancta mater Ecclesia, quod ipsa exempla per gratiam Novi Testamenti habent efficaciam **1562** f. 257r

Venite, (et) cogitemus [Ier 18, 18]
Advertendum circa hoc, quod haec prophetia ad litteram est de Ieremia, mystice **1566** f. 1r
Postquam Ecclesia recitavit heri consilium, quod adversus Iesum Iudaei impii collegerunt **1562** f. 266r

Verba Ieremiae filii Helciae [Ier 1, 1]. Liber iste dividitur in tres partes. In prima praemittit breve prooemium, in quo breviter nomen **1566** f. 6r

Verba ista sunt Domini ad beatum Iob **1539** f. 1r; **1540** f. 1r; **1546** f. 1r; **1548** f. 12r

Verborum superfluitate penitus resecata de talento credito vobis relinquo, socii, margaritam **1528** f. IIIr

Verbum caro factum est [Io 1, 14]
In verbis praemissis quattuor diligenter consideranda sunt. Primum est

Nota: Quidam incaute et insipienter ambulant, quia simplices et bonum propositum habentes scandalizant **1562** f. 202r

Videte, quoniam non mihi soli laboravi [Eccli 24, 47]
Hanc propositionem scribit sapiens ... Quamquam, dilectissimi, duplex sit labor, et uterque multiplex **1562** f. 10r; **1564** f. 1r

Vidi aquilam volantem et sedit in monte Oliveti [Ez 17, 3]
Unde Moyses ipse est aquila docens pueros suos **1508** f. 24r

Vidi et audivi vocem unius aquilae ...[Ap 8, 13]. In quo verbo quattuor causae huius libri innuuntur. Et primo tangitur causa formalis **1566** f. 2r

Vidit Iacob scalam ...[Gen 28, 12]. Inter cetera Sacrae Scripturae mysteria nihil aeque promptum occurrit ad exemplum **1570** f. 186v

Vidit Ioannes Iesum [Io 1, 29]
Illa, quae gesta fuerunt prima die Nativitatis Christi, utpote partus Virginis **1507** f. 31r

Viginti personae possunt prohiberi per hanc cognationem spiritualem, quinque ex parte baptizantis, quinque ex parte levantis **1530** f. 381r

Vir celebris quondam, qua me sub rupe recondam **1571** f. 45v

Visito, poto, cibo **1551** f. 49r; **1538** f. 161r

Vivere non potuerunt ... Illa reviviscunt **1538** f. 159r

Voluntas Dei est, id est praeceptum Dei, quod est voluntas signi **1527** f. 2r

INDEX PERSONARUM ET OPERUM

Numeris catalogi paginae designantur.

Nullum discrimen in litterarum ordine inter C et K, I et J, L et Ł, V et W factum est.

Omittuntur nomina propria, quae in catalogi praefatione, compendiorum solutionibus, notis bibliographicis occurrunt et nomina biblica, nisi quae ad Bibliae librorum auctores vel sermonum materiam spectant.

Personae, quae usque ad a. 1500 floruerunt, secundum pronomina, posteriores autem secundum nomina gentilicia indicantur. Nomina eadem, quae differentes personas designant, ita ordinata sunt: primo ponuntur nomina sine certa definitione, deinceps sanctorum, paparum, regum et principum nomina, ceterorum denique secundum loci, unde orti sunt, seu (ubi locus ignoratur) nominis gentilicii litteram initialem disposita.

Incertorum auctorum opera sub lemmate Anonymus congesta indicantur.

Ubi formam Latinam nominis vel loci invenire non contigit, vernacula illa, vel ad litteram e codice sumpta est.

Lemmata, ubi hoc accidit, bifariam constructa sunt: in lemmatis prima parte sub auctoris nomine operum eius tituli alphabetice ordinantur, in parte secunda alia, quae ad hoc vel illud nomen spectant, utpote: MEM. (= in textu vel descriptione memoratus); POSS. (= codicis possessor); SCRIBA (= qui codicem exaravit); TRANSL. (= operis translator). Crassioribus numeris designatae sunt paginae, ubi de codicis possessoris vita, vel etiam brevissime, disseritur.

de *Abbatisvilla* cf. Ioannes Halgrinus
Abraham patriarcha MEM. 44, 183
Acciaiolus cf. Donatus
Accursius MEM. 288
Adalbertus cf. etiam Albertus
Adalbertus ep. s. MEM. 271, 280, 298-299
Adam MEM. 66, 81, 169-170, 229
Aegidius s. MEM. 27
Aegidius de Roma (Romanus) OESA MEM. 165, 175, 201, 206, 389
Aelius Donatus cf. Donatus Aelius
Aeneas Silvius Piccolomini cf. Pius papa II
Agatha s. MEM. 281
Agnes s. MEM. 267
Alanus ab Insulis (de Lille) OCist.
  Doctrinale minus alias Liber Parabolarum, absque fine, cum glossa interlineari 373
– MEM. 383
Albertus de Brudzewo (Brudzow) MEM. 188-189; POSS. 188-189; SCRIBA 188
Albertus Jastrzebiec (Jastrzębiec) ep. Crac. MEM. 163, 264
Albertus Magnus OP
  Commentum in Lucae Evangelium. Fragm. 260
  De Eucharistia. Fragm. 259
– MEM. 13, 108, 127, 133, 135, 157, 163, 193, 251, 259-260, 288, 306-307, 342, 396
Albertus de Padua OESA
  Postilla super evangelia dominicalia (Sermones de tempore) et in praecipuis festivitatibus. Fragm. 338
– MEM. 13, 338
Albertus Teutonicus cf. Albertus Magnus
Albicus medicus cf. Sigismundus Albicus de Moravia
Albumasar MEM. 20
Alestensis cf. Ioannes Gobi(i) – iunior 86
Alexander MEM. 87
Alexander magister Oxoniensis Universitatis MEM. 201
Alexander dux Mazoviae, ep. Tridentinus MEM. 278
Alexander Bonini de Alexandria OFM (?)
  Postilla in Ecclesiasticum 302
Alexander de Hales (Halis, Anglicus, Anglicanus subtilis) OFM MEM. 108, 128, 137, 157, 165, 175, 193-194, 253, 260, 323, 403
Alexander Magnus MEM. 13
Alexander de Villa Dei
  Doctrinale. Fragm. 352
de *Alexandria* cf. Alexander Bonini
Alphonsus legum doctor, dec. Compostellanus, filius regis Castellae et Legionis MEM. 14

Probatio incarnationis Christi. Redactio I 19
– MEM. 6, 10, 13-14, 17-18, 53, 105-106, 234, 304, 311-312, 352
Nicolaus Lucae de Magna Cosmin (Wielki Koźmin) POSS. 5
Nicolaus de Oscowice (Osszocow, Oszkowice) MEM. 264
Nicolaus Ioannis de Othusch (Otusz) MEM. **26**
Nicolaus Otuski MEM. 26
Nicolaus Piser (Pyser) de Pyzdry MEM. 162-163
Nicolaus Puchnik offic. Prag. MEM. 298, 302
Nicolaus Pyantek (de Pyantek, Piątek) MEM. 264
Nicolaus Procopiades de Schadek (Szadek, Sadconus)
Adnotationes de Collegarum Studii Cracoviensis proventibus 146
Adnotationes et excerpta 141
Condiciones ad praedicandum requisitae et aliae notae 145
– MEM. 114, 147, 201; POSS. **147**; POSS. (?) 109; SCRIBA 108, 113, 143, 144, 145-147, 200-201; SCRIBA (?) 201
Nicolaus Serafin de Wieliczka MEM. 250
de *Nieprowice* cf. Stanislaus Przedborii
de *Nissa* (*Nysa*) cf. Bernardus Crotinphul alias Mikosz
Nilus de Ancyra Pseudo-
De octo principalibus vitiis. Fragm. 364
Nolanus cf. Paulinus
de *Norimberga* (*Nurenberch, Nurenberg*) cf. Henricus; Ioannes Sachs
de *Nova Plzna* cf. Pesoldus
de *Nova Sandecz* (*Sandecia Nova, Nowy Sącz*) cf. Iacobus

Odo cancellarius Parisiensis MEM. 260
Oleśnicki cf. Sbigneus – ep. Crac., card.
de *Opatow* (*Opatów*) cf. Ioannes Biskupiec
Origenes MEM. 75, 319
de *Oscowice* (*Osszocow, Oszkowice*) cf. Nicolaus
de *Ossow* (Osowo) cf. Paulus Ioannis
de *Osswyanczym* (*Oświęcim*) cf. Ioannes Beber
de *Ossznycza* (*Oznycza, Ośnica*) alias Pausemus cf. Martinus
Ostroszka cf. Andreas – civis Cracoviensis
de *Othusch* (*Otusz*) cf. Nicolaus
Otuski cf. Nicolaus
de *Oyta* cf. Henricus Totting

de *Padua* cf. Albertus
de *Panczelice* (*Pęczelice*, districtus Visliciensis) cf. Stanislaus
Panecius cf. Nicolaus – de Czerwiensk
Paphnutius MEM. 334
Papias MEM. 233
de *Paradiso* cf. Iacobus
Parisiensis cf. Guilelmus de Alvernia
de *Parma* cf. Antonius Azaro
Parmensis cf. Bernardus
Paula MEM. 351
Paulinus Nolanus Pseudo-
Poema coniugis ad uxorem. Fragm. 377
Paulus MEM. 219
Paulus presbyter MEM. 363
Paulus apostolus MEM. 64, 65, 67, 68, 70, 71, 74, 75, 76, 77, 79, 80, 83, 98, 157, 267, 295, 309, 310, 314-316, 319, 326-328, 332
Paulus papa II MEM. 26
Paulus Budusensis MEM. 106
Paulus Burgensis
Additiones 1-1100 ad Postillam super Bibliam Nicolai de Lyra OFM 14
Dialogus Pauli et Sauli contra Iudaeos, sive Dialogus, qui vocatur Scrutinium scripturarum libris duobus contra perfidiam Iudaeorum 5, 10, 15, 18, 19 (fragm.)
– MEM. 6, 10, 14, 21-22
Paulus Ioannis de Ossow (Osowo) MEM. 264

INDEX MANUSCRIPTORUM CITATORUM

Acc. 63/80: 390; **Acc. 105/80**: 308; **Acc. 128/80**: 370; **Acc. 134/80**: 294; **Acc. 152/80**: 147, 357, 361; **Acc. 223/80**: 301; **Dypl. 413**: 12; **Dypl. 592**: 12
Czenstochovia (Częstochowa), Bibl. et Arch. Ordinis S. Pauli Primi Eremitae (Biblioteka i Archiwum Ojców Paulinów) **II, 22**: 255
Darmstadium (Darmstadt), Universitäts- und Landesbibliothek (olim Hessische Landes- und Hochschulbibliothek) **12 (XV)**: 199
Diviodunum (Dijon) Bibl. Munic. (Bibliothèque Municipale) **6**: 104; **7**: 104; **160**: 232; **341**: 236; **565**: 232; **654**: 236
Dolum (Dole), Bibl. mun. **15**: 232
Friburgum (Freiburg), BU (Universitätsbibliothek) **271**: 402
Fritzlaria (Fritzlar), Bibl. Cathedr. (Dombibliothek) **14**: 233
Gedanum (Gdańsk), Bibl. Acad. Scient. Pol. (Biblioteka Polskiej Akademii Nauk) **Mar. Q 12**: 308
Gnesna (Gniezno), Bibl. Capit. (Biblioteka Kapitulna) **165**: 210, 228; **166**: 190-191, 227
Biblioteka Katedralna **54**: 93
Gota (Gotha), Forschungsbibliothek **Chart. B 517**: 376
Graecium (Graz), BU (Universitätsbibliothek) **1145**: 401
Herbipolis (Würzburg), BU (Universitätsbibliothek) **M. ch. o. 15**: 340
Moguntiacum (Mainz), Bibl. Munic. (Stadtbibliothek) **I 155**: 333; **I 300**: 340
Monacum (München), Bibl. Monac. (Bayerische Staatsbibliothek) **Clm 17234**: 78; **Clm 3812**: 281; **Clm 3812**: 376
Monasterium (Münster), BU (Universitätsbibliothek) **157**: 209
Mons Cassinus (Monte Cassino), Bibl. Monasterii Ordinis S. Benedicti **313**: 178
Norimberga (Nürnberg), Bibl. Munic. (Stadtbibliothek) **Cent. IV 20**: 340
Oenipons (Innsbruck), BU (Universitätsbibliothek) **285**: 373; **569**: 373
Oppavia (Opava), Bibl. Musaei Silesiae (Knihovna Slezského zemského muzea) olim Bibl. Stud. Silesiacorum (Slezská studijní knihovna) **RB-10**: 274
Plocia (Płock), Arch. Dioecesanum (Archiwum Diecezjalne) **perg. 188**: 286
Praga (Praha), Bibl. Capit. (Knihovna Metropolitní kapituly) **F.XIX (865)**: 401; **H. X (1064)**: 381
BU (Narodní Knihovna, olim Universitní Knihovna) **IV.B.21**: 209; **VI.C.21**: 86; **VIII.G.8**: 86
Rajhrad, Bibl. Monasterii Ordinis S. Benedicti (Knihovna Benediktinského opatství) **R 370**: 274
Scoriacum (El Escorial), Bibl. Regia (Real Biblioteca) **lat. d. IV 15**: 384
Sosatium (Soest), Bibl. Munic. (Wissenschaftliche Stadtbibliothek) **21a**: 199; **30**: 401
Stutgardia (Stuttgart), Hofbibl. (Württembergische Landesbibliothek) **HB I 91ü**: 281
Upsalia (Uppsala), Bibl. Regia Universitatis (Universitetsbibliotek) **C 203**: 362; **C 218**: 362
Varsovia (Warszawa), BN (Biblioteka Narodowa) **3021 III**: 33, 35, 41; **12608 (olim Baw. 1016)**: 93
Vaticanum (Città del Vaticano), Bibliotheca Apostolica Vaticana **Reg. Lat. 29**: 374
Vladislavia (Włocławek), Bibliotheca Seminarii Dioecesani (Biblioteka Wyższego Seminarium Duchownego) **68**: 81
Wratislavia (Wrocław), BU (Biblioteka Uniwersytecka) **I O 18**: 185; **I Q 381**: 398-399, 401; **Rehd. 177**: 285

INDEX CHRONOLOGICUS CODICUM DESCRIPTORUM

CONCORDANTIAE ANTIQUARUM TOPOGRAPHICARUM ET RECENTIORUM NUMERIS EXPRESSARUM SIGNATURARUM

AA II 29	1570
AA VII 17	1505
AA VII 32	1503
AA VIII 16	1557
AA IX 1	1502
AA IX 4	1569
AA IX 5	1568
AA IX 18	1559
AA IX 21	1566
AA X 4	1565
AA X 6	1561
AA X 10	1501
Aaa I 16	1510
Aaa I 39	1512
BB I 15	1504
BB II 15	1560
BB II 24	1562
BB II 26	1564
BB II 38	1563
BB IV 3	1506
BB IV 4	1507
BB IV 5	1508
BB IV 27	1550
BB IV 43	1513
CC III 25	1511
CC IV 14	1572
CC IV 16	1537
CC IV 17	1536
CC IV 18	1535
CC IV 21	1538
CC IV 23	1514
CC IV 24	1515
CC IV 26	1534
CC IV 32	1573
CC IV 35	1509
CC IV 36	1574
CC V 2	1529
CC V 16	1530
CC V 19	1575
CC V 22	1520
CC VI 10	1521
CC VI 11	1522
CC VI 12	1523
CC VI 13	1524
CC VI 14	1525
CC VI 15	1526
CC VI 16	1527
CC VI 17	1528
CC VI 24	1552
CC VI 34	1556
CC VI 35	1553
CC VI 36	1551
CC VII 15	1540
CC VII 16	1541
CC VII 17	1542
CC VII 18	1543
CC VII 19	1544
CC VII 20	1545
CC VII 21	1546
CC VII 22	1547
CC VII 23	1548
CC VII 24	1549
CC VII 25	1539
CC VII 33	1533
CC VII 35	1532
CC VIII 17	1516
CC VIII 55	1558
CC IX 14	1531
CC IX 15	1518
CC IX 16	1519
CC IX 18	1517
DD VII 5	1571
DD VII 12	1555
DD VII 13	1554

VOLUMINA, QUAE ADHUC LUCEM ASPEXERUNT

Catalogus codicum manuscriptorum medii aevi Latinorum, qui in Bibliotheca Jagellonica Cracoviae asservantur, vol. 1-10 (cod. 8-1500), Wratislaviae, Varsaviae, Cracoviae, Gedani, Lodziae 1980-2012

Vol. 1 numeros continens inde ab 8 usque ad 331 composuerunt S. Włodek, G. Zathey, M. Zwiercan – 1980

Vol. 2 numeros continens inde a 332 usque ad 444 composuerunt M. Kowalczyk, M. Markowski, G. Zathey, M. Zwiercan – 1982

Vol. 3 numeros continens inde a 445 usque ad 563 composuerunt M. Kowalczyk, A. Kozłowska, M. Markowski, S. Włodek, G. Zathey, M. Zwiercan – 1984

Vol. 4 numeros continens inde a 564 usque ad 667 composuerunt M. Kowalczyk, A. Kozłowska, M. Markowski, S. Włodek, G. Zathey, M. Zwiercan – 1988

Vol. 5 numeros continens inde a 668 usque ad 771 composuerunt M. Kowalczyk, A. Kozłowska, M. Markowski, S. Włodek, M. Zwiercan – 1993

Volumen extra ordinem indices voluminum 1-5 continens – 1997

Vol. 6 numeros continens inde ab 772 usque ad 1190 composuerunt M. Kowalczyk, A. Kozłowska, M. Markowski, L. Nowak, A. Sobańska, R. Tatarzyński, S. Włodek, M. Zwiercan – 1996

Vol. 7 numeros continens inde a 1191 usque ad 1270 composuerunt M. Kowalczyk, A. Kozłowska, M. Markowski, L. Nowak, A. Sobańska, R. Tatarzyński, S. Włodek, W. Zega, M. Zwiercan – 2000

Vol. 8 numeros continens inde a 1271 usque ad 1353 composuerunt M. Kowalczyk, A. Kozłowska, M. Markowski, L. Nowak, A. Sobańska, R. Tatarzyński, S. Włodek, W. Zega, M. Zwiercan – 2004

Vol. 9 numeros continens inde a 1354 usque ad 1430 composuerunt M. Kowalczyk, A. Kozłowska, M. Markowski, L. Nowak, A. Sobańska, R. Tatarzyński, S. Włodek, W. Zega, M. Zwiercan – 2008

Vol. 10 numeros continens inde a 1431 usque ad 1500 composuerunt A. Kozłowska, L. Nowak, A. Sobańska, R. Tatarzyński, W. Zega, M. Zwiercan – 2012